Schriften zum europäischen Management

Herausgegeben von/edited by
Roland Berger Strategy Consultants – Academic Network, München, Deutschland

Die Reihe wendet sich an Studenten sowie Praktiker und leistet wissenschaftliche Beiträge zur ökonomischen Forschung im europäischen Kontext.

This series is aimed at students and practitioners. It represents our academic contributions to economic research in a European context.

Herausgegeben von/edited by
Roland Berger Strategy Consultants –
Academic Network,
München

Herausgeberrat/Editorial Council:

Prof. Dr. Thomas Bieger
Universität St. Gallen

Prof. Dr. Rolf Caspers (†)
European Business School,
Oestrich-Winkel

Prof. Dr. Guido Eilenberger
Universität Rostock

Prof. Dr. Dr. Werner Gocht (†)
RWTH Aachen

Prof. Dr. Karl-Werner Hansmann
Universität Hamburg

Prof. Dr. Alfred Kötzle
Europa-Universität Viadrina,
Frankfurt/Oder

Prof. Dr. Kurt Reding
Universität Kassel

Prof. Dr. Dr. Karl-Ulrich Rudolph
Universität Witten-Herdecke

Prof. Dr. Klaus Spremann
Universität St. Gallen

Prof. Dr. Dodo zu Knyphausen-Aufseß
Technische Universität Berlin

Prof. Dr. Burkhard Schwenker
Roland Berger Strategy Consultants

Ulrich Kleipaß

Beratungszufriedenheit bei B2B-Lösungen

Eine Relationship-Marketing-Perspektive aus der Sicht von IT-Nachfragern

Mit einem Geleitwort von Prof. Dr. Frank Jacob

Springer Gabler   RESEARCH

Ulrich Kleipaß
Berlin, Deutschland

Dissertation ESCP Europe Wirtschaftshochschule, Berlin, 2012

ISBN 978-3-8349-4116-9　　　　　ISBN 978-3-8349-4117-6 (eBook)
DOI 10.1007/978-3-8349-4117-6

Die Deutsche Nationalbibliothek verzeichnet diese Publikation in der Deutschen Nationalbibliografie; detaillierte bibliografische Daten sind im Internet über http://dnb.d-nb.de abrufbar.

Springer Gabler
© Gabler Verlag | Springer Fachmedien Wiesbaden 2012
Das Werk einschließlich aller seiner Teile ist urheberrechtlich geschützt. Jede Verwertung, die nicht ausdrücklich vom Urheberrechtsgesetz zugelassen ist, bedarf der vorherigen Zustimmung des Verlags. Das gilt insbesondere für Vervielfältigungen, Bearbeitungen, Übersetzungen, Mikroverfilmungen und die Einspeicherung und Verarbeitung in elektronischen Systemen.

Die Wiedergabe von Gebrauchsnamen, Handelsnamen, Warenbezeichnungen usw. in diesem Werk berechtigt auch ohne besondere Kennzeichnung nicht zu der Annahme, dass solche Namen im Sinne der Warenzeichen- und Markenschutz-Gesetzgebung als frei zu betrachten wären und daher von jedermann benutzt werden dürften.

Einbandentwurf: KünkelLopka GmbH, Heidelberg

Gedruckt auf säurefreiem und chlorfrei gebleichtem Papier

Springer Gabler ist eine Marke von Springer DE. Springer DE ist Teil der Fachverlagsgruppe Springer Science+Business Media.
www.springer-gabler.de

Geleitwort

Frühe Beiträge zur Forschung im Bereich Business-Marketing waren durch ein sehr starkes Interesse an den Besonderheiten des organisationalen Kaufverhaltens geprägt. Dabei ging es insbesondere darum aufzuzeigen, wie sich das Kaufverhalten von Organisationen vom Kaufverhalten der Konsumenten unterscheidet. Mit der Zeit entwickelten sich jedoch weitere Forschungsschwerpunkte für das Business-Marketing, wie zum Beispiel die Netzwerkforschung, die Geschäftsbeziehungsforschung oder die Erforschung von industriellen Dienstleistungen. Sehr aktuell ist ein Themenfeld, welches mit der Bezeichnung ‚Business of solutions' belegt wird. Bei Solutions oder Lösungen handelt es sich um Produkte und Leistungen, deren Erscheinungsform kundenspezifisch gestaltet wird und auf idiosynkratische Probleme von Nachfragern ausgerichtet ist. Plakatives Beispiel sind Sonderanfertigungen im Maschinenbau, wie sie sehr weit verbreitet sind. Anbieter erhoffen sich aus Lösungen eine Maximierung des Nutzens, wie er von Nachfragern wahrgenommen wird. Lösungen wären damit der Königsweg zum Wettbewerbsvorteil. Leider sind vorliegende empirische Befunde diesbezüglich jedoch nicht eindeutig. Es lässt sich nicht zweifelsfrei belegen, dass aus der Implementierung einer Solutions-Strategie zwangsläufig erhöhter marktlicher Erfolg resultiert. Allerdings entspricht die Annahme einer direkten Kausalität zwischen einer Strategieimplementierung einerseits und der Entstehung von marktlichem Erfolg andererseits auch nicht mehr dem aktuellen Stand des Denkens in der Marketingforschung. Vernachlässigt wird dabei nämlich die Rolle des Nachfragers als mediierender Faktor in einer solchen Kausalkette. Zielführend kann eine Lösungs-Strategie nämlich nur sein, wenn sie sich im Kaufverhalten des Nachfragers niederschlägt und dessen Kaufabsicht tatsächlich fördert. Erkenntnisse zum Kaufverhalten im Lösungsgeschäft sind daher das fehlende Glied, das für die Gewinnung von umfassendem Verständnis für das Lösungsgeschäft unabdinglich erscheint. Der Schließung dieser Lücke hat sich Ulrich Kleipaß mit seiner vorliegenden Arbeit gewidmet. Die Arbeit nimmt damit zum einen ein sehr aktuelles Thema auf und führt es zum anderen einer Untersuchung auf bewährten Bahnen zu.

Für die Bewältigung der Herausforderung bedient sich Kleipaß ganz konsequent der Systematiken des wissenschaftlichen Arbeitens. Er präzisiert die Problemstellung, leistet in umfassender Art und Weise Literaturarbeit, entwickelt ein genuines Forschungsmodell und führt dies in mehreren Stufen einer empirischen Validierung zu.

Zentrale Bedeutung kommt dabei dem Konstrukt der Beratungszufriedenheit zu, welches zunächst konzeptualisiert wird und für welches weiterhin sowohl Antezedenzen als auch Konsequenzen formuliert werden. Die Bedeutung für die Wissenschaft ist umfassend: Kleipaß erweitert den Forschungshorizont zum Lösungsgeschäft durch den Einbezug der Nachfragerperspektive in grundlegender Art. Er stellt ein Rahmenkonzept zur Verfügung, das als Grundlage für weitere Forschung zum Lösungsgeschäft dienen kann. Er entwickelt und validiert außerdem Skalen für die Komponenten dieses Modells, die von anderen für Zwecke der Operationalisierung übernommen werden können. Entscheider aus der Praxis der Märkte profitieren, indem Ansatzpunkte zur aktiven Gestaltung von Beratungszufriedenheit aufgezeigt werden. Kleipaß zeigt außerdem, welche Kriterien zum Benchmarking herangezogen werden können und wie diese interpretiert werden müssen.

Dem Werk von Ulrich Kleipaß ist zu wünschen, dass es in umfassender Art Rezeption sowohl in der Wissenschaft als auch von Seiten der Praxis erfährt.

Prof. Dr. Frank Jacob

Vorwort

"Ich habe immer nur einen Plan A, nie einen Plan B. Wenn Plan A nicht funktioniert mache ich einen neuen Plan A."

(Lars Hinrichs bei den Erlanger Technikgesprächen, im Sommer 2010)

Das vorangestellte Zitat beschreibt recht treffend, welche Rolle diese Dissertation in den letzten vier Jahren für mich gespielt hat: Sie war mein persönlicher Plan A. Ich bin der festen Überzeugung, dass ich diesen Plan A nur umsetzen konnte, weil ich zu fast jeder Zeit zuversichtlich war, dass das "Projekt" Promotion gelingen könnte. Diese Zuversicht ist meines Erachtens jedoch nicht nur intrinsischer Motivation, Fleiß und sicherlich auch einer Portion Glück geschuldet: Vielmehr war mein Zutrauen durch die Menschen geprägt, die mich in den letzten vier Jahren begleitet und unterstützt haben. Vor diesem Hintergrund möchte ich dieses Vorwort dazu nutzen, um einigen besonderen Personen zu danken, die zur Realisierung meines persönlichen Plan A beigetragen haben.

Zuerst ist Prof. Dr. Frank Jacob zu nennen, der mich von der Unwissenheit der ersten Stunde in kleinen Schritten bis zur fertigen Arbeit mit ausgezeichnetem fachlichen Rat sowie großer menschlicher Empathie begleitet hat: So bot er mir eine intellektuelle Herausforderung, durch die er mich mit viel Freiraum für eigene Ideen geführt hat. Ferner waren sein Vertrauen in meine Fähigkeiten und seine herzliche Art für mich eine große persönliche Bereicherung und entscheidend für meine Motivation, eine überzeugende wissenschaftliche Arbeit anzufertigen. Weiterhin möchte ich mich bei meinem Zweitkorrektor Prof. Dr. Alexander Pohl bedanken, welcher so freundlich war, die vorliegende Monographie kritisch zu würdigen.

Darüber hinaus möchte ich bei meinem Arbeitgeber Roland Berger Strategy Consultants meinem Mentor Carsten Rossbach danken, welcher mir die Aufnahme in das Promotionsprogramm ermöglicht hat. Christian Krys, der mit großer Hingabe den Doktorandenkreis bei Roland Berger Strategy Consultants leitet, war zu jeder Zeit eine sehr wertvolle Unterstützung in administrativen Fragestellungen.

Aus meinem persönlichen Umfeld danke ich Stephanie Keßler für die Durchsicht der Transkripte, das "unermüdliche Kommasetzen" sowie die Unterstützung in der finalen

Korrekturphase. Wichtiger noch, ihr uneingeschränktes Vertrauen in meine Fähigkeiten sowie ihre große menschliche Wärme haben es mir ermöglicht, meine Begeisterung für die Forschung nachhaltig aufrecht zu erhalten und mit Freude und Ausdauer meiner wissenschaftlichen Entdeckungsreise zu folgen. Bei Sonja Horn möchte ich mich für ihre Inspiration, gerade in der Anfangsphase der Dissertation, bedanken. Diese hat mir den Wiedereinstieg in das akademische Leben erheblich erleichtert. Auch sollen Jens Sievert und Florian Dost – meine Marketing-Mitstreiter an der ESCP Europe – für den guten und konstruktiven Austausch zu Fragebögen und Strukturgleichungsmodellierung dankend erwähnt werden. Nicht zuletzt war Bernd Hops in der finalen Korrekturphase eine große Bereicherung.

Abschließend möchte ich noch meiner Familie, die mich zu jedem Zeitpunkt meiner akademischen Laufbahn vorbehaltslos unterstützt und begleitet hat, meine Verbundenheit ausdrücken. Dies hat mir letztendlich die notwendige Kraft und die positive Grundeinstellung gegeben, um dahin zu kommen, wo ich heute bin. Aus tiefer Dankbarkeit möchte ich meinen Eltern Herbert und Bärbel Kleipaß sowie meinem Bruder Thomas diese Arbeit widmen.

Ulrich C. Kleipaß

Inhaltsübersicht

Inhaltsübersicht		IX
Inhaltsverzeichnis		XI
Abbildungsverzeichnis		XV
Tabellenverzeichnis		XVII
Abkürzungsverzeichnis		XIX
1	**Einleitung**	**1**
1.1	Relevanz des Forschungsfeldes für Theorie und Praxis	1
1.2	Wissenschaftlicher Beitrag der Arbeit	3
1.3	Wissenschaftstheoretische Grundposition der Arbeit	8
1.4	Gang der Untersuchung und Aufbau der Arbeit	11
2	**Grundlagen und theoretischer Rahmen: B2B-Lösungen**	**14**
2.1	Die Definitionen von Lösungen	15
2.2	Die Treiber der Relevanz von Lösungen für Anbieter	31
2.3	Der Prozess der Lösungserstellung	34
2.4	Herausforderungen beim Wandel zum Lösungsanbieter	55
2.5	Die Erfolgsbeiträge von Lösungen	62
2.6	Zwischenfazit	66
3	**Beratungszufriedenheit aus Sicht des Relationship Marketing**	**69**
3.1	Relationship Marketing als theoretischer Bezugsrahmen	70
3.2	Beratung	93
3.3	Zwischenfazit	117
4	**Die Auswahl des Forschungsdesigns**	**121**
4.1	Mixed Methods als geeignetes Forschungsdesign	121
4.2	Möglichkeiten der Gestaltung eines Mixed-Methods-Ansatzes	125
5	**Schritt 1: Qualitative Studie**	**128**
5.1	Grundlagen des qualitativen Forschungsvorgehens	129
5.2	Vorstudie: Ladestationen für Elektrofahrzeuge	136
5.3	Eingrenzung des Untersuchungsfelds auf IT-Lösungsanbieter	146
5.4	Hauptstudie: Ziele und methodisches Vorgehen	148
5.5	Hauptstudie: Qualitative Ergebnisse	155
5.6	Erkenntnisbeitrag und Zusammenfassung der Hypothesen	197
6	**Schritt 2: Quantitative Studie**	**200**
6.1	Methodische Grundlagen von Kausalmodellen	201

6.2	Ablauf und Operationalisierung der Hauptuntersuchung	229
6.3	Pretest	236
6.4	Haupterhebung	249
7	**Schlussbetrachtung: Implikationen für das Relationship Marketing**	**299**
7.1	Schlussfolgerungen für die Wissenschaft	299
7.2	Implikationen für die Praxis	302
7.3	Grenzen der Untersuchung und mögliche künftige Forschungsgebiete	307

Inhaltsverzeichnis

Inhaltsübersicht IX
Inhaltsverzeichnis XI
Abbildungsverzeichnis XV
Tabellenverzeichnis XVII
Abkürzungsverzeichnis XIX

1   Einleitung 1
   1.1   Relevanz des Forschungsfeldes für Theorie und Praxis 1
   1.2   Wissenschaftlicher Beitrag der Arbeit 3
       1.2.1 Forschungslücke 4
       1.2.2 Ableitung der Forschungsfragen 7
   1.3   Wissenschaftstheoretische Grundposition der Arbeit 8
   1.4   Gang der Untersuchung und Aufbau der Arbeit 11

2   **Grundlagen und theoretischer Rahmen: B2B-Lösungen** 14
   2.1   Die Definitionen von Lösungen 15
       2.1.1 Abgrenzung von Sach- und Dienstleistungen 15
       2.1.2 Aktuelle Lösungsdefinitionen in der Literatur 24
   2.2   Die Treiber der Relevanz von Lösungen für Anbieter 31
       2.2.1 Externe Triebkräfte 32
       2.2.2 Interne Triebkräfte 33
   2.3   Der Prozess der Lösungserstellung 34
       2.3.1 Konzeptionalisierungen des Lösungsprozesses 35
       2.3.2 Der Einfluss der Art der Kundenlösung auf den Lösungsprozess 43
       2.3.3 Anforderungen und Rollen des Nachfragers im Lösungsprozess 45
       2.3.4 Der Bezug zum organisatorischen Kaufverhalten bei Lösungen 48
   2.4   Herausforderungen beim Wandel zum Lösungsanbieter 55
       2.4.1 Transformationspfade zum Lösungsanbieter 56
       2.4.2 Organisatorische Herausforderungen 57
       2.4.3 Herausforderungen speziell für den Vertrieb 59
   2.5   Die Erfolgsbeiträge von Lösungen 62
       2.5.1 Erfolgsbeiträge für Anbieter 63
       2.5.2 Erfolgsbeiträge für Nachfrager 64

2.6 Zwischenfazit 66
3 Beratungszufriedenheit aus Sicht des Relationship Marketing 69
3.1 Relationship Marketing als theoretischer Bezugsrahmen 70
3.1.1 Die Merkmale und Ziele des Relationship Marketing 71
3.1.2 Die Wirkungskette des Relationship Marketing 76
3.1.3 Zufriedenheit als zentrales Relationship-Marketing-Konstrukt 80
3.1.4 Analyse ausgewählter Beziehungskonstrukte 90
3.1.5 Zwischenergebnis 92
3.2 Beratung 93
3.2.1 Die Definition von Beratung und Eingrenzung 93
3.2.2 Die Ursachen des Beratungsbedarfs bei B2B-Lösungen 97
3.2.3 Der Prozess der Beratung bei B2B-Lösungen 103
3.2.4 Die Folgen der Beratung 107
3.2.5 Zufriedenheit mit der Beratung 108
3.2.6 Exkurs in die Organisationsforschung: Unternehmensberatungen 110
3.3 Zwischenfazit 117
4 Die Auswahl des Forschungsdesigns 121
4.1 Mixed Methods als geeignetes Forschungsdesign 121
4.2 Möglichkeiten der Gestaltung eines Mixed-Methods-Ansatzes 125
5 Schritt 1: Qualitative Studie 128
5.1 Grundlagen des qualitativen Forschungsvorgehens 129
5.1.1 Der explorative Charakter des qualitativen Forschungsvorgehens 129
5.1.2 Gütekriterien für die qualitative Forschung 130
5.1.3 Die Fallstudie als Mittel der explorativen Forschung 132
5.1.4 Inhaltsanalyse nach Mayring 133
5.2 Vorstudie: Ladestationen für Elektrofahrzeuge 136
5.2.1 Hintergrund der Fallstudie 136
5.2.2 Datensammlung und Datenanalyse 137
5.2.3 Ergebnisse der Fallstudie 139
5.2.4 Fazit aus der Fallstudie 145
5.3 Eingrenzung des Untersuchungsfelds auf IT-Lösungsanbieter 146
5.4 Hauptstudie: Ziele und methodisches Vorgehen 148

5.4.1 Ziele und Vorbereitung der Erhebung 149
5.4.2 Beschreibung der Experteninterviews 150
5.4.3 Durchführung des Interviewprozesses 150
5.4.4 Auswertung und Analyse der Interviews 151
5.5 Hauptstudie: Qualitative Ergebnisse 155
5.5.1 Wahrgenommene Expertise des Anbieters 157
5.5.2 Wahrgenommenes Projektmanagement des Anbieters 162
5.5.3 Wahrgenommener Informationsaustausch 165
5.5.4 Wahrgenommenes Verständnis 169
5.5.5 Wahrgenommenes Joint Working 173
5.5.6 Wahrgenommene Flexibilität des Anbieters 176
5.5.7 Wahrgenommene Verkaufsorientierung des Anbieters 180
5.5.8 Wahrgenommene technische Qualität der Lösung 183
5.5.9 Beratungszufriedenheit 186
5.5.10 Gesamtzufriedenheit 188
5.5.11 Vertrauen 191
5.5.12 Intentionale Loyalität 195
5.5.13 Explorativ zu erforschende Moderatorvariablen 196
5.6 Erkenntnisbeitrag und Zusammenfassung der Hypothesen 197
6 Schritt 2: Quantitative Studie 200
6.1 Methodische Grundlagen von Kausalmodellen 201
6.1.1 Das Strukturmodell 202
6.1.2 Das Messmodell 203
6.1.3 Anwendungsgebiete der Kausalanalyse 206
6.1.4 Partial Least Squares (PLS) als zweckmäßiges Verfahren 207
6.1.5 Die Beurteilung der Güte auf Messmodellebene 211
6.1.6 Die Beurteilung der Güte auf Strukturmodellebene 219
6.1.7 Die Beurteilung der Güte von Interaktionseffekten 224
6.2 Ablauf und Operationalisierung der Hauptuntersuchung 229
6.2.1 Ablauf der Hauptuntersuchung 229
6.2.2 Operationalisierung der Konstrukte 230

Abb. 34: Angaben zur Firmengröße (in %) 258
Abb. 35: Angaben zur Art der Abteilung (in %) 258
Abb. 36: Angaben zur Art der beurteilten Lösung (in %) 259
Abb. 37: Reduziertes Strukturmodell mit Wirkungsbeziehungen 274
Abb. 38: Reduziertes Strukturmodell (mit Gütemaßen) 277
Abb. 39: Multipler Mediatoreneffekt im reduzierten Strukturmodell 279
Abb. 40: Durchschnittliche Ausprägung der Konstrukte nach Klassen 303

Tabellenverzeichnis

Tabelle 1: Ausgewählte Arbeiten zu Lösungsdefinitionen in der Literatur 29
Tabelle 2: Chancen und Risiken der einzelkundenbezogenen Produktgestaltung 63
Tabelle 3: Ausgewertete Relationship-Marketing-Konstrukte 91
Tabelle 4: Auswahl Arbeiten zur Zufriedenheit mit konkomitanter Beratung 110
Tabelle 5: Frequenz der Konstruktnennungen (Top 20) 154
Tabelle 6: Überblick über das Hypothesensystem 198
Tabelle 7: Entscheidungsregeln für die Konstruktwahl 205
Tabelle 8: Methodenvergleich zwischen PLS und Kovarianzanalyse 211
Tabelle 9: Prüfschema zur Beurteilung reflektiver Messmodelle 219
Tabelle 10: Prüfschema zur Beurteilung des Strukturmodells 223
Tabelle 11: Operationalisierung der Antezedenzen 234
Tabelle 12: Operationalisierung der Zufriedenheitskonstrukte 235
Tabelle 13: Operationalisierung der Konsequenzen 236
Tabelle 14: Items für das Konstrukt Expertise 239
Tabelle 15: Items für das Konstrukt Projektmanagement 240
Tabelle 16: Items für das Konstrukt Informationsaustausch 241
Tabelle 17: Items für das Konstrukt Verständnis 241
Tabelle 18: Items für das Konstrukt Joint Working 242
Tabelle 19: Items für das Konstrukt Flexibilität 243
Tabelle 20: Items für das Konstrukt Verkaufsorientierung 244
Tabelle 21: Items für das Konstrukt technische Qualität 245
Tabelle 22: Items für das Konstrukt Beratungszufriedenheit 245
Tabelle 23: Items für das Konstrukt Gesamtzufriedenheit 246
Tabelle 24: Items für das Konstrukt Vertrauen 247
Tabelle 25: Items für das Konstrukt Loyalität 247
Tabelle 26: Gesamtüberblick Ergebnisse nach Item-Reduktion 249
Tabelle 27: Prüfung der vorliegenden Konstrukte auf Non-Response Bias 260
Tabelle 28: Gütekriterien der reflektiven Messmodelle (Teil 1) 265
Tabelle 29: Gütekriterien der reflektiven Messmodelle (Teil 2) 266
Tabelle 30: Gütekriterien der bereinigten Menge reflektiver Indikatoren 268
Tabelle 31: Überprüfung der Diskriminanzvalidität (Fornell-Larcker-Kriterium) ... 268
Tabelle 32: Überprüfung des Strukturmodells mit PLS 271
Tabelle 33: Überprüfung des reduzierten Strukturmodells mit PLS 275

Tabelle 34: Überprüfung mediierender Effekte im reduzierten Strukturmodell 279
Tabelle 35: Überprüfung der kategorischen Variable "Interner Provider" 280
Tabelle 36: Überprüfung der kategorialen Variable "Bestandsbeziehung" 282
Tabelle 37: Getestete Hypothesen und Ergebnisse 284
Tabelle 38: Reduziertes Strukturmodell mit Erweiterung um EXP (Auszug) 288
Tabelle 39: Überprüfung "Bestandsbeziehung" für den Pfad VER → BZF 290

Abkürzungsverzeichnis

B2B	Business-to-Business
B2C	Business-to-Consumer
BPO	Business Process Outsourcing
BZF	Beratungszufriedenheit (Konstruktbezeichnung)
bzw.	beziehungsweise
C/D	Confirmation/Disconfirmation
CEO	Chief Executive Officer
d. h.	das heißt
DEV	durchschnittliche erfasste Varianz
ERP	Enterprise Resource Planning
et al.	et alii
EUR	Euro
EVU	Energieversorgungsunternehmen
EW	Eigenwert
EXP	Expertise (Konstruktbezeichnung)
f.	folgende
ff.	fortfolgende
EFA	Explorative Faktorenanalyse
FLE	Flexibilität (Konstruktbezeichnung)
G-DL	Goods-dominant Logic
GZF	Gesamtzufriedenheit (Konstruktbezeichnung)
Hrsg.	Herausgeber
HU	Hauptuntersuchung
INF	Informationsaustausch (Konstruktbezeichnung)
IT	Information Technology
JWO	Joint Working (Konstruktbezeichnung)
LOY	Loyalität (Konstruktbezeichnung)

o. V.	ohne Verfasser
PLS	Partial Least Squares
PRM	Projektmanagement (Konstruktbezeichnung)
PT	Pretest
RM	Relationship Marketing
S-DL	Service-dominant Logic
SEM	Structural Equation Modeling
TQU	technische Qualität (Konstruktbezeichnung)
VAF	("variance-accounted for")-Wert
VER	Verständnis (Konstruktbezeichnung)
vgl.	vergleiche
VIF	Variance Inflation Factor
VKO	Verkaufsorientierung (Konstruktbezeichnung)
VTR	Vertrauen (Konstruktbezeichnung)
z.B.	zum Beispiel
ZMET	Zaltman Metaphor Elicitation Technique

1 Einleitung

1.1 Relevanz des Forschungsfeldes für Theorie und Praxis

In den letzten Jahren hat sich die Marktumgebung in westlichen Volkswirtschaften dahingehend verändert, dass viele Branchen mit steigendem Wettbewerb, saturierten Märkten und neuen technologischen Entwicklungen konfrontiert wurden. Besonders in Branchen, die einen hohen Anteil an "commodities" in den Kernproduktmärkten aufweisen, wird Diversifizierung durch zusätzliche Dienstleistungen als eine attraktive Wachstumsmöglichkeit gesehen, um Margenverfall und Umsatzverluste im Stammgeschäft ausgleichen zu können (Gebauer, 2008). Weiterhin ist zu beobachten, dass zunehmend komplexe und integrierte Bündel von Dienstleistungen und Produkten angeboten werden, welche in der Marketingliteratur auch als Lösungen bzw. Solutions bezeichnet werden (Davies, 2004).

Aus theoretischer Sicht hat die Erforschung von Lösungen verstärkt Wissenschaftler aus verschiedenen Forschungsrichtungen angezogen: Hier wären in den wirtschaftswissenschaftlich geprägten Bereichen besonders die Innovationsforschung (z.B. Reichwald et al., 2009), die Wirtschaftsinformatik (z.B. Böhmann und Krcmar, 2007) und auch das Marketing (z.B. Woisetschläger et al., 2010) zu nennen. Weitere Autoren gingen sogar so weit, Service Science als neue wissenschaftliche Disziplin auszurufen, um im Rahmen eines integrativen und interdisziplinären Ansatzes die Probleme und Herausforderungen des Dienstleistungssektors – und damit auch von Lösungen – zu erforschen (Spohrer und Maglio, 2008a; Stauss et al., 2009).

Besonders im **Marketing** ist ein gesteigertes Interesse am Thema Solutions erst seit den 2000er Jahren zu beobachten, was sich einerseits in grundlegenden, einflussreichen Artikeln äußert, die sich mit der Thematik beschäftigen (z.B. Galbraith, 2002; Tuli et al., 2007; Vargo und Lusch, 2004a), und andererseits in Forschungsprojekten manifestiert. Exemplarisch kann hier auf das Forschungsprojekt "TRANSOLVE – Vom Produzenten zum Solution Seller" am Marketing Zentrum der Universität Münster verwiesen werden, das vom Bundesministerium für Bildung und Forschung gefördert wird (Ahlert, 2011).[1] Insgesamt ist dennoch zu diesem Zeitpunkt anzumerken, dass sich die Erforschung von Lösungen noch in einer frühen Phase befindet. Wie Jacob und Ulaga (2008:251 f.) ausführen, sind Schlüsseldimensionen und -konstrukte des Lösungsprozesses noch nicht ausreichend erforscht, so dass an dieser Stelle noch signifikantes Potenzial für weitere künftige Forschungen besteht. Weiterhin merken die Autoren an, dass ein Großteil der existierenden Forschung qualitativer Natur ist, so dass nur in sehr geringem Umfang generellere Aussagen zu Ursache-Wirkungs-Beziehungen bei Lösungen getroffen werden können. Ergänzend bleibt anzumerken, dass das Thema Lösungen trotz des Neuheitsgrades aus Marketingsicht nicht isoliert betrachtet werden muss und sollte: Es finden sich in den vorhanden Forschungsbereichen des Marketing, wie beispielsweise dem Dienstleistungsmarketing (z.b. Kleinaltenkamp, 1996; Meyer, 2004) oder speziell dem Relationship Marketing (RM) (z.b. Bruhn, 2008b), zahlreiche Erklärungsansätze, an die dieses innovative Thema mit seinen veränderten Problemstellungen anknüpfen kann.

Doch auch für die **Praxis** ist das Thema von hoher Relevanz: Lösungen sind sowohl für Produktanbieter als auch für Dienstleistungsunternehmen eine **strategische Option**, die über neue Differenzierungsmöglichkeiten zusätzliches Wachstum und höhere Renditen verspricht. Diese Chancen können beispielsweise in produktbezogenen und produktbenachbarten Bereichen gesucht werden, wobei es das Ziel sein sollte, relevante Wertlücken beim Kunden zu ermitteln und durch eine Lösung zu schließen. Ein grundlegender **Unterschied** für Anbieter in diesem Kontext scheint, dass bisher das Produkt und seine Qualität im Mittelpunkt des Nachfragerinteresses stand, nun aber bei Lösungen der Prozess der Leistungserstellung und damit das Prozesserlebnis an Bedeutung gewinnt. Wie von Nini (2011:3) ausgeführt, führt dies dazu, dass die Interaktion zwischen Anbieter und Nachfrager für die Kundenzufriedenheit immer wichtiger wird. Dies spiegelt sich auch in jüngeren Umfragen wider: Eine weltweite Umfrage unter mehr als 1.500 CEOs hat beispielsweise ergeben, dass die Entwicklung von engeren Kundenbeziehungen und das bessere Verständnis von Kundenbedürfnissen als wichtige Voraussetzung gesehen werden, um in einem komplexen Geschäftsumfeld bestehen zu können (IBM, 2010:37 ff.).

---

[1] Dieses Forschungsprojekt hat zum Ziel, ein Konzept zur Gestaltung des Transformationsprozesses zum Lösungsanbieter ("Solution Seller") aufzustellen. Dabei werden mehrere Aspekte wie "Erfordernisse an Solution Seller", "Phasenmodelle zur Transformation" und "Markenmanagement von Solution Sellern" untersucht.

Dadurch ergibt sich eine Reihe von **Herausforderungen** für potenzielle Lösungsanbieter: Übergreifend bedeutet diese Entwicklung, dass Anbieter ihre interne Organisation überdenken müssen. Fähigkeiten und Kompetenzen der Organisation müssen an der neuen Service-Strategie ausgerichtet werden (Brady et al., 2005:360). Dies schließt die Entwicklung neuer Fertigkeiten auf Ebene der individuellen Mitarbeiter, aber auch auf organisatorischer Ebene – z.b. bei Anreizsystemen – ein, um so den Wechsel von einem produkt- zu einem serviceorientierten Unternehmen erreichen zu können (Ahlert et al., 2009). In der Austauschsituation mit dem Nachfrager bedingt dies, dass Anbieter zunehmend vor die Herausforderung gestellt sind, dass Nachfrager bei Lösungen nicht unbedingt ein größeres Angebot wollen, sondern maßgeschneiderte Angebote, die auf ihre Bedürfnisse zugeschnitten sind (Pine et al., 1995). Diese Angebote können jedoch nur dann einen höheren Kundenwert generieren, wenn einerseits Anbieter Kundenpräferenzen identifizieren und wenn andererseits Kunden erkennen, dass Angebote eine überlegene Eignung für ihre Präferenzen zeigen (Simonson, 2005). Integrierte Lösungen sind als nahtlose Leistungsbündel gedacht, die Produkte und Dienstleistungen integrieren sowie drängende Kundenbedürfnisse adressieren (Wise und Baumgartner, 1999) – doch dies gestaltet sich in der Umsetzung nicht so einfach. Den Kundenkontaktmitarbeitern des Anbieters kommt nämlich eine veränderte Rolle zu, weil der Lösungsverkauf kein reines Vertriebskonzept mehr ist (Zupancic, 2010): Der Anbieter muss im Rahmen einer intensiven Interaktion umfangreiche Beratung leisten (Davies et al., 2007:185), damit sichergestellt werden kann, dass Anforderungsbestimmung, Spezifikation und Implementierung der Lösung aus Kundensicht zufriedenstellend erfolgen können.

Aus den bisherigen Ausführungen wird ersichtlich, dass die Zufriedenheit mit der Beratung bei B2B-Lösungen unter theoretischen und praktischen Gesichtspunkten ein interessantes Forschungsfeld darstellt. Dies soll im folgenden Abschnitt weiter ausgeführt werden.

1.2 Wissenschaftlicher Beitrag der Arbeit

Nachdem die Relevanz des Forschungsfeldes "B2B-Lösungen und die Beratung bei B2B-Lösungen" hergeleitet wurde, soll in diesem Abschnitt zunächst die Forschungslücke spezifiziert werden (Abschnitt 1.2.1). Darauf aufbauend werden drei übergreifende Forschungsfragen abgeleitet, die den weiteren Gang dieser Arbeit bestimmen (Abschnitt 1.2.2).

1.2.1 Forschungslücke

Forschungslücken bilden die Ausgangsbasis für die daraus abzuleitenden Forschungsfragen, wobei der damit verbundene wissenschaftliche Beitrag auf verschiedenen Ebenen angestrebt werden kann. Für die vorliegende Untersuchung werden (1) **empirische**, (2) **integratorische** sowie (3) **praxisorientierte Ziele** verfolgt, so dass an dieser Stelle zunächst die entsprechenden Forschungslücken dargestellt werden:

(1) Unter **empirischen** Gesichtspunkten verfolgt diese Arbeit das Ziel, Erklärungsansätze zu liefern, die in der Literatur unzureichend belegt sind. Spezifisch wird in dieser Arbeit versucht empirisch nachzuweisen, wie sich die Beratungszufriedenheit bei B2B-Lösungen erklären lässt. Der Autor greift damit nicht nur ein zentrales Phänomen in einem relevanten Kontext auf, sondern hat gleichermaßen das Ziel, dort einen Erklärungsbeitrag zu liefern, wo bisher noch keine Erkenntnisse vorhanden sind. Dabei werden insbesondere folgende **Schwachstellen adressiert**:

- Beratung wird in der Regel nur als Vorkaufsphänomen dargestellt. Ferner erstreckt sich ein Großteil der Beratungsforschung auf den B2C-Bereich bzw. auf Beratung als Kern der Dienstleistung ("nichtkonkomitant") (vgl. auch Abschnitt 3.2.5). Die Beratungszufriedenheit bei B2B-Lösungen hat somit **als Phänomen Neuheitscharakter**, der erforschenswert erscheint (vgl. Haas, 2006a:670). Die Relevanz des Phänomens ist insbesondere auch darauf zurückzuführen, dass hier ein Einfluss auf die Kaufentscheidung, auf die Gesamtzufriedenheit, auf die künftige Kaufabsicht sowie auf das Weiterempfehlungsverhalten vermutet werden kann (Haas, 2007b:566 f.). Zusätzlich werden im Rahmen der vorliegenden Untersuchung auch weniger erforschte Phänomene wie z.b. Expertise, Projektmanagement und Verständnis sowie relevante Mediatoren, wie von Palmatier et al. (2006:152) gefordert, berücksichtigt.

- Eine zweite Schwachstelle ist, dass die Forschung im Bereich Lösungen bis heute einen starken Fokus auf die Untersuchung der Anbieterperspektive legt. Dort tragen Studien zum Verständnis benötigter Anbieterkompetenzen, Veränderungen von Organisationsstrukturen und Erfolgsfaktoren im Preismanagement von Lösungen bei (Bonnemeier, 2009; Ceci, 2009; Davies, 2001). Vielfach ist es jedoch das Ziel, die Perspektive von Sachgüterherstellern einzunehmen, um herauszufinden, wie durch die Integration von Dienstleistungen Produktportfolios besser gestaltet werden können (Ahlheid et al., 2010:34). Die vorliegende Arbeit hingegen geht nicht von diesem produktzentrierten Anbieterverständnis aus, sondern wählt bewusst eine **Nachfragersicht** des Untersuchungskontextes, ist doch die Integration des Kunden bei

Lösungen ein essentieller Bestandteil. Die Arbeit adressiert somit den Umstand, dass noch erheblicher Forschungsbedarf im Solution Selling besteht (Ahlert et al., 2008:56) – aus einer Perspektive, die bis jetzt wenig beachtet wurde.

- Drittens ist methodisch gesehen ein Großteil der Arbeiten im Bereich **Lösungen** konzeptioneller oder qualitativer Natur (Jacob und Ulaga, 2008:251 f.). Dieser Punkt wird noch von Jeschke (2007:606 f.) erweitert, welcher bemerkt, dass in der marketingwissenschaftlichen Auseinandersetzung mit der Beratung von Nachfragern zwar etabliert werden konnte, dass die Beratung strategische Bedeutung für das Geschäftsbeziehungsmanagement hat – dennoch gebe es in diesem Bereich hauptsächlich theoretische Diskussionsbeiträge. Somit sollten detailliertere empirische Untersuchungen durchgeführt werden, die beziehungsgestaltende Maßnahmen für Anbieter im **Beratungskontext** aufzeigen. Die vorliegende Arbeit adressiert beide Forschungsfelder, da sowohl Lösungen als auch Beratung betrachtet werden. Hierbei wird ein **qualitativ-quantitativer Mixed-Methods-Ansatz** gewählt, der ein höheres Maß an Generalisierbarkeit für Untersuchungsergebnisse erlauben sollte. Weiterhin wird durch die enthaltene qualitative Komponente sichergestellt, dass detaillierte kontextspezifische Einblicke gewonnen werden können (vgl. auch Athanasopoulou, 2009:604).

Zusammenfassend begreift die vorliegende Arbeit Beratung als ein neu zu erforschendes Phänomen des kompletten Lösungsprozesses und deckt somit alle relevanten Phasen (Anforderungsdefinition, Spezifikation, Implementierung und Nachsorge) ab. Ferner liegt der Fokus der Arbeit auf Beratung bei B2B-Lösungen aus Nachfragersicht, wobei die Untersuchung im Rahmen eines Mixed-Methods-Ansatzes erfolgt.

(2) Aus **integrativer** Sicht bringt diese Arbeit zum ersten Mal drei angrenzende Forschungsbereiche zusammen: RM, B2B-Lösungen und Beratung. Damit werden Erklärungsansätze, die in der Literatur noch nicht integriert sind, gewinnbringend für die Erforschung eines relevanten Phänomens vereint. Die nachfolgende Abbildung zeigt ferner, dass zwar Verbindungen zwischen den einzelnen Forschungsbereichen bestehen, jedoch sind dem Autor keine Arbeiten bekannt, die alle drei Gebiete vereinen. Das Ziel dieser integrierten Betrachtung ist einerseits, dem schon erklärten, disziplinübergreifenden Charakter von B2B-Lösungen in der Forschung gerecht zu werden. Weiterhin sieht der Forscher diese Arbeit jedoch auch in der industriellen Kaufverhaltensforschung verankert: Er glaubt, dass die Verbindung dieser drei Felder dem Ruf nach mehr Kaufverhaltensuntersuchungen mit einem stärkeren beziehungsbasierten Ansatz

Einleitung

nachkommen kann (Sheth, 1996:11). Dies äußert sich beispielsweise darin, dass die überragende Rolle der Interaktion und der gemeinsamen Wertschöpfung bei B2B-Lösungen ein gutes Untersuchungsfeld bietet, um die weit verbreitete dichotomische Rollenverteilung von Käufer und Verkäufer in Kaufverhaltensuntersuchungen zu umgehen.

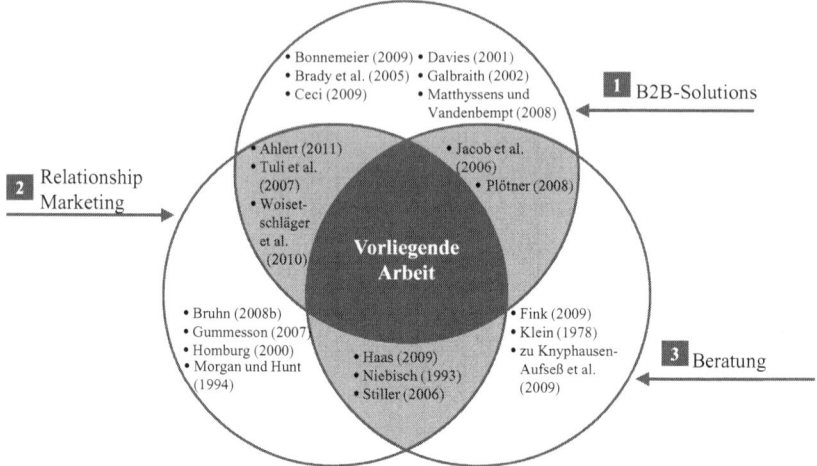

Abb. 1: Einordnung der Forschungslücke (ausgewählte Autoren und Publikationen)
Quelle: eigene Darstellung

(3) Als letzter Aspekt lässt sich hier die **praxisorientierte** Dimension der Forschungslücke nennen. Der Ausgangspunkt ist dabei die Überlegung, dass weitergehende Erklärungsansätze für das bestehende Phänomen der Beratungszufriedenheit in der Praxis noch fehlen. Anbietern sollte zwar bewusst sein, dass die Zufriedenheit mit der Beratung eine gewisse Signifikanz in Lösungsprojekten hat, es ist jedoch unbekannt, was die Bestimmungsfaktoren und Konsequenzen der Beratungszufriedenheit sind und welche Handlungsempfehlungen sich daraus ableiten lassen. Auch wenn die vorliegende Arbeit grundsätzlich eine Nachfragerperspektive einnimmt, so ist es doch das Ziel, die praktischen Implikationen der Forschungsergebnisse für Anbieter festzustellen. Bezogen auf den IT-Solution-Provider-Markt in Deutschland sollen normative Handlungsempfehlungen für Anbieter entwickelt werden, die zu einer höheren Beratungszufriedenheit bei Kunden führen können. Die Arbeit möchte somit einen aktiven Beitrag für die Lösung eines dringenden Problems in der Praxis leisten.

Zusammenfassend lässt sich feststellen, dass diese Arbeit viele Anknüpfungspunkte zu bestehenden Studien hat, jedoch durch die Erforschung eines relevanten Phänomens einen klar abgegrenzten Beitrag für Forschung und Praxis leisten möchte.

1.2.2 Ableitung der Forschungsfragen

Nach der Identifikation der Forschungslücke sollten die Forschungsfragen so gewählt werden, dass sie sowohl gut zu bearbeiten sind (z.b. methodisch, zeitlich, mit den zur Verfügung stehenden Ressourcen) als auch eine hohe wissenschaftliche und praktische Relevanz aufweisen (Wulf und Stubner, 2009:27). Dafür bilden die hier identifizierten Forschungslücken die Ausgangsbasis. Diese Arbeit hat im ersten empirischen Teil (Kapitel 5) zunächst explorativen Charakter (Bortz und Döring, 2006:50), da noch wichtige begriffliche Voraussetzungen geklärt werden müssen und Untersuchungshypothesen durch offene Befragungen im Feld aufgestellt werden. Grundsätzlich ist jedoch der Charakter der vorliegenden Forschungsarbeit in großen Teilen konfirmatorisch, da in Kapitel 6 theoretisch und empirisch begründete Hypothesen umfangreich überprüft werden (Bortz und Döring, 2006:52). Das Ziel ist somit die Entwicklung und das Testen eines verhaltensbasierten Modells industriellen Kaufverhaltens, welches die spezifischen Eigenschaften von Lösungen berücksichtigt und aus Nachfragersicht erforscht. Davon ausgehend werden folgende Forschungsfragen formuliert:

1. **Welche Faktoren wirken auf die Beratungszufriedenheit bei B2B-Lösungskunden?**
2. **Welche Konsequenzen hat die Beratungszufriedenheit bei B2B-Lösungskunden?**
3. **Welche praktischen Implikationen lassen sich daraus für die Anbieter von B2B-Lösungen ableiten?**

Mit der **ersten Forschungsfrage** werden die verschiedenen Einflussfaktoren auf die Beratungszufriedenheit von Lösungskunden identifiziert. Dabei werden zunächst die zentralen Gestaltungsvariablen in diesem Kontext konzeptionalisiert und diskutiert. In einem zweiten Schritt werden diese Einflussfaktoren über eine qualitative Erhebung überprüft und priorisiert, so dass im letzten Schritt eine Operationalisierung für die großzahlige Erhebung durchgeführt werden kann. Zur Konzeption und Operationalisierung stützt sich die Arbeit auf die Literatur des RM, verwendet theoretische Bezugspunkte der Forschungen zum Lösungsgeschäft und zum B2B-Kaufverhalten und greift auf eine umfangreiche qualitative, explorative Untersuchung zurück. Ziel der zweiten **Forschungsfrage** ist es herauszufinden, welchen Einfluss eine hohe Beratungszufriedenheit des Lösungskunden auf das weitere Kundenverhalten hat. Dabei bezieht sich die Arbeit auf etablierte Dimensionen der (intentionalen) Loyalität wie Wiederkaufsabsicht, Zukaufsabsicht und Empfehlungen. Zusätzlich wird an dieser Stelle noch der Zusammenhang zur Gesamtzufriedenheit sowie zum Vertrauen in den Anbieter untersucht. Neben den beiden explikativen Zielen der Arbeit ist die **dritte Forschungsfrage** normativer Natur: Es ist, wie dargestellt, ein weiteres Ziel dieser Arbeit, die praktischen Implikationen der Forschungsergebnisse für Anbieter begründen zu können. Der Fokus liegt hier auf dem deutschen IT-Lösungsanbieter-Markt.

Das Ziel der vorliegenden Arbeit ist somit, das Konstrukt der Beratungszufriedenheit auf theoretischer und methodischer Ebene darzustellen, einzuordnen und zu bewerten, um so zu einer Präzisierung dieses Phänomens bei B2B-Lösungen beizutragen.

1.3 Wissenschaftstheoretische Grundposition der Arbeit

Die Wissenschaftstheorie kann als spezielle Form der Erkenntnistheorie verstanden werden, die hinterfragt, worin ein Wahrheitsnachweis oder eine wissenschaftliche Begründung besteht. Dabei geht es nicht darum, einzelne Methoden gegeneinander abzuwägen, sondern darum, ganz allgemein zu klären, was die Bedingungen der Möglichkeiten wissenschaftlicher Erkenntnis sind (Poser, 2006:16). Da die wissenschaftstheoretische Positionierung der eigenen Forschung wesentlicher Bestandteil wissenschaftlichen Arbeitens ist und die Auswahl adäquater Methoden beeinflusst (Lütje, 2008:27), soll hier eine kurze Einordnung im Hinblick auf die unterschiedlichen Strömungen in der Marketingwissenschaft vorgenommen werden. Die metatheoretische Einordnung einer Forschungsarbeit kann auch als die Zuordnung zu einer grundsätzlichen Weltanschauung beschrieben werden. Wie von Baumgarth (2003:7) ausgeführt, sind im Marketing dabei positivistische, idealistische und normative Weltanschauungen vorherrschend.

Aus wissenschaftstheoretischer Sicht kann dabei der **wissenschaftliche Realismus** als allgemeiner Orientierungsrahmen gesehen werden (positivistische Orientierung), der in der Marketingwissenschaft sehr verbreitet ist. Diese Positionierung setzt jedoch bestimmte ontologische **Grundannahmen** darüber voraus, wie unsere Welt beschaffen ist und welche Erkenntnismöglichkeiten bestehen (Hunt, 1990:9):

- Eine fundamentale Annahme des wissenschaftlichen Realismus ist, dass die Welt unabhängig von unserem Wissen und unserer Wahrnehmung existiert, d. h., es wird die Existenz einer objektiven Realität angenommen (**klassischer Realismus**).

- Weiterhin wird untergestellt, dass es möglich ist, durch unsere kognitiven Verarbeitungsprozesse echtes Wissen über die externe Welt zu erhalten und sich der Wahrheit – im Sinne der objektiven Realität – so schrittweise anzunähern. Im Forschungsprozess liegen dabei manche unserer Wahrnehmungen näher an der Wahrheit als andere. Dennoch ist es die Aufgabe der Wissenschaft durch Überprüfung und Tests zur Wahrheitsfindung beizutragen – auch wenn die Realität nur näherungsweise bestimmt werden kann (**Fallibilismus**).

- Ferner wird im wissenschaftlichen Realismus befürwortet, dass verschiedene wissenschaftliche Methoden eingesetzt werden, um sich einem Verstehen der Welt besser zu nähern. Diese kritische Orientierung hat das Ziel, gefundenes Wissen zu hinterfragen, und unterstützt somit die Verwendung von Mixed-Methods-Forschungsdesigns, weil auf diese Weise durch verschiedene Messungen in unterschiedlichen Kontexten ein vollständigeres Bild erlangt werden kann (**kritischer Realismus**).

Aus grundlegenden wissenschaftstheoretischen Annahmen über die Welt und den Erkenntnisprozess folgen unterschiedliche philosophische Positionen, die ein anderes **Methodenspektrum** bedingen können. Wesentliche Unterschiede sind hier zwischen der vorliegenden positivistischen/realistischen Position auf der einen Seite und der relativistischen Position auf der anderen Seite auszumachen (Kuß, 2009:99): Ein sozialer Konstruktivist beispielsweise, der davon ausgeht, dass Wirklichkeit und Realität nicht objektiv beschrieben werden können und im sozialen Austausch entstehen, würde in der Regel auch eine andere Forschungsstrategie zur Lösung der Forschungsfragen suchen – auch wenn er dies nicht muss. Das positivistische und konstruktivistische Forschungsparadigma unterscheiden sich zwar hinsichtlich Ontologie, Epistemologie und Methodologie (Lincoln und Guba, 1985), letztendlich sollte aber mit der erkenntnistheoretischen Position noch keine absolute Präferenz oder Ablehnung einer Methode verbunden sein (Koch, 2007:33): Die Fragestellung und die Ziele der empirischen Untersuchung sollten die Methodik stärker bestimmen (Haase, 2007:38 ff.), so dass eine unnötige Methodenbeschränkung vermieden wird.

Im vorliegenden Fall kann es jedoch als Vorteil des wissenschaftlichen Realismus gesehen werden, dass er die **Verbindung** von **induktiven** und **deduktiven For-**

schungsstrategien ausdrücklich erlaubt. Während der induktive Forschungsteil erkenntniserweiternd ist und den Entdeckungszusammenhang unterstützt, kann der deduktive Forschungsteil als wahrheitserhaltend und dem Begründungszusammenhang dienend angesehen werden. Dies ist deshalb von Interesse, weil hier anhand von empirischen Ergebnissen aus Expertengesprächen die Basis für die zu testenden Hypothesen zunächst noch entdeckt werden muss (vgl. Bohmann, 2011:26). Das **vorliegende Phänomen** ist noch so **unbekannt**, dass sich ein rein deduktiver Ansatz nicht empfehlen würde, da dieser ja auf die Untersuchung von bekannten Phänomenen ausgerichtet ist.

Weiterhin kann darauf hingewiesen werden, dass die Kausalanalyse als Forschungsinstrument im zweiten Teil dieser empirischen Untersuchung einen direkten Bezug zum wissenschaftlichen Realismus hat, da hierbei Messfehler explizit berücksichtigt werden. Wissenschaftstheoretisch lässt sich außerdem für das Kausalmodell noch anmerken, dass es in der **Zweisprachentheorie von Carnap** verankert ist (Bagozzi, 1998:49 ff.): Carnap unterscheidet einerseits zwischen der theoretischen Sprache, die sich theoretischer Begriffe bedient und deren Objekte sich direkter Beobachtung entziehen, und andererseits der Beobachtungssprache als zweiter Sprachebene. Beide sind durch Korrespondenzregeln miteinander verbunden, weil sonst theoretische Erklärungen auf der Ebene der theoretischen Sprache ohne eine Messung auf der Beobachtungsebene nicht überprüfbar wären. Bei der Anwendung der Zweisprachentheorie auf die Strukturgleichungsmodellierung verhält es sich ähnlich – auch hier muss der Wissenschaftler in der Lage sein, auf beiden Ebenen Aussagen treffen zu können. Auf der theoretischen Ebene muss der Zusammenhang zwischen theoretischen Konstrukten begründbar sein. Weiterhin muss jedoch wohl überlegt sein, wie durch angemessene Korrespondenzregeln die theoretischen Konstrukte durch beobachtbare Variablen repräsentiert werden können, damit eine Überprüfung von Hypothesen möglich ist (vgl. Abschnitt 6.1). Kausalmodelle können somit als Übersetzung der Theorie von Carnap in ein Forschungsinstrument gesehen werden.

An dieser Stelle sollte noch erwähnt werden, dass es neben grundsätzlich anderen wissenschaftstheoretischen Positionen auch konkrete **Kritikpunkte am wissenschaftlichen Realismus** gibt: Laudan (1981) beispielsweise argumentiert, dass es in der Vergangenheit einige Fälle gegeben habe, in denen wissenschaftliche Theorien erfolgreich gewesen seien und durchaus zur Entwicklung wissenschaftlicher Methoden beigetragen hätten, obwohl sich nachher herausgestellt habe, dass sie nicht wahr waren. Somit kann der Wahrheitsgehalt wissenschaftlicher Theorien nicht angenommen werden, um Erfolge in der wissenschaftlichen Praxis zu erklären. Weiterhin sind viele wichtige Theorien und Methoden aus der Vergangenheit aus heutiger Sicht mit grundsätzlichen Fehlern behaftet (Boyd, 2002). Mit dieser Kritik steht der Autor in direktem Konflikt zur Argumentation von Hunt (2003:170 ff.), die die Begründung des wissenschaftlichen Realismus zu einem großen Teil auf den dauerhaften **Erfolg der Wissenschaften** über die Jahrhunderte stützt: Auch wenn wissenschaftliche Erkenntnisse unvollkommen und Änderungen unterworfen seien, so hätten wissenschaftliche Erkenntnisse (z.B. in der Medizin oder der Physik) sich doch vielfach bewährt und eine Annäherung an die Wahrheit geliefert. Wäre der Erfolg der Wissenschaften überhaupt nicht auf wahre Erkenntnisse zurückzuführen, wären wissenschaftliche Erkenntnisse nichts mehr als ein "Wunder" – was rational allerdings schwer nachzuvollziehen wäre.

Zusammenfassend lässt sich sagen, dass für die Beantwortung der Forschungsfragen der wissenschaftliche Realismus eine gute Basis zur Erforschung eines neuartigen Phänomens bildet, ohne dabei dem Ziel im Weg zu stehen, am Schluss auch verallgemeinernde Aussagen mit Hilfe von statistischen Methoden treffen zu können. Ferner kann so dem Wunsch nach normativen Handlungsempfehlungen nachgekommen werden.

1.4 Gang der Untersuchung und Aufbau der Arbeit

Um die vorgestellten Forschungsfragen zu beantworten und damit das wissenschaftliche Ziel zu erreichen, wurde ein siebenteiliger Untersuchungsaufbau gewählt:

Kapitel 1 hat die Aufgabe, in das Thema einzuführen und die Problemstellung und Zielsetzung der Untersuchung zu erklären. Dabei stehen die Darstellung der Forschungslücke und die Ableitung der Forschungsfragen im Mittelpunkt. Dies bildet die Grundlage für den weiteren Fortgang der Untersuchung. Weiterhin hat dieses Kapitel zur Aufgabe, die wissenschaftliche Grundposition der Arbeit zu beschreiben, damit die zugrundeliegenden Annahmen der Arbeit hinsichtlich Realität und Erkenntnisgewinnung transparent sind.

In **Kapitel 2** wird der Untersuchungskontext B2B-Lösungen grundlegend erklärt: Der Autor definiert zunächst B2B-Lösungen als ein integratives Leistungsbündel, das auf Kundenmehrwert ausgerichtet ist und eine interaktive Beratungskomponente enthält. Darauf aufbauend beschäftigt sich der Autor mit den Treibern und dem Prozess von B2B-Lösungen und stellt dabei fest, dass Lösungen als Geschäftsbeziehung interpretiert werden können. Zusätzlich werden in diesem Kapitel verschiedene Erfolgsbeiträge von Lösungen vorgestellt.

Basierend auf diesen Einsichten dient **Kapitel 3** der Herleitung des Untersuchungskonstrukts Beratungszufriedenheit. Hier kann dargestellt werden, dass das RM eng mit dem Aufkommen von Lösungen verbunden ist und einen guten Erklärungsrahmen für das Phänomen beim Kauf von Lösungen bietet. Weiterhin kann nach Etablierung eines konkreten Zufriedenheitsverständnisses für diese Arbeit die Brücke zum Thema der Beratung geschlagen werden: Beratungszufriedenheit kann als ein Konstrukt konzeptionalisiert werden, das sich auf lösungsbegleitende B2B-Beratung bezieht und ein weitgehend unerforschtes Untersuchungsfeld bietet. Dabei wird schon in diesem Teil der Arbeit klar, dass die Beratung immer auch durch die Problem- und Prozessevidenz des Nachfragers und seiner sich daraus ergebenden Rolle beeinflusst wird.

Nachdem die theoretischen Grundlagen der Arbeit gelegt wurden, wird in **Kapitel 4** die Auswahl und Gestaltung des Forschungsdesigns erläutert. In diesem Zusammenhang stellt sich heraus, dass ein exploratives Mixed-Methods-Design, welches qualitative mit später durchgeführten quantitativen Untersuchungen verbindet, am geeignetsten ist.

Kapitel 5 ist dem qualitativen empirischen Teil dieser Arbeit gewidmet und beginnt mit einer explorativen Fallstudie im Bereich Elektromobilität. Die Studie bestätigt nicht nur die Relevanz des zu untersuchenden Phänomens, sondern legt auch nahe, dass der Untersuchungskontext auf eine Art der B2B-Lösung eingegrenzt werden sollte (hier: IT-Lösungen). Das Kernstück der qualitativen Untersuchung wird durch 20 Experteninterviews zum Thema Beratungszufriedenheit bei IT-Lösungen gebildet. Alle Interviews werden unter Verwendung eines deduktiven Kodierparadigmas nach Mayring (2007) ausgewertet, so dass nach einer gründlichen Konzeptionalisierung der Untersuchungskonstrukte ein komplexes nomologisches Netz der Beratungszufriedenheit steht, welches sich an der Wirkungskette des RM orientiert.

Der zweite große empirische Untersuchungsblock wird in **Kapitel 6** beschrieben: Basierend auf den Hypothesen von Kapitel 5, wurde nach einem ausführlichen Pretest eine großzahlige Kaufverhaltensuntersuchung unter Nachfragern von IT-Lösungen durchgeführt. Für die Auswertung stützt sich die Arbeit dabei auf neueste statistische Methoden – Kausalmodellierung mit PLS –, so dass am Schluss verlässliche Aussagen über einzelne Hypothesen getroffen werden können. Weiterhin werden bei der Diskussion der Untersuchungsergebnisse auch ausführlich mediierende und moderierende Faktoren betrachtet sowie nicht bestätigte Hypothesen weiterführend diskutiert.

Die Arbeit schließt mit **Kapitel 7**, das den Beitrag der Arbeit für Wissenschaft und Praxis noch einmal zusammenfasst. Bei dieser Gelegenheit können zusätzlich verschiedene Typen von Lösungsprojekten abgeleitet werden, welche Ansatzpunkte für Anbieterempfehlungen geben. Das Kapitel endet mit einem Hinweis auf die vorhandenen Limitierungen dieser Arbeit und weist auf interessante künftige Forschungsgebiete in diesem Feld hin:

1 Einleitung	
1.1 Relevanz des Forschungsfeldes für Theorie und Praxis	1.3 Wissenschaftstheoretische Grundposition der Arbeit
1.2 Wissenschaftlicher Beitrag der Arbeit	1.4 Gang der Untersuchung und Aufbau der Arbeit
2 Grundlagen und theoretischer Rahmen: B2B-Lösungen	
2.1 Die Definitionen von Lösungen	2.4 Herausforderungen beim Wandel zum Lösungsanbieter
2.2 Die Treiber der Relevanz von Lösungen für Anbieter	2.5 Die Erfolgsbeiträge von Lösungen
2.3 Der Prozess der Lösungserstellung	2.6 Zwischenfazit
3 Beratungszufriedenheit aus Sicht des Relationship Marketing	
3.1 Relationship Marketing als theoretischer Bezugsrahmen	3.3 Zwischenfazit
3.2 Beratung	
4 Die Auswahl des Forschungsdesigns	
4.1 Mixed Methods als geeignetes Forschungsdesign	4.2 Gestaltungsmöglichkeiten von Mixed-Methods-Ansätzen
5 Schritt 1: Qualitative Studie	
5.1 Grundlagen des qualitativen Forschungsvorgehens	5.4 Hauptstudie: Ziele und methodisches Vorgehen
5.2 Vorstudie: Ladestationen für Elektrofahrzeuge	5.5 Hauptstudie: Qualitative Ergebnisse
5.3 Eingrenzung des Untersuchungsfelds	5.6 Erkenntnisbeitrag und Zusammenfassung
6 Schritt 2: Quantitative Studie	
6.1 Methodische Grundlagen von Kausalmodellen	6.3 Pretest
6.2 Ablauf und Operationalisierung der Hauptuntersuchung	6.4 Haupterhebung
7 Schlussbetrachtung: Implikationen für das Relationship Marketing	
7.1 Schlussfolgerungen für die Wissenschaft	7.3 Grenzen der Untersuchung und künftige Forschungen
7.2 Implikationen für die Praxis	

Abb. 2: Aufbau der Arbeit
Quelle: eigene Darstellung

2 Grundlagen und theoretischer Rahmen: B2B-Lösungen

Aufgrund einer Vielzahl von internen und externen Einflussfaktoren ist es in den letzten Jahren für traditionelle Produkt- und Serviceanbieter populärer geworden, Nachfragern komplette B2B-Lösungen anzubieten und sich als Lösungsanbieter (auch: Solution Provider) zu positionieren. Die Anbieter, die sich die Transformation vom Produktanbieter zum Lösungsanbieter vornehmen, versprechen sich davon beispielsweise höhere Gewinne, stärkere Kundenbindungen und eine größere Differenzierung gegenüber dem Wettbewerb (Cornet et al., 2000).

Nachdem in Kapitel 1 die Relevanz des Forschungsfeldes B2B-Lösungen für Theorie und Praxis erläutert wurde sowie die Forschungsfragen für die Untersuchung hergeleitet wurden, dient Kapitel 2 dazu, die theoretischen Grundlagen zu legen. Dabei orientiert sich die Kapitelstruktur grob an den Lösungsaspekten, die von Nordin und Kowalkowski (2010:453) vorgeschlagen werden: In Abschnitt 2.1 wird zunächst der Begriff B2B-Lösung grundlegend gegenüber Produkten und Dienstleistungen abgegrenzt und definiert. In diesem Zusammenhang wird auf die verschiedenen Charakteristika von Lösungen eingegangen. Im darauffolgenden Abschnitt 2.2 betrachtet der Autor die Treiber der Relevanz von Lösungen für Anbieter, wie sie in der Literatur nachgewiesen sind. Dabei werden sowohl interne als auch externe Treiber aufgeführt. Abschnitt 2.3 beschäftigt sich mit dem Prozess der Lösungserstellung, wobei insbesondere auf relationale Interpretationen des Lösungsprozesses zurückgegriffen werden soll. Darauf folgen Abschnitt 2.4, in welchem die Herausforderungen beim Wandel zum Lösungsanbieter kritisch beurteilt werden, sowie Abschnitt 2.5, in welchem die Erfolgsbeiträge, die durch Lösungen zu erwarten sind, diskutiert werden. Das Kapitel endet mit einem Zwischenfazit (Abschnitt 2.6), bevor in Kapitel 3 die Grundlagen des Relationship Marketing (RM) dargelegt werden und die Beratungszufriedenheit als spezifisches Phänomen in diesem Kontext hergeleitet, diskutiert und definiert wird. Der beschriebene Untersuchungsrahmen kann in der nachfolgenden Abbildung 3 noch einmal nachvollzogen werden.

Grundlagen und theoretischer Rahmen: B2B-Lösungen 15

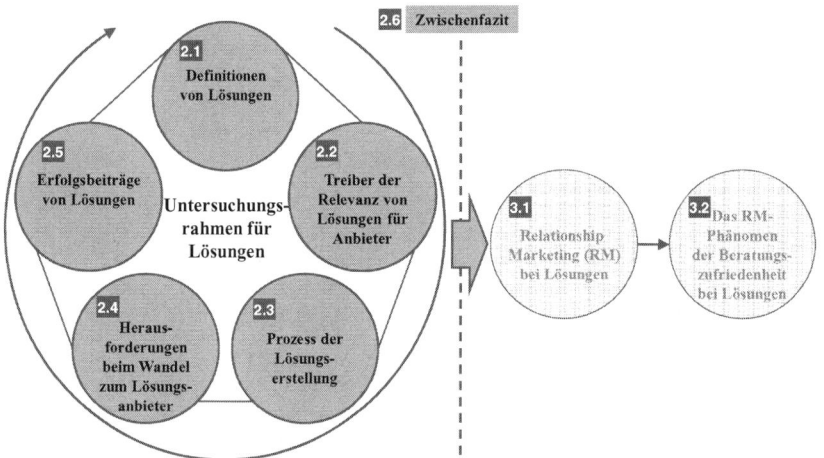

Abb. 3: Aufbau des Grundlagenkapitels B2B-Lösungen
Quelle: eigene Darstellung in Anlehnung an Nordin und Kowalkowski (2010:453)

2.1 Die Definitionen von Lösungen

Begriffsdefinitionen grenzen den Gegenstands- und Phänomenbereich ein, was als Grundvoraussetzung für die Formulierung von Aussagen und zur Bildung von Theorien gesehen werden kann. Weiterhin können auf diese Weise definitorische Eigenschaften festgelegt werden, so dass bestimmt werden kann, ob ein empirisch beobachteter Gegenstand dem eingegrenzten Phänomenbereich zuzuordnen ist oder nicht (Fließ, 2009). Vor diesem Hintergrund soll in diesem Abschnitt zunächst eine Abgrenzung von Sach- und Dienstleistungen vorgenommen werden (Abschnitt 2.1.1), da diese in der Regel Bestandteil einer Lösung sind. Darauffolgend werden Lösungsdefinitionen aus der Marketingliteratur vorgestellt, so dass der Leser ein besseres Verständnis der unterschiedlichen Aspekte von Lösungen entwickeln kann (Abschnitt 2.1.2). Dieser Unterabschnitt schließt mit einer Arbeitsdefinition für die vorliegende Arbeit.

2.1.1 Abgrenzung von Sach- und Dienstleistungen

Die vorherrschende Auffassung in der Literatur ist, dass es sich bei Lösungen um eine angepasste und integrierte Kombination von Produkten und Dienstleistungen handelt, die ein Geschäftserfordernis von Nachfragern adressiert (Bonnemeier, 2009:16; Tuli et al., 2007:1). Wie im weiteren Verlauf der Arbeit noch aufgezeigt werden wird, können sich die Ausprägung und das Verhältnis von Sach- und Dienstleistungen im Lösungsgeschäft stark unterscheiden. Aus diesem Grund scheint es notwendig für die Lösungsforschung diese beiden Leistungsarten genau beschreiben zu können. So sollte es auch besser möglich sein, die Zusammensetzung von Lösungen präzise erklären zu können. Wie die folgenden Abschnitte zeigen werden, verhindert die weite Interpretationsbasis sowie das breite Spektrum des Dienstleistungssektors zwar, dass eine präzise und von allen Seiten akzeptierte Definition von Dienstleistungen festgelegt werden kann (Meiren, 2009:39 ff.). Dennoch sollen an dieser Stelle zumindest drei verbreitete Einordnungsversuche vorgestellt werden (vgl. Jacob, 2009:106 ff.).

2.1.1.1 Die funktionale Sichtweise

Die funktionale Sichtweise von Dienstleistungen betrachtet die Funktionen von Dienstleistungen und lässt sich in **drei Ansätze** unterteilen (Corsten, 1997:21): **enumerative Definitionsansätze** (z.B. nach Branchen), **Negativdefinitionen** (in Abgrenzung zu Sachleistungen) sowie **Definitionen über die Festsetzung konstitutiver Merkmale**. Weil enumerative Definitionsansätze durch Beispielhaftigkeit geprägt sind und Negativdefinitionen nicht abschließend die Negativmerkmale von Dienstleistungen erfassen, sind Definitionsansätze über konstitutive Merkmale aus wissenschaftlicher Sicht am vielversprechendsten (vgl. z.B. Martini, 2008:7). Aus diesem Grund soll nur der letzte Ansatz vorgestellt werden:

Um eine möglichst präzise Zuordnung der Leistungsart vorzunehmen, können verschiedene übergeordnete, konstitutive Merkmale und Ausprägungen beurteilt werden. Auf den ersten Blick erscheint die Verwendung konstitutiver Merkmale zur Abgrenzung der Leistungsarten sinnvoll (z.B. Corsten, 1984:253), allerdings ist festzustellen, dass die Marketingliteratur sich nicht auf einen einheitlichen Merkmalskatalog einigen kann. Stellvertretend soll deshalb auf die Arbeiten von Parasuraman et al. (1985:42) bzw. Zeithaml und Bitner (2003:20 ff.) hingewiesen werden, die Dienstleistungen idealtypisch durch vier Kriterien von Sachleistungen unterscheiden: (1) Immaterialität, (2) Heterogenität, (3) Simultanität und (4) Nicht-Lagerbarkeit (auch: IHIP-Modell). Diese vier Abgrenzungsmerkmale sind wie folgt zu interpretieren: Unter Immaterialität kann die Nicht-Körperlichkeit, Nicht-Greifbarkeit und somit Ungegenständlichkeit von Dienstleistungen verstanden werden. Dies macht es für Kunden beispielsweise schwieriger, Leistungen zu vergleichen, so dass beim Kauf ein höheres Risiko wahrgenommen wird (Palmer, 1998:10). Heterogenität hingegen bedeutet, dass Dienstleistungen im Vergleich zu Sachleistungen nicht standardisierbar sind und keinem einheitlichen Muster folgen – auch dies lässt Kunden in der Theorie beim Kauf ein höheres Risiko wahrnehmen. Der dritte Faktor, Simultanität, bezeichnet, die untrennbare Verbundenheit von Konsum und Erbringung im Rahmen einer Dienstleistung. Dies bedingt, dass der Nachfrager bei der Erbringung anwesend sein muss und zum "coproducer" der Dienstleistung wird. Die Nicht-Lagerbarkeit ist das vierte konstitutive Merkmal und steht dafür, dass Dienstleistungen nicht gelagert sowie nur eingeschränkt weiterverkauft und umgetauscht werden können.

Trotz der hohen Verbreitung des Modells, gibt es in jeder der vier Kategorien auch Gegenbeispiele, die nahelegen, dass dieser Ansatz nicht für alle Dienstleistungen generalisierbar ist (Lovelock und Gummesson, 2004:31): So heben beispielsweise Wyckham et al. (1975) hervor, dass Produkte ebenfalls Aspekte von Dienstleistungen innehaben[2] – weiterhin kann argumentiert werden, dass es sich bei dem Kriterium Immaterialität eher um ein Spektrum mit fließenden Übergängen zwischen Produkten und Dienstleistungen handelt (Shostack, 1977:77). Ferner ist festzustellen, dass sich Dienstleistungen ebenso Produkten annähern können: Hinsichtlich der Heterogenität beispielsweise unterstützt das Service Blueprinting die Standardisierung von Dienstleistungsprozessen (vgl. z.B. Fließ und Kleinaltenkamp, 2004), während das Internet die Gleichzeitigkeit von Produktion und Konsum aufheben kann (Palmer, 1998:17).

Für die Dienstleistungsforschung zeigt dieser Abschnitt, dass die durch etablierte Arbeiten unterstellte Dichotomie von Produkten und Dienstleistungen mit klaren Schwächen versehen ist. Für die Lösungsforschung hingegen liegt die Schwäche der funktionalen Sichtweise von Dienstleistungen eher in der unzureichenden Unterscheidung der Dienstleistung nach Phasen und Rollen.[3] Deshalb soll im folgenden Abschnitt ein weiterer Ansatz zur Charakterisierung von Dienstleistungen vorgestellt werden, der diese beiden Punkte berücksichtigt.

2.1.1.2 Dienstleistungen als Leistungsbündel

Wie von Jacob (2009:107 ff.) ausgeführt, können Dienstleistungen auch anhand von Eigenschaften der Produktion charakterisiert werden. Dafür ist eine Einteilung in drei Prozessschritte der Dienstleistungserbringung möglich, wobei jeweils zwischen der

---

[2] So gibt es Nicht-Dienstleistungsindustrien, die Produkte nur schwer mit einer homogenen Qualität produzieren können (z.B. tropische Früchte). Weiterhin gibt es auch Produkte, wie beispielsweise Wein, die sich beim Kauf nicht auf ihre Qualität hin beurteilen lassen können (Aspekt der Immaterialität).
[3] Auf die Bedeutung der Prozessphasen einer Lösung (vgl. Abschnitt 2.3.1) sowie auf die Bedeutung der Rollen von Anbieter und Nachfrager (vgl. Abschnitt 2.3.3) wird im weiteren Verlauf der Arbeit noch ausführlich eingegangen.

Rolle des Anbieters und des Nachfragers unterschieden wird. Diese differenzierte Art der prozessualen Darstellung erscheint aus Sicht der Lösungsforschung schon vielversprechender, da der Kunde im Lösungsgeschäft auch in den Leistungserstellungsprozess integriert ist. Der Prozess der Dienstleistungserbringung kann wie folgt dargestellt werden:

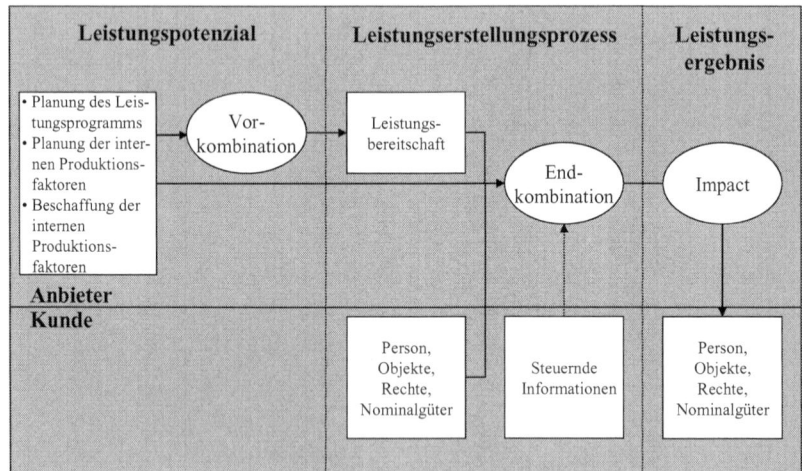

Abb. 4: Modell der Dienstleistungserbringung
Quelle: Jacob (2009:109)

Aus Sicht der Dienstleistungsforschung kann durch die Betrachtung dieser drei Phasen eine konzeptionelle Abgrenzung von Dienstleistungen zu reinen Sachleistungen vorgenommen werden:

- In der Phase des **Leistungspotenzials** gibt es keine grundsätzlichen Unterschiede zwischen Dienstleistungen und Sachleistungen. Bei beiden Leistungsarten müssen notwendige Schritte des Leistungsprogramms geplant und notwendige Produktionsfaktoren beschafft werden.

- Beim **Leistungserstellungsprozess** hingegen findet bei Dienstleistungen notwendigerweise eine Einbeziehung externer Faktoren statt. Während eine Sachleistung in erster Linie ohne einen wesentlichen Beitrag des Nachfragers erbracht werden kann, ist der Anbieter bei Dienstleistungen – ebenso wie bei Lösungen – darauf angewiesen, dass der Nachfrager seinen Anteil zum integrativen Leistungserstellungsprozess beisteuert. Das Ausmaß der Kundenmitwirkung in diesem Prozessschritt ist einerseits davon abhängig, wie stark der Kunde in den Leistungserstellungsprozess eingebunden ist, und andererseits davon, wie aktiv seine Rolle im Prozess ist. Sind die Einbindungsintensität und der Aktivitätsgrad des Kunden stark ausgeprägt, kann man von Kundenintegration sprechen (Jacob und Sievert, 2011:243).[4]

- Das **Leistungsergebnis** ist das Resultat des Leistungsprozesses, der bei Dienstleistungen integrativ ist. Das Ergebnis ist bei Dienstleistungen in der Regel immateriell, wobei sich die Wirkung auch auf materielle Dinge beziehen kann. Bei Sachleistungen hingegen ist das Leistungsergebnis materiell. Würde man diesen Prozessschritt aus einer Lösungssicht betrachten, so könnte aufgrund des notwendigen Sachleistungsanteils ein zumindest in Teilen materielles Leistungsergebnis angenommen werden.

Ein Problem, das bei diesem Modell der Dienstleistungserbringung heraussticht, ist, dass der Versuch, Sach- und Dienstleistungen begrifflich klar voneinander zu trennen, nicht immer erfolgreich ist. Deshalb schlagen Engelhardt et al. (1993:417) vor, die Dichotomie von Sach- und Dienstleistungen aufzuheben:

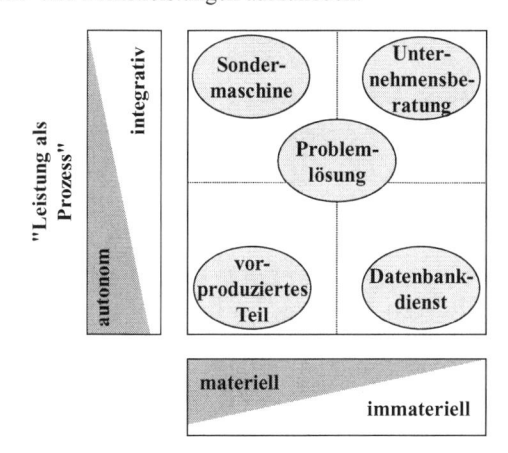

Abb. 5: Typologie der Leistungserbringung

Quelle: nach Kleinaltenkamp (2000:217) in Anlehnung an Engelhardt et al. (1993:417)

Abbildung 5 zeigt, dass **Immaterialität** und **Integrativität** nicht als konstitutive Merkmale zur Abgrenzung verwendet werden sollen, sondern vielmehr als Grundlage für eine Leistungstypologie dienen. Diese Leistungstypologie ermöglicht fließende

---

[4] Wie in Abschnitt 2.3.2 noch ausgeführt, kann sich Einbindungsintensität und der Aktivitätsgrad des Nachfragers bei Lösungen stark unterscheiden.

Übergänge zwischen den Eigenschaften, so dass eine Vielfalt möglicher Erscheinungsformen in dem Modell systematisiert werden kann. In ihrer Typologie bezeichnen die Autoren alle Leistungsarten fortan auch als **Leistungsbündel**, die sich auf einem Kontinuum von Integrativität und Immaterialität darstellen lassen.

Von besonderem Interesse für diese Arbeit ist, dass durch eine Erweiterung der **Grundtypologie** von Engelhardt et al. (1993:417) auch Lösungen dargestellt werden können: Wie aus Abbildung 5 ersichtlich, **ergänzt Kleinaltenkamp** (2000:216 ff.) die Illustration **um** das Leistungsbündel **Problemlösung**. Diese Leistungsart ist relativ mittig angeordnet und enthält – je nach Lösungsart – in unterschiedlichem Umfang materielle und immaterielle Komponenten. Die darin enthaltenen Leistungselemente können im Leistungserstellungsprozess entweder autonom oder integrativ erstellt werden. Weiterhin weist Kleinaltenkamp (2000:216 ff.) darauf hin, dass die Mehrzahl der Problemlösungen im B2B-Bereich aufgrund ihres Bündelcharakters dadurch gekennzeichnet ist, dass sie sich aus verschiedenen Leistungsarten zusammensetzen, so dass sich die vier unterschiedlichen Grundtypen[5] in einer Problemlösung mischen.

Abschließend sei bemerkt, dass – auch mit den vorgestellten Erweiterungen – keine Typologie eine eindeutige Abgrenzung von Dienstleistungen zu Sachgütern erlaubt (Meffert und Bruhn, 2009:24).[6] Aus Sicht der Lösungsforschung war die Diskussion an dieser Stelle jedoch hilfreich, weil so eine erste Annäherung an den Lösungsbegriff gefunden werden konnte. Da das Lösungsgeschäft jedoch noch weitere Facetten beinhaltet, die bislang im Rahmen dieser Dienstleistungsdefinitionen nicht diskutiert werden konnten, wird noch eine alternative Dienstleistungsperspektive vorgestellt.

2.1.1.3 Dienstleistungen als Marketing-Logik

Da die bisherigen Versuche, Sach- und Dienstleistungen eindeutig zu trennen, nicht erfolgreich waren, stellt sich die Frage, ob nicht eine grundlegend andere Betrachtung in der Marketingwissenschaft gewählt werden sollte, die weniger güterorientiert ist und stärker den Austausch von Immateriellem, von spezialisierten Fähigkeiten, Wissen und Prozessen mit dem Nachfrager hervorhebt (Jacob und Ulaga, 2008). In diesem

---

[5] Diese umfassen die vier exemplarischen Typen (1) Sondermaschine, (2) Unternehmensberatung, (3) vorproduziertes Teil und (4) Datenbankdienst.

[6] Andererseits kann welch selbst ein unscharf formulierter Terminus hilfreich sein (Martini, 2008:16), wird so beispielsweise doch der Dialog zwischen Wissenschaft und Praxis erleichtert: Wissenschaftler wie Praktiker verbinden den Begriff Dienstleistung tendenziell mit der Vorstellung einer hoch integrativen und immateriellen Absatzleistung, so dass es in der Regel nicht zu Missverständnissen kommt und die Kommunikation zwischen Wissenschaft und Praxis gefördert wird (Woratschek, 1998:40).

Grundlagen und theoretischer Rahmen: B2B-Lösungen 21

Zusammenhang ist die "Service-dominant Logic" (S-DL) von Vargo und Lusch (2004a; 2004b) eine neue Marketingperspektive, welche ihre Grundlage zwar im Dienstleistungsmarketing hat, aber im Gegensatz zu bisherigen Definitionen Dienstleistungen nicht nur als eine spezielle Art von immateriellen Produkt sieht (Cova und Salle, 2008). Dabei kann die S-DL als ein verhältnismäßig breiter konzeptioneller Bezugsrahmen verstanden werden, der Ideen aus bisher eher unabhängigen Disziplinen wie beispielsweise dem RM, dem Dienstleistungsmarketing, dem Qualitätsmanagement und dem Supply Chain Management integriert (Meffert und Bruhn, 2009:81).

Im Kern beruht die S-DL auf zehn Thesen ("foundational premises"), die die Wertschöpfung aus der Sicht des Nachfragers in den Vordergrund stellen (Vargo und Lusch, 2008:7). Da sich in den zehn Thesen wichtige Anknüpfungspunkte für das das Lösungsgeschäft finden, sollen diese zunächst kurz vorgestellt werden:

1. Zunächst postulieren die Autoren, dass **Service die grundlegende Basis von Austauschprozessen** zwischen Anbieter und Nachfrager ist. Dabei wird der Austausch von Service gegen Service erst durch die Anwendung von Wissen und Fähigkeiten möglich gemacht.

2. Ferner besagt die S-DL, dass Service als grundlegende Basis des Austausches häufiger **durch den indirekten Austausch verdeckt** wird: Weil Dienstleistungen durch eine komplexe Kombination von Gütern, Geld und Institutionen gewährleistet werden, sind Dienstleistungen als Austauschbasis nicht immer sichtbar.

3. Ein weiterer wichtiger Punkt bezieht sich auf die Rolle von Gütern: In der traditionellen güterdominierten Sichtweis steht das Produktionsergebnis im Vordergrund. Im Vergleich dazu werden in der S-DL **Güter als Verteilungsmechanismus** für Dienstleistungen und Wissen gesehen (Vargo und Lusch, 2004a).

4. Eng damit verbunden ist die These, dass in der S-DL Wissen und Fähigkeiten (**"operant resources"**) die grundlegende **"Quelle" von Wettbewerbsvorteilen** darstellen. Die wesentliche Überlegung dahinter ist, dass dauerhafte Wettbewerbsvorteile nicht mehr durch natürliche Ressourcen (**"operand resources"**), welche für sich einen produktiven Effekt verursachen, erreicht werden (Constantin und Lusch, 1994). **Wissen und Fähigkeiten** werden für Unternehmen hingegen wichtiger, weil beide den Wert natürlicher Ressourcen vervielfachen können.

5. Weiterhin kritisieren die Autoren die traditionelle institutionelle Sichtweise der Wirtschaftssektoren: Wenn es keine Unterscheidung zwischen Dienstleistungen

und Produkten mehr gibt, dann sollten auch **alle Wirtschaftssektoren** als **Dienstleistungssektoren** verstanden werden.

6. Ein zusätzlicher wichtiger Aspekt der S-DL bezieht sich auf die **Rolle des Nachfragers**: Dieser ist gemäß den Autoren **immer Mitproduzent des geschaffenen Wertes**, weil Wertschöpfung stets in der Interaktion zwischen Anbieter und Nachfrager entstehe. Andere Autoren, wie z.B. Ramani und Kumar (2008:38), haben diesen Gedanken aufgegriffen und konnten zeigen, dass das Konstrukt der "Interaktionsorientierung" einen positiven Einfluss auf die Gewinnung und Erhaltung profitabler Kunden hat – ebenso wie auf die Kundenzufriedenheit und Kundenbindung.

7. Eng mit diesem Gedanken verbunden ist die These 7 von Vargo und Lusch (2008:7), welche besagt, dass ein Anbieter nur Wertangebote (**"value propositions"**) abgeben kann. Diese allein sind jedoch unvollständig, weil sie erst durch die Nutzungs- und Verbrauchsprozesse des Nachfragers ergänzt werden müssen.

8. Eine wesentliche Idee der S-DL ist auch, dass dabei eine dienstleistungsorientierte Perspektive immer **nachfragerorientiert** und **relational** ist. Dienstleistungen sind dadurch definiert, dass der Wert durch den Nachfrager bestimmt wird und der Nachfrager Mitproduzent ist (**"co-creation"**). Gummesson (2007:115) schreibt in diesem Zusammenhang:

"Customers do not buy goods or services; they may buy something that they perceive to be of value to them."

Nachfragerorientierung im Sinne der S-DL kann somit dadurch erreicht werden, dass gemeinsam eine **kundenspezifische und wettbewerbsfähige Lösung** entwickelt wird, die die Bedürfnisse des Kunden adressiert und Produkte und Dienstleistungen integriert (Sawhney, 2006).

9. Traditionell hat die Anbieter-Nachfrager-Beziehung den Fokus vieler Untersuchungen im Marketing gebildet. Die S-DL ist jedoch der Auffassung, dass Wertschöpfung in einem **Netzwerk** mit mehreren Beteiligten neben Anbieter und Nachfrager stattfindet. Dies hat einerseits zur Folge, dass Interaktionen mit neuen Beteiligten gemanagt werden müssen. Andererseits kann so Kundenzufriedenheit nicht mehr der einzige Erfolgsindikator für Anbieter sein, da weitere Netzwerkakteure bei der Erfolgsmessung beachtet werden müssen (Gummesson, 2007).

Grundlagen und theoretischer Rahmen: B2B-Lösungen 23

10. Als letzten Punkt führen die Autoren an, dass der **Wert** einer Dienstleistung einzig und allein **durch den Empfänger bestimmt** wird. Dies liegt darin begründet, dass der individuelle Nutzen einer Leistung zu unterschiedlichen Wahrnehmungen über den Wert führt.

Aus Sicht der Dienstleistungsforschung unterstreichen die zehn Thesen die **Kritik an** der **bisherigen Betrachtung** von **Dienstleistungen** aus der funktionalen Sichtweise, welche stark durch die vier Kriterien Immaterialität, Heterogenität, Simultanität und Nicht-Lagerbarkeit geprägt ist (vgl. z.B. Zeithaml und Bitner, 2003:20 ff.). Dies wird auch in einem weitergehenden Beitrag der Autoren konkretisiert, in dem sie zeigen, dass die klassischen vier Kriterien eigentlich für jede Marktleistung zutreffen können (Vargo und Lusch, 2004b).[7] Eine scharfe Trennung von Sach- und Dienstleistungen kann aber auch durch die S-DL nicht sichergestellt werden, wird doch die klassische Dichotomie von Sach- und Dienstleistungen gleich ganz aufgehoben und unter einer einzigen Definition subsumiert.[8] Aufgrund der Breite und Komplexität bietet die S-DL sowohl für Praxis als auch für Wissenschaft einige Herausforderungen: Für die Praxis wird schnell ersichtlich, dass sich die S-DL schwerlich einfach in ein Marketinginstrument übersetzen lässt, welches dann "out of the box" in ein bestehendes Marketing-Toolset eingegliedert werden kann. Aus Sicht der Marketingwissenschaft, in der die S-DL in den letzten Jahren sehr viel Aufmerksamkeit aber auch Kritik[9] erfahren hat, ist der Mehrwert noch nicht final entschieden. Aus diesem Grund sollte die Erforschung im Rahmen einer empirischen Überprüfung und Validierung des Konzepts weiter von Marketingforschern vorangetrieben werden (vgl. auch Brodie et al., 2006:316; Vargo, 2007:107).[10]

Speziell **aus der Perspektive der Lösungsforschung** hingegen bieten viele Thesen interessante Verbindungen zum Lösungsgeschäft und zeigen, dass das Lösungsgeschäft

---

[7] Die Autoren kritisieren beispielsweise, dass jedes Angebot symbolische, nicht körperliche Merkmale aufweisen kann (vgl. "Immaterialität"), dass die wahrgenommene Qualität einer Leistung stets als subjektiv und damit heterogen anzusehen ist (vgl. "Heterogenität"), dass der Nachfrager für jede Arbeit des marktlichen Austauschs erfordert wird (vgl. "Simultanität") und dass auch jedes Angebot einem Zyklus unterliegt und damit nicht unbegrenzt ohne Wertminderung lagerbar ist (vgl. "Nicht-Lagerbarkeit").

[8] Vgl. Vargo und Lusch (2004a:2): "Rather, we define services as the application of specialized competences (knowledge and skills) through deeds, processes, and performances for the benefit of another entity or the entity itself."

[9] Beispielsweise Winklhofer et al. (2007), Haase et al. (2008:26) und Prahalad (2004).

[10] In diesem Kontext vertritt der Autor dieser Arbeit die Meinung, dass es gewinnbringend sein kann, spezifische Aspekte der S-DL zu erforschen, ohne dabei jeden einzelnen Aspekt der S-DL in den Forschungsfragen abzubilden. Die vorliegende Analyse des Kauf- und Interaktionsverhaltens im kundenindividuellen Lösungsprozess soll dabei einen wertvollen Beitrag leisten, den hier beschriebenen Co-Creation-Prozess besser zu verstehen.

klare Anknüpfungspunkte in der Dienstleistungsforschung hat (vgl. auch Ahlert et al., 2008:29 f.). Sowohl nach der S-DL als auch im Lösungsgeschäft steht der intensive Austauschprozess zwischen Anbieter und Nachfrager im Vordergrund: Interaktion, gemeinsame Wertschöpfung, die Integration des Anbieters in die Wertschöpfung des Nachfragers sowie eine gemeinsame, vertrauensvolle Beziehung zwischen Anbieter und Nachfrager sind sowohl bei der S-DL (vgl. Vargo und Lusch, 2004:11 f.) als auch im Lösungsgeschäft[11] von größter Bedeutung. Wie von Bonnemeier (2009:21) weiter ausgeführt, kann das Lösungsgeschäft auch als logische Konsequenz gesehen werden, um der in der S-DL geforderte Integration des Anbieters in die Wertschöpfungskette des Nachfragers nachzukommen. Ähnlich formulieren es auch Ahlert et al. (2008:31): Das Lösungsmarketing setzt auf der von Vargo und Lusch beschriebenen neuen Logik auf, da Kunden in eine wertschaffende Beziehung involviert werden müssen, bei der den spezifischen Nachfragerbedürfnissen durch eine maßgeschneiderte Lösung entsprochen wird.

Bis jetzt stand in der Diskussion – unter Rückgriff auf die Dienstleistungsforschung – die analytische Trennung des Sach- und Dienstleistungsbegriffs im Vordergrund, wobei erste Bezüge zum Lösungsbegriff geschaffen werden konnten. Da die bisherige Diskussion nahelegt, dass die integrative Betrachtung von Sach- und Dienstleistungen bei der Entwicklung eines Lösungsverständnisses helfen könnte, sollen im folgenden Abschnitt besonders Arbeiten mit integrativem Fokus betrachtet werden.

2.1.2 Aktuelle Lösungsdefinitionen in der Literatur

Im letzten Jahrzehnt sind immer mehr Anbieter in verschiedenen Branchen dazu übergegangen, Kunden aktiv Lösungen anzubieten. Dabei wird der Begriff Lösung von manchen Anbietern als reines vertriebsförderndes Marketing "buzzword" verwendet, so dass eigentlich nach wie vor nur Produkte oder Produktbündel – und nicht Lösungen – verkauft werden. Tatsächlich kann nur ein geringer Anteil der am Markt auftretenden Unternehmen als "solution seller" verstanden werden (Woisetschläger et al., 2010:6), so dass in der Folge bei einem Großteil der Nachfrager die Erwartungen nicht erfüllt werden. Aus akademischer Sicht scheint es an dieser Stelle notwendig, sich zunächst einen Überblick über die bestehenden Lösungsdefinitionen in der Literatur zu verschaffen, um dann die Bestandteile von Lösungen zu diskutieren und eine Arbeitsdefinition für diese Arbeit festlegen zu können.

---

[11] Vgl. dazu insbesondere Abschnitt 2.1.2 und Abschnitt 2.3.1.3.

Grundsätzlich definiert der Oxford Advanced Learner's Dictionary eine Lösung – neben naturwissenschaftlichen Auslegungen – als "a way of solving a problem or dealing with a difficult situation" bzw. "an answer to a puzzle or to a problem in mathematics" (o.V., 2010). Hier kommt zum Ausdruck, dass der Ausgangspunkt einer Lösung von einer Problemstellung gebildet wird, welche überwunden werden muss. Für die Marketingwissenschaft ist diese Definition zu wenig spezifisch bzw. hat keinen direkten wirtschaftlichen Bezug, so dass nach zeitgemäßen Lösungsdefinitionen in den Wirtschaftswissenschaften gesucht werden sollte.

Der Kontext einer Lösung kann im wirtschaftlichen Sinn im Wesentlichen durch den Lösungsanbieter, die Lösung (auch: Solution) sowie den Nachfrager beschrieben werden (vgl. auch Ahlert et al., 2008:33). Dies setzt jedoch voraus, dass der Kunde seinen Problemlösungsbedarf über den Markt abwickeln möchte und nicht in der Lage bzw. gewillt ist, sein Problem selbst zu lösen. Trotz der Vielzahl der Definitionen, enthalten die meisten Lösungsdefinitionen bestimmte Aspekte, die sich bei mehreren Autoren wiederholen (vgl. auch Nordin und Kowalkowski, 2010:443 ff.). Diese **Merkmale** sollen in diesem Abschnitt anhand einer Auswahl von 20 aktuellen Lösungsdefinitionen diskutiert werden.

Schon in frühen Lösungsdefinitionen (z.B. Galbraith, 2002; Srivastava et al., 1999) wird betont, dass es sich bei Lösungen um ein **Bündel** bzw. um eine Kombination von Produkten und Dienstleistungen handelt. Dieser Definitionsansatz wird heute von den meisten Autoren dahingehend erweitert, dass es bei Lösungen auch ein gewisses Maß an **Integration** von Produkten und Dienstleistungen gibt, was jedoch zwei Aspekte hat: Der erste Aspekt beschreibt, dass die Leistungsart eine **eigenständige Marktfähigkeit** besitzt und in ihrer Gesamtheit konsumierbar ist (Schmitz, 2008:669). Dafür müssen die entsprechenden Leistungsbestandteile auch technisch nahtlos ineinander greifen und sich ergänzen. Diese **interne Integrativität** kann darauf basieren, dass die einzelnen Bestandteile entweder einzigartig sind oder hauptsächlich auf standardisierten Modulen aufbauen, wenn sie dann ein technisches Ganzes ergeben (Sawhney, 2006). Erschwert wird diese Integration jedoch, wenn gleichzeitig noch weitere Teilleistungen von externen Firmen bezogen werden müssen, um eine vollständig integrierte Lösung zu erhalten (Hobday et al., 2005:1138). Auch Roegner und Gobbi (2001:3) betonen, dass Anbieter für eine Lösung nicht nur einfach Produkte und/oder Dienstleistungen für Nachfrager bündeln müssen, sondern die einzelnen Komponenten – an den Kundenbedürfnissen orientiert – integriert werden müssen. Damit spielen die

Autoren indirekt auf den zweiten integrativen Aspekt – die **externe Integrativität** – an: Die Lösung sollte sich nahtlos in die vorhandenen Prozesse, Organisationsstrukturen und Geschäftsspezifika des Nachfragers integrieren lassen (Sheperd und Ahmed, 2000:104). Woisetschläger et al. (2010:6) merken in diesem Zusammenhang an, dass das Kundenproblem über eine gewisse Komplexität verfügen sollte, weil der Nachfrager sonst selbst leicht eine Lösung herbeiführen könnte bzw. Standardkomponenten das Problem beseitigen könnten.

Dass die Integration einer Lösung jedoch auch einen **synergetischen Mehrwert** erzeugt, wird bei den vorliegenden 20 Lösungsdefinitionen nur von etwa der Hälfte der Autoren konkret formuliert (vgl. Anhang 1). Dieser Aspekt würde nahelegen, dass eine Lösung insgesamt mehr als die Summe ihrer Teile ist. Galbraith (2002:194) beschreibt diese Facette auch wie folgt:

"The packages create more value than the customers can create for themselves by buying only the stand-alone products."

Ahlert et al. (2008:38) wiederum weisen darauf hin, dass der Mehrwert auch darin bestehen kann, Outputsteigerungen und Effizienzgewinne beim Nachfrager zu realisieren.

Die **Adressierung von individuellen Kundenbedürfnissen** bzw. Kundenproblemen ist in fast allen analysierten Definitionen vorhanden: Eades (2004:3 f.) betrachtet Lösungen als eine Antwort auf ein Problem, wobei er die Definition um einen entscheidenden Punkt erweitert: Nicht nur der Nachfrager muss sein Problem erkennen, sondern Anbieter und Nachfrager müssen sich auf eine gemeinsame Antwort einigen. Damit wird die Lösung zu einer beidseitig anerkannten Antwort auf ein erkanntes Problem. Durch den expliziten Nachfragerbezug wird deutlich, dass unter Lösungen in der Regel kein reines Produktbündel verstanden wird, welches autonom beim Anbieter entstehen kann: Die Anforderungen sind geprägt durch das individuelle Problem, das beim Nachfrager besteht. Brady et al. (2005:572) beschreiben dies auch folgendermaßen:

"Bringing together of products and services in order to address a customer's particular business or operational requirements."

Damit ist verbunden, dass dieses individuelle Problem im Lösungsprozess auch durch eine kundenindividuell entwickelte und maßgeschneiderte Lösung (**"customizing"**) adressiert wird. Auf die genaue Form des Customizing wird von den meisten Autoren nicht eingegangen. Dies lässt jedoch außen vor, dass theoretisch eine große Bandbreite für Anbieter besteht, bis zu welchem Grad Leistungen individualisiert werden können. Lampel und Mintzberg (1996:24) beispielsweise beschreiben vier verschiedene Optionen – von "segmented standardization" bis "pure customization" –, welche einen unterschiedlichen Anteil an Standardisierung enthalten. Jacob und Kleinaltenkamp (1994:7) hingegen verweisen bei ihrer Untersuchung von einzelkundenbezogener Leistungsgestaltung auf vier Varianten des Customizing, für welches sich der Anbieter entscheiden kann.[12] Diese Kategorisierungslogik für Customizing scheint durchaus auf den Bereich Lösungen übertragbar, weil auch hier die Individualisierung der Marktleistung durch den vorab gewählten Standardisierungsgrad der Komponenten und Vorleistungen geprägt ist.

Neben diesen bereits vorgestellten Aspekten von Lösungen gibt es jedoch auch einige Autoren, welche ein erweitertes Verständnis von Lösungen haben und somit die relationalen Aspekten in ihren Lösungsdefinitionen stärker betonen. So kann einerseits beobachtet werden, dass manche Autoren proaktives Verhalten von Anbietern gegenüber Nachfragern bzw. die starke **Interaktion** von Anbieter und Nachfrager als ein wesentliches Element einer Lösung sehen. Cornet et al. (2000:2 ff.) stellen in ihrer Definition explizit heraus, dass Lösungen immer durch wechselseitige Wertschöpfung ("cocreation") entstehen und sich so vom Systemgeschäft abgrenzen. Diese Wertschöpfung kann sich sowohl auf kommerzielle, operative als auch auf finanzielle Aspekte beziehen. Sharma et al. (2002:3) beschreiben, dass Beziehungen zwischen Anbietern und Nachfragern im Lösungsgeschäft normalerweise durch eine vertraute Atmosphäre geprägt sind und eindeutig über die traditionelle Verkäufer-Käufer-Beziehung hinausgehen. Weiterhin soll in diesem Zusammenhang besonders auf die Arbeit von Tuli et al. (2007) hingewiesen werden, welche empirisch belegen, dass es einen Unterschied zwischen der Anbieter- und Nachfragersicht auf Lösungen gibt.[13] So können die Autoren nachweisen, dass gerade aus Nachfragersicht dieses erweiterte Verständnis von Lösungen vorherrscht und Nachfrager Lösungen eher als eine Abfolge von verbundenen relationalen Prozessschritten zwischen Anbieter und Nachfrager sehen. Als letzten Gesichtspunkt von Lösungsdefinitionen kann hier noch auf die eher wenig verbreiteten **industriespezifischen Bestandteile** in der Lösungsdefinition hingewiesen werden. So führt Ceci (2009:1, 138) an, dass es bei Lösungen darum gehe, dass Anbieter für verschiedene Industriesegmente verschiedene standardisierte Lösungen vorhalten sollten,

---
[12] Vordefinierte Varianten, Produktanpassungen, Sonderanfertigungen, Einzelanfertigung.
[13] Vgl. dazu auch Abschnitt 2.3.1.3.

um mit Lösungen Kundenzufriedenheit zu erreichen. Wettbewerbsvorteile würden sich demnach daraus ergeben, dass Anbieter die richtigen Lösungsstrategien für spezifische Kundensegmente erzeugen und Lösungen weniger auf kundenindividueller Ebene schaffen. Weiterhin unterscheidet Galbraith (2002), dass Lösungen sowohl vertikal (d. h. industriespezifisch) als auch horizontal (d. h. nach Kundenkategorien) strukturiert sein können.[14]

Abschließend kann festgehalten werden, dass es ähnlich wie bei Dienstleistungen zwar **keine einheitliche Definition** gibt, die meisten Autoren sich **jedoch** auf bestimmte **konstitutive Merkmale von Lösungen** einigen.[15] Auch wenn es sich dabei um keinen abschließenden Überblick handelt, so können doch bei den in Tabelle 1 bzw. Anhang 1 dargestellten Definitionen bestimmte Regelmäßigkeiten festgestellt werden. Dabei ist besonders die komplexe **Integration** von einzelnen Leistungskomponenten zu erwähnen, der sich daraus ergebende **synergetische Mehrwert** für Nachfrager, die **Problembezogenheit** und die damit verbundene **Individualität der Lösung**. Weiterhin soll für die vorliegende Arbeit besonders der Aspekt der **Interaktion** zwischen Anbieter und Nachfrager hervorgehoben werden.

Autor (Jahr)	Aspekte der Definition					
	1	2	3	4	5	6
Srivastava et al. (1999:170)	1			4		
Wise und Baumgartner (1999:138)	1	2		4		
Hax und Wilde (1999:13)	1		3	4		
Sheperd und Ahmed (2000:103 f.)		2		4		
Cornet et al. (2000:2 ff.)	1	2	3	4	5	6
Foote et al. (2001:84)		2		4		
Miller et al. (2002:3)	1	2		4		
Galbraith (2002:194)	1		3			
Sharma et al. (2002:3)		2	3	4	5	6
Johansson et al. (2003:118)		2	3	4		

---

[14] Diese anbieterzentrierte Sicht ist auch in der Praxis nicht unüblich, spricht doch z.B. IBM Kunden damit an, dass standardisierte Lösungen kundenübergreifend beispielsweise nach Branchen, Geschäftsanforderungen und IT-Themen geordnet sind (IBM, 2011).

[15] Die vorliegende Auswahl der Lösungsdefinitionen ist stark durch Lösungsdefinitionen aus dem angelsächsischen Raum geprägt. Dies ist dem Umstand geschuldet, dass der Lösungs- bzw. Solutionsbegriff hier weiter verbreitet ist.

Grundlagen und theoretischer Rahmen: B2B-Lösungen 29

	2	3	4	5	
Day (2004:18 f.)	2	3	4	5	
Brady et al. (2005:362)	1	2	3	4	
Davies et al. (2006:39)	1	2	3	4	
Sawhney et al. (2006:78)	1	2		4	
Tuli et al. (2007:1)	1	2		4	5
Sharma et al. (2008:301)		2		4	
Ahlert et al. (2008:38)		2	3	4	5
Ceci (2009:1, 138)		2				6
Brax und Jonsson (2009:541)	1	2	3	4	5
Windahl und Lakemond (2010:1)	1	2		4	
Aspekte der Definitionen: 1 = Bündelung von Produkten und Dienstleistungen; 2 = Integrativität; 3 = Synergie-Effekte; 4 = Individualität der Problemlösung; 5 = Interaktion; 6 = Segmentlösungen					

Tabelle 1: Ausgewählte Arbeiten zu Lösungsdefinitionen in der Literatur

Quelle: eigene Darstellung; Auswahl der Definitionen angelehnt an Ahlert et al. (2008:34 ff.)

Nachdem sechs konstitutive Lösungsmerkmale anhand von aktuellen Lösungsdefinitionen abgeleitet werden konnten, soll an dieser Stelle noch beschrieben werden, dass ähnliche Konzeptionalisierungen von Lösungen existieren – auch wenn nicht direkt der Name Lösung verwendet wird. Eine Übersicht der hier vorgestellten alternativen Definitionen finden sich in Anlehnung an Kawohl (2010:19) in Anhang 2.

Stremersch et al. (2001:2) sprechen beispielsweise von **Full Services**. Dies bedeutet gemäß den Autoren, dass ein Anbieter ein umfassendes Bündel von Produkten und Dienstleistungen so kombiniert, dass es spezifische Kundenbedürfnisse befriedigen kann. Die Autoren machen ebenfalls deutlich, dass sie dieses Konzept als eine deutlich umfangreichere Angebotsform als ein reines Bundling sehen: Vielmehr interpretieren sie Full Services eher als eine Weiterentwicklung des Systemgeschäfts.

Doch auch hier scheint es auf die genaue Definition anzukommen: So zeigen Homburg et al. (2005b:538 f.), dass der Begriff des **Systemgeschäfts** durchaus als eine integrierte Problemlösung für einen Kunden gedeutet werden kann, welche durch zwei oder mehr Produkte (Sachgüter bzw. Dienstleistungen) umgesetzt wird. Damit liegen beide Definitionen zwar sehr nahe zusammen, es mangelt jedoch nach wie vor an dem zuvor beschriebenen relationalen und interaktiven Aspekt einer Lösungsdefinition. Ein weiterer Unterschied zu Lösungen besteht darin, dass im Systemgeschäft hauptsächlich operative Erfordernisse des Nachfragers betrachtet werden – im Lösungsgeschäft sollte für die Anbieter hingegen auch das Ziel bestehen, dem Kunden nachhaltig strategischen Mehrwert für sein Geschäft zu bieten (vgl. Cova und Salle, 2008:272).

Leistungssysteme ähneln ihrer Definition nach in vielen Aspekten Lösungen (vgl. z.B. Belz und Bieger, 2006:21): Die Kombination von Produkten von Dienstleistungen wird als bestimmendes Element eines Leistungssystems angeführt. Weiterhin ist das Ziel, eine integrierte Problemlösung für einen Kunden zu schaffen, Teil der Definition. Relationale Aspekte mit Einzelkunden hingegen sind in der vorliegenden Definition nicht berücksichtigt. Da die Autoren stärker aus einer Anbieterperspektive heraus argumentieren, stehen Ziele wie die Effizienz von Marktingmaßnahmen stärker im Vordergrund, so dass beispielsweise auch die Etablierung von segmentspezifischen Lösungen vorgeschlagen wird.

Interessante Überschneidungen mit dem Lösungsbegriff finden sich bei der Charakterisierung von **komplexen Produkten** nach von Waldthausen (2007:39): Neben den verbreiteten Merkmalen wie Integrativität und Individualität der Problemlösung spricht die Autorin speziell die prozessuale Dimension der Leistungserstellung an, welche – je nach Komplexität des Produktes – auch den Nachfrager mit einbezieht. Zusätzlich ist hier explizit die Notwendigkeit einer Beratung aufgenommen – dies kann auch als wichtiger Bestandteil der Lösungsorientierung auf der Interaktionsebene gesehen werden, weil – im Kontrast zum eher transaktionsorientierten Produktverkaufsgespräch – der Nachfrager weitergehende Interaktion braucht, um mehr über seine eigenen Bedürfnisse zu erfahren (z.b. Kawohl, 2010:110). Weiterhin ist die Kundenberatung von hoher Bedeutung, um für den Anbieter durch Kundenanalyse und Kundenbeobachtung Informationen zu generieren, die benötigt werden, um ein an Kundenbedürfnissen ausgerichtetes Leistungsangebot erstellen zu können (Hofbauer und Hellwig, 2009:173).

Als letzte verwandte Leistungsart soll auf **hybride Produkte** hingewiesen werden, die beispielsweise von Burianek et al. (2009:18) recht treffend beschrieben werden. Auch hier wird deutlich, dass es wesentliche Überschneidungen mit den vorgestellten konstitutiven Merkmalen von Lösungen gibt – insbesondere hinsichtlich Bundling, Integrativität und Individualität der Problemlösung. Betrachtet man jedoch aktuelle Forschungen in diesem Bereich, wird deutlich, dass eine Vielzahl von Studien, die den Begriff hybride Dienstleistungen verwenden, einen klaren Anbieterfokus haben (vgl. z.B. aktuelle Beiträge in Reichwald et al., 2009): Die Optimierung der Anbieterorganisation, des Personals und der IT nehmen einen bedeutend größeren Raum ein als Forschungsbemühungen, die sich um die Interaktion zwischen Anbieter und Nachfrager drehen.

Existierte vor wenigen Jahren noch ein sehr schwaches terminologisches Fundament und waren die konzeptionellen Vorstellungen und theoretischen Ansätze, Lösungen zu erklären, noch gering ausgebildet (Mack und Mildenberger, 2003:63), so ist die Wissenschaft mittlerweile ein gutes Stück weiter gekommen. Es herrscht zwar immer noch eine **große Begriffsvielfalt** mit unterschiedlichen Definitionen, **aber** es gibt in der Literatur eine grobe **Einigung auf bestimmte konstitutive Lösungsmerkmale**. Wichtig scheint hier festzuhalten, dass jede Lösung ein Bündel aus Sach- und Dienstleistungen sein muss, aber nicht jedes Sach- und Dienstleistungsbündel eine Lösung ist (Wienen und Sichtmann, 2008:9 f.): Erst die speziell an Kunden ausgerichtete Komposition des Leistungsbündels bestimmt den Charakter einer Lösung.

Dieser Abschnitt schließt mit einer eigenen Arbeitsdefinition von Lösungen, da angesichts der stark empirischen Ausrichtung dieser Arbeit eine eindeutige Festlegung notwendig erscheint (Oguachuba, 2009:35). Dabei wird bewusst die Dimension der Beratung integriert, auch wenn dieser Aspekt von den meisten Autoren in den eigentlichen Definitionen keine explizite Beachtung findet. Dennoch scheint dieser Schritt sinnvoll, weil dieses Phänomen – wie im Weiteren noch ausgeführt werden wird – sehr hohe praktische und theoretische Relevanz besitzt. Somit lautet die Arbeitsdefinition:

Unter einer Lösung wird eine integrative Bündelung von Produkten, Dienstleistungen und Beratung verstanden, die durch ihre interaktive Zusammenstellung in einem gemeinsamen Lösungsprozess mit dem Nachfrager einen synergetischen Mehrwert erzeugt und dabei ein individuelles Nachfragerproblem durch ein maßgeschneidertes Leistungsergebnis adressiert.

2.2 Die Treiber der Relevanz von Lösungen für Anbieter

Nachdem im vorausgegangenen Abschnitt grundlegende Begriffe im Bereich Lösungen geklärt wurden und nach kritischer Diskussion aktueller Lösungsbegriffe eine Arbeitsdefinition abgeleitet werden konnte, dient dieser Abschnitt dazu, auf die Treiber der Relevanz von Lösungen für Anbieter einzugehen. Um den Bedeutungsanstieg dieser Leistungsart differenzierter darzustellen, wird zwischen externen Triebkräften der Anbieterumgebung (Abschnitt 2.2.1) und internen Triebkräften des Anbieters (Abschnitt 2.2.2) unterschieden.

2.2.1 Externe Triebkräfte

Steigender Wettbewerbsdruck wird von vielen Autoren – vor allem in saturierten Märkten – als ein wichtiger Einflussfaktor darauf gesehen, dass Unternehmen zunehmend integrierte und individuelle Lösungen für Kunden anbieten (Steven und Schade, 2004:544; Windahl und Lakemond, 2006:806). Anbieter versuchen, sich in Commodity-Märkten über produktbegleitende Dienstleistungen und komplette Lösungsangebote von Wettbewerbern nachhaltig zu differenzieren, um so beispielsweise dem Preisdruck zu entfliehen (Matthyssens und Vandenbempt, 2008:316).[16] Dieser Punkt ist vor allem auch vor dem Hintergrund verständlich, dass Produkte und Preis – im Gegensatz zu Dienstleistungsunterstützung und persönlicher Interaktion – immer weniger zu den differenzierenden Faktoren für Anbieter gehören (Ulaga und Eggert, 2006b).

Albach (1989:3) beschreibt in seiner **Theorie der industriellen Dienstleistungen** einen ähnlichen Effekt und begründet damit den Anstieg von Dienstleistungen gegenüber dem Produktgeschäft: Der gestiegene Wettbewerbsdruck übt einerseits einen höheren Preisdruck auf die Industrie aus und veranlasst Anbieter dazu, Produkte mit höherem Nutzen zu entwickeln und zusätzliche Dienstleistungen anzubieten. Anderseits führt der gestiegene Kostendruck dazu, dass Anbieter Teilaufgaben auf kostengünstigere Marktpartner verlagern. Dienstleistungen schaffen in diesem Kontext als produktbegleitende Dienstleistungen mehr Nutzen für das eigentliche Produkt, können aber alternativ auch als eigenständige Dienstleistungen unabhängig vom Produkt angeboten werden (Fließ, 2009:5).

Ferner wird eine **gestiegene Kundennachfrage** nach kompletten Lösungen als eine wichtige Ursache für die Verbreitung von Lösungen gesehen. Stremersch et al. (2001:2) beispielsweise sehen den Trend zu Lösungen – bei ihnen auch "full service contracts" genannt – hauptsächlich von der Nachfragerseite getrieben. Die Autoren argumentieren, dass Firmen zunehmend fertige Lösungen für Probleme fordern und nicht nur Produkte benötigen, die lediglich einen Teil ihrer Probleme lösen.

---

[16] Die Baubranche in Deutschland ist hier ein treffendes Beispiel für eine Industrie, in der Unternehmen durch externe Triebkräfte – in diesem Fall in Form von sinkender Nachfrage seit den 1990er Jahren und einem gleichzeitig gestiegenen Preiswettbewerb – gezwungen sind, ihre Wertschöpfung zu erweitern: Ziouziou (2010:74 f.) beschreibt, dass Bauunternehmen zunehmend von ihrem bisherigen Kerngeschäft "Bauen" abrücken und das Wertschöpfungsspektrum um die Dimensionen "Planen", "Finanzieren", "Betreiben" und "Rückbau" erweitern. Durch diese Art der gleichzeitigen Vor- und Rückwärtsintegration sind Unternehmen in der Lage, Nachfragern Lösungen anzubieten und langfristige Kundenbeziehungen aufzubauen (z.b. über den Lebenszyklus eines Gebäudes).

Kapletia und Probert (2010:582) hingegen bemerken, dass **Nachfrager** durch fertige Lösungen die Möglichkeit haben, sich mehr **auf** ihr **Kerngeschäft** zu **konzentrieren**. Nach Tuli et al. (2007:1) ist diese Entwicklung dadurch geprägt, dass sich Kunden zunehmend den Zugang zu Wissen, Gütern, Netzwerken und Systemen leihen, was einen verstärkenden Einfluss auf das Wachstum von Lösungen hat.

Als weitere externe Triebkraft kann der Einfluss von **technischen Entwicklungen** gesehen werden: Schnelle technische Überalterung und kürzere Produktlebenszyklen auf der einen Seite (Sheperd und Ahmed, 2000:100) sowie neue Möglichkeiten, welche sich durch die Anwendung von IT-basierten Technologien ergeben, auf der anderen Seite, fördern die Verbreitung von Lösungen (Windahl et al., 2004).

2.2.2 Interne Triebkräfte

Ein wichtiges Motiv, Lösungen anzubieten, scheint die Aussicht auf **ökonomische Vorteile** zu sein, weil in vielen Bereichen die Margen für einfache Dienstleistungen und Produkte sinken (Windahl und Lakemond, 2006:806). So beobachten beispielsweise Miller et al. (2002:3), dass Lösungen aus Anbietersicht attraktiv sind, weil sie Wachstumsmöglichkeiten über das Stammgeschäft hinaus bieten und bessere Margen verheißen. Ferner wird Lösungen häufig auch ein längerer Lebenszyklus als Produkten nachgesagt (Wise und Baumgartner, 1999:138), so dass sich beispielsweise zusätzliche Umsätze durch Wartungsarbeiten realisieren lassen. Diese erhofften ökonomischen Vorteile für Anbieter lassen sich auch schon bei produktbegleitenden Dienstleistungen beobachten, bei denen die Dienstleistung wesentlich zum Gewinn beiträgt und das eigentliche Produkt dabei in den Hintergrund tritt (Kalmbach et al., 2003:134).

Weiterhin kann der Wunsch des Anbieters, ein besseres und **tieferes Kundenverständnis** zu erlangen, als eine Triebkraft für Lösungen gesehen werden, weil es so einfacher ist, eine intensivere Kundenbeziehung aufzubauen (Hax und Wilde, 2001). Diese Kundenbeziehung kann weiterhin dadurch verstärkt werden, dass von Anbieter und Nachfrager gegenseitige Anpassungen in der Supply Chain durchgeführt werden, so dass ein Anbieterwechsel mit finanziellen Hürden verbunden ist (Homburg und Garbe, 1995). Ziel aus Anbietersicht sollte es dabei sein, ein **strategischer Partner** für den Nachfrager zu werden.

Miller et al. (2002:6) betonen, dass bestimmte **Fähigkeiten** einer Firma darüber entscheiden, ob sie überhaupt erfolgreich Lösungen anbieten können. Diese können beispielsweise in spezifischem technischen Wissen oder besserem Zugang zu Ressourcen liegen. Entscheidend ist dabei, dass Anbieter einerseits einen Mehrwert gegenüber internen Lösungen des Nachfragers bieten ("comparative advantage") und andererseits wettbewerbsfähiger als die Konkurrenz sind ("competitive advantage").

In Abschnitt 2.2 wird deutlich, dass eine Vielzahl von internen und externen Treibern die Relevanz von Lösungen für Anbieter steigert. Auch wenn jüngere Untersuchungen zeigen, dass Lösungen keine garantierte Voraussetzung sind, um finanziell erfolgreicher zu sein als reine Produktanbieter (Neely et al., 2011:7 f.), so bedeutet dies lediglich, dass nicht jede Firma ins Lösungsgeschäft einsteigen muss, um im Wettbewerb bestehen zu können. Lösungen werden Produkte somit wahrscheinlich auch langfristig nicht ersetzen (Neely et al., 2011:1), dennoch ist eine Bedeutungszunahme für eine Vielzahl von Firmen nicht zu leugnen. Weiterhin ist anzunehmen, dass, je nachdem wie dominant einzelne Treiber für Anbieter sind, die Treiber einen Einfluss auf die Gestaltung von Lösungen haben (Nordin und Kowalkowski, 2010:453). Dies wirft jedoch die Frage auf, wie genau ein Lösungsprozess gestaltet werden kann. Zu diesem Zweck behandelt der folgende Abschnitt 2.3 den Prozess der Lösungserstellung. Dabei werden sowohl alternative Konzeptionalisierungen des Lösungsprozesses vorgestellt als auch verdeutlicht, dass auch ein einzelnes Lösungsprojekt als eine Geschäftsbeziehung interpretiert werden kann.

2.3 Der Prozess der Lösungserstellung

Lösungen sind Absatzleistungen hochkomplexer Art, so dass sich im Vergleich zum klassischen Produktgeschäft der Lebenszyklus verlängert und dem Anbieter mehr Wissen über den Kunden abverlangt wird (Wienen und Sichtmann, 2008:28). Aus diesem Grund scheint eine grundlegende Betrachtung des Lösungsprozesses bis zum Verkauf sowie der dem Verkauf nachgelagerten Prozesse wichtig, können doch für Anbieter durch die Erstellung von Lösungen gravierende Veränderungen in bestehenden Wertschöpfungsstrukturen erwartet werden (Wienen und Sichtmann, 2008:14). Weiterhin ist die Anbieter-Kundenbeziehung ein wichtiges Mittel, um erfolgreiche Lösungen zu erbringen. Weil sich diese Zusammenarbeit jedoch durch alle Phasen des Lösungsprozesses zieht, ist eine umfassende Darstellung des gesamten Prozesses notwendig.[17]

---

[17] Grundsätzlich kann unter einem Prozess eine Sequenz aus vordefinierten Aktivitäten verstanden werden, die ausgeführt wird, um eine bestimmte festgelegte Art von Ergebnissen zu erreichen (Talwar, 1993:26). Prozesse in Unternehmen sind in der Regel funktionsübergreifend und grenzen sich so von Unternehmensfunktionen wie der Forschung und Entwicklung oder dem Marketing ab. Mögliche Prozesse, welche durch funktionsübergreifende Zusammenarbeit entstehen, wären beispielsweise die strategische Planung oder – wie hier – der Lösungsprozess (Hatten und Rosenthal, 1999:299).

Dieser Abschnitt ist wie folgt gegliedert: Zunächst werden verschiedene Konzeptionalisierungen des Leistungserstellungsprozesses für Lösungen dargestellt (Abschnitt 2.3.1). Weiterhin wird der Einfluss der Art der Kundenlösung auf den Prozess diskutiert (Abschnitt 2.3.2) und auf die veränderte Rolle des Nachfragers eingegangen (Abschnitt 2.3.3). Daran anschließend wird der Bezug zu organisatorischem Kaufverhalten bei Lösungen hergestellt und der spezifische Beitrag dieser Arbeit zur Kaufverhaltensforschung erläutert (Abschnitt 2.3.4).

2.3.1 Konzeptionalisierungen des Lösungsprozesses

In der Solutions-Literatur setzen sich verschiedene Autoren mit der Gestaltung des Lösungsprozesses auseinander, so dass gewisse Überschneidungen bei den Prozessmerkmalen beobachtet werden können. Dennoch ist festzustellen, dass viele Beiträge ein starkes Gewicht auf die Anbieterperspektive legen und die Lösungserstellung als einen linearen Prozess betrachten, den es im Rahmen eines Bundling und einer Integration "abzuarbeiten" gilt (Nordin und Kowalkowski, 2010:454). Erst in jüngerer Zeit finden sich vermehrt Beiträge, die die Kundenperspektive stärker betonen und dabei Aspekte wie langfristige Orientierung, Beziehungsaufbau und den wiederkehrenden Prozess in den Vordergrund rücken (Tuli et al., 2007). Im nachfolgenden Teil werden zunächst einige übereinstimmende Merkmale von Lösungsprozessen vorgestellt. Darauf aufbauend wird die Geschäftsbeziehungsdimension von Lösungen erläutert und exemplarisch die Konzeptionalisierungen von Brady et al. (2005) und Tuli et al. (2007) im Detail vorgestellt, weil diese beiden Darstellungen die Verbindung zwischen Geschäftsbeziehung und Lösungsprozess besonders hervorheben.

2.3.1.1 Generelle Merkmale von Lösungsprozessen

Viele Charakterisierungen des Lösungsprozesses sind dadurch geprägt, dass ein **Kundenproblem** den **Ausgangspunkt** bildet. So beschreiben Foote et al. (2001:86 f.), dass Produkthersteller normalerweise mit ihrer eigenen Produktinnovation starten und dann versuchen, das Produkt so zu vermarkten, dass es auf Kundenbedürfnisse trifft. Erst wenn Kunden neue Produktmerkmale verlangen, werden Anpassungen am Produkt vorgenommen, um den Marktbedürfnissen besser zu entsprechen. Bei Lösungen hingegen ist diese Entwicklung umgekehrt: Der Lösungsanbieter macht sich zunächst – zusammen mit dem Nachfrager – Gedanken darüber, welches Ergebnis für den Nachfrager erreicht werden soll. Erst dann ist er in der Lage, ein Nutzenversprechen abzugeben.

Töllner (2010:85) betont, dass in der Literatur zwar Übereinstimmung über die Notwendigkeit der **Anforderungserhebung** bei Lösungen herrscht, diese erste Phase aber trotzdem noch unzureichend erforscht ist. Im Hinblick darauf, dass es Unternehmen nur selten gelingt, Kundenanforderungen vollständig zu erfassen, weiter zu strukturieren, gänzlich zu verstehen und dann in den Leistungserstellungsprozess einfließen zu lassen, stellt die Autorin eine Methoden-Toolbox vor, die an unterschiedliche Anforderungen und Stakeholder angepasst werden kann (Töllner, 2010:100). So dient beispielsweise ein Fokusgruppeninterview dazu, alle Stakeholder einzubinden und zu koordinieren, während für die Erfassung latenter Anforderungen aber beispielsweise eine Beobachtung oder spezielle Formen des qualitativen Einzelinterviews besser geeignet sind (z.b. ZMET). Die Darstellung zeigt, dass diese Analyse des Kundenproblems dem Anbieter zunächst einen erhöhten und **umfangreichen Zeit- und Ressourcenbedarf** abverlangt, weil in der Regel eine Vielzahl von Stakeholdern integriert werden muss, um alle Kundenbedürfnisse umfassend abbilden zu können. Dennoch sollten Anbieter dies als Investition betrachten, weil so teure Nachbesserungen vermieden werden können (Töllner, 2010:103).

Davies et al. (2007:185) betonen, dass der grundsätzliche Prozess des Solution Selling Ähnlichkeiten mit dem Verkauf von Systemen aufweist: Ein Kundenproblem muss identifiziert werden, dann müssen die richtigen Komponenten zur Integration gefunden werden und danach werden diese Bestandteile zu einer Lösung beim Kunden integriert und implementiert. Der Unterschied ist nur, dass bei Lösungen ein stärkerer Fokus auf der **beratenden Tätigkeit** des Anbieters und dem **gegenseitigen Austausch** liegt. Dies ist auch der Grund, warum dem Verständnis des Kunden eine größere Rolle zukommt: Der Anbieter möchte nicht nur ein operatives, sondern ein **strategisches Problem** lösen, welches den Nachfrager in seinem Markt weiterbringen kann.

Auch Miller et al. (2002:4 ff.) entwickeln eine Prozesssicht auf Lösungen, wobei sie betonen, dass die Identifikation von Kundenbedürfnissen ein nicht abreißender Prozess ist, in der die **ganze Anbieterorganisation involviert** sein sollte. Dabei zeichnen sich erfolgreiche Lösungsanbieter speziell dadurch aus, dass sie das Spannungsfeld zwischen Kundenbedürfnissen und Ressourcenverfügbarkeit intelligent intern managen. Niepel (2005:155) erklärt in diesem Zusammenhang, dass der Prozess sogar noch über das eigene Unternehmen hinausgehen kann, weil im Entwicklungsprozess von Lösungen sowohl Mitarbeiter aus verschiedenen Fachabteilungen als auch Ansprechpartner des Nachfragers sowie gegebenenfalls Mitarbeiter aus kooperierenden Unternehmen eingebunden sein können.

Sawhney et al. (2006:78) hingegen begreifen den Lösungsprozess als einen **linearen Prozess**, der hauptsächlich vom Anbieter gesteuert wird und nur wenige Interaktionselemente enthält: Die Autoren sehen nach der Analyse des Kundenproblems die Identifikation der benötigten Produkten und Dienstleistungen als ersten Schritt. Nach der Identifikation werden diese Bestandteile vom Anbieter so integriert und angepasst, dass das Problem gelöst wird.

Nach diesen grundlegenden Merkmalen des Lösungsprozesses stellt sich an dieser Stelle ergänzend die Frage, in welchem Umfang dem Lösungsgeschäft eine Geschäftsbeziehungsdimension zugesprochen werden kann.

2.3.1.2 Die Geschäftsbeziehungsdimension des Lösungsprozesses

Kann der Prozess eines einzelnen Lösungsprojekts vielleicht schon als Geschäftsbeziehung interpretiert werden? Für die Beantwortung dieser Frage sollte zunächst darauf hingewiesen werden, dass es in der Literatur kein einheitliches Begriffsverständnis von Geschäftsbeziehungen gibt und dass sehr unterschiedliche Vorstellungen darüber herrschen, was unter einer Geschäftsbeziehung verstanden werden kann (vgl. z.B. Jacob, 2002:4 f.). Dennoch lassen sich verschiedene Strömungen in der Literatur identifizieren, welche bei der Einordnung dieser Arbeit behilflich sind:

- **(1) Geschäftsbeziehung als Sequenz von Transaktionen:** Autoren wie Plinke (1997), Diller (1996) und Jacob (2009:154 f.) betonen, dass Geschäftsbeziehungen durch den wiederholten Austausch zwischen Anbieter und Nachfrager charakterisiert werden sollten. Dabei ist eine Verknüpfung zwischen nachfolgenden Transaktionen nicht zufällig (Plinke, 1997:23), sondern die Interaktionsprozesse zwischen Anbieter und Nachfrager sind auf mehrmalige Transaktionen hin ausgerichtet (Diller, 1996:82). Dies kann nach Diller (1996) stärker auf die Initiative des Anbieters zurückgeführt werden, aber auch aus Nachfragerperspektive kann der Wiederkauf – auf Basis von Leistungsmerkmalen und/oder durch Bindung – zustande kommen (Jacob, 2009:155 f.).

Für Lösungen würde diese Interpretation bedeuten, dass ein Lösungsprozess in der Regel nicht ausreichend wäre, um als Geschäftsbeziehung ausgelegt werden zu können. Da eine Sequenz von abgeschlossenen Transaktionen nicht unbedingt charakteristisch für das Lösungsgeschäft ist – ein Lösungsbedarf besteht nicht zu jeder

Zeit – hätte das Lösungsgeschäft somit nicht notwendigerweise eine Geschäftsbeziehungsdimension.

- **(2) Geschäftsbeziehung als relationaler Austausch:** Eine weitere Möglichkeit besteht darin, eine Geschäftsbeziehung als eine Form des relationalen Austauschs zu definieren, bei der nicht alle Aspekte vertraglich geregelt werden, sondern eher implizit und über entsprechendes Commitment von Anbieter und Nachfrager. Ausgehend von der Transaktionskostentheorie definiert Söllner (2007:141), dass

"a close business relationship represents a set of institutions that help to cope with transaction problems. Relationships are a means to reduce transaction costs and in many cases they are a necessary precondition for a transaction to take place at all."

Weiterhin beschreibt Söllner (1999:229 f.), dass das generelle gegenseitige Verständnis von Geschäftspartnern es erlauben würde, komplexe Transaktionen durchzuführen. Informelle Aspekte des Austauschs werden somit zu wichtigen Einflussfaktoren des relationalen Austauschs.

Für das Lösungsgeschäft bedeutet diese Definition, dass ein einzelner Lösungsprozess durchaus als eine Geschäftsbeziehung aufgefasst werden kann, handelt es sich dabei doch um eine hochkomplexe, unsichere und mit spezifischen Investments verbundene Transaktion, welche über Beziehungen gelöst werden kann (Söllner, 2007). Dies soll im Folgenden weiter ausgeführt werden.

Aus den beiden beschriebenen Literaturströmungen wird klar, dass hier zwei sehr unterschiedliche Begriffsverständnisse von Geschäftsbeziehungen bestehen. Für das Lösungsgeschäft und damit für die vorliegende Arbeit gibt es überzeugende **Argumente**, die für die **Verwendung des zweiten Begriffsverständnisses** sprechen und zeigen, dass ein Lösungsprozess als eine Geschäftsbeziehung interpretiert werden sollte:

Erstens kann argumentiert werden, dass die Erbringung einer Lösung häufig ein **zeitlich langfristiges Engagement** ist, welches nur effektiv funktioniert, wenn Probleme im Rahmen einer Beziehung und häufig implizit gelöst werden. Phänomene wie Vertrauen und Commitment können sich innerhalb eines Lösungsprojekts herausbilden und festigen und so den Lösungsprozess im Sinne einer Geschäftsbeziehung positiv beeinflussen. So kann eine größere gegenseitige Verflechtung innerhalb eines Projekts entstehen (vgl. Cova und Salle, 2007:143).

Zweitens sind Lösungsprozesse – ähnlich wie Geschäftsbeziehungen – **ständigen Veränderungen** hinsichtlich der gegebenen Rahmenbedingungen **unterworfen**. Dies stellt die Einzelparteien regelmäßig vor neue Herausforderungen, die in einer auf gegenseitigem Vertrauen beruhenden Beziehung besser gelöst werden können (Dolezych, 2010:185). Somit ist der "kleine Dienstweg" sowohl in Lösungsprozessen als auch in Geschäftsbeziehungen ähnlich bedeutsam.

Zusammenfassend kann festgehalten werden, dass die Interpretation der "Geschäftsbeziehung als relationaler Austausch" am meisten Erkenntnisgewinn für diese Arbeit verspricht. Damit wäre dem Lösungsgeschäft im Allgemeinen, als auch einzelnen Lösungsprozessen, ein Geschäftsbeziehungscharakter zuzusprechen, wobei eine erfolgreiche Durchführung die Chance für eine langfristige Bindung an den Anbieter eröffnet (Ahlert et al., 2010b:46). Aufbauend auf diesen Erkenntnissen sollen im nächsten Abschnitt zwei Lösungsprozessmodelle vorgestellt werden, die besonders den Zusammenhang zum Geschäftsbeziehungsmanagement betonen.

2.3.1.3 Relationale Konzeptionalisierungen des Lösungsprozesses

Brady et al. (2005:363) argumentieren, dass der Prozess der Lösungserstellung als vierstufiger Zyklus gesehen werden kann, wobei ein Kundenbedürfnis den Ausgangspunkt bildet – sollte es nicht schon ein Bestandsprojekt geben. Zunächst startet der Anbieter in die Phase der **strategischen Anbahnung** mit vorvertraglichen Aktivitäten, um die strategischen Bedürfnisse und Prioritäten des Kunden kennenzulernen. In dieser Phase können sowohl operative als auch strategische Diskussionen geführt werden, welche beispielsweise das Ziel haben, Verbesserungspotenziale zu identifizieren oder ein aktuelles Geschäftsmodell in Frage zu stellen. Weil in dieser Phase grundlegende **Beratungsfähigkeiten** benötigt werden, wird der Dialog oft durch erfahrene Manager auf der Anbieterseite begleitet. In der Phase des **Nutzenversprechens** ist es das Ziel, dem Nachfrager ein individualisiertes Angebot zu geben, das möglichst gut das vorhandene Problem adressiert. Aus diesem Grund werden in dieser Phase regelmäßig Vertreter aus Technik, Projektmanagement und kaufmännischer Funktion vereint. Der Formalisierungsgrad des Angebotsprozesses hängt dabei oft davon ab, ob es bereits eine Bestandsbeziehung gibt oder ob man sich in dichtem Wettbewerb zu Konkurrenten befindet (Brady et al., 2005:363). Ist das Nutzenversprechen attraktiv für den Nachfrager und kann ein Vertrag geschlossen werden, so liegt der Fokus in der sich daran anschließenden Phase der **Systemintegration** auf dem Design, der Integration und der finalen Implementierung der Lösung. Neben den technischen Fähigkeiten des Anbieters kommt hier seinen Projektmanagement-Fertigkeiten eine wichtige Rolle zu:

Einerseits muss er die Zeit-, Budget- und Qualitätsanforderungen erfüllen, letztlich aber auch eine umfassende Kundenzufriedenheit sicherstellen (Brady et al., 2005:364). In der letzten Phase der **betrieblichen Dienstleistungen** kümmert sich der Anbieter oftmals um den weiteren Betrieb der Lösung bis diese das Ende ihres Lebenszyklus erreicht hat. Für den Anbieter ist diese Phase nicht nur aus Umsatzgesichtspunkten wertvoll: Sie erlaubt dem Anbieter idealerweise, eine langfristige und durch Folgetransaktionen geprägte Geschäftsbeziehung mit dem Nachfrager aufzubauen und das spezifische Wissen, das sich aus dem Betrieb der Lösung ergibt, gewinnbringend in die Erstellung neuer Lösungen einzubauen (Brady et al., 2005:364).

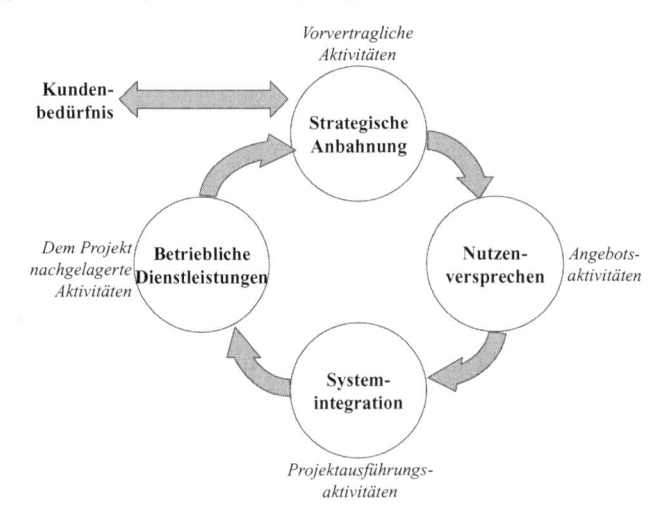

Abb. 6: Der integrierte Lösungs-Lebenszyklus
Quelle: Brady et al. (2005:363) (Original in Englisch)

Alternativ zum Modell von Brady et al. (2005:363) soll auf das weniger konzeptionell und stärker empirisch geprägte Modell von Tuli et al. (2007) hingewiesen werden, nach dem sich insgesamt vier Phasen des Solution Selling unterscheiden lassen. Diese neue, kundengeprägte Sicht auf Lösungen wird in Abgrenzung zu etablierten Lösungsdefinitionen eingeführt, wonach sich Lösungen hauptsächlich über ihren Anpassungs- und Integrationsgrad definieren.[18] Weiterhin ist es im Verständnis der Autoren in jeder der vier Phasen möglich, dass der Anbieter die Leistung selbst erbringt oder dass er sie an dritte Netzwerkpartner auslagert. Die vier Phasen sind wie folgt strukturiert:

---

[18] Methodisch hergeleitet wurden die beiden unterschiedlichen Sichten durch zwei großzahlige Interviewreihen – einmal auf Anbieter- und einmal auf Nachfragerseite (vgl. Tuli et al., 2007:2).

Grundlagen und theoretischer Rahmen: B2B-Lösungen 41

| Bestehende Sicht → | Angepasste und integrierte Produkte und Dienstleistungen | ← Produktzentriert |

| Vorgeschlagene Sicht → | Anforderungsdefinition → Customizing und Integration → Implementierung → Nachsorge | ← Prozesszentriert |

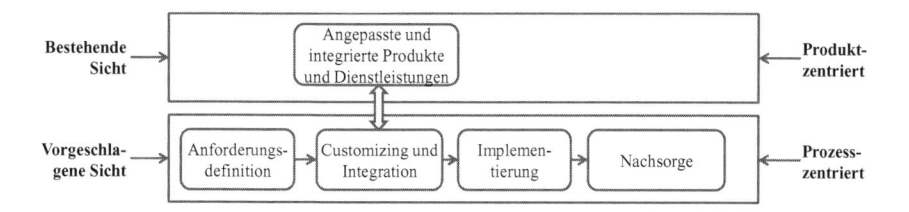

Abb. 7: Ein Vergleich bestehender und vorgeschlagener Lösungssichten
Quelle: Tuli et al. (2007:5) (Original in Englisch)

In der ersten Phase, der **Anforderungsdefinition**, steht die Identifikation der Kundenbedürfnisse im Vordergrund. Dabei handelt es sich um aktuelle und künftige Bedürfnisse, wobei sich der Nachfrager sehr häufig nicht des der vollständigen Dimension des Problems bewusst ist und keine konkrete Vorstellung hat, wie eine Lösung gestaltet werden kann. Hier ist es die Aufgabe des Kundenkontaktpersonals des Anbieters (z.B. des Vertriebs), diese Diskrepanz aufzuheben (Backhaus und Michaelis, 2010:10) und gleichzeitig ein Verständnis des Kunden und seines Geschäfts zu entwickeln (Tuli et al., 2007:6).

In der Phase des **Customizing und** der **Integration** werden Produkte und Dienstleistungen ausgewählt und diese für die Kundenanforderungen und -umgebung spezifiziert, angepasst und zusammengefügt. In diesem Zusammenhang ist es auch wichtig, dass eine nahtlose technische Integration möglich ist. Die eigentliche Herausforderung scheint für Anbieter in dieser Phase jedoch der Balanceakt zwischen Standardisierung und Individualisierung zu sein, weil in diesem Fall der Wert von Kundenbedürfnissen gegen finanzielle Parameter abgewogen werden muss (Ahlert et al., 2008:41).

Die dritte Phase der Lösungserstellung ist die **Implementierungsphase** und wird von der Mehrzahl der Kunden auch als Teil einer Lösung angesehen (Tuli et al., 2007:7). In dieser Phase wird die Lösung beim Kunden installiert, wobei sich dabei noch neue Kundenanforderungen ergeben können, die bislang nicht in der Spezifikation enthalten sind. Ferner ist es nicht unüblich, dass der Anbieter in dieser Phase dem Nachfrager noch spezifisches Lösungswissen in Form von Schulungen etc. vermittelt, damit dieser die Lösung auch richtig einsetzen kann.

Die letzte Phase, die so genannte **Nachsorge**, umfasst aus Kundensicht weit mehr als die üblichen After-Sales- und Wartungsaktivitäten: Kunden erwarten häufig, dass der Anbieter sich wirklich um sie "kümmert" und einen ausgeprägten relationalen Kontakt pflegt. Nur so ist es für einen Anbieter möglich, auf veränderte Kundenanforderungen auch noch nach der Implementierung zu reagieren und dem Kunden ein Gefühl von Sicherheit zu geben (Tuli et al., 2007:7 f.).

Die vorgestellte prozessuale Betrachtung von Lösungen hat große Verbreitung in der Literatur gefunden (z.B. Ahlert et al., 2009), weil Tuli et al. (2007) – entgegen vielen Studien der letzten Jahre – versuchen, Lösungen explizit aus Kundensicht zu erklären. Dies erscheint den Autoren deshalb notwendig, weil es bislang nur wenige Hinweise darauf gab, ob etablierte Studien aus Anbietersicht auch ausreichend reflektieren, wie Kunden über Lösungen denken. Eine Erklärung aus Kundensicht ist aber deshalb bedeutsam, da gerade die Adressierung von Kundenbedürfnissen eine wichtige Aufgabe von Lösungen ist (Tuli et al., 2007:1). Bei der Untersuchung wird deutlich, dass sich nach dem Nachfragerverständnis Lösungen deutlich von der Anbietersicht unterscheiden, da sie vier sequentielle Prozesse umfassen und damit mehr als reine Kundenorientierung darstellen, bei denen Produkte und Dienstleistungen angepasst werden: Durch die individuelle und interaktive Entwicklung von Lösungen gemeinsam mit dem Nachfrager über einen Zeitraum entsteht aus dem damit verbundenen Mehrwert eine Problemlösung, die sich im Erfolg der Kundenbeziehung messen lässt (Backhaus und Michaelis, 2010:10).

Aufgrund der hohen Verbreitung des vorgeschlagenen Prozesses wurden in der Zwischenzeit verschiedene **Ausarbeitungen** entwickelt: Besonders zu nennen wäre in diesem Zusammenhang die Arbeit von Bonnemeier (2009:121 f.), welcher das neue Konstrukt "Lösungskompetenz eines Anbieters" konzeptionalisiert und dafür die vier vorgestellten Phasen verwendet. Seine damit umfassendere Spezifikation der Wertschaffung für Lösungsangebote beinhaltet folgende Subprozesse:[19]

- **Anforderungsdefinition:** Schaffung von Kunden-/Marktverständnis, Anforderungsermittlung, Projektkonfiguration, Kompetenzdarstellung
- **Customizing und Integration:** Anforderungsumsetzung, proaktive Spezifikation
- **Implementierung:** Projektkoordination, Kundenintegration
- **Nachsorge:** Beziehungsmanagement, Servicemanagement

Die Untersuchung von Bonnemeier (2009) ist deshalb interessant, weil erstens mit dem mehrdimensionalen Konstrukt "Lösungskompetenz des Anbieters" ein positiver

---

[19] Im Sinne einer besseren Verständlichkeit wurde die schon eingeführte Bezeichnung der Dimensionen verwendet.

Einfluss auf den Markterfolg des Lösungsanbieters aufgezeigt werden konnte.[20] Dies ist für die vorliegende Untersuchung aufschlussreich, da im empirischen Teil dieser Arbeit (Kapitel 5 und 6) gleichartige Aktivitäts- und Wirkungsdimensionen verwendet und getestet werden (z.b. Projektmanagement und Schaffung von Verständnis als Einflussfaktoren auf die Beratungszufriedenheit). Zweitens werden in der Arbeit von Bonnemeier (2009) Operationalisierungen der Teildimensionen benutzt, welche sich in Teilen mit den empirischen Ergebnissen dieser Arbeit decken[21] und drittens wird durch die Untersuchung von Bonnemeier (2009:305) gezeigt, dass die Preiskompetenz eine sehr wichtige Eigenschaft von Lösungsanbietern ist. Da sie sich aber hauptsächlich auf die wirtschaftliche Erfolgsebene (vgl. Abschnitt 3.2.1) auswirkt, wird der Autor der vorliegenden Arbeit darin bestätigt, Aspekte der Preiskompetenz nicht mit in den Untersuchungsfokus dieser Arbeit aufzunehmen.[22]

Nachdem nun zwei verschiedene Konzeptionalisierungen des Lösungsprozesses vorgestellt wurden, wird im nächsten Abschnitt der Einfluss der Art der Kundenlösung auf den Lösungsprozess diskutiert.

2.3.2 Der Einfluss der Art der Kundenlösung auf den Lösungsprozess

Obwohl für die vorliegende Arbeit der Aspekt der Individualität der Lösung betont wurde, soll an dieser Stelle darauf hingewiesen werden, dass die Art der Kundenlösung einen großen Einfluss auf den Lösungsprozess haben kann. Betrachtet man beispielsweise die Kategorisierung von Kundenlösungen nach Schmitz (2008:673) in der folgenden Abbildung 8, so wird schnell klar, dass die Gestaltung der Zusammenarbeit im Lösungsprozess durch die Ausprägung konstitutiver Merkmale von Lösungen (hier z.B. Variabilität und Individualität) beeinflusst ist.

---

[20] Unter Markterfolg ist dabei die Effektivität der Marktingaktivitäten eines Unternehmens zu verstehen, welche einen direkten Einfluss auf die Kundenzufriedenheit und Kundenbindung hat (Bonnemeier, 2009:175). Einflüsse auf die Beziehungs- und Verhaltensebene von Lösungsnachfragern werden weiterführend beispielsweise auch noch in Abschnitt 3.1.2 diskutiert.
[21] Beispielsweise der Aspekt der "Referenzprojekte zur Kompetenzdarstellung" (Bonnemeier, 2009:258; Abschnitt 5.5.1.2 dieser Arbeit).
[22] Vgl. dazu nachfolgend auch die Auswahl der Konstrukte in Abschnitt 5.4.4.

44 Grundlagen und theoretischer Rahmen: B2B-Lösungen

	Variable Standardlösung	Komplexe Individuallösung
Variabel		
Fixiert	Standardisierte Massenlösung	Individuelle Paketlösungen
	Standardisiert	Individualisiert

Variabilität der Zusammenstellung

Individualität der Absatzleistung

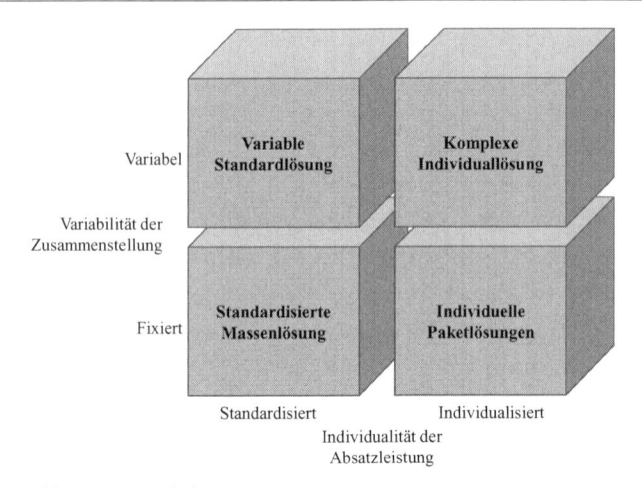

Abb. 8: Kategorisierung von Kundenlösungen
Quelle: Schmitz (2008:673)

So beschreibt der Autor für diese Kategorisierung, dass es häufig aus wettbewerbsstrategischen Gründen notwendig ist, einen gewissen Standardisierungsgrad mit Kundenbedürfnissen zu verbinden. Kostensenkungspotenziale für Anbieter lassen sich beispielsweise durch eine stärkere Standardisierung des Leistungserstellungsprozesses realisieren, wobei dennoch eine Lösung individuell auf Kundenbedürfnisse abgestimmt werden kann. Ebenso bietet die Achse der Variabilität Ansatzpunkte für Prozesseffizienz: Wenn der Anbieter in der Lage ist, schon vor dem Leistungserstellungsprozess bestimmte Absatzleistungen vollständig einzubinden und dennoch die Kundenbedürfnisse zu befriedigen, reduziert er die Variabilität und die sich daraus ergebende und notwendige Abstimmung mit dem Nachfrager über die Zusammenstellung (Schmitz, 2008:672).

Auch wenn die hier dargestellte "standardisierte Massenlösung" nicht mehr mit dem Lösungsbegriff dieser Arbeit vereinbar ist, so sollte aus dem Beispiel doch eines klar geworden sein: **Lösungen** haben **unterschiedliche Erscheinungsformen** und lassen sich multidimensional durch Merkmale wie z.B. Individualität, Komplexität, Variabilität und Integrativität beschreiben (vgl. ergänzend Abschnitt 2.1). Die genaue Einordnung der Lösung nach diesen Merkmalen bestimmt das notwendige Maß der Einbindung externer Faktoren im Lösungsprozess, was sich in der Folge auf die Ausgestaltung und Länge der einzelnen Lösungsphasen auswirken sollte. Die Einbindung des Kunden und die damit verbundene Interaktion ist jedoch mit Kosten für den Anbieter (und Nachfrager) verbunden, so dass das höchste Maß an komplexer Individualisierung **nur bis zu einem gewissen Grad wirtschaftlich** sinnvoll ist (Jacob, 1995:192 ff.). Dies liegt weiterhin daran, dass die Zahl der zu berücksichtigenden, unterschiedlichen Einflussgrößen ansteigt (Schmitz, 2008:672 f.). Ahlert et al. (2008:40) schlagen deshalb vor, dass gerade in der Phase des Customizing und der Integration das Wissen und die Erfahrungen zwischen Anbieter und Nachfrager geteilt und dokumentiert werden sollten, damit diese in späteren Problemlösungsprozessen wieder verwendet werden können und somit Kosten und Risiken weiter reduziert werden.

Ferner ist es möglich, dass durch die Anpassung der unternehmerischen Faktoren die **Strategie des Anbieters verwässert** bzw. gehemmt wird (Estevao und Freiling, 2008:327) – das Anbieten von Lösungen sollte somit aus Anbietersicht mit Blick auf das Gesamtunternehmen erfolgen. Aus Nachfragersicht hingegen zeigt sich, dass mit steigender Komplexität und Ko-Produktion eine höhere Unsicherheit des Nachfragers in allen Kauf- bzw. Lösungsphasen vorzufinden ist. Die **Inanspruchnahme von adäquater Beratung** – durchgeführt durch den Anbieter – ist eine mögliche Strategie, wie der Nachfrager diese Unsicherheit reduzieren kann (Jacob et al., 2010:14 f.).

Abschließend kann festgehalten werden, dass die Darstellung eines Lösungsprozesses signifikant von der Art der vom Nachfrager geforderten Kundenlösung abhängig ist, da sich dadurch die notwendige Gewichtung der einzelnen Phasen verschieben und sich der Grad seiner Kundenintegration verändern kann. Im nächsten Abschnitt soll deshalb auf die veränderten Nachfrageranforderungen und die damit verbundenen Rollen, die sich durch Lösungen ergeben, eingegangen werden.

2.3.3 Anforderungen und Rollen des Nachfragers im Lösungsprozess

Die bisherige Charakterisierung des Lösungsprozesses ist dadurch geprägt, dass der Kunde eine aktive Rolle bei der Schaffung von Wert übernimmt und nicht das Objekt darstellt, an welchem die 4P des Marketing Anwendung finden (Mack und Mildenberger, 2003:71). Ferner wurde die Interaktivität des Prozesses zwischen beiden Parteien betont. Somit stellt sich die Frage, welche zusätzlichen Anforderungen sich für Nachfrager im Prozess ergeben bzw. wie genau diese veränderte Rolle aussehen kann.[23]

---

[23] Zusätzlich ist zu erwarten, dass sich beim Nachfrager gewisse Merkmale des Kaufverhaltens – wie beispielsweise die Unsicherheit sowie die Konfusion – im Vergleich zu anderen Marktleistungen ändern. Dies wird jedoch noch ausführlich in Abschnitt 2.3.4.2 diskutiert. Weiterhin wird in Abschnitt 3.2.2.1 auf die Evidenzproblematik bei Lösungen eingegangen, welche das Kaufverhalten von Nachfragern bei Lösungen prägt.

Ein wichtiger Punkt scheint zu sein, dass sich der Nachfrager **auf** einen aktiven **Informationsaustausch** mit dem Anbieter **einlässt**, welcher sich durch alle Phasen der Lösungserstellung zieht. Dieser Informationsaustausch ist dabei wie ein offener Dialog gleichberechtigter Partner zu interpretieren, so dass der Anbieter einerseits ein besseres Kunden- und Problemverständnis aufbauen kann und andererseits der Nachfrager selbst mehr über die Lösungsgestaltung erfährt (Schmitz, 2008:671). Dieser Punkt ist eng damit verbunden, dass dem Nachfrager auch eine gewisse **Verantwortung** für den Erfolg der Lösung zufällt: Der Kunde wird in die Gestaltung des Lösungsprozesses integriert und es liegt an ihm selbst, Verbesserungsvorschläge einzubringen und dem Anbieter spezielles Wissen zur Verfügung zu stellen (Keßler, 2008:5).

Backhaus und Michaelis (2010:8) adressieren einen ähnlichen Punkt: Danach sollte der Anbieter das **Commitment des Nachfragers** im Abstimmungsprozess in den Phasen Anforderungsermittlung, Anpassung, Integration und Implementierung sicherstellen. Die Autoren betonen, dass eine stabile Kundenbeziehung ein geeignete Mittel sein kann, um kundenseitiges Commitment zu erreichen: Letztlich ist es das **Vertrauen, das der Nachfrager braucht**, um auch wirklich alle für die Solution notwendigen Informationen offenzulegen.

Einen wichtigen Beitrag zur Klärung der Nachfrageranforderungen im Lösungsprozess kann die **Rollentheorie** leisten. Wie von Horsmann (2005:12 f.) ausgeführt, bestehen Rollen aus einem Bündel von Rollenerwartungen, die Interaktionspartner an das Verhalten von Inhabern einer bestimmten Position richten. Dabei werden erstere auch als Rollensender und letztere als Rollenempfänger bezeichnet. Weiter ergänzt der Autor, dass im persönlichen Verkauf in der Regel zwei komplementäre Rollen im Vordergrund stehen, wobei der Anbieter in der "Verkäufer"-Rolle und der Nachfrager in der "Käufer"-Rolle ist. Auch wenn Kundenkontaktmitarbeiter des Anbieters normalerweise in stärkerem Maße Rollenkonflikten ausgesetzt sind (Troyer et al., 2000), so haben doch gerade Lösungen das Potenzial, zu Rollenkonflikten zu führen, weil sich die traditionelle Rollenverteilung zwischen Anbieter und Nachfrager verschiebt. Ein Ausweg aus potenziellen Rollenkonflikten scheint in der Definition der **exakten Rollenerwartungen** zwischen Anbieter und Nachfrager zu liegen.

Die Arbeit von Reckenfelderbäumer (2009:219 ff.) könnte hier einen ersten sinnvollen Ansatzpunkt geben: Der Autor entwirft ein idealtypisches **Rollenkonzept** im Rahmen der integrativen Leistungsentwicklung, -vermarktung und -erstellung. Dabei differenziert er zwischen neun verschiedenen Rollen, die sich durch einen unterschiedlich

Grundlagen und theoretischer Rahmen: B2B-Lösungen 47

starken Grad der Kundenintegration auszeichnen: Verweist die Rolle des "Lieferanten von (externen) Produktionsfaktoren" noch auf einen relativ geringen Grad der Integration, so greift der Nachfrager als "Ideenquelle für Innovationen" doch wesentlich stärker in die Dispositionssphäre des Anbieters ein. In diesem Zusammenhang scheint wichtig, dass sich der **Nachfrager bewusst** ist, **welche Position er einnehmen möchte** und dass er dies dem Anbieter klar kommuniziert.

Eine weitere Rollenunterscheidung, speziell im Hinblick auf IT-Dienstleistungen, wird von Dous (2007:36 ff.) erläutert. Wie aus der folgenden Grafik hervorgeht, haben (interne) IT-Dienstleister beim Management von Kundenbeziehungen drei verschiedene Rollen zu beachten:

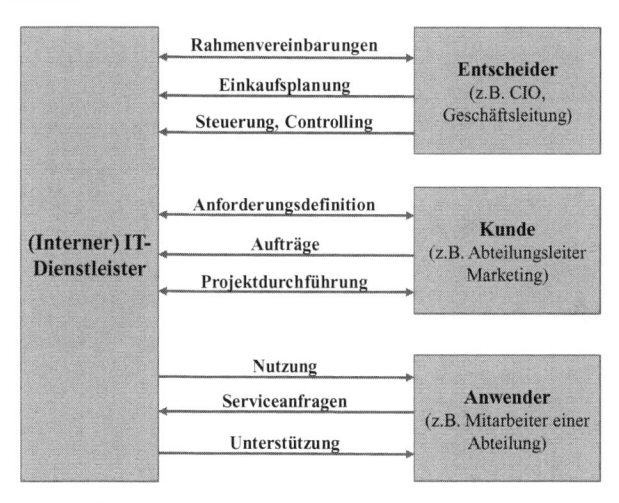

(Interner) IT-Dienstleister	Rahmenvereinbarungen Einkaufsplanung Steuerung, Controlling	**Entscheider** (z.B. CIO, Geschäftsleitung)
	Anforderungsdefinition Aufträge Projektdurchführung	**Kunde** (z.B. Abteilungsleiter Marketing)
	Nutzung Serviceanfragen Unterstützung	**Anwender** (z.B. Mitarbeiter einer Abteilung)

Abb. 9: Drei Rollen der Kunden eines (internen) IT-Dienstleisters
Quelle: in Anlehnung an Dous (2007:38)

Da sich je nach Kundenrolle (Entscheider, Kunde, Anwender) die Interaktionsinhalte unterscheiden können, ist es denkbar, dass auch im Lösungserstellungsprozess der Grad der Kundenintegration je nach Kundenrolle variiert. So wird beispielsweise ein Entscheider – wie ein CIO – nur einen sehr geringen operativen Anteil an der Leistungserstellung haben, während der Mitarbeiter einer Abteilung unter Umständen sehr intensiv an der Ausarbeitung einer Lösungsdefinition teilnimmt.

Trotz der idealtypischen Natur der beiden Darstellungen, der möglichen Vermischung und Kombination von Rollen in der Realität sowie der Entwicklung von möglichen weiteren Rollentypologien[24] scheint – in Anlehnung an die Rollentheorie – der Grundgedanke überzeugend zu sein: Wenn sich Anbieter und Nachfrager vorher offen **über die gegenseitige Rollenerwartung** im Lösungsprozess **austauschen**, sollte dies Rollenkonflikte reduzieren und zu einer erfolgreicheren Lösungserstellung beitragen. Die Steuerung und Kommunikation dieser neuen Anforderungen an den Nachfrager kann als Herausforderung für den Anbieter verstanden werden (Fließ, 2001). Dennoch würde der Autor der vorliegenden Arbeit argumentieren, dass der Erfolg einer Lösung immer auch von der Bereitschaft des Nachfragers abhängt, sich auf den gemeinsamen Wertschöpfungsprozess einzulassen und aktiv zu kommunizieren.

Nach der Diskussion der Anforderungen an den Nachfrager soll im folgenden Abschnitt die Brücke zum organisatorischen Kaufverhalten geschlagen werden: Dies hat zum Ziel, ein noch umfassenderes Verständnis des Nachfragers in Lösungsprojekten aufzubauen, ausgewählte Phänomene zu diskutieren und somit einen wichtigen Teil der Kaufverhaltensforschung in die Solutions-Forschung zu integrieren. Weiterhin soll diese Arbeit im Rahmen der organisatorischen Kaufverhaltensforschung positioniert werden.

2.3.4 Der Bezug zum organisatorischen Kaufverhalten bei Lösungen

In diesem Abschnitt sollen zunächst in Kürze die **Merkmale organisatorischen Kaufverhaltens** vorgestellt (Abschnitt 2.3.4.1) und auf **Besonderheiten beim Kauf von Lösungen** eingegangen werden (Abschnitt 2.3.4.2). Danach nimmt der Autor eine **Einordnung** der vorliegenden Arbeit **in die bestehende Forschung** vor (Abschnitt 2.3.4.3).

2.3.4.1 Grundlegende Merkmale des organisatorischen Kaufverhaltens

Im Gegensatz zur B2C-Kaufverhaltensforschung konzentriert sich die Theorie der organisatorischen Kaufverhaltensforschung hauptsächlich auf die Interaktion zwischen Anbieter, Nachfrager, weiteren Mitgliedern der Wertschöpfungskette sowie weiteren Netzwerkpartnern (Zentes et al., 2005). Dies wirft die Frage auf, wie organisatorisches Kaufverhalten treffend definiert werden kann.

Der Stand der Forschung charakterisiert das **Kaufverhalten in Organisationen** allgemein durch die Beteiligung mehrerer Personen (**Multipersonalität**) (Fließ, 2000:255), eine stärkere **Prozessorientierung** des Einkaufsprozesses mit **formalisier-**

---

[24] Beispielsweise speziell für den Innovationsprozess von Dienstleistungen (Reckenfelderbäumer, 2009:229).

ten **Rollen** (Lindberg und Nordin, 2008), die Notwendigkeit **längerfristiger Beziehungen**[25] (Foscht und Swoboda, 2007), eine stark ausgeprägte **Interaktion** zwischen Anbieter und Nachfrager (Backhaus und Voeth, 2004:8 ff.), verschiedene Rollenausprägungen der Beteiligten sowie einem **stärkeren Einsatz von IT-Unterstützung** (Webster und Wind, 1972:17). Die Auflistung dieser konstitutiven Merkmale könnte dazu verleiten, ein idealtypisches Bild eines organisatorischen Kaufprozesses anzunehmen – dieses Bild wäre jedoch nur von geringem Wert, weil das Kaufverhalten noch von weiteren internen und externen Faktoren geprägt ist, die dieses beeinflussen.

So argumentierten beispielsweise Kirsch und Kutschker (1978), dass das B2B-Kaufverhalten stark von drei Faktoren beeinflusst wird: (1) der Neuartigkeit des Guts oder der Dienstleistung, (2) dem Einfluss auf organisatorische Veränderungen beim Nachfrager, sowie (3) der relativen Kaufgröße für den Nachfrager. Die Kombination dieser drei Faktoren hat einen Einfluss auf die **Komplexität des Kaufs** und führt so zu einem größerem Umfang in Form von mehr Stakeholdern und längeren Entscheidungszyklen in der Kauforganisation (ähnlich auch Kotler et al., 1999:284 ff.). Ein ähnlicher Ansatz wird von Robinson et al. (1967:23 ff.) mit ihrem Kaufsituations- oder Kaufklassenansatz verfolgt. Hier gehen die Autoren davon aus, dass sich jede Kaufsituation beim industriellen Kaufverhalten durch drei Kriterien charakterisieren lässt: (1) die Neuartigkeit des Problems, (2) den Informationsbedarf der beteiligten Personen und (3) neue mögliche Alternativen in der Kaufsituation. Durch diese Kriterien lassen sich **drei verschiedene Kaufklassen** bilden (Neukauf, modifizierter Wiederkauf und reiner Wiederkauf), die in der Folge wiederum einen Einfluss auf die Gestaltung des Kaufprozesses von Organisationen haben. Auch wenn dieser Ansatz in der Praxis sehr beliebt ist, so konnte das Schema durch empirische Untersuchungen vielfach nicht bestätigt werden (Fließ, 2000:284). Neben diesen Kategorisierungsversuchen wurde in der Wissenschaft noch eine große Anzahl **weiterer Einflussfaktoren** untersucht: Beispielhaft wäre zu nennen, dass die **Firmengröße** des Nachfragers zu längeren Entscheidungswegen und mehr involvierten Personen führen kann (Foscht und Swoboda, 2007). Weiterhin sind externe Einflussfaktoren auf den Kaufverhaltensprozess möglich: Beispielsweise kann die **Komplexität** im Kaufprozess **durch Marktfaktoren** wie Unsicherheit hinsichtlich der Markt- und der Technologieentwicklung weiter erhöht werden (Shainesh, 2004:120).

---

[25] Gerade bei komplexen Einkaufsprojekten, wenn After-Sales Service benötigt wird und/oder wenn beziehungsspezifische Investitionen vorgenommen werden.

50 Grundlagen und theoretischer Rahmen: B2B-Lösungen

Entscheidend für die Gestaltung des B2B-Kaufprozesses bleibt jedoch in vielen Fällen die subjektive Einschätzung des Nachfragers, d. h. wie er eine Kaufsituation hinsichtlich der Rahmenbedingungen beurteilt. Zusätzlich lässt sich in B2B-Märkten bestätigen, dass emotionale Entscheidungskriterien wie Glaubwürdigkeit, Vertrauen, Kontaktpflege und persönliche Bindungen zunehmend an Bedeutung gewinnen (Kroeber-Riel und Weinberg, 1999:368).

Bevor im nächsten Abschnitt jedoch auf die Besonderheiten beim Lösungskauf eingegangen wird, ist bereits an dieser Stelle klar, dass die **Merkmale** des **B2B-Kaufverhaltensprozesses** auch einen erheblichen **Einfluss auf** die **Lösungsgestaltung** haben: So sind B2B-Lösungen in der Regel nicht nur deutlich komplexer – was eine höhere Komplexität bei der Integration mit sich bringt –, auch sind Lösungen im B2C-Bereich nicht zwingend existenznotwendig, sondern vereinfachen nur das Leben bzw. heben den Lebensstandard (Ahlert et al., 2010a:25 f.).

2.3.4.2 Besonderheiten beim organisatorischem Kaufverhalten von Lösungen

Auch beim organisatorischen Kaufverhalten scheint es die implizite Annahme zu geben, dass bei Lösungen und Dienstleistungen grundsätzlich das gleiche Entscheidungsverhalten vorliegt wie bei Produkten. Dabei gibt es doch zumindest einen grundsätzlichen Unterschied zwischen Sach- und Dienstleistungen bzw. Lösungen: Während bei Sachleistungen die Kaufentscheidung des Nachfragers in der Regel erst fällt, wenn der Leistungserstellungsprozess schon beendet wurde und das fertige Leistungsergebnis vorliegt, muss der Nachfrager bei Dienstleistungen und Lösungen die Kaufentscheidung vor dem Leistungserstellungsprozess treffen (Jacob, 2009:123):

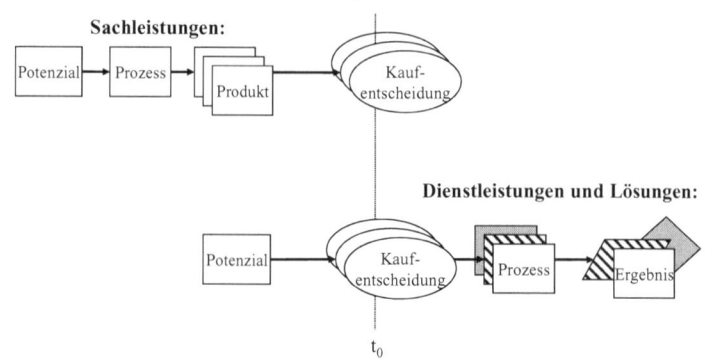

Abb. 10: Kaufentscheidungen bei Dienstleistungen
Quelle: in Anlehnung an Jacob (2009:123)

Das Leistungsergebnis wird somit reduziert auf ein Leistungsversprechen, so dass für den Nachfrager bei Dienstleistungen und Lösungen zum Zeitpunkt der Kaufentscheidung ein höheres Maß an Unsicherheit vorherrscht. Dies bedeutet, dass der Anbieter die **objektive Mess- und Bewertungsproblematik** durch adäquate Leistungskommunikation – z.b. im Rahmen einer Beratung für komplexe Lösungen – bewältigen muss, so dass die Unsicherheit vor der Kaufentscheidung überwunden werden kann (Fließ et al., 2003:18). Die wahrgenommene **Unsicherheit des Nachfragers** zeigt sich somit als zentrale Determinante des Einkaufsprozesses (Jacob, 2009:33), wobei angenommen werden kann, dass sich Nachfrager aufgrund des Neuheitscharakters einer Lösung kaum auf etablierte Einkaufsroutinen verlassen können (Bunn, 1993:47).

Im Bereich der Informationsökonomik[26] sind hier auch die Begriffe "Signaling" und "Screening" diskutiert worden (Fließ, 2009:165 ff.): Durch **Signaling** kann der Anbieter versuchen, Informationen an den Nachfrager zu übertragen – beispielsweise im Rahmen einer Beratung –, um die Unsicherheit des Nachfragers zu reduzieren. Dabei geht es darum, glaubwürdige Informationen an den Nachfrager zu übermitteln und nicht nur allgemeine Aussagen zur Qualität zu machen (Kaas, 1995). Beim **Screening** hingegen handelt es sich um eine Aktion des Nachfragers, um seine Unsicherheit und das bei ihm vorhandene Informationsdefizit zu senken. Dazu muss er die fehlenden Informationen vom Anbieter einfordern oder sich anderweitig beschaffen (Adler, 1994) – auch hier bietet sich die **Beratung des Anbieters** als Informationsquelle an. Zusätzlich zur Vorkaufsberatung ist für Lösungen jedoch auch noch nach der Kaufentscheidung eine Beratung des Nachfragers notwendig: In der Regel ist die Lösungsfindung beim Kauf noch nicht so weit spezifiziert – z.B. durch ein detailliertes Pflichtenheft (Hofbauer und Hellwig, 2009:194) –, dass alle Unsicherheiten beim Nachfrager beseitigt sind und ein gemeinsames Verständnis über alle Umsetzungsdetails zwischen Anbieter und Nachfrager besteht (vgl. auch Abschnitt 3.2.3).

Eine weitere Besonderheit beim organisatorischem Kaufverhalten von Lösungen kann in der **Konfusion von Managern** gesehen werden: In einem organisatorischem Kontext kann die Konfusion eines Managers als Unfähigkeit verstanden werden, sich nicht zwischen verschiedenen Optionen in einem organisatorischem Kaufprozess entschei-

---

[26] Die Informationsökonomik beschäftigt sich mit den Kosten, die sich aus der Beschaffung von Informationen ergeben (auch: Suchkosten). Dabei wird der Austausch zwischen den Marktakteuren – beispielsweise Anbieter und Nachfrager – und der Einfluss auf die unterschiedlichen Informationsstände sowie weitere Folgen für ökonomische Systeme behandelt. Ein Beispiel für ein Untersuchungsfeld wäre das Auftreten von Preisunterschieden in Märkten. Wie von Jacob (2009:37 f.) ausgeführt, hat die Informationsökonomik inzwischen einen festen Platz in der Marketingforschung gefunden.

den zu können (Lakotta, 2010:53). Dieses Verhalten sieht Lakotta (2010:192) zu einem signifikanten Teil dadurch bedingt, dass (1) das Angebot und (2) der Anbietermarkt vom Nachfrager als komplex wahrgenommen werden. Wenn man diese Überlegungen auf das Lösungsgeschäft überträgt, so könnte angenommen werden, dass der intangible und durch Komplexität geprägte Leistungsbestandteil einer Lösung dazu beiträgt, dass die Konfusion als Verhaltensdimension des Nachfragers größer ist als z.b. bei Produkten.[27] Weiterhin kann die Komplexität der Anbietermarktstruktur im Lösungsgeschäft aufgrund der hohen Zahl der Anbieter, dem ständigen Wandel von Angebotsstrukturen sowie einer meist großen Anzahl an Beteiligten im Kaufprozess als hoch eingestuft werden (vgl. auch Lakotta, 2010:226 f.).

Als letzter Punkt wäre zu erwähnen, dass die Natur von Lösungen und die notwendige Integration des Nachfragers in den Leistungserstellungsprozess dazu führen, dass bestimmte **kaufrelevante Entscheidungen** noch **nach dem eigentlichen Kauf** getätigt werden. Beispielsweise erfordert eine komplexe IT-Lösung häufig ein aufwändiges Service Level Management, das über die Zeit Anpassungen an die Geschäftsanforderungen abbilden muss (Fechner, 2004). In diesem Zusammenhang müssen vom Nachfrager wiederholt (Kauf-)Entscheidungen bezüglich des für ihn passenden Kosten-Nutzen-Verhältnisses getroffen werden, was sich auf die weitere Gestaltung der Lösung auswirkt.

2.3.4.3 Einordnung der vorliegenden Arbeit in die B2B-Kaufverhaltensforschung

Das Verhalten von Nachfragern im Kaufprozess ist eines der am intensivsten untersuchten Gebiete in den Sozialwissenschaften, so dass es hier bereits einige etablierte Konzepte gibt (vgl. z.B. Abschnitt 2.3.4.1). Dennoch ist dieses Forschungsfeld in ständigem Wandel und es findet sich noch erstaunlich wenig empirische Forschung, die sich speziell mit der Interaktion und Kommunikation zwischen Verkäufer und Käufer beschäftigt (Nerdinger, 2001:158). Der aktuelle Stand der Forschung lässt sich nach Kauffmann (1996:95) in sechs Kategorien gliedern:

---

[27] Ein mögliches Gegenargument wäre jedoch, dass bei Lösungen der Anbieter das Entscheidungsproblem der Auswahl und Kombination geeigneter Produkt-Servicekombinationen durch eine entsprechend intelligente Leistungsbündelung für den Nachfrager lösen kann. Somit würde der Anbieter die Komplexität der Kaufentscheidung reduzieren, da der Kunde die Lösung aus "einer Hand" bekommt (vgl. Ahlert et al., 2008:3). Fraglich ist nur, ob der Anbieter es schafft durch die Gestaltung eines Lösungsprozesses die wahrgenommene Komplexität der Lösung beim Nachfrager zu senken. Ein möglicher Einflussfaktor an dieser Stelle könnte sein, ob der Nachfrager die letztendliche Entscheidung über Lösungsbestandteile an den Anbieter auslagert oder nicht.

Einflussquellen auf das Kaufverhalten	Untersuchte Kategorien und Strömungen in der Literatur
1 Das Individuum betreffende Charakteristika	• Das Individuum betreffende Effekte, beispielsweise • Wahrgenommenes Risiko • Unsicherheit • Konfusion
2 Gruppenfaktoren	• Buying-Center-Konzepte und Strukturen • Einfluss von Mitgliedern • Kommunikation in Buying Centern
3 Organisatorische Faktoren	• Organisatorische Struktur und Größe • Rollen von Individuen • Rollen von Funktionen
4 Umweltfaktoren	• Kaufsituationen bei bestimmten Käufen • Umweltfaktoreneinflüsse auf Entscheider und Firmen • Unsichere vs. partnerschaftliche Umgebungen
5 Prozessfaktoren	• Prozesstypen • Anzahl und Arten von Prozessschritten • Konsumentenkaufverhalten vs. industrielles Kaufverhalten
6 Produkt- und Marktfaktoren	• Produktattribute und -typen • Anwendungsfälle von Produkten • Marktsegmentierung

Abb. 11: Forschungsrichtungen im Bereich organisatorisches Kaufverhalten

Quelle: in Anlehnung an Kauffmann (1996:95)

Die vorliegende Untersuchung der Beratungszufriedenheit bei Lösungen lässt sich am besten bei der Erforschung von **(1) das Individuum betreffende Charakteristika** und **(6) Produkt- und Marktfaktoren** einordnen.

Die Erforschung von **(1) das Individuum betreffende Charakteristika** ist deshalb von Interesse, weil Individuen den organisatorischen Auswahlprozess sehr stark beeinflussen und dominieren können (Kauffmann, 1996:96) – auch wenn es sich häufig um Gruppenentscheidungen handelt. Deshalb spielt auch die individuelle Zufriedenheit einzelner Nachfrager im Kaufverhaltensprozess eine wichtige Rolle: Es sind Individuen, die im Zentrum des Kaufprozesses stehen. Im Kaufverhaltensprozess sind Individuen durch eine komplexe Kombination persönlicher und organisationaler Ziele motiviert, wobei ihre Sicht durch formale Prozesse und vorgefilterte Informationen beschränkt wird (Webster und Wind, 1972:18). Für die vorliegende Arbeit bedeutet dies, dass – auch wenn sie in der organisationalen Kaufverhaltensforschung positioniert ist – die Untersuchung eng mit der Konsumentenverhaltensforschung verwandt ist, da versucht wird, ein Phänomen auf Ebene des Individuums zu erklären (hier: Beratungszufriedenheit).

Ferner folgt der Autor mit der Konzentration auf das Untersuchungsfeld Lösungen als **(6) Produkt- und Marktfaktor** der Forderung, dass zwar viel akademisches Wissen um den organisatorischen Produktkauf besteht, jedoch noch ein größeres Verständnis hinsichtlich des Kaufverhaltens bei Dienstleistungen gefunden werden muss (Sheth, 1996:14). Besonders bezüglich B2B-Lösungen kann festgehalten werden, dass relativ wenig Kaufverhaltensforschung existiert, die sich auf spezielle Verhaltensphänomene konzentriert.[28] Auch in der jüngeren Forschung spielt die Untersuchung von organisatorischen Faktoren immer noch eine dominierende Rolle (z.B. Ahlert et al., 2009; Bonnemeier, 2009; Ceci, 2009; Kawohl, 2010; Niepel, 2005). Vor diesem Hintergrund scheint es angebracht, dass in der vorliegenden Arbeit untersucht wird, wie sich die vorgestellten **Eigenschaften von Lösungen auf den Kunden im Kaufprozess auswirken** – insbesondere, wie die nun notwendig gewordene Beratung durch den Anbieter zufriedenstellend durchgeführt werden kann.

Übergreifend ist festzustellen, dass sich das organisatorische Kaufverhalten immer mehr von einem transaktionsbasierten Ansatz zu einem **beziehungsbasierten Ansatz** wandelt (Sheth, 1996:11). Die Erforschung von Geschäftsbeziehungen spielt auch deshalb eine größere Rolle als zuvor, da die Forschung bemüht ist, die veränderten Rahmenbedingungen und Problemstellungen im Wirtschaftsleben bzw. Marketing aufzugreifen (Sheth, 1996:12 f.).

Die **vorliegende Untersuchung** der Beratungszufriedenheit im Lösungsprozess **reiht sich** in dieses offene Forschungsfeld **ein**: Erstens wurde schon einleitend herausgestellt, dass es sich bei Lösungen um ein aktuelles und relevantes Phänomen in Praxis und Wissenschaft handelt (vgl. Kapitel 1). Zweitens wurde in Abschnitt 2.3.1.2 ausführlich beschrieben, dass dem Lösungsgeschäft eine Geschäftsbeziehungsdimension zugesprochen werden kann. Drittens haben Autoren wie Söllner (2007:142) hervorgehoben, dass der hier verwendete Erklärungsrahmen des Relationship Marketings ein adäquates Mittel sein kann, um Kaufverhalten bei komplexen Transaktionen – wie Lösungen – zu analysieren. Söllner (2007:142) erläutert weiter, dass unter anderem

---

[28] Das vorliegende Begriffsverständnis des Kaufverhalten von Nachfragern ist dadurch geprägt, dass hier stärker die Untersuchung von aktivierenden Prozessen (z.B. Emotion, Motivation und Einstellung) und weniger die Erforschung von kognitiven Prozessen (z.B. Aufnahme, Verarbeitung und Speicherung von Informationen) im Vordergrund steht (vgl. weiterführend Jacob, 2009:32 f.). Diese Wahl wird auch dadurch unterstützt, dass sich die organisationale Kaufverhaltensforschung bis jetzt überwiegend mit kognitiven Aspekten und weniger mit der emotionalen Perspektive beschäftigt hat (Wong et al., 2006:282).

durch die Komplexität und Unsicherheit, die die Transaktion prägen, das Relationship Marketing für Anbieter ein geeignetes Management-Programm sein kann, um einen Lösungsprozess zu steuern.

Abschließend kann zusammengefasst werden, dass diese Arbeit mit der Untersuchung eines unerforschten relevanten Phänomens zwar Neuland betritt, sich aber in einen etablierten konzeptionellen Bezugsrahmen – den der industriellen Kaufverhaltensforschung – einordnet. Trotz etablierter Arbeiten ist die industrielle Kaufverhaltensforschung jedoch kein abgeschlossener Literaturkomplex, der endgültig bewertbar ist. Dies ist aufgrund des ständigen Wandels auch nicht zu erwarten. Vielmehr ist es das Ziel, hier – ergänzend zu bereits bestehender Forschung – das Lösungsgeschäft näher zu betrachten und sich so von der traditionellen Buying-Center-Perspektive zu lösen.[29]

Nachdem der eigentliche Lösungsprozess charakterisiert wurde, sowie die Untersuchung eingeordnet werden konnte, stellt sich die Frage, mit welchen Problemen und Herausforderungen der Anbieter rechnen kann.

2.4 Herausforderungen beim Wandel zum Lösungsanbieter

In Abschnitt 2.3 wurde dargestellt, dass ein Lösungsprozess in verschiedene Phasen gegliedert werden kann, wobei sich der Prozess und Umfang der Lösungserstellung je nach Lösungsart grundsätzlich unterscheiden kann. In der Praxis hat sich jedoch gezeigt, dass viele Produktanbieter noch immer an der komplexen Transformationsaufgabe scheitern, Lösungen wirtschaftlich und zufriedenstellend anbieten zu können (Homburg et al., 2000:74). Hier wird für Anbieter die Individualisierung von Leistungen nur dann als ökonomisch erfolgreich angenommen, wenn sie explizit im Zielsystem des Anbieters verankert und systematisch umgesetzt wurde (Jacob, 2003:84). Deshalb sollen an dieser Stelle zunächst die verschiedenen **Optionen der Transformation** beschrieben werden, die Anbieter für einen systematischen Wandel offen stehen (Abschnitt 2.4.1). Danach geht der Autor auf die weitreichenden **organisatorischen** (Abschnitt 2.4.2) und **vertrieblichen Herausforderungen** ein (Abschnitt 2.4.3), welche sich für traditionelle Unternehmen auf dem Weg zum Lösungsanbieter ergeben.

---

[29] Diese ist häufig noch dadurch geprägt, zu untersuchen, was ein Nachfrager mit einem Anbieter (oder vice versa) tun kann, um beispielsweise Einkaufsmacht zu seinem Vorteil zu nutzen (Cova und Salle, 2008). Rückbesinnend auf die S-DL sollte jedoch eine Perspektive eingenommen werden, die erforscht, was beide Parteien zusammen entwickeln können ("co-creation of value").

2.4.1 Transformationspfade zum Lösungsanbieter

Wenn ein Anbieter sich das Ziel setzt, Lösungsanbieter zu werden, kann eine Transformation als die Überführung eines Ausgangs- in einen Zielzustand verstanden werden. Dabei definiert der Anbieter selbst den gewünschten Zielzustand, leitet aus der Ausgangssituation erforderliche Maßnahmen ab, antizipiert Reaktionen des Wettbewerbsumfeldes und versucht, sich selbst in die erstrebenswerte Zielposition zu transformieren (Ungrade und Erlenkämper, 2010:377 f.). Diese **Transformation** kann jedoch in **verschiedenen Ausprägungen** erfolgen.

Miller et al. (2002:11) betonen, dass aufgrund der vielfältigen Herausforderungen ein "Big-Bang-Ansatz" in der Praxis leicht zum Scheitern verurteilt ist, während eine Kombination aus **proaktivem Experimentieren** und **Reagieren auf Kundenbedürfnisse** eher zum Ziel führen kann.[30]

Auch Matthyssens und Vandenbempt (2008:323 ff.) ermitteln in ihren Untersuchungen, dass Firmen auf dem Weg zum Lösungsanbieter meistens entweder den Grad der technischen Integration mit dem Kunden oder den Grad der geschäftlichen Integration mit dem Kunden erhöhen, um durch einen **schrittweisen Ansatz** die Komplexität aus dem Veränderungsprozess zu nehmen. Diese Arbeit wird durch eine spätere Untersuchung noch ergänzt, in der bestätigt wird (Matthyssens und Vandenbempt, 2010:698 ff.), dass mehrere Entwicklungspfade zum Lösungsanbieter möglich sind: Entweder der Anbieter konzentriert sich zunächst stärker auf den Ausbau des wahrgenommenen Kundenwerts im Angebot oder der Anbieter konzentriert sich stattdessen auf einen höheren Individualisierungsgrad. Beides sind Wege, die dem Anbieter bei seiner Entwicklung zum "Value Partner" helfen, wobei die Entscheidung durch die Ressourcenverfügbarkeit, die Marktdiversität, die Skalierbarkeit der Lösung sowie die Fähigkeiten, mit Kunden zu interagieren, getrieben sein sollte.

Weniger empirisch und mehr konzeptionell geprägt kommen Burianek et al. (2007:20) zu einer sehr ähnlichen Typologie: Die Autoren definieren in einer Vier-Felder-Matrix einen Lösungsanbieter als eine Firma, die einen vergleichsweise hohen Ausprägungsgrad der Integration externer Faktoren besitzt und gleichzeitig das Leistungsangebot zu einem hohen Grad individualisiert hat. Wichtig an dieser Stelle erscheint jedoch der Punkt, dass bisherige Typologien in einem hohen Maße eine idealtypische Einteilung wiedergeben, so dass das reale Phänomen des Solution Provider nur näherungsweise

---

[30] Dieses Vorgehen zeigte sich z.B bei der Bank "Citi", die sich zunächst auf Lösungen für eine Kundengruppe fokussiert hat.

beschrieben werden kann. Tatsächlich lassen sich in der Realität viele Lösungsanbieter nicht eindeutig einer Kategorie zuordnen, weil sie gleichzeitig mehrere Merkmale erfüllen (Ahlert et al., 2010b:55).

Nach dieser Überlegung bietet es sich an, die schrittweise Darstellung von Schuh et al. (2004:17) näher zu betrachten, weil hier nicht von einer starren Typologie ausgegangen wird. Die Autoren zeigen im Rahmen eines **Transformationsmodells** auf, dass der Beitrag von Dienstleistungen – gemessen an Umsatz, Gewinn und Kundenbindung – für reine Produzenten über die Zeit wachsen kann, bis der Anbieter zum reinen Lösungsanbieter wird. In diesem Zusammenhang entscheidend ist, dass ein Lösungsanbieter nicht unbedingt sein Produktgeschäft aufgeben muss: Ein Lösungsanbieter sollte vielmehr als ein Anbieter verstanden werden, welcher Kundenlösungen in seinem Angebotsportfolio hat und diese als **eigenes, aber nicht** unbedingt **einziges Geschäftsfeld** betrachtet (Niepel, 2005:39 f.). Nach diesen Überlegungen scheint es wichtig, auf die spezifischen Herausforderungen hinzuweisen, die sich bei der Transformation zum Lösungsanbieter ergeben.

2.4.2 Organisatorische Herausforderungen

Davies et al. (2006:43 ff.) weisen darauf hin, dass der Wandel zum Lösungsanbieter nicht unterschätzt werden sollte, weil dieser auch weitreichende organisatorische Veränderungen mit sich bringt, was beispielsweise die **Einrichtung neuer organisatorischer Strukturen**[31] einschließt. Diese Veränderungen sind notwendig, um die Zusammenarbeit im Unternehmen weniger durch produkt-spezifische Abteilungslinien zu trennen. Ferner ist die Fähigkeit, ein flexibles Leistungsangebot erstellen zu können, davon abhängig, (1) näher am Kunden zu sein und den Kunden besser zu kennen ("customer-facing front end"), als auch (2) Lösungen schon früh integriert entwickeln zu können (integriertes "back end") (vgl. auch Sturm und Bading, 2008:184). Da der Integrationsgrad und der Umfang einer Lösung den Koordinationsbedarf und die Abhängigkeiten innerhalb einer Organisation mit beeinflussen (Galbraith, 2002:198), sollte die organisatorische Aufstellung des Anbieters dem Komplexitätsanspruch der angebotenen Lösungen Rechnung tragen.

Weiterhin kommen Davies et al. (2006) in verschiedenen Fallstudien zu dem Schluss, dass ein Lösungsanbieter – bzw. das entsprechende Geschäftsfeld – insgesamt vier grundlegende Fähigkeiten ("**capabilities**") entwickeln sollte, um erfolgreich am Markt

---

[31] Beispielsweise "strategic center", "customer-facing front end", "back end".

agieren zu können: Dabei handelt es sich um die Fähigkeit, (1) modulare Systeme integrieren zu können, (2) den Betrieb und die Wartung einer Lösung leisten zu können, (3) dem Kunden eine umfassende Beratung anbieten zu können und (4) durch intelligente Finanzierungsmodelle den Nachfrager in seinem Lösungskontext voranbringen zu können. Dieser Capabilities-Ansatz wird beispielsweise von Ceci (2005:10 ff.) noch weiter ausdifferenziert, so dass die Autorin das Spektrum auf insgesamt 15 notwendige Capabilities für Lösungsanbieter erweitert.

Eine weitere Herausforderung ist die Überarbeitung des internen **Kennzahlensystems**: Das Anbieten von Lösungen setzt voraus, sich davon zu lösen, dass der Erfolg einer Firma ausschließlich nach produktzentrierten Kennzahlen wie Marktanteil und Outputqualität gemessen wird. Lösungs- und kundenspezifische Kennzahlen wie "Gewinn pro installierter Basis", "Share of Wallet" und "Gewinn mit spezifischen Kunden über die Laufzeit der Lösung" sollten eine stärkere Bedeutung erlangen (Wise und Baumgartner, 1999:141).

Ferner sollte ein **Informationssystem** dem Anbieter ermöglichen, Kundendaten technisch effizient zu speichern und aufzubereiten, so dass Kundeninformationen auch über Abteilungsgrenzen hinweg schnell und einfach verfügbar sind (Ballantyne, 2004:118). Der systematischen Erfassung von Kunden- und Projektdaten kommt zudem die wichtige Rolle zu, dass der Vertrieb effizienter gesteuert werden kann und Kunden einfacher in Leistungserstellungsprozesse integriert werden können (Jacob und Sievert, 2010:29). In diesem Zusammenhang sollte nicht vergessen werden, dass beispielsweise bei der Einführung eines entsprechenden CRM-Systems nicht rein technische Parameter bestimmend sein sollten: Die Rahmenbedingungen des Geschäftsmodells, die Art der angebotenen Leistungen sowie die Natur der Kundenbeziehung sollten das Design des Informationssystems wesentlich beeinflussen (Engelsleben und Sauer, 2011:2 ff.).

Weitere Herausforderungen entstehen für Anbieter auch aus den Beziehungen und Interaktionen, die sich aus dem externen **Netzwerk** ergeben: Windahl und Lakemond (2006:816 f.) zeigen, dass die Akteure der externen Geschäftsumgebung maßgeblich die Entwicklung von integrierten Lösungen beeinflussen können. Mögliche Akteure inkludieren beispielsweise Forschungseinrichtungen, Regierungsvertreter oder auch Kunden von Nachfragern (vgl. Matthyssens und Vandenbempt, 2008:326). Damit ist die Fähigkeit, ein weiter gestecktes interorganisationales Netzwerk zu managen und auszunutzen, eine wichtige Eigenschaft für die Erstellung von Lösungen (Ritter und Gemünden, 2003).

2.4.3 Herausforderungen speziell für den Vertrieb

Aus den bisherigen Ausführungen ist klar geworden, dass beim Wandel zum Lösungsanbieter die gesamte Organisation gefordert ist. Dennoch kommt dem Vertrieb als Bindeglied zwischen Anbieter und Nachfrager eine besondere Bedeutung zu, weil hier durch Interaktion Bedürfnisstrukturen aufgedeckt werden und der Leistungserstellungsprozess gesteuert wird (Jacob und Sievert, 2010:31).

Hier bemerken Roegner und Gobbi (2001), dass die **Preisgebung** im Vertrieb den Lösungsmehrwert und die veränderte Zahlungsbereitschaft des Kunden berücksichtigen sollte: Einerseits sollten Lösungen nicht nur wie ein Komponentenbündel ohne Aufschlag bepreist sein, weil sonst substanzielle Potenziale für den Anbieter vergeben werden. Auf der anderen Seite sollten Produktbündel ohne substanziellen Lösungsmehrwert auch keinen ungerechtfertigten Preisaufschlag beinhalten, weil dies für Kunden weniger attraktiv ist. Somit sollte das Pricing von Lösungen ein gut durchdachter Prozess sein, der sich am Kundenmehrwert orientiert und schon beim Lösungsdesign strategisch berücksichtigt werden sollte (Roegner und Gobbi, 2001). Bonnemeier (2009:305) konzeptionalisiert **Preiskompetenz** bei Lösungsanbietern hingegen als eine gesamtorganisatorische Fähigkeit, die die Planung, Festsetzung und Durchsetzung von Preisen beinhaltet. Hierbei gelingt es ihm, einen signifikanten Einfluss auf den wirtschaftlichen Erfolg von Anbietern nachzuweisen.

Wie schon an anderer Stelle erwähnt, kommt im Lösungserstellungsprozess der Identifikation der Kundenwünsche und -bedürfnisse eine gesteigerte Bedeutung zu (z.B. Sawhney, 2006:368). Aus diesem Grund scheint es für Anbieter wichtig, dass der Vertrieb auch in den Methoden des **Solution Selling** (vgl. Bosworth, 1994) geschult und der Vertriebsprozess auf die veränderten Anforderungen umgestellt wird. Konkret heißt dies, dass Vertriebsmitarbeiter ihren bisherigen Verkaufsprozess überdenken müssen, da nicht mehr ein vorhandenes Produkt, sondern existierende Kundenprobleme dessen Ausgangspunkt bilden. In Abgrenzung zum System Selling, welches sich eher auf operative Nachfragerprobleme fokussiert, steht beim Solution Selling die Entwicklung von strategischen Lösungskonzepten im Vordergrund (Davies et al., 2007:184). Dabei kommen Vertriebsmitarbeitern nun zusätzlich umfangreiche **beratende** und Projektmanagement-orientierte **Aufgaben** zu (Bröker, 2010:323), welche neue Kompetenzen im Bereich Kommunikation und Problemlösungsfähigkeit sowie betriebswirtschaftliche Kenntnisse erfordern (vgl. Ahlert et al., 2010a:5 f.) und gleichzeitig den Anbieter verpflichten, den Nachfrager aktiver einzubinden (Schmitz, 2008:675). Dieser letzte Punkt wird von Jacob (2003) auch als **Kundenintegrations-Kompetenz** bezeichnet: Anbieter müssen die Herausforderungen, die sich durch eine Leistungsindividualisierung ergeben, dadurch meistern, dass sie den Kunden stärker in den Leistungserstellungsprozess einbeziehen. Die Effizienz dieses Prozesses hängt unter anderem davon ab, wie gut es Anbietern gelingt, transaktionsspezifische Informationen sicherzustellen und interne und externe Produktionsfaktoren sinnvoll zu kombinieren. Obwohl diese Kompetenzart als organisatorisches Phänomen verstanden werden kann (Jacob, 2006:48) – die Kundenintegration wird als Vorgehensweise eines Anbieters und nicht einzelner Personen verstanden –, spielen Vertriebsmitarbeiter für die Umsetzung eine entscheidende Rolle und können so helfen, den Markterfolg des Anbieters zu erreichen.

Doch nicht jeder Vertriebsmitarbeiter ist diesen gestiegenen Anforderungen gewachsen: Aus Unternehmenssicht liegt eine zusätzliche Herausforderung darin, Veränderungsmöglichkeiten für die Vertriebsmitarbeiter zu finden, die diese Aufgabe nicht erfüllen können (vgl. Zupancic, 2010). Zusammenfassend sind in der folgenden Abbildung 12 die verschiedenen Differenzierungspotenziale im persönlichen, nutzenorientierten Verkauf dargestellt, wobei einschränkend erwähnt werden muss, dass die Darstellung stark auf die Gestaltung bis zum Vertriebsabschluss abzielt und den weiteren Leistungserstellungsprozess kaum berücksichtigt:

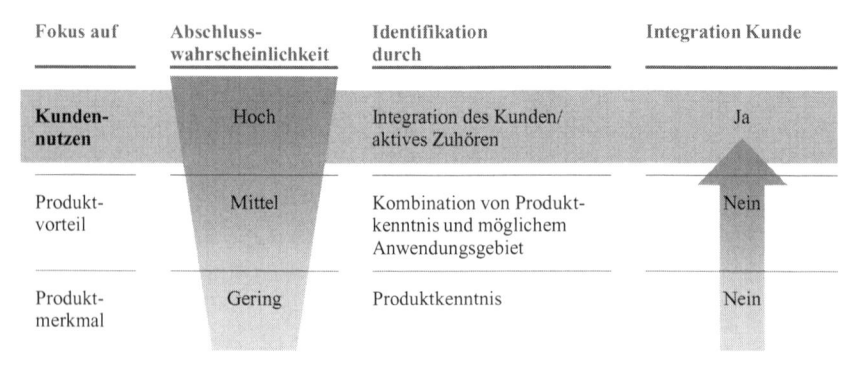

Fokus auf	Abschluss-wahrscheinlichkeit	Identifikation durch	Integration Kunde
Kundennutzen	Hoch	Integration des Kunden/ aktives Zuhören	Ja
Produktvorteil	Mittel	Kombination von Produktkenntnis und möglichem Anwendungsgebiet	Nein
Produktmerkmal	Gering	Produktkenntnis	Nein

Abb. 12: Argumentationsebenen im Verkaufsprozess
Quelle: Roggenberg (2007)

Ein großer Unterschied für Vertriebsmitarbeiter, die bis dato eher Produkte mit leicht darstellbaren Qualitäten vertrieben haben, ist auch, dass sie ihren Kunden lediglich ein **abstraktes Leistungsversprechen** geben können, weil die Lösung zum Zeitpunkt des Vertrags in der Regel noch nicht existiert (vgl. Abschnitt 2.3.4.2). In der Folge können sowohl auf Anbieter- als auch auf Nachfragerseite Informationsdefizite und Unsicherheitsprobleme entstehen, die der Vertriebsmitarbeiter durch eine transparente Kosten-Nutzen-Darstellung adressieren sollte (Schmitz, 2008:673 ff.).

Speziell für den Vertrieb sollten Unternehmen auch überlegen, ob sie ihre **Vergütungssysteme** nicht an die veränderten Anforderungen anpassen. So erklären Nippa et al. (2007:16 f.), dass die Fokussierung auf traditionelle, kurzfristige Vergütungssysteme zu einer Fehlsteuerung des Mitarbeiterverhaltens führen kann. Der Übergang zu einer teamorientierten Vergütung, welche gleichzeitig die anvisierte Langfristigkeit einer Kundenbeziehung widerspiegelt, ist in diesem Fall besser geeignet.

Zusammenfassend soll für Abschnitt 2.4 in der folgenden Abbildung noch einmal dargestellt werden, in welchem Kontext sich potenzielle Lösungsanbieter bewegen. Dabei wird deutlich, dass die Entwicklung vom produkt- zum kundenzentrierten Anbieter von Lösungen eine Herausforderung ist, die eine konsequente Ausrichtung an Kundenbedürfnissen verlangt und gleichzeitig zu grundlegenden Umstellungen in der Wertschöpfungskette für Anbieter führt (vgl. alternativ Davies, 2004:737).

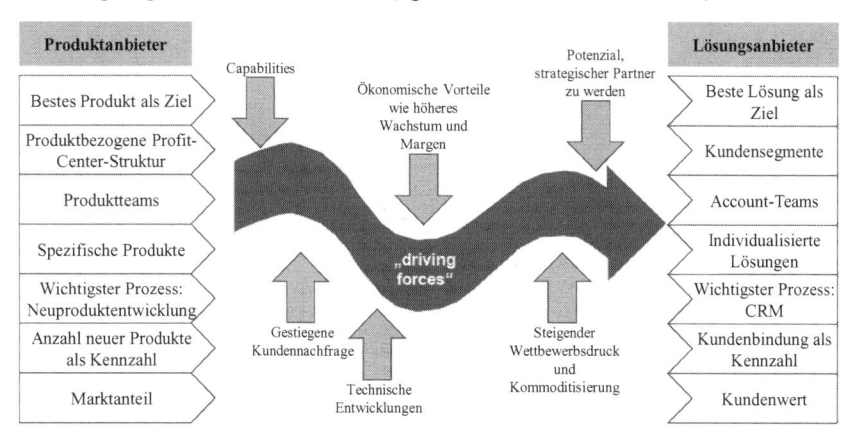

Produktanbieter			Lösungsanbieter
Bestes Produkt als Ziel	Capabilities	Potenzial, strategischer Partner zu werden	Beste Lösung als Ziel
Produktbezogene Profit-Center-Struktur	Ökonomische Vorteile wie höheres Wachstum und Margen		Kundensegmente
Produktteams			Account-Teams
Spezifische Produkte	„driving forces"		Individualisierte Lösungen
Wichtigster Prozess: Neuproduktentwicklung			Wichtigster Prozess: CRM
Anzahl neuer Produkte als Kennzahl	Gestiegene Kundennachfrage	Steigender Wettbewerbsdruck und Kommoditisierung	Kundenbindung als Kennzahl
Marktanteil	Technische Entwicklungen		Kundenwert

Abb. 13: Die Entwicklung zum Lösungsanbieter
Quelle: exemplarische Auswahl von Themen in Anlehnung an Galbraith (2002)

Ergänzend soll an dieser Stelle darauf hingewiesen werden, dass Erfolg im Lösungsgeschäft keinesfalls nur durch den Anbieter alleine erreicht werden kann: Die bereits in Abschnitt 2.3.4.2 angesprochenen Besonderheiten des organisatorischen Kaufverhaltens bei Lösungen zeigen, dass auch Nachfrager sich aktiv mit den Herausforderungen des Solutions-Buying auseinandersetzen sollten.[32] Im nächsten Abschnitt werden abschließend die Erfolgsbeiträge von Lösungen für Anbieter und Nachfrager beurteilt.

2.5 Die Erfolgsbeiträge von Lösungen

Während sich die letzten Abschnitte mit den Fragen "Was sind Lösungen?" (Abschnitt 2.1), "Was treibt die Relevanz von Lösungen?" (Abschnitt 2.2), "Wie sieht der Prozess einer Lösung aus?" (Abschnitt 2.3) und "Welche Herausforderungen gibt es beim Wandel zum Lösungsanbieter?" (Abschnitt 2.4) beschäftigt haben, soll dieser Abschnitt die Frage "Welche Erfolgsbeiträge haben Lösungen?" beantworten.

Hierfür greift der Abschnitt hauptsächlich auf die aktuelle Lösungsforschung zurück, wobei dies nicht darüber hinwegtäuschen soll, dass ähnliche Überlegungen auch schon im Zusammenhang mit der einzelkundenbezogenen Produktgestaltung angestellt wurden, die – ähnlich wie Lösungen – Merkmale wie Individualisierung und Kundenintegration aufweisen. Wie aus nachfolgender Tabelle ersichtlich, ergibt sich nämlich als Folge der einzelkundenbezogenen Produktgestaltung auch eine Reihe von potenziellen Chancen und Risiken für Anbieter und Nachfrager (Jacob und Kleinaltenkamp, 1994:18):

	Anbieter	Nachfrager
Potenzielle Chancen	- Erlösnutzen - Erlangung von Anwendungs-Know-how - Erfassung von Strukturen und Potenzialen des Nachfragers - Nutzung von Ressourcen des Nachfragers	- Anwendungsnutzen des Produktes - Erlangung von Produkt-Know-how - Erfassung von Strukturen und Potenzialen des Anbieters - Nutzung von Ressourcen des Anbieters

---

[32] Beispielhaft wäre hier zu nennen, dass der zum Teil immaterielle Charakter und die hohe Komplexität von Lösungen oft dazu führt, dass ein Vergleich mit anderen Marktangeboten schwierig ist (Ahlert et al., 2008:10 f.). Eine Beurteilung der Qualität der Lösung ist oft erst spät nach dem Kauf oder gar nicht möglich (Engelhardt et al., 1993:418 f.), so dass Nachfrager neue Wege finden müssen um Lieferanten auszuwählen und die eingekauften Leistungen zu beurteilen. Ein weiteres Beispiel bezieht sich auf die Interaktivität, welche zwischen Anbieter und Nachfrager vorausgesetzt wird. Da beide Beteiligten eine Lösung in der Regel gemeinschaftlich erarbeiten (Ahlert, 2009:6), müssen Nachfrager intern definieren, wie und in welchem Umfang sie in den Leistungserstellungsprozess integriert sein möchten.

Grundlagen und theoretischer Rahmen: B2B-Lösungen 63

Potenzielle Risiken	- Autonomierisiko - Risiko des Know-how-Abflusses - Realisierbarkeitsrisiko - Kostenrisiko	- Marktrisiko (Vergleichbarkeit) - Risiko des Know-how-Abflusses - Funktionsrisiko - Preisrisiko

Tabelle 2: Chancen und Risiken der einzelkundenbezogenen Produktgestaltung

Quelle: nach Jacob und Kleinaltenkamp (1994:18)

Wie im weiteren Verlauf dieses Abschnitts noch deutlich wird, gibt es in dieser Ansicht einige Überschneidungen mit den hier vorgestellten Erfolgsbeiträgen von Lösungen. Zudem soll aber auch speziell darauf eingegangen werden, welche Erfolgsbeiträge wirklich spezifisch für Lösungen sind und somit weiter zum Neuigkeitswert dieses Phänomens beitragen können.

2.5.1 Erfolgsbeiträge für Anbieter

Hax und Wilde (1999:17) sehen einen Erfolgsbeitrag beim Anbieten von Lösungen in der **strategischen Positionierung gegenüber dem Kunden**, beispielsweise in Abgrenzung zur Produktdifferenzierung oder dem "lock-in" durch Systemvertrieb. Auf diesem Weg wird dem Anbieter eine erhöhte Marge in Aussicht gestellt wird (auch Roegner und Gobbi, 2001), auch wenn er gleichzeitig mit einer erhöhten Kostenbasis rechnen muss. Weiterhin merken die Autoren an, dass sich als Folge dieser Positionierung die horizontalen Verbindungen innerhalb des Anbieters verbessern (müssen).

Weitere Erfolgsbeiträge von Lösungen für Anbieter zeigen sich auch bei innovativen Best Practices, die im Rahmen von diversen Fallstudien beschrieben werden: Paluch und Wagner (2010:261) beispielsweise unterstreichen am Beispiel von Remote Services, dass innovative Lösungen es dem Anbieter erlauben, dem Nachfrager einen technischen Mehrwert neben den Kernprodukten zu offerieren: Der Bereich Medical Solutions der Siemens AG kann also als Folge von Lösungen sein **Leistungsportfolio erweitern** und hat so die Möglichkeit, Nachfragern beispielsweise eine höhere Systemverfügbarkeit, kürzere Ausfallzeiten, gesteigerte Workfloweffizienz und einen erhöhten Patientendurchsatz anzubieten.

Das zweite Fallbeispiel der Firma Schmitz Cargobull hingegen verdeutlicht, dass der Wandel zum Lösungsanbieter helfen kann, in einer wirtschaftlichen Krise die **Kundenbindung** zu festigen und Folgeaufträge zu generieren (Kes und Kes, 2010:344

ff.).³³ Weiterhin beschreiben die Autoren, dass der **Aufbau von Vertrauen** durch regelmäßigen Know-how-Austausch als weiterer Basispfeiler des Solution Selling gesehen wird. Durch die Einbindung externer Partner und durch die Integration des Kunden hat somit der Anbieter die Möglichkeit, mehr **Know-how** auf seiner Seite zu **generieren**. Organisatorisch wurde die Erbringung von Lösungen bei Schmitz Cargobull in eigenständigen Einheiten erbracht. Weil diese in der wirtschaftlichen Krise die einzig erfolgreichen Konzernteile waren, bestand so die Möglichkeit, durch eine Gewinnabführung den Mutterkonzern finanziell zu unterstützen. Eine **Diversifizierung des unternehmerischen Risikos** kann somit als Folge von Lösungen gesehen werden.

Ungrade und Erlenkämper (2010:375) zeichnen sogar einen noch extremeren Erfolgsbeitrag der Lösungsorientierung und beziehen sich dabei hauptsächlich auf den Handel: Durch Strukturveränderungen im Handel hat sich das Kaufverhalten von Nachfragern dahingehend geändert, dass diese Auswahlprobleme durch Vereinfachungsstrategien lösen, bei denen vermehrt nur noch Marke und Preis relevant sind. Die zunehmende Preisorientierung der Nachfrager lässt somit Produktunterschiede bei der Auswahl in den Hintergrund treten und fördert ferner, dass die Produkthomogenität von Anbieterseite weiter steigt. Der Erfolgsbeitrag beim Anbieten von Lösungen in dieser Industrie wäre, dass Anbieter dann **weniger über den Preis konkurrieren** müssten, sondern der stärker wahrgenommene Kundennutzen könnte durch individualisierte Leistungspakete wieder mehr im Vordergrund stehen. Auf diese Weise werden relevante Nutzenunterschiede – und damit Eigenschaften der Lösung – wieder zu einer stärkeren Variable im Kaufentscheidungsprozess der Endkunden (vgl. Homburg und Krohmer, 2003:740). Insgesamt betrachten Ungrade und Erlenkämper (2010:376) den Wandel zum Lösungsanbieter sogar als eine notwendige Bedingung, um die eigene **Existenz als Anbieter sichern** zu können.

2.5.2 Erfolgsbeiträge für Nachfrager

In den definitorischen Grundlagen (Abschnitt 2.1) wurde etabliert, dass Lösungen erbracht werden, um bei Nachfragern eine **Problemlösung** zu erreichen (Sawhney, 2006). Ein Umstand, der hier beachtet werden sollte, ist jedoch, dass die Qualität und die Eindeutigkeit der möglichen Problemlösung davon abhängig sind, wie gut das

---

[33] Der Konzern hat in der Wirtschaftskrise im Jahr 2009 mehrere Tochterfirmen für Value Added Services gegründet, um den Wandel zum Lösungsanbieter zu beschleunigen. Dies wird als ein Erfolgsfaktor gesehen, wie es das Unternehmen schaffte, innerhalb von kurzer Zeit die Lösungsorientierung auszubauen und den Anteil an kundenspezifischen Dienstleistungen am Gesamtgeschäft zu erhöhen.

Problem strukturiert wurde. Weiterhin ist die Beurteilung der Lösungsqualität und der Zielerreichung generell wertender als bei stärker vorstrukturierten Produkten (Nordin und Kowalkowski, 2010:451). Ceci und Prencipe (2008:278) gehen sogar noch weiter und argumentieren, dass aus Kundensicht der Kauf einer integrierten Lösung mit dem **Outsourcing** einer bestimmten Aktivität gleichzusetzen ist. Auf diese Weise hat der Nachfrager die Möglichkeit, sich auf seine eigenen Ressourcen und sein Kerngeschäft zu konzentrieren.

Hax und Wilde (1999:12) sehen eine wesentliche Folge von Lösungen in den **ökonomischen Vorteilen** für Nachfrager. Diese können sich beispielsweise in Form von reduzierten Kosten oder gesteigerten Profiten für Nachfrager niederschlagen. Auch Cornet et al. (2000:2) teilen grundsätzlich diese Perspektive und differenzieren zwischen vier positiven Wertbeiträgen, die sich für Nachfrager als Folge von Lösungen ergeben: Dabei handelt es sich um **Verbesserungen** in der **operativen Leistung**, eine **effektivere Nutzung** des **Vermögens**, eine Ermöglichung von **Marktexpansionen** und eine **Reduzierung** von **Risiken**.[34]

Stremersch et al. (2001:7) hingegen betonen, dass Lösungen für Nachfrager auch negative Auswirkungen haben können. So können Lösungen eine **beeinträchtigte Preistransparenz** für Nachfrager zur Folge haben, da die einzelnen Angebote schlechter miteinander vergleichbar sind. Dieser Effekt kann mit der Informationsökonomik[35] erklärt werden (Weiber und Adler, 1995): Der Anteil an Sucheigenschaften ist im Kaufprozess von Lösungen geringer als bei Produkten, weil der Nachfrager die Leistung vor dem Austauschprozess nicht umfassend beurteilen kann. Weiterhin können so Preisunterschiede zwischen Lösungen erklärt werden: Unter der Annahme, dass Nachfrager keine vollständigen Informationen haben, entstehen Suchkosten, die für Nachfrager den allgemeinen Preisvergleich erschweren und sie davon abhalten, eine vollständige Preistransparenz des Marktes zu erhalten (Jacob, 2009:34). Die **Einführung** von **wertbasierten Einkaufsmethoden** ist eine Möglichkeit, wie Nachfrager – über gemeinsam erstellte Spezifikationen und engere Zusammenarbeit mit Anbietern – besser damit zurechtkommen können (Lindberg und Nordin, 2008:299 f.).

---

[34] Ein aktuelles Beispiel in diesem Zusammenhang sind Lösungen im Cloud Computing Bereich: Cloud Lösungen haben bislang unerreichte Potenziale für Skaleneffekte für Nachfrager. Der Zusammenschluss von mehreren Kunden zu einem Verbund begünstigt beispielsweise die Einrichtung großer Rechenzentren, welche für einzelne Unternehmen überdimensioniert wären. Auf diesem Wege ergibt sich aus einer gemeinsam genutzten Lösung eine effektivere Nutzung des Vermögens sowie eine Reduzierung von (Technologie-)Risiken.
[35] Vgl. Abschnitt 2.3.4.2.

Generellere Einschätzungen zum Beitrag von Lösungen für Nachfrager schließen ein, dass Lösungen das "**Leben** für Nachfrager **leichter** machen" (Miller et al., 2002:3), dass **Kundenbedürfnisse befriedigt** werden (Tuli et al., 2007:1) und dass Lösungen **einzigartige Vorteile** für Nachfrager bringen (Brady et al., 2005:362). Aufgrund ihres geringen Differenzierungsgehaltes werden diese Aussagen jedoch nicht weiter diskutiert.

2.6 Zwischenfazit

Kapitel 2 sollte dem Leser theoretisch fundiert einen Überblick über B2B-Lösungen geben. Dabei hat sich gezeigt, dass eine Erweiterung des Untersuchungsrahmens von Nordin und Kowalkowski (2010:453) auf fünf Lösungsfaktoren einen guten Ausgangspunkt bildet, um das Thema Lösungen strukturiert analysieren zu können.

Zu diesem Zweck wurde in **Abschnitt 2.1** zunächst präzisiert, wie der Begriff **Lösung definiert und** gegenüber Produkten und Dienstleistungen **abgegrenzt** werden kann. Ausgehend von der Einsicht, dass die Dienstleistungsforschung erste wertvolle Ansätze und Grundlagen für die Lösungsforschung liefert, konnten basierend auf Arbeiten der Lösungsforschung verschiedene Definitionsansätze hinterfragt und sechs übereinstimmende Definitionsaspekte zwischen Autoren herausgearbeitet werden. Der Abschnitt wurde mit einer Arbeitsdefinition, die ein relationales Verständnis von Lösungen zugrunde legt, abgerundet. Dabei wurde unter anderem der Aspekt der Beratung des Nachfragers als fester Bestandteil von Lösungen mit integriert.

Im Anschluss an die definitorischen Grundlagen wurden in **Abschnitt 2.2** die **Treiber der Relevanz von Lösungen für Anbieter** diskutiert. Dabei wurde darauf hingewiesen, dass die Entstehung von Lösungen sowohl durch externe, marktbedingte Triebkräfte als auch durch interne Triebkräfte – wie ökonomischen Nutzen – begründet werden kann. Da die Gewichtung der Treiber jedoch für jede Firma individuell ist, ist das Anbieten von Lösungen nicht für jedes Unternehmen gleich attraktiv. Zusätzlich kann durch die Gewichtung ein Einfluss auf die Art der angebotenen Lösung vermutet werden.

In **Abschnitt 2.3** wurde – nach der Vorstellung einiger konstitutiver Lösungsprozessmerkmale – hergeleitet, dass einzelne Lösungsprozesse und das **Lösungsgeschäft** im Allgemeinen **als Geschäftsbeziehung interpretiert** werden können. Darauf aufbauend konnten zwei idealtypische **Lösungsprozesse vorgestellt** werden, die das relationale Lösungsverständnis dieser Arbeit widerspiegeln. Um ein noch differenzierteres

Bild zu erhalten, wurde im Anschluss daran die Kundenintegration als prägendes Merkmal von Lösungen hervorgehoben, da diese einen signifikanten Einfluss auf die Gestaltung des Lösungsprozesses haben kann. Als weiterer wichtiger Einflussfaktor auf die Gestaltung des Lösungsprozesses wurde darauffolgend die **Bedeutung der Kundenrolle** im Lösungsprozess **beschrieben**. Der Abschnitt schloss mit einer **Einordnung der Untersuchung in** die sich ständig wandelnde organisatorische **Kaufverhaltensforschung**, wobei der spezifische Beitrag genau abgegrenzt wurde.

In **Abschnitt 2.4** konnte verdeutlicht werden, dass sich für den **Wandel zum Lösungsanbieter** ein stufenweiser Prozess anbietet, der **Herausforderungen** auf organisatorischer und speziell vertrieblicher Ebene **berücksichtigt**. Dabei wurde insbesondere darauf hingewiesen, dass der Vertrieb den Kundennutzen stärker in den Vordergrund stellen sollte, wobei ein beratender Vertriebsansatz, welcher den Kunden stärker in den kompletten Leistungserstellungsprozess integriert, wichtig erscheint.

In diesem Kapitel wurden Lösungen charakterisiert und hinsichtlich ihrer Treiber, Prozessschritte und Herausforderungen analysiert. Darauf basierend stellte sich final die Frage, welche **Erfolgsbeiträge von Lösungen** für Anbieter und Nachfrager erwartet werden können (**Abschnitt 2.5**). Hierbei wurde betont, dass sich beim Forschungsfeld Lösungen durchaus Parallelen zur Untersuchung produktbegleitender Dienstleistungen ergeben, da auch hier Chancen-/Risikobetrachtungen getätigt werden, die durch die Beteiligung des Kunden geprägt sind. Die zusätzliche Analyse von Best-Practice-Beispielen in diesem Kapitel ergab, dass die Erfolgsbeiträge von Lösungen sowohl auf operativer als auch auf strategischer Ebene gefunden werden können. Somit ist es nicht verwunderlich, dass Lösungen für beide Parteien einen positiven Beitrag zu übergeordneten Unternehmenszielen leisten können (z.B. Risikooptimierung oder Beitrag zu finanziellen Zielen).

Bevor im nächsten Kapitel vertieft auf das Thema RM und das Konstrukt der Beratungszufriedenheit eingegangen wird, sollen in Kurzform **die drei übergreifenden zentralen Erkenntnisse des Kapitels 2** zusammengefasst werden:

Erstens konnte die wissenschaftliche und praktische **Relevanz von Lösungen** klar **bestätigt** werden. Dies zeigt sich – trotz vereinzelnd gegenläufiger Trends ("Productification", Nordin und Kowalkowski, 2010:445) – sowohl durch eine große Anzahl derzeitiger Forschungsbemühungen, als auch durch aktuelle Marktdaten, die die internationale Verbreitungen von Lösungen dokumentieren (vgl. z.B. Neely et al., 2011). Dabei ist nicht jeder Aspekt von Lösungen neu. Dennoch erlaubt die besondere Kombination der konstitutiven Merkmale eine Abgrenzung zu bestehenden Konzepten wie beispielsweise dem Systemgeschäft.

Zweitens wurde theoretisch hergeleitet, dass das **Lösungsgeschäft sowie einzelne Lösungen als Geschäftsbeziehung verstanden** werden können. Die Erbringung einer Lösung ist oft ein länger andauernder Prozess, der – ähnlich wie eine Geschäftsbeziehung – häufig durch neu aufkommende Veränderungen, Komplexität und Unsicherheit geprägt ist. Da die sich daraus ergebenden Herausforderungen relational und implizit gelöst werden können, kann im Sinne Söllners (1999, 2007) ein Geschäftsbeziehungscharakter angenommen werden. Ähnlich formulieren es Penttinen und Palmer (2007:554), die bekräftigen, dass das Anbieten einer integrierten Lösung einen relationalen Beziehungsansatz benötigt. Dabei kämen besonders der persönlichen Interaktion zwischen Anbieter und Nachfrager sowie dem Aufbau von Vertrauen eine große Bedeutung zu (Faßnacht, 2003:103). Dies begründet auch, warum die Forschungsrichtung **RM**, die sich mit dem Management von Geschäftsbeziehungen beschäftigt, einen **passenden** theoretischen **Unterbau** bieten sollte, um fundierte empirische Untersuchungen relevanter relationaler Phänomene durchführen zu können.

Drittens wurde die Rolle der Kundenintegration und die der engen Interaktion zwischen Nachfrager und Anbieter diskutiert. Dabei wurde an verschiedenen Stellen ausgeführt, dass das Phänomen der **Beratung** des Nachfragers durch den Anbieter ein **unverzichtbarer Bestandteil** einer Lösung ist, das als zentrale Gestaltungsvariable des B2B-Solution-Selling stärkere Aufmerksamkeit erfahren sollte. Da bisher jedoch nur die allgemeine Relevanz der Beratung etabliert werden konnte, soll das nächste Kapitel dabei helfen, das Phänomen umfassend zu konzeptionalisieren, damit im Anschluss daran eine genaue, empirische Untersuchung von Ursache-Wirkungs-Beziehungen möglich ist.

3 Beratungszufriedenheit aus Sicht des Relationship Marketing

Das Relationship Marketing (RM) kann als eine Theorie verstanden werden, die versucht, einen Erklärungsbeitrag für die Problemstellungen im Dienstleistungsmarketing zu liefern (Meffert und Bruhn, 2009:49). Dabei adressiert es vor allen Dingen Implikationen, die sich aus einer Geschäftsbeziehung und dem Dienstleistungserstellungsprozess zwischen Transaktionspartnern ergeben. Ein zentraler Fokus des RM liegt dabei auf der Steuerung von Kundenbeziehungen im dienstleistungsspezifischen Kontext. Auch wenn manche Autoren eine Geschäftsbeziehung erst dann als gegeben sehen, wenn ein Nachfrager einen Anbieter wiederholt zur Lösung eines Problems herangezogen hat (Jeschke, 2007:598), ist für die vorliegende Arbeit das Verständnis enger gefasst worden: Im letzten Kapitel wurde verdeutlicht, dass einerseits das Lösungsgeschäft und einzelne Lösungsprojekte als Geschäftsbeziehung interpretiert werden können (z.B. Söllner, 1999) und andererseits in der Praxis Nachfrager einen Lösungsprozess schon als Geschäftsbeziehung empfinden (vgl. Tuli et al., 2007). Da somit die Beratung des Kunden im Lösungsprozess als eine Erscheinungsform der Kundenbeziehungssteuerung interpretiert werden kann, wird in diesem Kapitel die Beratungszufriedenheit als wichtiges RM-Konstrukt konzeptionalisiert. Dafür wird folgendes Vorgehen gewählt:

Im **ersten Teil** dieses Kapitels wird das **RM** als theoretischer Bezugsrahmen eingeführt. Dazu werden die **Ziele** des RM in Abgrenzung zum Transaktionsmarketing erläutert, wobei auch auf die potenziellen Beschränkungen des RM eingegangen wird (Abschnitt 3.1.1). Um dem Leser ein besseres Verständnis der grundsätzlichen Ursache-Wirkungs-Beziehungen im RM zu geben, folgt daraufhin die Erläuterung der **Wirkungskette** des RM. Dies erlaubt auch eine allgemeine erste Einordnung des zu erklärenden Konstrukts Beratungszufriedenheit (Abschnitt 3.1.2). Abschnitt 3.1.3 stellt die **Zufriedenheit** als **zentrales Konstrukt** des RM vor. Dies ist nötig, um eine klare Abgrenzung beispielsweise gegenüber dem Begriff der Dienstleistungsqualität vornehmen zu können. Nach der Klärung zentraler Konstrukte finden sich daraufolgend in Abschnitt 3.1.4 die Ergebnisse einer **systematischen Literaturauswertung** im RM-Bereich. Ziel ist es, einen Großteil der relevanten Beziehungskonstrukte zu erfassen, damit diese später in einen Kodierleitfaden einfließen können. Der erste Teil schließt mit einem Zwischenergebnis.

Der **zweite Teil** dieses Kapitels verlässt die Ebene des theoretischen Rahmens und konzentriert sich stärker auf die Phänomenebene mit Fokus auf die **Zufriedenheit mit der Beratung** bei B2B-Lösungen. In Abschnitt 3.2.1 findet dafür zunächst eine allgemeine **Einordnung** des Beratungsbegriffes statt. Dabei wird auf passende Konzeptionalisierungen zurückgegriffen und der Begriff der konkomitanten Beratung etabliert. Darauf aufbauend werden in Abschnitt 3.2.2 die **Ursachen** der Beratung bei B2B-Lösungen vorgestellt. Insbesondere werden die Begriffe der Problem- und Prozessevidenz eingeführt. Ferner werden in Abschnitt 3.2.3 die unterschiedlichen **Phasen** des Beratungsprozesses bei Lösungen diskutiert und einige **Folgen** von Beratung dargestellt (Abschnitt 3.2.4). Abschnitt 3.2.5 beschäftigt sich explizit mit der **Zufriedenheit mit der Beratung**, dem zentralen Beziehungskonstrukt dieser Arbeit.

Abschnitt 3.2.6 stellt für diese Arbeit einen kleinen, jedoch sorgfältig ausgewählten **Exkurs** dar: An dieser Stelle werden Ergebnisse aus der Organisationsforschung vorgestellt, die sich spezifisch mit der Beratungszufriedenheit von **Management-Beratungsdienstleistungen** befassen. Auch wenn die hier vorgefundenen Ergebnisse nicht originär aus dem Marketing stammen, so ist es doch das Ziel, die hier vorgestellte Perspektive um weitere interessante Facetten zu erweitern. Das Kapitel schließt mit einem **Zwischenfazit**, das den Anschluss an die empirische Untersuchung herstellt (Abschnitt 3.3).

3.1 Relationship Marketing als theoretischer Bezugsrahmen

Die Entwicklung des Beziehungsmarketings (auch: Relationship Marketing) kann als eine Antwort darauf verstanden werden, dass Veränderungen im Nachfrager- und Angebotsverhalten zu beobachten sind. Dabei beschreiben Srivastava et al. (1999:170) (1) die zunehmende Bedeutung von beziehungsintensiven Marktleistungen sowie (2) die gestiegene Verbreitung von Lösungen als Mittel der Wettbewerbsdifferenzierung. Niepel (2005:32) erklärt, dass diese beide Trends inhaltlich eng aneinander gekoppelt sind: So kann einerseits eine kundenorientierte Problemlösung die Entwicklung von Kundenbeziehungen bedingen. Durch die bei Kundenlösungen notwendige intensive Zusammenarbeit zwischen Anbieter und Nachfrager entsteht die Chance zur Entwicklung einer längeren und dauerhaften Geschäftsbeziehung, die deutlich über den Zeitraum einer Lösung hinausgehen kann (Schmitz, 2008:676).[36] Andererseits kann jedoch auch die Entwicklung vom transaktionsorientierten zum beziehungsorientierten (Rela-

---

[36] Wobei wie in Kapitel 2 argumentiert auch eine Lösung als Geschäftsbeziehung interpretiert werden kann.

tionship-)Marketing unter Einbindung des Kunden als Ursache für Lösungen gesehen werden (Ahlert et al., 2008:30): Da nicht mehr die reine Transaktion, sondern der gesamte Austauschprozess im Vordergrund der Anbieter-Nachfrager-Beziehung steht, ist das Konzept des Lösungsgeschäft eine logische Konsequenz der Entwicklung zu mehr Interaktion und Verbundenheit bis hin zur Integration des Anbieters in die Wertschöpfungskette des Kunden (vgl. Cova und Salle, 2008:272).

In der nachfolgenden Grafik wird dieser Zusammenhang noch einmal verdeutlicht:

⟹ Trendentwicklung ⟸

Transaktions-marketing		Relationship Marketing					
Produkt	Produkt + Service	Produkt-basierte Lösung	Erlebnis	Service-basierte Lösung	Service + Produkt	Service	Marktleistung
Product Value	Added Service Value	Solution Value	Total Experience Value	Solution Value	Added Product Value	Service Value	Customer Value
Produkt-marketing	Produkt-differen-zierung	Lösungs-marketing	[Erlebnis-marketing]	Lösungs-marketing	Service-differen-zierung	Service-marketing	Marketing

⟹ Trendentwicklung ⟸

Abb. 14: Trendentwicklung in der Marktleistung und dem Marketing
Quelle: Niepel (2005:32)

Aus einer Geschäftsbeziehungsperspektive bedeutet dies folgendes: Wenn sich das RM mit dem Management von Geschäftsbeziehungen beschäftigt und das Lösungsgeschäft als Geschäftsbeziehung gesehen werden kann, dann sollte es möglich sein, über das RM einen fundierten theoretischen Zugang zum Lösungsgeschäft zu erlangen, um spezifische Problemstellungen bearbeiten zu können. Um diesem Ziel näher zu kommen soll nun zunächst geklärt werden, was genau unter RM verstanden werden kann und welche Ziele damit verbunden sind.

3.1.1 Die Merkmale und Ziele des Relationship Marketing

Wie von Beetles und Harris (2010:348) erläutert, wurde der Begriff "Relationship Marketing" zwar in den 1980er Jahren geprägt (vgl. Berry, 1983), kann jedoch schon auf verschiedene Literaturströmungen aus den 1950er Jahren zurückgeführt werden.[37]

---

[37] Vgl. für Überblick Parvatiyar und Sheth (2000).

Auch wenn sich die Ursprünge des RM aus verschiedenen Quellen und akademischen Disziplinen ergeben haben, gibt es heute unter Marketingwissenschaftlern eine weitestgehende Übereinkunft über die Zielrichtung von RM Definitionen (Beetles und Harris, 2010:348), [38] wobei folgende Variante als adäquater Vertreter begriffen werden kann (Harker, 1999:16):

> *"Relationship marketing is to identify and establish, maintain and enhance and when necessary also to terminate relationships with customers and other stakeholders, at a profit, so that the objectives of all parties are met, and that this is done by a mutual exchange and fulfillment of promises"* (Grönroos, 1994:9).

Die angeführte RM Definition scheint aus zwei Gründen für diese Arbeit sehr gut geeignet: Erstens erlaubt sie eine gute Zuordnung zur vorgeschlagenen Definition "Geschäftsbeziehung als relationaler Austausch" (vgl. Abschnitt 2.3.1.2). Dies äußert sich darin, dass in der gegebenen RM Definition weder eine Sequenz von Interaktionen, noch eine unbedingte Langfristigkeit vorausgesetzt werden. Zweitens ist die Definition weniger anbieterfokussiert als beispielsweise die RM Definition von Bruhn (2008b:9), welcher das RM eher als ein "Arbeitsprogramm" des Anbieters darstellt. Grönroos (1994:9) Verweis auf den "mutual exchange" als Bestandteil des RM spiegelt hingegen die Vorstellung des relationalen Austauschs treffender wider.

Nachdem das RM für diese Arbeit definiert werden konnte, erscheint es zweckmäßig, in Kürze die übergreifenden Ziele und Vorteile des RM in Abgrenzung zum Transaktionsmarketing vorzustellen:[39]

- Auch im Hinblick darauf, dass heute die Entwicklung engerer Kundenbeziehungen sehr hoch auf der Agenda von Unternehmensführern steht (IBM, 2010:39), kann das übergreifende Unternehmensziel des RM in der **Generierung von Wettbewerbsvorteilen** durch Geschäftsbeziehungen gesehen werden, sind doch Beziehungen in einem wettbewerbsintensiven Markt schwer zu imitieren (vgl. Kasper et al., 2006:71). Dabei kann das RM als ein ganzheitlicher und strategischer Management-

---

[38] Dennoch ist kritisierend anzumerken, dass ein Großteil der RM Definitionen "tautologischen Charakter" hat: Dies bedeutet, dass RM häufig mit dem Management von Relationships erklärt wird, ohne offenzulegen, welches Verständnis einer Relationship (bzw. Geschäftsbeziehung) vorliegt (vgl. dazu eine Übersicht von 26 RM Definitionen nach Harker, 1999:18 ff.).

[39] An dieser Stelle nimmt der Autor bewusst an einigen Stellen eine Management-Perspektive ein – auch wenn der Schwerpunkt dieser Arbeit auf die Erforschung eines Verhaltensphänomens abstellt. Dieses Vorgehen liegt darin begründet, dass in dieser Arbeit auch praktische Implikationen für Anbieter abgeleitet werden sollen (vgl. Abschnitt 1.2.2). Da das RM für diese Arbeit als das zentrale Managementprogramm im Lösungsgeschäft gesehen wird (vgl. auch Söllner, 2007:142), erscheint somit ein kurzer Einblick in die Anbieterperspektive notwendig.

ansatz interpretiert werden, weil es alle Maßnahmen im Anbieterunternehmen umfasst, die das Ziel haben, Austauschprozesse zu initiieren, zu pflegen und zu erhalten (Lischka, 2000:2 f.).

- Mit der **Fokussierung auf zufriedene und loyale Kunden**[40] setzt sich das RM vom Transaktionsmarketing ab, das aus einer kurzfristigen Perspektive heraus die Neukundengewinnung und die einzelnen Transaktionen mit dem Kunden in den Vordergrund stellt.

- Weiterhin **fokussiert** das RM im Gegensatz zum Transaktionsmarketing nicht so stark nur auf den Teilprozess der Vorkaufsphase, sondern **zusätzlich auf die Nachkauf- und Nutzungsphase** (Foscht und Swoboda, 2007:229).[41]

- Aufgrund der oft langfristigen Perspektive einer Geschäftsbeziehung beim RM sind neben der Kundenakquisition die **langfristige Kundenbindung und** die **Kundenrückgewinnung weitere Marketingziele**. Der Kunde soll **Partner des Anbieters** werden. Dies soll einerseits durch kontinuierlichen Kundenkontakt, andererseits durch die permanente Erfüllung der gesamten Kundenerwartungen erreicht werden (Giering, 2000:13). Dahinter steht die Erwartung, dass der Anbieter durch mehr Kundenbindung auch mehr Sicherheit in der Planung erreicht, dass er mehr Wachstum durch eine höhere Kundenpenetration erzielt sowie dass er mehr Rentabilität durch Kosteneinsparungen und Erlössteigerungen erlangt (Nerdinger, 2001:227).

- Das RM fordert, die Perspektive des Kunden einzunehmen, so dass Kundenprobleme gezielt erkannt werden können (Bruhn, 2008b). Die **ganzheitlichere Betrachtung von Kundenbeziehungen** umfasst idealerweise die Analyse, Kontrolle und Planung von Geschäftsbeziehungen, so dass erweiterte ökonomische Erfolgsgrößen wie der Customer Lifetime Value notwendig sind (vgl. Reichheld und Sasser, 1990). In diesem Zusammenhang wird es auch notwendig, intern neue Steuerungstools zu entwickeln – beispielsweise die Etablierung von Account-Plänen mit kundenspezifi-

---

[40] In diesem Zusammenhang sollte erwähnt werden, dass Zufriedenheit zur Loyalität führen kann, aber nicht muss (vgl. auch Krafft, 1999). Die Bindungswirkung von Zufriedenheit kann beispielsweise als geringer beurteilt werden, wenn die Menge aller um den Nachfrager konkurrierenden Angebote nicht bzw. nur gering durch Unsicherheit geprägt ist. Zufriedenheit stellt dann keine starke Wechselbarriere mehr dar (vgl. Jacob, 2009:163). Für den vorliegenden Fall ist diese Abschwächung des Wirkungszusammenhangs jedoch weniger zu erwarten, da im Lösungsgeschäft Unsicherheit häufig eine große Rolle für den Nachfrager spielt (vgl. Abschnitt 2.3.4.2). Dieser grundsätzliche Wirkungszusammenhang zwischen Zufriedenheit und Loyalität wird auch in Abschnitt 3.1.2 bei der Diskussion des "Zusammenhangs zwischen Beziehungs- und Verhaltensebene" noch weiter aufgegriffen.

[41] Diese erweiterte Betrachtungsweise deckt sich mit den Forderungen von Nachfragern in Lösungsprojekten (vgl. Abschnitt 2.3.1.3).

schen Zielen (Bacon, 1999:71 ff.). Nur auf diese Weise scheint es möglich, einerseits kurzfristig ein aktuelles und differenziertes Bild relevanter Kundenzufriedenheitsindikatoren zu erhalten und gleichzeitig Zielgrößen wie Beziehungsdauer, Beziehungsstärke und Beziehungsprofitabilität messen zu können (vgl. auch Lischka, 2000:25 ff.).[42]

Neben den erwarteten Vorteilen des **RM** sollte jedoch auch auf gewisse **Einschränkungen** hingewiesen werden, die sich häufig **aus der Nachfragerperspektive** ergeben können:

- Palmer (1998:116 ff.) beispielsweise macht deutlich, dass **Nachfrager** in manchen Fällen **wenig Interesse** an einer längerfristigen Geschäftsbeziehung haben. Dies kann einerseits darin begründet liegen, dass das Ziel der bisherigen Geschäftsbeziehung bereits erfüllt ist – z.B. das Aneignen von Kompetenzen (Hamel, 1991) –, andererseits ist es denkbar, dass die RM-Wirkungskette an der Stelle zwischen Zufriedenheit und Kundenbindung unterbrochen wird, weil es weitere moderierende Faktoren gibt (O'Brien und Jones, 1995).

- Ein weiterer Punkt ist, dass es in Beziehungen mit asymmetrisch verteilter **Abhängigkeit** zwar den Effekt geben kann, dass der besser gestellte Teil eine größere Duldsamkeit aufweist. Gleichzeitig kann es aber auch die Tendenz des Partners mit der größeren Abhängigkeit geben, diese reduzieren zu wollen (Kelley und Davis, 1994). Gerade beim Erwerb einer IT-Lösung sind Kaufentscheidungen von schon getroffenen Investitionen abhängig, weil sich der Nachfrager hier manchmal schon in eine Abhängigkeit begeben hat, aus der er nur mit großem Aufwand herauskommt (Biermann, 2005:42). Ein Ziel des **Nachfragers** wäre es somit, schon früh diesen **"lock-in-Effekt"** zu **vermeiden** (Backhaus et al., 1994:63), was wiederum einen negativen Effekt auf den Aufbau einer langfristigen Geschäftsbeziehung haben könnte.

- Ein dritter, nicht zu unterschätzender Punkt, ist die zunehmende Professionalisierung und **Formalisierung von Einkaufsprozessen** auf Seiten der Einkaufsabteilung **des Nachfragers** (Agndal et al., 2007:191 f.) – auch wenn die eigentliche Vergabeentscheidung häufig von der Fachabteilung getroffen wird (Sheth, 1973:56). Dies hat zur Folge, dass die Entwicklung von Geschäftsbeziehungen – theoretisch

---

[42] Weiterführende Überblicke, die die Abgrenzung zwischen Transaktionsmarketing und Beziehungsmarketing aus der Anbieterperspektive darstellen, lassen sich beispielsweise bei Foscht und Swoboda (2007:229) sowie Peter (2001:59) finden.

auch innerhalb eines Lösungsprozesses – gestört werden kann, weil soziale Bindungen zwischen Anbieter und Nachfrager von geringerer Bedeutung sind (Palmer, 1998:118). In diesem Kontext wird argumentiert, dass z.B. die Bedeutung von Kosteneinsparungen gegenüber eher qualitativen Vergabekriterien an Bedeutung zunimmt (Walsh, 1991). Ferner sehen sich Anbieter in den letzten Jahren mit verschärften Compliance-Anforderungen konfrontiert, die einen regulierenden Einfluss auf Einkaufsprozesse haben (Jäger et al., 2009).

– Aus Anbieterperspektive sollte hingegen noch der **Kostenaspekt** angesprochen werden: In dieser Arbeit wurden zwar bereits die möglichen finanziellen Vorteile des RM für Anbieter – wie potenzielle Mehrumsätze – diskutiert, dennoch ist es möglich, dass RM-Aktivitäten höhere Kosten als erwartet verursachen und somit Margen reduzieren.[43]

Aus einer Anbieterperspektive hat dieser Abschnitt verdeutlicht, dass das RM als geeigneter Managementansatz verstanden werden kann, um Kundenbeziehungen in einem komplexen und von Unsicherheit beherrschten marktlichen Austausch zu steuern. Diese Kriterien treffen auch auf das Lösungsgeschäft zu, selbst wenn es sich nur um einen zeitlich begrenzten Lösungsprozess handelt. Weiterhin konnte bei der Gegenüberstellung der verschiedenen Zielrichtungen von Transaktions- und Beziehungsmarketing verdeutlicht werden, dass wichtige Parallelen zum Lösungsgeschäft bestehen (z.B. Betrachtung mehrerer Teilprozesse, der Kunde als Partner).

Aus einer Nachfragerperspektive hingegen wurde in diesem Abschnitt klar, dass das RM nur funktioniert, wenn beide Parteien es unterstützen. So kann eine vom Nachfrager entwickelte Einkaufsstrategie für Dienstleistungen die Zielrichtung haben, eher auf transaktionale und weniger auf relationale Einkäufe abzuzielen – beispielsweise bedingt durch schon angesprochene Faktoren, wie vorhandenes Nachfragerwissen, "lock-in-Effekte", das Vorhandensein von Bestandsbeziehungen sowie Kosteneinsparungspotenzialen (Agndal et al., 2007:198 f.). Sollte der Nachfrager jedoch an keiner Art von Bindung[44] und relationalem Austausch mit dem Anbieter interessiert sein, stellt sich die Frage, ob der Kauf von integrierten Lösungen der richtige Weg für ihn ist.

---

[43] Palmer (1998:119) nennt hier das Beispiel der Luftfahrtindustrie: Fluglinien haben erkannt, dass nicht jedes Kundenbindungsprogramm (z.B. Meilenprogramm) einen Beitrag zu profitablem Wachstum leistet. Weiterhin zeigt Krafft (2002:163), dass auch transaktionale Nachfrager, die nur kurz Kunden des Anbieters sind, sehr profitabel und damit attraktiv sein können.

[44] Vgl. zu Bindungen zwischen Anbieter und Nachfrager auch Abschnitt 3.1.2.

Nach dieser ersten Charakterisierung des RM stellt sich nun die Frage, welche grundsätzlichen relationalen Ursachen und Wirkungen im Lösungsgeschäft erwartet werden können. Aus diesem Grund wird im folgenden Abschnitt die Wirkungskette des RM vorgestellt.

3.1.2 Die Wirkungskette des Relationship Marketing

Die grundsätzliche Wirkungskette des RM kann folgendermaßen zusammengefasst werden: Maßnahmen des RM auf der Transaktionsebene führen zu einer höheren Beziehungsqualität und Kundenzufriedenheit. Diese zielen wiederum auf der Verhaltensebene über positive Kundenverhaltensabsichten – wie intentionales Kaufverhalten – zu Kundenbindung (Zeithaml et al., 1996:33). Faktische Kundenbindung sollte im letzten Schritt den ökonomischen Erfolg des Anbieters auf der Erfolgsebene bedingen (Homburg und Bruhn, 2005:10 ff.).

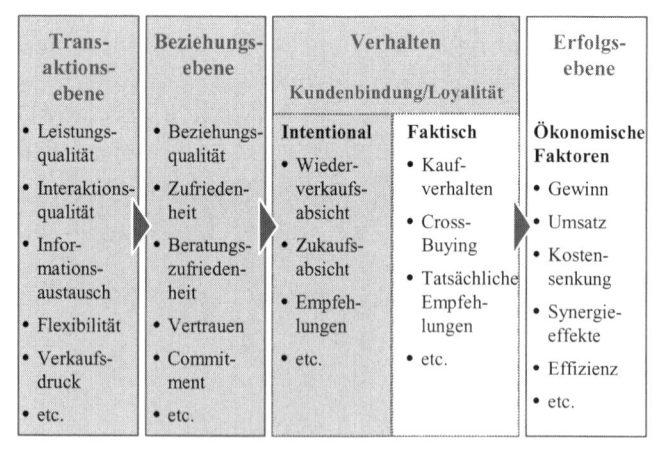

Transaktionsebene	Beziehungsebene	Verhalten		Erfolgsebene
		Kundenbindung/Loyalität		
		Intentional	Faktisch	Ökonomische Faktoren
• Leistungsqualität	• Beziehungsqualität	• Wiederverkaufsabsicht	• Kaufverhalten	• Gewinn
• Interaktionsqualität	• Zufriedenheit	• Zukaufsabsicht	• Cross-Buying	• Umsatz
• Informationsaustausch	• Beratungszufriedenheit	• Empfehlungen	• Tatsächliche Empfehlungen	• Kostensenkung
• Flexibilität	• Vertrauen	• etc.	• etc.	• Synergieeffekte
• Verkaufsdruck	• Commitment			• Effizienz
• etc.	• etc.			• etc.

Abb. 15: Die Wirkungskette des Relationship Marketing
Quelle: in Anlehnung an Keller und Stolper (2006:5); Untersuchungsschwerpunkte sind blau gekennzeichnet

Mit dieser prozessualen Darstellung reiht sich die Wirkungskette des RM in eine Vielzahl von Konzeptionalisierungen ein, die versuchen, das Nachfragerverhalten im zeitlichen Verlauf zu erklären. So beschreiben beispielsweise Gupta und Zeithaml (2006:719) einen ähnlichen Wirkungsablauf mit dem Unterschied, dass hier noch stärker aus Sicht des Anbieters gedacht wird und weitere mediierende Effekte abgebildet sind.[45]

An dieser Stelle stellt sich die Frage, welche Theorien herangezogen werden können, um die verschiedenen **psychologischen Wirkungen in dieser Kette** zu erklären: Hadwich (2003:14 ff.) zeigt, dass **übergreifend die Theorie der sozialen Durchdringung** einen Erklärungsbeitrag leisten kann, wenn sie auf dieses Prozessmodell des Beziehungsmanagements übertragen wird. Diese Theorie hat das Ziel, das Entstehen von sozialen Beziehungen zu erklären, und beschreibt, wie Individuen im Laufe einer Beziehung fortwährend ihren Beziehungspartner besser kennenlernen. Dieser Prozess ist davon geprägt, dass die verschiedenen Interaktionen jedes Mal neu beurteilt werden, dass ein "zentraler Gedächtnisspeicher" alle Informationen über die bisherige Beziehung sammelt, dass Prognosen über künftige Interaktionen angestellt werden und dass danach Entscheidungen über Folgeaktionen getroffen werden (Altman und Taylor, 1973:35). Übertragen auf das vorliegende Modell kann die Beurteilung von Interaktionen mit der Qualität auf der Transaktionsebene gleichgesetzt werden, weil auch dieser Teil die Ausgangsbasis dafür ist, wie die weitere Entwicklung einer Beziehung (zum Kunden) beeinflusst wird. Weiter führt Hadwich (2003:16) aus, dass der "zentrale Gedächtnisspeicher" mit der Beziehungsqualität verglichen werden könne, weil diese einen transaktionsübergreifenden Charakter hat. Alternativ ist hier eine Analogie zur kumulativen Kundenzufriedenheit möglich, welche eine episodenübergreifende Natur hat und somit eher als Einstellung beschrieben werden kann (Horsmann, 2005:72). Die Prognose künftiger Interaktionen kommt im Modell der intentionalen Kundenbindung gleich, während sich die Entscheidung über Folgeinteraktionen in der faktischen Kundenbindung widerspiegelt. Eine vollständige Erklärung dieses allgemeinen Ordnungsrahmens für die Charakterisierung von Geschäftsbeziehungen scheint jedoch so nicht möglich, weil die Theorie der sozialen Durchdringung nicht direkt die Erfolgsebene abbildet.

Weiterhin ist es möglich, Theorien heranzuziehen, um nur einen eingeschränkteren Ausschnitt der RM-Wirkungskette zu erklären. Homburg et al. (1999) beispielsweise untersuchen den **Zusammenhang zwischen Beziehungs- und Verhaltensebene** und

---

[45] Der Wirkungsmechanismus im Kundenverhalten beginnt dabei mit den Marketingaktionen des Anbieters. Diese Aktionen sollen einen Einfluss auf das Empfinden der Nachfrager haben (z.B. Zufriedenheit) und weiterhin mediiert und direkt auf das Verhalten des Kunden (z.B. faktischer Wiederkauf) wirken. Im letzten Schritt wird ein mediierter und direkter Einfluss von Marketingaktionen und von Nachfrageempfindungen sowie ein direkter Einfluss von Nachfragerverhalten auf die finanzielle Performance des Anbieters erwartet.

bemerken, dass sich der Einfluss von Kundenzufriedenheit auf die Kundenbindung auf drei Arten erklären lässt: durch die Theorie der kognitiven Dissonanz, durch die Lerntheorie und durch die Risikotheorie. Hierbei ist jedoch zu bedenken, dass die Zufriedenheit einen Einfluss auf die Kundenbindung haben kann, aber nicht muss (Reinecke, 2004:284). Die **Theorie der kognitiven Dissonanz** geht auf den Umstand ein, dass Individuen das Bedürfnis haben, auftretende Widersprüche – so genannte Inkonsistenzen – in ihrem Einstellungssystem zu beseitigen, oder nach Möglichkeit versuchen, diese von vornherein zu vermeiden. Dabei werden Inkonsistenzen als kognitive Konflikte erlebt (Kroeber-Riel und Weinberg, 1999:182 f.). Übertragen auf diese Wirkungskette bedeutet das, dass sich ein zufriedener Kunde loyal verhält, weil er sich in einem psychischen Gleichgewicht befindet und Dissonanzen vermeiden möchte. **Lerntheoretische Erklärungen** hingegen versuchen nahezulegen, dass die Zufriedenheit mit einer Transaktion bei Nachfragern als positive Verhaltensverstärkung wirkt. Sie führt dann im Sinne einer operanten Konditionierung dazu, dass Nachfrager die Transaktion wiederholen, welche die Verstärkung nach sich zieht (Horsmann, 2005:73). Im Hinblick auf das Fehlen einer umfassenden Lerntheorie wird in der Marketingforschung empfohlen, zur Erklärung des Kaufverhaltens Elemente aus verschiedenen Lerntheorien zu verbinden, um so beispielsweise Phänomene wie "Ähnlichkeit" treffender beschreiben zu können (Kroeber-Riel und Weinberg, 1999:324 ff.). Die **Risikotheorie** dagegen versucht, die Verbindung zwischen Zufriedenheit und Loyalität darüber zu erklären, dass Nachfrager das Risiko der Unzufriedenheit für künftige Transaktionen reduzieren möchten. Da der Kunde Unzufriedenheit als psychisches Risiko wahrnimmt, versucht er bei Unzufriedenheit, den Anbieter zu wechseln, um so sein Risiko zu minimieren (Reinecke, 2004:284).

Hinsichtlich des **Zusammenhangs zwischen Verhaltens- und Erfolgsebene** wird theoretisch davon ausgegangen, dass eine gesteigerte Kundenbindung zu mehr Markterfolg des Anbieters führt.[46] Dieser Effekt lässt sich dadurch erklären, dass loyale Kunden offener für die Marktbearbeitungsaktivitäten eines Anbieters sind und dadurch die Effektivität der Marktbearbeitungsaktivitäten erhöht wird (Stock, 2002:65). Höherer Markterfolg hingegen kann in der Folge einen positiven Einfluss auf den wirt-

---

[46] Dem Autor ist bewusst, dass es in diesem Absatz ein weiteres Mal die Anbieterperspektive betrachtet wird: Die Erläuterung des Zusammenhangs zwischen Verhaltens- und Erfolgsebene wurde dennoch inkludiert, damit der Leser einen grundsätzlichen Überblick über die Untersuchung potenziell nachgelagerter Größen erhält. Im empirischen Teil dieser Arbeit steht jedoch die Betrachtung des Nachfragers im Vordergrund, so dass ein möglichst hoher Erklärungsanteil insbesondere für das Zustandekommen der Beratungszufriedenheit des Nachfragers gefunden werden kann.

schaftlichen Gesamterfolg eines Anbieters haben, da durch einen zunehmenden Marktanteil beispielsweise **Skaleneffekte** erzielt werden können, welche zu einer **besseren Kostenstruktur** des Anbieters führen. Diese Überlegung wird empirisch auch von manchen Autoren bestätigt, so dass beispielsweise Anderson et al. (1994) zeigen können, dass Kundenzufriedenheit auf Ebene des Gesamtunternehmens einen langfristigen, positiven Einfluss auf den Gewinn von Firmen haben kann, der durch loyale Kunden mediiert wird. Weil dieser Zusammenhang jedoch einen gewissen **Verzögerungseffekt** in sich trägt, sollten Ausgaben zur Steigerung der Kundenzufriedenheit eher als Investitionen in die Zukunft der Firma gesehen werden. Diese Verzögerung lässt sich in einigen Industrien damit erklären, dass nicht immer sofort akuter Neubedarf auftritt (Horsmann, 2005:75). Weiterhin erklären Yeung und Ennew (2000), dass Kundenzufriedenheit einen positiven Einfluss auf die interne finanzielle Performance (z.B. Umsatz, Gewinn) haben kann. Sie weisen jedoch auch darauf hin, dass durch diese Verbindung nur ein relativ geringer Teil der Erfolgsebene erklärt werden kann, weil der **Erfolg** einer Firma **generell schwer zu messen** ist und es viele weitere Einflussfaktoren auf den Erfolg einer Firma gibt. Der Zusammenhang zwischen Verhaltens- und Erfolgsebene wird grundsätzlich auch von Reinecke (2004:291 ff.) unterstützt, wobei er darauf hinweist, dass eine Quantifizierung des Kundenbindungsnutzens nicht vollumfänglich möglich ist, eine **präzise Kostenzurechnung** auf die Kundenbindung **schwerfällt** und **Geschäftsbeziehungen** grundsätzlich eher als **Investitionsobjekte** gesehen werden sollten.

Nach der Diskussion der grundsätzlichen (psychologischen) Einflüsse in der Wirkungskette des RM, sollte an dieser Stelle noch darauf hingewiesen werden, dass bestimmte **psychologische Merkmale von Beziehungen im Allgemeinen** auch auf das Verhältnis von Anbieter und Nachfrager **hier übertragbar** sind:

- So kommt im Rahmen einer Beziehungspflege dem **Aufbau von gegenseitigem Vertrauen** eine besondere Rolle zu, weil der Anbieter stärker versucht, eine partnerschaftliche Beziehung zum Kunden zu entwickeln, in der sich beide Partner wechselseitig zur gemeinsamen Zielerreichung beeinflussen (Bruhn, 2008b). Dabei entwickelt sich Vertrauen in einem Prozess, in dem die Parteien wiederholt ihre Verlässlichkeit unter Beweis gestellt haben.

- Ebenso kann das Merkmal der **Reziprozität** herangezogen werden. Nerdinger (2001:228) erklärt, dass, damit eine Beziehung existiert, mehr ausgetauscht werden muss als nur Güter bzw. Dienstleistungen gegen Geld. Beziehungen müssen vielmehr reziproke Vorteile für beide Seiten vermitteln. Weiterhin kann in Beziehungen durch gemeinsame Diskussionen eine Selbstbewertung vorgenommen werden, welche das Selbstwertgefühl stärken kann.

- **Bindung**, als drittes verbreitetes Merkmal, ist hingegen eine Folge einer vertrauensvollen Beziehung und umfasst den Wunsch, eine Beziehung auch langfristig aufrechtzuerhalten. Dabei kann die Bindung einerseits aus Mangel an Alternativen, andererseits aus einer vertrauensvollen und zufriedenen Beziehung heraus entstehen (Nerdinger, 2001:228).[47]

Dieser Abschnitt diente dazu, generelle Ursache-Wirkungsbeziehungen im Lösungsgeschäft zu begründen, handelt es sich nach dem Verständnis des Autors bei Lösungen doch um Geschäftsbeziehungen, die durch das RM gut erklärt werden können. Nach Erläuterung der grundsätzlichen Wirkungskette des RM – welche auch im empirischen Teil noch Verwendung findet (vgl. Abschnitt 3.1.4) und Orientierung gibt – möchte der Autor sich nun auf die detaillierte Darstellung des Hauptkonstrukts konzentrieren. Da die zu erklärende Beratungszufriedenheit ein Zufriedenheitskonstrukt ist, soll deshalb zunächst der Begriff der Kundenzufriedenheit diskutiert werden.

3.1.3 Zufriedenheit als zentrales Relationship-Marketing-Konstrukt

Da die Zufriedenheit des Nachfragers mit der Beratung bei Lösungen der zentrale Fokus dieser Untersuchung ist, ist es notwendig, den Zufriedenheitsbegriff ausreichend zu beleuchten (Abschnitt 3.1.3.1). In diesem Zusammenhang ist es Ziel dieser Arbeit, auf verschiedene Erklärungsansätze, wie z.B. das C/D-Paradigma der Kundenzufriedenheit, einzugehen (Abschnitt 3.1.3.2) und eine notwendige Abgrenzung zum verwandten Begriff der Dienstleistungsqualität vorzunehmen (Abschnitt 3.1.3.3).

3.1.3.1 Der Begriff der Kundenzufriedenheit

Auch wenn in der Alltagssprache der Begriff der Kundenzufriedenheit weit verbreitet ist, gibt es in der Marketingwissenschaft bislang trotz umfangreicher Untersuchungen und der herausragenden Stellung des Phänomens keine allgemein geteilte oder zumin-

---

[47] Wie von Wienen und Sichtmann (2008:22) dargestellt wird, kann sich ein umfassendes Geschäftsbeziehungsmanagement in Aktivitäten auf einer oder mehrerer der fünf Bindungsdimensionen – institutionelle, vertragliche, technologische, organisatorische und psychologische Bindungen – manifestieren. Auch wenn für Solutions alle fünf Dimensionen relevant sind, konzentriert sich der Untersuchungsfokus dieser Arbeit auf die Dimension der psychologischen Bindung. Wie von Wienen und Sichtmann (2008:22) weiter ausgeführt wird, ist diese für Solutions von besonderer Bedeutung: Hier sind persönliche Beziehungen mit dem Kunden, die Zufriedenheit aufgrund positiver Erfahrungen in der Vergangenheit und Vertrauen in die künftige Performance des Anbieters besonders wichtig.

dest weitgehend akzeptierte Definition der Kundenzufriedenheit (Groß-Engelmann, 1999:16). Prinzipiell kann Kundenzufriedenheit als eine allgemeine, übergeordnete Bewertung aller Erfahrungen, die ein Nachfrager mit einem Anbieter gemacht hat, interpretiert werden (Gupta und Zeithaml, 2006:720). Dennoch scheint es im Rahmen einer grundlegenden Begriffsbestimmung wichtig, dass weitere kontextspezifische Faktoren für ein umfassendes Verständnis des Zufriedenheitsbegriffs berücksichtigt werden. Darunter fällt (1) der **zeitliche Umfang** der Zufriedenheit, (2) die Frage, ob Zufriedenheit als **Prozess oder Ergebnis** gemessen wird, (3) die beitragenden **Komponenten der Zufriedenheit** sowie (4) die **Definition** des **Objektes** der Zufriedenheit.[48]

Die **erste** wichtige **Differenzierung** ergibt sich aus dem betrachteten **zeitlichen Umfang der Zufriedenheit**: Groß-Engelmann (1999:24) führt aus, dass sich die Kundenzufriedenheit nicht zwangsläufig auf konkrete **Dienstleistungsepisoden** beziehen muss, sondern dass eine weitergehende Differenzierung der Zufriedenheit mit Bezug auf einzelne Transaktionen, längere Episoden oder komplette Beziehungen möglich ist. Die globale transaktionsübergreifende Zufriedenheit mit dem Anbieter ist somit eine Betrachtung der kumulativen Beziehungszufriedenheit, die automatisch von zeitlich vorgelagerten transaktionsspezifischen Zufriedenheiten beeinflusst wird (Horsmann, 2005:58). Für die vorliegende Untersuchung bezieht sich die Messung der Zufriedenheit auf ein abgeschlossenes Lösungsprojekt und die Geschäftsbeziehung, die sich in dessen Rahmen entwickeln konnte. Der Umfang der Messung ist somit größer als die Messung der Zufriedenheit einer einzelnen Interaktion, jedoch geringer als die Messung der kompletten Beziehungszufriedenheit, die noch aus eventuellen Vorprojekten beeinflusst sein könnte.

Ein **zweiter Aspekt** bezieht sich auf die Debatte, ob **Zufriedenheit als ein Prozess oder** als ein **Ergebnis** interpretiert werden sollte. Auf der einen Seite kann argumentiert werden, dass die Komplexität eines Zufriedenheitsurteils nur im Verlauf umfassend beurteilt werden kann (Yi, 1990). Für die vorliegende Arbeit schließt sich der Autor dieser Arbeit dem Verständnis von Giese und Cote (2000:1) an, welche bemerken, dass **Kundenzufriedenheit** eher **als Ergebnis** eines Leistungsbewertungsprozesses aufgefasst werden sollte. Dies ist aus forschungspragmatischer Sicht im Hinblick auf die Operationalisierung besser umsetzbar und umgeht damit die Schwierigkeit, dass es

---

[48] Die hier getroffenen Aussagen zur näheren Eingrenzung des allgemeinen Zufriedenheitsbegriffs sind übertragbar auf das Verständnis der Beratungszufriedenheit.

generell wenig Konsistenz im Bewertungsprozess gibt. Zufriedenheit wird somit als eine Resultierende bzw. Zielgröße des Lösungsprozesses gesehen und gemessen (Jacob, 2009:28).

Ein **dritter** wichtiger **Punkt,** den Begriff der Kundenzufriedenheit darzustellen, ist die Einschätzung, ob der **kognitiven oder** der **affektiven Komponente** größere Bedeutung zukommt. Auch wenn eine Reihe von Publikationen Kundenzufriedenheit als überwiegend kognitives Phänomen konzeptionalisiert haben, so sprechen doch einige Alltagsbeobachtungen dagegen: Festge (2006:26) erwähnt hier, dass (1) Kunden hinsichtlich der gleichen Ist-Leistung ein unterschiedliches Gefühl der (Un-)Zufriedenheit empfinden können und (2) dass sich bei Kunden ein Zufriedenheitsgefühl trotz offensichtlicher Qualitätsmängel einstellen kann. Diese Beispiele zeigen, dass auch Emotionen, Motivationen und Einstellungen wichtige Einflussfaktoren für die Kundenzufriedenheit sind.[49] Für die vorliegende Arbeit versteht der Autor Kundenzufriedenheit daher als eine **Kombination aus affektiven und kognitiven Komponenten** (Stauss, 1999:9). Während die kognitive Bewertung der bewussten Kontrolle des Kunden unterliegt, kommt die affektive Reaktion zumindest in Teilen unbewusst zustande (Horsmann, 2005:60). Dieses Verständnis ist auch deshalb schlüssig, weil gerade bei Unternehmensleistungen, bei denen der Nachfrager fehlende Fähigkeiten, mangelnde Erfahrungen und wenig Fachwissen hat, die affektiven Komponenten bei der Bewertung stärker ausgeprägt sind (Festge, 2006:33). Da Nachfrager bei Lösungen aufgrund dieser fehlenden Eigenschaften oftmals keine umfassende Erwartung haben, sollten deshalb die affektiven Komponenten bei der Untersuchung mit einbezogen werden.

Die **vierte** und letzte zu beantwortende Eingrenzung bezieht sich auf das **Objekt der Kundenzufriedenheit.** Hierbei ist zu beachten, dass sich Zufriedenheit als multiattributives Konstrukt beispielsweise auf eine einzelne Leistung, eine Gruppe von Leistungen, einen Vertreter des Anbieters oder auf den Anbieter im Sinne einer Firma beziehen kann. Homburg und Ruldoph (2001a:24) beispielsweise weisen bis zu sieben Zufriedenheitsdimensionen nach, die in B2B-Märkten zur Gesamtzufriedenheit beitragen können.

Da es in der Literatur also keinen eindeutigen Konsens gibt, worauf sich der Zufriedenheitsfokus bei der Messung richten sollte (Giese und Cote, 2000:11), sollte der Forscher dies im Rahmen seines Forschungskontextes spezifisch festlegen. Im vorliegenden Fall bezieht sich das Zufriedenheitsurteil – sowohl für Beratungs- als auch

---

[49] Vgl. zu aktivierenden Prozessen in der Kaufverhaltensforschung auch Abschnitt 2.3.4.3.

Gesamtzufriedenheit[50] – auf die **Vertriebsmitarbeiter des Anbieters**, die **stellvertretend für** die **Anbieterfirma** stehen. Das heißt, der Nachfrager soll ein Urteil über seine Beratungs- und Gesamtzufriedenheit treffen, welches auf der Erfahrung basiert, die er mit den Anbietervertretern in einem spezifischen, zeitlich abgegrenzten Lösungsprojekt gesammelt hat. Vertriebsmitarbeiter sind deshalb gut geeignet, weil sie für die Umsetzung von RM-Strategien des Anbieters mit am wichtigsten sind und in der Regel den höchsten Grad an Kundenkontakt im Lösungsgeschäft aufweisen (Williams, 1998).[51] Nachdem im vorausgegangenen Teil erste eingrenzende Aussagen zum vorliegenden Zufriedenheitsbegriff getroffen werden konnten, werden im nächsten Abschnitt Erklärungen für die Genese der Zufriedenheit dargestellt.

3.1.3.2 Die Erklärung von Zufriedenheit

In diesem Kapitel wird die Kundenzufriedenheit als wichtiges Bindeglied zwischen den anbieterseitigen Aktivitäten und den Verhaltensweisen des Kunden eingeordnet, die beispielsweise das Wieder- und Zukaufsverhalten sowie das Empfehlungsverhalten einschließen (Homburg und Stock, 2001:19). Dies wirft die Frage auf, wie Kundenzufriedenheit zustande kommt.

Ein etablierter Erklärungsrahmen in diesem Zusammenhang ist das "confirmation/disconfirmation-paradigm" (**C/D-Paradigma**), das die Wahrnehmungen des Nachfragers bei Inanspruchnahme einer Leistung als den Ausgangspunkt der Entstehung von Zufriedenheit bzw. Unzufriedenheit ansieht (Jacob, 2009:51).

---

[50] Der Autor konzeptionalisiert Beratungs- und Gesamtzufriedenheit als zwei inhaltlich unterschiedliche Konstrukte. Dabei bezieht sich die Zufriedenheit mit der Beratung (vgl. für Definition Abschnitt 5.5.9) nur auf die zeitlich beschränkte und individuell erbrachte Dienstleistung der Beratung, bei der ein zu beratenes Unternehmen bei der Anforderungsdefinition, der Lösungsspezifikation und der Implementierung einer Lösung eines betriebswirtschaftlich-technischen Problems unterstützt und bei Bedarf im Rahmen einer Nachsorge begleitet wird. Die Gesamtzufriedenheit hingegen (vgl. für Definition Abschnitt 5.5.10) bezieht sich auf alle Aspekte des Lösungsprojekts: Diese können neben der Zufriedenheit mit der Beratung beispielsweise auch die Zufriedenheit mit der technischen Qualität oder die Zufriedenheit mit dem Preis beinhalten.

[51] Es wurde bereits in Abschnitt 2.4.3 umfangreich ausgeführt, dass gerade der Vertrieb als Verbindung zwischen Anbieter und Nachfrager eine wichtige Rolle im Lösungsgeschäft inne hat. So erfordert die erfolgreiche Umsetzung des Lösungsgeschäfts, dass der Prozess zur Lösungserstellung klar definiert, strukturiert und auf den Kunden ausgerichtet ist. Wie von Ahlert et al. (2010a:4) weiter bemerkt, ist in den Organisationsstrukturen der meisten Unternehmen der Vertrieb dafür zuständig, diesen Prozess zu steuern und beispielsweise die individuellen Kundenwünsche und -bedürfnisse zu erfassen (vgl. auch Sawhney, 2006:368).

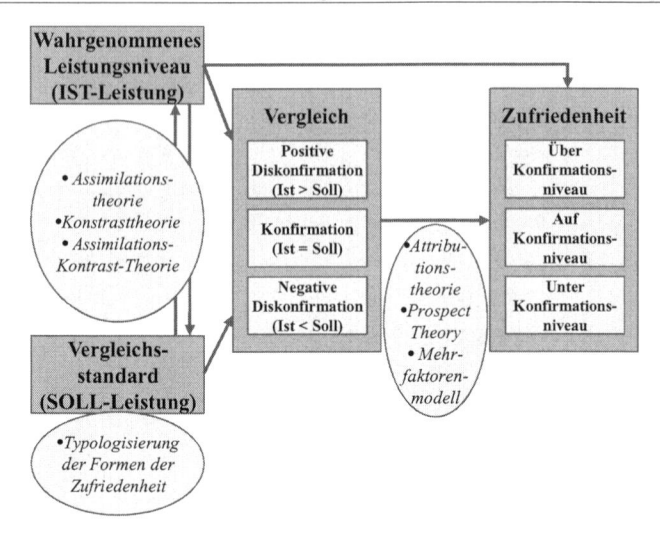

Abb. 16: C/D-Paradigma: Wirkungsbeziehungen und theoretischer Konzepte
Quelle: Homburg und Stock (2001:21)

Kundenzufriedenheit wird dabei als der Grad der Erfüllung der Kundenerwartungen angesehen, wobei angenommen wird, dass dieser Vergleichsstandard a priori festgelegt wird (SOLL-Leistung). Bewertet der Kunde im Rahmen eines subjektiven Bewertungsprozesses die Interaktion positiv und werden seine Erwartungen übertroffen (positive Diskonfirmation), führt dies zu Kundenzufriedenheit (Bruhn, 2008a:496). Empfindet der Kunde, dass die wahrgenommene Leistung dem wahrgenommenen Vergleichsstandard entspricht, liegt eine Konfirmation vor, was auch zur Zufriedenheit führt. Entspricht hingegen das wahrgenommene Leistungsniveau (IST-Leistung) nicht dem Vergleichsstandard, führt das Nichterreichen über eine negative Diskonfirmation zur Unzufriedenheit. Auch wenn die Ansicht vertreten werden kann, dass Zufriedenheit hauptsächlich ein kognitives Urteil über eine Leistung ist (Westbrook, 1987:260), so präsentiert das C/D-Paradigma die Zufriedenheit doch insgesamt als eine Einstellung, die sowohl durch kognitive Prozesse als auch durch affektive Elemente, d. h. den Einfluss der emotionalen Verfassung des Nachfragers, erreicht wird (Jacob, 2009:51).

Neben der Grundkonzeption des C/D-Paradigmas soll an dieser Stelle kurz auf den integrativen Charakter des Modells hingewiesen werden, weil es damit möglich ist, speziellere Ansätze zur Erklärung der Entstehung von Kundenzufriedenheit einzuordnen. Homburg und Stock (2001:23 f.) listen in diesem Zusammenhang mehrere Theorien auf (vgl. Abbildung 16).[52] Für das Verständnis dieser Arbeit ist jedoch eine vollumfängliche Darstellung dieser spezielleren Theorien nicht erforderlich.

Auch wenn die **Grundstruktur** des C/D-Paradigmas **unumstritten** ist, lassen sich an dem Modell einige **Kritikpunkte** anbringen: Horsmann (2005:63) beispielsweise bemerkt, dass die genaue Charakterisierung der Elemente noch ungeklärt sei. So ist unklar, welche Art von Standards als Soll-Größen in den Vergleich eingehen soll. Mögliche Größen wären an dieser Stelle beispielsweise Idealvorstellungen, Konkurrenzniveaus oder minimal tolerierbare Niveaus, wobei anzumerken ist, dass diese Standards sowohl gleichzeitig als auch sequentiell vom Kunden herangezogen werden können (Homburg und Stock, 2001:21). Ein weiterer Kritikpunkt richtet sich danach, dass Zufriedenheit und Unzufriedenheit nicht unbedingt als dichotome Kategorien oder Pole einer eindimensionalen, kontinuierlichen Skala angesehen werden müssen. Kunden können sehr wohl gleichzeitig Zufriedenheit und Unzufriedenheit erleben, wenn es sich beispielsweise um unterschiedliche Leistungsmerkmale handelt (Groß-Engelmann, 1999:44).

Abschließend kann festgehalten werden, dass das C/D-Paradigma im Detail gegebenenfalls noch vertieft werden kann – dennoch kann es für diese Arbeit wichtige Erkenntnisse zur Entstehung der Beratungs- und Gesamtzufriedenheit beitragen. Auf eine weitere Ausarbeitung des C/D-Paradigmas in Form des GAP-Modells der Kundenzufriedenheit soll hier verzichtet werden (vgl. Parasuraman, 1998:315), weil dieses für den empirischen Teil der vorliegenden Arbeit keine besondere Relevanz hat.

Ein weiterer, für diese Arbeit belangvoller Erklärungsansatz der Kundenzufriedenheit ist das **Kano-Modell der Kundenzufriedenheit**, das eine differenziertere Betrachtungsweise zwischen Leistungsmerkmalen und Kundenzufriedenheit erlaubt:

---

[52] Exemplarisch sei hier die Assimilationstheorie zu nennen, die besagt, dass bei Über- bzw. Nichterfüllung der Erwartungen durch die wahrgenommene Leistung Nachfrager nachträglich die Erwartungen bzw. die Wahrnehmung der Leistung anpassen, damit die Zufriedenheit wieder das Konfirmationsniveau erreichen kann. Darüber hinaus kann z.B. noch auf die Attributionstheorie hingewiesen werden, die versucht, den Zusammenhang zwischen Vergleichs- und Zufriedenheitsebene besser zu erklären. Nach dieser Theorie suchen Kunden nach Ursachen für Erfolg bzw. Misserfolg eines Kaufs. Die Zufriedenheit des Nachfragers hängt somit von der zugeschriebenen Ursache ab.

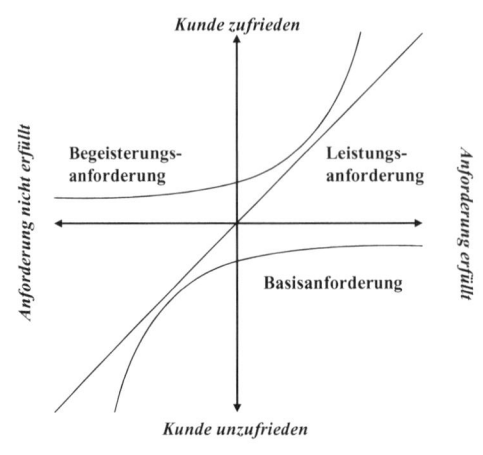

Abb. 17: Dreifaktorielle Struktur der Kundenzufriedenheit
Quelle: Jacob (2009:57) in Anlehnung an Bailom et al. (1996)

Ein wesentlicher Unterschied zum C/D-Paradigma liegt darin, dass nicht notwendigerweise ein linearer Zusammenhang zwischen positiv wahrgenommenen Leistungsbestandteilen und dem Zufriedenheitsniveau angenommen wird. Wie aus der Abbildung 17 ersichtlich ist, unterteilt das Kano-Modell Leistungsbestandteile in drei Klassen, welche sich an den Anforderungen des Nachfragers ausrichten. Jeder dieser **drei Klassen** wird im Modell eine unterschiedliche Zufriedenheitswirkung unterstellt:

- Die erste Klasse der so genannten **Begeisterungsanforderungen** schließt Aspekte ein, die vom Nachfrager nicht unbedingt erwartet werden. Werden die Anforderungen an diese Faktoren nicht erfüllt, ist keine Unzufriedenheit des Kunden zu erwarten. Im Falle einer positiven Diskonfirmation kann jedoch aufgrund des Überraschungseffekts eine starke Zufriedenheitswirkung beim Nachfrager antizipiert werden.

- Für **Leistungsanforderungen** hingegen kann ein linearer Zusammenhang zwischen Anforderungserfüllung und Zufriedenheitsniveau angenommen werden. In der Regel handelt es sich dabei um Faktoren, die klar artikuliert, spezifiziert und messbar sind.

- Die letzte Klasse wird durch die **Basisanforderungen** an eine Leistung gebildet: Während hier bei Konfirmation und positiver Diskonfirmation ein neutraler Zustand der Nicht-Unzufriedenheit erreicht werden kann, führt eine negative Diskonfirmation zu einer starken Unzufriedenheit des Nachfragers. Basisanforderungen sind häufig nichtartikuliert, implizit und offensichtlich, da Nachfrager diese Faktoren als selbstverständlich voraussetzen.

Auch in der Praxis wird deutlich, dass das Kano-Modell ein differenziertes Bild von Kundenanforderungen zeichnen kann: Baier und Weinand (2002) beispielsweise zeigen, dass die Kano-Analyse ein probates Instrument zur Anforderungssegmentierung für Automobilvertragshändler sein kann. Dabei stellen die Autoren dar, dass sich hierdurch Ansatzpunkte für die Steuerung der Kundenzufriedenheit und -bindung ableiten lassen, weil es möglich ist, für die einzelnen Anforderungsarten die relative Handlungsrelevanz zu bestimmen.[53]

Abschließend kann festgehalten werden, dass das Kano-Modell die Dimensionalität der Kundenzufriedenheit sinnvoll erweitert, da hier die traditionelle eindimensionale Sichtweise von Zufriedenheit und Unzufriedenheit als zwei Pole einer Dimension bewusst in Frage gestellt wird. So findet das Kano-Modell auch in dieser Arbeit zweckmäßige Verwendung: Bei der späteren Interpretation der Ergebnisse (vgl. Abschnitt 6.4.7) erlaubt das Kano-Modell weiterführende, nicht-lineare Erklärungsansätze die im Rahmen einer Strukturgleichungsmodellierung sonst nicht möglich wären.

3.1.3.3 Die Abgrenzung der Zufriedenheit zur Dienstleistungsqualität

Hohe Servicequalität kann als kritisch für den Erfolg von Unternehmen gesehen werden, weil sie zur Kundenbindung von Bestandskunden beiträgt und darüber hinaus helfen kann, neue Kunden zu gewinnen (Horn, 2009). Da man mittlerweile zunehmend davon ausgeht, dass die subjektive Wahrnehmung von Qualität wichtig ist und die Qualität von Dienstleistungen somit von der individuellen Einschätzung des Kunden abhängt, spielen in der **Praxis** Kundenzufriedenheitsumfragen von Dienstleistungsunternehmen eine große Rolle. Dabei wurde insbesondere gezeigt, dass die Eigenschaften und das Verhalten von Kundenkontaktmitarbeitern einen signifikanten Einfluss auf die wahrgenommene Qualität haben können (Koch, 2010:210). Das Ziel vieler Firmen ist es deshalb, zu erkennen, wie der Nachfrager die eigenen Dienstleistungen erlebt und ob er sie als qualitativ hochwertig einstuft (Dant et al., 1995).

Auch auf der **akademischen Seite** haben Forscher diverse Instrumente entwickelt, um Dienstleistungsqualität zu messen (Bruhn und Stauss, 2000; Hentschel, 1992; Meffert und Bruhn, 2009). Der vielleicht bekannteste Ansatz ist der kundenorientierte

---

[53] Methodisch wurde dabei im Erhebungsinstrument für jede Anforderung eine funktionale und eine dysfunktionale Frage gestellt, um darauf basierend die Eigenschaft einer Anforderungsart zuordnen zu können.

SERVQUAL-Ansatz von Parasuraman et al. (1985), bei dem die Dienstleistungsqualität – aufbauend auf dem C/D-Paradigma – aus der wahrgenommenen Sicht des Nachfragers gemessen wird. Bei diesem Konzept handelt es sich um ein Erwartungs-Bestätigungs-Modell, bei dem von einem kognitiven Vergleich der erlebten Servicequalität mit bestehenden Erwartungen ausgegangen wird. Die Erwartungen werden in diesem Zusammenhang als Idealvorstellungen angenommen, so dass Abweichungen als Unzufriedenheit und Bestätigungen als Zufriedenheit ausgelegt werden (Wiswede, 2007:293). Das für den Dienstleistungssektor entworfene Modell unterscheidet zwischen fünf Faktoren mit entsprechenden Einzelitems, die Zufriedenheit bzw. Unzufriedenheit bedingen können.[54] Das Modell geht somit von einem multiattributiven Charakter der Qualität aus, da nicht anzunehmen ist, dass Qualität durch ein einziges Attribut bestimmt werden kann (Dant et al., 1995:109). Wie von Jacob (2009:59 ff.) ausgeführt, benutzt dieses merkmalsorientierte Verfahren Divergenzskalen, um die Leistungswahrnehmung differenziert zu messen. Ziel dieses Instruments ist es, konkreten **Handlungsbedarf zu identifizieren** und **Prioritäten** für den Einsatz von Maßnahmen **abzuleiten**. Weitere Konzeptionalisierungen zur Messung von Servicequalität, wie z.B. Arbeiten der Nordic School, sollen an dieser Stelle nicht weiter ausgeführt werden (vgl. dazu Brady und Cronin, 2001).

Wichtig hingegen erscheint es, trotz der hohen Akzeptanz des Modells, auf potenzielle **Schwächen** des SERVQUAL-Ansatzes hinzuweisen: So wird **erstens** von einigen Autoren die vorgegebene Fünf-Faktor-Struktur in Frage gestellt und beispielsweise eine hierarchische dreifaktorielle Struktur als überlegen angesehen (Brady und Cronin, 2001). **Zweitens** gibt es verschiedene Arbeiten, die zeigen, dass in unterschiedlichen Branchen unterschiedliche Modelle zur Messung der Dienstleistungsqualität geeignet sind (Horn, 2009:157). Somit wäre der Anspruch, "ein bestes" Modell für die Messung von Dienstleistungsqualität zu entwerfen, in Frage gestellt. Die Ausformulierung von industriespezifischen Dimensionen – im Gegensatz zu generischen Dimensionen – kann zu einer überlegenen Art der Messung führen (Caceres und Paparoidamis, 2007:858). **Drittens** gibt es eine grundsätzliche Kritik am vorhandenen GAP-Ansatz bei der Messung: In der Praxis ist es schwer möglich, Kundenerwartungen ex post abzufragen, da Kunden hier ihre Erwartungen häufig den schon empfundenen Wahrnehmungen der Qualität angepasst haben (Buttle, 1996:10). Die Weiterentwicklung des

---

[54] (1) Umfeld, (2) Zuverlässigkeit, (3) Reaktionsfähigkeit, (4) Leistungskompetenz und (5) Einfühlungsvermögen.

Modells unter dem Namen SERVPERF adressiert diesen Punkt dadurch, dass nur noch die tatsächlich empfundene Performance im Erhebungsinstrument operationalisiert wird (Cronin und Taylor, 1992).

Neben der Messung der wahrgenommenen Dienstleistungsqualität ist an dieser Stelle vor allen Dingen die **konzeptionelle Abgrenzung zur Kundenzufriedenheit** von Interesse, weil beide Konstrukte separate Eigenschaften aufweisen und somit andere Bestimmungsfaktoren bedingen können (Iacobucci et al., 1995:295). Dabei sind verschiedene Betrachtungsweisen möglich: Parasuraman et al. (1988:16) beispielsweise erklären, dass der Unterschied zwischen Einstellung und Zufriedenheit auch eine Unterscheidung zwischen Dienstleistungsqualität und Zufriedenheit darstellt. Während die wahrgenommene Dienstleistungsqualität ein globales Urteil bzw. eine Einstellung ist, die sich auf die Qualität der Dienstleistung im Allgemeinen bezieht, referenziert die Zufriedenheit nur auf eine spezifische Transaktion. Diese Erklärung ist für die vorliegende Arbeit nicht zufriedenstellend, da bereits in Abschnitt 3.1.3.1 erläutert wurde, dass sich die Zufriedenheit auch auf unterschiedliche zeitliche Abschnitte beziehen kann und somit auch kumulative Erfahrungen in die Bewertung einfließen können. Oliver und Rust (1994:6) hingegen verweisen darauf, dass sich Qualitätsurteile in der Regel auf spezifische Qualitätsattribute beziehen, während Zufriedenheit durch unterschiedliche Dimensionen beeinflusst werden kann – unabhängig davon, ob sie qualitätsbezogen sind oder nicht. Weiterhin sind Qualitätsurteile vielfach durch Idealvorstellungen und Exzellenzwahrnehmungen geprägt, während Zufriedenheitsurteile auch durch Bedürfnisse, Ausgleichs- und Fairnesswahrnehmungen beeinflusst sind.

Abschließend kann festgehalten werden, dass die Autoren **Dienstleistungsqualität** gegenüber Zufriedenheit somit als **engeres Konzept** darstellen, das in der Folge auch eine geringere Anzahl konzeptioneller Bestimmungsfaktoren haben sollte. Qualität wäre damit eine Dienstleistungsdimension, welche in das Zufriedenheitsurteil von Kunden einfließt. Diese konzeptionelle Überlegung findet sich beispielsweise auch bei Cronin und Taylor (1992:64) empirisch bestätigt, können die Autoren doch einen Einfluss von Servicequalität auf die Zufriedenheit und von der Zufriedenheit auf Kaufintentionen nachweisen. Ein direkter Einfluss von Servicequalität auf Kaufintentionen ist hingegen nicht nachweisbar. Der Autor schließt sich somit dem letzteren Differenzierungsverständnis an, so dass die wahrgenommene Dienstleistungsqualität als eine Art kognitive Vorstufe der Kundenzufriedenheit begriffen wird (Horsmann, 2005:64). Im Hinblick auf den breiten explorativen Untersuchungsansatz und die sich aus dem Rollenverständnis ergebenden Bedürfnisse wird somit die **Beratungszufriedenheit** und **nicht** die **wahrgenommene Beratungsqualität** als das zu untersuchende Phänomen festgelegt. Ziel ist es somit, ein Konstrukt zu erforschen, das die Qualität zusammen mit weiteren affektiven und attribuierenden Bewertungsaspekten zu einem komplexen Gesamturteil bündelt und eine direkte Verbindung zur (intentionalen) Loyalität vermuten lässt.

3.1.4 Analyse ausgewählter Beziehungskonstrukte

Im Hinblick auf das weitere explorative Forschungsvorgehen erschien es zweckmäßig, eine umfassende Literaturrecherche im Bereich RM durchzuführen. Da es keine eindeutigen Belege darüber gibt, welche Konstrukte die Beratungszufriedenheit bei B2B-Lösungen beeinflussen, war es das Ziel, sich zunächst einen Überblick über die verbreitetsten RM-Konstrukte zu verschaffen. Vor diesem Hintergrund wurden insgesamt 72 RM-Studien, größtenteils quantitativer Natur, analysiert (vgl. Anhang 3). Dabei orientierte sich die Zusammenstellung grob an der Arbeit von Keller und Stolper (2006:10), welche die Untersuchung der Beziehungsqualität im B2B-Marketing im Fokus haben und einen ersten Literaturüberblick leisten.[55] Die so identifizierten Konstrukte konnten daraufhin interpretiert und dem metaanalytischen RM-Framework von Palmatier et al. (2006:137) zugeordnet werden.[56] Dabei kann dieses Modell als eine Ausdifferenzierung des vorderen Teils der Wirkungskette des RM betrachtet werden (vgl. Abbildung 15). Aus der Auswertung ergibt sich folgende Einteilung:

Dimensionen	Konstrukte
Kundenseitige Determinanten	Angebot von Alternativen; Beendigungs- und Wechselkosten; Suche nach Abwechslung; Unsicherheit; wahrgenommene Marktmacht und Abhängigkeit; wahrgenommene Nähe; wahrgenommene Vorteile
Dyadische Determinanten	Ähnlichkeit; Atmosphäre; Bindungen und Verträge; Dauer der Beziehung; Gegenseitigkeit; Informationsaustausch und Kommunikation; Joint Working; Konflikt; Kooperation; Marktdynamik; Profit und Umsatz der Beziehung; Zielübereinstimmung

---

[55] Der Überblick von Keller und Stolper (2006:10) ist zeitlich weiter eingeschränkt, da nur Arbeiten bis einschließlich 2005 berücksichtigt wurden und nicht wie im vorliegenden Text bis einschließlich 2010. Weiterhin enthält der Überblick der Autoren nur 44 statt 72 RM-Studien sowie an manchen Stellen fehlerhafte Konstruktzuordnungen einzelner Studien, die für diese Arbeit korrigiert wurden.

[56] Die Reorganisation der Konstrukte erschien deshalb notwendig, da die von Keller und Stolper (2006:10) verwendeten Dimensionen keine eindeutige theoretische Fundierung aufweisen. Bei Palmatier et al. (2006) hingegen ist die Einordnung leichter nachzuvollziehen und somit eine klare konzeptionelle Abgrenzung der Dimensionen besser möglich.

Anbieterseitige Determinanten	Autonomie; ethisches Verhalten; Expertise; Fairness; Flexibilität und Anpassung; geographische Nähe; Koordination; Kundenorientierung; langfristige Orientierung; Liebenswürdigkeit und Freundlichkeit; Macht; Opportunismus; Partizipation; Produkt- und Servicequalität; Projektmanagement; Reputation; Investitionsbereitschaft; Unternehmensgröße; Unterstützung bei Innovationen; Unterstützung und Anbieter Wohlwollen; Verkaufsorientierung; Verständnis
Kundenseitige relationale Mediatoren[57]	Commitment; Vertrauen; Zufriedenheit
Kundenseitige Ergebnisse	Loyalität (Wiederkauf; Weiterempfehlung; Zukauf); Loyalität allgemein; Relationship Value
Anbieterseitige Ergebnisse	Kostensenkung beim Kunden; Markterfolg und Profitabilität

Tabelle 3: Ausgewertete Relationship-Marketing-Konstrukte

Quelle: eigene Darstellung; Einteilung nach Palmatier et al. (2006)

Die vorliegende Einteilung der Konstrukte in sechs Klassen hat zum Ziel, die Basis für einen Kodierleitfaden zu bilden, welcher zur systematischen Auswertung von Experteninterviews genutzt wird,[58] die im Anschluss in ein Untersuchungsmodell münden. Dennoch täuscht diese vermeintlich trennscharfe Einteilung über einige Schwierigkeiten bei der Auswertung hinweg: **Erstens** muss angemerkt werden, dass in den einzelnen RM-Untersuchungen unterschiedliche Definitionen für gleiche bzw. ähnliche Phänomene verwendet werden (Naudé und Buttle, 2000:351), so dass es an manchen Stellen teilweise zu **Überschneidungen zwischen den Begriffen** kommt. Dies hat zur Folge, dass für den Kodierleitfaden eine eindeutige Definition je Konstrukt festgelegt werden muss, die nach Möglichkeit (1) eine gute Anwendbarkeit für den Untersuchungskontext verspricht und (2) wenig Überschneidungen mit anderen Definitionen aufweist (vgl. dazu auch Anhang 6). **Zweitens** sollte an dieser Stelle berücksichtigt werden, dass die **Zuordnung** der einzelnen Konstrukte zu einer der sechs Klassen und somit die Festlegung, ob es sich um eine Determinante, einen Mediator oder ein Ergebnis handelt, **nicht immer eindeutig** ist. Backhaus (2008:69) führt in diesem Zusammenhang aus, dass gerade in Studien, die die Beziehungsqualität im Fokus haben, große Unstimmigkeiten bestehen, wie einzelne Modelle zu konzeptionalisieren sind.

---

[57] Auf die Auswertung des Konstrukts Beziehungsqualität (auch: Relationship Quality) wurde in diesem Fall bewusst verzichtet, da es sich hierbei um ein Metakonstrukt handelt, das in der Regel über zwei oder drei der Konstrukte Vertrauen, Commitment und Zufriedenheit konzeptionalisiert wird.
[58] Vgl. auch Abschnitt 5.1.4.

Drittens wird im Rahmen des Literaturüberblicks ein weiteres Mal bestätigt, dass die **Beratungszufriedenheit** im B2B-Bereich **kaum erforscht** wurde.

3.1.5 Zwischenergebnis

Im ersten Abschnitt von Kapitel 3 wurde herausgestellt, dass das RM sehr eng mit dem Lösungsgeschäft verbunden ist und beide Entwicklungen sich gegenseitig beeinflussen. Schon in Kapitel 2 konnte gezeigt werden, dass Nachfrager sich den Lösungsprozess als einen relationalen Prozess vorstellen und Vorteile darin sehen, über einen längeren Zeitraum eng mit dem Anbieter zu kooperieren. Das vorliegende Kapitel hingegen greift auch die Perspektive des Anbieters auf und stellt heraus, dass das **RM sehr gute Anknüpfungspunkte für Solution Provider** bieten kann, um Kundenlösungen zu vertreiben und zu erbringen – handelt es sich beim RM doch um ein Programm für das Management von Geschäftsbeziehungen und wurden Lösungen doch als Geschäftsbeziehungen interpretiert.

Weil für Nachfrager jedoch nur wenige Möglichkeiten bestehen, die Qualität von Lösungen vor der Erbringung zu beurteilen – komplexe Lösungen haben häufig einen hohen Customizing-Grad (Jacob et al., 2010:8 f.) – überwiegen Erfahrungs- und Vertrauenseigenschaften (Jacob, 2009:38). Dies hat erstens zur Folge, dass Vertrauen helfen kann, Unsicherheit beim Nachfrager zu reduzieren, so dass bessere Erfolgsaussichten für den Anbieter bestehen. Eine zweite Folge ist darin zu sehen, dass beim Kunden ein erhöhter Beratungsbedarf entsteht, der im Rahmen eines RM-Ansatzes vom Anbieter adressiert werden sollte.

Aus Sicht der Marketingforschung konnte im ersten Abschnitt von Kapitel 2 dargestellt werden, dass das RM als theoretischer Bezugsrahmen einen geeigneten Ausgangspunkt bildet, um Zufriedenheitskonstrukte in eine Wirkungskette einzubetten. In diesem Zusammenhang hat die umfassende Literaturrecherche gezeigt, dass zwar umfangreiche Konzeptionen der Zufriedenheit bestehen, eine Verbindung zur Beratung bei Lösungen aber nur unzureichend durchgeführt wurde. Um an dieser Stelle das theoretische Fundament zu komplettieren, wird im zweiten Abschnitt von Kapitel 3 der Beratungsbegriff auf Phänomenebene für diese Arbeit konzeptionalisiert, so dass abschließend eine grundlegende Definition der Beratungszufriedenheit bei B2B-Lösungen aus Sicht des RM formuliert werden kann.

3.2 Beratung

Es wurde bereits ausgeführt, dass in vielen B2B-Branchen Nachfrager zunehmend ganzheitliche Lösungen von ihren Anbietern verlangen. Die Entscheidung für einen bestimmten Lieferanten wird dabei jedoch nicht nur allein aufgrund einer bestimmten Technologiekompetenz bzw. Produktqualität getroffen, sondern auch aufgrund der Problemlösungsfähigkeit des Anbieters in allen Phasen des Kundenkontakts. In diesem Zusammenhang spielt die intensive Beratung unter Einbeziehung des Kunden eine wichtige Rolle (Rainfurth, 2003:4), da Nachfrager nicht immer in der Lage sind, ihre Anforderungen und Präferenzen zu formulieren, weil sie sich derer oftmals gar nicht bewusst sind (Tuli et al., 2007:6).

Um die Bedeutung der Beratung weiter zu ergründen ist dieser Abschnitt wie folgt gegliedert: Zunächst findet eine allgemein **Einordnung des Beratungsbegriffs** statt (**Abschnitt 3.2.1**), wobei auf dominante Merkmale von Beratung eingegangen und der Geltungsbereich des Begriffs definiert wird. Im sich daran anschließenden **Abschnitt 3.2.2** stellt der Autor zentrale **Ursachen des Beratungsbedarfs** dar, wobei der Fokus weiterhin auf Beratung bei B2B-Lösungen liegt. **Abschnitt 3.2.3** dient dazu, den **Prozess der Beratung bei Lösungen** besser zu verstehen, wobei der Autor hier auf die verschiedenen Beratungsphasen eingeht. In **Abschnitt 3.2.4** werden die **Folgen der Beratung** betrachtet, bevor in **Abschnitt 3.2.5** die Themen **Beratung und Zufriedenheit zu einem Konstrukt zusammengeführt** werden. **Abschnitt 3.2.6** schließt mit einem **Exkurs über Unternehmensberatungen**, wobei der Fokus auf der Messung von Zufriedenheit und Erfolg in Beratungsprojekten liegt.

3.2.1 Die Definition von Beratung und Eingrenzung

Zunächst sollen in diesem Unterabschnitt definitorische Grundlagen des Beratungsbegriffs geklärt werden. Zusätzlich ist es notwendig, darauf aufbauend den Bezugskontext der Beratung noch weiter zu konkretisieren.

3.2.1.1 Definitorische Grundlagen

Die Literatur zeichnet sich durch eine große Vielfalt des Beratungsbegriffs aus und je nach Untersuchungskontext[59] lassen sich andere Schwerpunkte in den Definitionen feststellen. Für die vorliegende Arbeit ist es deshalb wichtig, dass die Auslegung dieses

---

[59] Beispielsweise Vermögensberatung, Unternehmensberatung, Verbraucherberatung.

interdisziplinär vorkommenden Phänomens klar auf B2B-Lösungen beschränkt wird, sind doch Begriffsbestimmungen aus psychologischer, soziologischer, pädagogischer oder ökonomischer Sicht möglich (Stiller, 2006:5). Ähnlich wie bei der Abgrenzung des Lösungsbegriffs können auch bei einem **allgemein gehaltenen Beratungsbegriff** bestimmte konstitutive Merkmale festgestellt werden, welche sich bei verschiedenen Autoren wiederholen. Dies wirft die Frage auf, wie zutreffend ein solches Verständnis von Beratung für den Kontext von Lösungen ist. Betrachtet man z.B. die Definition von Stiller (2006:6) so ist

"Beratung eine zielgerichtete, kompetenzfördernde Unterstützung, die ein Berater einem Ratsuchenden mittels Interaktion zur Lösung eines vom Ratsuchenden aufgezeigten Problems zukommen lässt."

Zunächst verweist die zielgerichtete, kompetenzfördernde **Unterstützung** auf ein Beratungsverständnis, das eine **Problemlösung mit dem Ratsuchenden** und nicht für den Ratsuchenden nahelegt (Stiller, 2006:6). Dies deckt sich mit dem entwickelten Verständnis des Verhältnisses von Anbieter und Nachfrager: Bei einer Lösung wird nicht ein Problem im Sinne eines Outsourcing ausgelagert und an einen Anbieter gegeben, sondern es geht vielmehr darum, an der Stelle beraten zu werden, wo der Nachfrager Probleme hat, seine eigenen Anforderungen zu definieren und eine mögliche Lösung zu spezifizieren. Der Anbieter komplettiert den Nachfrager durch seine Beratung.

Als Zweites steht in der Definition die **Interaktion von Anbieter und Nachfrager** im Vordergrund, weil beide Parteien sich im kompletten Lösungsprozess in einer andauernden Interaktionsbeziehung befinden (Knyphausen-Aufseß et al., 2009:7). Der Nachfrager ist somit Ko-Produzent der Problemlösung (Schade, 1996). Auch dieser Punkt deckt sich mit dem hier untersuchten Beratungskontext, wurde doch der Lösungsprozess (1) als eine Folge von Interaktionen charakterisiert, (2) die Wichtigkeit der Kommunikation betont und (3) das RM als Steuerungsinstrument des gegenseitigen Austauschs eingeführt. Durch dieses Merkmal grenzt sich die Beratung gegenüber einem Beratungsverständnis ab, das beispielsweise von Wolf (2000:1) fokussiert wird: In dieser Untersuchung steht das "beraten lassen" und nicht das "sich mit jemanden beraten" im Vordergrund.

Als drittes Element wird in der vorgestellten Definition der **Begriff des Ratsuchenden** verwendet. Wie noch in Abschnitt 3.2.2.2 aufgezeigt werden wird, sind auch in Lösungsprojekten verschiedene Rollen für Nachfrager und Anbieter möglich. Ein gewisses Maß an Problembewusstsein scheint jedoch eine notwendige Voraussetzung im Beratungsprozess zu sein, weil sonst wahrscheinlich kein beratender Anbieter angefragt werden würde.

Ferner bildet ein vorhandenes **Problem** den Ausgangspunkt der Beratung. Andere Autoren, wie Haas (2006a:657), bezeichnen dies auch als "Kundenproblem". Betrachtet man nun das Lösungsgeschäft, so geht es darum, einen bestimmten Zielzustand zu erreichen, wobei auf dem Weg dahin gewisse Hürden genommen werden müssen. Somit wäre auch dieses Merkmal für B2B-Lösungen zutreffend. Insgesamt kann die vorliegende Definition als in vielen Punkten sehr treffend für den Kontext von Lösungen beurteilt werden. Allerdings ist sie noch sehr allgemein gehalten und verlangt nach einer weitergehenden Eingrenzung.

3.2.1.2 Eingrenzung des Beratungsverständnisses auf konkomitante B2B-Beratung

Neben den allgemeinen Merkmalen von Beratung ist es möglich, eine weitergehende Einordnung der Beratung anhand des **Zielmarktes** der Beratung sowie anhand der **Verbindung zu weiteren Leistungsbestandteilen** vorzunehmen (auch: Charakter der Beratung). Wie die nachfolgende Abbildung zeigt, lassen sich auf diese Weise vier verschiedene Arten der Beratung identifizieren, wobei sich die vorliegende Untersuchung nur auf Typ 4 fokussiert:

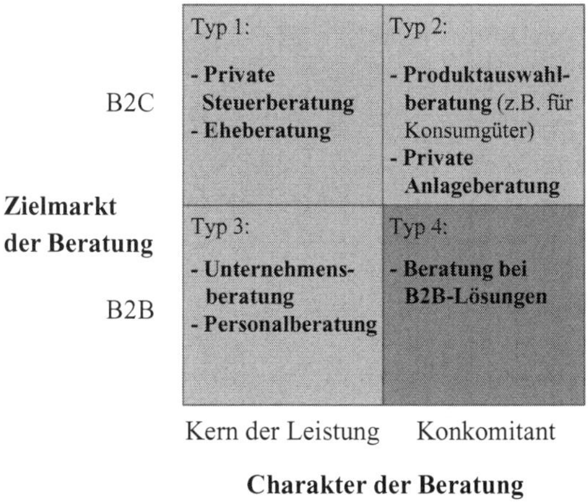

		Typ 1:	Typ 2:
	B2C	- Private Steuerberatung - Eheberatung	- Produktauswahlberatung (z.B. für Konsumgüter) - Private Anlageberatung
Zielmarkt der Beratung		Typ 3:	Typ 4:
	B2B	- Unternehmensberatung - Personalberatung	- Beratung bei B2B-Lösungen
		Kern der Leistung	Konkomitant

Charakter der Beratung

Abb. 18: Weitergehende Einordnung der betrachteten Beratung mit Beispielen
Quelle: eigene Darstellung

Das erste Differenzierungsmerkmal "Zielmarkt" wurde schon in Kapitel 2 behandelt, in dem der Untersuchungskontext auf B2B-Lösungen eingegrenzt wurde. Da Beratung als Bestandteil der Lösung gesehen wird, erstreckt sich auch die hier untersuchte Beratungsart nur auf den **B2B-Bereich**, so dass dieser Punkt nicht weiter ausgeführt werden muss. Das zweite Differenzierungsmerkmal für das vorliegende Beratungsverständnis ist, dass die in dieser Arbeit betrachtete Beratung handlungsbegleitenden Charakter hat und somit als **konkomitante Beratung** bezeichnet werden kann. Wolf (2000:1 f.) führt diesen Begriff ein, um eine Abgrenzung gegenüber Beratung als Kern professioneller Tätigkeit vornehmen zu können. Jacob et al. (2006:5) ergänzen, dass es sich dabei vielfach um eine Produktauswahlberatung handelt (hier: Typ 2), wobei die Beratung aber auch in unmittelbarem Zusammenhang mit dem Kauf, der Spezifizierung und der Verwendung der jeweiligen Leistungen stehen kann. Der Begriff der konkomitanten Beratung ist somit gut auf B2B-Lösungen übertragbar (hier: Typ 4), weil auch hier nicht Beratung alleine verkauft wird, sondern mittels Beratung verkauft wird – so lange wie der Lösungsprozess dauert.

Ein weiterer Punkt bei konkomitanter Beratung ist, dass die angebotene Beratung auch in vielen B2B-Märkten häufig **ohne Vergütung** angeboten wird (Plötner, 2008:329). Speziell für den Bereich B2B-Lösungen sind aber auch andere Ausprägungen zu beobachten: Im IT-Bereich beispielsweise werden Kosten für reine Beratungsleistung neben Kosten für z.B. Lizenzen und Server als Teil einer Lösung fakturiert. Übergreifend kann angenommen werden, dass die Beratung bei komplexen B2B-Lösungen im Vergleich zu anderen Leistungen sehr wichtig ist, weil die Bedeutung der Beratung mit steigendem Anpassungsbedarf zunimmt (Waldthausen, 2007:31). Ferner trägt der intangible Leistungsbestandteil einer Lösung weiter dazu bei, dass die Konfusion als Verhaltensdimension des Nachfragers größer ist als z.b. bei Produkten (Lakotta, 2010:183), so dass die Beratung einen Ausweg aus vorhandener fehlender Orientierung bieten kann.

Die **zeitliche Eingrenzung** der Beratung bei B2B-Lösungen kann – wie im folgenden Abschnitt noch gezeigt wird – als gering beurteilt werden, da es unterschiedliche Ursachen für Beratung in verschiedenen zeitlichen Phasen gibt.[60] Grundsätzlich kann aber angemerkt werden, dass eine Kundenberatung im persönlichen Verkauf wie bei Stiller (2006:8), welcher explizit den Fokus auf die Produktberatung vor dem Kauf legt, in diesem Fall unzureichend wäre. Da der Lösungsprozess die **Anforderungsde-**

---

[60] Vgl. auch Abschnitt 3.2.3.

finition, das **Customizing** bzw. die **Integration**, die **Implementierung** und die **Nachsorge** umfasst (vgl. Abschnitt 2.3.1.3), wäre ein Beratungsverständnis, das zeitlich nur bis zur Kaufentscheidung geht, eine zu starke Eingrenzung.[61]

Die Nähe des Beratungsbegriffs zu vertrieblichen Aufgaben findet sich in der Marketingliteratur besonders in dem Begriff **Consultative Selling** wieder. Diese Art des beratenden Vertriebs beschreibt Hanan (1986:25) als ein "profit improvement selling", das sich besonders an hochrangige Entscheidungsträger richtet, die hauptsächlich an finanziellen Kennzahlen interessiert sind. Der Grundgedanke ist dabei, dass der Anbieter das Geschäft des Nachfragers gut verstehen sollte, um ihm Produkte anbieten zu können, die seine Wettbewerbsposition verbessern können. Hanan (1986:16 ff.) betont, dass bei einem beratendem Verkauf das **Lösen von Kundenproblemen** und das Erreichen von **Kundenvorteilen** im Vordergrund stehen muss und nicht der Verkauf von Produkten. Auch wenn der Autor die wichtige Rolle einer langfristigen Geschäftsbeziehung, welche über einen klar abgesteckten Vertriebszyklus hinausgeht, anerkennt, ist das vorgestellte Konzept doch in erster Linie das Bemühen um einen strukturierten Vertriebsansatz (Hanan, 1990:16 ff.).

In diesem Abschnitt konnte ein erstes Beratungsverständnis über definitorische Grundlagen und eine Abgrenzung des Geltungsbereichs des Beratungsbegriffs erreicht werden. Im nächsten Abschnitt stellt der Autor dieser Arbeit in kurzer Form die Ursachen des Beratungsbedarfs bei Lösungen dar.

3.2.2 Die Ursachen des Beratungsbedarfs bei B2B-Lösungen

In diesem Unterabschnitt werden zunächst grundlegende Ursachen bzw. Voraussetzungen des Beratungsbedarfs identifiziert und darauf aufbauend verschiedene Beratungsmodelle vorgestellt.

3.2.2.1 Ursachen und Voraussetzungen der Beratungsbedarfs bei B2B-Lösungen

Im Folgenden werden insgesamt drei Ursachen bzw. Voraussetzungen für den Beratungsbedarf bei B2B-Lösungen diskutiert: Das Ausmaß der **Problemevidenz**, die **Informationsvermittlung** und die **Unsicherheitsreduzierung**.

In Abschnitt 3.2.1 wurde bereits erörtert, dass ein **Problem den Ausgangspunkt einer Beratung** bildet, so dass deshalb zunächst der damit verbundene Begriff der **Prob-**

---

[61] Aus diesem Grund ist beispielsweise der Prozessschritt des Customizing bzw. der Integration auch Teil der empirischen Untersuchung. Die Implementierung und Nachsorge hingegen ist nicht Teil der Erhebung, da der Schwerpunkt in diesen Phasen stark technisch geprägt ist (vgl. Abschnitt 3.2.3.3).

lemevidenz des Nachfragers eingeführt werden sollte. Darunter kann die Einsicht des Nachfragers in die Tatsache verstanden werden, dass bestimmte Dienstleistungs- bzw. Beratungsleistungen zur Lösung seines Problems benötigt werden (Gössinger, 2005:98). Dabei ist nicht anzunehmen, dass die Problemevidenz bei allen Nachfragern gleich stark ausgeprägt und über die Zeit konstant ist, sondern sie wird durch Ausprägung der Dimensionen "Wissen des Nachfragers über sein Problem" sowie über "Wissen des Nachfragers über die Eignung bestimmter Problemlösungsleistungen des Anbieters" bestimmt. Weiter erläutert Gössinger (2005:98 f.), dass, wenn sich ein Nachfrager mit einem Problem schon an einen Anbieter wendet, davon auszugehen ist, dass bereits ein gewisses Maß an Problemevidenz beim Nachfrager vorhanden ist – auch wenn sich dieses Wissen über das Problem im Nachhinein als falsch herausstellt. Rühlig (2004:236) argumentiert weiter, dass es somit letztlich **drei Typen von Nachfragern** gibt: (1) der Nachfrager, der die Notwendigkeit einer Lösung nicht erkennt, (2) der Nachfrager, der das Problem, aber nicht die Lösung kennt, und (3) der Nachfrager, der sowohl das Problem als auch die Lösung spezifizieren kann. Grundsätzlich sieht der Autor die **adäquate Beratung** des Kunden als eine Möglichkeit, das **Evidenzproblem** des Nachfragers zu **beheben** (Rühlig, 2004:238).

Dem Konzept der Prozessevidenz[62] (vgl. Fließ, 2009:86 f.) ähnlich ist anzunehmen, dass das Ausmaß der Problemevidenz auf Nachfragerseite einen **Einfluss** auf die Gestaltung des Kundenintegrationsprozesses und somit auf den **Umfang der Beratung** hat und die damit korrespondierende Beraterrolle prägt. Konkret sollte somit durch die Problemevidenz bestimmt werden, dass der Kunde Beratung bezieht, während durch die **Prozessevidenz** beeinflusst wird, dass der Nachfrager weiß, wann und wo er sich einbringen kann und muss (Fließ et al., 2003:14). Dies ist nicht selbstverständlich, liegen doch beim Nachfrager häufig mangelndes Prozessbewusstsein sowie mangelnde Prozesstransparenz vor (Fließ, 1996). Um eine reibungslose Zusammenarbeit zwischen Anbieter und Nachfrager zu gewährleisten, bei der beide ein hohes Maß an Prozessevidenz haben, kann die **Beratung als wichtiges Vehikel** fungieren.

Interessant ist in diesem Zusammenhang noch die Klärung der Frage, wann denn genau die mangelnde Problemevidenz zur Inspruchnahme von Beratung führt. Eine

---

[62] Prozessevidenz bezeichnet das Wissen sowohl des Nachfragers als auch des Anbieters über den Ablauf des Prozesses und die von ihm erwarteten Leistungsbeiträge. Mangelnde Prozessevidenz auf der Nachfragerseite ist immer dann vorhanden, wenn dem Nachfrager nicht klar ist, welche Leistungsbeiträge er wann zu liefern hat. Der Grad der vorhandenen Prozessevidenz beider Parteien hat einen Einfluss auf die Gestaltung der weiteren Zusammenarbeit (Fließ, 2009:86 f.). Daraus folgt, dass hier ein Begriffsverständnis von Prozessevidenz vorliegt, welches sich stark über die Verhaltensdimension definiert.

Möglichkeit wäre, als Erklärung die grundsätzliche Abfolge aus der Beratungspsychologie zu adaptieren, wonach der Klient einen **vierstufigen Prozess der Inanspruchnahme der Beratung** durchläuft (Warschburger, 2009:38 ff.): Am Anfang steht die Problemwahrnehmung und der Versuch, das Problem eigenständig zu lösen. Hier wäre es theoretisch auch möglich, dass beim Nachfrager intern die Kompetenzen vorhanden sind, so dass kein Lösungsanbieter gebraucht wird. Als zweiter Schritt steht die Akzeptanz, dass die Beratung ein nützlicher Weg zur Problemlösung darstellen kann, der von dem Entscheidungsschritt gefolgt wird, einen beratenden Lösungsanbieter aufzusuchen. Im letzten Schritt findet dann die Kontaktaufnahme mit dem Anbieter statt, so dass mit der gemeinsamen Anforderungsdefinition begonnen werden kann. In jedem dieser vier Schritte läuft eine Reihe von Informationsverarbeitungsschritten ab,[63] die das Erreichen des nächsten Schrittes und so den Beginn der Beratungsinanspruchnahme beeinflussen. Ein weiterer Gesichtspunkt in diesem Kontext ist die **Diffusionsproblematik**, die beschreibt, dass es bei der Beschaffung von Dienstleistungen Widerstände und Verzögerungseffekte gibt (Rühlig, 2004:238 ff.).[64] Aspekte wie Lernprozesse im Nachfragerunternehmen, Intransparenz und Qualitätsunsicherheit sowie organisatorische Widerstände führen dazu, dass Nachfrager teils zögerlich in der Beschaffung von Lösungen sind. Diese Widerstände und Verzögerungseffekte können jedoch durch eine adäquate Vorkaufsberatung sowie systematisches Beziehungsmarketing reduziert werden.

Zweitens kann neben dem Ausmaß der Problemevidenz des Nachfragers die Notwendigkeit für den Anbieter, kundenspezifische Informationen durch Beratung generieren zu müssen, als weiterer wichtiger Punkt bei der Beratung bei B2B-Lösungen gesehen werden. Ziel ist es, durch die Beratung als Anbieter besser in der Lage zu sein, ein an Kundenbedürfnissen ausgerichtetes Leistungsangebot erstellen zu können (Hofbauer und Hellwig, 2009:173). Auch wenn man vermuten könnte, dass es sich hierbei hauptsächlich um "Beratung als Anliegen des Anbieters" handelt, so bildet letztendlich das Problem des Nachfragers doch den Ausgangspunkt: Ergo, die Beratung ist auch im Interesse des Nachfrager, da Beratung das Medium ist, durch das der Nachfrager dem Anbieter alle ihm wichtigen Wünsche und Vorstellungen mitteilen kann. Somit betrachtet der Autor das **Bedürfnis des Nachfragers nach Informationsvermittlung** als mit ursächlich für die Beratungsinanspruchnahme.

---

[63] Sowohl auf organisatorischer Ebene im Buying Center als auch auf individueller Ebene der Beteiligten.
[64] Weiterführende Erläuterungen zur Diffusionsproblematik finden sich beispielsweise bei Weiber (1992:4 ff.) sowie Schicht (1993:179 ff.).

Eine **dritte** Ursache für Beratung kann in dem weiter gefassten Interesse gesehen werden, dass der Nachfrager seine **Unsicherheit reduzieren** möchte. Hier wurde bereits ausgeführt, dass der Anbieter im Rahmen einer Beratung durch Signaling versuchen kann, relevante Informationen an den Nachfrager zu übertragen, um die Unsicherheit bei komplexen Sachverhalten für Nachfrager zu reduzieren (Fließ, 2009:165 ff.). Aus Nachfragerperspektive hingegen unterstützt das Screening den Prozess der Unsicherheitsreduzierung, da er sich so ein genaueres Bild der Problemstellung und des möglichen Lösungsprozesses machen kann (vgl. auch Abschnitt 2.3.4.2).

Die aufgeführten Ursachen der Beratungsinanspruchnahme verdeutlichen, dass der **Nachfrager der Haupttreiber** einer **Beratung** ist – auch wenn auf Anbieterseite ein Interesse an einer Beratung bestehen kann, weil beispielsweise zusätzliche finanzielle Vorteile durch die Erbringung von Beratungsleistungen entstehen. Gleichwohl auch auf der Seite des Anbieters eine Atmosphäre der Unsicherheit herrschen kann (Vansina, 1971), so scheint doch die Problemevidenz des Nachfragers ein zentraler Einflussfaktor auf die sich ergebenden Beratungsrollen zu sein. Aus diesem Grund werden im nächsten Unterabschnitt einige mögliche Rollenkonfigurationen diskutiert.

3.2.2.2 Problemevidenz als zentrale Determinante von Beratungsrollen

In diesem Abschnitt werden insgesamt vier Beratungstypologien vorgestellt. Ziel ist, sich so dem Begriff der Beratung noch weiter anzunähern, den Bezug zum Lösungsgeschäft herzustellen und weiterhin den empirischen Nutzen der Typologien übergreifend zu beurteilen. In diesem Kontext ist ferner zu beachten, dass die vorgestellten Rollen nur einen ersten Anhaltspunkt geben. In der praktischen Beratungstätigkeit hat sich gezeigt, dass sich Rollen vermischen und überschneiden können – gerade wenn ein Berater mit sehr unterschiedlichen Anbietervertretern zu tun hat (Vansina, 1971).

Die **erste Typologie** beinhaltet die drei Grundmodelle der Beratung nach **Schein** (1978). Abbildung 19 veranschaulicht, dass sich die Beratungsmodelle durch die Rollen der Akteure und die zeitliche Orientierung der Beziehung unterscheiden.[65]

---

[65] Vgl. zur Rolle des Nachfragers im Lösungsprozess Abschnitt 2.3.3.

Beratungszufriedenheit aus Sicht des Relationship Marketing 101

	Expertenmodell	Arzt-Patienten-Modell	Prozess-Beratungsmodell
Kundenrolle	• Der Kunde kennt das Problem und hat schon eine konkrete Vorstellung von der Lösung • Er stellt somit schon eine Diagnose	• Dem Kunden ist das Problem bekannt, allerdings nicht die Ursachen oder die Lösung	• Der Kunde kennt weder die Ursache noch das Problem, sondern hat nur ein Problembewusstsein • Er ist in die Problemlösung involviert
Beraterrolle	• Der Berater ist technischer Spezialist oder Experte • Der Kunde kommuniziert ihm das Problem	• Übernimmt Verantwortung für die Problemerfassung und die Lösung • Braucht diagnostisches Know-how	• Beratervorgehen als Intervention, ohne starke Fokussierung auf Inhalte • Er leistet Hilfestellung, den Beratungsprozess zu gestalten (Prozess-Spezialist)
Art der Beziehung	• Kurzfristig • Aufgaben- und sachorientiert	• Problemlösungsorientiert • Integrative Leistungsgestaltung	• Prozessorientiert • Langfristig am Kunden orientiert
Beispiel	• Einführung Telefonanlage	• Steuerberatung	• Systemgeschäft

Abb. 19: Modelle der Beratung
Quelle: eigene Darstellung nach den Inhalten von Schein (1978)

Während der Nachfrager beim Expertenmodell eine recht hohe Problemevidenz aufweist und sowohl das Problem als auch schon eine potenzielle Lösung kennt, ist dieses Verständnis beim Arzt-Patienten-Modell schon schlechter ausgeprägt. Beim Prozess-Beratungsmodell hingegen ist die Problemevidenz am geringsten ausgeprägt, was wiederum – wie bei allen drei Formen – einen direkten Einfluss auf die Rolle des Anbieters sowie des Nachfragers hat. Wenn man die drei Beratungsmodelle aus der Sicht eines B2B-Lösungsprozesses betrachtet, so ist anzunehmen, dass das Prozess-Beratungsmodell am ehesten übertragen werden könnte: Beim Prozess-Beratungsmodell ist (1) der Kunden in die Problemlösung involviert.[66] Weiterhin ist es Teil dieses Modells, (2) aus Anbietersicht einen Beratungs- bzw. Lösungsprozess zu gestalten[67] sowie (3) am Kunden orientiert eine Beziehung aufzubauen. Auch dieser letzte Punkt weist Parallelen zur Lösungen auf, da diese als Geschäftsbeziehung verstanden werden können.[68]

Scheer et al. (2001:3) hingegen unterscheiden zwischen **fünf Beraterrollen** im B2B-Bereich. Dabei verbinden die Autoren mit der Beraterrolle die Erwartungshaltungen und Verhaltensmuster, die mit der Position des Anbieters verbunden sind. Betrachtet man das hier entwickelte Verständnis des Lösungsprozesses, so ließe sich die Beratungsrolle eines Lösungsanbieter idealtypisch als **Promotor** bezeichnen. Während der

---
[66] Vgl. zu diesem Punkt "Interaktion im Lösungsgeschäft" in Abschnitt 2.1.2.
[67] Vgl. dazu die Parallelen im Lösungsgeschäft in Abschnitt 2.3.1.3 ("den Lösungsprozess steuern").
[68] Vgl. hier den Punkt "Geschäftsbeziehung als relationaler Austausch" in Abschnitt 2.3.1.2.

Krisenmanager und der Problemlöser für das vorliegende Verständnis in zu geringem Maße im Austausch mit dem Nachfrager stehen, so setzen die Rollen "Prozessberater" und "Neutraler Dritter" eine zu hohe Problem- bzw. Prozessevidenz des Nachfragers notwendigerweise voraus, so dass weniger Lösungskompetenz vom Anbieter gefordert wäre.[69]

Krisenmanager	Problemlöser	Promotor	Prozessberater	Neutraler Dritter
Der Berater löst akute Probleme mit hoher Entscheidungsbefugnis in der Unternehmung des Kunden	Berater erarbeitet Lösungsvorschläge aufgrund umfassender Analysen. Dabei findet nur minimale Kommunikation mit betroffenen Kundenmitarbeitern statt	Beratungsziele werden vom Kunden vorgegeben. Der Berater unterstützt den Problemlösungsprozess beim Kunden, dabei ist er stark von dessen Unterstützung abhängig	Die Problemlösung wird vom Kunden allein erarbeitet. Der Berater initiiert den Prozess und gibt Informationen zur adäquaten Durchführung	Berater nimmt rein inhaltlich Stellung in Konfliktsituationen und vermittelt zwischen den Parteien
Einfluss des Anbieters				Einfluss des Nachfragers

Abb. 20: Beraterrollen des Anbieters
Quelle: in Anlehnung an Scheer et al. (2001:3)

Eine sehr ähnliche, **dritte Beratertypologie** wird von **Lippitt und Lippitt** (2006) vorgeschlagen, wobei die Autoren sogar zwischen acht verschiedenen Rollen unterscheiden. Wiederum ist das Ausmaß der Berateraktivitäten beim Problemlösen die entscheidende Variable, um eine Skala von nichtdirektiven bis direktiven Beraterrollen aufzuspannen. Für die Beratung des Nachfragers bei Lösungen ist anzunehmen, dass hierbei am ehesten der Erkenner von Alternativen und der Mitarbeiter an Problemlösungen als relevante Rollen für Anbieter gesehen werden können. Der **Erkenner von Alternativen** zeichnet sich dadurch aus, dass er nach Alternativen und Hilfsmitteln für die Klienten sucht und dem Nachfrager hilft, Konsequenzen einzuschätzen, während der **Mitarbeiter an Problemlösungen** Handlungsmöglichkeiten vorschlägt und manchmal auch Entscheidungen mit trifft. Insgesamt kann die zweite Form als eine noch engere Form der Zusammenarbeit gesehen werden (Kubr, 2002:75).

---

[69] Diese Einordnung ist wie schon ausgeführt idealtypisch: Natürlich wäre es theoretisch auch möglich, dass der beratende Anbieter beispielsweise nur in der Implementierungsphase und Nachsorgephase auftritt, weil ihn der Nachfrager ihn gezielt exklusiv für diese Phasen beschafft hat. Nach der Typologie von Scheer et al. (2001:3) wäre dann der Einfluss des Nachfragers im Hinblick auf das Gesamtprojekt potenziell größer, da er möglicherweise die Problemlösung schon selber erarbeitet hat. Folglich wäre die Rolle des Anbieters in diesem Lösungsprozess eher als "Prozessberater" und nicht als "Promotor" zu bezeichnen.

Eine **vierte Typologie**, die sich auf den beratenden Verkäufer übertragen lassen könnte, sind die vier grundlegenden **Verkäufertypen nach Homburg** et al. (2010:273 f.). Hier unterscheiden die Autoren vier Typen von Vertriebsmitarbeitern, die einerseits durch die Ausprägung Persönlichkeit und Sozialkompetenz (hoch/niedrig), sowie durch die Ausprägung Fachkompetenz (hoch/niedrig) definiert sind. Die sich aus dieser Einteilung ergebenden Typen reichen von der "Verkaufsniete" (keine Anforderungen erfüllt) bis zum "Allrounder" (alle Anforderungen erfüllt) und bieten Ansatzpunkte, um individuelle Entwicklungsmaßnahmen aufsetzen zu können. Das Problem bei dieser Einteilung ist nur, dass hier ein sehr starker Anbieterbezug deutlich wird, welcher der interaktiven Natur eines Beratungsprozesses wenig Rechnung trägt und somit die Problemevidenz des Nachfragers unberücksichtigt lässt. Weiterhin konzentriert sich diese Typologie sehr stark auf die Expertise des Anbieters und lässt beispielsweise Anbieterfaktoren wie Flexibilität außen vor.

Abschließend beurteilt scheint der Nutzwert der vorgestellten idealtypischen Typologien für das Marketing leider beschränkt. Dies liegt hauptsächlich daran, dass hier nur sehr allgemeine und keine detaillierten, klar formulierten Anbietereigenschaften vorgegeben werden, die einen Einfluss auf die Beratungszufriedenheit vermuten lassen. Speziell für den Kontext der Beratung bei Lösungen bleiben die Typologien somit nur eine erste Möglichkeit der Charakterisierung. Die Problem- bzw. Prozessevidenz des Nachfragers als wichtiger Faktor in der Austauschbeziehung wird von drei der vier Typologien nahegelegt, aber weitergehende Ursache-Wirkungs-Beziehungen werden hingegen dabei nicht abgebildet.

3.2.3 Der Prozess der Beratung bei B2B-Lösungen

In Abschnitt 2.3.1.3 wurde argumentiert, dass eine Lösung als vierstufiger Prozess dargestellt werden kann: (1) Anforderungsdefinition, (2) Customizing und Integration, (3) Implementierung und (4) Nachsorge (vgl. Tuli et al., 2007:5). Hierbei ist es wichtig, dass die Mitarbeiter des Anbieters dem Nachfrager nicht nur bis zum Verkauf sondern über die gesamte Laufzeit der Lösung als Berater zur Verfügung stehen (Ahlheid et al., 2010:24). Auch wenn man die B2B-Beratung als einen Gesamtprozess begreifen kann, der sich über den ganzen Lösungslebenszyklus erstreckt (Koch, 2010:23), schlägt der Autor vor, zwischen den Beratungszielen und Beratungsinhalten nach Phasen zu unterscheiden, weil sich in den verschiedenen Phasen der Problemlösung unterschiedliche Aufgabenfelder ergeben (z.B. Skarp und Gadde, 2008:735). Die Beratungsarten in den B2B-Lösungsphasen lassen sich in Anlehnung an den vorgestellten

Lösungsprozess als **Anforderungsberatung, Spezifikationsberatung** und **Implementierungsberatung** bezeichnen.[70]

3.2.3.1 Beratung in der Phase der Anforderungsdefinition

Beratung in der ersten Phase eines Lösungsprojekts kann am treffendsten als **Anforderungsberatung** beschrieben werden. Hierzu finden sich einige hilfreiche Ansatzpunkte in der Marketingliteratur: Hofbauer und Hellwig (2009:173 f.) bemerken, dass eine Kundenberatung im B2B-Bereich in dieser frühen Phase helfen kann, **Kundenbedürfnisse zu ermitteln**, um so ein individualisiertes Leistungsangebot erstellen zu können. Das Ziel dieser Beratungsphase ist den Autoren nach, das Interesse des Kunden zu wecken und eine Anfrage auszulösen. Filiatrault und Lapierre (1997:216) gehen dabei sogar noch einen Schritt weiter und betonen, dass die Mitarbeit des Nachfragers im Projekt früh gesucht werden sollte – beispielsweise um **das gemeinsame Projektvorgehen abzustimmen**. Um diese Beratungsphase auch nach dem Ziel der Kundengewinnung bis in spätere Phasen hinein strukturiert durchführen zu können, empfehlen Hofbauer und Hellwig (2009:174 f.), Kontaktpersonen bei Kunden in eine Typologie einzuordnen und dementsprechend die Kommunikation – hinsichtlich Fragetechnik, Präsentation und weiterer Punkte – kundenspezifisch anzupassen. Weiterhin sollte der Anbieter versuchen ein solides **Kunden-/Marktverständnis aufzubauen**, indem er mit dem Nachfrager intensiv Informationen austauscht. In der Praxis zeigt sich, dass die Anforderungsberatung nicht nur von Vertriebsmitarbeitern durchgeführt werden muss. Koch (2010:141) weißt darauf hin, dass gerade bei längerfristigen Kundenbeziehungen, wo es schon eine installierte Basis (bzw. Lösung) gibt, auch ein Servicetechniker als Verkäufer agieren kann. Er schlägt bestimmte Alternativen vor und spricht **kundenindividuelle Empfehlungen** für mögliche Lösungen aus.

Abschließend lässt sich die Anforderungsberatung wie folgt charakterisieren:

Anforderungsberatung ist die Unterstützung des Nachfragers, sich bei der Wahl zwischen unterschiedlichen Alternativen zur Lösung eines spezifischen Problems zu entscheiden. Dabei fallen der gemeinsamen Erarbeitung seiner grundsätzlichen

---

[70] Dem Autor ist bewusst, dass es sich hierbei um nur eine von mehreren möglichen Einteilungen handelt, die sich aber aufgrund des direkten Bezugs zum Lösungsprozess von Tuli et al. (2007:5) empfiehlt. Weitere Möglichkeiten wäre der Beratungsprozess nach Fleischer (2010:211), die zwischen (1) Akquisition und Festlegung der Aufgabenstellung, (2) Datenanalyse und Konzepterstellung, (3) Umsetzung des Konzepts sowie (4) Evaluation und finaler Erfolgsmessung unterscheidet, oder die chronologische Beratungsaufgabenverteilung nach Filiatrault und Lapierre (1997:216), welche zwischen (1) vor dem Projekt, (2) am Anfang des Projekts, (3) während des Projekts und (4) nach dem Projekt differenzieren.

Bedürfnisse, der Einigung auf ein Projektvorgehen sowie der Schaffung von Kunden-/Marktverständnis auf Anbieterseite große Bedeutung zu.

Die Anforderungsberatung steht in engem zeitlichen Zusammenhang mit der Kaufentscheidung und **beginnt** schon **vor der Kaufentscheidung**, kann jedoch zeitlich darüber hinausgehen. Die Anforderungsberatung wird zu einem gewissen Anteil auch in der empirischen Untersuchung abgebildet.

3.2.3.2 Beratung in der Phase des Customizing und der Integration

Die Beratung in der zweiten Lösungsphase wird in der vorliegenden Arbeit als **Spezifikationsberatung** bezeichnet. Für die theoretische Begründung dieser Kategorie können in der Marketingliteratur wichtige Anhaltspunkte gefunden werden: Koch (2010:23) beispielsweise beschreibt die Rolle der Spezifikationsberatung bei B2B-Dienstleistungen als eine sinnvolle Anbietertätigkeit, weil so Nachfrager über die verschiedenen Spezifikationsmöglichkeiten der Leistung sowie deren Vor- und Nachteile informiert werden können. Ziel sollte es dabei sein, die **konkrete Konfiguration der Lösung** gemeinsam zu **planen**. Während dieser Beratungsphase hat der Anbieter die Möglichkeit, **Kundenerfahrungen abzufragen**, sich selbst über Wettbewerbsprodukte zu informieren und weitergehende **Kundenwünsche kennenzulernen**, die dann in der Lösung umgesetzt werden können. Auch Rainfurth (2003:25) sieht die Beratung des Kunden im B2B-Umfeld bei komplexeren Dienstleistungen als einen wichtigen Bestandteil des Kundenkontakts, welcher schon bei der Bedarfsanalyse eine Rolle spielt. So können mit der richtigen Beratung Probleme im Sinne des Kunden gelöst, Kosten reduziert und technische Abläufe optimiert werden. Wichtig ist dabei, dass die Beratung nicht isoliert erfolgen kann, sondern die Anwesenheit und Mitarbeit des Nachfragers während des gesamten Leistungserstellungsprozesses erfordert (Rainfurth, 2003:21). Bonnemeier (2009:116) spricht dabei auch von einem intensiven Austausch mit dem Kunden. Ergänzend argumentiert Fließ (2006:551 f.), dass gerade bei Lösungen, die einen hohen kundenspezifischen Anteil haben und in Teilen des Leistungsergebnisses immateriell sind, das persönliche Gespräch zur Verdeutlichung von Leistungsbestandteilen, zur Klärung der Anwendungsfälle für den Nachfrager sowie zur möglichen Integration der Leistung in bestehende Abläufe einen hohen Stellenwert hat: Hier ist der Anbieter gefordert, den Nachfrager umfassend zu beraten und dabei auf die Individualität seines Problems einzugehen, für das die Lösung erarbeitet werden muss (Fließ, 2009:72). Als Ergebnis ist es dem Anbieter so möglich, die **Implementierung der Lösung gemeinsam vorzubereiten**.

Basierend auf diesen Einsichten lässt sich die Spezifikationsberatung für die vorliegende Arbeit wie folgt definieren:

Spezifikationsberatung ist die Unterstützung des Nachfragers, durch die Formulierung einer kundenindividuellen Problemlösung eine geeignete Lösungsdefinition zu finden. Dabei fallen der Planung der konkreten Konfiguration einer Lösung als individuelle und integrierte Kombination aus Sach- und Dienstleistungen, der detaillierten Erfassung der Nachfragerbedürfnisse sowie den Implementierungsvorbereitungen große Bedeutung zu.

Die Spezifikationsberatung ist der Anforderungsberatung zeitlich nachgelagert und ist **tendenziell nach der Kaufentscheidung** einzuordnen.[71] Da die Spezifikationsberatung als "Herzstück" der Beratung bei B2B-Lösungen angesehen werden kann, ist sie der Hauptfokus der empirischen Untersuchung.

3.2.3.3 Beratung in der Phase der Implementierung und der Nachsorge

Nachdem die eigentliche Lösungskonzeption erfolgt ist, nehmen manche Nachfrager ferner noch eine **Implementierungsberatung** in Anspruch. Diese lässt sich wie folgt in der Literatur nachvollziehen: Während bzw. auch nach der Implementierung existiert bei Nachfragern noch Bedarf für weitere Beratungsdienstleistungen. So zeigt Koch (2010:141), dass beispielsweise Servicetechniker bei Wartungen auch eine Beratungsfunktion ausüben. Dies ist Nachfragern wichtig, weil sie von einer neutralen, externen Person darüber informiert werden möchten, in welchem Zustand eine Maschine ist oder welche weiteren **technischen Verbesserungsmöglichkeiten** sich implementieren lassen. Ziel ist dabei, die schon vorhandenen Abläufe noch weiter zu perfektionieren bzw. potenzielle Störfälle zu vermeiden. Sharma et al. (2008:297) bemerken, dass es in dieser Beratungsphase wichtig wäre, einen **technischen Dialog** mit dem Nachfrager **aufrechtzuerhalten, technische Unterstützung** anzubieten und weitere **Erfahrungen auszutauschen**. Filiatrault und Lapierre (1997:216) betonen, dass Umfragen

---

[71] Dies kann dadurch begründet werden, dass für die Aufgaben der Spezifikationsberatung einerseits spezielle Kenntnisse über den Kunden benötigt werden, die häufig erst nach Vertragsabschluss kommuniziert werden und andererseits dadurch, dass die Spezifikationsberatung häufig ressourcenintensiver für den Anbieter ist als eine einfache – unter Umständen zeitlich abgegrenzte – Anforderungsberatung. Dennoch kann die Spezifikationsberatung beispielsweise auch in Form einer vergüteten Vorstudie des Anbieters vor der eigentlichen Kaufentscheidung für das Hauptlösungsprojekt liegen: Die gemeinsame Ausarbeitung von Lasten- und Pflichtenhefte ist in diesem Kontext eine Möglichkeit, die beiden Parteien einen Austausch über die wirkungsbezogenen und technischen Anforderungen ermöglicht (Jacob, 2002:142).

in dieser Phase dazu genutzt werden sollten, mehr über die Kundenzufriedenheit zu erfahren. Weiterhin sollten Anbieter in der Phase der Implementierung versuchen, den Nachfrager aktiv einzubinden – nur so sollte es möglich sein, die **Lösung effizient in das Wertschöpfungssystem des Nachfragers einzubetten**. Insgesamt grenzt sich dieser Beratungsansatz weitestgehend vom klassischen Verkaufszyklus ab (Sharma et al., 2008:303), da keine unbedingte zeitliche Nähe zur Kaufentscheidung zu sehen ist.

Zusammenfassend ist die Implementierungsberatung somit wie folgt definiert:

Implementierungsberatung ist die Unterstützung des Nachfragers, eine konkrete Problemlösung umzusetzen. Dabei fallen der Einbettung der Lösung in das Wertschöpfungssystem des Nachfragers, der effizienten Koordination interner und externer (technischer) Prozesse beim Nachfrager sowie dem Bearbeiten technischer Teilproblemstellungen bei der Umsetzung große Bedeutung zu.

Die Definition zeigt, dass es sich ebenfalls um eine **Unterstützung des Nachfragers** handelt. Die Implementierung wird somit nach vorliegendem Verständnis nicht outgesourct, sondern der Nachfrager erhält eine zusätzliche Hilfestellung für die Umsetzung (vgl. auch Abschnitt 3.2.1.1).[72] Da der Fokus in dieser Arbeit weniger auf den technischen Aspekten einer Lösung liegt, soll die Implementierungsberatung empirisch nicht vertieft untersucht werden.

3.2.4 Die Folgen der Beratung

Die Folgen der Beratung lassen sich in anbieterseitige und nachfragerseitige Folgen unterteilen: Auf **Anbieterseite** wäre zu nennen, dass Beratung als einer der wichtigsten **Schlüssel zur Lösungsorientierung** gesehen werden kann. Backhaus und Michaelis (2010) zeigen bei einer Untersuchung in zehn verschiedenen Branchen, dass, wenn Kunden sich gut beraten fühlen, das Empfinden der Kunden gesteigert wird, bei einem lösungsorientierten Anbieter zu kaufen. Nur die Individualität der Leistung ist ein stärkerer Treiber, der zur Lösungsorientierung beiträgt (Backhaus und Michaelis, 2010).

Auf **Nachfragerseite** ist anzumerken, dass es zu einer Veränderung der Unsicherheit im Austauschprozess kommen sollte. In diesem Zusammenhang beschreibt Koch (2010:147), dass Beratung insgesamt als eine Dienstleistung "am Menschen" verstanden werden kann, weil sie den Wissens- und Informationsstand eines Menschen verändert und nicht etwa in Folge einer Beratung direkt die Beschaffenheit einer techni-

---

[72] Weiterhin ist ein gewisser Beratungsanteil im Rahmen der Nachsorge nicht ausgeschlossen.

schen Lösung verändert wird. Die Effizienz eines Projekts bzw. der wirtschaftliche Erfolg einer Implementierung einer Lösung stehen bei der vorliegenden Untersuchung jedoch nicht im Fokus.

3.2.5 Zufriedenheit mit der Beratung

Aufbauend auf Abschnitt 3.1 und den bisherigen Ausführungen in Abschnitt 3.2 sollen an dieser Stelle die beiden Begriffe Zufriedenheit und Beratung zusammengeführt werden, so dass ein einheitliches Verständnis für die vorliegende Arbeit besteht. Weiterhin sollen empirische Arbeiten vorgestellt werden, die explizit die Beratungszufriedenheit schon untersucht haben.

Die Beratungszufriedenheit kann als Ergebnis der sich im Beratungsverlauf ausgeführten und unterlassenden Tätigkeiten gesehen werden, die vom Anbieter gesteuert werden (Burckhardt, 2006:85). Weiterhin ist es möglich, dass die Beratungszufriedenheit durch bestimmte Eigenschaften des Anbieters beeinflusst wird. Für die vorliegende Untersuchung lehnt sich die Definition der Beratungszufriedenheit an das C/D-Paradigma an, das die Elemente eines psychischen Bewertungsprozesses in den Vordergrund rückt. Daraus ergibt sich folgende Arbeitsdefinition:

Beratungszufriedenheit ist das Ergebnis eines psychischen Bewertungsprozesses des Nachfragers in einem Lösungsprojekt, bei dem die subjektiv wahrgenommene Beratungsleistung des Anbieters mit den Erwartungen des Nachfragers verglichen wird. Unter Beratung wird dabei eine zeitlich beschränkte und individuell erbrachte Dienstleistung verstanden, bei der ein zu beratenes Unternehmen bei der Anforderungsdefinition, der Lösungsspezifikation und der Implementierung einer Lösung eines betriebswirtschaftlich-technischen Problems unterstützt und bei Bedarf im Rahmen einer Nachsorge begleitet wird.[73]

Dies wirft die Frage auf, inwieweit die Forschung die Zufriedenheit mit der Beratung bei B2B-Lösungen schon adressieren konnte. Zu diesem Zweck ist in der folgenden Tabelle eine Auswahl von Forschungsarbeiten zur Beratungszufriedenheit mit konkomitanter Beratung aufgeführt:

---

[73] Nach dieser Arbeitsdefinition wäre Beratung somit eine Überkategorie, welche sich bei Lösungsprojekten in Anforderungsberatung, Spezifikationsberatung und Implementierungsberatung einteilen lässt (vgl. Abschnitt 3.2.3).

Nachgewiesene Antezedenz (Transaktionsebene)	Konstrukt (Beziehungsebene)	Nachgewiesene Konsequenz (Verhaltensebene)	Beratungstypus/ Stichprobe	Quelle
Kundenorientierung; Fachkompetenz; positives Gesprächsklima; Verkaufsdruck; Ähnlichkeit; Attraktivität Einkaufsstätte; Attraktivität Verkäufer	Beratungszufriedenheit	-	Typ 2/Konsumgüter	(Niebisch, 1993:244 ff.)
-	Wahrgenommene Beratungsqualität als Faktor der Kundennähe	Vertrauen, Gesamtzufriedenheit	Typ 4/Industriegüter	(Homburg, 2000:158); (auch Homburg und Giering, 1996:17 ff.)
-	Wahrgenommene Beratungsqualität	positives Unternehmensimage; möglicherweise Cross-Selling Effekte; Verbesserung der Evidenz- und Diffusionsproblematik	Typ 2 und Typ 4 /Büromöbelindustrie	(Rühlig, 2004:114 ff.)
Auswahlproblemlösung; Suchproblemlösung	Wahrgenommene Beratungsqualität	-	Typ 2/Konsumgüter	(Stiller, 2006:122 ff.)
Vermittlung Produktinformationen; Gewinnung Kundeninformationen; Vermittlung Auswahlinformationen	Beratungszufriedenheit	-	Typ 2/Konsumgüter	(Haas, 2006a:650 ff.)
Formative Indikatoren: Entscheidungshilfe; Kompetenz und Unabhängigkeit; positives Gesprächsklima; Verfügbarkeit	Beratungszufriedenheit	Loyalität; Gesamtzufriedenheit Kaufprozess	Typ 2/Konsumgüter	(Riemenschneider, 2006:349 f.)
Verlässlichkeit; Vertrauenswürdigkeit	Wahrgenommene Beratungsqualität	-	Typ 2/Versicherungen	(Mogicato et al., 2009:21 ff.)
Entscheidungsunterstützung; Aufbau positives Gesprächsklima; Vermei-	Beratungszufriedenheit	Kaufentscheidung	Typ 2/Konsumgüter	(Haas, 2009:18 ff.), (Haas, 2006b:242)

dung von Abschlussdruck				
-	Wahrgenommene Beratungsqualität	Finanzieller Erfolg (Umsatz)	Typ 2/Reisebüros	(Baumgärtner, 2009:260 f.)
Strukturierter Beratungsansatz	-	Verkaufserfolg; Wahrnehmung der Verkaufskomplexität	Typ 2 und unter Umständen Typ 4 (unklar)/ Versicherungen	(Buob, 2010:196 f.)
Beratung	Solution Selling	Zufriedenheit; Wiederkauf; Weiterempfehlung; Cross-Selling; Up-Selling	Typ 2/10 unterschiedliche Branchen	(Backhaus und Michaelis, 2010:15 f.)
Anmerkung zur Einordnung der Studientypen (vgl. Abschnitt 3.2.1.2): Typ 1 = Zielmarkt der Beratung ist B2C und Beratung ist Kern der Leistung; Typ 2 = Zielmarkt der Beratung ist B2C und Beratung ist konkomitant; Typ 3 = Zielmarkt der Beratung ist B2B und Beratung ist Kern der Leistung; Typ 4 = Zielmarkt der Beratung ist B2B und Beratung ist konkomitant.				

Tabelle 4: Auswahl Arbeiten zur Zufriedenheit mit konkomitanter Beratung

Quelle: eigene Darstellung

Im Hinblick auf die hohe praktische Relevanz ist es verwunderlich, wie wenig wissenschaftliche Aufmerksamkeit bislang auf die Zufriedenheit mit der Beratung bei B2B-Lösungen gelenkt wurde. Aus der Tabelle wird ersichtlich, dass sowohl hinsichtlich der Antezedenzen als auch bezüglich der Konsequenzen der Beratungszufriedenheit wenige "Typ-4-Studien" dokumentiert sind, das bedeutet, Studien zu konkomitanter Beratung im B2B-Geschäft. So beschäftigen sich viele Autoren nur mit der Notwendigkeit von Beratungskompetenz im B2C-Bereich und beschränken sich dabei vielfach entweder auf die Ursachen oder die Konsequenzen der Beratungszufriedenheit.[74] Da die vorliegenden Untersuchungen in der Regel nur eine konkomitante Vorkaufsberatung gemessen haben, sollte die Reichweite der vorgestellten Untersuchungsergebnisse kritisch hinterfragt werden. Die Zufriedenheit mit der Beratung im Lösungsprozess bleibt bis jetzt somit nur in Ansätzen erforscht.

3.2.6 Exkurs in die Organisationsforschung: Unternehmensberatungen

Nachdem in den letzten Abschnitten die Beratung bei B2B-Lösungen charakterisiert und der Stand der Forschung vorgestellt wurde, soll in diesem Abschnitt ein Blick auf

---

[74] In manchen Fällen wird hier auch der Begriff der Beratungsqualität verwendet.

die Forschungsbemühungen im Bereich Unternehmensberatungen geworfen werden. An dieser Stelle soll nur in Kürze darauf hingewiesen werden, dass ebenfalls keine einheitliche Definition für den Begriff Unternehmensberatung besteht und sich nur Parallelen in Definitionsansätzen identifizieren lassen. Besonders herauszuheben sind dabei die übereinstimmenden Merkmale **Unabhängigkeit, Externalität, Dienstleistung, Professionalität, Problemlösungsfindung, Implementierung, Zeitbeschränkung** und **interaktiver Prozess** (vgl. z.B. Sánchez, 2003:15 ff.; Weiershäuser, 1996). Die Praktikerliteratur hingegen verzichtet meistens gleich vollständig auf eine Definition. Die vorliegende Arbeit orientiert sich für Abschnitt 3.2.6 an dem Verständnis von Enke und Greschuchna (2005:8). Danach ist

"Unternehmensberatung [...] eine von einem oder mehreren qualifizierten, externen Beratern zeitlich beschränkte, investiv erbrachte individuelle Dienstleistung. Ziel ist es, ein zu beratenes Unternehmen bei der Identifikation und Lösung eines betriebswirtschaftlichen Problems zu unterstützen und bei Bedarf dauerhafte Veränderungsprozesse zu begleiten."

Im Fokus dieses Abschnitts steht jedoch nicht so stark die Diskussion einer begrifflichen Abgrenzung, sondern vielmehr inwieweit in der Literatur Bestimmungsfaktoren der Beratungszufriedenheit von Nachfragern nachgewiesen werden konnten. Davor soll jedoch noch kurz auf die Merkmale der Beratungsbranche eingegangen werden.

3.2.6.1 Branchencharakteristika

In den letzten Jahren sahen sich Unternehmen durch intensivierte Globalisierung, Vernetzung von Wertschöpfungsketten, beschleunigte technologische Entwicklungen, veränderte Informationsprozesse und den Eintritt von neuen Wettbewerbern einer immer komplexeren und dynamischeren Umwelt mit verschärften Wettbewerbsbedingungen ausgesetzt (Welsch, 2010:1). In diesem Kontext beziehen insbesondere Großunternehmen, aber auch zunehmend mittlere und kleine Unternehmen immer häufiger Leistungen von Beratungsunternehmen, um auf diese komplexe und anspruchsvolle Umwelt schneller und effizienter reagieren zu können. Alleine in Deutschland hat der Branchenumsatz ein Gesamtvolumen von 17,6 Milliarden Euro im Jahr 2009 überschritten (BDU, 2010:5) und konnte sich so gegenüber den Vorjahren noch einmal deutlich steigern.

Insgesamt lässt sich der **Markt** für Unternehmensberatungen in die **vier Beratungsfelder Strategieberatung**, **Organisations- und Prozessberatung**, **IT-Beratung** und

Human-Resource-Beratung unterteilen (BDU, 2008:3). Dabei unterscheiden sich Unternehmensberatungen hinsichtlich des Leistungspotenzials der Dienstleistungserstellung in der Regel erheblich von anderen B2B-Unternehmen, wie beispielsweise einem Maschinenbauer: Die Qualität des Leistungspotenzials wird hauptsächlich durch die Qualifikation und Erfahrung der Mitarbeiter geprägt, während der Zugang zu Rohstoffressourcen eine untergeordnete Rolle spielt (Kleinaltenkamp und Jacob, 2006:14).

3.2.6.2 Erfolgsfaktoren von Beratungsprojekten

Die Relevanz von Unternehmensberatungen ist in der Praxis unbestritten, allerdings sind die Ansätze für Bestimmungsfaktoren des Beratungserfolgs und der Beratungszufriedenheit weniger eindeutig. Zunächst ist festzustellen, dass es keine allgemein anerkannte Definition des Wortes "Beratungserfolg" gibt (Fleischer, 2010:42), da es unterschiedliche Interpretationen des Begriffs gibt. Eine der am weitesten verbreiteten Möglichkeiten ist die Festlegung des Beratungserfolgs nach Klein (1978:108 ff.), der den Erfolg nach dem Grad der Zielerreichung definiert. Diese Zielerreichung wird weiterhin in prozess- und ergebnisbezogene Effektivität unterteilt sowie zusätzlich durch die wirtschaftliche Effizienz der Lösung beurteilt.

Für die vorliegende Arbeit sollen jedoch weniger Studien hinsichtlich der **Beurteilung** von **Effektivität** und **Effizienz eines Projekts** in den Vordergrund rücken, **sondern** es soll vorranging die **Zufriedenheit des Kunden** betrachtet werden. Dies kann in den Augen mancher Forscher eine Einschränkung darstellen, weil durch die Zufriedenheit einzelner Nachfrager nicht gewährleistet wird, dass wirklich die Kernprobleme des Unternehmens adressiert werden. So ist es z.B. denkbar, dass die subjektive Zufriedenheitsäußerung eines einzelnen Kunden nicht ausreicht, um den Erfolg eines Beratungsprojekts zu messen, weil beispielsweise das befragte Individuum Eigeninteressen verfolgt, welche sich nicht mit den Interessen des Unternehmens decken (Ernst, 2002:137). McLachlin (2000:244 ff.), der die Beratungszufriedenheit jedoch für einen sehr wichtigen Indikator hält, entkräftet diesen Kritikpunkt dadurch, dass er eine weitere Kategorie mit in die Beurteilung von Beratungsprojekten aufnimmt. Wie aus der nachfolgenden Abbildung 21 ersichtlich ist, wäre damit ein Beratungsprojekt nur dann bedeutend, wenn sowohl die Beratungszufriedenheit hoch ist als auch ein Kernproblem des Unternehmens adressiert wurde:

	Kernprobleme adressiert	Kernprobleme nicht adressiert
Beratungs-erwartungen erfüllt	**1. Bedeutendes Engagement** Beispiel: Der Berater diagnostiziert Schwachstellen und implementiert Veränderungen in Kernprozessen des Unternehmens	**2. Einfacher Vertrag** Beispiel: Der Berater organisiert und hält ein Seminar wie vereinbart
Beratungs-erwartungen nicht erfüllt	**3. Instabile Beziehung** Beispiel: Der Berater stellt die richtige Diagnose, dass der Auftraggeber das Problem ist	**4. Vollständiger Misserfolg** Beispiel: Der Berater verkauft dem Kunden etwas beliebiges aus seinem "Werkzeugkasten", ohne auf Kundenbedürfnisse zu achten

Abb. 21: Projekttypen in der Unternehmensberatung
Quelle: in Anlehnung an Fleischer (2010:45) und McLachlin (2000:147) (Original in Englisch)

Ein grundsätzliches Problem wird bei dieser Ansicht jedoch nicht deutlich: Die Beurteilung des Beratungserfolgs weist aus Klientensicht grundlegend andere Einflussfaktoren auf als aus Anbietersicht (McLachlin, 2000). Während beim Nachfrager Aspekte wie gesteigerte Leistung und verbesserte Fähigkeiten im Vordergrund stehen, sind für den Anbieter das Potenzial für Folgegeschäfte, der Trainingseffekt für Berater und das Beratungsprojekt als Einnahmequelle wichtig. Die Messung des Beratungserfolgs bleibt somit subjektiv (Klein, 1978:107). Da im Hinblick auf die Forschungsfragen die **Zufriedenheit mit der Beratung** im Kern des Interesses steht, sollen nachfolgend nur ausgewählte Studien vorgestellt werden, die sich mit diesem Aspekt der Projektbeurteilung beschäftigen:

Effenberger (1998) verfolgt einen kundenorientierten Ansatz zur Qualitätsmessung der Beratung, den er großzahlig testet. Dabei legt er nahe, dass zwischen als erfolgreich und weniger erfolgreich beurteilten Strategieprojekten hochsignifikante Unterschiede bestehen, wobei die Beurteilung des Projekterfolges wesentlich durch die Beratungszufriedenheit des Nachfragers bestimmt ist. Die Unterscheidungsmerkmale zwischen Projekten, in denen der Kunde zufrieden ist, und Projekten, in denen der Kunde mit der Beratung nicht zufrieden ist, zeigen sich jedoch nur in der Phase des gemeinsamen Lösungsprozesses mit dem Anbieter und nicht etwa in der Entscheidungs- und Auswahlphase für einen Berater (Effenberger, 1998:208).[75] Weiterhin können in der Unter-

---
[75] Dies bestärkt den Autor dieser Arbeit darin, dass eine Betrachtung der Spezifikationsberatung und der damit verbundenen Problemdefinition für die vorliegende Arbeit besonders lohnenswert ist.

suchung sechs signifikante Bestimmungsfaktoren der Beratungszufriedenheit für Strategieberatungen nachgewiesen werden (Effenberger, 1998:198). Dabei handelt es sich um die Faktoren **Beschaffung** und **Verarbeitung** von **Informationen**, **Entwicklung**, **Beurteilung** und **Empfehlung** von **Strategiealternativen** sowie **Einbindung** der **Mitarbeiter** des Nachfragers. Interessant an diesen Ergebnissen ist, dass sich einerseits die Beratungszufriedenheit erst in der Durchführungsphase zu manifestieren scheint und dass die Beratungszufriedenheit andererseits sowohl durch anbieterfokussierte als auch durch dyadische Faktoren geprägt ist.

Handley et al. (2006) führen anhand der Analyse von fast 70 Beratungsprojekten aus Kundensicht aus, dass der Projekterfolg zum großen Teil von der Beziehungsqualität zwischen Anbieter und Nachfrager abhängen kann. Dabei würde die Zufriedenheit in der Beziehung hauptsächlich durch die folgenden **sechs Faktoren** beeinflusst: **Anbietercommitment**, **Anbieterflexibilität**, "**challengen**" des Nachfragers, **Offenheit**, gegenseitiger **Respekt** und **Anbieterverständnis**. Diese Untersuchung zeigt, dass Nachfrager die Erfolgsfaktoren im Wesentlichen durch Konstrukte beschreiben, die sich auch im RM wiederfinden.[76] Eine weitergehende Untersuchung in diesem Bereich scheint also lohnenswert.

Bei seiner theoretischen Betrachtung der Beratungsliteratur merkt Klein (1978:105 ff.) an, dass insgesamt drei Teilbereiche eine Erklärung für den Beratungserfolg liefern können[77]. Beim ersten Erklärungsansatz handelt es sich um die **Eigenschaftserklärung**, worunter Faktoren wie Fachwissen und Erfahrung des Beraters fallen. Dabei wird vermutet, dass der Beratungserfolg auf die Eigenschaften des Unternehmensberaters zurückgeht. Da dieser in besonderer Weise qualifiziert ist, wird angenommen, dass er Probleme auch besser lösen kann als andere Mitarbeiter. Die zweite Erklärung ist die **Organisationserklärung**, wobei untergestellt wird, dass sich Vorteile aus der Externalität des Beraters ergeben. Typische Vorteile in diesem Zusammenhang sind die Innovationsfunktion des Beraters, die interne Koordinationsfunktion des Beraters oder die objektive Betrachtung und Beurteilung eines Außenstehenden. Die letzte Kategorie wird durch die **Informationserklärung** gebildet, wobei der Unternehmensberater als Informationsquelle gesehen wird. Diese kurze Übersicht zeigt, dass sich die Beurteilung von Beratungserfolg – oder auch Beratungszufriedenheit – nicht unbedingt an

---

[76] Vgl. Abschnitt 3.1.4.
[77] Es sei jedoch darauf hingewiesen, dass der Autor die Zufriedenheit des Kunden für ein problematisches Kriterium für den Beratungserfolg hält (Klein, 1978:107).

einigen wenigen Persönlichkeitsmerkmalen festmachen lässt, sondern dass der Fokus um weitere Faktoren erweitert werden sollte.

Weitere interessante Einblicke bietet die Beratungsstudie der Meta-Beratung Cardea AG von Wiemann et al. (2007). Bei der Analyse von 191 Projektbewertungen aus Kundensicht zeigen die Autoren, dass die Zufriedenheit der Kundenunternehmen mit den Leistungen der Berater ein wichtiger Erfolgsfaktor für die "**consulting performance**" und damit für die Beurteilung von Beratungsprojekten ist. Insgesamt konnten bei der Untersuchung **fünf Faktoren** gefunden werden, die einen hohen Einfluss auf die Beratungszufriedenheit hatten – diese decken sich gemäß der Untersuchung zu einem großen Teil mit den Einflussfaktoren auf den wahrgenommenen Projekterfolg. Dabei handelt es sich um die **fachlichen Fähigkeiten** des Beraters, das **kundenspezifische Wissen** des Beraters, die **Projektmanagementfähigkeiten** des Beraters, die **Innovativität** des Beraters und die **Umsetzungsfähigkeiten** (Wiemann et al., 2007:78). Weiterhin konnten die Autoren nachweisen, dass die **Beziehungsqualität** – definiert durch die Faktoren Anbieter-Commitment und Zusammenarbeit – einen signifikanten Einfluss auf den Zielerreichungsgrad des Projekts haben kann (Wiemann et al., 2007:57). Diese Untersuchung hebt im Vergleich zu den anderen aufgeführten Untersuchungen einen stark anbieterzentrierten Fokus der Ursachen der Beratungszufriedenheit hervor und sieht die Eigenschaften der Mitarbeiter als einen wesentlichen Bestimmungsfaktor.

Die bekannteste regelmäßige Studie über den deutschen Beratungsmarkt stammt vom Beratungsforscher Fink (2009): In seiner aktuellen Studie wurden insgesamt 476 Nachfrager aus unterschiedlichen Branchen zu ihrer Zufriedenheit mit den zehn größten Unternehmensberatungen befragt. Da die **Zufriedenheit** mit der Beratung je **nach Hierarchielevel unterschiedlich** sein kann – beispielsweise priorisieren Aufsichtsratsvorsitzende häufig die Entwicklung des Unternehmenswerts, während Einkaufsabteilungen oft umfangreiche Beurteilungsmetriken entwickelt haben (Klesse und Leendertse, 2008) –, erhebt die Studie sowohl Daten auf Projektleiter- als auch auf Vorstandsebene. Ein Zufriedenheitsurteil wird dann einerseits hinsichtlich **funktionaler Kompetenzen** (z.B. strategische Planung oder Innovation), andererseits bezüglich **persönlicher Eigenschaften** (z.B. Fachwissen allgemein, Teamfähigkeit) abgefragt. Diese Studie ist ein wichtiger Branchenindikator und gilt als unabhängige Expertenmeinung.

Als letzte Studie in diesem Zusammenhang sei die Arbeit von McLachlin (2000:148) erwähnt, welcher die **Relevanz** der **Beratungszufriedenheit** anhand der **Konsequenzen** ausführt. Er erachtet Beratungszufriedenheit aus zwei Gründen als sehr wichtig für Unternehmensberatungen: Erstens ist es wesentlich einfacher, Projekte an zufriedene Bestandskunden zu verkaufen (**Wiederkauf; Cross-Selling**), und zweitens ist es unter Kunden sehr üblich, sich gegenseitig über ihre Beratungszufriedenheit auszutauschen. Damit unterstellt er einerseits einen Einfluss der Beratungszufriedenheit auf die Reputation des Beraters und andererseits auf das **positive Word-of-Mouth-Verhalten**.

3.2.6.3 Abschließende Beurteilung und Übertragbarkeit für das Marketing

Dieser Unterabschnitt konnte einige neue Perspektiven hinsichtlich Beratung aufzeigen, wobei sich die Frage stellt, wie und ob die Ergebnisse auf B2B-Lösungen übertragbar sind:

Erstens kann beobachtet werden, dass in der Beratungsliteratur gezielt Ursachenforschung hinsichtlich der Beratungszufriedenheit betrieben wird. Da auch hier Konstrukte wie im RM – beispielsweise Verständnis und Wiederkaufsverhalten – gemessen werden, sind die Ergebnisse durchaus von Interesse. Dennoch sollte an dieser Stelle bedacht werden, dass Projekte von Unternehmensberatungen durch spezifische Charakteristika geprägt sind (z.b. hinsichtlich Teamsetting, Anreizstrukturen, Nachfragerverhalten), welche die Beratungszufriedenheit moderieren könnten (vgl. Knyphausen-Aufseß et al., 2009:19). Weiterhin kann der unterschiedliche Grad der Unsicherheit bei B2B-Lösungen einen großen Einfluss auf den Bewertungsprozess des Nachfragers haben (Ehrhardt und Nippa, 2005:4). Aus diesem Grund ist eine vollständige Übertragbarkeit der Erkenntnisse auf die Beratung bei B2B-Lösungen fraglich.

Zweitens bieten die drei Erklärungsbereiche des Beratungserfolgs nach Klein (1978) eine interessante Sichtweise auf die Ursachen von Beratung, die in dieser Form für Beratung bei Lösungen noch nicht dokumentiert sind. Auch hier scheint eine Einteilung nach Eigenschaften, Organisationsfaktoren und Informationsfaktoren alternativ möglich. Somit sind sie eine sinnvolle Ergänzung zu den vorgestellten Ursachen.

Drittens kann festgehalten werden, dass die angesprochenen Arbeiten zur wirtschaftlichen Effizienz von Beratung potenzielle Anknüpfungspunkte für die Marketingwissenschaft bieten. Bei der Untersuchung von B2B-Lösungen ist die Verbindung zwischen Beratung und wirtschaftlicher Effizienz der Lösung bis jetzt noch nicht umfassend erforscht worden. Zwar kann im Rahmen der RM-Wirkungskette die Verbindung vom

Nachfragerverhalten (Zufriedenheit) zur Erfolgsebene des Anbieters hergestellt werden – die eigentliche wirtschaftliche Effizienz der B2B-Lösung bleibt aber außen vor.[78] Für die vorliegende Untersuchung hingegen ist dieser spezielle Aspekt auf der Erfolgsebene weniger von Interesse, da hier ein psychologisches Kaufphänomen auf der Beziehungs- und Verhaltensebene des individuellen Nachfragers erforscht wird.

3.3 Zwischenfazit

Kapitel 3 hatte die Aufgabe, dem Leser das RM als konzeptionellen Rahmen für die vorliegende Untersuchung näherzubringen. Weiterhin sollte die Beratungszufriedenheit als Phänomen im Lösungsprozess aus RM-Perspektive hergeleitet werden. Um diese Ziele zu erreichen, wurden zunächst in **Abschnitt 3.1.1** die Merkmale und Ziele des RM in Abgrenzung zum Transaktionsmarketing erläutert. Dabei wurde argumentiert, dass das RM einen fundierten theoretischen Zugang zum Lösungsgeschäft bietet, da es sich mit dem Management von Geschäftsbeziehungen beschäftigt, ohne notwendigerweise eine Sequenz von Projekten vorauszusetzen. Weiterhin wurden einige Einschränkungen des RM ausgeführt, welche sich oftmals aus einer Nachfragerperspektive ergeben. Ein wichtiger Schritt zum besseren Verständnis grundlegender Wirkmechanismen wurde in **Abschnitt 3.1.2** durch die Vorstellung der Wirkungskette des RM gelegt. In diesem Teil der Arbeit wurde erklärt, dass zwischen den grundlegenden Phasen Transaktionsebene, Beziehungsebene, Verhaltensebene und Erfolgsebene unterschieden werden kann. Dies ist wichtig, um die Entwicklung handlungsleitender Empfehlungen für die Erbringung von B2B-Lösungen ableiten zu können. Eng verbunden mit der Wirkungskette des RM war einerseits die Vorstellung des zentralen Konstrukts der Kundenzufriedenheit – auch in Abgrenzung zur Dienstleistungsqualität – in **Abschnitt 3.1.3** sowie andererseits die Vorstellung ausgewählter RM-Konstrukte, die sich auf eine umfassende Literaturrecherche stützt (**Abschnitt 3.1.4**). Beide Teile waren notwendig, um auch auf Phänomenebene den theoretischen Unterbau für die empirische Erhebung zu legen und den zentralen Begriff der Beratungszufriedenheit entwickeln zu können.

Der **zweite Teil** dieses Kapitels konzentrierte sich darauf, ein umfassendes Beratungsverständnis für die vorliegende Arbeit zu entwickeln. Zu diesem Zweck wurden zu-

---

[78] Aus Nachfragersicht bedeutet die wirtschaftliche Effizienz einer Lösung letztendlich, dass ein positiver Nettonutzen vorliegt, wenn der Nutzen für den Nachfrager den Preis übersteigt (vgl. Jacob, 2009:19). Da das Vorliegen einer positiven Nettonutzendifferenz auch als Kundenvorteil bezeichnet wird, kann aus einer Marketingperspektive eine effiziente Lösung für den Nachfrager als Kundenvorteil interpretiert werden.

nächst eine grundlegende Definition des Begriffs und eine weitergehende Einordnung vorgenommen, damit das Untersuchungsfeld klar umrissen war (**Abschnitt 3.2.1**). Im darauffolgenden **Abschnitt 3.2.2** wurde die Problemevidenz des Nachfragers als ein zentraler Bestimmungsfaktor der Rollenverteilung zwischen Anbieter und Nachfrager im Beratungsprozess identifiziert.[79] Aufgrund der Bedeutung der Rollenverteilung für die gemeinsame Zusammenarbeit, kann ferner angenommen werden, dass die Beratungszufriedenheit auch eine Folge des vom Kunden wahrgenommenen Rollenverständnisses ist. Entscheidend ist somit die Kongruenz der Vorstellung, die der Kunde von der Rolle des Anbieters und der Art und Weise hat, wie der Anbieter diese Rolle ausgestaltet. **Abschnitt 3.2.3** beschäftigte sich mit dem Prozess der Beratung, wobei aufgezeigt werden konnte, dass die grundsätzliche Einteilung des Lösungsprozesses auch auf die Beratung bei Lösungen übertragen werden kann. Jede Lösungsphase benötigt eine angepasste Art der Beratung, da der Kunde leicht andere Anforderungen hat. Nachdem die Folgen der Beratung erörtert wurden (**Abschnitt 3.2.4**), konnte in **Abschnitt 3.2.5** schließlich die für diese Arbeit gültige Arbeitsdefinition für Beratungszufriedenheit ermittelt werden. Hierbei konnte der Autor zeigen, dass in der Literatur die Zufriedenheit mit der konkomitanten Beratung bis jetzt hauptsächlich im B2C-Bereich mit dem Fokus der Vorkaufsberatung durchgeführt wurde. Das Kapitel schloss in **Abschnitt 3.2.6** mit einem Exkurs zum Thema Unternehmensberatung. Insgesamt konnte aufgezeigt werden, dass die Zufriedenheit mit der Beratung ein wichtiges Thema ist, viele Forschungsarbeiten sich jedoch eher mit der Beurteilung der Effizienz in Beratungsprojekten beschäftigen.

Die drei übergreifenden zentralen Erkenntnisse von Kapitel 3 lassen sich wie folgt zusammenfassen:

Erstens kann bestätigt werden, dass das **RM ein geeigneter Erklärungsrahmen** ist, wenn spezifische Phänomene im Lösungsgeschäft erforscht werden sollen.[80] In der

---

[79] Diese Erkenntnis wurde auch dadurch bestätigt, dass in der Literatur viele unterschiedliche Typologien gefunden werden können, welche (indirekt) die Problemevidenz als Strukturierungsdimension nutzen. Leider ist der Nutzen dieser Typologien sowohl für die Verwendung in der betrieblichen Praxis als auch für die Marketingwissenschaft begrenzt, da die vorgestellten Typologien in der Regel keine detaillierten Anbietereigenschaften enthalten. Somit könnten sie nur in geringem Umfang – z.B. für einen Lieferantenbeurteilungsbogen in der Praxis oder für eine empirische Kausalanalyse in der Wissenschaft – verwendet werden.

[80] Dennoch sind weitere theoretische Bezugspunkte für Untersuchungen im Lösungsgeschäft denkbar, die an dieser Stelle jedoch nicht weiter im Detail behandelt werden können. Zimmer et al. (2010:121 ff.) beispielsweise stützen sich überwiegend auf die transaktionskostentheoretische Literatur, um bestimmte Wirkungsweisen im Lösungsgeschäft zu erklären. Als weitere theoretische Bezugspunkte des Lösungsgeschäfts in der Marketingforschung nennen Ahlert et al. (2008:6 ff.) die Systemtheorie, die Organisationstheorie, die Kundenorientierung, die Marktorientierung sowie die S-DL. Letztere wurde bereits in Abschnitt 2.1.1.3 ausführlich diskutiert.

vorliegenden Arbeit wurde bereits in Kapitel 2 der Lösungsprozess als Geschäftsbeziehung interpretiert. Dazu wurde nun ergänzend herausgearbeitet, dass unter RM das Management von Geschäftsbeziehungen im Rahmen eines relationalen Austauschs verstanden werden kann – ohne dabei eine Sequenz von abgeschlossenen Transaktionen nach sich ziehen zu müssen. Folglich können, nicht zuletzt aufgrund des "Seriencharakters des Geschäfts" (vgl. Zimmer et al. 2010:115), auch Phänomene wie Loyalität im Rahmen von einzelnen Lösungsprojekten untersucht werden. Zusätzlich soll an dieser Stelle noch einmal darauf hingewiesen werden, dass Lösungsprozesse eine Reihe von Mechanismen umfassen, die zur Kundenbindung eingesetzt werden können.[81]

Ein weiteres Argument, das für die Nähe des RM zu Lösungen spricht, kann auf die wichtige Rolle der Beratung in Lösungsprozessen zurückgeführt werden: Autoren wie beispielsweise Maister et al. (2001) zeigen, wie wichtig das Management von Beziehungen in einem Beratungskontext ist – also auch bei Lösungen. So argumentieren die Autoren, dass Anbieter versuchen sollten ein "trusted advisor" des Kunden zu werden, wobei das RM hier als eine empfohlene Technik herausgestellt wird. Da sich die Beratung in allen Phasen des Lösungsprozesses wiederfindet, kann argumentiert werden, dass das RM hier einen passenden theoretischen Rahmen bietet.

Zweitens wurde an vielen Stellen des Kapitels deutlich, dass die Herleitung, Abgrenzung und letztendlich **Definition aller wichtigen Begriffe** des Untersuchungskontextes absolut **essentiell** ist: Die Erarbeitung des Zufriedenheitsbegriffs beispielsweise zeigt sogar, dass bei diesem Konstrukt eine Verortung hinsichtlich (1) zeitlichem Umfang, (2) Darstellung, (3) beitragenden Komponenten, (4) Wirkungsbereich sowie (5) Zustandekommen für jede Arbeit individuell notwendig ist, um am Schluss zu einer eindeutigen Definition zu gelangen. Diese definitorische Stringenz muss auch im empirischen Teil dieser Arbeit verwendet werden: Andernfalls besteht die Gefahr, dass ein Konstrukt für seine Bedeutung jedes Mal in eine andere konzeptionelle Richtung gedehnt wird, sofern es eine theoretische Begründung gibt, die eine bestimmte Hypothese stützen könnte (vgl. auch MacKenzie, 2003:324).

Drittens hat dieses Kapitel gezeigt, dass zwar eine sehr große Bandbreite an Beziehungskonstrukten existiert, das Konstrukt der **Beratungszufriedenheit** aber **nicht um-**

---

[81] Beispielhaft wären hier die Vertiefung der Beziehung zwischen Anbieter und Nachfrager sowie beziehungsspezifische Investitionen zu nennen, welche von beiden Seiten vielfach in Lösungsprozessen geleistet werden (vgl. auch Zimmer et al., 2010:121 ff.). Dabei kann die Entwicklung vom transaktionsorientierten Marketing hin zum beziehungsorientierten RM unter Einbindung des Kunden auch als eine Ursache für das Lösungsgeschäft gesehen werden (vgl. Abschnitt 3.1).

fassend genug für den Bereich B2B-Lösungen **erforscht** ist. Ein Exkurs in die Beratungsforschung lässt zwar vermuten, dass in der vorliegenden Arbeit ein Thema von hoher Relevanz untersucht wird,[82] dennoch ist eine Übertragbarkeit der vorhandenen Ergebnisse aufgrund der unterschiedlichen Rahmenbedingungen zu bezweifeln. Betrachtet man abschließend den Umfang der vorgestellten Beziehungskonstrukte, die sich auf der Transaktionsebene wiederfinden, so scheint ein zunächst **exploratives Vorgehen** am geeignetsten, um die Beratungszufriedenheit weiter zu erforschen.

---

[82] Auch dazu gibt es umfangreiche ähnliche Untersuchungen, beispielsweise zum Beratungserfolg. Dabei werden teils psychologische Konstrukte verwendet, die sich in der Kaufverhaltensforschung wiederfinden.

4 Die Auswahl des Forschungsdesigns

In diesem Kapitel werden zunächst Mixed Methods als geeignetes Forschungsdesign für diese Arbeit vorgestellt (Abschnitt 4.1). Dabei wird erläutert, warum und wie qualitative und quantitative Methoden miteinander kombiniert werden können. Weiterhin wird auf die Herausforderungen und Probleme eingegangen, die mit diesem Forschungsdesign einhergehen. Darauf aufbauend werden in Abschnitt 4.2 die Möglichkeiten der Gestaltung eines Mixed-Methods-Ansatzes diskutiert.

4.1 Mixed Methods als geeignetes Forschungsdesign

Der Erfolg und die Wirtschaftlichkeit eines Forschungsprojekts hängen ganz entscheidend von der richtigen Methodenwahl ab. Da heute eine große Auswahl von Forschungsansätzen zur Verfügung steht (vgl. beispielsweise Bortz und Döring, 2006), müssen Forscher die vorgeschlagenen Ansätze kritisch hinterfragen und auf Anwendbarkeit im eigenen Forschungskontext überprüfen.

Nachdem lange Zeit statistische Verfahren die Sozialforschung geprägt haben, wurde unter anderem durch die amerikanische Feldforschung seit den 1950er Jahren eine "qualitative Wende" eingeläutet. In Deutschland erfuhr die qualitative Methodologie für Projekte und Forschungsfragen verstärkt ab den 1980er Jahren erhöhte Aufmerksamkeit und befindet sich nun in vielen Kontexten in einem starken Aufschwung (Flick, 2007). Dennoch ist das quantitative Paradigma in den Sozialwissenschaften immer noch dominierender, so dass sich qualitative Forscher im Gegensatz zu quantitativen Forschern immer noch grundlegende Methodenkenntnisse in der konkurrierenden Disziplin verschaffen müssen (Fielding und Schreier, 2001).

Die sozialwissenschaftlichen Forschungsparadigmen lassen sich traditionell in die quantitativen Methoden auf der einen Seite und die qualitativen Methoden auf der anderen Seite einteilen (Tashakkori und Teddlie, 2002). Während die quantitativen Methoden oft eine kritisch rationalistische oder positivistische wissenschaftstheoretische Fundierung haben, basieren die qualitativen Methoden häufig auf dem Konstruktivismus oder der Hermeneutik. Auch bei den Zielen unterscheiden sich die beiden Richtungen grundlegend: **Quantitative Methoden** legen viel Wert auf **intersubjektive Nachprüfbarkeit** und versuchen, eine **Erklärung** der Welt durch quantitativ erhobene Daten (wie Befragungen, Zählungen und Experimente) zu erreichen. In den qualitativen Methoden hingegen ist oft eine **zeit- und kontextfreie Verallgemeinerung** nicht das Hauptziel. Der **qualitative Forschungsprozess**, der häufig auf Interviews, teilnehmenden Beobachtungen und historischen Dokumenten beruht, folgt eigenen Prinzipien wie beispielsweise **Offenheit** im Forschungsprozess, **Kommunikativität** als festem Bestandteil des Forschungsprozesses und **Reflexivität** (vgl. Lamnek, 2005:22 ff.). Insgesamt ist dieser Ansatz mehr auf das Verstehen als auf das Überprüfen und Erklären der Zusammenhänge ausgerichtet, so dass in der Regel auf Ex-ante-Hypothesen verzichtet wird.

Im Hinblick auf die heutige sozialwissenschaftliche Forschung muss darauf hingewiesen werden, dass eine Charakterisierung von qualitativen und quantitativen Methoden als komplett gegensätzlich verfehlt sein könnte: Erstens gibt es noch immer keine klare definitorische Abgrenzung zwischen den beiden Forschungsparadigmen, zweitens sind die Postulate qualitativen Denkens keine Alternative zu quantitativem Denken und drittens – für diese Arbeit besonders von Bedeutung – existieren durch "Mixed Methods" fließende Grenzen zwischen den beiden Richtungen (Haase, 2007:40). Diese Ansicht wird beispielsweise auch von Newman und Benz (1998:14) vertreten, die qualitative und quantitative Ansätze eher als ein Kontinuum betrachten – nicht als Dichotomie – und Mixed Methods als das verbindende Element sehen.

Dies wirft die Frage auf, wie genau sich der Forscher für eine Methode entscheiden sollte bzw. warum man als Forscher sich nicht einfach das "Beste aus beiden Welten" sucht und ein überlegenes Forschungsdesign konstruiert, das der zunehmenden Komplexität der Forschungsfragestellungen durch ein Mixed-Methods-Design begegnen kann. **Mixed Methods** beinhalten nämlich genau diese Aspekte und können definiert werden als

"the class of research where the researcher mixes or combines quantitative and qualitative research techniques, methods, approaches, concepts or language into a single study" (Johnson und Onwuegbuzie, 2004:17).

In der Literatur wird diese Frage bei der Methodenwahl auch unter der "**Indikationsfrage**" behandelt: Es geht um die Klärung, warum eigentlich bestimmte – und nicht andere Methoden – für eine konkrete Untersuchung verwendet werden sollten (Flick, 2007:204). Mit diesem Kriterium wird demnach die **Angemessenheit der Methodenwahl** geprüft, um sicherzustellen, dass die Methoden dem Untersuchungsgegenstand gerecht werden (Steinke, 2007:181).

Unter Sozialwissenschaftlern gibt es sowohl Vertreter, die – mitunter mit Bezug auf Kuhn – qualitative und quantitative Ansätze als inkommensurabel ansehen (z.B. Guba und Lincoln, 1994; Lincoln und Guba, 1985), als auch Vertreter, die glauben, dass ein gut ausgebildeter Forscher gewinnbringend beide Formen kombinieren kann (z.b. Reichardt und Cook, 1979). Diese Debatte wird dadurch charakterisiert, dass die eine Seite sehr stark die Verbundenheit einer Methode mit einer wissenschaftstheoretischen Ausrichtung in den Vordergrund stellt, und weiterhin davon ausgeht, dass es sich um eine "Entweder-oder-Entscheidung" zwischen einem qualitativen und quantitativen Ansatz handeln muss. Die andere Seite hingegen argumentiert, dass diese Verbindung oft eher gewollt als nötig ist und die Wahl der Methoden vordergründig vom Forschungsproblem und nicht von der wissenschaftstheoretischen Ausrichtung geprägt sein sollte. Es werden in diesem Kontext dann vermehrt die Kompatibilitäten qualitativer und quantitativer Ansätze hervorgehoben und der Vorteil verschiedenartiger Forschungsleistungen gewürdigt. Die Kombination von quantitativen und qualitativen Methoden entsteht zumeist aus pragmatischen Erwägungen heraus (Steinke, 2007:179), d. h., die Nützlichkeit der Methoden wird über den Forschungspurismus gestellt.

Jüngere Beiträge in der wissenschaftlichen Methodendiskussion gehen sogar so weit, Mixed Methods als drittes Forschungsparadigma zu verstehen. So definieren Johnson et al. (2007:129):

"Mixed methods research is an intellectual and practical synthesis based on qualitative and quantitative research; it is the third methodological or research paradigm (along with qualitative and quantitative research)."

Der Autor der vorliegenden Untersuchung nimmt hier die Haltung ein, dass die Anwendung von Mixed Methods ein gewinnbringender Ansatz sein kann, um ein noch besseres Verständnis über den Forschungsgegenstand zu bekommen. Dies sieht er in Anlehnung an Greene et al. (1989) sowie Creswell und Clark (2007:168) insbesondere durch die vielfältigen Einsatzzwecke von Mixed Methods unterstützt:

- **Komplementarität**: Eine zweite Methode kann genutzt werden, um die Ergebnisse der ersten Methode zu erklären.

- **Erweiterung**: Die Anwendung von zwei unterschiedlichen Methoden kann die Breite und Tiefe des Forschungsgebietes erweitern.

- **Triangulation**: Die zweite Methode kann dazu verwendet werden, um die Ergebnisse der ersten Methode zu bestätigen.

- **Entwicklung**: Eine Methode kann durch die Erkenntnisse der anderen weiterentwickelt werden.
- **Initiierung**: Neue, paradoxe Erkenntnisse können gesucht werden, nachdem beide Methoden zu unterschiedlichen Ergebnissen geführt haben.

Für die **vorliegende Arbeit** sind hauptsächlich die **Punkte eins bis drei** von erhöhter Relevanz, ist es doch das Ziel, bei gleichzeitiger Nutzung von qualitativen und quantitativen Methoden die jeweiligen Stärken der Methoden komplementär zu nutzen, so dass profundere und verallgemeinerbarere Ergebnisse erzielt werden können und ein umfassenderes Bild des Gegenstandsbereichs entsteht (Kelle, 2007:50). Da die vorliegende Untersuchung auch **explorativen Charakter** hat, ist zu erwarten, dass sowohl der qualitative als auch der quantitative Teil dieser Forschungsarbeit einen signifikanten Erkenntnisgewinn zur Lösung der eingangs formulierten Forschungsfragen beitragen. Weiterhin sollte der mögliche Mehrwert durch Auffinden divergierender Erkenntnisse nicht unterschätzt werden, weil so scheinbar logische, aber nicht tatsächlich bestehende Zusammenhänge aufgedeckt werden können bzw. grundlegende Annahmen, die durch die beiden Richtungen vorgegeben werden, überprüft werden können (Tashakkori und Teddlie, 2002:17).

Neben den grundlegenden Vorbehalten auf forschungsparadigmatischer Ebene bleiben letztlich noch einige potenzielle **Nachteile** bei der **Anwendung** von **Mixed Methods** zu erwähnen: Dem Autor dieser Arbeit ist bewusst, dass Mixed Methods einen **erhöhen Ressourcenaufwand** nach sich ziehen, da mehr Zeit und mehr finanzielle Mittel für die Datensammlung und Datenauswertung eingeplant werden müssen. Weiterhin verlangt es vom **Forscher**, dass er sich in **unterschiedliche Forschungsmethoden** gründlich **einarbeitet**, so dass die Untersuchung in der richtigen Reihenfolge und in der angemessenen Qualität durchgeführt werden kann (Johnson und Onwuegbuzie, 2004:21). Bei der Auswertung der Ergebnisse bleibt es eine **Herausforderung** für den Autor, **divergierende Ergebnisse** nach einer klaren Logik auszuwerten und zu interpretieren. Auch sollten Mixed Methods nicht als eine allzeit überlegene "Allzweckwaffe" angesehen werden, weil aus der Forschungsfrage durchaus hervorgehen kann, dass ein methodischer Monoismus angebracht ist, also ein rein qualitativer oder quantitativer Ansatz zielführender ist. Dies ist für die vorliegende Arbeit nicht der Fall. Prinzipiell sollte der Forscher im Hinblick auf seine Ergebnisse auch immer gründlich hinterfragen, ob er durch die Kombination qualitativer und quantitativer Methoden wirklich unterschiedliche Aspekte des gleichen Phänomens oder aber unterschiedliche Phänomene erfasst (Kelle und Erzberger, 2000:303). Dies erscheint auch gerade für die vorliegende Arbeit von großer Bedeutung, da die Erforschung eines zentralen Phänomens ("Beratungszufriedenheit") den Mittelpunkt dieser Arbeit bildet.

Abschließend bleibt zu sagen, dass der Autor dieser Arbeit glaubt, dass die qualitativen und quantitativen Forschungstraditionen aus dem Methodenstreit lernen können, weil Forscher beider Richtungen prinzipiell vor ähnliche methodische Probleme gestellt sind, diese jedoch nur mit unterschiedlichen "Werkzeugen" lösen (Kelle, 2008). Im folgenden Abschnitt wird vorgestellt, welches Untersuchungsdesign im Rahmen von Mixed Methods für diese Untersuchung Anwendung findet.

4.2 Möglichkeiten der Gestaltung eines Mixed-Methods-Ansatzes

Mixed Methods haben in den vergangenen Jahren vermehrte Aufmerksamkeit erfahren, was sich unter anderem darin äußert, dass es seit 2007 das dedizierte Journal of Mixed Methods gibt, dass seit einigen Jahren internationale Konferenzen mit Mixed-Methods-Schwerpunkt stattfinden, und darin, dass in wirtschaftswissenschaftlichen Journalen die Anzahl der Artikel, die auf Mixed Methods basieren, steigt. Dies wirft die Frage auf, wie genau der Forscher sein Untersuchungsdesign anlegen sollte.

Unter Autoren besteht mittlerweile eine **Vielzahl unterschiedlicher Darstellungen** für Mixed-Methods-**Untersuchungsdesigns** (Creswell und Clark, 2007; Greene et al., 1989; Morgan, 1998; Morse, 1991; Steckler et al., 1992; Tashakkori und Teddlie, 2002), die sich hauptsächlich nach Strukturierung der einzelnen Dimensionen unterscheiden. Exemplarisch sollen hier zwei vorgestellt werden:

Morgan (1998:367 ff.) unterteilt Mixed-Methods-Ansätze in **vier verschiedene Basistypen**, abhängig davon, ob (1) der Schwerpunkt auf qualitativer Forschung oder quantitativer Forschung liegt, und (2) in welcher Reihenfolge die komplementäre Methode und die Hauptmethode durchgeführt werden.[83] Auch hier sollte die Auswahl eines der vier Designs von der Forschungsfrage abhängen: Folgt beispielsweise eine quantitative Hauptmethode auf eine kleinere, komplementäre qualitative Methode, so können in dieser Konstellation gut Hypothesen generiert und Inhalte für Fragebögen entwickelt werden. Würde die gleiche kleine, komplementäre qualitative Methode auf die quanti-

---

[83] Unterschieden werden kann somit zwischen (1) Hauptmethode quantitativ, komplementäre qualitative Methode vorangestellt; (2) Hauptmethode quantitativ, komplementäre qualitative Methode nachgestellt; (3) Hauptmethode qualitativ, komplementäre quantitative Methode vorangestellt; (4) Hauptmethode qualitativ, komplementäre quantitative Methode nachgestellt.

tative Hauptmethode folgen, so wäre das Ziel, eher Interpretationen für schlecht verstandene Ergebnisse zu finden bzw. Ausreißer und Sonderfälle zu erklären. Im Hinblick auf die hohe Anzahl möglicher Varianten von Mixed-Methods-Designs[84], konzentrieren sich **Creswell und Clark** (2007) auf die **vier geläufigsten Designs** und beschäftigen sich näher mit den jeweiligen Anwendungsmöglichkeiten. Dies kann wie folgt zusammengefasst werden (vgl. auch Hussy et al., 2010):

- **Triangulationsdesign**[85]: Beim beliebten Triangulationsdesign werden komplementäre Daten zu einem bestimmten Forschungsgegenstand erhoben und so qualitative und quantitative Methoden in der Datenerhebung miteinander kombiniert. Dieses Design hat den **Vorteil**, dass **Untersuchungsergebnisse wechselseitig validiert** werden können bzw. es möglich ist, zu einem umfassenderen Bild des Untersuchungsgegenstands zu gelangen. Weiterhin können beide **Forschungsphasen relativ unabhängig voneinander** durchgeführt werden. Ein **Nachteil** dieses Designs ist der hohe gleichzeitige **Ressourcenbedarf** und die Unklarheit darüber, wie mit Untersuchungsergebnissen die nicht übereinstimmen, umgegangen werden soll,.

- **Eingebettetes Design**: Das eingebettete Design zeichnet sich dadurch aus, dass für zwei unterschiedliche Forschungsfragen auch zwei verschiedene Datentypen herangezogen werden. Dabei spielt normalerweise ein Datentyp eine unterstützende, aber zweitrangige Rolle und wird in die Methodologie des anderen integriert. Da nicht beide Datenarten gleich gewichtet sind, ist die Forschung in der Regel mit wesentlich weniger Aufwand realisierbar. Die **Integration beider Datentypen** stellt jedoch **hohe Ansprüche** an den Forscher (z.B. klare Abgrenzung des Beitrags beider Methoden).

- **Explanatives Design**: Das dritte diskutierte Design ist ein **Zwei-Phasen-Modell**, das versucht, quantitative Daten mit qualitativen Daten zu erklären. Auf diese Weise können in der zweiten Phase genauere Einsichten in die Prozesse der ersten, quantitativen Phase erhalten werden. Das heißt, es können beispielsweise **überraschende**

---

[84] Würde man alle Möglichkeiten der Gewichtung, Reihenfolge, Designs, Untersuchungsphasen und Datenkombinationen miteinander kombinieren, ergeben sich über 100 verschiedene Mixed-Methods-Designs. Dies erscheint hier jedoch nicht zielführend.
[85] Das Triangulationsdesign sollte nicht verwechselt werden mit dem Begriff Triangulation, das eine Kombination verschiedener Methoden – aber auch Sichtweisen – auf das gleiche Phänomen oder verschiedene Daten zur Erforschung des Phänomens beschreibt. Triangulation ist an sich kein relativ umgrenztes Forschungsprogramm, sondern kommt in der ursprünglichen Version als Validitätskriterium zur Anwendung: Ergebnisse einer Untersuchung gelten dann als valide, wenn sie auch bei Anwendung unterschiedlicher Methoden erreicht werden können (Bortz und Döring, 2006:365).

Befunde durch einen nachgelagerten qualitativen Ansatz **erklärt werden** (Kelle, 2008). Alternativ ist es denkbar, durch die Einsichten der ersten Phase eine Auswahl der Teilnehmer der zweiten Phase durchzuführen. Der quantitative Teil erfüllt sozusagen eine Hilfsfunktion für die eigentliche qualitative Haupterhebung. Allgemein ist dieses Vorgehen zwar vergleichsweise übersichtlich, durch seine sequentielle Anordnung aber auch relativ **zeitaufwändig**. Weiterhin ist vom Forscher sicherzustellen, dass die beiden Stichproben einen Bezug zueinander haben.

- **Exploratives Design**: Das explorative Design ist ein **Zwei-Phasen-Design**, bei dem die qualitative Phase der quantitativen Phase vorgelagert ist. Dieses Design wird auch in der vorliegenden Arbeit verwendet. Bei diesem Design werden zunächst qualitative Daten gesammelt und dann ausgewertet. Darauf basierend werden dann quantitative Daten gesammelt und wiederum ausgewertet. Der Forschungsprozess wird am Ende mit einer **integrierten Datenanalyse und -auswertung** abgeschlossen (Hanson et al., 2005:229). Häufig wird bei diesem Design der qualitative Teil höher gewichtet, wobei dies im vorliegenden Fall nur begrenzt zutrifft. Grundsätzlich eignet sich dieses Design dazu, ein neues Instrument oder eine Taxonomie zu entwickeln. In der vorliegenden Arbeit wird diese Anordnung dazu verwendet, durch die vorgelagerte qualitative Phase ein theoretisches Modell bzw. Hypothesengerüst zu entwerfen, um dieses Modell dann in der sich anschließenden quantitativen Phase zu testen. Somit ist es das Ziel, die Geltungsreichweite der qualitativen Forschungsergebnisse großzahlig zu testen. Wie das explanative Design profitiert das explorative Design von einer **klaren Anordnung**, wobei die Durchführung der Datenerhebungen als **zeitaufwändig** anzusehen ist. Um einen potenziellen Kritikpunkt dieses Designs zu entkräften, wird in Kapitel 5 und 6 detailliert beschrieben, wie sich die Stichproben aus beiden Phasen aufeinander beziehen.

Abschließend bleibt festzuhalten, dass die Entscheidung für eine quantitative oder qualitative Forschungsmethode unabhängig von ideologischen Diskussionen getroffen werden sollte. Die vorliegende Fragestellung und der aktuelle Wissensstand bezüglich des Untersuchungsobjektes sollten die Forschungsmethode bestimmen (vgl. z.B. Morgan und Smircich, 1980:491 ff.). Dieses Kapitel hat gezeigt, dass eine Kombination von qualitativer und quantitativer Forschung (exploratives Mixed-Methods-Design) für diese Arbeit am sinnvollsten ist. Davon ausgehend, wird im nächsten Kapitel die qualitative Studie als erster Teil vorgestellt.

5 Schritt 1: Qualitative Studie

Im letzten Kapitel wurde hergeleitet, dass ein exploratives Mixed-Methods-Design ein geeignetes Vorgehen ist, um zielorientiert die Beratungszufriedenheit bei B2B-Lösungen aus Nachfragersicht als Phänomen des RM zu erforschen. Dieses Kapitel beinhaltet den ersten Teil des Forschungsvorgehens und verwendet eine qualitative Forschungsstrategie. Das Kapitel ist wie folgt organisiert:

Untersuchungsziel	Analytisches Vorgehen	Kapitel
• **Darstellung** der methodischen **Grundlagen** des qualitativen Forschungsteils	• Gütekriterien der qualitativen Forschung • Fallstudien als Mittel der explorativen Forschung • Inhaltsanalyse nach Mayring	5.1
• **Vorstellung** einer explorativen **Fallstudie** im Bereich Ladestationslösungen für Elektrofahrzeuge	• Beschreibung des Untersuchungskontextes • Darstellung der Datensammlung und der Datenanalyse • Interpretation der Ergebnisse	5.2
• **Eingrenzung** des **Untersuchungskontextes** für die Hauptstudie	• Begründung der Eingrenzung • Charakterisierung des Untersuchungsfeldes "Markt für IT-Lösungen"	5.3
• Qualitative Haupterhebung: **Konzeptionalisierung** eines **Wirkungsmodells** der Beratungszufriedenheit	• Beschreibung des methodischen Vorgehens • Umfangreiche Diskussion und Einordnung von zentralen Relationship-Marketing-Konstrukten basierend auf einer Inhaltsanalyse nach Mayring • Aufstellen eines Hypothesengerüstes	5.4 bis 5.6

Abb. 22: Strukturierung von Kapitel 5: Qualitative Studie

Quelle: eigene Darstellung in Anlehnung an Conze (2007:144)

Zunächst wird ein kurzer Überblick über die Grundlagen bei einem qualitativen Forschungsvorgehen gegeben (Abschnitt 5.1). In diesem Zusammenhang werden auch die anzulegenden Gütekriterien für qualitative Forschung diskutiert. Darauf aufbauend werden zwei besondere Forschungsmethoden der qualitativen Forschung diskutiert – das Fallstudiendesign und die Inhaltsanalyse nach Mayring –, weil diese beiden Methoden im weiteren Verlauf der Arbeit Anwendung finden. In Abschnitt 5.2 wird die Durchführung einer explorativen Vorstudie aus dem Bereich Elektromobilität im Fallstudienformat vorgestellt. Dies hat zum Ziel, die in Abschnitt 3.1.4 ausgewerteten RM-Beziehungskonstrukte zum ersten Mal auf ihre unterschiedliche Eignung hin zu untersuchen. Ferner wird auch eine erste empirische Indikation erwartet, ob das RM allgemein bei der der Analyse der Ursachen der Beratungszufriedenheit von Nachfragern

Schritt 1: Qualitative Studie

hilfreich ist. Im darauffolgenden Abschnitt 5.3 wird eine Eingrenzung des Untersuchungsfeldes auf integrierte IT-Lösungsanbieter vorgenommen und inhaltlich begründet. Abschnitt 5.4 beginnt mit der eigentlichen qualitativen Hauptstudie dieser Arbeit und beschreibt die Ziele und das methodische Vorgehen bei den Expertenbefragungen. Im letzten Teil des Kapitels (Abschnitt 5.5) werden die Ergebnisse der qualitativen Hauptstudie analysiert. Als Ergebnis der Expertenbefragungen werden insgesamt zwölf verschiedene RM-Konstrukte diskutiert, für den Untersuchungszusammenhang definiert und dann unter Verwendung der Interviews in Wirkungszusammenhänge eingebettet. Das Ergebnis dieses Kapitels ist ein Wirkungsmodell, das in Kapitel 6 quantitativ untersucht wird.

5.1 Grundlagen des qualitativen Forschungsvorgehens

Dieser Abschnitt soll dazu dienen, den Leser kurz in die Möglichkeiten, Besonderheiten und Problemfelder der qualitativen Forschung einzuführen. Dabei wird vertieft auf den Fallstudienansatz (Abschnitt 5.1.3) und die Inhaltsanalyse nach Mayring (Abschnitt 5.1.4) eingegangen.

5.1.1 Der explorative Charakter des qualitativen Forschungsvorgehens

Die Ausführungen in Kapitel 2 und 3 verdeutlichen, dass bei dem derzeitigen Forschungsstand der Marketingforschung noch nicht von einer ausgereiften Theorie der Beratungszufriedenheit bei Lösungen ausgegangen werden kann. Aus diesem Grund hat die vorliegende Arbeit einen explorativen Charakter und verfolgt das **Ziel, neue Strukturen** und **Zusammenhänge** zu **entdecken**. Obwohl auch im später folgenden quantitativen Forschungsteil ein in Teilen explorativer Zugang zum Thema angestrebt wird,[86] ist doch gerade ein qualitatives Forschungsvorgehen für explorative Studien prädestiniert. Dies liegt darin begründet, dass **qualitative Methoden** ein großes Maß an **Offenheit** haben, sich durch große **Flexibilität** in der Durchführung auszeichnen und ideal sind, um neue, **unvermutete Zusammenhänge** zu **entdecken** und damit verbundene Theorien zu bilden (Bortz und Döring, 2006:335 ff.). So kann der Forscher – beispielsweise im Rahmen von Experteninterviews – auf individuelle Situationen reagieren und **neue Themen aufgreifen**, die sich erst im Rahmen des Interviews ergeben haben. Wie von Kuß (2009:141) ausgeführt, geht es bei einem qualitativen Forschungsansatz einerseits darum, möglichst **vielfältige** und **tiefgehende Einsichten** in

---

[86] Dies bezieht sich vor allem auf die Art, wie das Strukturmodell reduziert wird (Abschnitt 6.1.3).

den Untersuchungsgegenstand zu gewinnen. Andererseits sollte der Forscher hier eng in den Prozess der Informationssammlung eingebunden sein, damit er mit dem Untersuchungsgegenstand vertrauter wird. Das Ziel sollte sein, ein **Verständnis** für die untersuchten Zusammenhänge zu **entwickeln**, um so kollektive Deutungs- und Handlungsmuster ableiten zu können (Bortz und Döring, 2006:296 ff.).

Da neben den beschriebenen Vorteilen einer qualitativen Methodik auch mögliche Nachteile gegenüberstehen – genannt seien hier beispielsweise die mangelnde Reproduzierbarkeit und Repräsentativität (Foddy, 1994:16 ff.) – soll aus diesem Grund im nächsten Abschnitt näher auf die Beurteilung der Güte von qualitativer Forschung eingegangen werden.

5.1.2 Gütekriterien für die qualitative Forschung

Eine wichtige Frage bei empirischen Untersuchungen befasst sich mit den spezifischen Qualitätsstandards oder Gütekriterien der Forschung. Dies ist deshalb von Interesse, weil die Qualität der Forschung immer auch in Hinblick auf den Geltungsanspruch gesehen wird, damit es nicht zum Vorwurf der Beliebigkeit oder Subjektivität kommt (Terhart, 1995:379). Im Bezug auf qualitative Forschungsarbeiten gibt es jedoch unterschiedliche Auffassungen darüber, ob die **traditionellen Gütekriterien**, die eher mit einem positivistischen Wissenschaftsverständnis verbunden sind, überhaupt Anwendung finden sollten (Wrona, 2005:38). So gibt es bis jetzt keine allgemeingültigen Konventionen für Zuverlässigkeit (**Reliabilität**), Objektivität und Gültigkeit (**Validität**) in der qualitativen Forschung (Quack, 2006). Auf der einen Seite haben verschiedene Autoren versucht, eigene, **neue Gütekriterien** zu entwickeln (beispielsweise Steinke, 2004). Auf der anderen Seite gibt es Forscher, welche für die **Übertragung von quantitativen Gütekriterien** auf die qualitative Forschung plädieren (Brühl und Buch, 2006). Grundsätzlich schließt sich der Autor dieser Arbeit der letzteren Richtung an, weil er glaubt, dass die Verwendung von gemeinsamen Qualitätsstandards die Kommunikation zwischen Forschern verschiedener Paradigmen steigern kann. Dies wirft die Frage auf, wie der Forscher die Einhaltung von Gütekriterien in dieser Arbeit gewährleisten möchte.

Kuß (2009:113) charakterisiert **Reliabilität** als die Unabhängigkeit eines Untersuchungsergebnisses von einem einmaligen Untersuchungsvorgang und den jeweiligen situativen (zufälligen) Einflüssen. In der vorliegenden Arbeit soll im qualitativen Teil eine umfassende **Offenlegung des Forschungsprozesses** die Reliabilität der Ergebnisse sicherstellen. Dies umfasst beispielsweise die detaillierte Beschreibung der einzel-

Schritt 1: Qualitative Studie

nen Forschungsschritte, das Aufzeichnen aller Interviews, die regel- und theoriegeleitete Auswertung des Materials und die Möglichkeit einer intersubjektiven Nachvollziehbarkeit (z.B. durch Kodierleitfaden und Interkoder-Übereinstimmung). Auf diese Weise sollen Dritte die Erkenntnisse nachvollziehen, beurteilen und im besten Fall auch reproduzieren können (Gläser und Laudel, 2010:26 ff.).

Ziel ist es, dass die Untersuchungsergebnisse so wenig wie möglich vom Forscher verzerrt werden (**Objektivität**). Aus diesem Grund wurden sämtliche **Interviews** mit einem elektronischen Diktiergerät **aufgezeichnet und transkribiert**, so dass sie von den Experten bestätigt werden konnten.[87] Eine vollständige Objektivität im Forschungsprozess kann jedoch aufgrund verschiedener Störfaktoren kaum sichergestellt werden. Dabei sind einige Störfaktoren abhängig von den Untersuchungsbedingungen[88] (Stake, 1995:135), andere unabhängig von den Untersuchungsbedingungen[89] (Borg und Staufenbiel, 1989).

Die **Validität** eines Untersuchungsergebnisses ist gegeben, wenn der Sachverhalt, der ermittelt werden soll, auch tatsächlich wiedergegeben wird (Kuß, 2009:113). Bezüglich des Vorwurfs der fehlenden Generalisierbarkeit und der mangelnden Repräsentativität ist zu beachten, dass eine Beschränkung der Fallanzahl aus forschungspraktischer Sicht notwendig ist. Ohne eine Begrenzung der Stichprobe wäre die Erhebung, Analyse und Auswertung der Fälle nur schwierig zu erreichen. Aus diesem Grund kann eine Generalisierbarkeit im Sinne der quantitativen Forschung nicht sichergestellt werden, wobei beachtet werden sollte, dass die qualitative Forschung sich auch nicht primär auf die Ableitung von Gesetzmäßigkeiten konzentriert, sondern die Identifikation von wesentlichen typischen Zusammenhängen in den Vordergrund rückt (Lamnek, 2005:185). Dies bedeutet für den qualitativen Forschungsteil dieser Arbeit, dass **kein Anspruch auf allgemeingültige Gesetzmäßigkeiten** erhoben werden kann. Um eine bessere Gültigkeit zu gewährleisten, wurden die Experten und Unternehmen jedoch sehr gezielt ausgewählt und es fand eine **kommunikative Validierung** dadurch statt, dass die Ergebnisse der qualitativen Untersuchung den Experten zwischendurch zur Diskussion vorgelegt wurden (vgl. hier Jacob und Kleipaß, 2010).

---

[87] Alle Interviewtranskripte befinden sich im Anlagenband A und B und können bei berechtigtem Interesse auf Anfrage vom Autor bezogen werden.
[88] Beispielsweise der Einfluss des Forschers und seiner persönlichen Interpretation.
[89] Beispielsweise der Stresslevel des Probanden.

In den folgenden beiden Abschnitten werden die Fallstudienmethodik und die (quantitative) Inhaltsanalyse näher vorgestellt, da beide Ansätze in dieser Arbeit Verwendung finden.

5.1.3 Die Fallstudie als Mittel der explorativen Forschung

Fallstudien können einen wertvollen Beitrag explorativer Forschung leisten und eignen sich dabei insbesondere zur **Beantwortung** von **"Wie"- und "Warum"-Fragen** (Yin, 2006:5 ff.). Bei den Forschungsfragen in dieser Arbeit handelt es sich einerseits um eine "Wie"-Frage: "Wie kommt Beratungszufriedenheit bei B2B-Lösungen zustande?" Andererseits gibt es in diesem Zusammenhang auch eine "Warum"-Frage, da erörtert werden soll, warum diese Einflussfaktoren dem Nachfrager für seine Beratungszufriedenheit wichtig sind. Als weiteres Beschreibungsmerkmal der Fallstudie erläutert Yin (2006:5 ff.), dass der Forscher im Vergleich zu Experimenten in der Regel keine Möglichkeit hat, auf die Ereignisse der Untersuchung Einfluss zu nehmen. Bei den dokumentierten Beobachtungen der Experten handelt es sich um Urteile über den Anbieter, die sich mit großer Wahrscheinlichkeit auch ohne die Anwesenheit des Forschers herausgebildet hätten. Die hier vorliegende partielle Anwesenheit des Autors im Lösungsprozess sollte dabei als Chance gesehen werden, weil so ein breiterer Forschungszugang möglich war. Als letztes Kriterium der Fallstudienstrategie führt Yin (2006:5 ff.) an, dass sich Fallstudien in der Regel mit aktuellen Ereignissen beschäftigen. Auch dieses Kriterium ist erfüllt: In dieser Arbeit wird der Lösungsprozess für eine innovative Elektroautoladestation beschrieben. Dabei handelt es sich um ein aktuelles Thema, das sowohl hohe wirtschaftliche als auch gesellschaftliche Relevanz besitzt.

Das **Ziel** der Fallstudienforschung ist das **Aufdecken wichtiger Strukturen und Zusammenhänge**. So wird dem Forscher ermöglicht, ein tieferes Verständnis für das praktische Phänomen – hier die Beratungszufriedenheit bei B2B-Lösungen – zu entwickeln. Dies wirft jedoch die Frage auf, wie viel Vorverständnis bei der Fallstudienforschung angemessen ist. Die meisten Autoren sind sich zwar einig, dass zumindest die Forschungsfrage klar definiert sein sollte (Eisenhardt, 1989:536), doch ist dies ausreichend?

Der Autor dieser Arbeit schließt sich der Meinung von Yin (2006: 14 ff.) an, der bemerkt, dass eine **vorläufige Auffassung über theoretische Konzepte** und den Untersuchungszusammenhang von Vorteil ist, wenn man eine Fallstudie nutzen möchte, um ein Thema weiterzuentwickeln. Auch in Hinblick darauf, dass es bereits eine große

Anzahl von erforschten Phänomenen im RM gibt, hat der Autor dies als Ausgangspunkt gewählt, um so einen fließenden Übergang zum später folgenden quantitativen Forschungsteil gewährleisten zu können. Dies spiegelt sich auch in der Kapitelstruktur dieser Dissertation wider, die die theoretische Verankerung vor der empirischen Untersuchung klar beschreibt. Ein anderer Ansatz wird grundsätzlich von Eisenhardt (1989:536 ff.) empfohlen: Sie befürwortet die "grounded theory" und argumentiert, dass Fallstudien möglichst frei von vorheriger Literaturrecherche und a priori aufgestellten Wirkungszusammenhängen sein sollten. **Lediglich ein grundlegendes theoretisches Verständnis** sei für die Fallstudienforschung nötig. Abschließend bleibt anzumerken, dass die Verwendung eines Multi-Case-Study-Ansatzes zwar gewisse Vorteile hinsichtlich Theorieentwicklung und Generalisierbarkeit haben kann (Eisenhardt und Graebner, 2007:27) – da im vorliegenden Fall jedoch noch eine große Anzahl weiterer Experteninterviews geführt wurde, ist diese Einschränkung hier zu vernachlässigen.

Nachdem die grundsätzlichen Eigenschaften und Ziele der Fallstudie sowie die Eignung für diese Untersuchung erläutert wurden, kann im nächsten Abschnitt die hier verwendete Inhaltsanalyse vorgestellt werden.

5.1.4 Inhaltsanalyse nach Mayring

Die Auswertung der Interviews erfolgt nach dem Vorgehen der qualitativen Inhaltsanalyse nach Mayring (2000a). Unter Inhaltsanalyse können verschiedene Techniken der systematischen Textanalyse verstanden werden, wobei jede Art von fixierter Kommunikation Gegenstand der Inhaltsanalyse sein können (z.B. Interview-Transkripte). Dabei verfolgt die inhaltsanalytische Vorgehensweise mehrere Ziele (Mayring, 2000a:2 f.):

- **Einordnung in ein Kommunikationsmodell**: Durch das Kommunikationsmodell wird festgelegt, was das Ziel der Analyse ist. In diesem Schritt wird weiterhin offengelegt, in welcher Situation das Material entstanden ist und in welcher Form das Material vorliegt.

- **Regelgeleitetheit**: Das vorliegende Material wird nach festen Regeln gegliedert und analysiert.

- **Kategorien im Zentrum**: Die einzelnen analysierten Einheiten werden Kategorien zugeordnet, die inhaltlich begründet sein müssen. Die Festlegung der Kategorien kann entweder deduktiv oder induktiv erfolgen. In jedem Fall sollten die einzelnen

Kategorien im Laufe der Analyse noch angepasst und überarbeitet werden (Rückkopplungsschleife).

- **Gütekriterien**: Gütekriterien bei der Inhaltsanalyse ergeben sich aus (1) der intersubjektiven Nachvollziehbarkeit durch Beschreibung der einzelnen Analyseschritte, (2) Vergleichbarkeit durch Triangulation der Ergebnisse mit nachgelagerten Untersuchungen sowie (3) durch eine Reliabilitätsprüfung beim Einsatz eines zweiten Kodierers.

Ein grundsätzlicher Unterschied bei der qualitativen Inhaltsanalyse besteht noch in der Vorgehensweise hinsichtlich der Art der **Kategorienentwicklung**, die **induktiv oder deduktiv** erfolgen kann. Bei der induktiven Kategorienentwicklung werden die Auswertungsaspekte sehr nahe am Material und aus dem Material heraus entwickelt, so dass nach 10% – 50% des Materials wieder eine Überarbeitung der Kategorien stattfinden sollte (Mayring, 2005:12). Der Hintergrund bei diesem Vorgehen ist,

"*aus der Fragestellung der Studie abgeleitet und theoretisch begründet ein Definitionskriterium festzulegen, das bestimmt, welche Aspekte im Material berücksichtigt werden sollen, und dann schrittweise das Material danach durchzuarbeiten*" (Mayring, 2000a:4).

Bei der deduktiven Kategorienanwendung hingegen werden vorher festgelegte und theoretisch begründete Auswertungskriterien an das Material herangetragen. Dies ist auch für die vorliegende Untersuchung vorzuziehen, weil die nachgelagerte Kausalanalyse hypothesengeleitet arbeitet und so klar definierte Variablen notwendig sind (Mayring und Brunner, 2007). Die Festlegung der Kategorien kann beispielsweise dadurch erfolgen, dass ein Kodierleitfaden erstellt wird, der genaue Definitionen der vorgegebenen Kategorien gibt und die systematische Zuordnung von Textstellen durch Festlegung von inhaltsanalytischen Regeln und Ankerbeispielen ermöglicht. In diesem Fall richtet sich die theoriegeleitete Festlegung der Strukturierungsdimensionen nach der Literatur des RM (vgl. Abschnitt 3.1.4). Nachdem die identifizierten Textstellen den vorgegebenen Kategorien methodisch abgesichert und systematisch zugeordnet worden sind, können im letzten Schritt die Häufigkeiten in den Kategorien überprüft werden. Dies sollte einen Hinweis auf die relative Bedeutung der Konstrukte geben. Das gesamte Ablaufmodell ist in der folgenden Abbildung noch einmal dargestellt und deutet durch die "Schleifen" im Modell an, dass, selbst wenn ein Kodierschema theoretisch abgeleitet ist, Kodierleitfäden als "lebendige" Dokumente verstanden werden sollten, die offen gegenüber Verbesserungen sein sollten und erst final festgelegt werden, wenn die eigentliche Kodierung beginnt (Weingart et al., 2004:446).

```
┌──────────────────────────────────────────────────────────────┐
│                   Gegenstand Fragestellung                    │
└──────────────────────────────────────────────────────────────┘
                              ↓
┌──────────────────────────────────────────────────────────────┐
│ Theoriegeleitete Festlegung der Strukturierungsdimensionen als│
│              Haupt- und evtl. Unterkategorien                 │
└──────────────────────────────────────────────────────────────┘
                              ↓
┌──────────────────────────────────────────────────────────────┐
│ Theoriegeleitete Formulierung von Definitionen, Anker-        │
│ beispielen und Kodierregeln, Zusammenstellung Kodierleitfaden │
└──────────────────────────────────────────────────────────────┘
                              ↓
┌──────────────────────────────┐    ┌──────────────────────────┐
│   Überarbeitung der Kategorien│ → │        Formative         │
│      und des Kodierleitfadens │    │   Reliabilitätsprüfung   │
└──────────────────────────────┘    └──────────────────────────┘
                              ↓
┌──────────────────────────────┐    ┌──────────────────────────┐
│         Endgültiger           │ → │        Summative         │
│      Materialdurchgang        │    │   Reliabilitätsprüfung   │
└──────────────────────────────┘    └──────────────────────────┘
                              ↓
┌──────────────────────────────────────────────────────────────┐
│   Auswertung, evtl. quantitative Analyse (z.B. Häufigkeiten)  │
└──────────────────────────────────────────────────────────────┘
```

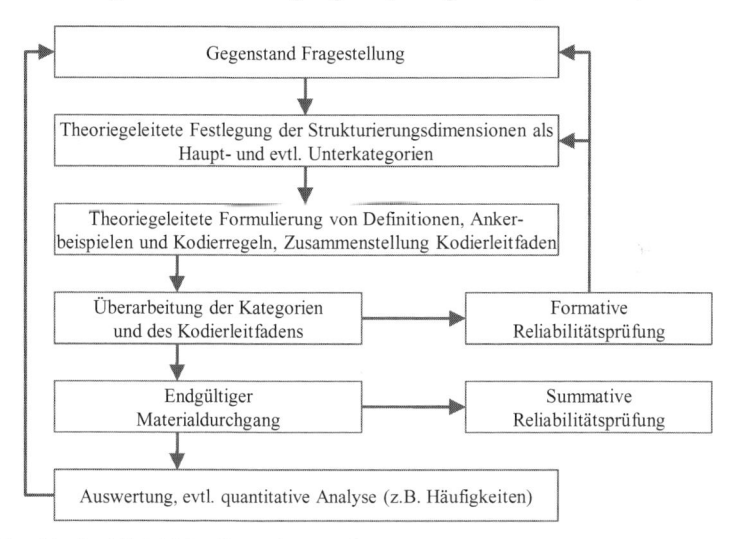

Abb. 23: Ablaufmodell deduktiver Kategorienanwendung
Quelle: Mayring (2000a:5)

Eine potenzielle **Schwäche der Inhaltsanalyse** ist, dass bestimmte Punkte in der Auswertung ausgeschlossen werden, die aber für die Interpretation der Ergebnisse sehr wichtig sind. Dies kann der Fall sein, weil die Anzahl der Kategorien eine ausgewählte und nicht repräsentative Abbildung der Wirklichkeit darstellt (Bösche, 2010). Im vorliegenden Fall wurde versucht, dieses Risiko dadurch zu minimieren, dass eine recht umfangreiche Literaturrecherche die Grundlage für den Kodierleitfaden bildet. Dies sollte die Gefahr reduzieren, dass ein wesentlicher Einflussfaktor der Beratungszufriedenheit aus dem Bereich RM fehlt.

Wie von Reichertz (2007:197) angemerkt, ist es natürlich auch bei dieser Technik wichtig, dass sie reflektiert und dem Forschungsgegenstand angemessen eingesetzt wird – eine Anforderung, die von vielen Forschern heute nicht erfüllt wird. Für diese Untersuchung kann jedoch festgehalten werden, dass das Verfahren gut geeignet erscheint, um die vorgestellten Forschungsfragen zu bearbeiten. Einerseits ermöglicht das Verfahren, durch genau festgelegte Auswahlkriterien eine große Materialfülle zu bearbeiten und so die Komplexität zu reduzieren (hier: 20 Interviews). Andererseits wird so eine fließende Überleitung zur quantitativen Untersuchung ermöglicht, da die gleichen Kategorien überführt werden können.

Nachdem die methodischen Grundlagen der qualitativen Untersuchung gelegt worden sind, wird im nächsten Abschnitt eine Fallstudie aus dem Bereich Elektromobilität beschrieben.

5.2 Vorstudie: Ladestationen für Elektrofahrzeuge

Die Ergebnisse in diesem Abschnitt basieren auf einer Fallstudie im Bereich Elektromobilität, die im ersten Quartal 2010 vom Autor erstellt wurde. Der Abschnitt ist wie folgt gegliedert: Zunächst wird der Hintergrund der Studie vorgestellt, wobei kurz auf die spezifischen Marktbedingungen eingegangen wird (Abschnitt 5.2.1). Im daran anschließenden Teil wird die Datensammlung und Analyse beschrieben (Abschnitt 5.2.2). Nach einer Kurzvorstellung der Projektinhalte werden verschiedene Einflussfaktoren diskutiert, die in diesem Fall die Beratungszufriedenheit der Nachfrager geprägt haben (Abschnitt 5.2.3).

5.2.1 Hintergrund der Fallstudie

Diese **explorative Untersuchung** beschäftigt sich mit den Bemühungen eines deutschen Energieversorgers, in den Markt für Elektromobilität durch den **Aufbau eines Elektrotankstellennetzes** einzutreten. Dabei stellte sich dem Energieversorger die Herausforderung, dass für Elektrotankstellen keine Produkte am Markt verfügbar waren, sondern dass die benötigte Infrastruktur zunächst als spezifische B2B-Lösung zusammen mit einem Anbieter entwickelt werden musste.

Der Eintritt in den Markt für umweltverträgliche Elektromobilität ist eine Herausforderung, der sich weltweit Automobilhersteller, Infrastrukturanbieter und Politik in den nächsten Jahren stellen (müssen). Nachhaltige Mobilität mit lokal emissionsfreien Fahrzeugen lässt sich dabei mit verschiedenen Technologien realisieren, beispielsweise durch Fahrzeuge mit Elektroantrieb. Aus diesem Grund hat sich die Bundesregierung für das Jahr 2020 zum Ziel gesetzt, eine Million Elektrofahrzeuge auf Deutschlands Straßen zu bringen (Bundesregierung, 2009:2). Für die Verbreitung dieser Technologie sind Kooperationen von Wirtschaft und Politik essentiell, so dass aktuelle Vorbehalte der Endkunden überwunden werden können, um einen Markterfolg zu erreichen. Für Elektrofahrzeuge wird von Endkunden beispielsweise immer wieder die geringe Reichweite der Fahrzeuge und die fehlende Erreichbarkeit und Anzahl von Elektroladestationen als Vorbehalt angeführt. Die Schaffung einer komfortablen, sicheren und

Schritt 1: Qualitative Studie 137

flächendeckenden Ladeinfrastruktur für Elektrofahrzeuge wird aktuell hauptsächlich durch die verschiedenen Energieversorgungsunternehmen (EVU) vorangetrieben.[90] Diese Akteure wollen den Markt für umweltverträgliche Mobilität erschließen, indem sie im Rahmen neuer Geschäftsmodelle beispielsweise Strom oder Fahrleistung in Kilometern verkaufen können. Als Teil des Geschäftsaufbaus begegnet ein Energieversorger unterschiedlichen **Herausforderungen**, wobei insbesondere zu nennen sind (z.B. Becker, 2010):

- **Kundenanforderungen** (z.B. Schaffung eines flächendeckenden Angebots von Ladestationen mit hohem Bedienkomfort und einem sicheren Ladevorgang)
- **Technische Herausforderungen** (z.B. eine standardisierte Schnittstelle und ein standardisierter Informationsaustausch zwischen Fahrzeug und Ladestation)
- **Investitionsförderung und -sicherheit** (z.B. Anschubinvestitionen insbesondere für intelligente Ladestationen und Erschließung außerhalb von Ballungsgebieten)
- **Geeigneter rechtlicher und ordnungspolitischer Rahmen** (z.B. Sondernutzungsrechte im öffentlichen Parkraum)

Elektromobilität erfordert neue Lösungen für die Einbindung der Fahrzeuge in die Stromnetze. Die Neuartigkeit des Marktes und die spezifischen Kundenanforderungen der EVUs an eine Elektroladestation führen dazu, dass gemeinsam mit Anbietern aus der metallverarbeitenden Industrie und Elektrotechnikanbietern Lösungen für massenmarktfähige Ladestationen entwickelt werden müssen. Diese **Fallstudie beschreibt** den Prozess einer **Lösungsentwicklung** für eine Elektroladestation aus der Kundensicht eines großen deutschen Energieversorgers.

5.2.2 Datensammlung und Datenanalyse

Die Datensammlung beim beschriebenen Unternehmen fand im Februar 2010 statt. Für die Durchführung der Interviews wurden Experten aus der Nachfragerorganisation ausgewählt, die in dem beschriebenen Projekt direkt an der Schnittstelle zum Ladestationsanbieter tätig waren.[91] Insgesamt wurden drei halbstrukturierte Interviews durchgeführt.[92] Diese wurden vorher mit einer Kurzpräsentation angekündigt. Ziel der Kurzpräsentation war es, die Interviewpartner besser auf das Gespräch vorzubereiten, so dass die verfügbare Interviewzeit effizienter genutzt werden konnte. Bei den Inter-

---

[90] In Deutschland sind dies insbesondere E.ON, EnBW, RWE und Vattenfall.
[91] Ladestationsanbieter wird in dieser Fallstudie synonym mit Lösungsanbieter verwendet.
[92] Der Interviewleitfaden befindet sich in Anhang 4.

viewpartnern handelte es sich um den technischen Projektleiter und die beiden technischen Teilprojektleiter des Projekts auf Nachfragerseite. Die Dauer der Interviews betrug jeweils ca. eine Stunde.

Hauptziel der Gespräche war es, einen Überblick zu bekommen, wie Beratungszufriedenheit von Nachfragern im Lösungsprozess wahrgenommen wird. Dabei sollte insbesondere herausgearbeitet werden, ob die Wahrnehmung als Solution Seller stark von der Beratung beeinflusst ist und welche Faktoren auf die Beratungszufriedenheit wirken.

Die Datenanalyse wurde maßgeblich dadurch unterstützt, dass die Gespräche aufgezeichnet werden durften. Es wurde jedoch vereinbart, dass die Identität der am Projekt teilnehmenden Firmen und Interviewpartner in dieser Arbeit nicht offengelegt wird. Nach Durchführung der Interviews wurden die Gespräche transkribiert, um die Reliabilität der Studie zu erhöhen. Sacks (1984) befürwortet dieses Vorgehen, da ein Mitschreiben der Interviews nur ungefähre Gesprächsergebnisse wiedergeben würde. Trotzdem sind auch sorgfältig ausgearbeitete Transkripte keine Garantie, um komplette Reliabilität zu erreichen (Silverman, 2000). Nach Anfertigung der Transkripte wurden die Interviews systematisch ausgewertet, um Einsicht hinsichtlich relevanter Einflussfaktoren der Beratungszufriedenheit aus Kundensicht zu bekommen. Zur strukturierten Auswertung wurde die qualitative Inhaltsanalyse nach Mayring unter Verwendung einer deduktiven Kategorienanwendung benutzt (Mayring, 2000b). Der Kodierleitfaden bestand aus 50 Konstrukten der RM-Literatur und befindet sich in Anhang 6. Durch die Überprüfung durch einen zweiten Kodierer konnte insgesamt eine Interkoderreliabilität von 94,8% erreicht werden. Das metaanalytische RM-Framework von Palmatier et al. (2006:137) diente als Orientierungspunkt für die Einordnung der Bestimmungsfaktoren.

Neben den drei transkribierten Interviews sollte die Glaubwürdigkeit dieser Vorstudie maßgeblich davon profitieren, dass der Autor selbst in der Anfangsphase des Projekts über sechs Monate am Projekt beteiligt war. Somit bildet die Basis der Untersuchung in Grundzügen zumindest eine teilnehmende Beobachtung, welche sich durch eine "being there"-Qualität auszeichnet (Schatzman und Strauss, 1973). Weiterhin unterstützen zur Verfügung gestellte interne Dokumente die Triangulation der Forschungsergebnisse der Interviews (Lincoln und Guba, 1985).

5.2.3 Ergebnisse der Fallstudie

In diesem Abschnitt werden zunächst die Projektziele und der grobe Projektverlauf zur Entwicklung von Elektroladestationen aufgegriffen, damit der Leser ein besseres Verständnis für die internen Rahmenbedingungen des Lösungsprozesses hat (Abschnitt 5.2.3.1). Danach werden in einem zweiten Schritt die festgestellten Einflussfaktoren auf die Beratungszufriedenheit erörtert (Abschnitt 5.2.3.2).

5.2.3.1 Projektziele und Projektverlauf

Als sich der Energieversorger im Jahr 2008 entschloss, im Markt für Elektromobilität aktiv zu werden, wurde schnell klar, dass die Entwicklung einer eigenen Elektroladestation neben der Erarbeitung eines geeigneten Geschäftsmodells und der Gewinnung relevanter Kundengruppen Kernbestandteil des Elektromobilitätsprojekts sein würde. Dabei war es erklärtes Projektziel, die Ausgestaltung der Ladestationen von der Fertigung bis hin zur Wartung einfach und kostenoptimiert zu gestalten. Weiterhin standen eine hohe Anwenderfreundlichkeit und die Verwendung leistungsfähiger Technologien für die Entwicklung im Vordergrund. Die Stückzahl der zu bauenden Ladestationen war aus dem Marktverständnis, eine flächendeckende Infrastruktur aufbauen zu wollen, abgeleitet. Es wurde deshalb eine Lösung angestrebt, die sich bei einem großen Endkundenkreis deutschlandweit in den nächsten Jahren durchsetzen könnte.

Der Projektverlauf lässt sich in sechs Phasen gliedern, wobei für die Fallstudie nur Phase drei bis Phase sechs im Fokus stehen. In Abbildung 24 sind die einzelnen Projektphasen im Detail beschrieben: Die unterschiedlichen Arbeitspakete im Lösungsprozess lassen sich in die Aufgabenfelder Projektmanagement, Engineering, Testing und Produktion einteilen.

Vorgehen	Fokus der Fallstudie					
	Phase 1: Produktidee	Phase 2: Designauswahl	Phase 3: Konstruktion	Phase 4: Detailentwicklung	Phase 5: Nullserie	Phase 6: Kleinserie
Meilensteine	Grobes Lastenheft	Freigabe Designvorschlag	Design Freeze für Prototyp	Prototyp und Aufbaukonzept fertig	Verbesserungen Prototyp final	Serienfreigabe
Projektmanagement	Spezifizierung technischer Anforderungen	Auswahl Designer	Koordination Designer und Fertiger	Koordination Designer und Fertiger	Koordination Fertiger	Koordination; strategisches Lieferantenmanagement
Engineering	–	–	Beginn Konstruktion	Verbesserung Konstruktion; Auslieferung Prototyp	Verbesserungen Konstruktion	Verbesserungen Konstruktion
Testing	–	–	–	IP44-Tests	Tests bzgl. elektrischer Sicherheit	Stückprüfungen; Prüfprotokolle, Langzeitprüfungen
Produktion	–	Anfertigung 2-D-Entwürfe	Anfertigung 3-D-Entwürfe	Prototypenfertigung	Produktion 0-Serie	Produktion Kleinserie

Abb. 24: Projektverlauf von der Idee bis zur Kleinserienproduktion
Quelle: eigene Darstellung aus Projektunterlage "E-Mobility"

Der Erstkontakt zu einem potenziellen Lösungsanbieter für Ladestationen fand im Frühjahr 2009 statt, nachdem ein speziell ausgewählter Industriedesigner fertige 2-D-Entwürfe der Ladestation erstellt hatte.[93] Der Energieversorger folgte nach Phase zwei dem Partnervorschlag des Industriedesigners, so dass keine aufwändige Auswahlprozedur für einen Lösungsanbieter durchgeführt werden musste. Der hier analysierte Projektverlauf behandelt die Konstruktion der Elektroladesäule (Phase 3), geht über die Detailentwicklung (Phase 4) bis hin zur Nullserie (Phase 5) und endet mit der Serienfreigabe der Ladestation (Phase 6).

5.2.3.2 Beratungszufriedenheit im Lösungsprozess

Die in den Interviews am häufigsten genannten Ursachen der Beratungszufriedenheit lassen sich nach Palmatier et al. (2006:137) in die beiden Felder **anbieterbezogene Einflussfaktoren** und **dyadische Einflussfaktoren** einteilen. Nachfragerbasierte Bestimmungsfaktoren der Beratungszufriedenheit wie beispielsweise "Suche nach Ab-

---

[93] Der Industriedesigner war somit für die Spezifikation und Ausarbeitung der Form der Ladestation verantwortlich und wird hier nicht weiter behandelt. Die Fallstudie hingegen konzentriert sich auf den Lösungsanbieter, dessen Hauptaufgabe in der Anforderungsdefinition und Spezifikation der Technologie der Ladestation lag.

wechslung" (vgl. Cannon und Homburg, 2001:34) oder "relative Abhängigkeit" (Anderson und Narus, 1990:43) waren zwar im Rahmen der Kodiertabelle erfasst,[94] wurden jedoch weniger stark von den Interviewpartnern artikuliert.

Im Bereich **anbieterbezogene Einflussfaktoren** wurden insgesamt nur fünf Konstrukte von allen Interviewteilnehmern als Einflussfaktoren auf ihre Beratungszufriedenheit genannt. Dabei handelt es sich um die RM-Konstrukte **Expertise, Projektmanagement, Verständnis, Verkaufsorientierung** und **Unterstützung bei Innovationen**.[95]

Expertise (vgl. Crosby et al., 1990:72) wurde von den technischen Projektleitern zumeist als Anforderung beschrieben, weil spezielles Wissen um die Konstruktion von Ladestationen beim Energieversorger nicht vorhanden war. Der Nachfrager wünschte sich somit einen Anbieter, der in der Phase der Lösungsentwicklung (Phase 3-6) mit speziellem Fachwissen beratend zur Verfügung stehen konnte, damit die optimale Lösung gefunden werden konnte. Interviewpartner # 1 (2010:00:25:06-0) führt bei der Beschreibung des Entwicklungsprozesses aus:

"Das sind solche Details, wo wir überhaupt nicht reingeguckt hätten, weil wir das Know-how dafür nicht haben."

Insbesondere Produktionsexpertise in der Metallfertigung wurde von allen drei Projektleitern als positiver Bestimmungsfaktor der eigenen Beratungszufriedenheit wahrgenommen und in diesem Fall auch erfüllt, handelte es sich bei dem Partner doch um einen großen mittelständischen Metallfertiger, der viel Erfahrung mit vergleichbaren Produktionsprozessen besitzt.

Beim Bestimmungsfaktor **Projektmanagement** (vgl. Liu et al., 2010:223 f.; sowie Stratman und Roth, 2002:603) konnte der Anbieter die technischen Projektleiter des Nachfragers im Lösungsprozess weniger überzeugen: Hier wurde bemerkt, dass die Lösungsvorschläge zwar grundsätzlich durchdacht, umsetzbar und verbindlich waren, es mangelte jedoch an der Führung des Projekts. Weiterhin bemerkte Interviewpartner # 3 (2010:00:17:29-3), dass zu wenig auf die Kundenanforderungen im Lösungsprozess eingegangen wurde:

" [...] die haben zu spät definiert, wie denn unsere Qualitätsansprüche sind. Die haben eigentlich das maximal Mögliche gebaut. Das war eigentlich der falsche Ansatz."

---

[94] Vgl. Anhang 6.
[95] Für eine vollständige Übersicht aller verwendeten Konstrukte vgl. auch Abschnitt 3.1.4 und Anhang 6.

Zusätzlich wurde bemängelt, dass der Anbieter im Bereich Projektorganisation so schlecht aufgestellt war, dass Anforderungen nicht schnell genug umgesetzt werden konnten. In diesem Fall wurde die zum Teil bürokratische Organisation bemängelt, was sich zum Beispiel darin äußerte, dass kleine Anforderungsänderungen nur durch einen sehr formalen Bestellprozess möglich waren.

Der dritte anbieterbezogene Einflussfaktor, der den technischen Projektleitern für ihre Beratungszufriedenheit wichtig war, war **Verständnis** (vgl. Hallén und Sandström, 1991). In diesem Bereich wurde vom Nachfrager bemängelt, dass sich der Anbieter zu wenig Gedanken um die grundsätzliche Ausrichtung des Projekts gemacht hat. Diese Kritik zielte auf der einen Seite darauf ab, dass der Anbieter das Geschäftsumfeld des Kunden nicht verstanden hatte, auf der anderen Seite, dass der Anbieter zu wenig die erwünschte Zielrichtung der Lösung erkannt hatte. Am Beispiel Preisstruktur wird diese Beurteilung noch einmal klar formuliert (Interviewpartner # 2, 2010:00:34:46-7):

"Und sie hatten auch nicht verstanden, die klare Ansage, die mehrfach gekommen ist, in welcher Price Range wir letztlich landen wollen und auch müssen, damit das Thema überhaupt ein langfristiges Thema werden kann."

Das Verständnis des Anbieters wird vom Nachfrager also als wichtige Voraussetzung gesehen, um im gemeinsamen Lösungserstellungsprozess zielorientiert mitarbeiten zu können. Das Beispiel zeigt, dass sonst unter Umständen eine Lösung entstehen kann, die zwar die funktionalen Anforderungen, aber nicht die preislichen Anforderungen des Kunden erfüllt.

Nach der Analyse der Interviews wird beim Bestimmungsfaktor **Verkaufsorientierung** (vgl. Saxe und Weitz, 1982:344) ein negativer Wirkungseinfluss auf die Beratungszufriedenheit des Nachfragers angenommen. Auch auf theoretischer Basis würde es sinnvoll erscheinen, dass sich eine zu starke Verkaufsorientierung nicht positiv auf die Beratungszufriedenheit in einem Lösungsprojekt auswirken kann. Dies liegt darin begründet, dass der Verkäufer bei einer hohen Verkaufsorientierung versucht, möglichst fertige Bestandskomponenten zu verkaufen. Der Lösungsprozess ist allerdings – wie hergeleitet – stark durch die Bedürfnisse des Nachfragers geprägt. In der Fallstudie konnte der Nachfrager eine zu stark ausgeprägte Verkaufsorientierung beim Anbieter feststellen. Dies äußerte sich beispielsweise darin, dass der Nachfrager immer wieder unangenehm mit der vertrieblich orientierten Projektführung im Laufe des Lösungsprozesses konfrontiert wurde. So bemerkt einerseits Interviewpartner # 3 (2010:00:11:00-2):

"Natürlich hast du mit unterschiedlichen Abteilungen und unterschiedlichen Leuten zu tun, aber mir reicht es nicht, mit einem vertriebsorientierten Menschen zu tun zu haben, dem es nur darum geht, für möglichst viel Geld dir ein Produkt zu verkaufen."

Außerdem ergänzt er in diesem Zusammenhang

"Also es war ein Projekt, das konstruktionslastig war, lösungslastig, was aber vertrieblich geführt wurde. [...] Wir hätten nur noch die Lösung gebraucht und nicht eine Führung unter Vertriebsaspekten, und das hat da stattgefunden, ganz klar" (Interviewpartner # 3, 2010:00:17:29-3).

Das Erforschen von Kundenbedürfnissen im Rahmen einer kundenorientierten Beratung wird im gemeinsamen Lösungsprozess somit als essentiell vom Nachfrager wahrgenommen. Eine zu starke vertriebliche Orientierung unter Verkaufsaspekten wird hingegen als störend für den gemeinsamen Lösungsprozess empfunden.

Die letzte stark ausgeprägte anbieterbezogene Einflussvariable auf die Beratungszufriedenheit des Nachfragers ist die **Unterstützung bei Innovationen** (Walter et al., 2003:162). Es ist wahrscheinlich auch der Neuartigkeit dieses Projekts geschuldet, dass dieser Faktor von allen Interviewteilnehmern mehrfach als wichtiger Bestimmungsfaktor für die Beratungszufriedenheit beschrieben wurde. Im konkreten Fall wurde jedoch vom Nachfrager bemängelt, dass ein zu kleiner Anteil der innovativen Ideen vom Anbieter kam und dass aus diesem Grunde die Innovationshöhe des Anbieters zu niedrig war. Interviewpartner # 2 (2010:00:40:21-5) beschreibt dies konkret für eine Situation:

"Also ich hätte noch etwas mehr Beratung und Eigenleistung an der Stelle erwartet, so im Sinne von 'Das und das sind unsere Vorschläge, so würden wir das machen. Ist das aus Ihrer Sicht o.k.? Haken dran oder nicht?' Und eben nicht zu fragen 'Welchen Kabelquerschnitt sollen wir nehmen? Welche Farbe sollen wir nehmen?', sondern eben den Vorschlag 'Aus unserer Sicht würden wir den und den Kabeltyp einsetzen. Wir würden empfehlen, ein Kabel mit verbessertem Brandverhalten zu nehmen!'"

Interviewpartner # 3 (2010:00:02:32-6) drückt die Situation sogar noch drastischer aus:

"[...] aber wir haben da unheimlich viel eigenes Know-how reinstecken müssen, bis die in der Lage waren, das Ding zu fertigen. [...] Eine hohe Eigenleistung

war einfach nicht da, das war, das sind eigentlich so die entscheidenden Kritikpunkte. Wir mussten denen wirklich die Hand führen."

Diese Zitate verdeutlichen, dass gerade bei innovativen Lösungen, bei denen vielleicht noch keine Standardkomponenten für eine Lösung verfügbar sind, der Anbieter umso mehr gefordert ist, dem Nachfrager aktiv kreative Vorschläge zu unterbreiten. Dafür scheint es jedoch wiederum eine Voraussetzung, dass er früh auf die Kundenbedürfnisse eingeht und die Ziele der angestrebten Lösung versteht (vgl. Enkel et al., 2005:434).

Bei den **dyadischen Bestimmungsfaktoren** wurden nur zwei Konstrukte von allen drei Projektteilnehmern aufgeführt, die ihre Beratungszufriedenheit beeinflussen: **Informationsaustausch** und **Joint Working**.

Beim Faktor **Informationsaustausch** (Cannon und Perreault, 1999) war der Nachfrager grundsätzlich zufrieden damit, wie beide Parteien gegenseitig, in offener Art und Weise auch wichtige Informationen im Lösungsprozess ausgetauscht haben. Dies war dem Nachfrager unter anderem deshalb wichtig, weil er stets eine transparente Übersicht über den Lösungsprozess haben wollte. Eine offene, regelmäßige und ehrliche Kommunikation war in diesem Fall das Vehikel, um diese Transparenz zu gewährleisten, so dass der Nachfrager keine ungeliebten Überraschungen im Lösungsprozess antrifft. Obwohl der Punkt der Transparenz erfüllt wurde, gab es jedoch vereinzelt Kritikpunkte hinsichtlich des Themas Lösungsorientierung der Gespräche. So bemerkt Interviewpartner # 3 (2010:00:20:06-5):

"Genau, es war nicht anforderungsoptimiert. Wir haben uns zu wenig über die Anforderungen, die wir haben, [unterhalten]."

Dies zeigt, dass der Informationsaustausch nicht nur gegenwartsbezogen sein muss, sondern er muss auch einen klaren Fokus auf die Kundenanforderungen und damit auf die unmittelbare Lösungsprozessentwicklung haben.

Beim letzten Einflussfaktor auf die Beratungszufriedenheit handelt es sich um das Konstrukt **Joint Working** (Homburg et al., 2003), was einerseits die gemeinsame Entscheidungsfindung, andererseits gemeinsames Problemlösen beinhaltet. Bei diesem Punkt wurde der Anbieter wieder besser beurteilt. So beurteilt Interviewpartner # 2 (2010:00:06:02-1):

"Also das war dann schon eine sehr gute Teamarbeit im Sinne von 'Wie setze ich das jetzt um?', wo die praktisch ihre konstruktive Erfahrung eingebracht haben und wir sozusagen unsere Anforderung artikuliert haben."

Dieses Zitat verdeutlicht noch einmal, dass der Nachfrager sich gut beraten fühlen kann, wenn er zusammen mit dem Anbieter ein Problem gemeinsam als Team löst und sich die verschiedenen Stärken komplementär ergänzen.

5.2.4 Fazit aus der Fallstudie

Aus der vorliegenden Fallstudie können drei wesentliche Schlussfolgerungen abgeleitet werden:

Erstens kann festgestellt werden, dass das Phänomen der Beratungszufriedenheit verhältnismäßig trennscharf durch Konstrukte des RM beschrieben werden kann. Grundlage waren hier die erarbeiteten RM-Konstrukte aus Abschnitt 3.1.4 bzw. Anhang 6. Insbesondere die fünf anbieterbezogenen Konstrukte Expertise, Projektmanagement, Verständnis, Verkaufsorientierung und Unterstützung bei Innovationen sowie die zwei dyadischen Konstrukte Informationsaustausch und Joint Working haben sich als geeignet erwiesen, ein sehr umfassendes Bild der Ursachen der Beratungszufriedenheit von Nachfragern bei B2B-Lösungen aufzuzeigen.

Zweitens konnte auf Basis der Fallstudie gezeigt werden, dass auf Nachfragerseite recht konkrete Vorstellungen darüber herrschen, welche Beratungsleistung ein Lösungsanbieter im Rahmen eines gemeinsamen Lösungsprozesses leisten muss. Dies unterstreicht an dieser Stelle noch einmal die praktische Relevanz des Themas und zeigt, dass der Bedarf an Beratungsleistung bei Lösungen von der Kundenseite ausgeht. Ferner wurde gezeigt, dass die Zufriedenheit mit der Beratung schlecht sein kann, auch wenn die Zufriedenheit mit der Qualität der technischen Lösung eigentlich hoch ist: Die Folge war hier, dass, obwohl am Ende eine technisch gute Lösung stand, die die Anforderungen erfüllte (Interviewpartner # 1, 2010:00:26:06-3), sich eine niedrige Gesamtzufriedenheit beim Nachfrager manifestiert hatte.

Drittens zeigt sich zumindest an dieser Fallstudie, dass die Beratungszufriedenheit in Branchen, wo Industrielösungen noch einen gewissen Neuheitscharakter haben – oder Anbieter sich vielleicht gerade erst im Wandel zum Lösungsanbieter befinden –, nicht immer hoch ausgeprägt sein muss. Dies könnte einerseits nahelegen, dass die Beratungszufriedenheit hier noch ein größeres Mittel der Differenzierung gegenüber dem Wettbewerb ist, andererseits könnte es aber auch gerade deshalb sinnvoll sein, das Phänomen der Beratungszufriedenheit bei Lösungen in einer Branche zu untersuchen, die schon einen höheren "Reifegrad" bei Lösungsanbietern besitzt und wo das Anbieten von Lösungen schon etablierter ist. Die IT-Industrie könnte hier interessante Ansatzpunkte bieten.

Einschränkend zu diesen Erkenntnissen sollte ergänzt werden, dass die Fallstudie explorativen Charakter hat und zudem nur ein erstes Bild auf das Phänomen Beratungszufriedenheit bei B2B-Lösungen gibt. Weiterhin sollte beachtet werden, dass trotz einer klaren Dokumentation des Forschungsprozesses eine vollständige Objektivität nicht gewährleistet werden kann, da der Autor schließlich nicht Außenstehender war, sondern selbst im Projekt auf Nachfragerseite gearbeitet hat.

Abschließend kann festgehalten werden, dass – auch im Sinne einer erhöhten Generalisierbarkeit – die vorgestellten Konstrukte noch in einem größeren Kreis qualitativ hinterfragt werden sollten, bevor in einer quantitativen Untersuchung konkrete Wirkungsbeziehungen überprüft werden können. Im nächsten Abschnitt soll jedoch zunächst ein angemessenes Untersuchungsfeld definiert werden, das sich für eine größere qualitative und quantitative Untersuchung eignet.

5.3 Eingrenzung des Untersuchungsfelds auf IT-Lösungsanbieter

Für den Fortgang der empirischen Untersuchung erscheint es zweckdienlich, sich auf eine bestimmte Art von Lösungen zu konzentrieren, da nicht eindeutig geklärt ist, ob die Wahrnehmung von Beratungszufriedenheit aus Kundensicht von leistungsbezogenen Aspekten abhängt. Das Untersuchungsfeld soll daher auf IT-Lösungen als Leistungskategorie eingegrenzt werden, weil erstens der IT-Sektor einer der ersten Bereiche war, der integrierte Lösungen angeboten hat (Ceci, 2005:19). Zweitens kann hier die wirtschaftliche Bedeutung des Themas Lösungen als hoch eingeschätzt werden (vgl. beispielsweise Hofer, 2009): Alleine in Deutschland arbeiten in der IT-Branche ca. 550.000 Menschen, die einen jährlichen Umsatz von insgesamt ca. 90 Milliarden Euro erbringen (Bundesamt, 2010).[96] Von dieser Überlegung ausgehend, sollen im Folgenden IT-Lösungsanbieter noch einmal kurz abgegrenzt werden.

Unter dem Begriff integrierte IT-Anbieter können Unternehmen verstanden werden, die in allen drei Segmenten des IT-Markts aktiv sind: Dieser umfasst Software, Hardware und Dienstleistungen (Biermann, 2005:19). Wie die nachfolgende Abbildung zeigt, nimmt das Segment der Dienstleistungen mit ca. 50% Umsatzanteil eine dominante Stellung im globalen IT-Markt ein. Das Segment der Dienstleistungen hatte im

---

[96] Der beschriebene Markt beinhaltet die Wirtschaftszweige "Erbringung von Dienstleistungen der Informationstechnologie (WZ 62)" und "Informationsdienstleistungen (WZ 63)" und bezieht sich auf das Jahr 2008.

Jahr 2008 einen weltweiten Gesamtumsatz von ca. 583 Milliarden Euro, lässt sich jedoch noch weiter in drei Unterbereiche aufteilen, namentlich Projektdienstleistungen, IT-Outsourcing und Business Process Outsourcing (BPO) (Schott, 2009:5 f.). IT-Lösungen lassen sich nach dieser Einteilung wahrscheinlich am ehesten dem Bereich "Projektdienstleistungen" zuordnen, wobei Software und Hardware durchaus Teil einer IT-Lösung sein können. Aus diesem Grund ist eine kategorienscharfe Zugehörigkeit zu einem Segment nicht ganz unproblematisch. Weiterhin ist dies nur eine mögliche Zuordnung für IT-Dienstleistungen: Eine weitere Kategorisierung wird beispielsweise von EITO (2011) vorgeschlagen, die im B2B-Geschäft die drei Arten Projektdienstleistungen, Outsourcing und Hardware-Wartung unterscheiden.

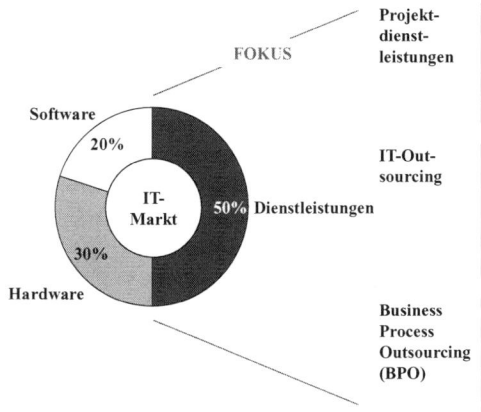

Projektdienstleistungen	Dienstleistungen mit einem vorgegebenen Arbeitsumfang, die innerhalb einer bestimmten Frist abgeschlossen werden • IT-Beratung • Anwendungsentwicklung • Systemintegration
IT-Outsourcing	Betrieb und Support der IT-Infrastruktur und Anwendungen (laufend und zu spezifizierten Servicestufen[1]) • IT-Management (IT-Betrieb, Anwendungsmanagement und Help Desk) • Hardware-Wartung & Support • Software-Wartung & Support
Business Process Outsourcing (BPO)	Bereitstellung eines oder mehrerer IT-intensiver Geschäftsprozesse (laufend und zu spezifizierten Servicestufen) • Finanzen • Betrieb • Vertrieb, Marketing & Kundenbetreuung

IT-Markt: Software 20%, Hardware 30%, Dienstleistungen 50% (FOKUS)

1) Vereinbarungen können auch Beratung, Entwicklung und Integrationsdienstleistungen enthalten

Abb. 25: Überblick über den globalen IT-Markt
Quelle: in Anlehnung an Schott (2009:5)

In Deutschland wird der Markt für IT-Dienstleistungen einerseits von einer Reihe deutschstämmiger Firmen wie T-Systems, Siemens IT Solutions and Services oder der Computacenter AG beherrscht. Andererseits können hier auch einige global agierende Firmen amerikanischen Ursprungs wie Hewlett-Packard oder IBM einen hohen Marktanteil vorweisen (Lünendonk, 2010). Darstellungen des IT-Dienstleistungsmarktes können auf unterschiedlichste Arten erfolgen. Eine wichtige Dimension scheint in diesem Zusammenhang jedoch nicht nur der absolute Marktanteil in einem Land zu sein (starker bzw. schwacher Marktteilnehmer), sondern auch die Fähigkeit, Dienstleistungen offshore erbringen zu können. Marktteilnehmer wie Tata oder Infosys aus Indien haben es durch starke Offshoring-Kompetenzen – trotz teils schwacher regionaler Präsenzen – zu großem internationalen Erfolg gebracht. Abschließend bleibt anzumerken, dass gerade die weltweit dominierenden IT-Firmen in der Regel in allen drei Segmenten aktiv sind (z.b. IBM, Hewlett-Packard, Fujitsu, CSC) und versuchen, über alle Bereiche hinweg integrierte Lösungen anzubieten. Insgesamt wächst der Anteil von integrierten Lösungen in der IT-Branche stetig und hat dort schon große Verbreitung in Form von vielen unterschiedlichen technischen Lösungen erfahren (Ceci und Prencipe, 2008:279). IBM ist vielleicht das bekannteste und am besten dokumentierte Beispiel aus dieser Branche, was die Entwicklung zum Lösungsanbieter aufzeigt (Spohrer und Maglio, 2008a; Spohrer und Maglio, 2008b).

Nicht nur Lösungen können einen hohen Komplexitätsgrad haben, sondern auch die IT-Branche an sich wird durch Heterogenität, Komplexität, Dynamik und Unsicherheit bestimmt (Prosch, 2002). In diesem Kontext kann angenommen werden, dass die Beratungszufriedenheit das Empfinden der Kunden steigert, bei einem lösungsorientierten Anbieter zu kaufen (vgl. Backhaus und Michaelis, 2010:16 ff.). Aus diesem Grund bleibt die Erforschung der Ursachen und Konsequenzen von Beratungszufriedenheit für den IT-Lösungsmarkt von hoher unternehmenspraktischer Relevanz.

Auch wenn die Anforderungen an IT-Berater zwar in regelmäßigen Abständen von diversen Marktforschungsinstituten untersucht werden, sind die Ergebnisse dieser Studien in der Regel jedoch durch einen zu hohen Praxisbezug gekennzeichnet und damit nach Einschätzung des Autors dieser Arbeit nicht ausreichend, um das Phänomen Beratungszufriedenheit akademisch weitgehend genug zu durchdringen (vgl. z.B. Computerwoche, 2008). Somit beginnt im folgenden Abschnitt die eigentliche qualitative Hauptstudie, die im Markt für IT-Lösungen auf Nachfragerseite durchgeführt wurde.

5.4 Hauptstudie: Ziele und methodisches Vorgehen

Dieser Abschnitt beschreibt den ersten Teil der Haupterhebung. Nachdem schon in Abschnitt 5.1 die grundsätzlichen methodischen Besonderheiten des qualitativen Forschungsvorgehens erläutert wurden, beschränkt sich dieser Abschnitt darauf, zunächst die Ziele und die Vorbereitungen der Erhebung vorzustellen (5.4.1), wobei die Struktur der Interviewteilnehmer erläutert wird (5.4.2). Darauf aufbauend werden dann die Durchführung des eigentlichen Interviewprozesses (5.4.3) und die Transkription und Analyse der Ergebnisse (5.4.4) vorgestellt. Die ausführliche Analyse und Interpretation der Hauptkonstrukte erfolgt im Abschnitt 5.5.

Schritt 1: Qualitative Studie 149

5.4.1 Ziele und Vorbereitung der Erhebung

Um eine noch umfassendere Einordnung des Konstrukts Beratungszufriedenheit bei B2B-Lösungen vornehmen zu können, bei der auch die Konsequenzen der Beratungszufriedenheit Berücksichtigung finden, wurden nach der Fallstudie insgesamt 20 weitere Interviews durchgeführt. Diese Methodik scheint angemessen, weil der Einsatz von explorativen Interviews in diesem Kontext als eine der wertvollsten Informationsquellen gesehen wird, kann doch der Forscher so ein besseres Verständnis für komplexe Prozesse und Phänomene entwickeln (Carson et al., 2001; Miles und Huberman, 1994). Ziel war es, die aufgeworfenen Fragestellungen aus der Fallstudie weiter zu beleuchten und auf der Grundlage der Interviews eine Modellkonzeptionalisierung der Beratungszufriedenheit vornehmen zu können, die sich in die Wirkungskette des RM einordnen lässt (Hadwich, 2003:56).

Für die Gewinnung von Interviewpartnern wurden IT-Lösungsnachfrager aus verschiedenen Branchen zielorientiert angesprochen. Die Ansprache von Nachfragern – im Vergleich zu Anbietern – wurde in diesem Fall klar präferiert, weil die Konzeptionalisierung des Konstrukts Beratungszufriedenheit und die Entwicklung des mit dem Konstrukt verbundenen nomologischen Netzes auf einem besseren Verständnis der Kundenperspektive basieren sollte (vgl. z.B. Hudson und Ozanne, 1988). Da es sich hier um Wahrnehmungs- und Einstellungskonstrukte wie Zufriedenheit und Vertrauen handelt, sind nicht die objektiven, sondern die subjektiv wahrgenommenen Qualitätsmerkmale der Bestimmungsfaktoren und Einstellungen entscheidend (Reinecke, 2004:284).

Für die Ansprache der Nachfrager wurde ein sechsseitiger "Interview-Teaser" verwendet, der kurz in die Problemstellung einführt, Beispielfragen aus dem geplanten Interview offenlegt und den Forscher vorstellt. Ziel war es, so genannte Schlüsselinformanten zu gewinnen (vgl. z.B. Kumar et al., 1993; Phillips, 1981; Wilson und Lilien, 1992), die einige Erfahrung in der Interaktion mit IT-Lösungsanbietern haben und sich auch auf höherer Ebene mit dem Lösungsanbietermanagement befassen. Weiterhin sollten sie nach Möglichkeit in einer Branche arbeiten, die hohe relative IT-Ausgaben hat (wie z.B. Finanzdienstleistungen, vgl. Gartner, 2010), weil der Autor dieser Arbeit annimmt, dass dies auf eine höhere Bedeutung von IT-Lösungen im Unternehmen hinweist. Außerdem wurden tendenziell größere, etablierte Unternehmen angesprochen, weil hier mehr Professionalität aus Nachfragersicht (z.B. dedizierte CIO-Organisationen und Buying Center) unterstellt wurde.

5.4.2 Beschreibung der Experteninterviews

Nach Festlegung von groben Auswahlkriterien und der Ansprache von ca. 25 Unternehmen konnten sukzessive 20 Interviewpartner gewonnen werden. Weil nach diesen 20 Interviews einerseits die Auswertungsbasis groß genug war und sich andererseits eine theoretische Sättigung einstellte, wurden keine weiteren Interviews durchgeführt (vgl. z.B. Kvale, 2007). Bei den Interviewpartnern handelt es sich überwiegend um Mitarbeiter aus CIO-Organisationen, die schon seit einigen Jahren Erfahrungen mit IT-Lösungen haben. Hierarchisch wurden sowohl Interviews auf Vorstandsebene (CIO) und Bereichsleiterebene als auch auf IT-Projektmanagerebene durchgeführt. Der Schwerpunkt der befragten Unternehmen liegt auf den Branchen Finanzdienstleistungen (30%), Hightech (25%) und Energie (25%). Die meisten befragten Unternehmen befinden sich in dem Größencluster > 30.000 Mitarbeiter (45%), bzw. 5.000 bis 30.000 Mitarbeiter (30%) und haben eine eigene CIO-Organisation, die sich mit grundsätzlichen Fragestellungen der IT beschäftigt und IT-Lösungen in der Regel beschafft, mit einführt und verantwortet. Der Projektfokus der diskutierten IT-Lösungen ist relativ heterogen, behandelt jedoch häufig komplexe und langfristige Projekte mit einem großen Beratungsanteil und spiegelt in einigen Fällen auch branchenspezifische Anforderungen wider. Anhang 7 gibt einen Gesamtüberblick über die geführten Experteninterviews. Weil mit den Experten in der Regel nur ein konkretes IT-Projekt aus ihrer eigenen Historie besprochen wurde, ist zusätzlich noch der Projektfokus des besprochenen Projekts in der Tabelle mit aufgeführt.

Nachdem nun einerseits die Ziele und Vorbereitung der Interviewreihe, andererseits die Merkmale der Experteninterviews beschrieben wurden, werden im nächsten Unterabschnitt die Hauptpunkte des individuellen Interviewprozesses erläutert.

5.4.3 Durchführung des Interviewprozesses

Alle Interviews wurden von Dezember 2009 bis Juni 2010 in Deutschland durchführt und fanden in der Regel vor Ort beim Interviewpartner statt. Die Interviews waren teilstrukturiert, hatten eine durchschnittliche Dauer von ca. einer Stunde und wurden durch einen Interviewleitfaden mit größtenteils offenen Fragen unterstützt. Die Verwendung eines Interviewleitfadens ist deshalb empfehlenswert, weil er hilft, den Interviewprozess zu steuern (Wilkinson und Young, 2004:211). Dabei wurden alle relevanten Teilbereiche angesprochen, wobei nicht auf einer bestimmten Themenreihenfolge bestanden wurde. Hier liegt die Stärke des teilstrukturierten Interviews darin, dass die

Reihenfolge und Formulierung der Fragen an den Interviewpartner und seine spezifische Situation angepasst werden kann (Patton, 1990:280 ff.).

Der Interviewleitfaden (vgl. Anhang 5) wurde vor Verwendung mit drei anderen Marketingexperten sorgfältig auf Verständlichkeit geprüft und gliedert sich in die folgenden sieben Teilbereiche: (1) Einleitung des Interviews, (2) Eröffnungsfragen, (3) übergreifende Einstiegsfragen zum Thema, (4) Fragen zur Evaluationsphase, (5) Fragen zur Transaktionsphase, (6) übergreifende Abschlussfragen zum Modell und (7) Abschlussfragen.

Die Experten der 20 Nachfragerfirmen wurden nach einem konkreten IT-Projekt aus ihrer eigenen Historie befragt, dessen Verlauf dann chronologisch besprochen wurde. Der Fokus lag hier stark auf der Beratungszufriedenheit des Interviewpartners bis zur Implementierung der IT-Lösung. Dies bedeutet, dass im Hinblick auf den gesamten Lösungsprozess schwerpunktmäßig die Phase der Anforderungsdefinition und die Phase des Customizing und der Integration im Mittelpunkt des Gesprächs standen. Die Phase der Implementierung und der Nachsorge wurde nicht ausführlich diskutiert, weil hier in der Regel der Beratungsbedarf deutlich reduziert ist (vgl. auch Tuli et al., 2007). Weiterhin wurden Aspekte wie die Preispolitik des Anbieters oder die genaue technische Leistung nicht im Detail diskutiert, weil diese aus der hier eingenommenen Sicht des RM nicht im Fokus des Interesses stehen.

Alle Interviewpartner konnten unter Zusicherung der Anonymität davon überzeugt werden, dass die Interviews mit einem digitalen Diktiergerät mitgeschnitten werden durften. Die entsprechenden Transkripte der Interviews finden sich in Anlagenband B zu dieser Arbeit. Aufgrund der teilweise sensiblen Daten in diesem Kontext nannten nicht alle Interviewpartner den konkreten Lösungsanbieter mit dem sie zusammen gearbeitet haben. Dies stellt für die vorliegende Untersuchung keine Einschränkung dar, da eine übergreifende Beurteilung des Marktes für Lösungsanbieter in Deutschland für die Beantwortung der Forschungsfragen nicht notwendig ist.

5.4.4 Auswertung und Analyse der Interviews

Für die Auswertung und Analyse der Daten wurden eine **Transkription** aller Interviews durchgeführt, um die Reliabilität der Untersuchung zu verbessern (Sacks, 1984) bzw. um die Untersuchung nachvollziehbarer zu machen. Nach der Transkription wurde eine qualitative Inhaltsanalyse (Mayring, 2000a) durchgeführt, um **systematisch**, **schrittweise** und **regelgeleitet** die große Menge an Daten auswerten zu können. Das

Ziel dieses Ansatzes ist, die Vorteile der quantitativen Inhaltsanalyse zu bewahren und auf qualitativ-interpretative Auswertungsschritte zu übertragen.

Im vorliegenden Fall wurde eine deduktive Kategorienanwendung benutzt. Dafür wurde zunächst – wie in Abschnitt 5.1.4 beschrieben – das Material in ein Kommunikationsmodell eingeordnet, wobei hier das RM als Bezugsrahmen benutzt wurde. Die Festlegung der Strukturierungsdimensionen als Hauptkategorien war **theoriegeleitet** und orientierte sich an dem metaanalytischen Rahmen von Palmatier et al. (2006:137). Dieser begreift Zufriedenheit als ein zentrales Konstrukt, das von anbieterbezogenen, nachfragerbezogenen und dyadischen Antezedenzen beeinflusst wird. Die Unterkategorien in dieser theoriegeleiteten Festlegung werden durch die 50 RM-Konstrukte gebildet, die in Abschnitt 3.1.4, im Rahmen eines RM-Literaturüberblicks identifiziert worden sind (vgl. auch Anhang 3). Im nächsten Schritt war es wichtig, die theoriegeleitete Festlegung von Definitionen und Ankerbeispielen in einem Kodierleitfaden festzuhalten, welcher auch als Anleitung für die beiden Kodierer dienen sollte. Bei der Erstellung wurde auf mehrere Dinge geachtet: Erstens wurde darauf Wert gelegt, dass die Definitionen aus etablierten RM-Studien stammen, die nach Möglichkeit einen B2B-Bezug aufweisen (**eindeutige Definition**). Zweitens wurde versucht, die einzelnen Definitionen so überschneidungsfrei wie möglich auszuwählen, damit später eine Zuordnung der Konstrukte für die Kodierer leichter möglich ist (**klare Abgrenzung**). Drittens sollte der Kodierleitfaden so komplett wie möglich sein und damit einen Großteil der Interviewzitate abdecken können (**erschöpfende Kategorien**). Viertens sollten Ankerbeispiele ausgesucht werden, die die einzelnen Definitionen so gut wie möglich abbilden. Diese vier Punkte zusammengenommen hatten das Ziel, die **intersubjektive Nachvollziehbarkeit** sicherzustellen (Bortz und Döring, 2006:153). Der Kodierleitfaden kann in Anhang 6 eingesehen werden.

Nach der Fertigstellung des Kodierleitfadens wurden, dem inhaltsanalytischen Ablaufmodell folgend, die Transkripte in einzelne Sinneinheiten zerlegt und dann schrittweise einzelnen Kategorien zugeordnet. Um zu gewährleisten, dass die Zuordnung der Kategorien durch den Forscher einerseits nachvollziehbar ist und andererseits ausreichend korrekt interpretiert wurde, wurde ein zweiter Experte hinzugezogen, der die Kodierung unabhängig vom Forscher ein zweites Mal vollständig durchführte. Bei dem Experten handelt es sich um eine Person, die sowohl im Bereich Marketing als auch im IT-Bereich über weitgehendes Wissen verfügt. Die Höhe der Übereinstimmungen der Einschätzungsergebnisse bei den beiden Kodierern – auch **Interkoderre-**

Schritt 1: Qualitative Studie

liabilität[97] – lag bei 89,9% (vgl. z.B. Bettmann und Park, 1980:239), wobei das Ergebnis in diesem Fall übereinstimmend mit dem Reliabilitätskoeffizienten nach Holsti (1969) ist. Dies kann als sehr zufriedenstellend eingestuft werden, obwohl dem Autor dieser Arbeit bewusst ist, dass beide Gütemaße nicht den Faktor der erwarteten Übereinstimmung der beiden Kodierer enthalten – wie beispielsweise beim Cohen's Kappa (Cohen, 1960) – und somit tendenziell die Ergebnisse der Übereinstimmung zu positiv darstellen. Auf der anderen Seite gibt es auch keinen universell akzeptierten Index für die Interkoderreliabilität (Lombard et al., 2010). Weiterhin ist eine völlige Übereinstimmung bei qualitativ orientierten Arbeiten nie zu erwarten und oft besteht ein Ungleichgewicht zwischen den beiden Inhaltsanalytikern hinsichtlich des Kenntnisstands der Transkripte (Mayring, 2005:12 f.), weil beispielsweise der eine Experte bei der Erstellung stärker involviert war als der andere. Auch aus diesem Grund soll die hier verwendete Höhe der **Übereinstimmung lediglich als zufriedenstellende Indikation** dienen.

Hinsichtlich der restlichen Textpassagen, bei denen es keine anfängliche Übereinstimmung gab, bleibt anzumerken, dass diese im Rahmen eines Diskurses zwischen Inhaltsanalytiker eins und zwei besprochen und validiert wurden. Bei diesem Schritt hatte der zweite Inhaltsanalytiker die Möglichkeit, den ersten Kodierer von inhaltlich abweichenden Zuordnungen zu überzeugen. War an dieser Stelle die Argumentation des Zweitkodierers aus Sicht des Erstkodierers nicht überzeugend genug, wurde final die Kategorienzuordnung des Erstkodierers benutzt.

Nach der finalen Kategorienzuordnung wurde eine **Häufigkeitsanalyse** – auch Frequenzanalyse – durchgeführt (Bortz und Döring, 2006:151 f.), um festzustellen, welche RM-Konstrukte im Rahmen der quantitativen Inhaltsanalyse dominieren. Von den insgesamt 809 Textfragmenten konnten 784 Fragmente 40 Konstrukten zugeordnet werden. 25 Textfragmente wurden von beiden Kodierern als "unklare Statements" kategorisiert und fallen aus der Betrachtung heraus. Zehn Konstrukte haben sich in der Analyse als nicht bedeutsam gezeigt, weil hier keine Textpassagen zugeordnet werden konnten. In der folgenden Tabelle sind die 20 Konstrukte aufgeführt, welche am häufigsten durch die Inhaltsanalyse als Ursachen der Beratungszufriedenheit identifiziert wurden.

---

[97] Das heißt die Verlässlichkeit der Kodierung zwischen den Kodierern.

#	Konstrukte (Ursachen der Beratungszufriedeneheit)	Frequenz der Konstruktnennung (bei % der Interviewpartner)
1	Expertise	100%
2	Projektmanagement	95%
3	Informationsaustausch	90%
4	Verständnis	85%
5	Joint Working	80%
6	Flexibilität	70%
7	Verkaufsorientierung	65%
8	Technische Qualität	65%
9	Unsicherheit	60%
10	Unternehmensgröße	60%
11	Kooperation	60%
12	Autonomie	60%
13	Unterstützung bei Innovationen	55%
14	Unterstützung/Anbieter-Wohlwollen	55%
15	Freundlichkeit	55%
16	Koordination	50%
17	Dauer der Beziehung	40%
18	Kundenorientierung	35%
19	Nähe	35%
20	Konflikt	35%

Tabelle 5: Frequenz der Konstruktnennungen (Top 20)

Quelle: eigene Auswertung der 20 Experteninterviews nach Frequenzanalyse

Basierend auf diesen Ergebnissen wurde die Entscheidung gefällt, die acht am häufigsten vorkommenden Konstrukte einer genaueren Analyse zu unterziehen und im Rahmen eines nomologischen Netzes mit dem Hauptuntersuchungskonstrukt Beratungszufriedenheit in Verbindung zu setzen. Dies ist aus Sicht des Autors dieser Arbeit notwendig, da selbst die Erarbeitung eines explorativen Modells der Beratungszufriedenheit gründlicher theoretischer Vorüberlegungen bedarf, bevor dieses großzahlig getestet wird (Homburg und Hildebrandt, 1998:31). Weiterhin erscheint die Beschränkung der Untersuchung auf acht Antezedenzen der Beratungszufriedenheit sinnvoll, weil erstens für diese acht sichergestellt ist, dass mindestens 65% der Befragten das Konstrukt als relevant empfinden, und zweitens, weil eine Beschränkung aus forschungspragmatischer Sicht nötig ist, weil sonst das Erhebungsinstrument zu umfangreich werden würde. Bei der Betrachtung der Konstrukte eins bis acht fällt auf, dass es eine sehr große Übereinstimmung mit den Ergebnissen der Fallstudie aus Abschnitt 5.2 gibt. Lediglich der Punkt "Unterstützung bei Innovationen" ist mit 55% etwas schwächer vertreten. Dies mag jedoch dem Umstand geschuldet sein, dass es sich bei der Fallstudie um ein Projekt mit einem sehr hohen Neuheitsgrad und einer außergewöhnlich hohen Innovationshöhe handelte. Diese hohe Übereinstimmung bei den Ergebnissen ist vielversprechend, weil dies einerseits nahelegt, dass der Forscher das gleiche Phänomen verfolgt, und dies andererseits ein Hinweis darauf sein könnte, dass das Konstrukt der Beratungszufriedenheit ähnlichen Einflussfaktoren unterworfen ist – unabhängig davon, um welche Art der B2B-Lösung es sich handelt. Bei den acht herausgestellten Einflussfaktoren handelt es sich bis auf die Expertise, das Verständnis und die technische Qualität der Lösung (Lösungseigenschaft) um Konstrukte des Verkäuferverhaltens. Dies erscheint auch auf den ersten Blick plausibel, weil es diverse Nachweise dafür gibt, dass Kunden auf Basis des Verkäuferverhaltens darauf schließen, was der Verkäufer für Absichten hat und ob er fähig und willens ist, zur Lösung eines konkreten Kundenproblems beizutragen (Brady und Cronin, 2001:43 ff.; Haas, 2006a:641; Haas, 2006b:239; Niebisch, 1993:381). Wird diese Wahrnehmung erfüllt, sollte sich der Nachfrager auch besser beraten fühlen. Ausgehend von diesen Überlegungen werden im folgenden Abschnitt 5.5 alle für das Modell notwendigen Konstrukte besprochen und in ein Hypothesengerüst eingebettet.

5.5 Hauptstudie: Qualitative Ergebnisse

"[...] oftmals weiß man als Auftraggeber ja auch nur ungefähr, was man machen will" Interviewpartner # 12 (2010:00:38:26-9).

Die Signifikanz der Beratungszufriedenheit bei Lösungen ergibt sich daraus, dass die Beratung für Nachfrager im Lösungsprozess eine wichtige Rolle einnimmt: Sie hilft dem Anbieter, durch einen interaktiven Austausch mehr über die Nachfragerbedürfnisse zu erfahren, um so eine geeignetere Spezifikation vornehmen zu können, und erlaubt dem Nachfrager, in einem interaktiven Prozess herauszufinden, was er eigentlich möchte. Um dieses wichtige Phänomen quantitativ besser zu beschreiben und grundlegende Ursache-Wirkungs-Verhältnisse zu etablieren, werden in diesem Abschnitt die Ergebnisse der Inhaltsanalyse im Detail für insgesamt zwölf RM-Konstrukte vorgestellt. Ziel dieses Abschnitts ist, eine Konzeptionalisierung der Konstrukte hinsichtlich des Untersuchungskontextes durchzuführen (Homburg und Giering, 1996:5), wobei die einzelnen Konstruktdimensionen aus Nachfragersicht diskutiert werden. Bei den zwölf Konstrukten handelt es sich um acht antezedente Konstrukte, drei kundenfokussierte relationale Mediatoren sowie ein Konstrukt, das eine RM-Konsequenz im Sinne von Palmatier et al. (2006:137) darstellt:

Kundenfokussierte Ursachen →

Kundenfokussierte Ergebnisse
- Intentionale Kundenbindung

Anbieterfokussierte Ursachen
- Expertise
- Projektmanagement
- Verständnis
- Flexibilität
- Verkaufsorientierung
- Technische Qualität

Kundenfokussierte relationale Mediatoren
- Beratungszufriedenheit
- Zufriedenheit
- Vertrauen

→ **Anbieterfokussierte Ergebnisse**

Dyadische Ursachen
- Informationsaustausch
- Joint Working

→ **Dyadische Ergebnisse**

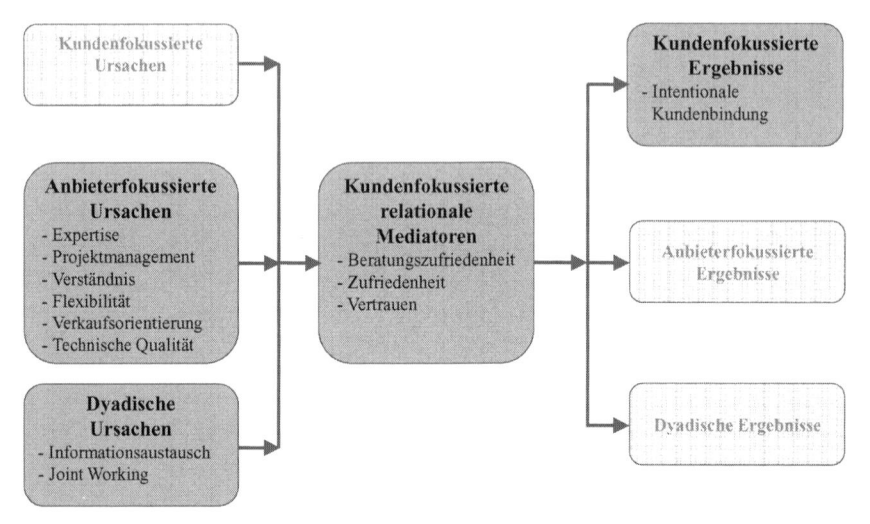

Abb. 26: Konzeptioneller Forschungsrahmen der Untersuchung
Quelle: in Anlehnung an Palmatier et al. (2006:137)

Wie aus der Abbildung deutlich wird, wurde für diesen Untersuchungskontext nicht das komplette metaanalytische Bezugssystem von Palmatier et al. (2006:137) genutzt (z.B. keine kundenfokussierten Ursachen), sondern der Autor dieser Arbeit beschränkt sich bewusst auf die Teile, die sich in den Interviews als besonders relevant herausgestellt haben.

Die Unterabschnitte von Abschnitt 5.5 sind jeweils in vier Teile gegliedert:

- Zunächst findet die konzeptionelle Spezifizierung der zwölf Konstrukte für diese Arbeit statt, so dass klar abgegrenzt wird, was in Konstrukten enthalten ist und was nicht (vgl. auch Churchill, 1979:67)[98] ("Definition").
- Daran anschließend werden die Forschungsergebnisse aus dem RM zu dem jeweiligen Konstrukt, wenn möglich mit Bezug zur Beratungszufriedenheit, diskutiert ("Literaturüberblick").

---

[98] Dies ist auch deshalb relevant, weil die Konstrukte für die quantitative Untersuchung später passend operationalisiert werden müssen.

- Im dritten Teil jedes Abschnitts finden sich sodann die Ausführungen der Interviewpartner wieder, welche einen direkten Bezug zum Kontext bieten und Stärken und Schwächen der Anbieter in dieser Konstruktdimension illustrieren ("Validierung mit qualitativer Studie").

- Der vierte und letzte Teil der Abschnitte schließt damit, dass für jedes Konstrukt eine oder mehrere Wirkungsbeziehung(en) in Form von Hypothesen formuliert werden, die nachfolgend in das Gesamtmodell der Beratungszufriedenheit einfließen ("Hypothese(n)").

5.5.1 Wahrgenommene Expertise des Anbieters

Expertise ist eine wahrgenommene Eigenschaft der Kontaktperson, die den Nachfrager berät (z.B. Sharma et al., 2008:300). Dabei kann unter der wahrgenommenen Expertise die Gesamtheit an Wissen, Erfahrungen und Kompetenzen des Anbieters verstanden werden (Palmatier et al., 2006). Dieses Wissen kann sich dabei sowohl auf die Produkte und Dienstleistungen der Firma als auch auf prozessuale Aspekte der Dienstleistungserbringung beziehen (Mervis und Rosch, 1981).

Definitorisch ist der Begriff der Expertise eng verwandt mit dem Begriff der Kompetenz, welcher nach Erpenbeck und Heyse (2007) als Disposition eines Menschen definiert werden kann, die es ihm ermöglicht, selbstorganisiert und selbstgesteuert zu handeln. Nach dieser verhaltenswissenschaftlichen Interpretation des Kompetenzbegriffs können vier Kompetenzfelder unterschieden werden (Fach-, Methoden-, Sozial- und Selbstkompetenz), wobei hier insbesondere die Fachkompetenz von Interesse ist. Diese Kompetenzart beinhaltet vor allem Fertigkeiten und Wissen, die im beruflichen Umfeld der Aufgabenbewältigung dienen (Frieling und Sonntag, 1999:148). Homburg et al. (2010:265) spezifizieren diese Fachkompetenz für Vertriebsmitarbeiter noch weiter und verstehen darunter Kenntnisse und Fähigkeiten, die der Vertriebsmitarbeiter entweder durch gezielte Trainingsmaßnahmen oder bei der Berufsausübung erworben hat. Dabei unterscheiden sie insgesamt zwischen sechs verschiedenen Aspekten der Fachkompetenz: Produktkenntnisse, Kundenkenntnisse, Marktkenntnisse, betriebswirtschaftliche Kenntnissen, verkaufsprozessbezogene Fähigkeiten und Fähigkeiten der Selbstorganisation. Von einigen Autoren wird der Kompetenzbegriff sogar noch erweitert – beispielsweise um die Dimension der operativen Kompetenz, welche die Umsetzungskompetenz des Anbieters stärker in den Vordergrund rückt (Sirdeshmukh et al., 2002).

Weiterhin wäre es möglich, die Expertise des Anbieters auch als organisationale Eigenschaft zu interpretieren (z.B. Tuli et al., 2007:15). Dies bietet sich beispielsweise für die übergreifende Beurteilung, ob ein Unternehmen die richtigen Kompetenzen als Lösungsanbieter hat, an (z.B. Dous, 2007:203). Von dieser übergreifenden Sicht soll hier jedoch Abstand genommen werden, da bereits in Abschnitt 3.1.3.1 begründet wurde, dass sich das zu untersuchende Zufriedenheitsurteil auf den Kundenkontaktmitarbeiter im Lösungsprojekt erstrecken soll. Für die vorliegende Arbeit wurde die wahrgenommene Expertise somit auf folgenden Fokus begrenzt:

> "A customer's perception of a salesperson's expertise reflects the identification of relevant competencies associated with the goods or service transaction (e.g. product/market knowledge, logistics) most often exhibited in the form of information provided by the salesperson" (Crosby et al., 1990:72).

5.5.1.1 Relevanz wahrgenommener Expertise aus Literatursicht

Expertise wurde schon oft als eine Anbietereigenschaft dargestellt, die auf Firmenebene in der Dienstleistungsindustrie einen signifikanten Wettbewerbsvorteil schaffen kann (vgl. z.B. Bharadwaj et al., 1993:85 ff.). Gerade im Hinblick darauf, dass der Vertrieb mit immer komplexeren Beratungsfragen konfrontiert wird (Rainfurth, 2003:6), wird auch auf der Ebene des individuellen Austausches durch Expertise ein positiver Einfluss auf den Kunden angenommen. So wird beispielsweise Vertriebsmitarbeitern mit einem hohen Expertiselevel nachgesagt, dass sie besser die Probleme eines Kunden lösen können (Homburg und Stock, 2005:401 f.) und erfolgreichere Verkäufer sind, weil sie sich im Verlauf der Beratung weniger darauf konzentrieren müssen, die vorgebrachten Einwände der Kunden zu entkräften (Haas, 2002:3). In diesem Zusammenhang wurde bestätigt, dass die vom Nachfrager wahrgenommene Expertise einen Vertriebsmitarbeiter auch vertrauenswürdiger erscheinen lassen kann (Busch und Wilson, 1976; Moorman et al., 1993). Die dabei zugrunde liegende Überlegung ist, dass Expertise einen positiven Einfluss auf die Kommunikation hat und dass so die "Nachricht" des Vertriebsmitarbeiters als wahr oder wichtig wahrgenommen werden kann (Selnes, 1998). Neben dem Einfluss auf das Vertrauen wird weiterhin argumentiert, dass Anbieterexpertise einen wesentlichen Einfluss auf die Beziehungsqualität[99] haben kann (Crosby et al., 1990). Dies wirft den für diese Untersuchung wichtigen

---

[99] Nach Crosby et al. (1990:72) konzeptionalisiert als eine Kombination aus Zufriedenheit mit und Vertrauen in den Vertriebsmitarbeiter.

Aspekt der Zufriedenheit auf, die gemäß den Autoren positiv durch Anbieterexpertise beeinflusst werden kann. Dieses Ergebnis wird auch von Dolezych (2010:200) bestätigt, welcher die Leistungskompetenz[100] als den wichtigsten Bestimmungsfaktor für die Beziehungsqualität – und damit auch die Zufriedenheit – im Lösungsgeschäft nachweist. Ein direkter Einfluss der wahrgenommenen Anbieterexpertise auf die Zufriedenheit mit dem Anbieter konnte ebenfalls noch in der Personal-Selling-Forschung nachgewiesen werden: Ohne wahrgenommene Expertise würden Nachfrager zögern, einen unterbreiteten Lösungsvorschlag vom Anbieter anzunehmen, so dass die Expertise ein wichtiger Bestimmungsfaktor ist (Liu und Leach, 2001).

Aus Anbieterperspektive bleibt ferner anzumerken, dass Expertise eine grundlegende Voraussetzung für Vertriebseffizienz ist. So ist beispielsweise die Vermittlung von Produktwissen ein grundlegender Bestandteil vieler Vertriebsschulungen (Stanton und Buskirk, 1987). Im Hinblick auf Lösungen führt gerade ihre teils hohe Komplexität dazu, dass Vertriebsmitarbeiter ein umfassenderes Wissen über das eigene Produkt- und Dienstleistungsspektrum und über Kooperationspartner besitzen müssen. Der gezielten Informationsbeschaffung des Vertriebs kommt somit gestiegene Bedeutung zu (Jones et al., 2005).

5.5.1.2 Relevanz wahrgenommener Expertise aus Expertensicht

Von allen 40 genannten Ursachen für Beratungszufriedenheit wurde Expertise als einzige Ursache von allen 20 Interviewpartnern genannt (100%). Expertise scheint somit einen überragenden Einfluss auf die Beratungszufriedenheit bei Lösungen zu haben. Im Kontext von IT-Lösungen werden unter der von Nachfragern erwünschten Expertise unterschiedliche Dinge verstanden: **Fachwissen aus und Erfahrung in der gleichen Branche, Prozesswissen** sowie **Referenzen und Zertifizierungen.**

Die Untersuchung wirft zunächst die Frage auf, warum Nachfrager so einen großen Wert auf die Expertise des Anbieters legen bzw. warum diese einen Einfluss auf die Beratungszufriedenheit hat: Der erhoffte **Wissensvorsprung des Anbieters** scheint einer der Hauptgründe zu sein, warum der Nachfrager einen Anbieter mit einer beratenden Funktion überhaupt benötigt. So führt Interviewpartner # 3 (2010:00:39:26-9) an:

---

[100] In seiner Untersuchung operationalisiert Dolezych (2010:197) Leistungskompetenz und Glaubwürdigkeit als ein Konstrukt (auch: LKG): Darunter summiert er die Aspekte (1) Vertrauen in Mitarbeiter, (2) Sicherheit bei Transaktionen, (3) Mitarbeiter haben das fachliche Wissen, um Fragen sofort zu beantworten, (4) lange Firmengeschichte, (5) Mitarbeiter verhalten sich ethisch und moralisch korrekt sowie (6) Mitarbeiter beraten neutral und objektiv.

"Er muss sich definitiv sachlich [und] fachlich mit der Thematik sehr gut auskennen, also da muss wirklich Kompetenz [vorhanden sein]. Das halte ich für sehr wichtig. Deswegen nehme ich ja an vielen Stellen eben externe Beratungen in Anspruch, weil ich sage 'O.k., ich habe diesen fachlichen Hintergrund unter Umständen gar nicht. Ich traue mir nicht zu, das beurteilen zu können!'. Und da brauche ich die fachliche Kompetenz."

Ähnlich bemerkt Interviewpartner # 15 (2010:00:36:51-9):

"Na ja, [das] äußert sich erst einmal dahingehend, dass man ein Beratungshaus – dem man dann Vertrauen auch ein Stück weit schenkt –, dass man da auch auf eine Expertise zurückgreifen kann, die man im eigenen Haus nicht hat, auch auf ein Spektrum, das man im eigenen Hause nicht hat."

Der Anbieter wird also in die Firma geholt, weil er eine Wissenslücke beim Nachfrager füllen soll. Dies sollte eine grundlegende Unterscheidung gegenüber einem "body leasing" sein, bei dem die reine Kapazitätenunterstützung im Vordergrund steht und keine Beratung wie im hier definierten Sinne stattfindet.

Nicht nur im IT-Umfeld können Lösungen einen sehr branchenspezifischen Charakter haben, was begründet, dass von Nachfragern immer wieder **branchenspezifisches Fachwissen** und Erfahrungen von Anbietern gewünscht werden, so Interviewpartner # 12 (2010:00:37:48-8):

"Und das fanden wir bei IBM einfach gut, weil die auch diese beiden IT-Architekten hatten, die schon ein paar Banken gebaut hatten. Und die wussten einfach, wie es geht. Und wenn du gesagt hast 'Geht mal in die Richtung!', dann konnten die schon sagen 'O.k., [ein] bisschen links oder rechts rum!'. Das hat schon geklappt."

Erfahrungswerte in der gleichen Branche scheinen somit ein Signal für Nachfrager zu sein, dass Lösungen mit dem Anbieter eher zum Erfolg geführt werden könnten.

Ein bedeutender Aspekt für den Nachfrager liegt neben dem Besitz von Wissen darin, dieses auch einzubringen. Dies erfordert gemäß den Interviewpartnern jedoch, dass der Anbieter über entsprechendes **Prozesswissen** verfügt. So bemerkt Interviewpartner # 4 (2010:00:46:07-5):

"Das heißt, er hat sich Leute dazu geholt, die einfach Prozess-Know-how mitbringen – auch aus einem Unternehmen – und die dann auch die PS hatten, das *auf die Straße zu bringen und zu sagen 'Wir können einen Gestaltungsvorschlag liefern!'"*

Dies zeigt, dass Nachfrager von Anbietern erwarten, dass sie im Rahmen eines beratenden Ansatzes Wissen um Kundenprozesse besitzen. Reine technische Expertise und intime Produktkenntnise scheinen zwar noch wichtig zu sein, aber es geht vielen Nachfragern darum, dass das Wissen dem Kunden bei seinem konkreten Problem helfen kann.

Neben **Referenzen** stellen **Zertifizierungen** eine Möglichkeit dar, wie Anbieter dem Nachfrager glaubhaft vermitteln können, dass Fachwissen vorhanden ist, obwohl vielleicht noch keine gemeinsame Lösungserfahrung besteht (vgl. auch Bonnemeier, 2009:258). So äußert sich Interviewpartner # 18 (2010:00:10:40-2):

"Die hatten wirklich bis zum obersten Zertifizierungslevel von HP alle Leute durchzertifiziert, die an dem Projekt hätten teilnehmen sollen. Das sind natürlich Kandidaten, die kommen in die Nähe der Auswahl."

Aus informationsökonomischer Sicht[101] unterstreicht dies, dass Nachfrager im Kaufprozess versuchen, einen Teil ihres Informationsbedürfnisses durch Sucheigenschaften abzudecken. Es ist anzunehmen, dass der Nachfrager ein Bestreben hat, schon vor dem Austauschprozess die Leistung umfassend beurteilen zu können, um seine Unsicherheit zu reduzieren. Referenzen bzw. "objektive" und bekannte Zertifizierungen der Anbieter können ihn dabei unterstützen. Dies ist dahingehend interessant, als es zeigt, dass auch ein Kaufprozess wie bei komplexen IT-Lösungen nicht alleinig durch Erfahrungs- und Vertrauenseigenschaften bestimmt sein muss. Der Anbieter hat somit – neben der Beratungsleistung (Haas, 2009:13 f.) – die Möglichkeit, durch Referenzen und Zertifizierungen die Unsicherheit des Nachfragers zu reduzieren und damit die Kaufentscheidung positiv zu beeinflussen. Die letztendliche Einordnung des Kaufprozesses im informationsökonomischen Dreieck liegt dabei in der Wahrnehmung des Nachfragers (Weiber und Adler, 1995:121 f.).[102]

Basierend auf den gesammelten Erkenntnissen der Literaturrecherche und der Interviews nimmt der Autor dieser Arbeit an, dass sich die wahrgenommene Anbieterexper-

---

[101] Vgl. Abschnitt 2.3.4.2.
[102] Das informationsökonomische Dreieck charakterisiert den Informationsbedarf im Kaufprozess durch die drei Achsen Sucheigenschaften, Erfahrungseigenschaften sowie Vertrauenseigenschaften. Das Dreieck erlaubt die Positionierung eines Kaufprozesses entlang der drei Achsen und gibt so erste Anhaltspunkte für die gezielte Gestaltung von Kaufprozessen (vgl. auch Jacob, 2009:39 f.).

tise positiv auf die Beratungszufriedenheit von Nachfragern bei Solution-Projekten auswirkt. Daraus ergibt sich folgende Hypothese:

H_1: Je höher der Nachfrager die Expertise des Anbieters bewertet, desto größer ist seine Beratungszufriedenheit mit dem Anbieter.

5.5.2 Wahrgenommenes Projektmanagement des Anbieters

Wie von Jacob (2009:29) ausgeführt, ist die zielgerichtete Durchführung von Markttransaktionen in allen Branchen notwendig. Insbesondere hat sie jedoch in solchen Branchen hohe Bedeutung, die als projektgetrieben bezeichnet werden können. Der Untersuchungsbereich IT-Lösungen kann eindeutig als projektgetrieben charakterisiert werden, so dass das wahrgenommene Projektmanagement des Anbieters eine wichtige Stellung für die Beratungszufriedenheit einnehmen könnte. Dies wird beispielsweise auch von Dahlke und Kergaßner (1996:182) bestätigt, die hervorheben, dass Lösungen mit einem hohen Maß an Kundenintegration Projektmanagementfähigkeiten vom Anbieter verlangen. Rühlig (2004:353 f.) hingegen betont bei der Untersuchung beratender Dienstleistungen in der Büromöbelindustrie, dass Projektmanagement gerade bei komplexen Beschaffungsprozessen ein wichtiger Faktor ist. Dabei sollte das Projektmanagement, ähnlich wie das Management der Geschäftsbeziehung allgemein, in allen Phasen – von der ersten Bedürfnisanalyse bis zur fertigen detaillierten Ausarbeitung – den Leistungserstellungsprozess unterstützen. Dies wirft jedoch die Frage auf, wie Projektmanagement genau definiert werden kann.

Projektmanagement beinhaltet das Einbringen von Fertigkeiten und Wissen, um Projekte, beispielsweise im IT-Bereich, planen und überwachen zu können, damit die vorgegebenen Ziele erreicht werden (Stratman und Roth, 2002:611). Diese Definition kann noch dahingehend spezifiziert werden, dass effektives Projektmanagement insbesondere die drei Ziele (1) das Einhalten des Budgets, (2) das Einhalten von Zeitplänen und (3) das Einhalten von Kundenanforderungen gewährleisten soll (Liu et al., 2010:223). Aus einer **prozessorientierten Sichtweise** lässt sich in diesem Zusammenhang das Streben nach effektiven Arbeitsabläufen noch einschließen, wobei sich die Problemlösung an einem mehrstufigen Projektlebenszyklus orientieren kann (Lewis, 2002:10 ff.). Weiss und Wysocki (1992:5 ff.) beispielsweise sehen Projektmanagement am besten als einen fünfstufigen Prozess organisiert, der sich in die Phasen "Design", "Plan", "Organize", "Control" und "Close" gliedert und dabei eine Vielzahl von strukturierten Unteraufgaben enthält. Aus einer **ergebnisorientierten Sicht** hingegen könnte das Erreichen eines hohen Arbeitsumfangs bei hoher Arbeitsqualität noch in der

Zieldefinition mit berücksichtigt werden (Deephouse et al., 1995). Ein grundsätzliches Problem bei diesen eher traditionellen Projektmanagementdefinitionen ist jedoch, dass nicht berücksichtigt wird, dass das Erbringen eines Lösungsprojekts eigentlich schon vor der Angebotsphase beginnt und auch nach der Implementierung noch fortgeführt wird (vgl. auch "Nachsorge" in Abschnitt 2.3.1.3). Ferner wurde hier der Lösungsprozess als Ganzes schließlich auch als Geschäftsbeziehung interpretiert. Die Entwicklung von Kundenbeziehungen ist in diesem Zusammenhang hochrelevant (Brady et al., 2005:364), auch wenn der Zusammenhang zum Lösungsgeschäft nicht zwingend ist: Es ist durchaus möglich, dass nach der Erbringung einer Lösung zunächst keine weitere Lösung folgt, da beispielsweise kein Bedarf besteht. Da für die Kodierung der Interviews eine eindeutig Begriffsabgrenzung nötig ist, wurde für die vorliegende Arbeit folgende Definition für das wahrgenommene Projektmanagement ausgewählt:

"[The customers perceptions of the suppliers] project management performance involves the use of skills and knowledge in coordinating the scheduling and monitoring of defined activities to ensure that the stated objectives of the solution project are achieved" (in Anlehnung an Stratman und Roth, 2002:603).

5.5.2.1 Relevanz wahrgenommenen Projektmanagements aus Literatursicht

Die Relevanz und die Auswirkung von wahrgenommenem Projektmanagement aus einer RM-Sicht zu diskutieren, ist dadurch eingeschränkt, dass dieses Konstrukt eine wesentlich höhere Verbreitung in der Projektmanagementliteratur bzw. der Literatur der Wirtschaftsinformatik hat. Dort ist zwar eine gewisse Anzahl von Studien vorhanden, ein Großteil von ihnen ist jedoch entweder qualitativer Natur oder untersucht keine relationalen Aspekte wie die Zufriedenheit des Nachfragers. Dennoch sollen an dieser Stelle einige ausgewählte Studien dargestellt werden: Zunächst kann festgehalten werden, dass in diversen Studien der positive Einfluss von Projektmanagement auf den Implementierungserfolg von IT-Lösungsprojekten nachgewiesen werden konnte (z.B. Duplaga und Astani, 2003:71; Umble et al., 2003:245 ff.; Zhang et al., 2005:69 f.); dabei wird in manchen Studien die Kunden- bzw. Nutzerzufriedenheit als eine Dimension des Implementierungserfolgs verstanden. Der Autor dieser Arbeit konnte jedoch keine Studie identifizieren, die eine Zufriedenheitsskala wie beispielsweise im Marketing verwendet.

Ireland (1992) geht sogar so weit, das Erfüllen der Kundenerwartungen unterschiedlicher Stakeholder als ein zentrales Ziel effizienten Projektmanagements zu sehen. Er setzt dies jedoch nicht in einen quantitativ überprüfbaren Wirkungszusammenhang. Somit bleibt die Literatur quasi an der Stelle stehen, an der von Autoren wie Lewis (2002:37) eher allgemein bemerkt wird:

"Your motive may be to make a profit in the process, but the mission is always to meet the needs of the customer."

5.5.2.2 Relevanz wahrgenommenen Projektmanagements aus Expertensicht

95% der Interviewpartner haben in den Gesprächen Projektmanagement als einen wichtigen Einflussfaktor auf ihre Beratungszufriedenheit hervorgehoben. Dabei wurde insbesondere auf folgende Facetten eingegangen: **Erfolgskriterien des Projektmanagements, Personalbesetzung** und **Führung**.

Aus den Interviews ist eindeutig zu lesen, dass Nachfrager von Anbietern das Einhalten der "klassischen Projekttugenden" verlangen und daran auch ihre Beratungszufriedenheit messen. So erläutert Interviewpartner # 6 (2010:00:14:33-3) die Rolle von **Erfolgskriterien**:

"Ja gut, wir haben das Projekt mehr oder weniger in Time, Budget und Quality abarbeiten können. Die Ziele, die wir uns gesetzt haben, sind erfüllt worden. Das ist für mich letztendlich ausschlaggebend."

Mit diesen Punkten greift der Interviewpartner also genau die schon vorgestellten Ziele von gutem Projektmanagement auf und bestätigt damit, dass die Beratungszufriedenheit von Kunden durchaus von "harten" Parametern beeinflusst werden kann.

Interessant in diesem Zusammenhang ist jedoch nicht nur die Bedeutung von effizientem Projektmanagement an sich, sondern auch, wie Kunden dieses begründen. In diesem Zusammenhang erklärt Interviewpartner # 7 (2010:00:40:52-7):

"Ich glaube, dass so ein Solution Provider sehr, sehr gutes Projektmanagement haben muss. Das bringt mir nichts, wenn er gute Techniker hat, aber keine Projektmanager. [...] Was habe ich davon, wenn ich die besten Techniker hier sitzen habe, aber am Ende des Tages nichts dabei rauskommt?"

Dieses Zitat zeigt, dass Kunden die geeignete **Personalbesetzung** als einen wesentlichen Faktor für effizientes Projektmanagement sehen. Hier scheint gerade die richtige Zusammenstellung des Anbieter-Lösungsteams eine wichtige Facette des Projektmanagements zu sein. Diese Wahrnehmung wird beispielsweise sehr gut von Interviewpartner # 12 (2010:00:31:36-4) beschrieben:

"Die waren – würde ich mal sagen – ziemlich stringent organisiert. Die hatten einen Projektmanager, eine Projektassistentin, die die Kommunikation und Protokolle gemacht hat, und einfach ein paar Lead-Architekten. Und dann hatten sie noch ein paar Business-Analysten mitgebracht, um [das], was wir nicht liefern, abzucovern. Also die waren wirklich sauber aufgestellt."

Effizientes Personalmanagement wird somit als Teil guten Projektmanagements gesehen, während Projektmanagement wiederum als ein wesentliches Mittel gesehen wird, um Lösungsprojekte auch erfolgreich zu Ende zu bringen. Dies wäre ein Hinweis darauf, dass rein fachspezifisches Wissen bei komplexen Lösungsprojekten nicht ausreichend ist, sondern Projektmanagementfähigkeiten vom Anbieter für die erfolgreiche Planung, Spezifizierung und Durchführung einer B2B-Lösung gefordert sind.

Als letzter Aspekt bleibt noch zu erwähnen, dass das Projektmanagement des Anbieters auch immer eine Komponente der **Führung** beinhalten sollte. So bemerkt Interviewpartner # 7 (2010:00:41:44-8):

"Und auch Führungsfähigkeit [ist wichtig]. Im Prinzip, das [Projekt] auch zum Abschluss zu führen."

Zusammenfassend kann festgehalten werden, dass das Projektmanagement mit all seinen Facetten einen wichtigen Einfluss auf die Beratungszufriedenheit bei Lösungen zu haben scheint. Aus diesem Grund kann folgende Hypothese aufgestellt werden:

H_2: **Je höher der Nachfrager das Projektmanagement des Anbieters bewertet, desto größer ist seine Beratungszufriedenheit mit dem Anbieter.**

5.5.3 Wahrgenommener Informationsaustausch

Der wahrgenommene Informationsaustausch ist eine dyadische Determinante, die sowohl Anbieter als auch Nachfrager erfordert. Sie kann dabei grob als formelles und informelles Teilen von bedeutungsvollen und aktuellen Informationen zwischen Unternehmen definiert werden (Anderson und Narus, 1984). Ähnlich definiert Smith (1998) offenen Informationsaustausch: Es ist das Ausmaß, in dem Käufer und Verkäufer offen, aufrichtig und ehrlich miteinander kommunizieren. Im Hinblick auf Lösungen kann noch weiter zwischen drei Kommunikationsarten unterschieden werden, welche zu einem Informationsaustausch führen: Unternehmenskommunikation, Interaktionskommunikation und Leistungskommunikation (Pracht, 2008). Da die Unternehmenskommunikation hauptsächlich die Positionierung des Unternehmens zum Ziel hat, steht dieser Aspekt hier weniger im Fokus. Wichtiger hingegen ist die Interaktionskommunikation, wodurch die Interaktion im Rahmen der Zusammenarbeit gestaltet wird, sowie die Leistungskommunikation, die sich explizit mit der Kommunikation der Einzigartigkeit und dem Nachfragernutzen der Lösung befasst. Für diese Arbeit wurde der wahrgenommene Informationsaustausch wie folgt definiert:

> "We define information exchange as expectations of open sharing of information that may be useful to both parties. More open sharing of information is indicated by the willingness of both parties to share important, even proprietary, information" (Cannon und Perreault, 1999:441).

5.5.3.1 Relevanz wahrgenommenen Informationsaustausches aus Literatursicht

Kommunikation kann als der große strategische Vorteil des persönlichen Verkaufs gesehen werden, wobei dem Kundenkontaktmitarbeiter hier eine strategische Rolle zukommt (Plank et al., 1999:63). Der Austausch von Informationen im Lösungsprozess spielt schon deshalb eine wichtige Rolle, weil es Kunden in der Regel schwerfällt, ihre Bedürfnisse bei Lösungen zu artikulieren (z.B. Tuli et al., 2007:6; West et al., 1996). Steigert sich nun der Informationsaustausch, hat der Nachfrager mehr Möglichkeiten, Anforderungen zu benennen, was in Folge zu einem größeren Nutzen für den Nachfrager führen kann (Franke et al., 2009:116). Anderson und Narus (1990) hingegen zeigen, dass der wahrgenommene Informationsaustausch außerdem einen positiven Einfluss auf Vertrauen haben kann, wobei sich die beiden Faktoren möglicherweise gegenseitig beeinflussen und dies als iterativer Prozess verstanden werden kann. Kommunikation wäre somit eine Determinante von Vertrauen, wobei Vertrauen in nachgelagerten Phasen wieder zu mehr Kommunikation führt. Auch Smith (1998) sowie Morgan und Hunt (1994) postulieren, dass die Wahrnehmung des Partners darüber, ob der Informationsaustausch in der Vergangenheit relevant, aktuell und verlässlich war, zu höherem Vertrauen führt. Dabei spielt der Austausch von vertraulichen Informationen noch eine besondere Rolle: Wenn ein Partner vertrauliche Informationen weitergibt, macht er sich auf der einen Seite angreifbarer, weil er nicht weiß, ob diese Informationen missbräuchlich eingesetzt werden. Auf der anderen Seite kann dies dem Partner auch wohlwollendes Verhalten signalisieren, was wiederum das gegenseitige Vertrauen stärken kann (vgl. auch Doney und Cannon, 1997).

Mohr und Spekman (1994) sprechen übergreifend von Kommunikationsverhalten, welches sie in drei Hauptaspekte unterteilen: Kommunikationsqualität, Ausmaß der Informationsteilung und Partizipation in Planung und Zielsetzung. Die Autoren sprechen somit sowohl die qualitative als auch die quantitative Dimension der Kommunikation an und erweitern die Definition noch um den Aspekt der Partizipation. Insgesamt weisen die Autoren nach, dass Kommunikationsqualität die Funktion erfüllt, die Erwartungen und Zielsetzungen der Partner besser aneinander anzupassen. Dies wiederum führt dann in der Folge zu mehr Partnerschaftserfolg. Der Informationsaustausch dient unter anderen dazu, gemeinsam zu bestimmen, wie viel Fortschritt hinsichtlich eines Ziels gemacht wurde. Spezifischer für den B2B-Kontext bringen Wilson und Vlosky (1998) ein, dass Anbieter und Nachfrager so ein gemeinsames technisches Verständnis entwickeln und gemeinsame technische Lösungen spezifizieren können. Insgesamt scheint somit ein grundsätzlich positiver Einfluss auf die Beratungszufriedenheit denkbar.

5.5.3.2 Relevanz wahrgenommenen Informationsaustausches aus Expertensicht

Da 90% der Interviewpartner den wahrgenommenen Informationsaustausch mit Formulierungen genannt haben, stellt dies die drittwichtigste Ursache für Beratungszufriedenheit basierend auf den qualitativen Untersuchungsergebnissen dar.

Gemäß den Interviewpartnern erfüllt der Informationsaustausch verschiedene Funktionen, darunter frühzeitiger und offener **Austausch über Probleme**, Gewährleistung von **Transparenz**, **Wissenstransfer** und hohe **Qualität der Kommunikation**.

Die meisten Interviewpartner erkennen an, dass sich gerade komplexe Lösungen nicht vollumfänglich planen lassen und immer unvorhergesehene **Probleme** auftauchen können. Deshalb erwarten sie von einem Anbieter, dass dieser ehrlich und offen Schwierigkeiten frühzeitig anspricht, so dass Probleme gemeinsam gelöst werden können. Hierzu gibt Interviewpartner # 18 (2010:00:36:23-4) ein Beispiel eines vermeidbaren Problems:

"Und das hätten sie besser machen können: das noch mal zu verifizieren und im Zweifelsfall lieber noch mal den Kunden zu fragen: 'Hör' zu, die Daten hast du uns gegeben. Stimmen die denn auch? Denn wir sind der Meinung, das kann nicht stimmen!'"

Informationsaustausch erfüllt also für den Nachfrager eine Sicherheitsfunktion in Lösungsprojekten. Je **offener und transparenter** der Anbieter in der **Kommunikation** ist, desto zufriedener ist der Nachfrager mit der Kommunikation, weil dieser dann ein Problem besser einschätzen kann. Folglich kann angenommen werden, dass er sich dann auch besser beraten fühlt. Dieser Aspekt der Offenheit wird beispielsweise auch von Geile (2010:335) für den Vertrieb von Industriegütern bestätigt. Nichtsdestotrotz kann eine allzu offene Kommunikation aus der Nachfragerperspektive nachteilig für den Anbieter sein – gerade wenn es um die Beratung vor der Kaufentscheidung geht (Interviewpartner # 13, 2010:00:38:23-2):

> "Na ja, wenn er da zu schonungslos offen ist, dann kann er nichts verkaufen!"

Eine weitere wichtige Funktion des Informationsaustausches ist die **Vermittlung von Wissen**. Nachfrager haben in den Interviews häufig ausgeführt, dass sie vom Anbieter während der Beratung lernen wollen, gerade weil der Anbieter nicht unbedingt bis zum Ende der Implementierung – und erst recht nicht später beim Betrieb der Lösung – im Unternehmen bleibt. Diesen Wunsch scheinen jedoch nicht alle Anbieter aufzugreifen, so führt Interviewpartner # 20 (2010:00:15:16-5) an:

> "Das heißt also, der Solution Provider lässt den Kunden selten an seinen Vorgehensmodellen teilhaben. Er macht vieles als Black Box. [...] Wenig [transparent war er] nicht, aber er war nicht ausreichend transparent."

Nachfrager wollen also darüber informiert sein, welche Lösungsfortschritte der Anbieter macht und nach welcher Methodik er vorgeht, so dass durch Kommunikation ein Know-how-Transfer von den Beratern – im Rahmen des Lösungsprozesses – auf das interne Personal stattfinden kann. Da dieser Punkt grundsätzlich von der Literatur bestätigt wird, ist es sinnvoll, in diesem Zusammenhang noch anzumerken, dass sich die Art des Wissenstransfers durchaus nach der Art der Problemstellung bzw. der Art des Beraters unterscheiden kann: Während bei Generalisten, wie beispielsweise IT-Strategieberatern, der Wissenstransfer weniger konkret ist und sich das beratende Unternehmen eher Problemlösungskapazität dazukauft, steht bei Spezialisten, wie einem beratenden IT-Architekten, eher die Vermittlung von qualitativ hochwertigem Fachwissen im Vordergrund (Probst et al., 1999:160).

Des Weiteren gehört für die Interviewpartner zum Thema Informationsaustausch dazu, dass der Anbieter in einer hohen **Qualität** und souverän kommunizieren kann und so in der Lage ist, komplexe Sachverhalte auch unterschiedlichen Zielgruppen verständlich zu machen. Dieser Gesichtspunkt wird auch in der Literatur bestätigt: Die Qualität des Kommunikationsinhalts sowie die Souveränität in der Kommunikation wirken sich positiv auf die Gesamtzufriedenheit des Nachfragers mit der Kommunikation aus (Geile, 2010:335). Zusätzlich scheinen diese Aspekte auch indirekt für den erfolgreichen Projekt- bzw. Lösungsabschluss eine Voraussetzung zu sein. So merkt Interviewpartner # 1 (2009:00:16:28-0) an:

"Klar, der Erkenntnisgewinn ist auch wichtig. Das [Ergebnis ist] dann so zu präsentieren, dass unser Auftraggeber, sprich das Management, das dann auch verstehen und daraus Handlungen ableiten kann."

Adäquate Kommunikation gegenüber dem Management wird somit zu einer potenziellen Voraussetzung dafür, dass IT-Lösungsvorschläge umgesetzt werden können. Dies sollte in der Folge zu hoher Beratungszufriedenheit des Nachfragers führen.

Abschließend kann festgehalten werden, dass sich die verschiedenen Ausprägungen des wahrgenommenen Informationsaustausches positiv auf die Beratungszufriedenheit von Nachfragern bei Solution-Projekten auswirken. So lässt sich folgende Hypothese formulieren:

H_3: Je höher der Nachfrager den Informationsaustausch mit dem Anbieters bewertet, desto größer ist seine Beratungszufriedenheit mit dem Anbieter.

5.5.4 Wahrgenommenes Verständnis

Verständnis wurde im metaanalytischen Bezugsrahmen von Palmatier et al. (2006:137) unter anbieterfokussierte Ursachen eingeordnet. Hallén und Sandström (1991) charakterisieren Verständnis als eine Dimension von Atmosphäre, die als Wahrnehmungskonstrukt die Emotionen von Beteiligten füreinander und für ihre Beziehung beschreibt. Verständnis bedeutet hier, dass man die Punkte des anderen sieht und anerkennt. Dabei ist es hilfreich, wenn man eine Sprache und Tradition teilt, wobei dies keine notwendige Voraussetzung ist. Verständnis kann sich sowohl auf Nachfragerprobleme beziehen als auch auf die Rechte und Pflichten, die man als Anbieter hat. Weiterhin können beim Verständnis die operativen Gegebenheiten mit im Fokus stehen, so dass Beziehungsschwierigkeiten identifiziert werden können (Hallén und Sandström, 1991). Dannenberg und Zupancic (2009:14) fordern, dass Anbieter nicht nur hinsichtlich ihres Produktes kompetent sein, sondern auch ein Verständnis für das Geschäftsmodell, den Markt und die Anforderungen des Kunden entwickeln sollten. Dies wird von Tuli et al. (2007:6) bestätigt, die verlangen, dass ein Anbieter nicht nur die funktionalen Aspekte, sondern auch die weitergehenden Geschäftserfordernisse des Nachfragers verstehen sollte.

Ein Verstehen der aktuellen Situation, der Rahmenbedingungen und der Probleme des Nachfragers wird dem Anbieter dabei naturgemäß dadurch erleichtert, dass er sich vorab über die Organisation, die geforderte Technologie und Netzwerkverbindungen informiert (Leonidou, 2004) – eine Aufgabe, die nicht allein beim Vertrieb bzw. Lösungsteam angesiedelt sein, sondern auch andere Teile der Anbieterorganisation involvieren sollte (z.B. die Marktforschung). Für diese Arbeit soll Verständnis wie folgt definiert werden:

> "Understanding, which is the [perceived] demonstration by one party in a working relationship to appreciate, understand, and sympathize with the situation, conditions, and problems encountered by the other party with regard to tactical and strategic issues concerning the relationship" (Hallén und Sandström, 1991).

5.5.4.1 Relevanz wahrgenommenen Verständnisses aus Literatursicht

Das Verständnis des Anbieters ist eine zentrale Variable im RM und wird von vielen Autoren als eine wichtige Größe eines kundenzentrierten Marketing gesehen, welches Teil des RM ist (Sheth et al., 2000:56 f.). Die konkreten Konsequenzen des Anbieterverständnisses können an dieser Stelle in zwei Bereichen gesehen werden: Erstens kann zugrunde gelegt werden, dass Anbieter mit einem besseren Verständnis für den Nachfrager attraktivere und individuellere Lösungen anbieten können als andere Wettbewerber, weil ihnen intimeres Wissen zur Verfügung steht als dem durchschnittlichen Anbieter (Dannenberg und Zupancic, 2009:14 f.). Als Konsequenz wäre eine höhere Kaufwahrscheinlichkeit des Nachfragers anzunehmen.

Zweitens kann unterstellt werden, dass ein Verständnis für den Nachfrager und seine Probleme nicht nur wichtig ist, um als Anbieter einmalig erfolgreicher zu verkaufen, sondern auch, um Kundenbindung generieren zu können (Leonidou et al., 2006). Kunden zu verstehen und ihre wahrgenommenen Vorteile anzuerkennen, wird von einigen Autoren als eine wichtige Voraussetzung gesehen, um als Anbieter langfristige Kundenbeziehungen aufzubauen (Barnes, 2000; Gwinner et al., 1998). Die Überlegung ist hier, dass Verständnis Interesse demonstriert und die Nachsicht des Nachfragers bei gelegentlichen Problemen im Lösungsprozess fördert. Ein Kunde wird bei wahrgenommenem Verständnis also weniger schnell unzufrieden, was folglich einen weniger negativen Einfluss auf die Kundenbindung hat. Insgesamt verleitet zumindest die letzte genannte Untersuchung dazu, anzunehmen, dass das Verständnis durch die Zufriedenheit mediiert wird bzw. einen Einfluss auf die Beratungszufriedenheit hat.

5.5.4.2 Relevanz wahrgenommenen Verständnisses aus Expertensicht

85% der Interviewpartner halten Anbieterverständnis für einen wesentlichen Einflussfaktor auf ihre wahrgenommene Beratungszufriedenheit. Nach den Ergebnissen der

Interviews lässt sich das wahrgenommene Verständnis in zwei Kategorien einteilen: **Problemverständnis** und **Verständnis für den Nachfrager**. Zunächst scheint es Nachfragern wichtig zu sein, dass der Anbieter schon in einer sehr frühen Phase **Probleme strukturieren**, definieren und verstehen kann. So wird meist schon beim persönlichen Erstkontakt erwartet, dass das Problem "auf Augenhöhe" diskutiert werden kann und dass der Nachfrager dem Anbieter das Problem nicht im Detail erklären muss. Dies wird als eine Voraussetzung gesehen, um zügig zur (gemeinsamen) Lösungsdefinition fortschreiten zu können. Interviewpartner # 6 (2010:00:11:00-1) beschreibt dies wie folgt:

"Die Herren, die das präsentiert haben, waren Technical Pre-Sales, kannten das Produkt und haben auch [den] Vertrieb gemacht und haben das Problem verstanden und konnten in dem Gespräch sofort das Problem direkt in eine Lösung überführen. Man hat das Problem sofort erkannt, was wir haben, und hat direkt über Lösungen gesprochen."

Bei einem anderen Anbieter fühlte er sich hingegen nicht gut verstanden und deshalb auch nicht gut beraten:

"Hingegen wurde unser Problem bei der SAP zum damaligen Zeitpunkt – ist ja immer subjektiv – nicht wirklich erkannt. In den ersten Gesprächen kam ganz klar raus, dass von dem Problemverständnis IBM besser war."

Dies wirft die Frage auf, wie ein Anbieter vermitteln kann, dass ein gutes Problemverständnis vorherrscht. Interviewpartner # 7 (2010:00:13:29-3) bezieht sich auf eine konkrete Situation, in der die benötigte Lösung zum ersten Mal besprochen wurde:

"Und wenn er auf die Fragen sehr gut eingeht und sofort im Prinzip schnell versteht, was Sie wollen, dann überlege ich mir: O.k., die Firma hat auf jeden Fall keine schlechten Leute!"

Der Nachfrager möchte also im Interaktionsprozess schnell das Gefühl haben, dass der Anbieter versucht herauszufinden, was er genau möchte. Weiterhin scheint das gezielte Zuhören ein wichtiger Punkt zu sein, um dem Nachfrager Sicherheit zu geben.

Neben dem Problemverständnis wurde das **Verständnis für den Nachfrager** als weiterer Aspekt von den Interviewpartnern herausgehoben. Die Nachfrager in den Interviews wollten ihre Geschäftsmodelle, Prozesse und Branchen verstanden wissen, damit ein zielorientierter Lösungsprozess stattfinden kann. Interviewpartner # 18 (2010:00:41:15-5) beschreibt:

"Ich brauche niemanden, der nicht versteht, was ich eigentlich im Business tue! [Er braucht] eben auch Verständnis des Kunden. Das sind einfach so Grundvoraussetzungen."

Dies wird von Interviewpartner # 20 (2010:00:22:26-4) ähnlich formuliert, der unter anderem die Kenntnis über die technischen Gegebenheiten beim Kunden als Grundvoraussetzung für viele IT-Lösungen sieht:

"Das heißt, der Service Provider muss den Kunden gut kennen, damit er solche Lösungen dort anbieten und auch einbauen kann."

In diesem Zusammenhang wird angedeutet, dass Anbieter von einer existierenden Geschäftsbeziehung profitieren. Aus Nachfragersicht hat es nämlich durchaus Vorteile, auf Partner zurückzugreifen, die schon ein größeres Kundenverständnis haben und so in einem Projekt vielleicht eine geringere Anlaufphase benötigen. Diese Erwägung wird deshalb bei der Ausschreibung der Lösung möglicherweise schon mit einbezogen, wie Interviewpartner # 13 (2010:00:45:48-6) beschreibt:

"Aber wir versuchen schon, die Teilnahmebedingungen so zu machen, dass Kenntnisse über das [Nachfrager-]Umfeld durchaus auch sehr hilfreich sind."

Dieses Statement betont, dass auch aus Nachfragersicht eine längerfristige Geschäftsbeziehung von Interesse sein kann, da es beispielsweise ein größeres Verständnis des Anbieters für den Nachfrager nach sich ziehen kann. Dabei ist das Verständnis nicht unbedingt von den konkreten Mitarbeitern abhängig. Der Austausch des Anbieterteams zwischen der Pre-Sales-Phase und der Spezifikationsphase zeigt das Problem auf: Wenn der Anbieter keine inhaltlich-personelle Verbindung zwischen den beiden Phasen etabliert, werden unter Umständen Dinge am Start des Projekts besprochen und versprochen, die am Schluss nicht eingehalten werden können, bzw. der Anbieter hat keine Chance, ein umfassendes Verständnis seines Kunden zu entwickeln, weil er einen organisatorischen Bruch im Lösungsprozess vollzieht[103].

Grundsätzlich kann zusammengefasst werden, dass ein hohes wahrgenommenes (Anbieter-)Verständnis positiv auf die Beratungszufriedenheit von Nachfragern wirken könnte. Die entsprechende Hypothese lautet:

H_4: Je höher der Nachfrager das Verständnis des Anbieters bewertet, desto größer ist seine Beratungszufriedenheit mit dem Anbieter.

---

[103] Vgl. zu diesem Punkt auch insbesondere Abschnitt 5.5.7.2.

Schritt 1: Qualitative Studie

5.5.5 Wahrgenommenes Joint Working

Im B2B-Kontext gibt es eine Vielzahl von Anordnungen, bei denen Firmen zusammenarbeiten, wie beispielsweise in der Produktentwicklung, in der Qualitätskontrolle oder in der Logistik. **Gemeinsames Problemlösen und gemeinsame Entscheidungen** können als die Hauptbestandteile des "Joint Working" gesehen werden (Nielson, 1998). Die Tätigkeitsschwerpunkte des gemeinsamen Problemlösens können in dem Zusammenstellen von Informationen, dem offenen und akkuraten Austausch von Informationen über Ziele und Prioritäten, einem entgegenkommenden Verhalten und dem kontinuierlichem Evaluieren neuer Alternativen gesehen werden (Pruitt, 1981). Die Arbeitsdefinition von Joint Working wird wie folgt formuliert:

"Joint working refers to the parties in a relationship engaging in combined decision-making and problem solving" (Homburg et al., 2003:42).

5.5.5.1 Relevanz des wahrgenommenen Joint Working aus Literatursicht

Dies wirft die Frage auf, welche Auswirkungen **Joint Working** in einem Lösungsprojekt hat. Homburg et al. (2003) zeigen, dass durch Joint Working eine partnerschaftliche Zusammenarbeit zwischen Anbieter und Nachfrager entstehen kann, welche die Verbindung zwischen Kundenzufriedenheit und Loyalität abschwächt. Dies wird unterstellt, weil der Kunde stärker selbst an der Leistungserstellung beteiligt ist und so ein stärkeres Verantwortungsgefühl des Kunden gegenüber dem Ergebnis entsteht. Weiterhin wird gezeigt, dass die Zusammenarbeit dem Nachfrager ein Gefühl von Miteigentümerschaft für den (Lösungs-)Prozess vermittelt und so zu einem größeren Commitment gegenüber dem Anbieter führt (Anderson und Narus, 1990).

Mohr und Spekman (1994) legen nahe, dass wenn sich Anbieter und Nachfrager für **gemeinsames Problemlösen** einsetzen, eher eine zufriedenstellende Lösung gefunden werden kann, welche in Folge den Beziehungserfolg und wirtschaftlichen Erfolg erhöht. Clopton (1984) hingegen bemerkt, dass Vertrauen und Kooperation zwar keine Voraussetzung für gemeinsames Problemlösen seien, aber häufig damit einhergehen. Weiterhin kann das gemeinsame Problemlösen als eine konstruktive Konfliktlösungstechnik interpretiert werden, die produktiver ist als andere Konfliktlösungstechniken wie Beherrschung und Konfrontation. Folglich wird so die Partnerschaft weniger durch feindliche Stimmungen belastet (Deutsch, 1969).

Im Hinblick auf **gemeinsame Entscheidungen** legen Dwyer und Oh (1987) nahe, dass, wenn beide Parteien einer B2B-Beziehung an gemeinsamen Entscheidungen über

Ziele und Pläne partizipieren, dies positive Auswirkungen auf die Beziehungsqualität in Form von höherer Zufriedenheit mit der Beziehung und mehr Vertrauen in der Beziehung zur Folge hat. Gemeinsames Entscheiden ist konzeptionell wie praktisch eng verwandt mit der Entscheidungsunterstützung durch den Anbieter. Dies kann als das verkäuferseitige Bemühen verstanden werden, den Kunden beim Lösen seines (Kauf-) Problems zu unterstützen (Saxe und Weitz, 1982:344). Nach Haas (2009) kann diese Unterstützung entweder indirekt durch das Gewinnen relevanter Informationen durch den Nachfrager erfolgen oder direkt durch das Vermitteln von produkt- und auswahlbezogenen Informationen durch den Anbieter. Im B2C-Kontext gelingt es ihm, einen positiven Einfluss auf die Beratungszufriedenheit von Nachfragern nachzuweisen. Dennoch liegt für diese Arbeit der Fokus auf gemeinsamen Entscheidungen im Lösungsprozess und nicht auf Entscheidungsunterstützung, weil dieser gemeinsame Aspekt im Beratungskontext als ein wichtiger Beitrag für eine effektive Beziehung mit dem Anbieter gesehen werden kann (Tilles, 1961).

5.5.5.2 Relevanz des wahrgenommenen Joint Working aus Expertensicht

Insgesamt haben 80% der Interviewpartner Joint Working als einen wichtigen Einflussfaktor für ihre Beratungszufriedenheit in Lösungsprojekten genannt, wobei sich das Phänomen in der Praxis wie folgt charakterisieren lässt: **interaktiver Prozess der Lösungsfindung** sowie **gemeinsame Entscheidungsfindung**.

Viele Interviewpartner sehen den Beratungsprozess als einen **interaktiven Prozess**, bei dem der Nachfrager nicht passiv beraten wird, sondern aktiv im Lösungsprozess mitarbeitet. Dies liegt unter anderem darin begründet, dass Wissen, welches zur Spezifizierung und Erstellung der Lösung notwendig ist, beim Nachfrager liegt.[104] Interviewpartner # 3 (2010:00:45:40-0) aus dem Bereich Financial Services beschreibt diesen Aspekt so:

"Ich sehe das Ganze eher als einen interaktiven Prozess. In den meisten Fällen – es sei denn, ich gehe in eine Richtung, wo bei uns gar nichts vorhanden ist. Aber auch in diesem Beispielprojekt ist ja, sage ich mal, das versicherungstechnische Know-how bei uns, und hier, auf der anderen Seite, habe ich das Produkt, und gemeinsam wollen wir damit eine Lösung erzielen, die uns in Zukunft das Leben einfacher macht und [...]. In den meisten Fällen würde ich sagen, ist das ein interaktives Verhalten."

---

[104] Beispielsweise Informationen über die technische Architektur des Nachfragers.

Schritt 1: Qualitative Studie

Das interaktive Problemlösen und Fällen von Entscheidungen ist auf der einen Seite eine inhaltliche Notwendigkeit, auf der anderen Seite ein Beitrag zu einer potenziell hochwertigeren Lösung.

Der Wunsch des Nachfragers nach Joint Working scheint auf der andern Seite noch in dem Willen verankert zu sein, dass er vom Solution Provider lernen und von seiner Erfahrung im direkten Austausch profitieren möchte. Der CIO eines großen Hightech-Unternehmens (Interviewpartner # 8, 2010:00:33:53-8) schildert diesen Aspekt so:

> *"Alles was er sieht, was falsch geht oder jemand anderes machen sollte, soll er in das Unternehmen einbringen wie ein Mitarbeiter. Ich mag Berater nicht, die sich extrem abgrenzen. Also, deine Verantwortung, meine Verantwortung."*

Auch der IT-Projektmanager eines Versicherungskonzerns (Interviewpartner # 12, 2010:00:38:51-8) beschreibt die Situation ähnlich:

> *"Man muss einfach gemeinsam zum Ziel finden und das muss halt ein gemeinsames Projekt sein. Wenn man eine Mauer dazwischen aufbaut, wird man nicht erfolgreich sein."*

Joint Working im Sinne von gemeinsamem Problemlösen wird hier eindeutig als eine wichtige Voraussetzung für den Projekterfolg gesehen.

Aber auch die Dimension der **gemeinsamen Entscheidungsfindung** wurde von den Interviewpartnern angesprochen. Insbesondere der Teilaspekt der Entscheidungsunterstützung in der Phase der Lösungsauswahl klang in manchen Gesprächen an. Hier war auf der einen Seite das beraterseitige Bemühen, den Kunden beim Lösen seiner Kaufentscheidung zu unterstützen, und auf der anderen Seite die spezielle Expertise ausschlaggebend, damit sich der Nachfrager gut beraten fühlte. So argumentiert Interviewpartner # 16 (2010:00:34:50-1):

> *"Ja, sie haben den Entscheidungsprozess unterstützt durch analytische Fähigkeiten, durch Darstellungsfähigkeiten, weil sie einfach besser die Probleme beschreiben konnten, analysieren konnten, zu Papier bringen konnten."*

Abschließend kann festgehalten werden, dass Joint Working, im Sinne von gemeinsamen Entscheidungen und gemeinsamer Problemlösung, einen positiven Einfluss auf die Beratungszufriedenheit vermuten lässt. Trotz der überwiegend positiven Statements offenbaren sich in der Praxis jedoch auch Probleme. So wird von den Interviewpartnern beschrieben, dass teilweise um Lösungen "gerungen wird" (Interviewpartner # 12, 2010:00:39:25-7) und dass in Projekten immer wieder wichtige Probleme zeitlich verschoben werden (Interviewpartner # 20, 2010:00:40:22-2), weil beispielsweise eine gemeinsame Lösung einfach nicht zu erzielen ist.

Abschließend lautet die aus den Ergebnissen abgeleitete Hypothese für die Dimension Joint Working:

H_5: Je höher der Nachfrager das Joint Working mit dem Anbieter bewertet, desto größer ist seine Beratungszufriedenheit mit dem Anbieter.

5.5.6 Wahrgenommene Flexibilität des Anbieters

Gerade bei der Erbringung von Lösungsprojekten werden Anbieter häufiger in die Situation gebracht, dass sie auf unvorhergesehene und unvorhersehbare Änderungen reagieren müssen (Olsson, 2006:73). Hier zeigt sich die Flexibilität des Anbieters gegenüber Änderungswünschen des Nachfragers: Anbieter sollten in der Lage sein – trotz bindender und spezifischer Vereinbarungen –, anpassungsfähig auf veränderte Kundenbedürfnisse zu reagieren (Noordewier et al., 1990). Weiterhin ist es in diesem Zusammenhang hilfreich, wenn neben der vereinbarten Projektplanung eine Reihe von Alternativplänen des Anbieters existiert. Diese können dann aktiviert werden, wenn es im Projekt zu Problemen kommt (Olsson, 2006:67). Cannon und Homburg (2001) argumentieren, dass sich Anbieterflexibilität einerseits darin äußern kann, dass er Regeln und Richtlinien offener auslegt und dem Nachfrager einen gewissen Handlungsspielraum zubilligt. Auf der anderen Seite kann sich Anbieterflexibilität aber auch durch ein modulares Produkt- und Serviceangebot zeigen (vgl. z.B. Nambisan, 2001). Dieser letzte Aspekt steht für die vorliegende Arbeit jedoch nicht im Fokus.

Abzugrenzen wäre in diesem Zusammenhang noch die Flexibilität des Anbieters von den Anpassungen des Anbieters: Beziehungsspezifische Anpassungen sind Veränderungen in Prozessen, Produkten oder Vorgehensweisen, die speziell auf die Bedürfnisse eines Kunden zugeschnitten sind (Hallén et al., 1991). Im Vergleich zu Flexibilität sind Anpassungen also längerfristige Zugeständnisse eines Anbieters, die beispielsweise beziehungsspezifische Investitionen beinhalten oder permanente Veränderungen in Regeln und Prozessen bedeuten. Anpassungen können dadurch für einen Austauschpartner Wert generieren, indem sie Kosten reduzieren, Umsätze erhöhen oder die gegenseitige Abhängigkeit erhöhen (Cannon und Perreault, 1999). Insgesamt weist das Vorhandensein von Anpassungen zwischen Anbieter und Nachfrager auf eine längerfristige Beziehung hin und kann eine notwendige Voraussetzung sein, wenn die Geschäftsbeziehung über den einfach transaktionalen Austausch hinausgeht (Woo und

Ennew, 2004). Auf der anderen Seite sollte ein Geschäftspartner nur zögernd in die Beziehung in Form einer Anpassung investieren, wenn es sich um einen neuen Partner handelt und die gegenseitigen Motive noch nicht klar sind (Leonidou, 2004). Für die vorliegende Arbeit wird die folgende Definition für die wahrgenommene Flexibilität des Anbieters gewählt:

> "Supplier flexibility is defined as the [perceived] extent to which the supplier is willing to make changes to accommodate the customer's changing needs" (Cannon und Homburg, 2001:32).

5.5.6.1 Relevanz wahrgenommener Flexibilität aus Literatursicht

Homburg et al. (2003) weisen darauf hin, dass Anbieterflexibilität den Zusammenhang zwischen Kundenzufriedenheit und Kundenbindung abschwächt: Die Flexibilität des Anbieters kann die Beziehung über den Zeitverlauf so festigen, dass ein Nachfrager nicht sofort nach Alternativen sucht, wenn er unzufrieden ist. Dies ist darin begründet, dass er sich gegenüber dem Anbieter verpflichtet fühlt, weil sich dieser vorher flexibel gezeigt hat. Auch Čater und Čater (2010) vermuten hier die gefühlte moralische Obligation des Nachfragers, seine Treue zu zeigen, und weisen nach, dass die Flexibilität des Anbieters die Ursache für Nachfrager-Commitment in einer Beziehung sein kann. Psychologisch lässt sich dieser Effekt mit der Reziprozitätsnorm – oder der "Regel der Gegenseitigkeit" – erklären. Diese besagt, dass eine Verpflichtung empfunden wird, Gefälligkeiten und Einsatzbereitschaft zu erwidern: Wenn jemand nett zu uns ist, fühlen wir die Schuld, auch ihm gegenüber nett zu sein (Cialdini et al., 1992; Uehara, 1995). Weiterhin zeigen Ryu et al. (2007), dass Anbieterflexibilität sich positiv auf Vertrauen auswirken kann. Die Ursache ist wiederum darin zu sehen, dass der Anbieter in der Beziehung schon eine gewisse Menge an Goodwill gesammelt hat. Für die Auswirkung der Anbieterflexibilität auf die Zufriedenheit mit der Beratung bietet Schade (1996:86) zwei Erklärungen an: Das, was der Klient als geeignete Beratungsleistung ansieht, kann sich im Laufe des Projekts verändern, weil (1) sich sein Informationsstand verbessert und er konkreter weiß, wie eine Lösung aussehen soll, und weil (2) veränderte Umweltbedingungen eine andere Art der Lösung erfordern.

Im Zusammenhang mit IT-Lösungen wird von verschiedenen Autoren die Notwendigkeit von größerer Flexibilität auch in Bezug auf die finanziellen Aspekte gesehen. So führen beispielsweise Roegner und Gobbi (2001:8) an, dass je länger die Geschäftsbeziehung dauert, umso größer sollte die Anbieterflexibilität bei Preismodellen sein, um

Aspekte wie Risikomanagement, Gewinnaufteilung und leistungsabhängige Bezahlung berücksichtigen zu können.

5.5.6.2 Relevanz wahrgenommener Flexibilität aus Expertensicht

Insgesamt 70% der Interviewpartner haben Anbieterflexibilität als einen Einflussfaktor auf ihre Beratungszufriedenheit genannt. Dabei wurden drei Aspekte besonders hervorgehoben: **Plankorrekturen, Ausgleich von** kurzfristigen (personellen) **Engpässen** und **Anpassung von finanziellen Regelungen**.

Zunächst einmal ist aus den Interviews der Eindruck entstanden, dass Nachfrager möglichst schnell konkrete Pläne für den Lösungsprozess erhalten möchten. Auf der anderen Seite wird aber auch anerkannt, dass **Plankorrekturen** auf dem Weg bis zur fertigen Lösung notwendig sind, weil sich selten ein Projekt vollumfänglich durchplanen lässt. So führt Interviewpartner # 1 (2010:00:27:48-0) an:

"Natürlich muss man gucken, dass man am Ende das liefert, was man vertraglich vereinbart hat, aber der Weg dahin, den kann ich ja mit meinem Projektteam eigentlich nicht wirklich [am Anfang vollständig] planen. Und dass man dann sagt 'Da haben wir den Meilenstein und der stand im Kick-off und der muss jetzt auch eingehalten werden – koste es was es wolle!' ohne noch mal zu reflektieren [...]."

Dieses Statement zeigt also, dass vorher vereinbarte Regeln und Richtlinien nicht immer im Interesse des besten Lösungsprozesses sind. Hier schlägt der Interviewpartner vor, dass ein gemeinsamer Informationsaustausch nötig ist, um sich auf den notwendigen Grad an Flexibilität zu einigen. Wenn man das Zitat von Interviewpartner # 9 (2010:00:28:23-3) beachtet, so wird Anbieterflexibilität während des kompletten Lösungsprojekts gefordert:

"Nichts ist in Stein gemeißelt, selbst wenn man den Scope of Work beschrieben hat, Leistungsbeschreibungen hat, ein Lastenheft [hat] und das Projekt abfährt. Jedes Projekt ist ja auch gewissen Änderungen unterworfen."

Eine weitere Dimension bezieht sich auf die Flexibilität in der **personellen Verfügbarkeit** der Anbietermitarbeiter. In den Interviews wurde mehrfach bemerkt, dass kritische Situationen, die durch hohen Zeitdruck gekennzeichnet werden, keine Seltenheit sind. In diesem Fall wird von Nachfragerseite gefordert, dass kurzfristig personelle Engpässe behoben werden können und der Anbieter dies flexibel mit weiteren Mitarbeitern kompensieren kann. Ein Beispiel dafür liefert Interviewpartner # 3 (2010:00:54:51-2), der die Verfügbarkeit klar anspricht:

Schritt 1: Qualitative Studie

"Die sind auch in der Lage, innerhalb von 24 Stunden [flexibel zu reagieren]. Zur Not setzen die auch fünf Mann dran, und klären einen bestimmten Prozess so kompetent."

Ähnlich der Kommentar von Interviewpartner # 18 (2010:00:39:38-2), der die zeit- und geschäftskritische Einführung eines europäischen Storage Area Network Systems mit betreut hat:

"Er muss in solchen Extremfällen einfach flexibel genug sein und genügend Personal und Know-how dann zur Verfügung haben, um mit solchen Problemen umgehen zu können."

Es bleibt festzuhalten, dass auf Anbieterseite wahrscheinlich nur "der gute Wille" nicht ausreichend ist: Der Anbieter muss selbst auch einen gewissen "organizational slack" haben (vgl. Cannon und Homburg, 2001:33) – beispielsweise in Form von zusätzlichen IT-Beratern –, um überhaupt flexibel gegenüber dem Nachfrager agieren zu können. In den Interviews wurde allerdings dieses Verständnis für die Beschränkungen der Anbieter nicht von allen Nachfragern geäußert. Nur Interviewpartner # 20 (2010:00:45:37-6) zeigte ein klares Verständnis für die internen Beschränkungen der Solution Provider:

"Dann muss halt der Service Provider da flexibel genug sein [und] auch die Möglichkeiten haben. Auch die Möglichkeit haben in seiner Organisation, flexibel darauf zu reagieren."

Diese Flexibilität wird jedoch dadurch eingeschränkt, dass es beispielsweise im Anbieterunternehmen eine Cost-Center-Struktur gibt, in der Services auch intern eingekauft werden müssen. In diesem Fall wird dann für den Projektmanager beim Kunden das Projektbudget auf Anbieterseite zum limitierenden Faktor für seine Flexibilität, die er dem Nachfrager anbieten kann.

Als letzter Aspekt von Flexibilität sollte noch die Verbindung zur **finanziellen Dimension** genannt werden. Bei der Auswahl und Spezifikation einer Lösung kann es durchaus immer wieder zu Änderungen kommen, die sich dann auch finanziell niederschlagen. Hier hat der Anbieter die Möglichkeit, sich entweder stoisch an den vereinbarten Vertrag zu halten, oder er kann versuchen, dem Nachfrager finanziell entgegenzukommen. Ein positives Beispiel in diesem Zusammenhang wird von Interviewpartner # 12 (2010:00:33:20-3) genannt:

"Das war aber so schlecht dokumentiert und so lausig programmiert von unserer Seite aus, da haben wir mitten im Projekt gesagt 'O.k.!'. Da haben wir gestoppt. Und dann haben wir [uns] mit der IBM auch finanziell relativ [gut geeinigt]. Also, wir haben da nicht so ein 'Jetzt kommt der Rechtsanwalt und wir knobeln jetzt die Werksvertragssachen auseinander!' gehabt. Wir haben dann einfach gegen andere Features getauscht. [...] Also extreme Flexibilität. Die Idee war da einfach: Es haben beide was davon – wir müssen keine Juristen beschäftigen, sondern machen sozusagen ein vernünftiges Agreement, das von allen Seiten unterstützt wird, dass der Werksvertrag abgenommen wird."

Das Bespiel zeigt also, dass eine Einigung auf finanzieller Ebene auch durchaus im Interesse des Anbieters sein kann: Es erhöht die Beratungszufriedenheit und kann unter Umständen zusätzliche Kosten verhindern.

Übergreifend kann vermutet werden, dass sich die wahrgenommene Flexibilität des Anbieters positiv auf die Beratungszufriedenheit des Nachfragers auswirkt. Dennoch sei in diesem Zusammenhang angemerkt, dass es eine Aufgabe des Anbieters ist, ein aktives Erwartungsmanagement zu betreiben, so dass beim Nachfrager ein realistischer Eindruck von möglicher Anbieterflexibilität entsteht und potenzielle interne Hürden beim Anbieter glaubhaft transparent gemacht werden. Die Hypothese zum Faktor wahrgenommene Flexibilität des Anbieters lässt sich wie folgt formulieren:

H_6: **Je höher der Nachfrager die Flexibilität des Anbieters bewertet, desto größer ist seine Beratungszufriedenheit mit dem Anbieter.**

5.5.7 Wahrgenommene Verkaufsorientierung des Anbieters

Obwohl nach den Arbeiten von Saxe und Weitz (1982) ein geringes Maß an Verkaufsdruck als Indikator für Kundenorientierung gesehen werden kann, so kann man den Verkaufsdruck durch den Verkäufer bzw. Berater doch als eigenständiges Konstrukt begreifen (Niebisch, 1993:249). Dies kann nach Niebisch (1993:249 f.) folgendermaßen charakterisiert werden: Der Verkäufer kümmert sich nicht in erster Linie um die erkennbaren Bedürfnisse und Erwartungen des Kunden, sondern verfolgt vordergründig seine eigenen kurzfristigen Verkaufsinteressen. Churchill et al. (1985) hingegen sehen eine Verkaufsorientierung vor allen Dingen dann ausgeprägt, wenn der Anbieter es versäumt, die Produkt- und Serviceanforderungen eines Kunden zu diagnostizieren, während Hadwich (2003:37) Verkaufsorientierung darin begründet sieht, dass Unternehmen bzw. Verkäufer versuchen, Nachfragern aggressiv solche Leistungen anzubieten, die deren Bedürfnisse nicht befriedigen. Ferner definiert Haas (2006b:238) in diesem Zusammenhang die Vermeidung von Abschlussdruck als das Ausmaß verkäuferseitigen Bemühens, eine Beeinflussung des Kunden zum Herbeiführen einer unmittelbaren Kaufentscheidung zu vermeiden. Dabei bezieht er sich sowohl auf die Überzeugungs- als auch auf die Überredungsversuche des Verkäufers und beschreibt damit ein wesentliches Element des kundenorientierten Verkaufens (Haas, 2007a:28). Hier soll die nachfolgende Definition für Verkaufsorientierung eine Orientierung geben:

> "Many sales people prefer to sell hard what they know best, rather than taking trouble to identify customers' needs. Under the selling concept an organization seeks to stimulate demand for products it produces, rather than producing products in response to customer needs" (Saxe und Weitz, 1982:344).

5.5.7.1 Relevanz wahrgenommener Verkaufsorientierung aus Literatursicht

Sheth und Sharma (2008) betonen, dass ein beratender Verkaufsprozess, der sich an den Punkten Problemidentifizierung, Lösungspräsentation und stetige Kundenunterstützung orientiert, den traditionellen siebenstufigen Verkaufsprozess ersetzen sollte. Infolgedessen würden nicht mehr so sehr die Überzeugung des Kunden im Sinne einer Verkaufsorientierung, sondern die wahren Bedürfnisse des Kunden im Vordergrund stehen. Haas (2009:18) zeigt in seiner Untersuchung im B2C-Bereich, dass die Vermeidung von Abschlussdruck einen wesentlichen Einfluss auf die Beratungszufriedenheit haben kann. Dies sieht er darin begründet, dass Kunden in Interaktionen mit Verkäufern erwarten, Hilfe bei der Entscheidung zu bekommen, sich wohl zu fühlen und nicht in ihrer Entscheidung beeinflusst zu werden. Hier wäre denkbar, dass sich diese Zufriedenheitsbeurteilung auch auf die Wahrnehmung von Kunden in Lösungsprojekten übertragen lässt.

Palmer und Bejou (1994:505) weisen nach, dass zu viel Verkaufsorientierung die Entwicklung einer Geschäftsbeziehung verlangsamen kann, wobei der Verkaufsdruck von Kunden im Laufe einer Beziehung mit der Zeit schwächer wahrgenommen wird. In diesem Kontext sprechen die Autoren ein Dilemma an: Wenn der Anbieter überhaupt keinen Verkaufsdruck ausübt, ist es wahrscheinlicher, dass der Nachfrager Zweifel entwickelt, ob er das Produkt oder die Dienstleistung überhaupt braucht. Wenn der Anbieter zu viel Verkaufsdruck ausübt, wird der Nachfrager misstrauisch und fühlt seine Kundenbedürfnisse vernachlässigt (Palmer und Bejou, 1994:500 f.). Letztlich ist die Untersuchung von Bejou et al. (1996) zu nennen, die zeigt, dass sich die Verkaufsorientierung im B2C-Finanzdienstleistungsbereich sowohl negativ auf die Kundenzufriedenheit als auch auf das Vertrauen auswirken kann. Vor dem Hintergrund dieser Ergebnisse bleibt nachfolgend die Frage offen, wie die Interviewpartner den Einfluss von Verkaufsorientierung auf ihre Beratungszufriedenheit begründet sehen.

5.5.7.2 Relevanz wahrgenommener Verkaufsorientierung aus Expertensicht

65% der Interviewpartner erwähnten das Konstrukt Verkaufsorientierung in Form von kodierten Äußerungen, wobei besonders auf folgende Gesichtspunkte eingegangen wurde: **Anforderungsorientierung, langfristige Kundenorientierung** und **Verkaufsorientierung im fortgeschrittenen Lösungsprozess**.

Ein wichtiger Aspekt in diesem Zusammenhang ist die **Anforderungsorientierung** des Anbieters. So stellt Interviewpartner # 3 (2010:00:11:25-7) heraus, dass im Lösungsprozess immer wieder intern beim Nachfrager die Frage gestellt werden muss, ob das Angebot des Anbieters auch den Kundenanforderungen entspricht:

"Das heißt, für uns stellt sich die Frage 'Brauchen wir immer unbedingt diese Leistung, [...]? Brauchen wir die?' Ich sage es jetzt auch mal mit ganz saloppen Worten: 'Oder wollen die uns nur was verkaufen an der Stelle?'"

Dieses Zitat zeigt, dass eine gewisse Grundskepsis beim Nachfrager durchaus vorherrschen kann und dieser dem Angebot des Anbieters vor und im Lösungsprozess nicht vorbehaltlos vertraut. Ein weiterer wichtiger Punkt ist, dass Kunden eine zu starke Verkaufsorientierung durchaus im Widerspruch zu einer **langfristigen Kundenorientierung** sehen können. So befürwortet Interviewpartner # 7 (2010:00:56:06-5) durchaus einen langfristigen partnerschaftlichen Ansatz im Lösungsprozess:

"Aber das ist so eine 'Selling Machine'! Die verkaufen Ihnen die Software und dann ist das für die eigentlich schon fast beendet. Das ist so ein angelsächsischer Approach halt: 'Sell it, forget it!'. Ich mag diese Methode nicht. Ich finde es wesentlich angenehmer, wenn es für diesen Software-Hersteller, nachdem er die Software implementiert hat, nicht vorbei ist – sondern man ist dann eigentlich verzahnt und man versucht dann auch das, was der Kunde will, irgendwie in seine Software einfließen zu lassen."

In diesem Zitat finden sich Anleihen an die Forschungsergebnisse von Tuli et al. (2007) wieder, die bemerken, dass sich Lösungskunden eine längerfristige Beziehung wünschen, in der auf ihre individuellen Bedürfnissen spezifisch eingegangen wird und die weniger durch einen "selling approach" geprägt ist.

Als letzter Punkt sei noch einmal hervorgehoben, dass sich die Verkaufsorientierung eines Anbieters nicht nur auf die Vorkaufsphase – also vor der Kaufentscheidung – beziehen muss, sondern dass die Verkaufsorientierung auch **im fortgeschrittenen Lösungsprozess** wahrgenommen wird. Dies könnte inhaltlich beispielsweise dadurch begründet werden, dass der Anbieter aufgrund des Seriencharakters des Lösungsgeschäfts (vgl. Zimmer et al. 2010:115) versucht weitere "Lösungsmodule" zu verkaufen. So zeigt das folgende Zitat (Interviewpartner # 8, 2010:00:18:23-8), dass es hier in der Regel einige potenzielle Ansatzpunkte gibt, die sich beispielsweise aus Änderungswünschen des Kunden ableiten lassen – nur scheint der Nachfrager dieses Vorgehen nicht unbedingt immer zu seinem eigenen Vorteil auszulegen:

"Das hat man halt gemerkt bei Accenture: Sie waren mehr darauf fokussiert, Change Requests abzuhandeln, Erweiterungen [zu begründen], mehr Geld [zu machen], um das Projekt teurer zu machen, als das Ding stur zu liefern."

Der gemeinsame Lösungsprozess bietet also eine ausreichende Grundlage, um den Nachfrager eine Verkaufsorientierung wahrnehmen zu lassen. Auf der anderen Seite kann dies auch als Chance verstanden werden, weil der Anbieter sich in der gleichen Situation als kundenorientiert darstellen kann.

Abschließend kann zusammengefasst werden, dass die wahrgenommene Verkaufsorientierung als ein negativer Einflussfaktor auf die Beratungszufriedenheit von Nachfragern wirken könnte. Dies wird in Form einer Hypothese wie folgt formuliert:

H_7: Je niedriger der Nachfrager die Verkaufsorientierung des Anbieters bewertet, desto größer ist seine Beratungszufriedenheit mit dem Anbieter.

5.5.8 Wahrgenommene technische Qualität der Lösung

Als letzte anbieterfokussierte Ursache des Forschungsmodells wird an dieser Stelle die wahrgenommene technische Qualität der Lösung untersucht. Hierbei sollte vorab angemerkt werden, dass es sich nicht um eine "Anbieterfaktor in Reinform" handelt, sondern eher um eine Eigenschaft, die sich direkt auf die Lösung des Anbieters bezieht. Konzeptionell wird deshalb im Folgenden auch angenommen, dass es keinen Einfluss auf die Beratungszufriedenheit gibt – da die technische Lösung ja nicht Teil der Beratung ist –, sondern dass es sich im Modell um einen Einflussfaktor bezogen auf die Gesamtzufriedenheit handelt.

Grönroos (1984) hingegen interpretiert die technische Qualität als das vom Kunden empfangene Ergebnis nach Erbringung einer Dienstleistung. Dabei wird sie für den

Kunden zum integralen Bestandteil der Dienstleistungsqualität. Grundsätzlich können höherwertige Produkte und Lösungen dadurch charakterisiert werden, dass sie eine höhere Beständigkeit, bessere Features und mehr Attribute besitzen, die der Nachfrager wertschätzt. Ein Erhöhen der technischen Produkt- bzw. Lösungsqualität wirkt sich in der Regel finanziell negativ für den Anbieter und positiv für den Nachfrager aus, beispielsweise in Form von niedrigeren Betriebskosten (Cannon und Homburg, 2001:33).

Ferner ist die Wahrnehmung von (technischer) Qualität inhärent subjektiv, wobei die Einschätzung eines Produktes oder einer Dienstleistung eng damit verbunden ist, welche internen Qualitätsstandards der Nachfrager für sich angesetzt hat, wobei sich diese Standards konstant verändern (Hennig-Thurau und Klee, 1997:746 f.).

Für die Kodierung der Interviews wurde somit eine Definition verwendet, die die technische Qualität als ein Konstrukt der Wahrnehmung darstellt und weniger auf die Messung eines objektiven Produktmerkmals fokussiert:

"A measure of how well the technical solution delivered matches customer expectations. Delivering quality solutions means conforming to customer expectations on a consistent basis" (in Anlehnung an Lewis und Booms, 1983:99).

5.5.8.1 Relevanz wahrgenommener technischer Qualität aus Literatursicht

Qualitativ hochwertige Produkte und Dienstleistungen sind ein Mittel, um für Kunden in B2B-Märkten Wert zu generieren, und können als ein Faktor von Kundennähe interpretiert werden. In diesem Kontext weist Homburg (1998:57) nach, dass die wahrgenommene Qualität einen signifikant positiven Einfluss auf die Konstrukte Vertrauen und Kundenzufriedenheit haben kann. Weiterhin kann Leuthesser (1997:251) zeigen, dass die wahrgenommene Produktqualität einen positiven Einfluss auf die Beziehungsqualität haben kann, wobei Beziehungsqualität als ein zweidimensionales Konstrukt aus Zufriedenheit und Vertrauen konzeptionalisiert ist. Forman et al. (2007:746) hingegen argumentieren, dass die Zufriedenheit mit der technischen Lösung aus Kundensicht speziell auch für IT-Lösungen wichtig ist, weil dies einerseits die effektive Implementierung der Lösung signalisiert und andererseits eine Voraussetzung für die Weiterführung der Geschäftsbeziehungen ist. Interessant in diesem Zusammenhang sind mit Sicherheit auch Praktikerstudien aus dem Bereich IT-Lösungen: Hier wird regelmäßig gezeigt, dass die Zufriedenheit mit der technischen Qualität der Lösung mit der Gesamtzufriedenheit mit dem Anbieter korreliert (vgl. z.B. Bayer, 2010:22; Sontow et al., 2008:2).

5.5.8.2 Relevanz wahrgenommener technischer Qualität aus Expertensicht

65% der Interviewpartner betonen, dass die technische Qualität der Lösung einen Einfluss auf ihre Gesamtzufriedenheit hat. Dies wirft die Frage auf, welche Dimensionen des Konstrukts "technische Qualität" besonders von den Interviewten angesprochen wurden. Es handelt sich dabei insbesondere um die Punkte **Leistungsfähigkeit der Lösung, Erfüllung der Anforderungen** und **Messbarkeit der technischen Qualität.**

Die Qualität der technischen Lösung bezieht sich aus der Perspektive der Gesprächspartner oft auf die technische **Leistungsfähigkeit** der Lösung. So beschreibt Interviewpartner # 16 (2010:00:24:24-0) die Konsolidierung einer Bankenlandschaft:

> "Am Ende hat die interne Lösung mehr überzeugt, weil man zwei Fliegen mit einer Klappe geschlagen hat. Man hat einerseits geschafft, die Defizite, die man hat, zu beheben. Weil die Group eine modernere, auch architektonisch modernere Plattform hatte. Also unser Problem auf Bankseite war gelöst sozusagen: weg von dem alten System, hin zu einem neuen, aktuellen."

In diesem Punkt geht es also klassisch um die Ausprägung der Features bzw. um die technische Effizienz der Lösung. Ein weiterer interessanter Punkt in diesem Zusammenhang ist, dass eine Lösung von hoher technischer Qualität nur zufriedenstellt, wenn auch die **Anforderungen des Kunden** erfüllt sind. Interviewpartner # 13 (2010:00:35:37-6) beschreibt beispielsweise, warum er unzufrieden mit der Spezifikation und Einführung einer bestimmten Software war:

> "Und am Ende hatten wir einen extrem hohen Eigenentwicklungsanteil. Das heißt, das war schon Standardsoftware. Aber der Anteil dessen, was wir dort selbst rangestrickt haben oder der Provider, war relativ hoch. [Damit] war der Scope der Lösung verfehlt."

Die fertige Lösung konnte in dem Fall zwar problemlos benutzt werden, aber es war nicht die Lösung, die der Nachfrager erwartet hatte. Interviewpartner # 11 (2010:00:23:31-7) formuliert den Anspruch an den Anbieter wie folgt:

> "Ist er im Stande, ausgehend von den Anforderungen, dies letztlich eben auch in eine funktionsfähige Lösung umzusetzen?"

Neben diesen beiden Punkten wurde von mehreren Interviewpartnern noch die Notwendigkeit genannt, dass **technische Qualität messbar** gemacht werden muss. Dies ist einerseits nötig, um mit dem Lösungsanbieter besser über die Qualität sprechen zu können, andererseits, um beispielsweise als IT-Abteilung dem Management gegenüber die Qualität transparent machen zu können. Mögliche Indikatoren wären beispielsweise "Anzahl der Incidents, die aufgemacht worden sind" oder "Anzahl der technischen Probleme, die nach dem 'go live' aufgetreten sind" (vgl. Interviewpartner # 7).

Zusammenfassend kann festgehalten werden, dass die wahrgenommene technische Qualität der Lösung einen positiven Einfluss auf die Gesamtzufriedenheit des Nachfragers hat. Die korrespondierende Hypothese lautet daher:

H_8: Je höher der Nachfrager die technische Qualität der Lösung bewertet, desto größer ist seine Gesamtzufriedenheit mit dem Anbieter.

5.5.9 Beratungszufriedenheit

Die Beratungszufriedenheit des Lösungskunden wurde in dieser Arbeit als kundenfokussierter relationaler Mediator nach Palmatier et al. (2006:137) konzeptionalisiert. Da das Konstrukt eine zentrale Bedeutung für diese Arbeit hat, wurde es schon in Kapitel 3 ausführlich abgegrenzt und definiert, so dass darauf an dieser Stelle verzichtet werden kann. An dieser Stelle erscheint jedoch wichtig, noch einmal herauszuheben, dass die Begründung der hier unterstellten Effekte auf Basis des C/D-Paradigmas erfolgt ist: Somit wird unterstellt, dass Nachfrager die erwartete Leistung und die wahrgenommene Leistung miteinander vergleichen und die Erfüllung bzw. Übererfüllung zur Beratungs- bzw. Gesamtzufriedenheit führt – andernfalls stellt sich Unzufriedenheit ein (vgl. auch Haas, 2009:13). Auch im Hinblick auf die Operationalisierungen in Abschnitt 6.2.2.2 sei nachstehend nochmals auf die verwendete Definition von Beratungszufriedenheit hingewiesen:

> Beratungszufriedenheit ist das Ergebnis eines psychischen Bewertungsprozesses des Nachfragers in einem Lösungsprojekt, bei dem die subjektiv wahrgenommene Beratungsleistung des Anbieters mit den Erwartungen des Nachfragers verglichen wird. Unter Beratung wird dabei eine zeitlich beschränkte und individuell erbrachte Dienstleistung verstanden, bei der ein zu beratenes Unternehmen bei der Anforderungsdefinition, der Lösungsspezifikation und der Implementierung einer Lösung eines betriebswirtschaftlich-technischen Problems unterstützt und bei Bedarf im Rahmen einer Nachsorge begleitet wird.

5.5.9.1 Relevanz der Beratungszufriedenheit aus Literatursicht

In Abschnitt 3.2.5 wurde bereits gezeigt, dass hinsichtlich der **Ursachen** und **Konsequenzen** von Beratungszufriedenheit bei B2B-Lösungen bislang nur eingeschränkte Ergebnisse vorliegen. Da eine Erörterung besonders relevanter Ursachen in den Unterabschnitten 5.5.1 bis 5.5.8 vorgenommen wird und eine Darstellung besonders relevanter Konsequenzen in Abschnitt 5.5.10 bis 5.5.12 stattfindet, wäre ein weiterer Überblick hier redundant. In Hinblick auf den folgenden Unterabschnitt soll lediglich besonders darauf hingewiesen werden, dass in einigen Studien, wie in Abschnitt 3.2.5 dargestellt, ein positiver Einfluss der Beratungszufriedenheit auf die **Gesamtzufriedenheit**, das **Vertrauen** und auf die **Loyalität** festgestellt werden konnte – wenn auch in anderen Untersuchungskontexten.

5.5.9.2 Relevanz der Beratungszufriedenheit aus Expertensicht

Neben den schon beschriebenen theoretischen Erwägungen belegt das folgende Interviewzitat, dass sich die vorliegende Arbeitsdefinition mit dem Verständnis der Interviewpartner deckt (Interviewpartner # 9, 2010:00:28:23-3):

"Wir fühlen uns natürlich gut beraten, wenn die Leistung, die wir vom Partner erwarten, entsprechend qualitativ in der Form erbracht wird: Im Zeitrahmen oder im kommerziellen Aspekt, so wie wir uns das vorstellen, und dass dann damit unsere Erwartungshaltung erfüllt wird oder übertroffen wird."

Aus den theoretischen Überlegungen aus Kapitel 3 sowie aus den weitergehenden Überlegungen aus diesem Abschnitt ergeben sich insgesamt drei Hypothesen. Die erste Hypothese bezieht sich auf das Verhältnis zur Gesamtzufriedenheit. Hier wird vermutet, dass die Beratungszufriedenheit – neben anderen Dimensionen wie Zufriedenheit mit der technischen Qualität der Lösung oder dem Preis (Interviewpartner # 7, 2010:00:43:36-9) – einen positiven Einfluss auf die Gesamtzufriedenheit hat. Interviewpartner # 9 (2010:00:51:45-6) beschreibt diesen Zusammenhang wie folgt:

"Wenn das Projekt nicht erfolgreich ist, dann kann die Beratung im Vorfeld des Projekts auch nicht erfolgreich gewesen sein."

Der Interviewpartner sieht also einen direkten Wirkungszusammenhang zwischen den beiden Konstrukten. Dies wird wie folgt als Hypothese formuliert:

H$_9$: Je größer die Beratungszufriedenheit des Nachfragers mit dem Anbieter ist, desto größer ist seine Gesamtzufriedenheit mit dem Anbieter.

Weiterhin wird angenommen, dass eine höhere Beratungszufriedenheit bei Nachfragern von B2B-Lösungsprojekten auch einen positiven Einfluss auf das Vertrauen hat. Interviewpartner # 13 (2010:00:52:47-0) bringt dies auf den Punkt:

"Vertrauen entsteht durch gute Beratung. Sie müssen natürlich, wenn Sie mit neuen Beratern arbeiten, eine Einschätzung [durchführen], einen gewissen Vertrauensvorschuss geben."

Vertrauen kann sich also durch gute Beratung erst bilden und stellt somit eine Konsequenz guter Beratung dar. Dies wird auch von Interviewpartner # 13 (2010:00:26:34-1) bestätigt, der bemerkt:

"Da schafft man Vertrauen. Beratung und Vertrauen sind ganz eng beieinander."

Basierend auf diesen theoretischen und empirischen Überlegungen wird folgende Hypothese aufgestellt:

H_{10}: **Je größer die Beratungszufriedenheit des Nachfragers mit dem Anbieter ist, desto größer ist sein Vertrauen in den Anbieter.**

Final wird angenommen, dass die Beratungszufriedenheit als Zufriedenheitskonstrukt einen wesentlichen Einflussfaktor auf die Loyalität von Nachfragern darstellt. Dieser Zusammenhang wurde auch umfangreich in Kapitel 3 begründet und stellt damit einen wesentlichen Bestandteil der Wirkungskette des RM (vgl. Abschnitt 3.1.2) dar. Aus Nachfragersicht lässt sich die intentionale Loyalität mit den Facetten Wiederkaufsverhalten, Cross-Selling und Word of Mouth beschreiben, wobei dies im Abschnitt 5.5.10.2 noch stärker erläutert wird. Vorerst soll hinsichtlich der Beratungszufriedenheit folgende Hypothese formuliert werden:

H_{11}: **Je größer die Beratungszufriedenheit des Nachfragers mit dem Anbieter ist, desto größer ist seine Loyalität zu dem Anbieter.**

5.5.10 Gesamtzufriedenheit

Die Aufnahme des Konstrukts "Gesamtzufriedenheit" in das Modell ist aus zwei Gründen erfolgt: Erstens soll sichergestellt werden, dass es sich bei dem Konstrukt Beratungszufriedenheit bei Lösungen wirklich um ein neues Konstrukt handelt, das sich von der Gesamtzufriedenheit – neben der sachlich begründeten Unterscheidung[105]

---

[105] Vgl. Abschnitt 3.1.3.1: Hier wurde bemerkt, dass der Autor Beratungs- und Gesamtzufriedenheit als zwei inhaltlich unterschiedliche Konstrukte konzeptionalisiert. Dabei bezieht sich die Zufriedenheit mit der Beratung nur auf die zeitlich beschränkte und individuell erbrachte Dienstleistung der Beratung, bei der ein zu beratenes Unternehmen in allen Phasen des Lösungsprozesses unterstützt wird. Die Gesamtzufriedenheit hingegen bezieht sich auf alle Aspekte des Lösungsprojekts.

– auch statistisch abgrenzen lässt. Dieser Sachverhalt lässt sich an späterer Stelle durch die Untersuchung der Diskriminanzvalidität (vgl. Abschnitt 6.4.3) überprüfen. Zweitens soll das Konstrukt in die Betrachtung mit aufgenommen werden, weil der Faktor "technische Qualität der Lösung" inhaltlich nicht der Beratungszufriedenheit zuordenbar ist. Aufgrund der häufigen Nennung – und der damit unterstellten Relevanz – soll die "technische Qualität der Lösung" jedoch als Einflussfaktor auf die Gesamtzufriedenheit überprüft werden (vgl. H_8).

In Kapitel 3 wurde gezeigt, dass keine allgemeingültige Definition von Kundenzufriedenheit vorliegt (Groß-Engelmann, 1999:16). Dennoch sollte hier zumindest eine Arbeitsdefinition aufgeführt werden, damit das Begriffsverständnis transparent ist:

"Kundenzufriedenheit ist die emotionale Reaktion eines Kunden auf die aus einem kognitiven Vergleichsprozess resultierende wahrgenommene Diskrepanz zwischen einem vor der Nutzung bekannten Vergleichsstandard [...] und der wahrgenommenen Leistung eines Beurteilungsaspektes. Grundlage der Kundenzufriedenheit bildet also die Evaluation von Kauf- und Nutzungserfahrungen eines Kunden mit dem Anbieter und/oder seiner Marktleistung" (Festge, 2006:34).

5.5.10.1 Relevanz der Gesamtzufriedenheit aus Literatursicht

Zahlreiche wissenschaftliche Publikationen beschäftigen sich mit dem Konzept der Kundenzufriedenheit (z.B. Anderson et al., 1997; Homburg et al., 2005a). Da es ein zentrales Konstrukt des RM ist, wird es in einer Vielzahl von Untersuchungen mit erhoben, wobei es entweder als separates Konstrukt oder im Rahmen eines übergreifenden Konstrukts wie der Beziehungsqualität konzeptionalisiert wird (z.B. Crosby et al., 1990). Da schon in Abschnitt 3.1.3 ausführlich auf den Zufriedenheitsbegriff eingegangen wurde, wird an dieser Stelle auf eine weitergehende Konzeptionalisierungsdiskussion verzichtet.

5.5.10.2 Relevanz der Gesamtzufriedenheit aus Expertensicht

In diesem Abschnitt soll einerseits noch einmal die **Abgrenzung** zur Beratungszufriedenheit aufgezeigt und andererseits der Einfluss auf die **Loyalität** nahegelegt werden.

Die Experteninterviews zeigen, dass **Nachfrager** durchaus zwischen Beratungszufriedenheit und Gesamtzufriedenheit **differenzieren** können. Dies bestärkt den Autor dieser Arbeit darin, Beratungszufriedenheit bei Lösungen als ein separates, neues Konstrukt zu sehen, das sich von der breit erforschten Gesamtzufriedenheit unterscheidet. So bemerkt Interviewpartner # 2 (2010:00:22:35-2):

"[Kundenzufriedenheit und Beratungszufriedenheit] liegen definitiv auseinander an der Stelle."

Hier verweist der Interviewpartner auf den Umstand, dass zwar die Beratung gut sein kann, aber das Projekt theoretisch aus anderen Gründen trotzdem nicht zufriedenstellend verlaufen kann, so dass dies dann zu einer schlechten Gesamtzufriedenheit führt.

Der zweite Punkt in diesem Abschnitt beschäftigt sich mit dem Einfluss der Gesamtzufriedenheit auf die **Loyalität** des Nachfragers. 70% der Interviewpartner haben angesprochen, dass ihre Gesamtzufriedenheit einen Einfluss auf ihre intentionale Loyalität hat. Dies gliedert sich für die Nachfrager in die Dimensionen: **Wiederkaufsverhalten**, **Cross-Selling** und **Word of Mouth**.

Beim Thema intentionales **Wiederkaufsverhalten** wurde von den Interviewpartnern zunächst angesprochen, dass es natürlich einen Bedarf für eine neue Beratungsleistung bzw. Lösung geben muss. Wenn dieser Bedarf gegeben ist, so wird jedoch gerne auf Anbieter zurückgegriffen, mit denen man zufrieden war. Interviewpartner # 3 (2010:00:01:52-6) beschreibt:

"Ach, ich würde das jetzt so einschätzen, dass bei mehr als 80% zunächst mal in der Reflexion kommt: 'Wen haben wir schon mal im Hause gehabt und wie war die Bewertung?'"

Dieses Statement zeigt, dass nach der Selbsteinschätzung des Interviewpartners der Wiederkauf aktiv vom Nachfrager gesucht wird, wenn es um eine neue Problemstellung geht. Ähnlich formuliert es auch Interviewpartner # 6 (2010:00:43:16-8), wobei er einschränkend hinzufügt, dass diese Anbieterleistung auch "darstellbar" sein muss, womit er beispielsweise die preislichen Rahmenbedingungen anspricht:

"Wir versuchen, wenn es geht, immer wieder mit den gleichen Beratungsfirmen zusammenzuarbeiten, wenn darstellbar."

Die Unterscheidung zwischen Wiederkaufsverhalten und **Cross-Selling** sind für den Bereich der Lösungen fließend, da kaum anzunehmen ist, dass genau die gleiche integrierte Lösung noch einmal vom Anbieter eingekauft wird. Dennoch gilt bei einem neuen Auftrag natürlich die Voraussetzung, dass der Anbieter die neue Lösung mit seinem Kompetenzprofil abdecken kann. Es kann beobachtet werden, dass bei hoher Kundenzufriedenheit die Auswahlentscheidung wesentlich leichter fallen kann, so dass der Nachfrager unter Umständen ganz auf einen komplexen Auswahlprozess verzichtet. So beschreibt Interviewpartner # 14 (2010:00:12:51-1):

"Und die haben zum Jahreswechsel letzten Jahres dieses IT-System auf der grünen Wiese eingeführt und nachdem sie das dort eigentlich gut gemacht haben, haben wir gesagt: 'O.k., auf die Schnelle, bei so einer Unternehmensgründung nehmen wir einfach die!'"

Den letzten Aspekt der intentionalen Loyalität wird durch das Weiterempfehlungsverhalten – auch **Word of Mouth** – gebildet.

Insgesamt scheint der Einfluss der Zufriedenheit auf das Weiterempfehlungsverhalten grundsätzlich vorhanden zu sein, wobei gewisse Brancheneinflüsse eine Rolle zu spielen scheinen. So erläutert Interviewpartner # 8 (2010:00:27:25-1):

"Das Thema Halbleiterindustrie ist ja ein bisschen crazy: Wir kennen uns alle. Also, die CIOs in der Halbleiterindustrie, die kennen sich alle. Das heißt, man fragt mal einen anderen 'Mit wem hast du das gemacht?'. Sagt der 'Mit dem würde ich das nicht mehr machen, weil [...].' Also, man kennt da die 'Pappenheimer' für gewisse Funktionalitäten, die man braucht."

Dieses Statement zeigt, dass sich zwar hohe Zufriedenheit positiv auf das Word-of-Mouth-Verhalten von Nachfragern auswirken kann – auf der anderen Seite wirkt sich eine negative Zufriedenheit auch negativ auf das Weiterempfehlungsverhalten aus. Weiterhin legt der Interviewpartner nahe, dass die eigene Vernetzung des Nachfragers in seiner Industrie einen Einfluss auf sein Word-of-Mouth-Verhalten hat.

Abschließend kann zusammengefasst werden, dass ein positiver Einfluss der Zufriedenheit auf die Loyalität durch die Interviews festgestellt werden kann, wobei gleiches für den Einfluss der Beratungszufriedenheit auf die Loyalität gilt. Aus diesem Grund kann ergänzend zu H_{11} folgende Hypothese formuliert werden:

H_{12}: Je größer die Gesamtzufriedenheit des Nachfragers mit dem Anbieter ist, desto größer ist seine Loyalität zu dem Anbieter.

5.5.11 Vertrauen

Vertrauen ist eine wesentliche Voraussetzung für langfristige Geschäftsbeziehungen und von besonderer Bedeutung im Zusammenhang von Beratung bzw. komplexen Lösungen. Dies resultiert vor allem aus der dienstleistungsspezifischen Qualitäts- und Informationsunsicherheit von Beratungsleistungen und Lösungen, da es sich hier um ein in die Zukunft gerichtetes Leistungsversprechen handelt und ein hoher Anteil von Vertrauenseigenschaften den Austausch bestimmt (Jeschke, 2007:599). Im RM ist Vertrauen ein umfangreich erforschtes Konstrukt mit einer großen Bandbreite an unterschiedlichen Konzeptionalisierungen, welches bis zu vier Einzeldimensionen enthält (Ebert, 2009:68). So besteht beispielsweise die Möglichkeit, Vertrauen wie Anderson und Narus (1990:45) als ein eindimensionales Konstrukt zu konzeptionalisieren. Dabei definieren sie Vertrauen als den Glauben einer Firma, dass eine andere Firma nur Handlungen verfolgen wird, die sich positiv auf die eigene Firma auswirken können – unerwartete Handlungen, welche einen negativen Ausgang haben können, werden vermieden. Eine weitere Definition stammt von Naudé und Buttle (2000:352), die Vertrauen als die Zuversicht des Nachfragers interpretieren, dass sich der Anbieter so verhält, dass er den langfristigen Interessen des Nachfragers verfolgt. Hier ist jedoch zu ergänzen, dass die Autoren Vertrauen – neben Zufriedenheit – als einen Bestandteil von Beziehungsqualität sehen. Eine dritte Möglichkeit wäre, Vertrauen als ein mehrdimensionales Konstrukt zu konzeptionalisieren: Ganesan (1994:2) beispielsweise sieht Vertrauen als ein zweidimensionales Konstrukt, das aus den Bestandteilen Glaubwürdigkeit des Anbieters und Wohlwollen des Anbieters besteht. Dies äußert sich auch darin, dass beide Bestandteile beispielsweise einen unterschiedlich starken Einfluss auf die langfristige Orientierung des Nachfragers haben.

Vertrauen kann sich auf unterschiedlichen Ebenen manifestieren: Rinehart et al. (2004:30) führen aus, dass sich das Vertrauen auf die konkrete Kontaktperson des Anbieters beziehen kann. In diesem Fall hängt das Vertrauen eher von den individuellen Charakteristiken des Individuums ab. Ebenso kann sich das Vertrauen aber auch auf die Organisation beziehen, wobei dies in der Regel von der Leistungsfähigkeit des (Anbieter-)Unternehmens beeinflusst wird. Plank et al. (1999:62) ergänzen, dass es als dritte Facette noch Vertrauen gegenüber dem Produkt bzw. einer Dienstleistung geben kann. Für diese Arbeit ist die Arbeitsdefinition von Vertrauen zweidimensional und bezieht sich vorrangig auf den interpersonellen Aspekt ("salesperson trust"):

> "Trust is the perceived credibility and benevolence of the supplier as viewed by the customer" (Homburg et al., 2003:40).

5.5.11.1 Relevanz des Vertrauens aus Literatursicht

Vertrauen kann als wichtiges Ergebnis von Investitionen in eine Anbieter-Nachfrager-Beziehung gesehen werden (Wulf et al., 2001:36), so dass gerade langfristige Bezie-

Schritt 1: Qualitative Studie

hungen auf Vertrauen aufbauen (Brady et al., 2005:364). Manche Autoren gehen sogar so weit zu sagen, dass Vertrauen der Faktor ist, der produktive und effektive relationale Austausche von unproduktiven und ineffektiven unterscheidet (Morgan und Hunt, 1994:22). Dies wirft jedoch die Frage auf, welche weitergehenden Konsequenzen das Vertrauen in Austauschbeziehungen hat.

Roberts et al. (2003:189) zeigen, dass Vertrauen als Dimension der Beziehungsqualität einen signifikanten Einfluss auf die verschiedenen Facetten der Loyalität haben kann. Dabei konzeptionalisieren die Autoren Loyalität in den drei Dimensionen Wiederkaufsverhalten, Cross-Buying sowie Word of Mouth. Dieser Zusammenhang wird auch von Ouwersloot et al. (2004:703) bestätigt, wobei die Forscher hier gezielt die intentionale Loyalität im B2B-Umfeld betrachten.

Hennig-Thurau und Klee (1997:754) bemerken, dass Vertrauen eine Auswirkung auf das Commitment des Kunden hat. Dies sehen die Autoren einerseits darin begründet, dass das Vertrauen die Effizienz der Beziehung erhöht, welches in der Folge die wahrgenommenen Vorteile für den Nachfrager steigert – in der Folge steigert sich auch das kognitive Commitment des Nachfragers gegenüber der Beziehung. Andererseits argumentieren die Autoren, dass Vertrauen ein zentrales soziales Bedürfnis des Nachfragers adressiert. Diese Erkenntnisse werden auch von Ulaga und Eggert (2006a:321) bestätigt, die Vertrauen eher als einen Mediator zwischen der Zufriedenheits-Commitment-Verbindung sehen, aber keinen direkten Einfluss auf das Verhalten nachweisen können.

Doney und Cannon (1997:46) hingegen stellen fest, dass in einem B2B-Umfeld mit formalisierten Kaufprozessen Vertrauen zwar keine direkte Auswirkung auf die Kaufentscheidung haben muss, es aber durchaus hilft, um als Anbieter in das "consideration set" des Nachfragers zu gelangen. Weiterhin stellen die Autoren fest, dass das Vertrauen in die Firma des Anbieters und das Vertrauen in die Kundenkontaktperson aber einen positiven Einfluss auf die intentionale Kaufabsicht haben kann. Damit zeigt die Untersuchung einerseits, dass Vertrauen ein Kriterium ist, womit Nachfrager (potenzielle) Anbieter bewerten, und andererseits, dass es sich für Anbieter lohnt, in langfristige vertrauensvolle Beziehungen zu investieren.

5.5.11.2 Relevanz des Vertrauens aus Expertensicht

Mehr als die Hälfte der Interviewpartner halten Vertrauen für einen wichtigen Bestandteil einer Anbieter-Nachfrager-Beziehung bei IT-Lösungsprozessen. Dabei wurden besonders folgende Aspekte angesprochen: **Qualität der Zusammenarbeit, Risikovermeidung** sowie **Loyalität**.

Einige Interviewpartner betonen, dass ihnen im Lösungsprozess das Vertrauensverhältnis zum Anbietervertreter wichtig ist, weil sie dies als eine **höherwertige Zusammenarbeit** erleben. So erklärt Interviewpartner # 12 (2010:00:52:51-3):

"[...] Während wenn ich den Leuten vertraue, dass die es gut machen, dann ist es eine ganz andere Art der Zusammenarbeit."

Der Interviewpartner erläutert, dass in einer Kunde-Dienstleister-Beziehung Vertrauen auch deshalb wichtig ist, weil man so das Gefühl hat, dass "die es hinkriegen" und "die das Projekt auch wirklich ans Ziel bringen". Dieser Punkt ist eng verwandt mit dem Zitat von Interviewpartner # 2 (2010:00:19:10-9), der betont, dass, wenn man erst einmal ein vertrauensvolles Verhältnis aufgebaut hat, dies dann auch das **Risiko** eines Scheiterns im Lösungsprozess verringern würde:

"Also das ist für mich auch einer der wesentlichen Gründe, warum man häufig bei den gleichen Beratern bleibt, mit denen man ohnehin schon zusammengearbeitet hat: Weil man sich eben nicht traut, jemanden in eine Beratungssituation hereinzunehmen, mit dem man noch nicht warm ist, wo man noch kein Verhältnis zueinander hatte an der Stelle."

Ein letzter relevanter Punkt bei den Ergebnissen der Interviews bezieht sich auf die Konsequenzen des Vertrauens in Form von **Loyalität**. So bemerkt Interviewpartner # 11 (2010:00:33:28-3):

"Gerade worüber wir zum Schluss geredet haben – 'Vertrauen aufbauen'. Ich meine, sowas passiert nicht über Nacht, sondern das geschieht über die Zeit, und wenn man da erst mal jemanden kennengelernt hat, dem man vertraut, dann wird man da so schnell die Pferde auch nicht mehr wechseln."

Dieses Zitat verweist auf den Umstand, dass ein vertrauensvolles Verhältnis zwar erst nach einigen beziehungsspezifischen "Investitionen" entsteht, wenn es aber erst einmal gebildet ist, dann besteht auch auf Seiten des Nachfragers ein Interesse, dem Anbieter gegenüber loyal zu bleiben.

Im Hinblick auf diese Erkenntnisse und die zuvor vorgestellten Forschungsergebnisse wird deshalb folgende Hypothese formuliert:

H_{13}: Je größer das Vertrauen des Nachfragers in den Anbieter ist, desto größer ist seine Loyalität zu dem Anbieter.

5.5.12 Intentionale Loyalität

In Abschnitt 3.1.2 wurde ausgeführt, dass in der grundsätzlichen Wirkungskette des RM die Zufriedenheit des Nachfragers zur intentionalen und faktischen Loyalität führen kann. Da sich diese Arbeit aus forschungspragmatischen Erwägungen auf die intentionale Loyalität konzentriert, soll diese hier kurz charakterisiert werden.

Zeithaml et al. (1996:34) verstehen Loyalität als eine positive Verhaltensabsicht, die zeigt, dass der Nachfrager einen Bund mit dem Anbieter eingeht. Dies kann beispielsweise dadurch ausgedrückt werden, dass der Nachfrager gut über den Anbieter spricht, ihn bevorzugt, seinen Umsatz mit ihm erhöht oder bereit ist, einen höheren Preis für sein Angebot zu bezahlen. Dieser Punkt wird ähnlich von Braunstein (2001) gesehen, welcher argumentiert, dass Loyalität über die Ausprägungen Weiterempfehlungsbereitschaft, Wiederkaufsverhalten und Cross-Selling abgebildet werden kann. Auch Lam et al. (2004:294 f.) interpretieren Loyalität als ein Konstrukt, das beschreibt, dass der Nachfrager ein fortgesetztes Verlangen hat, in einer Geschäftsbeziehung zu sein, die er wertschätzt. Dies würde sich einerseits darin äußern, wie sehr man einen Anbieter gegenüber anderen empfiehlt, und andererseits darin, wie sehr man vorhat, bei ihm einzukaufen. Weiterhin beschreiben die Autoren, dass die Loyalität gegenüber einem Anbieter auf verschiedenen Ebenen stattfinden kann. Sie kann sich beispielsweise auf die Organisation, auf Kundenkontaktmitarbeiter oder auf eine Leistung/Marke beziehen. Dazu bemerkt Dittrich (2002:70 ff.), dass es aus diesem Grund sinnvoll sein kann, dass der Anbieter versucht, ein Gleichgewicht im Bindungsverhalten beim Nachfrager herzustellen. So wechselt beispielsweise der Nachfrager nicht sofort den Solution Provider, nur weil sein ihn beratender Ansprechpartner seinen Arbeitgeber gewechselt hat. Dick und Basu (1994:100 ff.) argumentieren, dass Loyalität ein Beziehungskonstrukt ist, das neben der Unterstützung durch den Nachfrager ("Patronage") vor allem auch durch die relative Einstellung des Nachfragers gegenüber einem Konkurrenzangebot definiert wird. Aus diesem Blickwinkel wird das Konzept der Loyalität aus der rein dyadischen Betrachtung herausgehoben und der Gedanke gefördert, dass sich der Anbieter oftmals in einem Wettbewerb befindet. Nach der Vorstellung verschiedener Definitionen von Loyalität soll nun die intentionale Loyalität für diese Arbeit wie folgt definiert werden:

"Intentional loyalty may be manifested in multiple ways; for example, by being willing to express a preference for a solution provider over others, by wanting to continue to purchase from it, or by planning to increase business with it in the future. Moreover, it includes the willingness to recommend the solution provider to others" (in Anlehnung an Zeithaml et al., 1996:34).

Da bereits in den Abschnitten 5.5.9 bis 5.5.11 alle für die Untersuchung relevanten Antezedenzen der intentionalen Loyalität betrachtet worden sind, soll an dieser Stelle darauf verzichtet werden, die Relevanz des Konstrukts "Intentionale Loyalität" weiter aus Literatur- bzw. Expertensicht zu beleuchten.

Da die Betrachtung der Erfolgsebene des RM nicht im Fokus dieser Untersuchung steht (vgl. dazu Abschnitt 3.1.2), ist die Hypothesenbildung somit abgeschlossen. Bevor im letzten Abschnitt dieses Kapitels alle Ergebnisse zusammengefasst werden, soll im nächsten Abschnitt kurz auf potenziell moderierende Faktoren dieser Untersuchung eingegangen werden.

5.5.13 Explorativ zu erforschende Moderatorvariablen

Für die vorliegende Untersuchung sollen basierend auf den Expertengesprächen zwei moderierende Variablen untersucht werden: Dabei handelt es sich um die beiden Variablen "**Interner Provider**" und "**Bestandsbeziehung**". Diese werden explorativ auf vorhandene Interaktionseffekte im Hypothesengerüst hin untersucht. Die Herleitung dieser beiden Variablen soll nachfolgend kurz begründet werden:

Die Variable "**Interner Provider**" ist in dieser Untersuchung definiert als "ein Lösungsanbieter, der organisatorisch mit dem Nachfrager verbunden ist". An dieser Stelle nimmt der Autor dieser Arbeit an, dass sich aus der besonderen Rolle des internen Providers verschiedene Einflüsse ergeben. Beispielsweise wäre es möglich, dass das Zufriedenheitsurteil mit der Beratung bei einem internen Provider anders zustande kommt, weil für den Provider von der Unternehmensleistung eine Abnahmepflicht vorgegeben wurde.[106] Interviewpartner # 17 (2010:00:58:27-3) beispielsweise bemerkt, dass interne Provider sich nicht notwendigerweise immer so kundenorientiert aufstellen, weil sie sich vielleicht in ihrer Position zu sicher fühlen. Dabei wäre dann die Konzernzugehörigkeit immer wieder im Projektverlauf zu spüren. Andererseits ist anzunehmen, dass der interne Solution Provider die Prozesse des Kunden schon besser kennt und allgemein ein besseres Verständnis für den Kunden entwickelt hat. Diese

---

[106] Vgl. Abschnitt 6.4.7.4.2.

Aspekte könnten sich potenziell auf das Zufriedenheitsurteil auswirken, weil der Nachfrager einen anderen Anspruch an den internen Lösungsanbieter entwickelt hat. Die zweite explorativ zu erforschende Moderatorvariable ist die **Bestandsbeziehung**, welche für die vorliegende Arbeit so definiert ist, "dass eine Bestandsbeziehung vorliegt, wenn schon einmal gemeinsam ein anderes Lösungsprojekt durchgeführt wurde." Diese Kategorie ist jedoch nicht zu verwechseln mit dem Beziehungsalter (vgl. z.B. Kumar et al., 1995), das von 40% der Experten als relevant genannt wurde. Der Autor dieser Arbeit glaubt vielmehr, dass nicht die reine Länge der Beziehung für eine Moderation entscheidend ist, sondern vielmehr der grundsätzliche Unterschied, ob schon einmal gemeinsam ein Lösungsprozess durchlaufen wurde oder nicht. Dieser Punkt ist deshalb von Interesse, weil Studien zeigen, dass eine bestehende Kundenbeziehung zu einer stärkeren Verbindung zwischen Zufriedenheit und Vertrauen bzw. Loyalität führen kann (Agndal et al., 2007:199). Beim Fehlen einer Bestandsbeziehung besteht immer noch die Möglichkeit, dass der Nachfrager nicht an einer langfristigen Geschäftsbeziehung interessiert ist, die über ein Lösungsprojekt hinausgeht.

5.6 Erkenntnisbeitrag und Zusammenfassung der Hypothesen

Kapitel 5 hat den ersten Teil der empirischen Untersuchung gebildet. Dabei wurden folgende Dinge erreicht: Zunächst wurden die methodischen Grundlagen des qualitativen Forschungsteils vorgestellt und kritisch hinterfragt (Abschnitt 5.1). Dies erschien nötig, da mit dem Fallstudienvorgehen und der Inhaltsanalyse gleich zwei Forschungsstrategien der qualitativen Forschung zur Anwendung kommen. In Abschnitt 5.2 hat der Autor eine explorative Fallstudie aus dem Bereich Elektromobilität vorgestellt. Bei der Interpretation der Ergebnisse wurde bestätigt, dass das RM einen geeigneten Bezugsrahmen bilden kann, um das Phänomen der Beratungszufriedenheit zu beschreiben. Weiterhin wurde die praktische Relevanz noch einmal untermauert, jedoch auch nahegelegt, dass eine reifere Industrie mit einer umfangreicheren Lösungshistorie unter Umständen einen geeigneteren Untersuchungskontext bietet. Dies hat den Anlass dazu gegeben, im darauffolgenden Abschnitt 5.3 den Untersuchungskontext für die qualitative und quantitative Hauptstudie auf die IT-Industrie einzugrenzen. Abschnitt 5.4 führte in die qualitative Hauptstudie ein, indem die Ziele, das Vorgehen und die übergreifenden Ergebnisse vorgestellt wurden. Dabei wurde festgelegt, dass insgesamt acht Konstrukte aus dem RM als antezedente Untersuchungsdimensionen der Beratungszufriedenheit bzw. Zufriedenheit dienen sollen. Abschnitt 5.5 beinhaltete dann die detaillierten Einzelergebnisse der relevanten Konstruktdimensionen. Dabei wurde immer nach folgendem Schema vorgegangen: Zunächst wurden verschiedene Definitionen des Konstrukts definiert, um final zu einer Arbeitsdefinition zu kommen, die dann auch im Kodierleitfaden Verwendung fand (vgl. Anlage 6). Danach wurden unterschiedliche Studien vorgestellt, welche einen Hinweis auf die relevanten Konsequenzen des Konstrukts geben. Abschließend wurde für jedes Konstrukt eine weitergehende Validierung durch die Experteninterviews angestrebt. Dies hatte zum Ziel, dass ein inhaltlich begründeter und abgesicherter Wirkungszusammenhang in Form einer Hypothese formuliert werden konnte (vgl. auch Huber et al., 2007:73), wobei der Fokus immer auf der Beratungszufriedenheit bei B2B-Lösungen lag. Ein Überblick über das so aufgestellte Hypothesensystem findet sich in der nachfolgenden Tabelle:

Hypothese	Postulierter Ursache-Wirkungs-Zusammenhang
H_1	Je höher der Nachfrager die Expertise des Anbieters bewertet, desto größer ist seine Beratungszufriedenheit mit dem Anbieter.
H_2	Je höher der Nachfrager das Projektmanagement des Anbieters bewertet, desto größer ist seine Beratungszufriedenheit mit dem Anbieter.
H_3	Je höher der Nachfrager den Informationsaustausch mit dem Anbieter bewertet, desto größer ist seine Beratungszufriedenheit mit dem Anbieter.
H_4	Je höher der Nachfrager das Verständnis des Anbieters bewertet, desto größer ist seine Beratungszufriedenheit mit dem Anbieter.
H_5	Je höher der Nachfrager das Joint Working mit dem Anbieter bewertet, desto größer ist seine Beratungszufriedenheit mit dem Anbieter.
H_6	Je höher der Nachfrager die Flexibilität des Anbieters bewertet, desto größer ist seine Beratungszufriedenheit mit dem Anbieter.
H_7	Je niedriger der Nachfrager die Verkaufsorientierung des Anbieters bewertet, desto größer ist seine Beratungszufriedenheit mit dem Anbieter.
H_8	Je höher der Nachfrager die technische Qualität der Lösung bewertet, desto größer ist seine Gesamtzufriedenheit mit dem Anbieter.
H_9	Je größer die Beratungszufriedenheit des Nachfragers mit dem Anbieter ist, desto größer ist seine Gesamtzufriedenheit mit dem Anbieter.
H_{10}	Je größer die Beratungszufriedenheit des Nachfragers mit dem Anbieter ist, desto größer ist sein Vertrauen in den Anbieter.
H_{11}	Je größer die Beratungszufriedenheit des Nachfragers mit dem Anbieter ist, desto größer ist seine Loyalität zu dem Anbieter.
H_{12}	Je größer die Gesamtzufriedenheit des Nachfragers mit dem Anbieter ist, desto größer ist seine Loyalität zu dem Anbieter.
H_{13}	Je größer das Vertrauen des Nachfragers in den Anbieter ist, desto größer ist seine Loyalität zu dem Anbieter.

Tabelle 6: Überblick über das Hypothesensystem

Quelle: eigene Darstellung

Mit der Konzeptionalisierung der Konstruktdimensionen und dem Aufstellen des Hypothesensystems ist der qualitative Forschungsteil dieser Arbeit abgeschlossen. Im folgenden Kapitel werden die postulierten Wirkungsbeziehungen nun großzahlig getestet, so dass verallgemeinernde Aussagen getroffen werden können.

6 Schritt 2: Quantitative Studie

In Kapitel 5 wurden die Ergebnisse einer Literaturrecherche mit dem Fokus RM sowie die Ergebnisse einer indikativen Fallstudie und 20 weiteren Experteninterviews aus dem Bereich IT-Lösungen durch sachlogische Überlegungen zu einem Hypothesengerüst zusammengeführt. Ziel dieses Kapitels ist die großzahlige quantitative Überprüfung der postulierten Wirkungszusammenhänge in einem geeigneten Untersuchungskontext. In der nachfolgenden Abbildung ist dargestellt, wie dieses Ziel in einer strukturierten Art und Weise erreicht werden soll:

Untersuchungsziel	Analytisches Vorgehen	Kapitel
• **Darstellung** der methodischen **Grundlagen** von Strukturgleichungsmodellen	• Unterscheidung von Struktur- und Messmodellen • Ableitung des zweckmäßigen Verfahrens (PLS) • Güteberteilung auf der Ebene von Messmodell, Strukturmodell und Interaktionseffekt	6.1
• **Konstruktion** des **Erhebungsinstruments** für die Haupterhebung	• Zusammenstellung der Operationalisierungen • Qualitativer Pretest mit Experten • Quantitativer Pretest zur Bestimmung von Übereinstimmung und Relevanz der Indikatoren	6.2 und 6.3
• Haupterhebung: **Überprüfung** der **Messmodelle**	• Überprüfung der reflektiven Messmodelle durch konfirmatorische Faktorenanalyse, Cronbachs Alpha und das Fornell-Larcker-Kriterium	6.4.1 bis 6.4.3
• Haupterhebung: **Überprüfung** der Zusammenhänge im **Wirkungsmodell**	• Verwendung von SmartPLS zur Evaluation des Strukturmodells, insb. anhand der t-Werte, Effektgrößen, Bestimmtheitsmaße und Prognoserelevanz • Überprüfung von Mediation und Moderatoren	6.4.4 bis 6.4.7

Abb. 27: Strukturierung von Kapitel 6: Quantitative Studie
Quelle: eigene Darstellung in Anlehnung an Conze (2007:144)

Zunächst erscheint es notwendig, die methodischen Grundlagen der Erhebung darzustellen (Abschnitt 6.1). In diesem Teil wird erläutert, warum welches Vorgehen gewählt wird und wie die Güte der Erhebung inhaltlich und statistisch beurteilt werden kann. Der nächste Abschnitt befasst sich mit der Konstruktion des passenden Erhebungsinstrumentes bzw. Fragebogens (Abschnitt 6.2 und 6.3). Hier werden zunächst die Herleitung geeigneter Skalen aus der Literatur beschrieben und danach die schrittweise Verfeinerung durch einen qualitativen und quantitativen Pretest erläutert. Abschnitt 6.4 widmet sich der Haupterhebung. Dabei werden analog zur Erklärung in Abschnitt 6.1 zunächst die Messmodelle des Untersuchungsmodells und dann die Zusammenhänge im Wirkungsmodell überprüft. Das Kapitel endet mit einer abschließenden Interpretation und Beurteilung der Schätzergebnisse.

6.1 Methodische Grundlagen von Kausalmodellen

Strukturgleichungsmodellierung (auch: "structural equation modeling" (SEM)) erlaubt das Testen und Schätzen kausaler Zusammenhänge und wird seit den 1990er Jahren zunehmend im akademischen Umfeld verwendet (Krafft et al., 2003). Als strukturprüfendes, multivariates Verfahren hat es einen konfirmatorischen Charakter und ist in mancherlei Hinsicht Verfahren der ersten Generation, wie beispielsweise der Regressionsanalyse, überlegen (Homburg, 1992). Als Vorteile lassen sich hervorheben:

- Strukturgleichungsmodelle erlauben die **Bestätigung komplexer kausaler Zusammenhänge** innerhalb eines nomologischen Netzes (Homburg, 1992:500). Auf diese Weise ist es möglich, ganze Theorien darzustellen und in Summe zu testen und nicht direkt messbare (latente) Variablen in einem Beziehungsgeflecht kontextsensitiv zu beurteilen. Beispielsweise können direkte und indirekte Konsequenzen von Faktoränderungen dargestellt werden.

- Aufgrund der simultanen Schätzungen ist der **Informationsverlust** im Modell **geringer** (Homburg, 1992). Messfehler können weitreichender erklärt werden: Es kann unterschieden werden zwischen der modellimmanenten Varianz, die durch exogene Variablen verursacht wird, und dem Einfluss von Drittgrößen (Homburg und Hildebrandt, 1998:17). Die Abschätzung von Messfehlern ist auch deshalb von Interesse, weil viele komplexe Konstrukte nur subjektiv erfasst werden können und nicht "objektive" Treiber untersucht werden, die sich leicht durch ein Single Item messen lassen (z.B. Marktanteil).

- Es existieren in diesem Bereich **Softwarepakete**, die durch eine intuitive grafische Oberfläche eine praktikable Verfahrensanwendung zulassen. Die Anwendung von Strukturgleichungsmodellen ist mittlerweile so verbreitet, dass für die statistischen Analysen eine ausreichende Dokumentation besteht (beispielsweise Weiber und Mühlhaus, 2010).

Strukturgleichungsmodelle haben damit **weitreichendere Analysemöglichkeiten** als einfache Regressionsmodelle, die nur eine abhängige Variable gleichzeitig betrachten, und können deshalb als ganzheitliche Vorgehensweise zur Prüfung sozialwissenschaftlicher Hypothesen gesehen werden (Bagozzi, 1984). Neben den beschriebenen Vorteilen wie Flexibilität und Vielseitigkeit steht dem Forscher jedoch ein hohes Maß an methodischer Komplexität gegenüber, so dass die sachgerechte Anwendung von SEM umfassende Kenntnisse erfordert. Homburg (1992:507) vermutet, dass dies auch ein Grund dafür sein könnte, dass einerseits SEM in der betriebswirtschaftlichen Praxis noch eine relativ geringe Rolle spielt und anderseits, dass auch in angesehenen Zeitschriften noch schwere **methodische Fehler bei der Anwendung** vorkommen.

Aus diesem Grund scheint es notwendig, zunächst grundlegende Begriffe zu erklären. Eine wesentliche Unterscheidung gibt es in diesem Zusammenhang bei dem Aufbau eines Kausalmodells: Hier wird zwischen dem Strukturmodell und den einzelnen Messmodellen unterschieden.

6.1.1 Das Strukturmodell

Ein Strukturmodell (auch: inneres Modell) beschreibt die Abhängigkeiten zwischen den einzelnen latenten Variablen (Henseler, 2005:71). Bei der Modellierung der Abhängigkeitsbeziehungen kann zwischen **zwei Typen** von latenten Konstrukten unterschieden werden: **exogenen latenten Variablen** (in Abbildung 28 mit ξ gekennzeichnet) und endogenen latenten Variablen (mit η dargestellt). Bei exogenen latenten Variablen gibt es keine Abhängigkeit von anderen latenten Variablen, sie haben nur einen Einfluss auf endogene latente Variablen (dargestellt mit γ). **Endogene latente Variablen** hingegen hängen von anderen latenten Variablen ab und können selbst auch wieder weitere latente Variablen beeinflussen (Homburg, 1992). Hierbei ist zu beachten, dass es innerhalb des Strukturmodells keine kausale Schleife geben darf (Rekursivität) (Henseler, 2005:71).

Da in einem Strukturmodell auch weit mehr als zehn verschiedene latente Variablen in einem Beziehungsgeflecht überprüft werden können, kann dieses Verfahren als sehr flexibel bei der Analyse komplexer Abhängigkeitsstrukturen angesehen werden. Die theoretisch fundierte Spezifikation des Strukturmodells – wie auch der Messmodelle – ist dabei eine der Hauptherausforderungen für den Forscher.

Schritt 2: Quantitative Studie 203

Strukturmodell

Messmodelle der exogenen latenten Variablen:
- Indikator x_{11} — λ_{11}
- Indikator x_{12} — λ_{12} → Latentes Konstrukt (ξ_1)
- Indikator x_{13} — λ_{13}
- Indikator x_{24} — π_{24}
- Indikator x_{25} — π_{25} → Latentes Konstrukt (ξ_2)
- Indikator x_{26} — π_{26}

Latentes Konstrukt (ξ_1) —γ_{11}→ Latentes Konstrukt (η_1)
Latentes Konstrukt (ξ_2) —γ_{12}→ Latentes Konstrukt (η_1)

Messmodell der endogenen latenten Variable:
- Latentes Konstrukt (η_1) —λ_{17}→ Indikator y_{17}
- Latentes Konstrukt (η_1) —λ_{18}→ Indikator y_{18}
- Latentes Konstrukt (η_1) —λ_{19}→ Indikator y_{19}

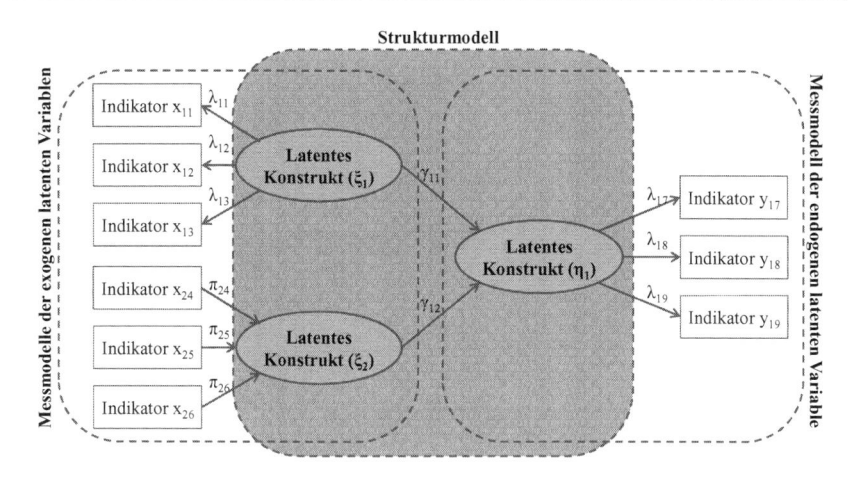

Abb. 28: Aufbau eines Kausalmodells (ohne Fehlerterme)
Quelle: in Anlehnung an Nitzl (2010:4)

Ein vollständiges Kausalmodell besteht neben dem Strukturmodell weiterhin noch aus den Messmodellen der einzelnen latenten Variablen. Dies soll im nächsten Abschnitt vorgestellt werden.

6.1.2 Das Messmodell

Die Messung von latenten Konstrukten wird über eine Operationalisierung durch Indikatoren erreicht. Diese Indikatoren stellen beobachtbare Variablen dar und erlauben so eine indirekte Messung der Konstrukte. Das Auffinden geeigneter Indikatoren ist ein wichtiger Teil der Operationalisierung (Churchill, 1979:67 f.), wobei das Ergebnis dieses Entwicklungsprozesses auch Messmodell genannt wird.

Eine zentrale Unterscheidung besteht zwischen reflektiven und formativen Messmodellen: Bei einem formativen Messmodell wird angenommen, dass die einzelnen Indikatoren das hypothetische Konstrukt (η) verursachen. Wie die nachfolgende Abbildung zeigt, ist bei einem reflektiven Konstrukt die Wirkungsrichtung gegensätzlich: Hier wird angenommen, dass das Konstrukt (ξ) die zugeordneten, abhängigen Indikatoren beeinflusst (Weiber und Mühlhaus, 2010). Bei reflektiven Messmodellen drücken die Ladungen der Indikatoren also aus, wie groß die gemeinsame Varianz mit der latenten Variable ist, also wie gut sie diese reflektiert (Henseler, 2005:74).

Formatives Messmodell	Reflektives Messmodell

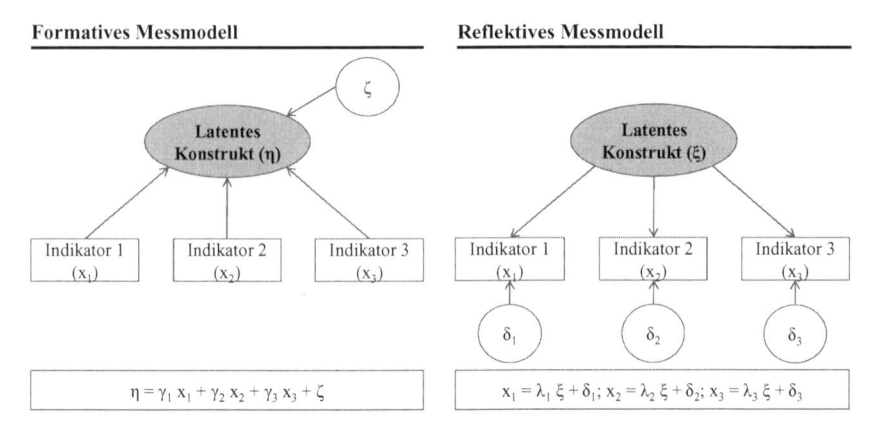

```
Formatives Messmodell:
    ζ → Latentes Konstrukt (η)
    Latentes Konstrukt (η) ← Indikator 1 (x₁), Indikator 2 (x₂), Indikator 3 (x₃)
    η = γ₁ x₁ + γ₂ x₂ + γ₃ x₃ + ζ

Reflektives Messmodell:
    Latentes Konstrukt (ξ) → Indikator 1 (x₁), Indikator 2 (x₂), Indikator 3 (x₃)
    δ₁ → x₁, δ₂ → x₂, δ₃ → x₃
    x₁ = λ₁ ξ + δ₁; x₂ = λ₂ ξ + δ₂; x₃ = λ₃ ξ + δ₃
```

$\eta = \gamma_1 x_1 + \gamma_2 x_2 + \gamma_3 x_3 + \zeta$

$x_1 = \lambda_1 \xi + \delta_1;\ x_2 = \lambda_2 \xi + \delta_2;\ x_3 = \lambda_3 \xi + \delta_3$

Abb. 29: Formative versus reflektive Messmodelle
Quelle: in Anlehnung an Weiber und Mühlhaus (2010)

Verschiedene Metaanalysen betriebswirtschaftlicher Forschung zeigen, dass der Unterscheidung von formativen und reflektiven Indikatoren immer noch zu wenig Aufmerksamkeit geschenkt wird, so dass es in der Vergangenheit häufig zu Fehlspezifikationen von reflektiven und formativen Konstrukten gekommen ist. Insbesondere zeigt sich, dass im Rahmen der Kausalanalyse ausschließlich reflektive Messmodelle verwendet werden, ohne die entsprechende Eignung der Messung zu hinterfragen (Fassott und Eggert, 2005:32). Jarvis et al. (2003) präsentieren bei einer großzahligen Überprüfung durch eine Monte-Carlo-Simulation, dass insgesamt ca. 28% der Konstrukte in englischsprachigen Journalen fehlerhaft spezifiziert worden sind. Hierbei wird deutlich, dass dabei häufig der Fehler gemacht wurde, formative Konstrukte reflektiv zu interpretieren. Dies ist vor allen Dingen ein Problem, weil Fehlspezifikationen in Messmodellen schwerwiegende Fehlschätzungen nach sich ziehen können, so dass falsche Annahmen über hypothetische Verbindungen zwischen Konstrukten getroffen werden. Auch Untersuchungen im deutschsprachigen Bereich kommen zu ähnlichen Ergebnissen: Indikatoren werden häufig als reflektiv behandelt, obwohl eine formative Operationalisierung notwendig gewesen wäre (Fassott, 2006). Da Fehlspezifikationen sogar in den angesehensten Marketingzeitschriften wie dem "Journal of Marketing" vorkommen (Eberl, 2004), stellt sich die Frage nach einem Kriterienkatalog, den Forscher für die korrekte Spezifikation von Messmodellen heranziehen können. Jarvis et al. (2003) haben deshalb Entscheidungskriterien zusammengestellt, die zur richtigen

Identifikation von formativen und reflektiven Indikatorvariablen beitragen können. Die nachfolgende Tabelle stellt diese Inhalte im Überblick da:

Kriterium	Formatives Messmodell	Reflektives Messmodell
Kausalitätsrichtung	Von den Indikatoren zum Konstrukt	Vom Konstrukt zu den Indikatoren
- Sind die Indikatoren (a) definierende Merkmale des Konstrukts oder (b) Erscheinungsformen des Konstrukts?	Definierende Merkmale	Erscheinungsformen des Konstrukts
- Führen Veränderungen in den Indikatoren zu Veränderungen im Konstrukt?	Ja	Nein
- Würden Veränderungen im Konstrukt zu Veränderungen in den Indikatoren führen?	Nein	Ja
Austauschbarkeit von Indikatoren	Die Indikatoren müssen nicht austauschbar sein	Die Indikatoren sollten austauschbar sein
- Haben Indikatoren ähnliche Inhalte oder teilen sie ein gemeinsames Thema?	Die Indikatoren müssen nicht denselben Inhalt und kein gemeinsames Thema haben	Die Indikatoren sollten den gleichen oder ähnlichen Inhalt haben. Es sollte ein gemeinsames Thema geben
- Würde das Weglassen eines Indikators den konzeptionellen Konstruktrahmen verändern?	Der Konstruktrahmen kann sich verändern	Der Konstruktrahmen dürfte sich nicht verändern
Kovariation zwischen den Indikatoren	Die Indikatoren müssen nicht kovariieren	Die Indikatoren sollten nach Möglichkeit kovariieren
- Sollte eine Veränderung bei einem Indikator mit Veränderungen bei anderen Indikatoren in Verbindung gebracht werden?	Nicht unbedingt	Ja
Nomologisches Netz der Konstrukt-Indikatoren	Das nomologische Netz der Indikatoren kann sich unterscheiden	Das nomologische Netz der Indikatoren sollte sich nicht unterscheiden
- Wird angenommen, dass Indikatoren die gleichen Antezedenzen und Konsequenzen haben?	Indikatoren müssen nicht die gleichen Antezedenzen und Konsequenzen haben	Indikatoren müssen die gleichen Antezedenzen und Konsequenzen haben

Tabelle 7: Entscheidungsregeln für die Konstruktwahl

Quelle: in Anlehnung an Jarvis et al. (2003)

Der vorgestellte Kriterienkatalog mag gegebenenfalls gewisse Redundanzen aufweisen (Herrmann et al., 2006). Da die Kausalität jedoch nicht immer gleich zweifelsfrei bestimmt werden kann (Eberl, 2006:658), bietet dieser Vorschlag umfangreiche Anhaltspunkte für die Beurteilung von Konstrukten.

6.1.3 Anwendungsgebiete der Kausalanalyse

Die **Anwendungsgebiete** der Kausalanalyse lassen sich nach Homburg und Hildebrandt (1998:24 ff.) in **vier Bereiche** einteilen: die Validierung von Konstrukten, den Test von Kausalhypothesen, die Analyse von exogenen Einflüssen und Gruppenunterschieden und die Suche nach Strukturen.

Bei der **Validierung von Konstrukten** steht die Beurteilung der Güte im Vordergrund (vgl. auch Abschnitt 6.15), die sich hauptsächlich um die Überprüfung von Reliabilität und Validität dreht. Ziel ist es, ein Messinstrument zu erhalten, das sowohl einen möglichst geringen Zufallsfehler enthält als auch konzeptionell richtig ist.

Beim zweiten Anwendungsfall, dem **Test von Kausalhypothesen**, soll für alle geschätzten Parameter durch eine konfirmatorische Analyse der Hypothesen festgestellt werden, ob ein signifikanter Effekt vorliegt (vgl. auch Abschnitt 6.1.6). Die Stärke der Strukturgleichungsmodellierung gegenüber der herkömmlichen Regressionsanalyse liegt in diesem Fall darin, dass sehr komplexe Kausalstrukturen analysiert werden können, in denen alle direkten und indirekten Effekte Betrachtung finden können.

Weil der Forscher durchaus auf Daten treffen kann, in denen sich durch bestimmte Spezifika (z.B. Alter) homogene Subgruppen gebildet haben (Homburg und Hildebrandt, 1998:28 ff.), ist die **Analyse von verschiedenen Teilgruppen** einer Gesamtheit ein weiteres wichtiges Anwendungsgebiet der Kausalanalyse. Ziel ist es zu ermitteln, wo zwischen den Teilgruppen signifikante Unterschiede im Strukturmodell bestehen. Dies kann beispielsweise dadurch erreicht werden, dass für jede Gruppe ein eigenes Modell simultan geschätzt wird.

Das letzte genannte Anwendungsgebiet beschäftigt sich mit der **Suche nach Strukturen**. Strukturgleichungsmodellierung kann also nicht nur konfirmatorisch, sondern auch explorativ verwendet werden. Auf Messmodellebene bedeutet dies, dass nach der Erhebung noch weitere Indikatoren reduziert werden können, um beispielsweise ein besseres Cronbachs Alpha zu erhalten. Nicht weniger wichtig ist jedoch das explorative Vorgehen auf Strukturmodellebene: Durch ein iteratives Vorgehen kann das Modell schrittweise so verändert werden, dass entweder Parameter hinzugefügt oder entfernt werden, um die Modellgüte zu verbessern. Das Ziel ist also das Auffinden eines Kausalmodells, das den vorliegenden Datensatz möglichst gut reproduziert (Homburg, 1992:507). Da der Fokus hier zu einem großen Teil auf der Optimierung von Signifikanzen liegt, sollte der Forscher bei der Spezifikationssuche immer im Auge behalten, dass das Modell nicht nur rein statistisch optimiert, sondern immer durch theoretische

Überlegungen fundiert wird (Homburg und Hildebrandt, 1998:31). Fehlt diese theoretische Fundierung, besteht die Gefahr, dass hauptsächlich die charakteristischen Strukturen der Daten wiedergegeben werden und die Ergebnisse nicht generalisierbar sind. Eine weitere explorative Möglichkeit besteht in dem Vergleich alternativer Modellstrukturen, wobei ein Modell nicht iterativ entwickelt wird, sondern von Anfang an verschiedene Modelle aufgestellt und miteinander verglichen werden. Hierbei liegt das Ziel darin, das "beste" Modell auszuwählen (Homburg, 1992:507). Dieses Vorgehen soll jedoch für die vorliegende Arbeit keine Verwendung finden.

6.1.4 Partial Least Squares (PLS) als zweckmäßiges Verfahren

Zur Durchführung der Modellschätzung haben sich schon vor längerer Zeit kovarianzbasierte Verfahren mit Softwarelösungen wie z.B. AMOS, LISREL oder M-Plus etabliert, so dass **kovarianzbasierte Vorgehensweisen** oft synonym mit SEM verwendet werden (Chin, 1998b). Auf der anderen Seite erfreuen sich **varianzbasierte Verfahren** wie der PLS-Ansatz wachsender Beliebtheit und werden zunehmend in wissenschaftlichen Publikationen diskutiert und verwendet (Fassott, 2006; Reinartz et al., 2009:333). In diesem Abschnitt soll durch einen Vergleich der beiden Verfahren begründet werden, welches Prinzip der Parameterschätzung das zweckmäßigere Verfahren für diese Untersuchung ist. Diese Entscheidung sollte nicht unüberlegt getroffen werden, da es grundsätzliche Eignungsunterschiede zwischen varianzerklärenden und kovarianzerklärenden Verfahren gibt (Homburg und Klarmann, 2006; Saab, 2007).

Beide Methoden sind leistungsfähige Verfahren, wenn es um die Etablierung von komplexen kausalanalytischen Zusammenhängen geht. Sie unterscheiden sich jedoch durch die Verwendung **unterschiedlicher Algorithmen zur Parameterschätzung**. Eine Kovarianzanalyse wird auch als "full information approach" bezeichnet: Modellparameter des Strukturgleichungsmodells werden so geschätzt, dass die empirische Kovarianzmatrix so gut wie möglich durch eine sich aus dem Modell ergebende Kovarianzmatrix nachgebildet wird. Dabei werden alle Informationen der Kovarianzmatrix genutzt (Nitzl, 2010). Die Kovarianzstrukturanalyse versucht also, die empirische Kovarianzmatrix der Indikatoren nach besten Möglichkeiten zu reproduzieren. Gebräuchliche Verfahren in diesem Zusammenhang sind z.B. die Maximum-Likelihood-Methode, die Methode der ungewichteten kleinsten Quadrate ("unweighted least squares") oder die Methode der verallgemeinerten kleinsten Quadrate ("generalized least squares") (Backhaus et al., 2006:368 ff.).

Wie die Kovarianzstrukturanalyse zählen varianzbasierte Verfahren wie beispielsweise PLS[107] zu Verfahren der zweiten Generation der multivariaten Analysemethoden (Fornell, 1982). Diese untersuchen im Gegensatz zur Kovarianzanalyse die Rohdatenmatrix und streben an, die tatsächlichen Daten bestmöglich nachzubilden (Henseler, 2005; Herrmann et al., 2006:35 ff.). Hier wird die Schätzung der Parameter iterativ blockweise für jedes latente Konstrukt durch unterschiedliche Hauptkomponenten- oder Regressionsanalysen durchgeführt. So ist der eigentliche Algorithmus eine Serie aus einfachen und multiplen Regressionen, wobei immer ein Teil des Modells festgehalten wird, während ein anderer Teil davon ausgehend berechnet wird.[108] Insgesamt sind die Datenanforderungen für PLS weniger streng, was jedoch auch zu einer etwas geringeren statistischen Qualität führt (Albers und Hildebrandt, 2006:15). Dies liegt darin begründet, dass die Parameter nur lokal angepasste Schätzer sind, die nur "consistent at large" und nicht im statistischen Sinne konsistent sind (Wold, 1982).

Für die Eignungsunterschiede der beiden Verfahren lassen sich folgende **Beurteilungskategorien** feststellen:

- **Verteilungsannahmen:** Varianzbasierte Verfahren setzen im Vergleich zu kovarianzbasierten Verfahren keine Normalverteilung der Indikatoren voraus (Chin, 1998b:316), da die Schätzung der Pfadmodelle nur auf Kleinste-Quadrate-Schätzungen beruht. Dies gibt dem Anwender mehr Flexibilität bei der Verwendung interessanter Variablen, die nicht normalverteilt sind. Kovarianzbasierte Verfahren hingegen setzen eine multivariate Normalverteilung der beobachteten und latenten Variablen voraus – wobei dies in der Praxis durchaus schwer zu erreichen ist (Micceri, 1989). Dies bringt zwar die genannten Einschränkungen mit sich, erlaubt aber, dass so gut wie alle Fragestellungen innerhalb des Ansatzes inferenzstatistisch überprüfbar sind und globale Modellanpassungstests existieren (Scholderer und Balderjahn, 2005:91).[109] Neuere Erkenntnisse von Reinartz et al. (2009:341) zeigen jedoch, dass dieser Punkt die Verfahrenswahl nicht maßgeblich beeinflussen sollte: In einer großangelegten Monte-Carlo-Simulation vergleichen die Autoren die Leistungsfähigkeit von varianz- und kovarianzbasierten Verfahren und kommen zum Schluss, dass auch kovarianzbasierte Verfahren nicht wesentlich weniger leistungsfähig und robust sind, wenn Verteilungsannahmen verletzt werden.

---

[107] Das Vorgehen der PLS-Analyse wurde von Herman Wold entwickelt.
[108] Eine genaue Beschreibung des PLS-Algorithmus findet sich bei Henseler (2005:71 ff.).
[109] Für eine Auswahl globaler Gütemaße mit entsprechenden Grenzwerte vgl. auch Homburg und Baumgartner (1998:355 ff.).

- **Neuartigkeit des Phänomens:** Im Vergleich zu kovarianzbasierten Verfahren ist PLS besser geeignet, um in einer explorativen Studie die Erforschung neuartiger Phänomene zu ergründen (Chin und Newsted, 1999:312). Dies liegt darin begründet, dass PLS in der Regel die Parameter des Strukturmodells unterschätzt und die Parameter der Messmodelle überschätzt (Dijkstra, 1983; Reinartz et al., 2009). Für die vorliegende Untersuchung wäre dies ein Argument für die Verwendung von PLS, da es sich bei der Erforschung der Beratungszufriedenheit um ein neuartiges Phänomen handelt, so dass die Untersuchung einen exploratorischen Charakter hat.

- **Komplexität des Strukturmodells:** PLS leistet zwar weniger konsistente Schätzungen als kovarianzbasierte Verfahren, gleichzeitig ist es aber möglich, mit diesem Verfahren komplexere Strukturen zu schätzen, ohne dass die Verletzung bestimmter Modellannahmen zu einer Zurückweisung des Gesamtmodells führen muss (Albers und Hildebrandt, 2006:27). Im vorliegenden Fall sollte bei zwölf verwendeten Konstrukten die Komplexität des Strukturmodells kein Entscheidungskriterium sein.

- **Stichprobengröße:** Die Anforderung an die Stichprobengröße sind unter kovarianzbasierten Verfahren größer als unter PLS. Für kovarianzbasierte Verfahren wird ein Rücklauf von mindestens 200 Fällen (Boomsma und Hoogland, 2001; Herrmann et al., 2006:44; Homburg und Klarmann, 2006:733), von manchen Autoren sogar mindestens 250 Fällen (Reinartz et al., 2009:342) gefordert. Kleinere Stichproben können problematisch sein, weil sie zu unsinnigen Lösungen führen und die Gefahr überhöhter Fitindizes bergen (Herrmann et al., 2006:39). PLS hingegen hat deutlich geringere Anforderungen an die Stichprobengröße[110], was in dem partiellen Schätzvorgehen einzelner Regressionsgleichungen des Gesamtmodells begründet liegt (Chin und Newsted, 1999:449; Fornell und Bookstein, 1982). Hierbei können 100 Fälle schon ausreichend sein, um eine akzeptable statistische Leistungsfähigkeit sicherzustellen (Reinartz et al., 2009:341 f.). Da in dieser Untersuchung eine auswertbare Stichprobengröße von 106 erreicht werden konnte, bietet sich wiederum PLS als das geeignetere Verfahren an.

- **Messmodell:** Messmodelle können, wie in Abschnitt 6.1.2 gezeigt, reflektiv oder formativ operationalisiert werden. Diese Unterscheidung stellt für die Verfahrenswahl der Kovarianz- und der Varianzstrukturanalyse ein wichtiges Entscheidungskriterium dar (Herrmann et al., 2006): Werden alle Messmodelle ausschließlich

---

[110] Auf die genauen Anforderungen wird im Detail noch in Kapitel 6.4.2.3 eingegangen.

formativ operationalisiert, sollte die Varianzstrukturanalyse (z.b. PLS) als Schätzverfahren verwendet werden. Werden hingegen alle Messmodelle nur reflektiv operationalisiert, sind beide Schätzverfahren möglich. Oft gibt es jedoch Modelle, die sowohl aus reflektiven als auch aus formativen Konstrukten bestehen. In diesem Fall ist der Einsatz von kovarianzbasierten Verfahren nur möglich, wenn von jedem formativ operationalisierten Konstrukt mindestens zwei Pfade zu reflektiven Konstrukten hinführen. Weiterhin sollte kein kovarianzbasiertes Verfahren benutzt werden, wenn endogene Konstrukte formativ operationalisiert werden, weil sonst keine Aussagen zur Varianzerklärung möglich sind (Riemenschneider, 2006:252). Für die hier dargestellte Erhebung wurden alle Konstrukte reflektiv operationalisiert, so dass sich aus der Operationalisierung keine direkte Präferenz für ein Verfahren ergibt.

- **Fokus der Untersuchung:** Die Anwendung der Varianzstrukturanalyse ist besonders zu empfehlen, wenn eine möglichst große Erklärungskraft eines Strukturmodells erreicht werden soll und die Prognose einer zentralen Zielvariable durch ihre zugrundeliegenden Einflussfaktoren im Mittelpunkt der Untersuchung steht (Fornell und Bookstein, 1982:443; Reinartz et al., 2009:341). Dies liegt daran, dass PLS in der Regel eine höhere "statistical power" als kovarianzbasierte Verfahren hat und weniger Informationen benötigt. Will der Forscher jedoch ein theoretisch fundiertes Hypothesengefüge mit dem Ziel testen, möglichst konsistente Schätzungen für die Grundgesamtheit zu erlangen, dann sollte auf kovarianzbasierte Verfahren zurückgegriffen werden (Herrmann et al., 2006:45). Da es sich im vorliegenden Fall um eine explorative Problemstellung handelt, für die noch nicht alle Wirkbeziehungen aus der Theorie abgeleitet werden können und eine gute Erklärung der zentralen Zielvariable "Beratungszufriedenheit" im Mittelpunkt steht, bietet sich erneut PLS als das geeignetere Verfahren an (Barroso et al., 2010:442).

- **Explizite Schätzung von latenten Variablen:** Eine explizite Schätzung der Werte der latenten Variablen ist mit PLS möglich (Henseler, 2005:70), während bei der Kovarianzanalyse Werte nicht determiniert sind.

Zusammenfassend kann festgehalten werden, dass die **Vorteile des PLS-Ansatzes** gegenüber kovarianzbasierten Verfahren für die vorliegende Untersuchung **überwiegen**. In der folgenden Tabelle sind noch einmal alle Unterschiede gegenüber gestellt:

Schritt 2: Quantitative Studie 211

Kriterium	Varianzanalyse (PLS)	Kovarianzanalyse (z.B. LISREL)
Hauptziel	Prognoseorientiert: Erklärung latenter und/oder Indikatorvariablen	Parameterorientiert: Erklärung empirischer Datenstrukturen
Methodenansatz	Varianzbasiert	Kovarianzbasiert
Annahmen	Prädikatorspezifikation	Multinormalverteilung und unabhängige Beobachtungen
Parameterschätzer	Konsistent, wenn Fallzahl und Indikatorenzahl hoch ("consistency at large")	Konsistent
Latente Variable	Werte explizit geschätzt	Werte nicht determiniert
Messmodell	Reflektiv und/oder formativ	Reflektiv
Theorieanforderungen	Flexibel	Hoch
Modellkomplexität	Hochkomplexe Modelle analysierbar (z.B. 100 latente Variablen, 1.000 Indikatoren)	Begrenzt
Stichprobengröße	Auch für kleine Stichproben geeignet	Hoch (200 plus)
Fokus der Untersuchung und Implikationen	Optimal für Prognosegenauigkeit	Optimal für Parametergenauigkeit

Tabelle 8: Methodenvergleich zwischen PLS und Kovarianzanalyse

Quelle: in Anlehnung an Bliemel (2005)

6.1.5 Die Beurteilung der Güte auf Messmodellebene

Nach der Operationalisierung und Datenerhebung besteht eine wesentliche Aufgabe des Forschers darin, die Güte der einzelnen Messmodelle zu beurteilen. Grundsätzlich lassen sich bei Strukturgleichungsmodellen **Gütekriterien** für reflektive und formative Messmodelle unterscheiden, wobei die Konzepte der Reliabilität und Validität im Vordergrund stehen (Diekmann, 2007:216 ff.; Homburg und Giering, 1996:6). Unter Reliabilität wird die formale Genauigkeit und Zuverlässigkeit der Messung verstanden, während Validität die inhaltliche Richtigkeit (Gültigkeit) der Messung beschreibt. Eine hohe Reliabilität liegt vor, wenn im Messmodell nur ein geringer Zufallsfehler zu finden ist und weiterhin das Konstrukt einen hohen Anteil der Varianz der Indikatoren erklären kann (Churchill, 1979:65; Peter, 1979:7). Neben der formalen Richtigkeit sollte jedoch auch noch die konzeptionelle Richtigkeit einer Messung untersucht werden. Hier fordert das Kriterium der Validität, dass die Messung frei von systematischen Fehlern ist (Carmines und Zeller, 1979:13). In den folgenden Unterabschnitten sollen nun Gütekriterien in fünf verschiedenen Kategorien für reflektive Messmodelle eingeführt werden, die in der weiteren Untersuchung zur Anwendung kommen. Danach werden noch drei weitere Kategorien zur Beurteilung der Güte formativer Konstrukte erläutert. Übergreifend sollte bedacht werden, dass dies nur eine Auswahl möglicher Gütekriterien darstellt, da sowohl für die Beurteilung der Güte auf Messmodellebene als auch für die Beurteilung der Güte auf Strukturmodellebene eine sehr große Anzahl von Gütemaßen existiert, die in Kombination teilweise nur marginalen Erkenntnisgewinn bringen (Homburg und Baumgartner, 1998). Deshalb wurde bei der Auswahl der Gütemaße darauf geachtet, dass Redundanzen vermieden werden und eine Reduktion auf wenige, aussagekräftige Beurteilungsgrößen durchgeführt wird.

6.1.5.1 Inhaltsvalidität

Die Inhaltsvalidität beschreibt den Anteil, zu dem ein Messmodell den inhaltlichen Bereich eines Konstrukts abbildet (Carmines und Zeller, 1979:20). Dies bedeutet, dass die Indikatorenwahl, die zur Messung des latenten Konstrukts herangezogen wird, repräsentativ ist und **alle Bedeutungsinhalte der Konstruktfacetten abdeckt** (Becker, 2004:367; Bohrnstedt, 1970:92). Um zu gewährleisten, dass alle Indikatoren dem gleichen inhaltlich-semantischen Bereich angehören, kommen nicht unbedingt nur statistische Verfahren zum Einsatz. So bestehen für den Forscher weitere Möglichkeiten sicherzustellen, dass seine Messinstrumente fundiert genug sind. Der Forscher kann sich beispielsweise darum bemühen, auf **schon bewährte Messinstrumente** zurückzugreifen. Gerade im Marketingbereich erleichtern Handbücher wie das "Handbook of Marketing Scales" (Bearden und Netemeyer, 1999) oder die "Marketing Scale Handbooks" (z.B. Bruner et al., 1992) das Auffinden geeigneter und schon validierter Skalen. Da eine Übertragung von Skalen auf einen anderen Untersuchungskontext nicht immer reibungslos funktioniert, besteht zusätzlich die Möglichkeit, die Inhaltsvalidität durch **Expertengespräche** abzusichern. Diese sollten dann auf Konstruktebene bestätigen, dass die vorhandene Zuordnung der Indikatoren nachvollziehbar ist.

Die Überprüfung der Inhaltsvalidität sollte nicht vernachlässigt werden, weil nur auf Basis von statistischen Verfahren potenziell vorschnelle Fehlentscheidungen bei Skalenanpassungen getroffen werden können. Hildebrandt und Temme (2006:619) berichten beispielsweise von einem Fall, in dem die unreflektierte Anwendung einer Item-to-Total-Korrelationsbetrachtung (vgl. Abschnitt 6.1.5.3) zum voreiligen Streichen von 50% der ursprünglich insgesamt 30 Indikatoren geführt hat. Dies hatte zur Folge, dass die Ergebnisse durch die vorangehende Itembereinigung schon in einem so hohen Maß bestimmt worden sind, dass nicht mehr untersucht werden konnte, ob die Indikatoren wirklich das zu messende Konstrukt erfasst hatten.

6.1.5.2 Indikatorreliabilität

Unter Indikatorreliabilität wird der Grad verstanden, bis zu dem ein Indikator des Messmodells durch das zugeordnete latente Konstrukt erklärt werden kann. Dies wird überprüft, weil der Forscher wissen möchte, ob jede manifeste Variable auch für die Messung des Konstrukts geeignet ist. Formal lässt sich die Berechnung der Indikatorreliabilität wie folgt darstellen (Homburg und Giering, 1996):

$$\text{Indikatorreliabilität } IR(x) = \frac{\lambda_{xy}^2 \times \sigma_y^2}{\lambda_{xy}^2 \times \sigma_y^2 + \sigma_{err(x)}^2}$$

wobei

λ_{xy} der Faktorladung zwischen dem Indikator x und dem Konstrukt y entspricht,

σ_y^2 die Varianz des Konstrukts ist und

$\sigma_{err(x)}^2$ die Varianz des Messfehlers des Indikators x darstellt.

Als Mindestwert sollte wenigstens die Hälfte der Varianz eines Indikators durch das zugeordnete Konstrukt erklärt werden. Dies bedeutet, dass der Schwellenwert der Faktorladungen bei 0,7 liegt, was der erklärten Varianz von ca. 0,5 entspricht (Nitzl, 2010:25). Andere Autoren sehen den Schwellenwert größer oder gleich 0,4 (Homburg und Rudolph, 2001b:253), wobei in diesem Fall dann die Ladung einiger Indikatoren deutlich höher als 0,7 sein sollte bzw. die geforderte durchschnittlich erfasste Varianz (DEV, vgl. Abschnitt 6.1.5.4) erreicht werden sollte (Hildebrandt und Temme, 2006:625).

Weiterhin wird für die Indikatoren vorgeschlagen, dass die Signifikanz der Werte in PLS mittels Bootstrapping untersucht werden soll (Abschätzung durch t-Werte). Als Schwelle wird empfohlen, dass die t-Werte bei einem einseitigen Test auf 5%-Niveau signifikant sein sollten, was einem Wert von > 1,66 entspricht (Huber et al., 2007:35).

6.1.5.3 Konstruktreliabilität

Während die Indikatorreliabilität Angaben zur Güte auf dem Indikatorlevel macht, beurteilt die Konstruktreliabilität die Güte auf der Ebene der latenten Variablen. Hier ist das Ziel, dass eine möglichst hohe positive Korrelation der Indikatoren untereinander besteht. In diesem Zusammenhang ist der Reliabilitätskoeffizient Cronbachs Alpha ein in der Literatur weit verbreiteter Indikator. Dieses Gütekriterium der ersten Generation zeigt in einem möglichen Wertebereich von 0 bis 1 an, ob die einzelnen Indikatoren intern konsistent sind und dasselbe Konstrukt messen. Als Schwellenwert wird eine Mindestgröße von 0,7 als Gütekriterium vorgeschlagen (Nunnally, 1978:245), wobei andere Autoren bei einer geringeren Itemzahl (bis drei Stück) auch einen Wert von 0,4 als ausreichend erachten (Peter, 2001). Wie von Homburg und Giering (1996:8) erklärt, wird die Aussagekraft des Cronbachs Alphas jedoch dadurch beeinträchtigt, dass keine inferenzstatistische Beurteilung des Koeffizienten möglich ist und die Höhe des Koeffizienten positiv von der Anzahl der Indikatoren abhängt.

Als weiteres Kriterium der ersten Generation kann neben Cronbachs Alpha eine exploratorische Faktorenanalyse für jedes Konstrukt gerechnet werden. Dies hat den Hintergrund, dass Cronbachs Alpha lediglich einen ersten Hinweis auf Konstruktreliabilität gibt und die Einschränkung hat, dass es Eindimensionalität voraussetzt und die Messfehler der Indikatoren außen vor lässt (Clark und Watson, 1995). Die exploratorische Faktorenanalyse hingegen erlaubt, noch einmal Rückschlüsse auf die Unidimensionalität der Konstrukte zu ziehen: Unidimensionalität kann angenommen werden, wenn die Indikatorkorrelationen hinreichend gut durch einen einzelnen zugrundeliegenden Faktor erklärt werden können (Hildebrandt und Temme, 2006). Eine übliche Vorgehensweise in der Marketingforschung ist hierbei die Hauptkomponentenanalyse zusammen mit dem Eigenwertkriterium (Kaiser-Kriterium) und der orthogonalen Varimax-Rotation. Das heißt, in diesem Fall sollte für jedes Konstrukt der Eigenwert des ersten Indikators über 1 und der des zweiten und aller folgenden Indikatoren unter 1 liegen. Damit wäre auf die Eindimensionalität hingewiesen.

Die Messung der Item-to-Total-Korrelation kann weiterhin helfen, Indikatoren von schlechterer Qualität auszutauschen. Sie ist definiert als die Korrelation einer Indikatorvariablen mit der Summe aller Indikatoren, die dem gleichen Faktor zugeordnet sind (Homburg und Giering, 1996:8). Der Forscher sollte sukzessive die Indikatoren eliminieren, die den niedrigsten Item-to-Total-Korrelationswert haben, solange der Reliabilitätswert noch zu niedrig ausfällt (Churchill, 1979:68 f.). Als Schwellenwert für jeden Indikator wird eine Item-to-Total-Korrelation von mindestens 0,5 vorgeschlagen (Bearden et al., 1989:475).

Ergänzend zu den vorgestellten Gütekriterien sei an dieser Stelle noch die Konstruktreliabilität p_c erwähnt, die von manchen Autoren (Chin, 1998b:320; Nitzl, 2010) als überlegen angesehen wird. Der Vorteil gegenüber dem häufig verwendeten Cronbachs

Alpha ist, dass p_c nicht zu einer Unterschätzung der internen Konsistenz tendiert: p_c ist eine nähere Schätzung unter der Annahme, dass die Parameter-Schätzungen richtig sind. Ringle und Spreen (2007:212) sehen in diesem Zusammenhang einen Wert von mindestens 0,6 als akzeptabel an. Formal lässt sich die Berechnung der Konstruktreliabilität p_c wie folgt darstellen:

$$\text{Konstruktreliabilität } p_c = \frac{(\sum_i \lambda_i)^2}{(\sum_i \lambda_i)^2 + \sum_i var(\varepsilon_i)}$$

wobei

λ_i die Ladung zwischen dem Konstrukt und dem jeweiligen Indikator i ist und $var(\varepsilon_i)$ die Varianz des Messfehlers darstellt.

6.1.5.4 Durchschnittlich erfasste Varianz

Zur weiteren Betrachtung der Konvergenzvalidität sollte das Gütekriterium "Durchschnittlich erfasste Varianz" (DEV) untersucht werden. Durch die durchschnittlich erfasste Varianz kann bestimmt werden, wie hoch der durch die latente Variable erklärte Varianzanteil in Relation zum Messfehler ist (Ringle und Spreen, 2007:212). Die Berechnung der DEV wird formal wie folgt vorgenommen:

$$\text{Durchschnittlich erfasste Varianz } DEV = \frac{\sum_i \lambda_i^2}{\sum_i \lambda_i^2 + \sum_i var(\varepsilon_i)}$$

wobei

λ_i^2 die quadrierte Faktorladung zwischen dem Konstrukt und Indikator x_i ist und $var(\varepsilon_i)$ die Varianz des Messfehlers darstellt.

Bei einem Grenzwert von DEV $\geq$ 0,5 ist gewährleistet, dass mindestens die Hälfte der Varianz eines Konstrukts durch die zugeordneten Indikatoren erklärt wird (Bagozzi und Yi, 1988; Homburg und Giering, 1996:12). In diesem Zusammenhang fordern jedoch manche Autoren, dass der geforderte Schwellenwert mindestens bei $\geq$ 0,6 liegen sollte (Huber et al., 2007:36).

6.1.5.5 Diskriminanzvalidität

Mit der Berechnung der Diskriminanzvalidität soll sichergestellt werden, dass ausreichend Trennschärfe zwischen den verschiedenen Modellkonstrukten besteht und dass ein Konstrukt wirklich neu und nicht die Ausprägung eines anderen Konstrukts ist

(Churchill, 1979:70). Fornell und Larcker (1981) schlagen in ihrer Arbeit ein strenges Gütemaß vor, bei dem die DEV für jedes Konstrukt größer sein sollte als die quadrierten Korrelationen mit allen anderen latenten Variablen. Ist der DEV-Wert höher, weist das Ausmaß darauf hin, dass sich die Indikatoren eines Konstrukts von denen eines anderen Konstrukts ausreichend unterscheiden.

Eine weitere Möglichkeit, die Diskriminanzvalidität sicherzustellen, ist die Beurteilung der Kreuzladungen: Hierbei sollte die Ladung eines Indikators auf sein zugewiesenes latentes Konstrukt höher sein als seine Ladungen auf alle anderen latenten Konstrukte (Chin, 1998b:321).

Nachdem bis jetzt verschiedene Gütekriterien für reflektive Messmodelle dargestellt worden sind, sollen im folgenden Unterabschnitt noch in Kürze Gütekriterien für formative Messmodelle erläutert werden.

6.1.5.6 Gütebeurteilung formativer Messmodelle

Im Gegensatz zu reflektiven Messmodellen ist die Beurteilung von formativen Messmodellen weniger stark an Kennzahlen orientiert. Das grundsätzliche Vorgehen bei reflektiven Modellen – bei dem der Forscher mit einem möglichst großen Indikator-Pool startet und dann unter Zuhilfenahme von Gütekriterien auf eine Anzahl mit möglichst hoher Reliabilität reduziert – ist nicht so einfach übertragbar. Dies liegt daran, dass bei formativen Messmodellen immer die Gefahr besteht, dass sich der definitorische Rahmen des Konstrukts ändert, wenn einzelne Indikatoren herausgenommen werden. Eine rein statistische Eliminierung von Items kann zwar das Cronbachs Alpha erhöhen, aber es bleibt offen, ob es sich bei den eliminierten Items nicht um wichtige Facetten des Konstrukts handelt (Albers und Hildebrandt, 2006:7). Somit ist das Cronbachs Alpha für formative Messmodelle grundsätzlich nicht geeignet. Fassott und Eggert (2005:33) befürchten deshalb, dass die Anwendung des etablierten Skalenbereinigungsverfahrens somit die konzeptionelle Breite des gemessenen Konstrukts unangemessen einschränken könnte, was in Folge zu verzerrten Parameterschätzungen führen kann. Ferner scheidet eine Begutachtung der Indikatorkorrelation als Gütekriterium aus (Huber et al., 2007:38), weil Indikatoren miteinander korrelieren können, aber nicht müssen (Fassott und Eggert, 2005:44 f.).

In diesem Zusammenhang schlagen Diamantopoulos und Winklhofer (2001:271 ff.) vor, **formative Konstrukte in vier Schritten** zu entwickeln: Zunächst sollte (1) der Konstruktinhalt definitorisch klar erarbeitet und festgelegt werden. Danach sollten (2) die Indikatoren spezifiziert werden, welche sich eng an der vorangegangenen Definition orientieren und alle relevanten Facetten abdecken. In nächsten Schritt sollten (3) Indikatoren mit hoher Multikollinearität[111] eliminiert werden und am Schluss der Konstruktentwicklung sollte (4) die inhaltliche bzw. nomologische Validität überprüft werden. Zu diesem Zweck können beispielsweise reflektive Indikatoren zur Validierung des Messmodells herangezogen werden.

Unabhängig von PLS-Schätzergebnissen kann für die ersten beiden Schritte die schon von reflektiven Konstrukten bekannte Inhaltsvalidität herangezogen werden. Das heißt, es soll durch eine inhaltliche Überprüfung und gründliche theoretische Fundierung sichergestellt werden, dass sich alle relevanten Facetten eines Konstrukts in den Indikatoren wiederfinden. Als Mittel bietet sich beispielsweise eine Validierung durch Experten an. In diesem Zusammenhang besteht die Möglichkeit, dass Experten alle verfügbaren Indikatoren den vorgegebenen Konstrukten frei zuordnen. Durch die Häufigkeit der gleichen Zuordnungen lässt sich optional auch noch ein Übereinstimmungsindex statistisch ermitteln, der als Indikator für die Expertenvalidität betrachtet werden kann und weiteren Aufschluss über die Eindeutigkeit der Zuordnung sowie über das Maß an inhaltlicher Relevanz gibt (vgl. Anderson und Gerbing, 1991).

Quantitative Verfahren zur Eliminierung von Indikatoren konzentrieren sich unter anderem auf die Beurteilung der vorgefundenen Multikollinearität, weil Forscher sicherstellen möchten, dass der singuläre Einfluss der Regressionsparameter genau bestimmt werden kann (Diamantopoulos und Winklhofer, 2001). So kann beispielsweise die paarweise Korrelation der einem Konstrukt zugeordneten Indikatoren untersucht werden. Wird dabei ein Wert von nahe 1 erreicht, deutet dies auf ein hohes Maß an Multikollinearität zwischen den Indikatoren hin. Werden mehr als zwei Indikatoren verwendet, kann überprüft werden, inwieweit die berechneten Gewichte durch lineare Abhängigkeiten zwischen den Indikatoren beeinflusst werden. Als Kennzahl zur Überprüfung kann der Variance Inflation Factor (VIF) verwendet werden. Hierbei weisen Werte von > 10 auf ein kritisches Niveau von Multikollinearität hin (Gujarati, 2009:362), so dass das Messmodell überdacht werden sollte. Formal lässt sich die Kennzahl wie folgt darstellen:

$$\text{Variance Inflation Factor } VIF = \frac{1}{1 - R^2}$$

---

[111] Darunter versteht man Indikatoren mit einem hohen Grad linearer Abhängigkeit.

wobei

R^2 den quadrierten multiplen Korrelationskoeffizienten angibt.

Weiterhin kann die Signifikanz der äußeren Gewichte betrachtet werden. Die Überprüfung der Gewichte gibt einen Hinweis auf den Beitrag zur Konstruktbildung und lässt sich von Werten von -1 bis +1 wie Regressionskoeffizienten interpretieren. Je weiter der Wert von null entfernt ist, desto stärker ist angezeigt, dass er zur inhaltlichen Bestimmung eines Konstrukts beiträgt (Nitzl, 2010:29). Zusätzlich kann zur Höhe des Gewichts die Signifikanz des Gewichts untersucht werden. Hierbei gilt es festzustellen, ob sich der Einfluss einer manifesten Variable signifikant von null unterscheidet. Zur operativen Berechnung der t-Werte kann die Bootstrapping-Funktion von PLS genutzt werden, die, wie in Abschnitt 6.1.4 gezeigt, nicht von einer festen Verteilungsannahme ausgeht. Abschließend muss noch einmal darauf hingewiesen werden, dass – selbst bei schwachen Gewichten und Signifikanzen – das Ausschließen von Indikatoren immer durch inhaltliche Überlegungen unterstützt sein sollte (Krafft et al., 2005:83).

Um die externe Validität zu überprüfen, wird von Diamantopoulos und Winklhofer (2001:272) vorgeschlagen, Konstrukte mit reflektiven Indikatoren redundant zu operationalisieren, um die Fehlerterme näher zu bestimmen. Dies setzt jedoch voraus, dass reflektive Indikatoren auch vorhanden sind. Die externe Validierung formativer Messmodelle wird gemäß den Autoren durch das Einfügen einer Phantomvariablen ermöglicht. Gibt es einen starken und signifikanten Zusammenhang zwischen der latenten Variable und der Phantomvariablen, wird externe Validität angenommen (Krafft et al., 2005:82). Kann kein reflektiver Indikator für die Überprüfung herangezogen werden, kann alternativ der Zusammenhang zwischen dem formativ operationalisierten Konstrukt und einem weiteren Konstrukt im Modell untersucht werden. Wird ein Zusammenhang konstatiert und ist er theoretisch begründbar, kann dies als ein Indiz für die nomologische Validität der untersuchten Messmodelle verstanden werden (Fassott und Eggert, 2005:41).

Abschließend bleibt festzuhalten, dass aufgrund der eingeschränkten Skalenbereinigungsmöglichkeiten bei formativen Messmodellen die Güte der Messung sehr stark ex ante durch ein außerordentlich sorgfältiges Vorgehen bei der Indikatorgenerierung sichergestellt werden sollte (Rossiter, 2002:308).

Schritt 2: Quantitative Studie 219

6.1.5.7 Zusammenfassung: Gütekriterien für die vorliegende Untersuchung

In der folgenden Tabelle werden in einer Übersicht die wesentlichen Gütemaße für Messmodelle für die vorliegende Untersuchung zusammengefasst. Im Fokus steht dabei nur die Überprüfung reflektiver Messmodelle, da alle Konstrukte in dieser Arbeit reflektiv operationalisiert wurden. Weiterhin ist in der Tabelle gekennzeichnet, ob die jeweiligen Gütemaße im Pretest (PT) oder in der Hauptuntersuchung (HU) zur Anwendung kamen:

Güteart	Anforderungen an das Gütemaß	PT	HU
Inhaltsvalidität	Rückgriff auf etablierte Skalen	Ja	Ja
	Expertenurteile	Ja	Ja
Indikatorreliabilität	Faktorladungen der explorativen (PT) bzw. konfirmatorischen (HU) Faktorenanalyse $\geq 0,7$	Ja	Ja
	t-Werte der Faktorladungen $> 1,66$	-	Ja
Konstruktreliabilität	Cronbachs Alpha $\geq 0,7$	Ja	Ja
	Anzahl extrahierter Faktoren aus explorativer Faktorenanalyse = 1 (d. h. 1. Eigenwert (EW) $\geq 1,0$ und 2. EW $< 1,0$)	Ja	Ja
	Item-to-Total-Korrelation $\geq 0,5$	Ja	Ja
Durchschnittlich erfasste Varianz	DEV $\geq 0,5$ pro Konstrukt	Ja	Ja
Diskriminanzvalidität	Fornell-Larcker-Kriterium	-	Ja

Tabelle 9: Prüfschema zur Beurteilung reflektiver Messmodelle

Quelle: eigene Darstellung

6.1.6 Die Beurteilung der Güte auf Strukturmodellebene

Die Gütebeurteilung von Strukturmodellen ist bei PLS nur anhand von partiellen Gütemaßen möglich, so dass im Gegensatz zu kovarianzbasierten Verfahren kein globales Gütemaß errechnet werden kann. Dies liegt daran, dass der Algorithmus auf einzelnen Teilschätzungen der Regressionen im Modellzusammenhang basiert (Herrmann et al., 2006:39 ff.). In diesem Abschnitt soll nun dargestellt werden, welche Möglichkeiten es gibt, ein mit PLS analysiertes Strukturgleichungsmodell zu evaluieren und welche Schwellenwerte für die Gütebeurteilung für die vorliegende Untersuchung Anwendung finden sollen.

6.1.6.1 Nomologische Validität

Bei der Beurteilung des Strukturmodells ist die Überprüfung der nomologischen Validität ein wichtiger Schritt. Ziel ist es, zu überprüfen, ob die Hypothesen, die durch theoretische Überlegungen und basierend auf der qualitativen Erhebung aufgestellt wurden, mit den quantitativ empirisch erhobenen Daten unterstützt werden können. Für diese Beurteilung sollte der Forscher das Ausmaß, die Richtung und die Signifikanz der Pfadkoeffizienten genau untersuchen. Die vorgefundenen Pfadkoeffizienten können wie standardisierte Koeffizienten einer Kleinste-Quadrate-Regression ausgelegt werden (Krafft et al., 2005:83). Bestehende Pfade sollten auf ihre statistische Signifikanz hin untersucht werden, wobei hier die PLS-Resampling-Prozedur des Bootstrapping zur Anwendung kommen kann, um die entsprechenden t-Werte zu berechnen. Als Gütekriterium wird ein Schwellenwert von mindestens 1,965 gefordert, um ein Zuverlässigkeitsniveau von mehr als 95% zu erreichen. (Chin und Newsted, 1999:312; Herrmann et al., 2006:58). Weiterhin sollte der Forscher berücksichtigen, dass das Vorzeichen dem hypothetischen Zusammenhang entsprechen sollte.

6.1.6.2 Endogene Vorhersagevalidität

Ein weiterer zu untersuchender Bereich ist die Größe des Einflusses von bestimmten unabhängigen latenten Variablen auf abhängige latente Variablen. Die **Effektgröße** (oder Effektstärke) f^2 beschreibt das Verhältnis der zusätzlich erklärten Varianz und der vormals nicht erklärten Varianz, wenn genau auf eine endogene latente Variable und eine exogene latente Variable Bezug genommen wird (Herrmann et al., 2006:58). Diese Effektgröße kann wie folgt berechnet werden:

$$\text{Effektgröße } f^2 = \frac{R^2_{included} - R^2_{excluded}}{1 - R^2_{included}}$$

wobei

R^2 die Bestimmtheitsmaße der endogenen latenten Variablen darstellt.

Operativ wird der Einfluss einer exogenen latenten Variablen auf eine endogene latente Variable dadurch berechnet, dass das Strukturmodell einmal mit und einmal ohne die exogenen latenten Variablen gerechnet wird. Für die Beurteilung der Effektgröße orientiert sich diese Arbeit an den Schwellenwerten von Chin (1998b:317), der **drei Effektgrößeklassen** mit f^2-Werten von **(1)** $0,02 \leq f^2 < 0,15$, **(2)** $0,15 \leq f^2 < 0,35$ und **(3)** $f^2 \geq 0,35$ als Einteilung vorschlägt. Diese bedeuten, dass die betreffende unabhängige

Variable einen schwachen, mittleren oder großen Einfluss auf die abhängige latente Variable hat (Henseler, 2005:74).

6.1.6.3 Exogene Vorhersagevalidität

R^2 stellt eine wesentliche Kennzahl dar, wenn es um die Beurteilung des Strukturmodells geht. Das **Bestimmtheitsmaß** R^2 kann für die endogenen Konstrukte berechnet werden und hilft, die Prognosegüte zu beurteilen. Es zeigt den Anteil der erklärten Varianz im Verhältnis zur Gesamtvarianz an (Backhaus et al., 2006:66). Im PLS-Modell wird somit der Varianzanteil der endogenen Variable bezeichnet, der durch die antezedenten latenten Variablen erklärt wird. Der Wert für R^2 kann einen Wert zwischen 0 und 1 annehmen, wobei sich in der Literatur gewisse Schwellenwerte für die Güte des R^2 etablieren konnten. Chin (1998b:323) beispielsweise schlägt vor, dass die Güte des Erklärungsbeitrags in "substanziell" ($\geq 0{,}67$), "mittelgut" ($0{,}33 \leq R^2 < 0{,}67$) und "schwach" ($0{,}19 \leq R^2 < 0{,}33$) unterschieden werden kann. Diese "pauschalen" Schwellenwerte für die Güte eines Modells wurden jedoch von anderen Autoren dahingehend in Frage gestellt, dass bestimmte Untersuchungsbereiche bewusst potenzielle Einflussfaktoren ausklammern und sich deshalb nur auf einen Ausschnitt konzentrieren (Schloderer et al., 2009).[112] Grundsätzlich sollte ein Modell, das eine weitgehende Berücksichtigung aller relevanten Einflussvariablen zum Ziel hat, jedoch möglichst hohe R^2-Werte für die endogenen Variablen anstreben (Henseler et al., 2009).

Es wurde bereits diskutiert, dass ein Wert zum globalen Modellfit aufgrund mangelnder Simultanität der Parameterschätzungen nicht verfügbar ist und Teilschätzungen getrennt beurteilt werden müssen. In diesem Zusammenhang kann die Kennzahl Q^2 nach Stone-Geisser als Indikator für die **Prognoserelevanz** von Struktur- und Messmodellen benutzt werden (Fornell und Bookstein, 1982:450). Bei dem Test werden die Prognosewerte wie folgt ermittelt: Die Blindfolding-Prozedur nimmt systematisch einen Teil der empirisch erhobenen Daten für endogene latente Variablen mit reflektivem Messmodell bei der Parameterschätzung als fehlend an (Nitzl, 2010:36) und schätzt sie im darauffolgenden Schritt unter Berücksichtigung des aufgestellten PLS-Modells. Dies wird so lange wiederholt bis jeder Datenpunkt einmal ausgelassen und ersetzt wurde (Chin, 1998b:317). Bei diesem Vorgehen lassen sich für die berechneten modelltheoretischen Werte Residuen im Vergleich zu den tatsächlich, empirisch erhobenen Werten bestimmen. Diese kann PLS mit den Residuen der Schätzung eines

---

[112] Beispiel: "Breite" Themen wie Erfolgsfaktoren für den Unternehmenserfolg.

arithmetischen Mittels der reflektiven Indikatoren und der tatsächlichen Werte vergleichen (Herrmann et al., 2006:58). Die Prognoserelevanz Q^2 kann wie folgt berechnet werden:

$$\text{Stone} - \text{Geissers } Q^2 = \frac{\sum_D E_D}{\sum_D O_D}$$

wobei

E_D den quadrierten Fehler der geschätzten Werte angibt und

O_D den quadrierten Fehler der verbleibenden Originalwerte zeigt.

In diesem Zusammenhang ist noch wichtig, dass die Fallzahl kein Vielfaches des Auslassungsabstands D, also die Distanz zwischen zwei hintereinander auszulassenden und zu ersetzenden Datenpunkten ist. Es sollte ein Abstand zwischen 5 und 10 gewählt werden (Chin, 1998b:318). Eine ausreichende Prognoserelevanz ist gegeben, wenn $Q^2 > 0$ ist. In diesem Fall sind die Residuen der Modellschätzung kleiner als die Residuen der trivialen Schätzung. Am Schluss zeigt die berechnete Prognoserelevanz Q^2 somit auf, wie gut das empirische Modell Daten wiederherstellen kann (Nitzl, 2010:35 ff.).

Wie von Nitzl (2010:36) beschrieben, lassen sich in Anlehnung an die Effektgröße f^2 Veränderungen in der Prognoserelevanz Q^2 berechnen, um den relativen Prognoseeinfluss von exogenen auf endogene Variablen zu untersuchen. Der Einfluss einer Variable q^2 kann dabei wie folgt berechnet werden:

$$\text{Prognoseeinfluss } q^2 = \frac{Q^2_{included} - Q^2_{excluded}}{1 - Q^2_{included}}$$

wobei

Q^2 die Prognoserelevanz darstellt.

Der Einfluss eines exogenen latenten Konstrukts errechnet sich aus der Veränderung der Prognoserelevanz Q^2 des endogenen latenten Konstrukts, wobei das Modell wiederum einmal mit und einmal ohne das betreffende exogene Konstrukt gerechnet wird. Für q^2 können wiederum die bekannten Schwellenwerte von > 0,02 (schwach), > 0,15 (mittel) und > 0,35 (groß) angenommen werden, um darzustellen, welchen Einfluss eine Variable auf die Prognoserelevanz der endogenen latenten Variable hat (Nitzl, 2010:37).

Schritt 2: Quantitative Studie 223

6.1.6.4 Zusammenfassung: Gütekriterien für vorliegende Untersuchung

Eine der komplexesten Fragestellungen im Zusammenhang mit Strukturgleichungsmodellierung ist die Frage der Gütebeurteilung, das heißt, die Beantwortung der Frage, ob ein bestimmtes Modell in ausreichendem Umfang mit dem vorliegenden Datensatz konsistent ist. Wie von Homburg und Hildebrandt (1998:35) gezeigt, ist dabei ein einfaches Ja/Nein-Kriterium für die Gütebeurteilung kaum ausreichend, sondern es sollte eine Reihe von interdependenten Gütemaßen zur Beurteilung der Modellgüte beitragen. In den letzten Abschnitten wurde deshalb dargestellt, mit Hilfe welcher Kriterien ein mit PLS analysiertes Strukturgleichungsmodell auf seine Güte hin untersucht werden kann und welche Anforderungen für die vorliegende Arbeit gelten sollen. Dies lässt sich wie folgt zusammenfassen:

Güteart	Anforderungen an das Gütemaß	PT	HU
Nomologische Validität	Pfadkoeffizienten: t ≥ 1,65 für eine Fehlerwahrscheinlichkeit von 10% bzw. t ≥ 1,96 für eine Fehlerwahrscheinlichkeit von 5%	-	Ja
Endogene Vorhersagevalidität	Effektgröße: $f^2 \geq 0{,}35$ "groß" $0{,}15 \leq f^2 < 0{,}35$ "mittel" $0{,}02 \leq f^2 < 0{,}15$ "schwach"	-	Ja
Exogene Vorhersagevalidität	Bestimmtheitsmaß: $R^2 \geq 0{,}67$ "substanziell" $0{,}33 \leq R^2 < 0{,}67$ "mittelgut" $0{,}19 \leq R^2 < 0{,}33$ "schwach"	-	Ja
	Prognoserelevanz (Stone-Geisser): $Q^2 > 0$ Prognoserelevanz ist gegeben $q^2 \geq 0{,}35$ "groß" $0{,}15 \leq q^2 < 0{,}35$ "mittel" $0{,}02 \leq q^2 < 0{,}15$ "schwach"	-	Ja

Tabelle 10: Prüfschema zur Beurteilung des Strukturmodells

Quelle: eigene Darstellung

Der PLS-Ansatz hat gegenüber kovarianzbasierten Verfahren keine globalen Gütemaße, so dass am Schluss eine kumulierte Betrachtung aller lokalen Gütemaße stehen sollte. Hier gilt folgende Regel zur Orientierung: Können alle als relevant identifizierten Gütemaße für ein Modell in allen Teilstrukturen (d. h. Messmodelle und Strukturmodell) erfüllt werden, dann kann auch das Gesamtmodell als zuverlässig angesehen werden (Weiber und Mühlhaus, 2010:259). Abschließend bleibt noch zu sagen, dass auch ein globales Gütemaß allein nicht sinnvoll wäre, da lediglich untersucht wird, wie gut die Gesamtheit der Parameter die Daten reproduzieren können. Somit wäre es also möglich, dass ein Modell für die vorliegenden Daten eine geringe Aussagekraft besitzt, aber einen guten globalen Fit erreicht, weil es hohe Fehlervarianzen hat. Daraus folgt, dass die Verfügbarkeit eines globalen Anpassungsmaßes nur komplementären Charakter für die vorgestellten lokalen Gütemaße haben kann (Homburg, 1992:505).

6.1.7 Die Beurteilung der Güte von Interaktionseffekten

Bisher wurde hauptsächlich die Beurteilung von direkten Kausalbeziehungen erörtert. Wie von Nitzl (2010:40 f.) gezeigt, gibt es aber durchaus noch andere denkbare Kausalbeziehungen zwischen Konstrukten, wobei besonders mediierte und moderierte Kausalbeziehungen für die vorliegende Untersuchung von Bedeutung sind. Weil die Einbeziehung von Interaktionseffekten in der Regel eine höhere Erklärungstiefe bietet und zu einer besseren Prognosegüte führt (Müller, 2007:246 f.), soll einerseits der Unterschied zwischen mediierten und moderierten Wirkbeziehungen erklärt werden. Andererseits soll erläutert werden, wie mediierte und moderierte Effekte in PLS-Pfadmodellen geprüft werden können.

6.1.7.1 Die Beurteilung mediierter Kausalbeziehungen

Mediatoren können in PLS direkt als latente Variable dargestellt werden. Sie können den Effekt einer unabhängigen latenten Variable teilweise oder ganz auf eine abhängige latente Variable vermitteln. Wie von Nitzl (2010:51) ausgeführt, liegt eine Mediation dann vor, wenn (a) der Pfadkoeffizient von der exogenen Variable zum Mediator und (b) der Pfadkoeffizient vom Mediator zur endogenen Variable signifikant von null verschieden ist und es dadurch (c) zu einer signifikanten Abschwächung des direkten Pfadkoeffizienten von der exogenen zur endogenen Variable kommt.

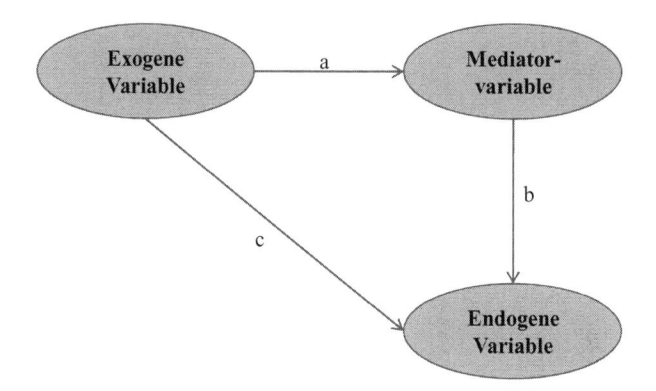

Abb. 30: Mediatorenmodell
Quelle: Eggert et al. (2005:106)

Ein Beispiel wäre die Wirkung der Kundenzufriedenheit auf die Weiterempfehlungsabsicht, welche durch den inneren Bindungszustand eines Kunden mediiert wird (Eggert und Helm, 2000). Ein weiteres Beispiel ist der mediierende Effekt von Vertrauen, der die Wirkung von Beziehungszufriedenheit auf Loyalität leicht abschwächen kann (Caceres und Paparoidamis, 2007:846 ff.). Grundsätzlich kann dieser Effekt so stark ausgeprägt sein, dass der direkte Pfadkoeffizient nicht mehr von null signifikant verschieden ist ("perfekte Mediation")[113] oder sogar durch die Mediation ein anderes Vorzeichen erhält ("Suppressoreffekt") (Shrout und Bolger, 2002:430 ff.).

Zur Bestimmung eines mediierenden Effekts kann der z-Test nach Sobel (1982) herangezogen werden:

$$\text{Sobels z} - \text{Test} = \frac{a \times b}{\sqrt{b^2 \times s_a^2 + a^2 \times s_b^2}}$$

wobei

a und b die Pfadkoeffizienten sind und

s_x die Standardfehler der Pfadkoeffizienten darstellt.

Sollte sich für z ein Wert > 1,965 ergeben, so kann auf dem 5%-Niveau die Nullhypothese zurückgewiesen werden, nach der kein Mediatoreffekt bestehen würde (Eggert et

---

[113] Ein bekanntes Beispiel für eine perfekte Mediation ist das S-O-R-Modell, bei dem die Auswirkungen der Stimuli vollständig durch die psychischen Prozesse vermittelt werden und ein direkter Wirkungszusammenhang nicht vorgesehen ist (vgl. Eggert et al., 2005:103 f.). Ein weiteres Beispiel ist die Untersuchung von Morgan und Hunt (1994), die zeigen, dass Commitment und Vertrauen zentrale mediierende Variablen sind, die zu einer perfekten Mediation führen.

al., 2005:106). Sollte ein Mediatoreffekt angezeigt werden, stellt sich die Frage, in welchem Ausmaß er vorliegt. Hier kann der "variance-accounted for"-Wert (VAF) herangezogen werden, der den prozentualen Einfluss der des Gesamteffekts über den Mediator angibt. Die Formel

$$VAF = \frac{a \times b}{a \times b + c}$$

lässt sich wie folgt interpretieren: 0 bedeutet, dass keine Mediation vorhanden ist, 1 steht für eine perfekte Mediation und ein Wert > 1 weist auf einen statistischen Suppressoreffekt hin.

6.1.7.2 Die Beurteilung moderierter Kausalbeziehungen

Die Stärke und/oder Richtung eines Wirkungszusammenhangs zwischen exogenen und endogenen latenten Variablen kann durch eine oder mehrere Moderatorvariablen beeinflusst werden, wobei der Moderator qualitativen oder quantitativen Charakter haben kann (Eggert et al., 2005:102 ff.). Die Betrachtung potenzieller Moderatorvariablen[114] ist wichtig, weil der Einfluss einer Moderatorvariable die Wirkzusammenhänge in einem nomologischen Netz komplett unterbinden kann, wobei es auch möglich ist, dass kein Einfluss auf einen oder mehr Wirkungszusammenhänge vorliegt. Eine Moderation liegt jedoch nur vor, wenn der Einfluss einer unabhängigen Variable X auf die abhängige Variable Y von einem signifikanten Effekt des Moderators Z beeinflusst wird (Baron und Kenny, 1986:1174).

Der **Nachweis** eines **Moderatoreffekts** wird unter PLS mit einer **multiplen Gruppenanalyse** empfohlen, wenn es sich um eine kategoriale Moderatorvariable handelt. Die Leistungsfähigkeit anderer Verfahren für die Auswertung von kategorialen Variablen als Verursacher von Moderatoreffekten ist bislang nicht eindeutig geklärt (Henseler und Chin, 2010:107). Würde es sich bei der Moderatorvariable hingegen um ein latentes Konstrukt bzw. eine metrisch skalierte Moderatorvariable handeln, wird von vielen Autoren empfohlen, einen so genannten Interaktionsterm als zusätzliche latente Variable einzuführen, um den Moderatoreffekt zu messen (Kenny und Judd, 1984). Auch hier sind verschiedene Verfahrensausprägungen vorhanden. Die Literatur legt nahe, dass auf diese Weise bessere Ergebnisse erreicht werden können, weil weniger Informationen bei der Messung verlorengehen (vgl. z.B. Henseler und Fassott, 2010:721; Huber et al., 2007). Ein Gruppenvergleich kann bei nichtkategorialen Vari-

---

[114] Vgl. auch Abschnitt 5.5.13 für diese Arbeit.

ablen weiterhin noch verwendet werden, damit der Forscher einen ersten Überblick über mögliche Effekte erhält (Reinecke, 1999).

Da in der vorliegenden Arbeit ausschließlich kategoriale Moderatorvariablen verwendet werden, sollen deshalb an dieser Stelle zwei Verfahren zur Überprüfung der Moderatorsignifikanz vorgestellt werden, die in dieser Form auch beide später zur Anwendung kommen werden. Sie unterscheiden sich hauptsächlich darin, dass die zweite Methode beim Signifikanztest nicht von Verteilungsannahmen ausgeht.

Bei beiden Verfahren wird zunächst die gesamte Stichprobe in zwei Teilstichproben unterteilt, wobei die Zusammensetzung der Teilstichproben durch die Ausprägungen des Moderators bestimmt wird. Nach der Berechnung separater Modelle für die Teilstichproben können dann die Pfadkoeffizienten der unterschiedlichen Modelle miteinander auf signifikante Unterschiede hin verglichen werden (Henseler und Fassott, 2010:720). Nur wenn die Nullhypothese – die besagt, dass beide Pfade gleich sind – abgelehnt werden kann, liegt ein signifikanter Einfluss eines Moderators vor.

Beim ersten Verfahren stellt Chin (2000) zwei Teststatistiken vor. Deren Anwendung hängt davon ab, ob die Varianzen der Pfadkoeffizienten gleich sind oder nicht. Wenn angenommen werden kann, dass die Varianzen gleich sind, berechnet sich der t-Test wie folgt:

$$t = \frac{b^{(1)} - b^{(2)}}{\sqrt{\frac{(n^{(1)} - 1)^2}{n^{(1)} + n^{(2)} - 2} s.e.^{(1)2} + \frac{(n^{(2)} - 1)^2}{n^{(1)} + n^{(2)} - 2} s.e.^{(2)2}} \times \sqrt{\frac{1}{n^{(1)}} + \frac{1}{n^{(2)}}}}$$

wobei

$b^{(1)}$ und $b^{(2)}$ für die Pfadkoeffizienten der beiden Gruppen stehen,

$n^{(1)}$ und $n^{(2)}$ die Stichprobengrößen der jeweiligen Gruppen symbolisieren und mit

$s.e.^{(1)}$ bzw. $s.e.^{(2)}$ die Standardfehler der beiden Gruppen aus dem Bootstrapping-Verfahren gemeint sind.

Wenn sich die Varianzen der Pfadkoeffizienten jedoch signifikant voneinander unterscheiden, sollte folgende Berechnungsformel verwendet werden:

$$t = \frac{b^{(1)} - b^{(2)}}{\sqrt{\frac{n^{(1)} - 1}{n^{(1)}} s.e.^{(1)2} + \frac{n^{(2)} - 1}{n^{(2)}} s.e.^{(2)2}}}$$

wobei

dabei die gleichen Werte wie in der voranstehenden Formel eingesetzt werden sollten. Nach der Durchführung der t-Tests kann über die Berechnung des entsprechenden Freiheitsgrades der p-Wert bestimmt werden. Für die Berechnung der Freiheitsgrade kann folgende Rechenformel verwendet werden (Nitzl, 2010:45):

$$df = \frac{\left(\frac{n^{(1)}-1}{n^{(1)}}s.e.^{(1)2} + \frac{n^{(2)}-1}{n^{(2)}}s.e.^{(2)2}\right)^2}{\frac{(n^{(1)}-1)(s.e.^{(1)2})^2}{n^{(1)2}} + \frac{(n^{(2)}-1)(s.e.^{(2)2})^2}{n^{(2)2}}} - 2$$

wobei dabei die einzelnen Werte wieder analog verwendet werden können.

Als Ergebnis erhält man die Wahrscheinlichkeit der t-Verteilung p die darstellt, wie glaubhaft es ist, dass die Nullhypothese der Mittelwertgleichheit widerlegt werden kann. Ab einer Grenze von 10% bzw. 5% kann angenommen werden, dass die Nullhypothese nicht wahr ist und somit ein Moderatoreffekt besteht.

Die zweite Verfahrensart hat den Vorteil, dass sie nicht von bestimmten Verteilungsannahmen ausgeht, was von manchen Autoren als problematisch angesehen wird (Dibbern und Chin, :146 ff.). Fehlende Verteilungsannahmen sind grundsätzlich als vorteilhaft anzusehen, weil (1) dies eher dem verteilungsfreien Charakter von PLS entspricht (vgl. Methodenvergleich in Abschnitt 6.1.4) und weil (2) der Anspruch an eine Normalverteilung gerade mit kleinen Samplegrößen nur schwer zu erfüllen ist (Henseler, 2007). Diese zweite Verfahrensart greift als Input-Werte neben den Pfadkoeffizienten auf die Bootstrapping-Werte aus den separat gerechneten Modellen zurück. Der große Unterschied im Vergleich zum anderen Verfahren besteht darin, dass die Bootstrapping-Ergebnisse als Basis für die Hypothesenprüfung auf Gruppenunterschiede dienen. Anstatt auf Verteilungsannahmen zu vertrauen, verwendet das neue Verfahren die beobachtete Verteilung der Bootstrapping-Ergebnisse in den beiden Samples (Henseler et al., 2009:309). Die Formel zur Berechnung der Werte lässt sich wie folgt darstellen:

$$P(\hat{\beta}^{(1)} > \hat{\beta}^{(2)} | \beta^{(1)} \leq \beta^{(2)}) = 1 - \sum_j \sum_i \frac{\Theta\left(\left(b_j^{(1)} + \hat{\beta}^{(1)} - \bar{b}^{(1)}\right) - \left(b_i^{(2)} + \hat{\beta}^{(2)} - \bar{b}^{(2)}\right)\right)}{J^2}$$

wobei

J die Anzahl der Stichproben ist,

$b_j^{(1)}$ und $b_i^{(2)}$ die generierten Bootstrapping-Werte der Teilstichproben 1 und 2 sind,

$\bar{b}^{(1)}$ und $\bar{b}^{(2)}$ die gebildeten Mittelwerte über die einzeln erzeugten Bootstrapping-Werte der Teilstichproben sind und

$\hat{\beta}^{(1)}$ und $\hat{\beta}^{(2)}$ die Pfadkoeffizienten der Teilstichproben aus dem PLS-Modell sind. *o* ist eine Stufenfunktion, die den Wert 1 annimmt, wenn der Inhalt der Klammer positiv wird, sonst wird *o* zu 0 (vgl. hierzu auch ausführlich Rigdon et al., 2010:272 f.). Der durch die Formel berechnete *P*-Wert gibt an, wie wahrscheinlich es ist, dass die Nullhypothese zugunsten einer Alternativhypothese fälschlicherweise verworfen werden kann (Nitzl, 2010:47). Das heißt die Irrtumswahrscheinlichkeit bei der Verwerfung der Nullhypothese der Mittelwertgleichheit.

Abschließend soll darauf hingewiesen werden, dass die Durchführung eines Gruppenvergleichs von einer gewissen Stichprobengröße abhängig ist, damit signifikante Effekte identifiziert werden können. Qureshi und Compeau (2009:206) schlagen hier eine Mindestgröße von 30 bis 50 Fällen pro Gruppe vor.

6.2 Ablauf und Operationalisierung der Hauptuntersuchung

In diesem Abschnitt werden zunächst das Forschungsvorgehen bei der Hauptuntersuchung und sodann die Operationalisierung der Konstrukte beschrieben.

6.2.1 Ablauf der Hauptuntersuchung

Nachdem im vorausgegangenen Teil geklärt die methodischen Grundlagen werden konnten, sind einige Anmerkungen zur Hauptuntersuchung zu machen, die sich zu großen Teilen auf die Ergebnisse des qualitativen Forschungsteils aus Kapitel 5 stützen. Durch die theoretischen und empirischen Überlegungen in Kapitel 5 war es möglich, ein Hypothesengepflecht zu entwerfen, welches nun großzahlig getestet werden soll. Für die quantitative Erhebung ist jedoch ein neues Erhebungsinstrument notwendig, da der bislang benutzte Interviewleitfaden nur für persönliche Interviews konzipiert worden ist. Das Erhebungsinstrument wird durch einen Fragebogen gebildet, der alle notwendigen Konstrukte aus Kapitel 5 enthält und darüber hinaus noch einige demographische Daten der Respondenten erfasst. Die Erstellung des Erhebungsinstrumentes erfolgt zunächst über eine Operationalisierung der Konstrukte (Abschnitt 6.2.2) und wird dann sukzessive bis zur eigentlichen Erhebung verbessert. Zu diesem Zweck wird in dieser Arbeit ein umfangreicher qualitativer und quantitativer Pretest durchgeführt (Abschnitt 6.3). Abschnitt 6.4 beschreibt die finale großzahlige Erhebung inklusive ihrer Durchführung sowie die Beurteilung und Interpretation der Schätzergebnisse.

6.2.2 Operationalisierung der Konstrukte

Die Operationalisierung der einzelnen Konstrukte sollte mit großer Sorgfalt geschehen (Homburg und Giering, 1996:5). Ferner kann nach Lienert (1989:19) ein Erhebungsinstrument nur dann als nützlich bezeichnet werden, wenn es etwas misst, für dessen Untersuchung ein **praktisches Bedürfnis** besteht. Obwohl die Nützlichkeit der Untersuchung bereits umfangreich hergeleitet wurde, so stellen die beschriebenen Konstrukte, die die Beratungszufriedenheit des Nachfragers erklären sollen, jedoch **latente Konstrukte** dar, die sich einer direkten Messung entziehen. Aus diesem Grund müssen geeignete Indikatoren gefunden werden, welche eine Operationalisierung der Konstrukte zulassen. Für den Operationalisierungsprozess der latenten Konstrukte wurden folgende Dinge beachtet:

- Im vorliegenden Fall wurde entschieden, alle Konstrukte durch jeweils mehrere Indikatoren zu messen (**multiattributive Messung**), um ein umfassendes Bild der Konstrukte zuzulassen (Churchill, 1979:66) und die Reliabilität dadurch zu erhöhen, dass ein Cronbachs Alpha ausgerechnet werden kann. Weiterhin wird dieses Vorgehen gerade dann empfohlen, wenn es sich wie im vorliegenden Fall bei den zu messenden Konstrukten um abstrakte Objekte oder Attribute handelt. Abstrakt heißt, dass sich das Konstrukt nicht leicht und homogen konkret vorstellen lässt (Bergkvist und Rossiter, 2007:176 ff.).

- Als Orientierung für die Itemauswahl diente die **Auswertung** relevanter **Fachstudien** aus dem Literaturüberblick (vgl. Anhang 3), die die Güte der einzelnen Indikatoren aufgezeigt haben. Diese Studien sollten nach Möglichkeit aus dem B2B-Umfeld stammen und idealerweise weitere Ähnlichkeiten zum Untersuchungskontext aufweisen (Churchill, 1979:67). Außerdem wurde streng darauf geachtet, dass sich die Items der Studien mit den formulierten Konstruktdefinitionen und den vorangegangenen Konstruktkonzeptionalisierungen aus Abschnitt 5.5 decken, so dass sichergestellt wird, dass der **gleiche Geltungsbereich** abgebildet wird (Churchill, 1979:67).

- Ferner wurde eine **Übersetzung** aller englischen Items in die deutsche Sprache durch zwei englische Muttersprachler durchgeführt. Beide hatten Erfahrung mit professionellen Übersetzungen.

- Die geringfügige **Anpassung** der Items **auf den Untersuchungskontext** – beispielsweise Änderung von "Anbieter" zu "Lösungsanbieter" – war ein wichtiger Vorgehensschritt, weil eine unkritische Übernahme dokumentierter Skalen unzweckmäßige Redundanzen und falsche Messmodelle bedingen kann (Fassott und Eggert, 2005:47).
- Nach einer ersten Zusammenstellung sind zudem **Expertengespräche**[115] zu den einzelnen Items sowie ein Rückgriff auf die qualitativen Forschungsergebnisse als Mittel zur Operationalisierung zur Anwendung gekommen (Huber et al., 2007).
- Weiterhin wurde entschieden, dass für die Untersuchung **reflektive Konstrukte** verwendet werden. Dieser Punkt soll nachfolgend genauer erklärt werden.

Die letztendliche Wahl zwischen einer formativen und reflektiven Operationalisierung sollte wohldurchdacht und von grundlegenden **theoretischen Überlegungen** (Diamantopoulos und Winklhofer, 2001:274) **und** der **Zielsetzung** der Studie (Fornell und Bookstein, 1982) geleitet sein: Im vorliegenden Fall wurde für die Spezifizierung der Konstrukte kritisch hinterfragt, ob die Konstrukte reflektiv oder formativ spezifiziert werden sollen, weil sonst konzeptionelle Fehler und falsche Aussagen entstehen können (Albers und Hildebrandt, 2006:3 ff.). Hier führen die Autoren an, dass bei der Modellierung von Verhaltenskonstrukten – wie sie in dieser Untersuchung hauptsächlich vorliegen – eine reflektive Spezifizierung angemessen ist. Rossiters (2002:316 ff.) weitere Spezifizierung, dass reflektive Modelle insbesondere bei der Messung menschlicher Charakterzüge ("traits") zum Einsatz kommen sollten, deckt sich als Indikation nicht ganz mit dieser Untersuchung, weil die hier verwendeten Konstrukte wie Flexibilität oder Verkaufsdruck nicht als Charakterzüge fehlinterpretiert werden sollten.[116]

Da für diese Untersuchung nur reflektive Konstrukte verwendet wurden, bleibt als Einschränkung jedoch anzumerken, dass keine differenzierte Analyse von Anbietererfolgsfaktoren oder Marketinginstrumenten (Fassott und Eggert, 2005:46) möglich ist und deshalb nur übergeordnete Strategien in diesem Kontext für Anbieter diskutiert werden können (Albers und Hildebrandt, 2006:25).[117]

---

[115] Vgl. Anhang 8.
[116] Das genaue Verständnis der einzelnen Konstrukte ergibt sich aus Kapitel 5.5.
[117] Dies wäre beispielsweise bei einem Großteil der Erfolgsfaktorenforschung auf Managementebene anders: Hier ist das Ziel, nach der Wirkung von Faktoren zu forschen, welche sich aus verschiedenen beeinflussbaren (formativen) Indikatoren ergeben. Damit haben diese Konstrukte dort nicht den Charakter von nur indirekt beobachtbaren theoretischen Konstrukten, deren Ausprägung sich in mehreren reflektiven Indikatoren zeigen, sondern es geht darum, über die Ausprägung der Indikatoren konkrete Handlungsempfehlungen ableiten zu können (Albers und Hildebrandt, 2006:10).

Dies zeigt, dass es bei der Operationalisierung von Konstrukten letztendlich auf den Erkenntnisgewinn ankommt: Steht die Entwicklung von Messmodellen im Vordergrund, die konkrete Ansatzpunkte zur Beeinflussung der latenten Variable aufzeigen und die relative Bedeutung von Konstruktdimensionen verdeutlichen, wären formative Messmodelle empfehlenswert (Fassott und Eggert, 2005:47). Für die vorliegende Untersuchung liegt das **Ziel** jedoch in der **Erklärung von Verhalten** und der **Ableitung grundsätzlicher Anbieterstrategien** für die Beratung, die sich aus dem neuen zu testenden theoretischen Modell ergeben (Fassott und Eggert, 2005:47).

6.2.2.1 Operationalisierung der Antezedenzen

Eine Diskussion bisheriger empirischer Befunde und qualitativer Ergebnisse zu den Antezedenzen erfolgte bereits in Abschnitt 5.5. Dort wurden die verschiedenen relevanten RM-Konstrukte ausführlich konzeptionalisiert und in den theoretischen Rahmen von Palmatier et al. (2006) eingeordnet. Insgesamt wurden acht Antezedenzen operationalisiert, wobei jedes Konstrukt mindestens vier Items aufweist:

Konstrukt	Item	Quelle
Expertise	Die Mitarbeiter des Lösungsanbieters wussten bei der Erörterung der Lösung genau, wovon sie sprachen.	Angepasst von Kennedy et al. (2001)
	Die Mitarbeiter des Lösungsanbieters erwiesen sich als exzellente Quelle für präzise Informationen.	
	Die Mitarbeiter des Lösungsanbieters verfügten über alle nötigen Kenntnisse über die Lösung.	
	Die Mitarbeiter des Lösungsanbieters wussten über ihre Lösung sehr gut Bescheid.	
Projektmanagement	Die zu erfüllenden Aufgaben während des Lösungsprojektes waren klar definiert.	Items 1-3: angepasst von Stratman und Roth (2002); Items 4-6: Expertengespräche
	Projektaufgaben wurden regelmäßig überprüft.	
	Die Mitarbeiter des Lösungsanbieters waren erfahren im Projektmanagement.	
	Die Mitarbeiter des Anbieters hatten sehr gutes Projektmanagement.	
	Die Mitarbeiter des Anbieters wussten, wie man ein gutes Lösungsprojekt durchführt.	
	Die Mitarbeiter des Anbieters hatten ein sehr strukturiertes Vorgehen im Projekt.	
Informationsaustausch	Im Rahmen des Projektes wurden gegenseitig Informationen, die für die andere Seite von Interesse sein könnten, bereitwillig zur Verfügung gestellt.	Angepasst von Homburg et al. (2003)
	Im Rahmen des Projektes fand ein häufiger informeller Austausch zwischen unseren Unternehmen statt.	

	Über Ergebnisse und Änderungen, die sich auf die Lösung auswirken könnten, hielten wir uns gegenseitig auf dem Laufenden.	
	Beiden Unternehmen stellten bereitwillig wichtige Informationen zur Verfügung, wenn dies für den Projekterfolg relevant war.	
Verständnis	Der Lösungsanbieter war mit allen projektrelevanten Sachverhalten gut vertraut.	Angepasst von Leonidou (2004)
	Der Lösungsanbieter zeigte großes Verständnis bei allen Problemen, die im Verlauf des Projektes auftraten.	
	Der Lösungsanbieter hatte Schwierigkeiten damit, unser Geschäft zu verstehen.	
	Der Lösungsanbieter hat Probleme im Projektverlauf umfassend verstanden.	
Joint Working	Unsere beiden Unternehmen trafen viele wichtige projektrelevante technische Entscheidungen gemeinsam.	Angepasst von Homburg et al. (2003)
	Unsere beiden Unternehmen trafen Entscheidungen zu Ziel und Zweck des Projektes gemeinsam.	
	Vor größeren technischen Entscheidungen, die für das Projekt relevant waren, sprachen sich unsere beiden Unternehmen in vielen Fällen miteinander ab.	
	Unsere beiden Unternehmen lösten viele der auftretenden technischen Probleme gemeinsam.	
	Beide Unternehmen leisteten einen aktiven Beitrag zu dieser Lösung.	
Flexibilität	Wenn wir einige Zeit nach Auftragserteilung Änderungen an einer Lösungsspezifikation vornahmen, war der Lösungsanbieter meist in der Lage, unkompliziert darauf zu reagieren.	Angepasst von Homburg (1998)
	Der Lösungsanbieter erwies sich als so flexibel, dass unvorhergesehene Probleme in den meisten Fällen gut gelöst werden konnten.	
	Wenn von unserer Seite eine spezielle Anforderung an die Lösung gestellt wurde, war der Lösungsanbieter meist flexibel genug, um unserem Wunsch zu entsprechen.	
	Der Lösungsanbieter hatte häufig Probleme, wenn wir spezielle Terminwünsche äußerten.	
Verkaufsorientierung	Die Mitarbeiter des Lösungsanbieters übten Verkaufsdruck aus, obwohl sie wussten, dass die vorgeschlagene Lösung für uns nicht geeignet war.	Angepasst von Palmer und Bejou (1994)
	Die Mitarbeiter des Lösungsanbieters vermittelten den Eindruck, auf bestimmte Dinge keinen Einfluss zu haben, obwohl dies de facto nicht der Fall war.	
	Die Mitarbeiter des Lösungsanbieters verwendeten mehr Zeit darauf, mich zu überzeugen, als darauf, meine Lösungserfordernisse zu ermitteln.	

	Bei der Lösungsfindung stimmten mir die Mitarbeiter des Lösungsanbieters lediglich zu, um einen positiven Eindruck bei mir zu hinterlassen.	
Technische Qualität	Die technische Lösung war von hoher Qualität.	Angepasst von Homburg (1998)
	Der Lösungsanbieter war häufig nicht in der Lage, unsere Qualitätsanforderungen zu erfüllen.	
	Bei der Lösung des Lösungsanbieters hatten wir häufig Grund zur Beanstandung.	
	Der Lösungsanbieter überstieg unsere Qualitätserwartungen.	

Tabelle 11: Operationalisierung der Antezedenzen

Quelle: eigene Darstellung; Quellen der Items wie angegeben in der Tabelle

6.2.2.2 Operationalisierung der Zufriedenheitskonstrukte

Die Operationalisierung der Zufriedenheitskonstrukte erfordert einige zusätzliche Erläuterungen: Wie von Albers und Hildebrandt (2006:11) gezeigt, handelt es sich bei der Zufriedenheit um Konstrukte, die sowohl formativ als auch reflektiv operationalisiert werden können. Wie aus Tabelle 12 ersichtlich, hat sich der Autor dieser Arbeit dazu entschieden, beide Zufriedenheitskonstrukte reflektiv als First-Order-Konstrukt zu operationalisieren. Dabei lässt sich die verwendete Zufriedenheitsmessung weiter nach der Darstellung von Beutin (2001:90 ff.) charakterisieren: Die Messung ist **subjektiv**, da die vom Kunden subjektiv empfundene Zufriedenheit erfasst wird. Somit besteht kein Anspruch auf Objektivität. Weiterhin ist die Messung **merkmalsorientiert**, da hier das Verhalten des Anbieters im Vordergrund steht. Drittens lässt sich anmerken, dass die vorliegende Messung sowohl für die Beratungszufriedenheit als auch für die Gesamtzufriedenheit **explizit** ist. Kunden werden also direkt nach der Zufriedenheit befragt und es werden keine Rückschlüsse aus Beschwerden des Nachfragers abgeleitet. Ferner ist die Messung **mehrdimensional**, da hier für beide Zufriedenheitskonstrukte Multi-Item-Skalen mit jeweils vier Items verwendet werden (vgl. Abschnitt 6.2.2). Abschließend ist noch anzumerken, dass es sich um eine **Ex-post-Beurteilung** der Zufriedenheit handelt. Es wäre im Gegensatz dazu auch möglich, vor dem Projekt die Erwartungen des Nachfragers abzufragen – dies ließ sich aber aufgrund des Erhebungskontextes nicht realisieren. Mit diesen Kriterien reiht sich die vorliegende Studie in eine größere Anzahl von Studien ein, die einen ähnlichen Zugang zur Zufriedenheitsmessung wählen (Horsmann, 2005:92 f.).

Konstrukt	Item	Quelle
Beratungszufriedenheit	Insgesamt war ich mit der Beratungsleistung des Lösungsanbieters sehr zufrieden.	Item 1: angepasst von Niebisch (1993); Item 2 bis 4: angepasst von Walter et al. (2003)
	Verglichen mit unserer Idealvorstellung sind wir sehr zufrieden mit der Beratung durch die Mitarbeiter des Anbieters.	
	Unsere Firma war nicht vollständig zufrieden mit der Beratungsleistung, die durch die Mitarbeiter des Anbieters erfolgt ist.	
	Im Hinblick auf unsere Erwartungen waren wir sehr zufrieden mit der Beratung des Anbieters.	
Gesamtzufriedenheit	Unser Unternehmen bedauert es, mit diesem Lösungsanbieter zusammengearbeitet zu haben.	Angepasst von Ulaga und Eggert (2006a)
	Unser Unternehmen war mit diesem Lösungsanbieter sehr zufrieden.	
	Unser Unternehmen war mit der Leistung, die dieser Lösungsanbieter für uns erbracht hat, sehr zufrieden.	
	Unser Unternehmen war nicht ausnahmslos glücklich mit dem Lösungsanbieter.	

Tabelle 12: Operationalisierung der Zufriedenheitskonstrukte

Quelle: eigene Darstellung; Quellen der Items wie angegeben in der Tabelle

6.2.2.3 Operationalisierung der Konsequenzen

Die Konsequenzen der Beratungszufriedenheit wurden ebenfalls in Abschnitt 5.5 bereits ausführlich diskutiert. Im vorliegenden Fall wird das Konstrukt Vertrauen mit vier und das Konstrukt Loyalität mit fünf Items operationalisiert.

Konstrukt	Item	Quelle
Vertrauen	Wir vertrauen den Informationen, die uns von dem Lösungsanbieter bereitgestellt wurden.	Angepasst von Homburg et al. (2003)
	Der Lösungsanbieter war ernsthaft am Erfolg unseres Projektes interessiert.	
	Wir vertrauen darauf, dass der Lösungsanbieter im besten Interesse unseres Unternehmens gehandelt hat.	
	Der Lösungsanbieter ist vertrauenswürdig.	
Loyalität	Ich würde mich gegenüber anderen positiv über diesen Lösungsanbieter äußern.	Angepasst von Woo und Ennew (2004) bzw. Zeithaml et al. (1996:36)
	Ich würde diesen Lösungsanbieter anderen empfehlen, wenn sie mich um Rat fragen.	
	Ich würde andere Unternehmen dazu ermuntern, mit diesem Unternehmen zusammenzuarbeiten.	

Ich würde diesen Lösungsanbieter als erste Wahl betrachten, wenn IT-Beratungsservices benötigt werden.	
Ich wünsche mir, dass mein Unternehmen in den kommenden Jahren häufiger mit diesem Lösungsanbieter zusammenarbeitet.	

Tabelle 13:   Operationalisierung der Konsequenzen

Quelle: eigene Darstellung; Quellen der Items wie angegeben in der Tabelle

6.3 Pretest

Um die Verständlichkeit, Eindeutigkeit und Relevanz des Erhebungsinstrumentes im Vorfeld zu überprüfen (Churchill, 1979; Homburg und Giering, 1996:11 f.; Oguachuba, 2009:234), sollten die einzelnen Bestandteile und Indikatoren einem Pretest unterzogen werden. Studien haben gezeigt, dass die Durchführung eines Pretests Fehler im Antwortverhalten reduzieren, die Rücklaufquote erhöhen und es insgesamt angenehmer für Respondenten machen kann, den Fragebogen zu beantworten – z.B. durch Umstellen der Fragen und Reduzierung des Umfangs (Bolton, 1993). Die Durchführung eines Pretests sollte also als ein zeitliches und finanzielles Investment gesehen werden, das sich in der Haupterhebung auszahlt.

Da es sich im vorliegenden Fall um einen Online-Fragebogen handelt, sind weiterhin die Ergonomie und die Handhabbarkeit wichtige Beurteilungspunkte des Pretests. Der Pretest dieser Arbeit gliedert sich in zwei Phasen: Eine qualitative Expertenbefragung und eine erste kleine quantitative Erhebung. Der qualitative Pretest sollte hauptsächlich helfen, einleitende Formulierungen zu konkretisieren, den Aufbau weiterhin zu optimieren und unklare Frageformulierungen vorab zu identifizieren. Der quantitative Pretest hingegen ist mit einem kleineren Sample als die Haupterhebung erfolgt, das jedoch strukturell mit der endgültigen Stichprobe vergleichbar ist (Schnell et al., 2005). Nach Auswertung des quantitativen Pretest-Rücklaufs war es das Ziel, den Fragebogen so anzupassen, dass kritische Indikatoren überarbeitet und/oder eliminiert werden konnten.

Am Ende des Pretests sollte ein zufriedenstellendes Instrument für die Haupterhebung stehen, welches nach Möglichkeit präziser, valider und weniger komplex ist. Zudem war es das Ziel, die Anzahl der Fragen noch leicht zu reduzieren, um die Bearbeitungszeit für die Befragten der Haupterhebung so gering wie möglich zu halten.

6.3.1 Durchführung des qualitativen Pretests

Im August 2010 wurden als Teil des qualitativen Pretests für ca. drei Wochen Expertengespräche mit sechs IT-Praxisvertretern und sechs Akademikern aus dem Marketingbereich geführt. Diskussionsgrundlage war zunächst eine Offline-Rohfasssung des Fragebogens mit 67 Items, der auf Basis der beschriebenen Konstrukte und korrespondierenden Items aus Abschnitt 6.2.2 erstellt wurde. Teil dieses Fragebogens waren zwei einleitende Seiten zur Vorstellung des Themas, zur Fragebogenstruktur, zur Teilnahmedauer, zur versprochenen Anonymität und zum in Aussicht gestellten Anreiz in Form von Buchgutscheinen. Nach ersten Anpassungen in Itemformulierungen wurde der Fragebogen in einen Online-Fragebogen überführt und dort weiter mit Experten diskutiert.

Basierend auf den Ergebnissen der Expertengespräche (vgl. Anhang 8) ergaben sich folgende Änderungen, die sich in strukturelle und inhaltliche Anpassungen einteilen lassen.

Strukturelle Anpassungen:
- Die Einleitung des Fragebogens (inklusive Erklärung von Anonymität, Dauer und Anreiz) wurde für die Online-Version von zwei auf eine halbe Seite gekürzt. Weiterhin wurden drei allgemein gehaltene Fragen am Anfang des Fragebogens ergänzt, um den Einstieg in das Thema zu erleichtern.
- Die Seite mit den demographischen Fragen wurde vom Anfang des Fragebogens an den Schluss des Fragebogens gestellt, weil dieser Teil auf die meisten Gesprächspartner eine leicht abschreckende Wirkung hatte.
- Die Darstellung der einzelnen Online-Seiten wurde nach technischen Möglichkeiten so optimiert, dass ein Weiterklicken zur nächsten Seite ohne Scrollen möglich war.
- Alle Fragen wurden nach einem Zufallsalgorithmus von www.random.org angeordnet, um einen sich abzeichnenden Ermüdungseffekt bei den Befragten entgegenzuwirken.
- Die Darstellung der siebenstufigen Likert-Skala wurde umgestellt von "1 bis 7" auf "7 bis 1" (7: stimme voll und ganz zu; 1: stimme überhaupt nicht zu).

Inhaltliche Anpassungen:
- Verschiedene Items wurden auf ihre Konsistenz hin geschärft, so dass eine eindeutige Begrifflichkeit vorliegt (z.B. einheitlich Lösungsanbieter und nicht Solution Provider).

- Inhaltlich wurden auf der Seite mit den demographischen Fragen noch weitere IT-Lösungsanbieter mit aufgenommen, weil diese als marktrelevant angesehen wurden und die dargestellte Auswahl als zu limitiert angesehen wurde.

Nach der Identifikation von strukturellen und inhaltlichen Verständnisschwierigkeiten der Probanden wurden die Änderungen in der Online-Version umgesetzt und eine optisch optimierte Version des Online-Fragebogens wurde für den Pretest fertiggestellt.

6.3.2 Durchführung des quantitativen Pretests

Nach Abschluss des qualitativen Pretests wurde Anfang September 2010 der Online-Fragebogen fertig programmiert und 125 Personen wurden zum Pretest eingeladen. Bei den Befragten handelte es sich um Mitarbeiter der Firma Roland Berger Strategy Consultants (Fokus: Competence Center InfoCom & Information Management), um Teilnehmer des General Management Programmes an der ESCP-Europe und um persönliche Kontakte des Autors, die einen Bezug zu IT-Lösungen hatten. Alle Befragten wurden über eine personalisierte E-Mail kontaktiert, die kurz den Hintergrund der Untersuchung erklärte und einen Link zum Online-Fragebogen enthielt. Der verlinkte Online-Fragebogen war insgesamt in sieben "Screens" unterteilt, was den Probanden durch eine Fortschrittsanzeige am oberen rechten Rand des Browser-Fensters transparent gemacht wurde. Die Gliederung der sieben Seiten war wie folgt gestaltet: Einleitung und einleitende Fragen (Screen 1), Fragenhauptteil (Screen 2 bis Screen 6) sowie demographische Angaben (Screen 7). Am Schluss der Umfrage stand die Einladung zur Teilnahme an einer Verlosung und zur Bereitstellung der Untersuchungsergebnisse.

6.3.3 Ergebnisse des quantitativen Pretests

Insgesamt konnten 31 Fragebögen für den Pretest aufgenommen werden, was einer Rücklaufquote von 25% entspricht. Die soziodemographische Struktur des Samples lässt sich wie folgt beschreiben: An der Studie haben 77% männliche und 23% weibliche Befragte teilgenommen. 6% der Befragten hatten unter drei Jahren Berufserfahrung, 19% der Befragten hatten drei bis fünf Jahre Berufserfahrung, 26% der Befragten hatten sechs bis neun Jahre Berufserfahrung und 48% der Befragten hatten zehn oder mehr Jahre Berufserfahrung. Dabei haben 45% der Befragten Personalverantwortung und 55% keine Personalverantwortung. Insgesamt kommen 13% der Befragten aus dem General Management und 32% aus einer CIO/IT-Abteilung – der Rest der Befragten verteilte sich auf sehr unterschiedliche Unternehmensbereiche wie dem Marketing oder dem Qualitätsmanagement. Die Probanden stammen zu 6% aus Firmen mit weniger als elf Mitarbeitern, zu 32% aus Firmen mit 11 bis 500 Mitarbeitern, zu 26% aus Firmen mit 501 bis 5.000 Mitarbeitern und zu 35% aus Firmen mit mehr als 5.000 Mitarbeitern.

Nach der Beschreibung der demographischen Datenbasis soll im Folgenden die Anwendung der Gütekriterien der ersten Generation dargestellt werden (Homburg und Giering, 1996:8 f.): explorative Faktorenanalyse, Cronbachs Alpha, Item-to-Total-Korrelation, Faktorladungen und DEV. Ziel ist es, die Güte der einzelnen Messmodelle so zunächst auf Konstruktebene zu beurteilen.

6.3.3.1 Beurteilung des Konstrukts Expertise

Die erste Skala "Expertise" hat mit einem Cronbachs Alpha von 0,92 im Pretest eine sehr hohe Reliabilität. Über die korrigierte Inter-Skalen-Korrelation wurde ermittelt, dass Indikator zwei eliminiert werden konnte, so dass die Reliabilität noch weiter auf 0,96 stieg und der Fragebogen ohne große Einbußen verkürzt werden konnte.

Bei der Messung der Faktorreliabilität wiesen alle Faktorladungen einen Wert über 0,75 auf, was weiterhin die Güte des Konstrukts bestätigt. Bei drei Items lagen alle Werte über 0,95.

Hinsichtlich der DEV liegt das Konstrukt mit vier Items bei 0,81 (und bei 0,92 mit drei Items), was deutlich über der geforderten Schwelle von 0,50 liegt. Damit ist eindeutig mehr als die Hälfte der Varianz durch das Konstrukt erklärt und so übersteigt die erklärte Varianz den Messfehler.

Items – Expertise (EXP)		Korrigierte Inter-Skalen-Korrelation	Endpunkte der Likert-Skala
EXP1	Die Mitarbeiter des Lösungsanbieters wussten bei der Erörterung der Lösung genau, wovon sie sprachen.	0,87	7 = stimme voll und ganz zu bis 1 = stimme überhaupt nicht zu
(EXP2)	Die Mitarbeiter des Lösungsanbieters erwiesen sich als exzellente Quelle für präzise Informationen.	0,62	
EXP3	Die Mitarbeiter des Lösungsanbieters verfügten über alle nötigen Kenntnisse über die Lösung.	0,88	
EXP4	Die Mitarbeiter des Lösungsanbieters wussten über ihre Lösung sehr gut Bescheid.	0,92	

Tabelle 14: Items für das Konstrukt Expertise

Quelle: angepasst von Kennedy et al. (2001)

6.3.3.2 Beurteilung des Konstrukts Projektmanagement

Auch die Skala "Projektmanagement" weist mit einem Cronbachs Alpha von 0,84 eine sehr gute Reliabilität auf. Im Sinne einer höheren Reliabilität und eines kürzeren Fragebogens wurden die beiden schwächsten Items (Nummer eins und zwei) für den Hauptfragebogen eliminiert. Dies sollte zu einem Cronbachs Alpha von 0,91 führen. Die verbleibenden Items wiesen alle eine Faktorladung von > 0,85 auf, was sehr zufriedenstellend ist. Weiterhin ist die erklärte Varianz mit 0,79 bei vier Items als sehr gut einzustufen.

Items – Projektmanagement (PRM)		Korrigierte Inter-Skalen-Korrelation	Endpunkte der Likert-Skala
(PRM1)	Die zu erfüllenden Aufgaben während des Lösungsprojektes waren klar definiert.	0,45	
(PRM2)	Projektaufgaben wurden regelmäßig überprüft.	0,32	7 = stimme voll und ganz zu bis 1 = stimme überhaupt nicht zu
PRM3	Die Mitarbeiter des Lösungsanbieters waren erfahren im Projektmanagement.	0,73	
PRM4	Die Mitarbeiter des Anbieters hatten sehr gutes Projektmanagement.	0,84	
PRM5	Die Mitarbeiter des Anbieters wussten, wie man ein gutes Lösungsprojekt durchführt.	0,73	
PRM6	Die Mitarbeiter des Anbieters hatten ein sehr strukturiertes Vorgehen im Projekt.	0,70	

Tabelle 15: Items für das Konstrukt Projektmanagement

Quelle: angepasst von Stratman und Roth (2002) für Items eins bis drei sowie Expertengespräche für Items vier bis sechs

6.3.3.3 Beurteilung des Konstrukts Informationsaustausch

Das Konstrukt "Informationsaustausch" zeigt für die unten dargestellten Skalen ein Cronbachs Alpha-Wert in Höhe von 0,89 an, was wiederum auf sehr gute Reliabilität hinweist. Im Sinne eines Erhebungsinstrumentes mit möglichst geringem Umfang wurde in diesem Fall Item Nummer drei eliminiert. Es hat mit 0,72 eine der schwächsten Item-to-Total-Korrelationen. Diese Kürzung sollte zu einem immer noch gutem Cronbachs Alpha von 0,88 führen.

Alle Items hatten gute Faktorladungen (> 0,84 bei vier Items und > 0,88 bei drei Items). Die erklärte Varianz des Konstrukts liegt mit 0,76 mit vier Items und 0,81 mit drei Items deutlich über dem Richtwert von 0,50 und ist somit befriedigend.

Schritt 2: Quantitative Studie 241

Items – Informationsaustausch (INF)		Korrigierte Inter-Skalen-Korrelation	Endpunkte der Likert-Skala
INF1	Im Rahmen des Projektes wurden gegenseitig Informationen, die für die andere Seite von Interesse sein könnten, bereitwillig zur Verfügung gestellt.	0,80	7 = stimme voll und ganz zu bis 1 = stimme überhaupt nicht zu
INF2	Im Rahmen des Projektes fand ein häufiger informeller Austausch zwischen unseren Unternehmen statt.	0,82	
(INF3)	Über Ergebnisse und Änderungen, die sich auf die Lösung auswirken könnten, hielten wir uns gegenseitig auf dem Laufenden.	0,72	
INF4	Beiden Unternehmen stellten bereitwillig wichtige Informationen zur Verfügung, wenn dies für den Projekterfolg relevant war.	0,72	

Tabelle 16: Items für das Konstrukt Informationsaustausch

Quelle: angepasst von Homburg et al. (2003)

6.3.3.4 Beurteilung des Konstrukts Verständnis

Beim vierten Konstrukt geht es inhaltlich um das "Verständnis" des Anbieters für den Kunden. Dieses wird wie beschrieben über vier Items operationalisiert. Der Cronbachs Alpha-Wert von 0,76 ist noch über der Schwelle von 0,70, so dass ausreichende Reliabilität angenommen werden kann. Die korrigierte Inter-Skalen-Korrelation zeigt, dass Item vier den beschriebenen Schwellenwert von 0,50 leicht unterschreitet. Da eine Eliminierung des Items aber zu einem leichten Absinken des Cronbachs Alpha auf 0,75 führen würde, wurde vorerst kein Item für die Haupterhebung gestrichen. Alle Items hatten genügende Faktorladungen (alle > 0,68). Die erklärte Varianz des Konstrukts durch vier Items ist mit 0,60 noch ausreichend.

Items – Verständnis (VER)		Korrigierte Inter-Skalen-Korrelation	Endpunkte der Likert-Skala
VER1	Der Lösungsanbieter war mit allen projektrelevanten Sachverhalten gut vertraut.	0,73	7 = stimme voll und ganz zu bis 1 = stimme überhaupt nicht zu
VER2	Der Lösungsanbieter zeigte großes Verständnis bei allen Problemen, die im Verlauf des Projektes auftraten.	0,59	
VER3	Der Lösungsanbieter hatte Schwierigkeiten damit, unser Geschäft zu verstehen.	0,53	
VER4	Der Lösungsanbieter hat Probleme im Projektverlauf umfassend verstanden.	0,45	

Tabelle 17: Items für das Konstrukt Verständnis

Quelle: angepasst von Leonidou (2004)

6.3.3.5 Beurteilung des Konstrukts Joint Working

Mit einem Cronbachs Alpha-Wert von 0,82 zeigt das Konstrukt "Joint Working" gute Reliabilität. Im Hinblick auf die Gesamtanzahl der Items und die korrigierten Inter-Skalen-Korrelationen wurde Item Nummer zwei für die Haupterhebung aus der Skala entfernt, so dass für die finale Konstruktmessung in der Haupterhebung nur vier Items verwendet werden. Dies sollte zu einem Cronbachs Alpha von 0,81 führen.

Die Faktorenladungen der verbleibenden Items hatten alle Werte > 0,77 (> 0,65 bei fünf Items), was als ausreichend angesehen werden kann. Weiterhin ist die erklärte Varianz von 0,67 mit vier Items (0,60 mit fünf Items) signifikant über dem Schwellenwert von 0,50, so dass die erklärte Varianz den Messfehler übersteigt.

Items – Joint Working (JWO)		Korrigierte Inter-Skalen-Korrelation	Endpunkte der Likert-Skala
JWO1	Unsere beiden Unternehmen trafen viele wichtige projektrelevante technische Entscheidungen gemeinsam.	0,60	
(JWO2)	Unsere beiden Unternehmen trafen Entscheidungen zu Ziel und Zweck des Projektes gemeinsam.	0,49	7 = *stimme voll und ganz zu*
JWO3	Vor größeren technischen Entscheidungen, die für das Projekt relevant waren, sprachen sich unsere beiden Unternehmen in vielen Fällen miteinander ab.	0,73	bis
JWO4	Unsere beiden Unternehmen lösten viele der auftretenden technischen Probleme gemeinsam.	0,63	1 = *stimme überhaupt nicht zu*
JWO5	Beide Unternehmen leisteten einen aktiven Beitrag zu dieser Lösung.	0,67	

Tabelle 18: Items für das Konstrukt Joint Working

Quelle: angepasst von Homburg et al. (2003)

6.3.3.6 Beurteilung des Konstrukts Flexibilität

Im quantitativen Pretest wurde das Konstrukt "Flexibilität" des Anbieters über vier Fragen operationalisiert. Die statistische Auswertung zeigt, dass die Messung mit einem Cronbachs Alpha von 0,84 eine sehr gute Reliabilität aufweist. Wiederum wurde der Entschluss gefasst, ein Item zu eliminieren: Item vier hat den niedrigsten Item-to-Total-Korrelationswert. Eine Eliminierung hat einerseits den Vorteil, das Cronbachs Alpha auf potenziell 0,87 zu erhöhen, andererseits wird so nochmals der Umfang des Erhebungsinstrumentes für die Hauptstudie reduziert.

Die verbliebenen Items hatten alle zufriedenstellende Faktorladungen (alle > 0,85; alle > 0,69 bei vier Items). Außerdem ist die erklärte Varianz des Konstrukts mit 0,80 (0,70 bei vier Items) deutlich über dem vorgegebenen Schwellenwert von 0,50.

Items – Flexibilität (FLE)		Korrigierte Inter-Skalen-Korrelation	Endpunkte der Likert-Skala
FLE1	Wenn wir einige Zeit nach Auftragserteilung Änderungen an einer Lösungsspezifikation vornahmen, war der Lösungsanbieter meist in der Lage, unkompliziert darauf zu reagieren.	0,86	7 = *stimme voll und ganz zu* bis 1 = *stimme überhaupt nicht zu*
FLE2	Der Lösungsanbieter erwies sich als so flexibel, dass unvorhergesehene Probleme in den meisten Fällen gut gelöst werden konnten.	0,64	
FLE3	Wenn von unserer Seite eine spezielle Anforderung an die Lösung gestellt wurde, war der Lösungsanbieter meist flexibel genug, um unserem Wunsch zu entsprechen.	0,71	
(FLE4)	Der Lösungsanbieter hatte häufig Probleme, wenn wir spezielle Terminwünsche äußerten.	0,53	

Tabelle 19: Items für das Konstrukt Flexibilität

Quelle: angepasst von Homburg (1998)

6.3.3.7 *Beurteilung des Konstrukts Verkaufsorientierung*

Bei der Reliabilitätsprüfung des Konstrukts "Verkaufsorientierung" wurde ein Wert von 0,72 gemessen, was gerade noch als zufriedenstellend einzustufen ist. Kleinere Probleme gab es jedoch bei den korrigierten Inter-Skalen-Korrelationen: Drei Items waren entweder nahe am Schwellenwert von 0,50 oder unterschritten diesen. Auf Basis der unten angeführten Ergebnisse und den Kritikpunkten aus den qualitativen Pretests wurde entschieden, Item Nummer zwei zu eliminieren und zwei neue Items zu formulieren: Item fünf wurde der "Pressure-Skala" von Palmer und Bejou (1994) entnommen: Die Autoren zeigen hier ausreichende Werte für die korrigierte Inter-Skalen-Korrelation und für die Faktorladung. Item Nummer sechs wurde basierend auf einem Interviewkommentar eines erfahrenen CIOs formuliert (Interviewpartner # 13, 2010:00:54:50-3). Das Item lehnt sich damit stark an den qualitativen Teil dieses Forschungsprojekts an. Ziel des vorgenommenen Itemaustauschs ist es, die Reliabilität und Validität der Skala für die Haupterhebung zu steigern.

Die Faktorladungen der vorhandenen Items waren alle über 0,62, was als ausreichend angesehen werden kann (> 0,71 bei den verbliebenen drei Items). Die erklärte Varianz ist mit 0,54 noch akzeptabel (0,60 mit drei Items).

Items – Verkaufsorientierung (VKO)		Korrigierte Inter-Skalen-Korrelation	Endpunkte der Likert-Skala
VKO1	Die Mitarbeiter des Lösungsanbieters übten Verkaufsdruck aus, obwohl sie wussten, dass die vorgeschlagene Lösung für uns nicht geeignet war.	0,47	7 = stimme voll und ganz zu bis 1 = stimme überhaupt nicht zu
(VKO2)	Die Mitarbeiter des Lösungsanbieters vermittelten den Eindruck, auf bestimmte Dinge keinen Einfluss zu haben, obwohl dies de facto nicht der Fall war.	0,50	
VKO3	Die Mitarbeiter des Lösungsanbieters verwendeten mehr Zeit darauf, mich zu überzeugen, als darauf, meine Lösungserfordernisse zu ermitteln.	0,68	
VKO4	Bei der Lösungsfindung stimmten mir die Mitarbeiter des Lösungsanbieters lediglich zu, um einen positiven Eindruck bei mir zu hinterlassen.	0,39	
VKO5	Die Mitarbeiter des Lösungsanbieters suchten ständig nach Möglichkeiten, wie sie Verkaufsdruck auf mich ausüben konnten.	neu	
VKO6	Der Lösungsanbieter wollte hauptsächlich Umsatz machen und alles andere war ihm egal.	neu	

Tabelle 20: Items für das Konstrukt Verkaufsorientierung

Quelle: angepasst von Palmer und Bejou (1994)

6.3.3.8 Beurteilung des Konstrukts technische Qualität

Die Skala "technische Qualität" hat mit 0,91 ein sehr gutes Cronbachs Alpha. Hier wurde entschieden, Item drei zu eliminieren, weil es die schwächste Inter-Skalen-Korrelation hatte. Das Cronbachs Alpha sollte damit auf einen Wert von 0,92 steigen. Alle Items hatten Faktorladungen die größer als 0,81 waren (> 0,91 bei drei Items), was befriedigend ist. Die erklärte Varianz war sowohl mit vier Items (0,79) als auch mit drei Items (0,86) deutlich über dem Schwellenwert von 0,50 und damit zufriedenstellend.

Schritt 2: Quantitative Studie

Items – technische Qualität (TQU)		Korrigierte Inter-Skalen-Korrelation	Endpunkte der Likert-Skala
TQU1	Die technische Lösung war von hoher Qualität.	0,80	7 = stimme voll und ganz zu bis 1 = stimme überhaupt nicht zu
TQU2	Der Lösungsanbieter war häufig nicht in der Lage, unsere Qualitätsanforderungen zu erfüllen.	0,86	
(TQU3)	Bei der Lösung des Lösungsanbieters hatten wir häufig Grund zur Beanstandung.	0,70	
TQU4	Der Lösungsanbieter überstieg unsere Qualitätserwartungen.	0,84	

Tabelle 21: Items für das Konstrukt technische Qualität

Quelle: angepasst von Homburg (1998)

6.3.3.9 Beurteilung des Konstrukts Beratungszufriedenheit

Das Konstrukt "Beratungszufriedenheit" hatte mit 0,94 ein hervorragendes Cronbachs Alpha. Hier wurde im Sinne eines kürzeren Fragebogens das schwächste Item aus dem Fragebogen eliminiert.

Die Faktorladungen aller Items lagen über 0,83, was sehr gute Werte sind. Weiterhin wird mit dem Konstrukt 0,86 der Varianz erklärt, was wieder deutlich über dem geforderten Schwellenwert von 0,50 liegt.

Items – Beratungszufriedenheit (BZF)		Korrigierte Inter-Skalen-Korrelation	Endpunkte der Likert-Skala
BZF1	Insgesamt war ich mit der Beratungsleistung des Lösungsanbieters sehr zufrieden.	0,92	7 = stimme voll und ganz zu bis 1 = stimme überhaupt nicht zu
BZF2	Verglichen mit unserer Idealvorstellung sind wir sehr zufrieden mit der Beratung durch die Mitarbeiter des Anbieters.	0,95	
(BZF3)	Unsere Firma war nicht vollständig zufrieden mit der Beratungsleistung, die durch die Mitarbeiter des Anbieters erfolgt ist.	0,74	
BZF4	Im Hinblick auf unsere Erwartungen waren wir sehr zufrieden mit der Beratung des Anbieters.	0,87	

Tabelle 22: Items für das Konstrukt Beratungszufriedenheit

Quelle: angepasst von Niebisch (1993) für Item eins sowie Walter et al. (2003) für Items zwei bis vier

6.3.3.10 Beurteilung des Konstrukts Gesamtzufriedenheit

Auch beim Konstrukt "Gesamtzufriedenheit" wurde mit 0,92 ein sehr guter Cronbachs Alpha-Wert festgestellt. Da Item Nummer eins die schwächste Inter-Skalen-

Korrelation aufweist, wurde es eliminiert. Dies führt zu einem Cronbachs Alpha von 0,93.

Die Faktorladungen der Items haben durchweg hohe Werte (alle > 0,84 bei vier Items; alle > 0,90 bei drei Items). Weiterhin ist die erklärte Varianz mit 0,83 bei vier Items bzw. 0,89 bei drei Items als sehr gut zu beurteilen.

Items – Gesamtzufriedenheit (GZF)		Korrigierte Inter-Skalen-Korrelation	Endpunkte der Likert-Skala
(GZF1)	Unser Unternehmen bedauert es, mit diesem Lösungsanbieter zusammengearbeitet zu haben.	0,73	7 = *stimme voll und ganz zu* bis 1 = *stimme überhaupt nicht zu*
GZF2	Unser Unternehmen war mit diesem Lösungsanbieter sehr zufrieden.	0,93	
GZF3	Unser Unternehmen war mit der Leistung, die dieser Lösungsanbieter für uns erbracht hat, sehr zufrieden.	0,88	
GZF4	Unser Unternehmen war nicht ausnahmslos glücklich mit dem Lösungsanbieter.	0,80	

Tabelle 23:   Items für das Konstrukt Gesamtzufriedenheit

Quelle: angepasst von Ulaga und Eggert (2006a)

6.3.3.11 Beurteilung des Konstrukts Vertrauen

Das Konstrukt "Vertrauen" hat mit 0,95 einen sehr hohen Cronbachs-Alpha-Wert. Um den Fragebogen für die Haupterhebung noch weiter zu straffen, wurde das schwächste Item (Nummer zwei) eliminiert, was aber zu keiner wesentlichen Veränderung von Cronbachs Alpha führen sollte.

Die Faktorladungen der vier Items lagen alle über 0,91 bzw. über 0,95 bei drei Items. Dies sind sehr gute Werte – weit über den diskutierten Schwellenwerten. Hinsichtlich der erklärten Varianz werden durch vier Items 0,88 bzw. durch drei Items 0,92 der auftretenden Varianz erklärt. Auch diese Werte können als sehr gut betrachtet werden.

Schritt 2: Quantitative Studie

Items – Vertrauen (VTR)		Korrigierte Inter-Skalen-Korrelation	Endpunkte der Likert-Skala
VTR1	Wir vertrauen den Informationen, die uns von dem Lösungsanbieter bereitgestellt wurden.	0,89	7 = stimme voll und ganz zu bis 1 = stimme überhaupt nicht zu
(VTR2)	Der Lösungsanbieter war ernsthaft am Erfolg unseres Projektes interessiert.	0,85	
VTR3	Wir vertrauen darauf, dass der Lösungsanbieter im besten Interesse unseres Unternehmens gehandelt hat.	0,90	
VTR4	Der Lösungsanbieter ist vertrauenswürdig.	0,92	

Tabelle 24: Items für das Konstrukt Vertrauen

Quelle: angepasst von Homburg et al. (2003)

6.3.3.12 Beurteilung des Konstrukts Loyalität

"Loyalität" ist das letzte zu nennende Konstrukt und es hat mit 0,97 ein sehr hohes Cronbachs Alpha. Erneut wurde die Entscheidung gefällt, das schwächste Item zu eliminieren, was in diesem Fall Item Nummer vier war. Die Eliminierung sollte zu einem minimal gestiegenen Cronbachs Alpha von 0,98 führen.

Alle Items hatten Faktorladungen von > 0,92 bei fünf Items bzw. ≥ 0,94 bei vier Items, so dass hieraus voraussichtlich keine Probleme für die Haupterhebung zu erwarten sind. Die erklärte Varianz von 0,91 mit fünf Items bzw. 0,93 bei vier Items ist sehr zufriedenstellend.

Items – Loyalität (LOY)		Korrigierte Inter-Skalen-Korrelation	Endpunkte der Likert-Skala
LOY1	Ich würde mich gegenüber anderen positiv über diesen Lösungsanbieter äußern.	0,95	7 = stimme voll und ganz zu bis 1 = stimme überhaupt nicht zu
LOY2	Ich würde diesen Lösungsanbieter anderen empfehlen, wenn sie mich um Rat fragen.	0,93	
LOY3	Ich würde andere Unternehmen dazu ermuntern, mit diesem Unternehmen zusammenzuarbeiten.	0,96	
(LOY4)	Ich würde diesen Lösungsanbieter als erste Wahl betrachten, wenn IT-Beratungsservices benötigt werden.	0,88	
LOY5	Ich wünsche mir, dass mein Unternehmen in den kommenden Jahren häufiger mit diesem Lösungsanbieter zusammenarbeitet.	0,91	

Tabelle 25: Items für das Konstrukt Loyalität

Quelle: angepasst von Woo und Ennew (2004)

6.3.4 Zusammenfassung der Ergebnisse

Tabelle 26 fasst die Ergebnisse des quantitativen Pretests nach Reduzierung der Items von 52 auf 42 zusammen. Es wird ersichtlich, dass das Ziel des quantitativen Pretests erfüllt ist: Alle Konstrukte konnten auf ihre Güte hin untersucht und validiert werden. Bei dem Konstrukt "Verkaufsorientierung" wurden geringfügige Item-Ergänzungen zur ursprünglichen Item-Batterie eingebracht. Weiterhin war es möglich, den Gesamtumfang des Fragebogens um zehn Items zu reduzieren, was hauptsächlich forschungspraktische Vorteile haben sollte, wie beispielsweise das Erzielen einer besseren Rücklaufquote für die Haupterhebung und die Reduzierung von "mental fatigue" bei den Respondenten. Der Forscher dieser Arbeit ist sich jedoch bewusst, dass eine Reduktion der Itemzahl immer auch eine potenzielle Verschlechterung der Validität und Reliabilität bei der Messung der Konstrukte nach sich ziehen kann (Sarstedt und Wilczynski, 2009:214 ff.).

Eine explorative Faktorenanalyse für alle Konstrukte ergab, dass alle Indikatoren einem Faktor zugeordnet werden konnten – in der Tabelle ist ersichtlich, dass der zweite Eigenwert für alle Konstrukte < 1 ist. Die Cronbachs Alpha-Werte waren für alle Konstrukte zufriedenstellend, wobei über die Item-to-Total-Korrelationswerte noch einige Werte gesteigert werden konnten. Zufriedenstellend waren ebenso die Faktorladungen der Items, bei denen es nur zu einer geringfügigen Unterschreitung kam. Die erklärte Varianz der gekürzten Skalen lag bei allen Konstrukten deutlich über dem Schwellenwert von 0,50.

	Konstrukte	Anzahl Items Pretest	Korrigierte Inter-Skalen-Korrelation (> 0,50)	Anzahl Items final	2. EW (< 1,00)	Cronbachs Alpha (>0,70)	Faktorladungen (kleinster Wert > 0,7)	Erklärte Varianz final (> 0,5)
1	Expertise	4	O.k.	3	0,16	0,96	0,91	0,92
2	Projektmanagement	6	2 geringer	4	0,38	0,91	0,86	0,78
3	Informationsaustausch	4	O.k.	3	0,33	0,88	0,88	0,81
4	Verständnis	4	1 geringer	4	0,81	0,76	**0,69**	0,60
5	Joint Working	5	1 geringer	4	0,66	0,81	0,77	0,67
6	Flexibilität	4	O.k.	3	0,40	0,87	0,85	0,80
7	Verkaufsorientierung	4	2 geringer	5	0,77	**0,66***	0,71	0,60
8	Technische Qualität	4	O.k.	3	0,25	0,92	0,92	0,86
9	Beratungszufriedenheit	4	O.k.	3	0,12	0,97	0,96	0,94
10	Gesamtzufriedenheit	4	O.k.	3	0,25	0,93	0,91	0,89

11	Vertrauen	4	O.k.	3	0,14	0,95	0,95	0,92
12	Loyalität	5	O.k.	4	0,17	0,98	0,94	0,93
	Total	52		42		* Ohne neue Items		

Tabelle 26: Gesamtüberblick Ergebnisse nach Item-Reduktion

Quelle: eigene Darstellung

Dies schließt die Betrachtung des Pretests ab, so dass nachfolgend zur Untersuchung der Haupterhebung übergegangen werden kann.

6.4 Haupterhebung

Der nachfolgende Abschnitt gliedert sich in fünf Teile: Zunächst soll der Prozess beschrieben werden, in dem die Hauptuntersuchung durchgeführt wurde (Abschnitt 6.4.1). Im daran anschließenden Abschnitt werden die Größe und die Struktur des Datensamples beschrieben (Abschnitt 6.4.2). Der dritte Teil beschäftigt sich mit der Modellgüte der einzelnen Messmodelle (Abschnitt 6.4.3), während im vierten Teil die Strukturmodellebene im Detail untersucht wird (Abschnitt 6.4.4 und 6.4.5). Nach der Diskussion relevanter Interaktionseffekte in Abschnitt 6.4.6, kann in Abschnitt 6.4.7 die abschließende Interpretation der Schätzergebnisse erfolgen.

6.4.1 Durchführung der Hauptuntersuchung

Basierend auf den Erkenntnissen des quantitativen Pretests wurde der Online-Fragebogen im September 2010 überarbeitet und Anfang Oktober 2010 erneut online gestellt. Als Anreize für die Hauptbefragung wurden sowohl nichtmonetäre als auch (quasi-)monetäre **Incentives** verwendet: Um die Attraktivität der Teilnahme an der Untersuchung zu erhöhen, wurde interessierten Teilnehmern eine aggregierte Form der Untersuchungsergebnisse in Aussicht gestellt. Weiterhin wurde den Teilnehmern die Möglichkeit gegeben, an der Verlosung von zehn Amazon.de-Gutscheinen im Gesamtwert von EUR 150 teilzunehmen, um so den Rücklauf und die Qualität der Daten zu erhöhen. Die Teilnehmer sollten dies als "kleine Anerkennung" und nicht als Vergütung oder Bezahlung für die Teilnahme verstehen (Stadtmüller und Porst, 2005). Der Umfang des Hauptfragebogens konnte gegenüber dem Pretest-Fragebogen noch einmal deutlich reduziert werden, so dass eine durchschnittliche Bearbeitungszeit von acht bis zehn Minuten erzielt wurde. Auf diese Weise sollte Zeitmangel als typische

Teilnahmebarriere überwunden werden. Im Oktober 2010 wurden die Teilnehmer durch zwei mögliche Wege auf den Online-Fragebogen geleitet:

- Auf einer der größten deutschen Websites mit IT-Bezug (www.cio.de)[118] erschien ein Fachartikel unter dem Titel "Kundenerwartungen an IT-Lösungsanbieter – Fünf Thesen für eine gute Zusammenarbeit" (Jacob und Kleipaß, 2010). Am Ende des Artikels befand sich eine Verlinkung auf den Online-Fragebogen.
- Weiterhin wurde auf der Internet-Netzwerkplattform www.xing.de im Forum "IT-Connection" ein Newsletter an alle Forenmitglieder versandt, der einen Hinweis und eine Verlinkung auf die Umfrage erhielt.[119]

In dem Fragebogen wurden die Teilnehmer darum gebeten, ein konkretes IT-Lösungsprojekt aus ihrer eigenen Projektvergangenheit als Referenzpunkt heranzuziehen (vgl. auch Saab, 2007:165). Die **Verwendung eines konkreten Beispiels** aus dem eigenen Verantwortungsbereich sollte den Teilnehmern helfen, sich besser in die Situation hineinversetzen zu können – verglichen mit einer abstrakten Beurteilung des Konstrukts Beratungszufriedenheit.

Alle potenziellen Teilnehmer wurden durch die beiden Anspracheknäle so ausgewählt, dass von vornherein ein höherer IT-Bezug als beim durchschnittlichen Beschäftigten anzunehmen ist, was sie zu potenziellen Schlüsselinformanten ("key informant") macht. Unter dieser Prämisse ist anzunehmen, dass die Teilnehmer das Forschungsprojekt besser unterstützen können, weil sie bezüglich der Thematik besser informiert sind als Kollegen in der gleichen Organisation (Campbell, 1955; Ernst, 2003). Ziel ist es, durch diese Schlüsselinformanten valide Daten zu erhalten, ohne alle Personen, die am Projekt teilgenommen haben, befragen zu müssen (Kumar et al., 1993). Trotz gewisser Einschränkungen eines **"single key informant"-Ansatzes** ge-

---

[118] CIO.de veröffentlicht auf seiner Website Mediadaten, worin der typische Nutzer der Seite wie folgt beschrieben wird: "Der typische Nutzer von CIO.de ist männlich, knapp 40 Jahre alt; er hat Abitur und einen Hochschulabschluss. Er ist beruflich erfolgreich, gehört der gehobenen Mittelschicht oder Oberschicht an. In Sachen Computer und Computertechnik ist er Profi. CIO.de verfügt laut ACTA 2009 zudem über eine sehr hohe Affinität zu den Personenkreisen, die bei den IT-Entscheidungsprozessen an den Schalthebeln sitzen, z.B. Personen mit leitender Position in der IT-Abteilung oder die IT-Kaufentscheider in den Fachabteilungen. CIO.de ist Mitglied in folgenden Studien: LAC/2008, ACTA 2009 und W3B" (CIO.de, 2010).

[119] Für das Forum "IT-Connection" sind keine expliziten Mediadaten verfügbar – Mediadaten für www.xing.de wären hingegen wahrscheinlich nicht aussagekräftig, weil für diese Website kein expliziter IT-Fokus besteht. Das Forum "IT-Connection" beschreibt sein Ziel wie folgt: "IT-Connection ist die Plattform für IT-Verantwortliche in Ihrer Region, die an starken fachübergreifenden Geschäftsverbindungen zwischen Anbieter und Anwender interessiert sind. Ziel von IT-Connection ist der fachliche Austausch und die intensive Vernetzung der Teilnehmer. [...] Hier treffen sich CIO, IT-Leiter, Administratoren, Admin, Anwender, Programmierer, Entwickler, Hersteller, Consultant, Fachhändler, Medienvertreter, Experten, Initiativen, usw." (Keil, 2010).

genüber einem "multiple key informant"-Ansatzes, scheint letzterer in diesem Fall nicht praktikabel: Es wäre kaum möglich gewesen, Kenntnis über die genaue Gruppengröße und Gruppenzusammensetzung der einzelnen IT-Lösungsprojekte durch die oben beschriebenen Ansprachekanäle zu erhalten. Auf der anderen Seite profitiert der vorliegende Ansatz davon, dass ein standardisiertes Befragungsinstrument kostengünstig eingesetzt werden kann und weiterhin ein **"Befragungs-Overload"** in einzelnen Organisationen **vermieden** werden kann (Stauss, 1997). Zusammenfassend kann man für die vorliegende Untersuchung annehmen, dass die adressierten Website-Besucher Schlüsselinformanten mit gutem Einblick in die relevanten Organisationsbereiche sind und damit über genügend Wissen über den Untersuchungsgegenstand verfügen.

Um ex post plausibilisieren zu können, ob ein Schlüsselinformant an der Befragung teilgenommen hat, wurden weiterhin spezielle Erläuterungen und Fragen in das Befragungsinstrument integriert. So wurden zusätzlich folgende Merkmale erfasst (vgl. auch Kumar et al., 1993):

- der Zeitraum, wie lange das letzte IT-Projekt zurück lag,
- die Anzahl der IT-Lösungsprojekte, an denen der Befragte schon teilgenommen hat,
- die Position des Befragten,
- die Berufserfahrung des Befragten.

Neben diesen Merkmalen gibt es noch weitere Möglichkeiten, die Auskunftsfähigkeit zu überprüfen. So lässt sich anhand der Antworten beispielsweise feststellen

- ob der Fragebogen vollständig ausgefüllt wurde,
- ob ein übermäßig inkonsistentes Antwortverhalten vorliegt. Dies ist zum Beispiel anzunehmen, wenn negativ formulierte Items mit gleichen Skalenwerten beurteilt werden bzw. übermäßig identische Beurteilungswerte für Items abgegeben werden (vgl. Luthardt, 2003),
- ob der Teilnehmer übermäßig kurz oder lange für das Ausfüllen des Fragebogens benötigt hat.

Insgesamt sind die oben aufgeführten Beurteilungskriterien von Teilnehmern hilfreich, um ungeeignete Fragebögen ex post ausschließen zu können. Ein Ausschluss einzelner Fragebögen orientiert sich dabei einerseits an statistischen Kriterien, andererseits sollten nach Möglichkeit auch inhaltliche Kriterien hinzugezogen werden, so dass der Gesamteindruck entscheidet (Saab, 2007). Im nächsten Abschnitt soll deshalb dargestellt werden, wie der ursprüngliche **Rücklauf bereinigt** wurde und welche Datengrundlage sich daraus für die Auswertung ergibt.

6.4.2 Deskriptive Statistik: Analyse der Datengrundlage und Stichprobenstruktur

Insgesamt haben 217 Teilnehmer den Fragebogen aufgerufen. Da es nicht möglich ist zu bestimmen, wie viele Personen den Fachartikel/Newsletter gelesen haben, können keine direkten Aussagen über eine Rücklaufquote getroffen werden. Weiterhin hat nicht jeder, der den Fragebogen vollständig ausgefüllt hat, seine Identität angegeben.

Bevor die eigentliche Analyse des Datensatzes beginnen kann, müssen **Ausreißer** im Rohdatensatz **identifiziert** werden. Ausreißer sind Fälle, die bei einer oder mehreren Indikatorvariablen bzw. der Gesamtheit der Antworten ein atypisches Antwortverhalten im Vergleich zum restlichen Rücklauf aufweisen (Hair et al., 2005:73). Im folgenden Abschnitt soll deshalb sichergestellt werden, dass Ausreißer nicht zur Verzerrung der empirischen Ergebnisse beitragen. Der Ausschluss von Ausreißer-Datensätzen wurde sowohl nach statistischen als auch inhaltlichen Ausschlusskriterien durchgeführt.

6.4.2.1 Statistische Identifikation von Ausreißern

Um mehrdimensionale Ausreißer zu bestimmen, sind besonders multivariate Methoden dazu geeignet, den kompletten Datensatz zu analysieren. Eine mögliche Methode zur Identifikation von Ausreißern ist die **Berechnung** der quadrierten **Mahalanobis-Distanz** (D^2). Diese zeigt, wie weit die Werte der unabhängigen Variablen eines Falles vom Mittelwert aller Fälle abweichen. Ein großer Mahalanobis-Abstand bezeichnet somit einen Fall, der bei einer oder mehreren Variablen Extremwerte besitzt. Hohe Werte für die quadrierte Distanz deuten auf Antworten hin, die sich weit ab von der generellen Antwortverteilung befinden (Kline, 2005). Bei der quadrierten Mahalanobis-Distanz sind Tests auf statistische Signifikanz durchführbar. Zur leichteren Interpretation wird dem Forscher jedoch empfohlen, dass er den Quotienten aus der quadrierten Mahalanobis-Distanz und der Anzahl der Indikatoren bildet (D^2/df). Der Quotient folgt annäherungsweise einer t-Verteilung und sollte abhängig von der Stichprobengröße 2,5 (für 80 oder weniger Fälle) oder 3 bzw. 4 (für mehr als 80 Fälle) nicht überschreiten (Hair et al., 2005:75). Alternativ empfehlen Tabachnick und Fidel (2001:67 f.), dass zur Identifikation multivariater Ausreißer die Fälle ausgeschlossen werden sollen, die den kritischen chi-Quadrat-Wert von $p < 0,001$ überschreiten.

Schritt 2: Quantitative Studie 253

Im vorliegenden Fall konnten 8 Fälle identifiziert werden, die eine starke Abweichung vom Antwortverhalten aufwiesen. Dies lag bei näherer Betrachtung der Antworten darin begründet, dass die Fragebögen sehr einseitig ausgefüllt wurden (z.b. sehr oft hintereinander "5"). Auch wurden die meisten der 8 Fragebögen inkonsistent bei den negativ formulierten Items ausgefüllt. Aus diesen beiden Gründen erscheint es ratsam, diese Fälle von der weiteren Analyse auszuschließen.

Um eine hohe Qualität der Auswertung zu gewährleisten, wurden im nächsten Schritt noch weitere Datensätze aufgrund der **fehlenden Vollständigkeit** eliminiert (vgl. auch Riemenschneider, 2006:276 f.). Insgesamt wurden von der Untersuchung 78 weitere Fälle ausgeschlossen, weil hier 5 oder mehr der 42 relevanten Fragen, die sich direkt auf das Modell beziehen, nicht ausgefüllt wurden ($\geq$ 12% des Fragebogens). 64 der 78 fehlenden vollständigen Datensätze (82%) wurden bereits nach der ersten Einführungsseite des Fragebogens abgebrochen. Dies könnte z.B. darauf hinweisen, dass ein "Fragebogenabbrecher" bereits auf der ersten Seite festgestellt hat, dass er unter Umständen kein auskunftsfähiger Schlüsselinformant ist und somit den Fragebogen nicht ausfüllen kann. Die verbleibenden 14 identifizierten Abbrecher stellen lediglich 6,3% des Rücklaufs von 221 Fragebögen dar, was für die einfache Handhabbarkeit des Fragebogens spricht.

Nach diesen statistischen Tests reduziert sich der auswertbare Rücklauf damit weiter auf 135 Fragebögen.

6.4.2.2 Inhaltliche Identifikation von Ausreißern

Im nächsten Schritt wurden weitere inhaltliche Ausschlusskriterien angesetzt: Erfahrung und Tiefe der Auseinandersetzung mit dem Fragebogen.

Hinsichtlich der **Erfahrung der Beteiligten** wurde am Anfang des Fragebogens eine Kontrollfrage eingebaut. Die Beteiligten wurden gefragt: "Haben Sie in letzter Zeit an einem IT-Projekt teilgenommen?" Die Beantwortung dieser Frage mit "Nein, noch nie." sollte in diesem Fall als inhaltliches Ausschlusskriterium gelten, was die Fallzahl noch einmal von 135 auf 128 Fälle reduziert.

Als letztes inhaltliches Ausschlusskriterium wurde die **Tiefe der Auseinandersetzung** mit dem Fragebogen herangezogen: Ein Plausibilisieren durch mehrere Experten hat ergeben, dass die Befragten sich **mindestens 4 Minuten** mit dem Fragebogen beschäftigen müssen, damit ein vollständiges Lesen, Verstehen und Beantworten der Fragen möglich ist. Dieses Kriterium hat dazu geführt, dass weitere 6 Fälle aus dem Datensatz eliminiert werden mussten, so dass der korrigierte Rücklauf für die Auswertung 122 beträgt. Eine statistische Ermittlung von Ausreißern durch einen Boxplot ist in diesem Fall nicht möglich, weil keine Ausreißer nach unten angezeigt werden. Anders verhält es sich jedoch bei Teilnehmern, die **übermäßig lange für das Ausfüllen** des Fragebogens gebraucht haben: Inhaltlich gesehen wären diese auszuschließen, weil hier auch unterstellt werden könnte, dass keine ununterbrochene tiefe inhaltliche Auseinandersetzung mit dem Fragebogen stattgefunden hat. Statistisch lassen sich auf dieser Basis weitere 16 Fragebögen als Ausreißer identifizieren (Boxplot Grafik), so dass sich keine Fragebögen mehr im Datensatz befinden, die in mehr als 20 Minuten ausgefüllt wurden. Damit liegt die finale Stichprobe für diese Untersuchung bei 106 Fragebögen.

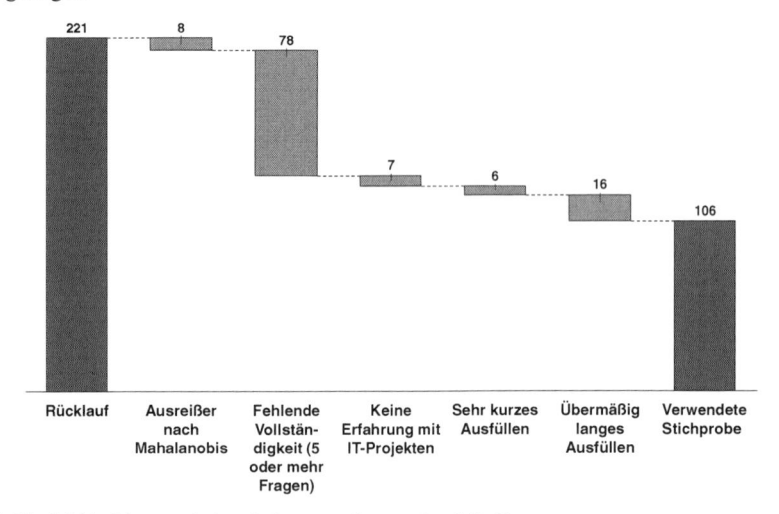

Abb. 31: Rücklauf der quantitativen Befragung und verwendete Fallzahl

Quelle: eigene Darstellung

Bevor jedoch beurteilt werden soll, ob der **Rücklauf von 106 Antworten** ausreichend für den vorliegenden Zweck ist, werden an dieser Stelle noch weitere grundsätzliche Überlegungen zum Umgang mit fehlenden Werten getroffen: Bei multivariaten Analyseverfahren werden im Allgemeinen vollständige Daten vorausgesetzt, so dass es ein großes Problem darstellen kann, wenn Respondenten einzelne Fragen nicht beantworten (Hair et al., 2005:49). Da im vorliegenden Fall jedoch relativ strenge Kriterien angewandt wurden, um die Stichprobengröße auf 106 Fälle zu reduzieren, finden sich im zu analysierenden Datensatz auch nur sehr wenige Fälle von "missing values". Dies ist unter Umständen auch darauf zurückzuführen, dass alle Fragebogenitems, die sich auf die zwölf zentralen Konstrukte beziehen, Pflichtfelder waren. Bei den wenigen "missing values" kann angenommen werden, dass sie zufällig auftraten. Sie wurden operativ in SmartPLS wie folgt behandelt: SmartPLS bietet dem Forscher – nach dem Kodieren der fehlenden Werte mit einer entsprechenden Zahl (z.B. -99) – die Möglichkeit, fehlende Werte durch einen Durchschnittswert zu ersetzen, oder alternativ die Fälle mit fehlenden Werten komplett von der Untersuchung auszuschließen. Für diese Untersuchung hat der Autor dieser Arbeit sich dazu entschieden, die (wenigen) fehlenden Werte mit einem Durchschnittswert zu ersetzen. Dies wird beispielsweise auch von Temme et al. (2010:746) empfohlen, da so weniger Informationen für die Modellberechnung verlorengehen als bei einer vollständigen Eliminierung der Einzelantwort.

6.4.2.3 Anspruch an die Größe der Stichprobe

Verglichen mit kovarianzbasierten Verfahren sind die Ansprüche an die Stichprobengröße unter Verwendung des PLS-Algorithmus geringer (Barroso et al., 2010; Hulland et al., 2010; Reinartz et al., 2009:341 f.). Dies ist in diesem Fall durchaus willkommen, da es im Bereich B2B-Forschung in der Regel schwieriger ist, eine hohe Stichprobengröße zu erreichen, als im B2C-Umfeld. Der Anspruch an die Stichprobengröße ist in der Literatur nicht auf einen einheitlichen Wert festgelegt. Vielmehr empfehlen die meisten Autoren die **Verwendung von Heuristiken**, um sich der minimalen Stichprobengröße anzunähern. Die Berechnung der Heuristiken orientiert sich häufig an der Komplexität des Modells bzw. an dem Anspruch, welchen der Forscher an die statistischen Rückschlüsse legt. Chin (1998b) beispielsweise empfiehlt, sich entweder an der maximalen Anzahl der exogenen Variablen oder an dem Konstrukt mit der höchsten Anzahl formativer Indikatoren zu orientieren, und diese beiden Werte jeweils mit zehn zu multiplizieren. Dabei sollte der höhere Wert Berücksichtigung für die Beurteilung finden. Im vorliegenden Fall gibt es acht exogene Variablen, was einen **Anspruch** an die Stichprobengröße von **mindestens 80** stellen würde – dies ist durch den Rücklauf von 106 gewährleistet. Der zweite Wert kann nicht berechnet werden, da im Erhebungsinstrument nur reflektive und keine formativen Messkonstrukte verwendet werden. Eine alternative Heuristik stammt von Floyd und Widaman (1995:290), die empfehlen, dass die Größe der Stichprobe fünf bis zehn Mal die Anzahl der Gesamtkonstrukte umfassen sollte – wobei der Faktor zehn ein bevorzugter Wert wäre. Angewendet auf die vorliegende Stichprobe ergibt sich ein Faktor von 8,8, womit diese Untersuchung die Ansprüche der Autoren am oberen Ende der Skala erfüllt.[120] Interessant in diesem Zusammenhang ist, dass die Autoren sich explizit gegen eine "the more the better"-Regel aussprechen und empfehlen, dass der Forscher eine sehr große Stichprobengröße eher dazu verwenden sollte, eine Replikation der Studie mit einem Untersample durchzuführen. Als dritte Quelle sei in diesem Zusammenhang auf eine jüngere Simulationsstudie von Hulland et al. (2010:321) verwiesen, die zum Ziel hatte, die Schätzfehler zwischen varianz- und kovarianzbasierten Verfahren zu vergleichen: Ein Ergebnis dieser Studie war, dass PLS ein sehr robustes Verfahren darstellt, das bis zu einer Minimalgröße der **Stichprobe von 100 Respondenten** einen verhältnismäßig geringen Messfehler liefert. Auch im Vergleich zu dieser Studie wäre also der Anspruch an die Größe der Stichprobe mit 106 erfüllt.

Abschließend kann festgehalten werden, dass die Schätzgenauigkeit der vorliegenden Ergebnisse durch eine größere Stichprobe wahrscheinlich noch etwas erhöht werden könnte, weil sich eine größere Stichprobe – sowie eine höhere Anzahl von Indikatoren – generell positiv auf die Schätzergebnisse auswirkt (Barroso et al., 2010:443). Auf der anderen Seite konnte **anhand etablierter Heuristiken gezeigt** werden, dass die vorliegende **Stichprobengröße von 106 als ausreichend** für diese Untersuchung beurteilt werden kann. Aufbauend auf dieser Erkenntnis wird im nächsten Abschnitt die allgemeine Struktur der Stichprobe beschrieben.

6.4.2.4 Allgemeine Beschreibung der verwendeten Stichprobe

Für die Auswertung konnten insgesamt 106 Fragebögen herangezogen werden. In diesem Abschnitt soll die Zusammensetzung dieses Samples näher dargestellt werden. Ziel ist es, übermäßige Verzerrungen in den Ergebnissen, verursacht durch eine zu homogene Stichprobe, auszuschließen.

Der typische Respondent war männlich (83,0%) und hatte sechs bis zehn Jahre Berufserfahrung (50,9%). Die Dominanz an männlichen Respondenten könnte darauf zurückzuführen sein, dass es immer noch eine starke männliche Dominanz in IT-Berufen gibt (BMBF, 2008:117). Die Verteilung der Berufserfahrung weist auf ein eher heterogenes Sample hin.

---

[120] 106 Respondenten dividiert durch 12 Konstrukte.

Schritt 2: Quantitative Studie 257

Geschlecht

- Männlich: 83,0%
- Weiblich: 13,2%
- Keine Angabe: 3,8%

Berufserfahrung [in Jahren]

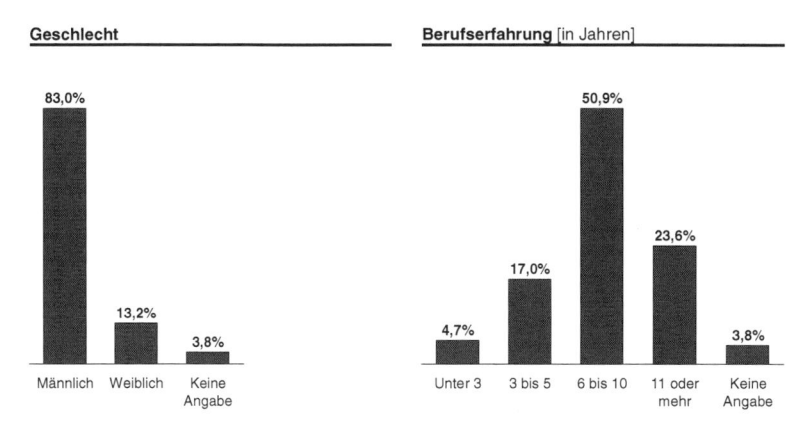

- Unter 3: 4,7%
- 3 bis 5: 17,0%
- 6 bis 10: 50,9%
- 11 oder mehr: 23,6%
- Keine Angabe: 3,8%

Abb. 32: Angaben zum persönlichen Erfahrungshintergrund (in %) (Teil 1)
Quelle: eigene Darstellung

Weiterhin zeigt eine Analyse der Stichprobenstruktur, dass sich fast die Hälfte der Teilnehmer schon in einer Führungsposition befindet (44,3%), was es wahrscheinlicher macht, dass ein Großteil der Respondenten aktiv an organisationalen Kaufentscheidungen beteiligt ist. Zudem konnte ein Großteil der Respondenten (55,7%) schon an drei oder mehr IT-Lösungsprojekten teilnehmen, was für einen ausreichenden Erfahrungshintergrund der Teilnehmer bei IT-Lösungen spricht.

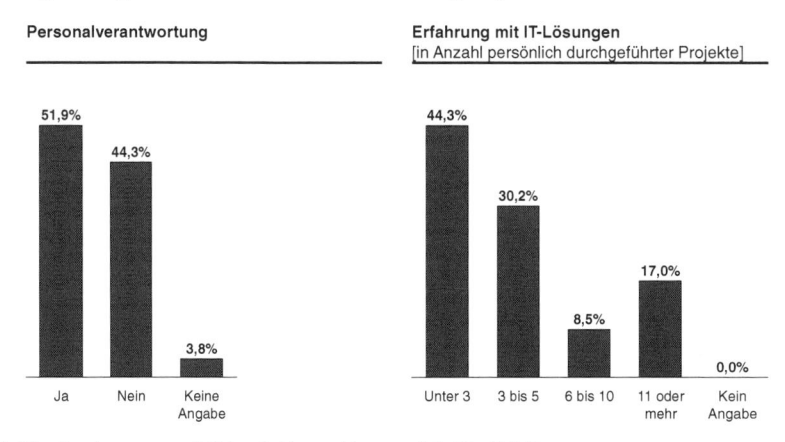

Personalverantwortung

- Ja: 51,9%
- Nein: 44,3%
- Keine Angabe: 3,8%

Erfahrung mit IT-Lösungen
[in Anzahl persönlich durchgeführter Projekte]

- Unter 3: 44,3%
- 3 bis 5: 30,2%
- 6 bis 10: 8,5%
- 11 oder mehr: 17,0%
- Kein Angabe: 0,0%

Abb. 33: Angaben zum persönlichen Erfahrungshintergrund (in %) (Teil 2)
Quelle: eigene Darstellung

Hinsichtlich der Unternehmensgröße wurde die Zahl der Beschäftigten erfasst. Die Analyse zeigt, dass ein großer Teil der Respondenten aus Großunternehmen kommt

(61,3%). Kleine Unternehmen sind in der Stichprobe hingegen nur schwach vertreten, wobei hier die Wahrscheinlichkeit geringer erscheint, dass komplexe Lösungsprojekte häufig eingekauft werden. Die Branchenzugehörigkeit wurde im Fragebogen nicht erfasst, so dass darüber keine Aussage getroffen werden kann. Die qualitative Erhebung wies jedoch eindeutig darauf hin, dass Branchenzugehörigkeit keinen signifikanten Einflussfaktor auf die Beratungszufriedenheit darstellt.

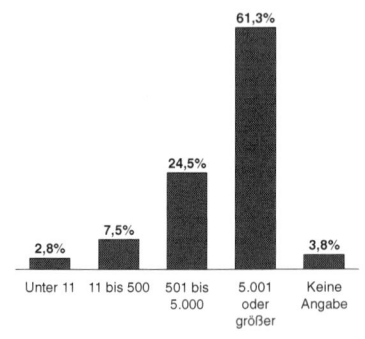

Abb. 34: Angaben zur Firmengröße (in %)
Quelle: eigene Darstellung

Weiterhin wurde in der Erhebung die Abteilung der Respondenten abgefragt, um hier eine ausreichende Heterogenität zu gewährleisten. Das Ziel war sicherzustellen, dass eine einseitige Fokussierung einzelner Funktionsbereiche ausgeschlossen werden kann. Die Datenlage zeigt hier wiederum ein sehr heterogenes Bild: Die stärkste Gruppe, ist – mit nur knapp 20% der Respondenten – in einer IT-Abteilung bzw. CIO-Organisation beheimatet. So kann beispielsweise eine übermäßig technische IT-Sicht auf die berichteten Lösungsprojekte ausgeschlossen werden.

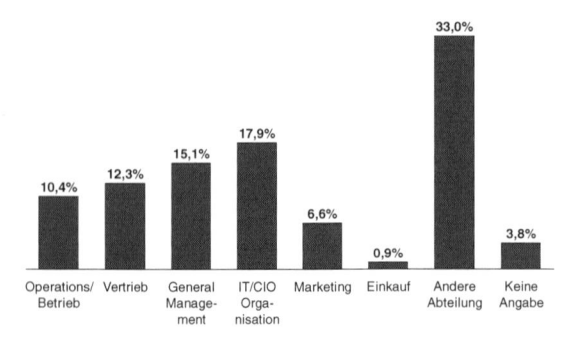

Abb. 35: Angaben zur Art der Abteilung (in %)
Quelle: eigene Darstellung

Schritt 2: Quantitative Studie 259

Als letzter Punkt wurde in der Erhebung noch die Art der beschriebenen Lösung abgefragt. Auch hier zeigt sich die Heterogenität des Samples: Es wurde eine große Vielfalt von unterschiedlichen Lösungen von den Respondenten dokumentiert.

1. Application Management
2. Business Intelligence
3. Customer Relationship Management
4. Data Center Services
5. Desktop Services
6. Enterprise Content Management
7. Enterprise Resource Planning
8. Finance Management
9. Human Resources Management
10. Manufacturing Execution Systems
11. Network Services
12. Product Lifecycle Management
13. Supplier Relationship Management
14. Supply Chain Management
15. Andere Art der Lösung
16. Keine Angabe

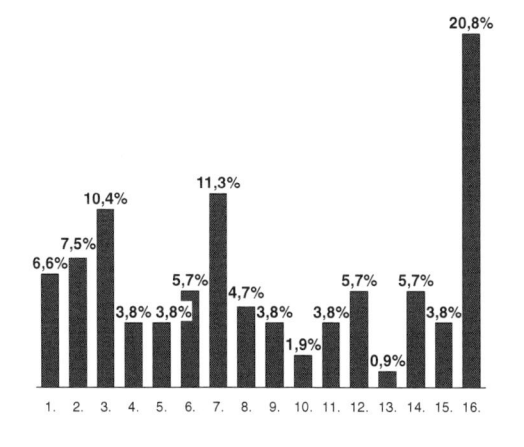

Abb. 36: Angaben zur Art der beurteilten Lösung (in %)
Quelle: eigene Darstellung

Zusammenfassend kann festgehalten werden, dass **ein in großen Teilen heterogenes Sample** vorliegt. Die Analyse der Datengrundlage weist darauf hin, dass die Respondenten über genügend Erfahrung mit IT-Lösungen bzw. Lösungsanbietern verfügen und aus unterschiedlichen Funktionsbereichen der Organisation kommen. Außerdem konnte sichergestellt werden, dass nicht nur bestimmte IT-Projektarten abgefragt werden. Es gibt somit keine Hinweise auf eine grundlegende Ergebnisverzerrung auf Basis einer einseitigen Fokussierung einzelner Aspekte oder fehlender Eignung des Samples.

6.4.2.5 Non-Response Bias und Methodenverzerrung

Eine weitere Analysevoraussetzung ist, dass keine grundlegenden Unterschiede zwischen Antwortenden und Nichtantwortenden vorliegt. Wenn sich Respondenten in ihrem Antwortverhalten grundlegend von Nichtrespondenten unterscheiden würden, wäre es schwierig, durch die verfügbaren Antworten Rückschlüsse auf das gesamte Sample zu ziehen (Armstrong und Overton, 1977). Deshalb sollte der Forscher – bevor er Verallgemeinerungen trifft – versuchen, einen **Non-Response Bias** auszuschließen. Armstrong und Overton (1977) haben in diesem Zusammenhang beobachtet, dass das Antwortverhalten von später antwortenden Respondenten dem Antwortverhalten von

Nichtrespondenten sehr ähnlich ist. Deshalb ist es sinnvoll, die Antworten der frühen und späten Respondenten miteinander zu vergleichen, um so Rückschlüsse auf Nichtrespondenten zu schließen. In der vorliegenden Untersuchung wurde der Rücklauf in zwei Teile zerlegt, wobei der erste Teil die Frühantworter und der zweite Teil die Spätantworter enthält (Liu et al., 1999).

Im Detail wurden für die untersuchten Konstrukte die Mittelwerte der Teilstichproben durch t-Tests miteinander verglichen. Aus Tabelle 27 geht hervor, dass die Nullhypothese ("Es gibt keine Mittelwertunterschiede zwischen den Frührückläufern und Spätrückläufern.") auf einem Signifikanzniveau von 5% nicht verworfen werden kann. Da die Irrtumswahrscheinlichkeit bei der Verwerfung der Nullhypothese immer über 5% liegt, ist für diese Untersuchung **von keinem Non-Response Bias auszugehen**.

Konstrukte (n = 106)		Abkürzung Konstrukte	Mittelwertvergleiche		t-Test
			Früh-Rückläufer (n = 53)	Spät-Rückläufer (n = 53)	Sig. (2-tailed)
1	Expertise	EXP	4,899	4,792	0,644
2	Projektmanagement	PRM	4,524	4,363	0,491
3	Informationsaustausch	INF	4,887	4,805	0,699
4	Verständnis	VER	4,547	4,476	0,753
5	Joint Working	JWO	4,981	4,910	0,731
6	Flexibilität	FLE	4,528	4,258	0,263
7	Verkaufsorientierung	VKO	2,623	3,091	0,067
8	Technische Qualität	TQU	4,050	3,874	0,506
9	Beratungszufriedenheit	BZF	4,288	4,099	0,464
10	Gesamtzufriedenheit	GZF	4,000	4,000	1,000
11	Vertrauen	VTR	5,094	5,031	0,779
12	Loyalität	LOY	4,373	4,151	0,422

Tabelle 27: Prüfung der vorliegenden Konstrukte auf Non-Response Bias

Quelle: eigene Darstellung

Neben der Überprüfung der Konstrukte wurden die verschiedenen demographischen Variablen einem t-Test unterzogen. Auch hier konnten keine signifikanten Unterschiede hinsichtlich der Variablen Geschlecht, Erfahrung, Personalverantwortung und Firmengröße der Teilnehmer festgestellt werden.

Unter **Methodenverzerrung** – auch "common method bias" – kann eine statistische Verzerrung verstanden werden, die darauf zurückzuführen ist, dass Respondenten sowohl die Daten für die exogenen als auch die endogenen Variablen liefern (Podsakoff et al., 2003). Dieser systematische Messfehler wäre somit auf die Messmethode und nicht auf das Messinstrument selbst zurückzuführen. Eine mögliche Erscheinungsform wäre, dass Respondenten Fragen mit einer bestimmten Tendenz beantworten, weil sie beispielsweise denken, dass es so erwünscht wäre. Das heißt, dass Respondenten letztendlich nach einem bestimmten System Fragen beantworten – allerdings nicht nach dem, wie das Erhebungsinstrument gestaltet wurde. Lakotta (2010:106) listet in diesem Zusammenhang eine Vielzahl möglicher Gründe auf, warum dieser Effekt auftauchen könnte. Auch wenn die Bedeutung dieser Methodenvarianz umstritten ist, wurden in dieser Arbeit bestimmte **Ex-ante-Vorkehrungen** getroffen, um das Eintreten einer Methodenverzerrung zu verhindern:

- Zunächst kann festgehalten werden, dass der vorliegende **Mixed-Methods-Ansatz** eine erste Maßnahme sein sollte, um eine Methodenverzerrung zu verhindern: Das nomologische Netz wurde auf Basis der Interviews entworfen – gleichzeitig haben diese Interviewpartner jedoch nicht an der quantitativen Befragung teilgenommen.

- Weiterhin wurde bei der Erhebung darauf hingewiesen, dass es **keine "richtigen" und "falschen" Antworten** gibt. Respondenten sollten auf diese Weise angehalten werden, nicht nach einem bestimmten System auszufüllen, sondern ihre tatsächliche Wahrnehmung des Lösungsprojekts zu schildern (vgl. Reduzierung sozialer Erwünschtheit).

- Daran schließt sich auch die nächste Maßnahme an: Im Rahmen der Erhebung wurde allen Teilnehmern **Vertraulichkeit** im Hinblick auf ihre persönlichen Daten zugesichert – d. h. es gab keine verbundene Speicherung von Lösungsbeurteilungen und Gewinnspieldaten sowie keine Analyse individueller Lösungsprojekte. Auf diese Weise sollte sichergestellt werden, dass nicht alle Bewertungen nur durchweg positiv sind und dass Respondenten keine Angst vor Abgabe einer schlechten Beurteilung haben.

- Ferner wurde darauf geachtet, dass die **Item-Formulierungen** sehr **eindeutig und spezifisch** für das betreffende Lösungsprojekt waren und ferner – im Rahmen der Möglichkeiten einer reflektiven Operationalisierung – Ähnlichkeiten unter Items eines Konstrukts vermieden wurden. Außerdem beinhaltete dieser Schritt, selten verwendete **Fachwörter** schon im Vorfeld aus den Items **auszuschließen** und möglichst **neutrale Formulierungen** für die Items zu verwenden (Menguc und Auh, 2008:468).

- Eine weitergehende Erweiterung der Respondentenzahl pro Lösungsprojekt konnte sich aus forschungspragmatischen Gründen nicht realisieren lassen.

Nachdem die Struktur der Stichprobe und die Analysevoraussetzungen vorgestellt wurden, werden im nächsten Schritt die einzelnen Messmodelle evaluiert.

6.4.3 Beurteilung der Modellgüte: Reflektive Messmodelle

Zur Evaluation der Konstruktmessungen bei reflektiven Messmodellen wurden in Abschnitt 6.1.5 verschiedene **Gütekriterien** eingeführt, die sich in drei Bereiche einteilen lassen: **Inhaltsvalidität, Konvergenzvalidität** (insb. Indikatorreliabilität, Konstruktreliabilität und DEV) und **Diskriminanzvalidität**.

Für die Beurteilung der **Inhaltsvalidität** wurden schon im qualitativen Pretest Expertenurteile von zwölf Vertretern aus Praxis und Wissenschaft herangezogen (vgl. Anhang 8), um die inhaltliche Relevanz sicherzustellen (vgl. Abschnitt 6.3.3). Nach der Reduzierung der Skalen durch den Pretest wurden noch vier weitere Expertengespräche durchgeführt, um eine finale inhaltliche Einschätzung über die Güte der Konstrukte zu erlangen. Weiterhin wurde die Inhaltsvalidität dadurch sichergestellt, dass – wie in Abschnitt 6.1.5 beschrieben – für alle Konstrukte auf etablierte Studien zurückgegriffen wurde. Im Einzelfall wurden Teile aus den Interview-Transkripten (qualitativer Forschungsteil) vom Autor dieser Arbeit für die Formulierung von Items verwendet.

Durch die Überprüfung der **Konvergenzvalidität** soll untersucht werden, ob die Indikatoren des gleichen Faktors als auch die Faktoren der gleichen Dimension ausreichend korreliert sind (Hair et al., 2005:776). Dabei sind verschiedene Dinge zu analysieren: Bei der Gütebeurteilung der **Indikatorreliabilität** werden die äußeren Ladungen, ihre t-Werte und zusätzlich die Reliabilitätskennzahl IR (x) ermittelt, die sich aus der konfirmatorischen Faktorenanalyse ergeben. Insbesondere sollten hier die Faktorladungen groß genug und signifikant sein (Hildebrandt, 1984:46). Da diese Beurteilung strenger als die Beurteilung der Ladungen der explorativen Faktorenanalyse angesehen wird, soll hier auf die Ladungen der explorativen Faktorenanalyse ganz verzichtet werden. Die Werte zur Berechnung der **Konstruktreliabilität**, d. h. das Cronbachs Alpha der Konstrukte und die Eigenwerte zur Überprüfung der Unidimensionalität konnten direkt in SPSS berechnet werden bzw. haben sich aus einer explorativen Faktorenanalyse (EFA) ergeben. Auch die Kennzahl der **DEV** konnte durch die konfirmatorische Faktorenanalyse berechnet werden. Die ermittelten Werte aller zwölf reflektiven Konstrukte und aller zuvor ermittelten Gütekriterien sind in den nachfol-

Schritt 2: Quantitative Studie 263

genden beiden Tabellen dargestellt (Tabelle 28 und 29), wobei Werte, die die Anforderungen nicht erfüllen, besonders gekennzeichnet sind. Zunächst sollen nun die Gütemaße auf Indikatorebene betrachtet werden und daran anschließend soll auf die Konstruktreliabilität der einzelnen latenten Konstrukte eingegangen werden.

Beim Messmodell des latenten Konstrukts **Expertise** (EXP) werden alle Gütekriterien in den Bereichen Indikatorreliabilität, Konstruktreliabilität und DEV erfüllt. Damit gibt es keine Hinweise auf eine unzureichende Operationalisierung.

Auch das Messmodell **Projektmanagement** (PRM) erreicht in allen Gütebereichen zufriedenstellende Werte, so dass keine Bereinigung der Messskala vorgenommen werden muss.

Beim Messmodell **Informationsaustausch** (INF) ist der zweite Indikator (INF2) bei der Güte der Ladung leicht unter den geforderten Schwellenwert von 0,70 gefallen. Hier konnte im Pretest durch die exploratorische Faktorenanalyse für dieses Item noch der höchste Wert aller Items erzielt werden (0,91), so dass dieser Wert inhaltlich schwer zu erklären ist. Auch bei der Item-to-Total-Korrelation wird der Schwellenwert mit 0,46 von Item INF2 leicht unterschritten. Da sich die Werte für das gemessene Item jedoch nur sehr gering unter den Schwellenwerten bewegen und eine Elimination des Items zu keiner wesentlichen Steigerung des Cronbachs Alpha führen würde (weniger als 0,01), wurde an dieser Stelle darauf verzichtet, dieses Item zu eliminieren. Weiterhin bleibt in diesem Zusammenhang anzumerken, dass eine Operationalisierung von Konstrukten mit mindestens drei Indikatoren angesteuert werden sollte (Homburg, 2000:93). Mit einem Cronbachs Alpha-Wert von 0,71 hat das Konstrukt weiterhin eine ausreichende Reliabilität. Zusätzlich wird Unidimensionalität durch die explorative Faktorenanalyse angezeigt und ein ausreichender Wert für die durchschnittlich erfasste Varianz erreicht.

Beim Konstrukt **Verständnis** (VER) erweist sich der dritte Indikator (VER3) als wenig reliabel. Eine naheliegende Erklärung dafür ist in der Formulierung des Items zu suchen: Es handelt sich um ein Reverse Item. Diese Items haben sowohl im qualitativen als auch im quantitativen Pretest-Teil den Probanden und Experten tendenziell mehr Probleme bereitet.[121] Um die Konstruktmessung zu verbessern, wurde entschieden, die Skala um diesen Indikator zu bereinigen. Insgesamt konnte so das Cronbachs

---

[121] Dies hat sich beim quantitativen Pretest beispielsweise in tendenziell geringeren Werten bei der korrigierten Inter-Skalen-Korrelation gezeigt.

Alpha noch einmal leicht erhöht und ein guter Wert für die DEV erreicht werden (0,74). Unidimensionalität des Konstrukts ist gegeben.

Auch das Konstrukt **Joint Working** (JWO) musste um einen Indikator bereinigt werden (JWO3), weil hier die Schwellenwerte für die Ladung aus der konfirmatorischen Faktorenanalyse bzw. der Wert für die Item-to-Total Korrelation nicht erreicht wurden. Dieser Indikator beinhaltet die Frage, ob sich beide Unternehmen vor größeren technischen Entscheidungen miteinander absprechen. Der Grund für den relativ schlechten Wert könnte darin liegen, dass dieser Indikator eine im Verhältnis zu den anderen Indikatoren lange Formulierung benutzt, die die Beantwortung erschweren könnte. Durch die Eliminierung des Items konnte das Cronbachs Alpha noch einmal geringfügig angehoben und ein noch besserer Wert für die DEV (0,70) erzielt werden. Auch für dieses Konstrukt ist Unidimensionalität gegeben, was durch die explorative Faktorenanalyse gezeigt werden konnte.

Für das Messmodell des Konstrukts **Flexibilität** (FLE) gibt es erfreulicherweise keine Kritikpunkte: Sowohl die Gütekriterien für die Indikatorreliabilität, die Konstruktreliabilität und die geforderte DEV konnten erreicht werden. Aus diesem Grund war es auch nicht nötig, die schon im Pretest optimierte Skala weiter zu bereinigen.

Konstrukt	Indikator	Reliabilität der Indikatoren			Konstruktreliabilität			DEV
Gütekriterium:		Ladung	t-Wert	IR (x)	Alpha	2.EW	Item-to-Total	DEV
Anforderung:		≥ 0,70	≥ 1,65	≥ 0,5	≥ 0,70	< 1,00	≥ 0,50	≥ 0,50
EXP	EXP1	0,90	45,62	0,82	0,85	0,40	0,76	0,77
	EXP3	0,86	30,05	0,74			0,71	
	EXP4	0,86	20,77	0,74			0,69	
PRM	PRM3	0,86	27,72	0,73	0,85	0,59	0,76	0,69
	PRM4	0,84	15,11	0,70			0,73	
	PRM5	0,86	30,15	0,74			0,68	
	PRM6	0,76	16,91	0,57			0,59	
INF	INF1	0,87	33,89	0,75	0,71	0,65	0,59	0,64
	INF2	**0,69**	8,80	**0,47**			**0,46**	
	INF4	0,83	19,64	0,69			0,56	
VER	VER1	0,88	33,74	0,78	0,80	0,70	0,71	0,63
	VER2	0,80	16,33	0,64			0,57	
	VER3	**0,60**	5,61	**0,36**			**0,46**	
	VER4	0,85	28,43	0,73			0,68	
JWO	JWO1	0,88	32,58	0,77	0,78	0,68	0,67	0,61
	JWO3	**0,62**	6,38	**0,39**			**0,47**	

	JWO4	0,87	36,93	0,77			0,68	
	JWO5	0,71	10,43	0,50			0,55	
FLE	FLE1	0,79	13,27	0,62	0,82	0,55	0,55	0,73
	FLE2	0,92	57,21	0,84			0,73	
	FLE3	0,86	33,63	0,74			0,58	

Tabelle 28: Gütekriterien der reflektiven Messmodelle (Teil 1)

Quelle: eigene Darstellung

Die Messung des Konstrukts **Verkaufsorientierung** (VKO) hat sich bereits im Pretest als Herausforderung dargestellt, so dass die Skala bereits nach dem Pretest durch die nachträgliche Ergänzung von Items überarbeitet werden musste. Die Untersuchung der Güte der Indikatoren in der Hauptuntersuchung zeigt, dass Indikator 1 (VKO1) und 2 (VKO3) nicht ganz die geforderten Schwellenwerte für die Ladungen aus der konfirmatorischen Faktorenanalyse erreichen. Während für VKO1 schon im Pretest nur ein Wert von knapp über 0,70 erreicht werden konnte (EFA), so wurden für VKO3 im Pretest Werte von über 0,86 (EFA) erzielt. Gründe für die Schwierigkeiten bei der Messung können nur auf Konstruktebene vermutet werden: Im Gegensatz zu den anderen hier vorgestellten Antezedenzen handelt es sich bei der Verkaufsorientierung (VKO) um eine negativ behaftete Antezedenz. Das heißt, während der Proband beispielsweise bei Expertise und Verständnis positive Assoziationen haben kann, ist der Inhalt der (schwieriger zu beantwortenden) Reverse Items und der Items des Konstrukts Verkaufsorientierung (VKO) negativ zu werten. Abschließend bleibt anzumerken, dass nach der Bereinigung des Messmodells von VKO ein zufriedenstellendes Cronbachs Alpha von 0,79 und eine gute DEV von 0,70 erreicht werden konnte. Weiterhin ist die Unidimensionalität des Konstrukts durch die explorative Faktorenanalyse angezeigt.

Beim Konstrukt **technische Qualität** (TQU) gab es keinen Anlass die im Pretest reduzierte Skala noch weiter zu bereinigen. Alle Schwellenwerte für die Indikatorreliabilität, die Konstruktreliabilität und die durchschnittlich erfasste Varianz konnten erzielt werden.

Die Güte des Messmodells der **Beratungszufriedenheit** (BZF) kann als sehr gut beurteilt werden. Auch hier ist keine Bereinigung nötig, da alle geforderten Werte im Bereich Indikatorreliabilität, Konstruktreliabilität und DEV erfüllt werden konnten. Der Cronbachs-Alpha-Wert von 0,92 ist als sehr hoch anzusehen, was auf eine hohe interne Konsistenz bei der Messung hinweist.

Auch bei der Messung der **Gesamtzufriedenheit** (GZF) war keine Anpassung des Messmodells erforderlich: Alle Schwellenwerte wurden klar erreicht. **Vertrauen** (VTR) ist das vorletzte Konstrukt, das auf seine Modellgüte hin zu beurteilen ist. Erfreulicherweise zeigen die erzielten Werte in den Bereichen Indikatorreliabilität, Konstruktreliabilität und DEV an, dass keine weitere Bereinigung des Messmodells erforderlich ist. Das letzte untersuchte Messmodell bezieht sich auf das latente Konstrukt **Loyalität** (LOY): Die hohe Güte des Konstrukts aus dem Pretest konnte beibehalten werden, so dass weiterhin ein überragender Cronbachs-Alpha-Wert (0,96) erhalten bleibt. Auch alle weiteren Schwellenwerte hinsichtlich Konstruktreliabilität, Indikatorreliabilität und DEV konnten erfüllt werden.

Konstrukt	Indikator	Reliabilität der Indikatoren			Konstruktreliabilität			DEV
Gütekriterium:		Ladung	t-Wert	IR (x)	Alpha	2.EW	Item-to-Total	DEV
Anforderung:		$\geq 0{,}70$	$\geq 1{,}65$	$\geq 0{,}5$	$\geq 0{,}70$	$< 1{,}00$	$\geq 0{,}50$	$\geq 0{,}50$
VKO	VKO1	**0,64**	4,05	**0,41**	0,84	0,66	0,59	0,58
	VKO3	**0,64**	3,97	**0,41**			0,69	
	VKO4	0,86	13,46	0,74			0,69	
	VKO5	0,74	6,78	0,55			0,60	
	VKO6	0,87	15,94	0,76			0,69	
TQU	TQU1	0,84	20,07	0,70	0,77	0,53	0,63	0,68
	TQU2	0,82	17,14	0,67			0,56	
	TQU4	0,82	19,95	0,67			0,59	
BZF	BZF1	0,94	56,70	0,88	0,92	0,22	0,86	0,87
	BZF2	0,92	52,23	0,85			0,83	
	BZF4	0,93	44,59	0,87			0,84	
GZF	GZF2	0,93	68,46	0,87	0,88	0,39	0,83	0,81
	GZF3	0,92	70,77	0,84			0,76	
	GZF4	0,84	24,95	0,71			0,70	
VTR	VTR1	0,87	28,84	0,76	0,78	0,53	0,66	0,69
	VTR3	0,84	17,05	0,70			0,63	
	VTR4	0,79	13,80	0,62			0,56	
LOY	LOY1	0,93	56,57	0,86	0,96	0,20	0,87	0,88
	LOY2	0,96	119,35	0,93			0,93	
	LOY3	0,94	80,55	0,89			0,89	
	LOY5	0,93	60,01	0,86			0,87	
Die zugrundeliegende Stichprobe ist n = 106.								

Tabelle 29: Gütekriterien der reflektiven Messmodelle (Teil 2)
Quelle: eigene Darstellung

Wie im Einzelnen erörtert, wurden die identifizierten Defizite der unzureichenden Güte bei den Konstruktmessungen durch eine Eliminierung der schwächsten Indikatoren in großen Teilen beseitigt. Die sich daraus ergebenden bereinigten Messmodelle wurden erneut den vorgestellten Gütekriterien unterzogen und sind in ihrer Gesamtheit in nachfolgender Tabelle aufgeführt:

Konstrukt	Indikator	Reliabilität der Indikatoren			Konstruktreliabilität			DEV
Gütekriterium:		Ladung	t-Wert	IR (x)	Alpha	2.EW	Item-to-Total	DEV
Anforderung:		≥ 0,70	≥ 1,65	≥ 0,5	≥ 0,70	< 1,00	≥ 0,50	≥ 0,50
EXP	EXP1	0,90	45,78	0,82	0,85	0,40	0,76	0,77
	EXP3	0,86	28,17	0,74			0,71	
	EXP4	0,86	17,76	0,74			0,69	
PRM	PRM3	0,86	29,22	0,73	0,85	0,59	0,76	0,69
	PRM4	0,84	15,45	0,70			0,73	
	PRM5	0,86	30,86	0,74			0,68	
	PRM6	0,76	17,63	0,57			0,59	
INF	INF1	0,87	36,11	0,75	0,71	0,65	0,59	0,64
	INF2	0,69	7,92	0,47			0,46	
	INF4	0,83	19,64	0,69			0,56	
VER	VER1	0,89	39,20	0,80	0,82	0,50	0,73	0,74
	VER2	0,82	18,20	0,67			0,60	
	VER4	0,86	30,58	0,74			0,68	
JWO	JWO1	0,88	30,91	0,78	0,79	0,57	0,65	0,70
	JWO4	0,90	42,56	0,80			0,70	
	JWO5	0,72	10,01	0,52			0,54	
FLE	FLE1	0,79	11,30	0,62	0,82	0,55	0,55	0,73
	FLE2	0,92	57,60	0,84			0,73	
	FLE3	0,86	33,95	0,74			0,58	
VKO	VKO4	0,87	17,89	0,76	0,79	0,49	0,68	0,70
	VKO5	0,75	7,00	0,56			0,60	
	VKO6	0,88	21,30	0,78			0,68	
TQU	TQU1	0,84	21,00	0,70	0,77	0,53	0,63	0,68
	TQU2	0,82	16,56	0,67			0,56	
	TQU4	0,82	20,33	0,67			0,59	
BZF	BZF1	0,94	60,51	0,88	0,92	0,22	0,86	0,87
	BZF2	0,92	51,27	0,85			0,83	
	BZF4	0,93	44,15	0,87			0,84	
GZF	GZF2	0,93	70,13	0,87	0,88	0,39	0,83	0,81
	GZF3	0,92	71,52	0,84			0,76	
	GZF4	0,84	25,27	0,71			0,70	
VTR	VTR1	0,87	26,59	0,76	0,78	0,53	0,66	0,69

	VTR3	0,84	18,99	0,70			0,63	
	VTR4	0,79	11,87	0,62			0,56	
LOY	LOY1	0,93	57,28	0,86	0,96	0,20	0,87	0,88
	LOY2	0,96	131,07	0,93			0,93	
	LOY3	0,94	78,73	0,89			0,89	
	LOY5	0,93	62,45	0,86			0,87	
Die zugrundeliegende Stichprobe ist n = 106.								

Tabelle 30: Gütekriterien der bereinigten Menge reflektiver Indikatoren

Quelle: eigene Darstellung

Die Tabelle zeigt, dass – von einer Ausnahme (INF2) abgesehen – alle Gütekriterien auf Konstruktebene erfüllt sind, so dass nunmehr lediglich noch die letzte der vier Gütearten zur Beurteilung von reflektiven Messmodellen offen bleibt: Die Überprüfung auf Diskriminanzvalidität, um die Trennschärfe der vorgestellten zwölf latenten Konstrukte zu gewährleisten.

Um die Diskriminanzvalidität der einzelnen Faktoren zu untersuchen, wurde das strenge Fornell-Larcker-Kriterium vorgeschlagen. Wie in Abschnitt 6.1.5.5 beschrieben, verlangt dieses Kriterium, dass für jedes Paar von Konstrukten die DEV für jeden der beiden Faktoren größer sein muss als ihre quadrierte Korrelation (Fornell und Larcker, 1981:46). Die vorliegende quadrierte Korrelationsmatrix dient hier zur Überprüfung der Diskriminanzvalidität:

	BZF	EXP	FLE	INF	JWO	LOY	PRM	TQU	VKO	VER	VTR	GZF
BZF	**0,865**											
EXP	0,367	**0,769**										
FLE	0,560	0,274	**0,734**									
INF	0,413	0,287	0,368	**0,636**								
JWO	0,358	0,261	0,366	0,516	**0,700**							
LOY	0,812	0,421	0,503	0,383	0,380	**0,885**						
PRM	0,595	0,430	0,363	0,257	0,278	0,616	**0,688**					
TQU	0,618	0,304	0,382	0,240	0,209	0,617	0,473	**0,681**				
VKO	0,124	0,071	0,189	0,100	0,049	0,104	0,028	0,146	**0,699**			
VER	0,587	0,513	0,568	0,412	0,366	0,571	0,556	0,384	0,117	**0,735**		
VTR	0,418	0,345	0,274	0,441	0,264	0,433	0,278	0,291	0,129	0,522	**0,694**	
GZF	0,795	0,345	0,526	0,371	0,320	0,762	0,515	0,680	0,141	0,467	0,372	**0,806**

Tabelle 31: Überprüfung der Diskriminanzvalidität (Fornell-Larcker-Kriterium)

Quelle: eigene Darstellung

Bei drei der dargestellten Konstruktkombinationen fällt die quadrierte Korrelation nur geringfügig kleiner aus als die durchschnittlich erfasste Varianz der Konstrukte. Diese Nähe ist in größerem Maße bei der Kombination GZF↔TQU und in geringerem Maße bei den Kombinationen GZF↔BZF und LOY↔BZF festzustellen. Es ist jedoch keine Kombination ersichtlich, bei der die quadrierte Korrelation der beiden Konstrukte gleich oder größer der durchschnittlich erfassten Varianz der einzelnen Konstrukte ist. Aus diesem Grund – und weil das Fornell-Larcker-Kriterium wie erwähnt als besonders strenges Kriterium im Vergleich zum Chi-Quadrat-Wert (χ^2-Wert) gilt (Weiber und Mühlhaus, 2010:134 f.) – wird die **Konstruktdiskriminanz** für die vorliegende Untersuchung als **ausreichend** bewertet.

Abschließend kann für die Beurteilung der reflektiven Messmodelle festgehalten werden, dass alle vorher festgelegten Gütekriterien erfüllt werden konnten. Die 42 Indikatoren der Haupterhebung wurden zu diesem Zweck um vier auf 38 Indikatoren gekürzt. Da in der vorliegenden Untersuchung keine formativen Messmodelle verwendet wurden, wird im nächsten Schritt das Gesamtmodell auf der Strukturmodellebene beurteilt.

6.4.4 Beurteilung der Modellgüte: Gesamt-Strukturmodell

Vor der Darstellung der Untersuchungsergebnisse auf Strukturmodellebene soll noch einmal hervorgehoben werden, dass Kausalmodelle immer nur eine Annäherung an reale Wirkungsbeziehungen sind. Erklärungen und bestätigte Wirkungsbeziehungen müssen immer im Kontext der Modellstruktur gesehen werden (Homburg und Hildebrandt, 1998:42), der im vorliegenden Fall durch den Beratungsprozess bei IT-Lösungen dargestellt ist. Weiterhin sollte bei der Interpretation der Ergebnisse bedacht werden, dass durch die Analyse der zugrundeliegenden Daten ein Kausalmodell immer nur "nicht zurückgewiesen", aber nicht "bestätigt" werden kann. Das Modell kann nur Aussagen prüfen, ob im speziellen Untersuchungskontext unter den vorgegebenen Annahmen eine statistische Korrelation besteht oder nicht.

Die Analyse des entwickelten Strukturmodells hat die Aufgabe zu untersuchen, wie die Beratungszufriedenheit bei IT-Lösungsprojekten in ein nomologisches Netz des RM eingebettet ist. Ziel ist, das Modell dabei explorativ so weit iterativ zu entwickeln, bis das Modell mit dem für die Untersuchung besten Erklärungsgehalt erreicht wird. Bei diesem Vorgehen können auf Strukturmodellebene auch einzelne Konstrukte entfernt werden (vgl. auch Abschnitt 6.1.3). Zur Überprüfung des Kausalmodells wurde die varianzbasierte Strukturgleichungsmodellierung mit SmartPLS genutzt (Ringle et al., 2005).

Die hierbei verwendeten **Gütemaße** können, wie in Abschnitt 6.1.6 vorgestellt, in drei Klassen eingeteilt werden: **nomologische Validität, endogene Vorhersagequalität** und **exogene Vorhersagequalität**.

Für die Betrachtung der **nomologischen Validität** ist die Untersuchung der Pfadkoeffizienten wichtig, die auf die Zusammenhänge zwischen Konstrukten hinweisen. Zunächst kann die Höhe der standardisierten Pfadkoeffizienten untersucht werden. Diese kann einen Wert von -1 bis +1 annehmen, wobei ein negatives Vorzeichen auf einen negativen Zusammenhang hinweist. Je näher der Pfadkoeffizient an 0 liegt, desto schwächer wird der untersuchte Effekt angezeigt. In diesem Zusammenhang sind zwar keine Mindestgrößen vorgegeben, so dass die Höhe des Pfadkoeffizienten nicht als Eliminierungskriterium dienen sollte. Dennoch erachten sie manche Autoren erst ab einer Höhe von +0,1 (oder von -0,1) als beachtenswert (Lohmöller, 1989:60) bzw. von +0,2 (oder von -0,2) als bedeutsam (Chin, 1998a:11). Weiterhin gilt es dabei zu beurteilen, inwieweit die Pfadkoeffizienten signifikant von 0 verschieden sind. Die t-Werte, die sich aus dem Bootstrapping-Verfahren ergeben, liefern hier Hinweise zur Stärke dieser Zusammenhänge. Als Schwellenwert wurde in Abschnitt 6.1.6 ein t-Wert von $\geq 1,96$ für eine Fehlerwahrscheinlichkeit von 5% bzw. von $\geq 1,65$ für eine Fehlerwahrscheinlichkeit von 10% festgelegt.

Die endogene Vorhersagequalität orientiert sich an den verschieden stark ausgeprägten Effektgrößen (f^2) der Antezedenzen, die ab einem Wert von mindestens 0,02 eine Ausprägung zeigen. Für die exogene Vorhersagequalität wird einerseits das Bestimmtheitsmaß R^2 sowie das Maß für Prognoserelevanz Q^2 verwendet. In der folgenden Tabelle sind die überprüften Gütekriterien der Modellschätzung dargestellt:

Exogene Konstrukte	Endogene Konstrukte	Nomologische Validität		Endogene Vorhersagequalität	Exogene Vorhersagequalität		
Gütekriterium:		Pfadkoeffizient	t-Wert	f^2	R^2	Q^2	q^2
Anforderung:			$\geq 1,65$	$\geq 0,02$	$\geq 0,33$	$> 0,00$	$\geq 0,02$
EXP →	BZF	-0,01	**0,11**	**0,00**	0,75	0,66	0,08
PRM →	BZF	0,52	5,18	0,29			0,23
INF →	BZF	0,15	1,75	0,04			0,04
VER →	BZF	0,10	**0,88**	**0,01**			0,07
JWO →	BZF	0,01	**0,15**	**0,00**			**0,00**

FLE →	BZF	0,25	3,26	0,11			0,14
VKO →	BZF	-0,06	1,42	0,02			0,02
TQU →	GZF	0,29	4,43	0,24	0,83	0,66	0,09
BZF →	GZF	0,72	9,61	0,94			0,35
BZF →	VTR	0,69	12,00	0,09	0,42	0,29	0,05
BZF →	LOY	0,42	4,96	0,35	0,84	0,74	0,19
GZF →	LOY	0,22	3,10	0,14			0,07
VTR →	LOY	0,08	2,25	0,04			**0,01**

Tabelle 32: Überprüfung des Strukturmodells mit PLS

Quelle: eigene Darstellung

Die Tabelle gliedert sich in mehrere Teile: Im oberen Teil der Tabelle sind die angelegten Gütekriterien noch einmal aufgeführt (vgl. Abschnitt 6.1.6). Darunter befinden sich auf der linken Seite die Darstellung der Pfadbeziehungen zu den endogenen Konstrukten Beratungszufriedenheit (BZF), Gesamtzufriedenheit (GZF), Vertrauen (VTR) und Loyalität (LOY). Rechts daneben sind die aus PLS gewonnenen Werte dargestellt, die nachfolgend im Detail diskutiert werden sollen.

Zunächst sollen die Pfadkoeffizienten und die damit korrespondierenden t-Werte untersucht werden (**nomologische Validität**). Pfadkoeffizienten beschreiben in diesem Zusammenhang den Grad der gemeinsamen Variation von zwei Konstrukten. Dabei sollte das Vorzeichen des Pfadkoeffizienten dem hypothetisierten Zusammenhang entsprechen. Die t-Werte dienen dazu, die Signifikanz festzustellen, so dass die Zusammenhänge tatsächlich von 0 verschieden sind.

Hinsichtlich der Antezedenzen des Konstrukts Beratungszufriedenheit (BZF) wurden insgesamt sieben vorgelagerte Konstrukte unterstellt. Hier zeigt sich, dass Projektmanagement (PRM) und Flexibilität (FLE) die am stärksten ausgeprägten Pfade sind. Beide sind beim 5%-Niveau (zweiseitig) signifikant. Der Pfad von Informationsaustausch (INF) zur BZF zeigt sich im vollständigen Modell nur beim 10%-Niveau signifikant. Verkaufsorientierung (VKO) liegt knapp unter dem 10%-Signifikanzniveau und sollte deshalb an dieser Stelle schon kritisch betrachtet werden, wobei die angenommene negative Wirkungsrichtung bestätigt werden kann. Anders verhält es sich bei den drei Antezedenzen Expertise (EXP), Verständnis (VER) und Joint Working (JWO): Alle drei haben geringe Pfadkoeffizienten, die nach den gesetzten Schwellenwerten (t-Wert mind. ≥ 1,65) nicht mehr als signifikant angenommen werden können. Basierend auf diesen Werten würde der Autor diese drei Konstrukte vom Gesamtmodell iterativ entfernen, da die Signifikanzen der Pfadbeziehungen zu schwach ausgeprägt sind.

Auch im Hinblick darauf, dass PLS normalerweise die Parameter im Strukturmodell unterschätzt (Dijkstra, 1983), sollen INF und VKO hier erhalten bleiben.

Die Pfade der beiden Antezedenzen des Konstrukts Gesamtzufriedenheit sind beide mindestens signifikant auf dem 5%-Niveau, so dass basierend auf diesen Daten keine Korrektur erfolgen muss. Gleiches gilt für die Antezedenzen des Konstrukts Vertrauen (VTR) und für die drei Antezedenzen des Konstrukts Loyalität (LOY): Alle Wirkbeziehungen sind signifikant, gemessen am vorgegebenen 5%-Niveau, und haben das erwartete positive Vorzeichen beim Pfadkoeffizienten.

Als nächstes soll die Effektgröße f^2, die für die **endogene Vorhersagequalität** steht, betrachtet werden. Hier zeigt sich, welchen Anteil die vorgelagerten exogenen latenten Konstrukte an der Varianzerklärung der vier endogenen Konstrukte haben. Als Beurteilungskriterium wurden drei Effektgrößenklassen nach Chin (1998b:317) vorgeschlagen, wonach ein f^2-Wert von $0,02 \leq f^2 < 0,15$ für einen schwachen Effekt, ein f^2-Wert von $0,15 \leq f^2 < 0,35$ für einen mittleren Effekt und ein f^2-Wert von $f^2 \geq 0,35$ für einen starken Effekt angenommen wird.

Im vorliegenden Modell können starke Effekte für die beiden Pfade BZF → GZF (0,94) und BZF → LOY (0,35) erreicht werden. Dies bedeutet, dass hier ein großer Erklärungsanteil für die Varianzerklärung geleistet wird. Zumindest noch moderate Werte können für die beiden Pfade PRM → BZF (0,29) und TQU → GZF (0,24) erzielt werden. Weitere sechs Pfadbeziehungen sind hinsichtlich der Effektgröße f^2 nur schwach ausgeprägt ($0,02 \leq f^2 < 0,15$). An dieser Stelle fällt auf, dass nur bei drei Pfaden gar kein Effekt f^2 zu beobachten ist: Hierbei handelt es sich um dieselben drei Pfade, die sich schon bei der Signifikanzprüfung durch den t-Test als problematisch herausgestellt haben (EXP → BZF, VER → BZF und JWO → BZF).

Bei den Kriterien der **exogenen Vorhersagequalität** werden in dieser Arbeit drei Größen für das Gesamtmodell betrachtet: R^2, Q^2 sowie q^2. Der Determinationskoeffizient R^2 zeigt, welcher Varianzanteil des jeweiligen endogenen Konstrukts durch die antezedenten Konstrukte erklärt werden kann. Wie schon von Albers und Hildebrandt (2006:26) argumentiert, ist es bei komplexen Analysen mit PLS weniger interessant, ob ein insgesamt signifikantes Modell vorliegt, sondern letztendlich sollte der R^2-Wert der Konstrukte von Interesse darüber entscheiden, ob ein Modell mit substanzieller Aussagekraft gewonnen wurde oder nicht. Nach den vorab festgelegten Gütemaßen von Chin (1998b:323) wird die Güte des Erklärungsbeitrags in "substanziell" ($\geq 0,67$), "mittelgut" ($0,33 \leq R^2 < 0,67$) und "schwach" ($0,19 \leq R^2 < 0,33$) unterteilt. Erfreulicherweise sind nach dieser Einteilung drei der vier Konstrukte, namentlich Beratungszufriedenheit (BZF) mit 0,75, Gesamtzufriedenheit (GZF) mit 0,83 und Loyalität (LOY) mit 0,84, als substanziell zu beurteilen. Dies ist besonders positiv zu bewerten, da BZF das zentrale Konstrukt dieser Arbeit darstellt und hier 75% des Varianzanteils durch die vorgelagerten Konstrukte erklärt werden können. Für das Konstrukt Vertrauen konnte zumindest ein mittelguter Wert ($R^2 = 0,42$) erreicht werden. Dies ist aus der Sicht des Autors dieser Arbeit zufriedenstellend, da dieses Konstrukt eher einen ergänzenden und nicht zentralen Charakter im Gesamtmodell hat.

Ein weiteres Beurteilungskriterium war die Betrachtung des Gesamtmodells im Hinblick auf das Maß für Prognoserelevanz Q^2, das den prognoseorientierten Charakter von PLS sehr gut abbildet (Chin, 1998b:316). Hier war die Anforderung, dass das **Stone-Geisser-Kriterium** ($Q^2 > 0$) von allen endogenen Konstrukten erfüllt wird. Da die vorliegenden Werte für BZF, GZF, VTR und LOY alle > 0 sind, ist die erwünschte Prognoserelevanz für alle Konstrukte gegeben. Somit ist gezeigt, dass das aufgestellte Modell die Rohdaten besser voraussagen kann als einfache Schätzungen mithilfe des Mittelwerts (Krafft et al., 2005:85). Ergänzend zum Stone-Geisser-Kriterium wurden die q^2-Werte analog zu den f^2-Werten berechnet. Diese zeigen an, wie groß der Einfluss einer Variablen auf die Prognoserelevanz der endogenen latenten Variable ist. Wiederum wird hier zwischen einer schwachen ($0,02 \leq q^2 < 0,15$), mittleren ($0,15 \leq q^2 < 0,35$) und großen ($q^2 \geq 0,35$) Ausprägung des vorhandenen Wertes unterschieden. Für das vorliegende Modell konnten für die Beratungszufriedenheit (BZF) ein mittelstarker Pfad von PRM und mehrere schwache Einflusspfade auf die Prognoserelevanz von BZF (von EXP, INF, VER, FLE und VKO) gemessen werden. JWO hatte keinen messbaren Prognoseeinfluss auf BZF. Für das Konstrukt Gesamtzufriedenheit (GZF) hatten beide Pfade einen Einfluss auf die Prognoserelevanz von GZF: Bei BZF war dieser stark, bei TQU nur schwach ausgeprägt. Der Prognoseeinfluss von BZF auf das Vertrauen (VTR) war in diesem Fall nur schwach ausgeprägt ($q^2 = 0,05$), während der weitergehende Prognoseeinfluss von VRT auf Loyalität (LOY) nicht messbar war. Für BZF konnte hingegen ein mittelstarker Prognoseeinfluss ($q^2 = 0,19$) und für GZF noch ein schwacher Prognoseeinfluss ($q^2 = 0,07$) nachgewiesen werden.

Nachdem das Gesamt-Strukturmodell und seine Bestandteile einer Prüfung auf Güte in den Kategorien nomologische Validität, endogene Vorhersagequalität und exogene Vorhersagequalität unterzogen wurde, sollte an dieser Stelle eine übergreifende Beurteilung des Gesamt-Strukturmodells erfolgen. Das Ziel ist an dieser Stelle, das Untersuchungsmodell explorativ weiter um unnötige Konstrukte zu reduzieren, damit ein besserer Erklärungsgehalt erreicht werden kann.

Aus den vorliegenden Daten der Gütebeurteilung zeigen sich insbesondere die Pfade der Konstrukte Expertise (EXP), Verständnis (VER) und Joint Working (JWO) als nicht signifikant. Weiterhin wird für die drei Konstrukte gezeigt, dass keine endogene Vorhersagequalität besteht, d. h. es wird durch die drei Konstrukte keine Varianzerklärung des endogenen Konstrukts Beratungszufriedenheit (BZF) geleistet. Diese beiden Beurteilungskriterien zusammengenommen veranlassen den Autor dieser Arbeit, die drei Konstrukte aus dem Modell an dieser Stelle zu eliminieren. Auch für das Konstrukt Verkaufsorientierung (VKO) wird der Schwellenwert von t-Wert ≥ 1,65 noch knapp nicht erreicht – allerdings werden hier zumindest noch ein schwacher endogener und exogener Prognoseeinfluss auf das Konstrukt BZF nachgewiesen, so dass das Konstrukt an dieser Stelle im Gesamtmodell verbleiben soll. Weitere Gütekriterien in den drei beschriebenen Beurteilungskategorien sind an dieser Stelle als unkritisch anzusehen, so dass sich als Ergebnis dieser Untersuchung ein reduziertes Strukturmodell ergibt. In der nachfolgenden Abbildung zeigt sich das **reduzierte Strukturmodell**, das unter Zuhilfenahme der Gütekriterien in den Kategorien nomologische Validität, endogene Vorhersagequalität und exogene Vorhersagequalität explorativ entwickelt wurde. Im nächsten Abschnitt soll dieses erneut auf seine Güte untersucht werden.

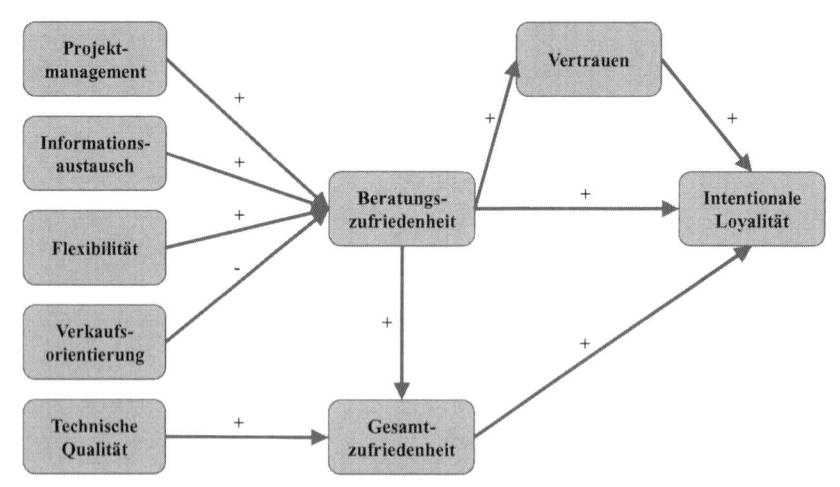

Abb. 37: Reduziertes Strukturmodell mit Wirkungsbeziehungen
Quelle: eigene Darstellung

6.4.5 Beurteilung der Modellgüte: Reduziertes Strukturmodell

In diesem Abschnitt soll untersucht werden, ob die Defizite der unzureichenden Güte im Strukturmodell durch die Eliminierung von drei Konstrukten beseitigt werden können. Dies bedeutet, dass das reduzierte Strukturmodell erneut in SmartPLS gerechnet und das daraus resultierende reduzierte bzw. bereinigte Strukturmodell erneut einer Überprüfung durch die Gütekriterien des letzten Abschnitts unterzogen wird. Die Ergebnisse sind in der nachfolgenden Tabelle aufgeführt:

Exogene Konstrukte	Endogene Konstrukte	Nomologische Validität		Endogene Vorhersagequalität	Exogene Vorhersagequalität		
Gütekriterium:		Pfadkoeffizient	t-Wert	f^2	R^2	Q^2	q^2
Anforderung:			$\geq 1,65$	$\geq 0,02$	$\geq 0,33$	$> 0,00$	$\geq 0,02$
PRM →	BZF	0,47	6,00	0,52	0,75	0,64	0,30
INF →	BZF	0,19	2,60	0,08			0,06
FLE →	BZF	0,32	4,59	0,18			0,10
VKO →	BZF	-0,08	**1,40**	0,02			0,04
TQU →	GZF	0,32	4,71	0,24	0,83	0,66	0,10
BZF →	GZF	0,64	10,19	0,94			0,35
BZF →	VTR	0,65	12,58	0,09	0,42	0,29	0,05
BZF →	LOY	0,54	5,16	0,35	0,84	0,74	0,19
GZF →	LOY	0,32	3,16	0,13			0,09
VTR →	LOY	0,11	2,29	0,04			0,02

Tabelle 33: Überprüfung des reduzierten Strukturmodells mit PLS

Quelle: eigene Darstellung

Die Begutachtung des reduzierten Kausalmodells ist durchaus vielversprechend: Im Bereich **nomologische Validität** konnte die Stärke einiger Pfade noch einmal verbessert werden. Bis auf zwei Ausnahmen können alle Pfade nun als bedeutsam (INF → BZF liegt mit 0,19 nur knapp unter der Schwelle von 0,20) beurteilt werden. Die beiden schwächsten Pfade (VKO → BZF und VTR → LOY) können zumindest noch als beachtenswert eingestuft werden, da sie nah am korrespondierenden Orientierungswert von 0,1 bzw. -0,1 liegen (Lohmöller, 1989:60). Weiterhin ist zu beachten, dass insbesondere der Pfad INF → BZF jetzt auf dem 1%-Niveau (t-Wert ≥ 2,576) signifikant ist. Auch alle weiteren Konstruktbeziehungen sind mindestens auf einem 5%-Niveau (zweiseitig) signifikant. Die Verkaufsorientierung (VKO) bewegt sich immer noch leicht unter der vorgegebenen Mindestsignifikanzgrenze des 10%-Niveaus (t-Wert

≥ 1,65) und ist nur. bei ca einem 16%-Niveau signifikant. Die Hypothese sollte deshalb nur sehr eingeschränkt nicht verworfen werden.

Hinsichtlich der **endogenen Vorhersagequalität** sind für jede Pfadbeziehung zumindest schwache Effekte beobachtbar. Drei Pfade, namentlich PRM → BZF (0,52), BZF → GZF (0,94) und BZF → LOY (0,35), weisen starke Effekte auf. Dies bedeutet, dass das Modell noch einmal verbessert werden konnte, weil nun drei statt bisher zwei Pfade eine große Varianzerklärung für endogene Konstrukte leisten.

Bei der **exogenen Vorhersagequalität** bewegt sich die R^2-Güte weiterhin auf dem hohen Niveau des Gesamtmodells. Hier konnten keine wesentlichen Änderungen durch die Modellreduktion festgestellt werden. Das Gütekriterium für Prognosequalität Q^2 konnte ein weiteren Mal für alle Konstrukte einen Wert > 0 aufweisen, so dass das Stone-Geisser-Kriterium erfüllt ist. Als letzte Betrachtungseinheit werden die q^2-Werte analysiert, die den Einfluss der Antezedenzen auf die Prognoserelevanz der endogenen latenten Variablen zeigen. Hier wird deutlich, dass die Werte im Wesentlichen auf dem Niveau des Gesamtmodells liegen. Lediglich beim Einfluss von Vertrauen auf Loyalität (VTR → LOY) kann erstmals ein wenigstens schwacher Effekt nachgewiesen werden.

Da in PLS keine globalen Gütemaße existieren, ist damit die übergreifende Beurteilung des (reduzierten) Strukturmodells beendet. Alle Gütekriterien haben sich grundsätzlich als erfüllt herausgestellt – damit sieht der Autor keine Notwendigkeit, an dieser Stelle weitere Anpassungen am Strukturmodell vorzunehmen. In der nachfolgenden Grafik wird das finale Strukturmodell unter Berücksichtigung ausgewählter Gütemaße (Pfadkoeffizienten mit Vorzeichen; Signifikanzen bzw. t-Werte; R^2-Werte) dargestellt:

Schritt 2: Quantitative Studie 277

```
Projektmanagement  +0,47***  →  Vertrauen  R² = 0,42
Informationsaustausch  +0,19***  +0,65***              +0,11**
                      +0,32***  Beratungszufriedenheit  +0,54***  Intentionale Loyalität  R² = 0,84
Flexibilität          -0,08(*)  R² = 0,75
Verkaufsorientierung            +0,64***              +0,32***
Technische Qualität   +0,32***  Gesamtzufriedenheit  R² = 0,83
```

Signifikanzniveau (zweiseitig):
*** = 1%; ** = 5%; * = 10%; (*) = ~16 %

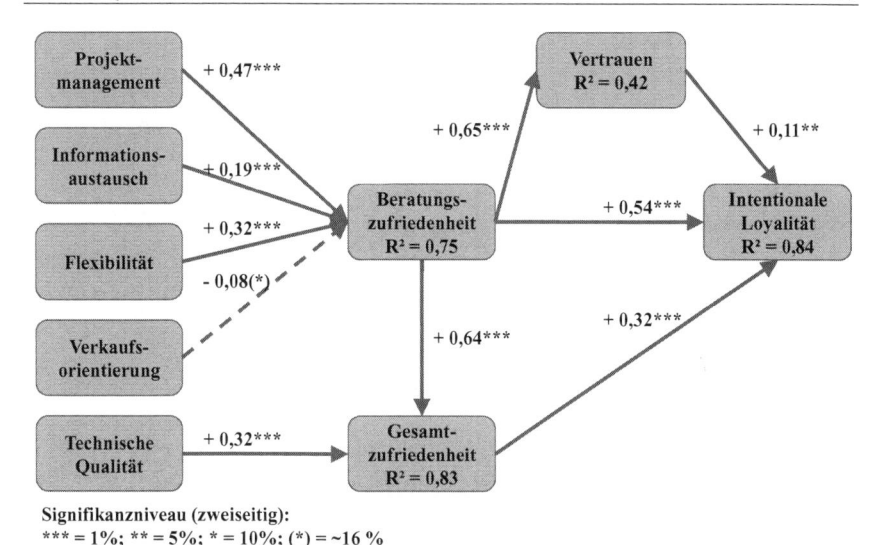

Abb. 38: Reduziertes Strukturmodell (mit Gütemaßen)

Quelle: eigene Darstellung

Bevor die inhaltliche Interpretation der Schätzergebnisse erfolgt und die Implikationen für Anbieter abgeleitet werden, soll an dieser Stelle noch auf zwei vermutete Interaktionseffekte im Modell eingegangen werden, nämlich mediierte und moderierte Kausalbeziehungen im reduzierten Strukturmodell.

6.4.6 Beurteilung der Modellgüte: Interaktionseffekte

Wie in Abschnitt 6.1.7 ausgeführt, ist die Analyse von Interaktionseffekten in Strukturmodellen eine Möglichkeit, eine noch größere Erklärungstiefe zu erhalten, die beispielsweise zu differenzierteren Managementempfehlungen führen können.

6.4.6.1 Die Beurteilung mediierter Kausalbeziehungen

In der Strukturgleichungsmodellierung werden mediierende Effekte oft unterstellt, jedoch nicht explizit getestet. Dies ist aus mehreren Gründen ein Versäumnis, da eine fehlende Untersuchung verhindert, dass ein Phänomen komplett verstanden werden kann. So können es mediierende Variablen erleichtern, Einflussvariablen in einem Modell zu finden, die zu einer besseren Erklärung führen. Hat man den indirekten Einfluss ermittelt, kann der gesamte Einfluss, den ein Konstrukt über eine bestimmte

Zielgröße ausübt, berechnet werden (auch Gesamteffekt oder Total Effekt) (Huber et al., 2007:117).

Zur endgültigen Beurteilung der Güte des Wirkungsmodells soll deshalb untersucht werden, in welchem Maß der mediierende Effekt des Vertrauens (VTR) und der mediierende Effekt der Gesamtzufriedenheit (GZF) von den vorliegenden Daten empirisch gestützt werden. Für die Analyse kann dies beispielsweise über die Signifikanz der indirekten Pfade belegt werden. Die Signifikanz wird, wie in Abschnitt 6.1.7 beschrieben, über den z-Test von Sobel (1982) überprüft. Die nachfolgende Tabelle zeigt, dass für beide Wirkungszusammenhänge der z-Wert den geforderten Schwellenwert von 1,965 überschreitet. Damit können auf dem 5%-Niveau die Nullhypothesen zurückgewiesen werden, nach denen keine Mediatoreffekte bestünden. An dieser Stelle soll noch angemerkt werden, dass der Sobel-Test nicht ohne Kritik ist, da er eigentlich eher für große Samples konzipiert wurde und deshalb von einer Normalverteilung der Werte ausgeht, die bei kleineren Samples schwer zu erreichen ist (Preacher und Hayes, 2008:883).[122]

Im nächsten Schritt kann die Berechnung des VAF Aufschluss darüber geben, wie hoch der prozentuale Anteil des Gesamteffektes über den jeweiligen Mediator ist (Shrout und Bolger, 2002). Dafür wird der Anteil des indirekten Effekts (hier: a × b bzw. d × e, vgl. auch Abbildung 39) am Gesamteffekt (hier: ((a × b) + (d × e) + c)) bestimmt. Die nachfolgende Tabelle zeigt, dass in der vorliegenden Untersuchung zwei partiell mediierende Effekte die Wirkung von BZF auf LOY beeinflussen. Der mediierende Effekt des Konstrukts Vertrauen ist signifikant von 0 verschieden und beträgt 12% vom Gesamteffekt. Noch stärker ist der Einfluss bei dem Konstrukt Gesamtzufriedenheit: Rund 27% des Gesamteffekts von Beratungszufriedenheit auf Loyalität wird über das Konstrukt Gesamtzufriedenheit partiell mediiert. Da es sich in beiden Fällen nur um partielle Mediationen handelt – und insgesamt nicht mehr als 100% über den kumulierten VAF erklärt werden –, hat die unabhängige Variable BZF immer noch einen signifikanten Effekt auf die abhängige Variable LOY.

---

[122] Die Autoren empfehlen daher, lieber den kompletten indirekten Effekt zu bootstrappen und somit auf die Signifikanzen der indirekten Effekte zurückzugreifen. Dies wurde parallel auch für die vorliegende Untersuchung überprüft und für beide indirekten Effekte wurden signifikante Werte (d. h. t-Werte > 1,965) angezeigt.

Schritt 2: Quantitative Studie

Exogenes Konstrukt	Mediator	Endogenes Konstrukt	Gesamt-effekt	Direkter Effekt	Mediierter Effekt	z-Wert > 1,965	VAF
BZF	→ VTR →	LOY	0,819	0,542	0,072	2,251	12%
BZF	→ GZF →	LOY	0,819	0,542	0,205	3,021	27%

Tabelle 34: Überprüfung mediierender Effekte im reduzierten Strukturmodell

Quelle: eigene Darstellung

In der nachfolgenden Grafik wird abschließend gezeigt, wo die einzelnen Effekte im Modell zu beobachten sind. Weiterhin wird deutlich, dass alle geforderten Signifikanzen vorhanden sind, die eine Voraussetzung für die Mediation sind.

Berechnung der Mediationseffekte:

Projektmanagement

Informationsaustausch

Flexibilität

Verkaufsorientierung

Technische Qualität

Vertrauen

Beratungszufriedenheit

Gesamtzufriedenheit

Intentionale Loyalität

$a = 0{,}647^{***}$
$b = 0{,}111^{**}$
$c = 0{,}542^{***}$
$d = 0{,}636^{***}$
$e = 0{,}322^{***}$

Signifikanzniveau (zweiseitig):
*** = 1%; ** = 5%

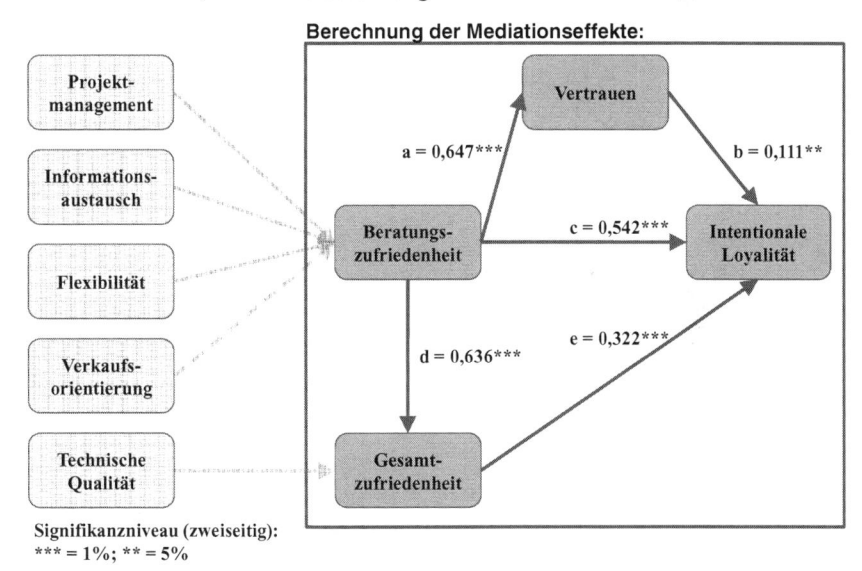

Abb. 39: Multipler Mediatoreneffekt im reduzierten Strukturmodell

Quelle: eigene Darstellung

Bevor die inhaltlichen Implikationen der Mediationseffekte diskutiert werden, sollen im nächsten Abschnitt zunächst relevante Moderationseffekte untersucht werden.

6.4.6.2 Die Beurteilung moderierter Kausalbeziehungen

Eine Gefahr für die Validität von SEM-Ergebnissen kann in der Heterogenität der Stichprobe gesehen werden, weil es – wenn diese unbeobachtet bleibt – zu verfälschten oder unterdrückten Effekten im Modell und Fehlinterpretationen kommen kann

(Henseler et al., 2009:307 ff.). Aus diesem Grund wurden in Abschnitt 6.1.7 Moderatoren als qualitative oder quantitative Variablen vorgestellt, die die Richtung und/oder Stärke von Beziehungen zwischen einer unabhängigen und einer abhängigen Variable beeinflussen. Moderatorvariablen sind nicht selbst Bestandteil einer Einflussbeziehung, sondern wirken auf die Stärke einer direkten Einflussbeziehung "von außen" auf das Modell.

Für die vorliegende Untersuchung wurden a priori zwei kategoriale Variablen durch theoretische Überlegungen bestimmt (vgl. Abschnitt 5.5.13) und dann im Rahmen der quantitativen Befragung mit erhoben. Bei diesen beiden Variablen handelt es sich um die **kategorischen Variablen** "**Interner Provider**" und "**Bestandsbeziehung**". Hierbei soll geprüft werden, inwiefern es sich dabei um Moderatoren handelt.

Bei der ersten Variable "**Interner Provider**" wurde den Probanden die Frage gestellt "Handelt es sich bei dem Lösungsanbieter um einen internen Anbieter, der vorgegeben war?". Durch einen Gruppenvergleich konnten folgende Ergebnisse erzielt werden:

Exogene Konstrukte	Endogene Konstrukte	Pfadkoeffizient Gruppe 1: Interner Provider (n = 40)	Pfadkoeffizient Gruppe 2: Externer Provider (n = 66)	Varianzgleichheit? Ja/ nein?	t-Wert	p-Wert	Check: Probability ohne Verteilungsannahmen	Effekt? Ja/ nein?
PRM →	BZF	0,464	0,500	Ja	0,203	0,420	56,44%	Nein
INF →	BZF	0,195	0,187	Nein	0,058	0,477	48,47%	Nein
FLE →	BZF	0,366	0,259	Ja	0,656	0,257	28,44%	Nein
VKO →	BZF	-0,078	-0,062	Ja	0,136	0,446	52,24%	Nein
TQU →	GZF	0,274	0,371	Nein	0,713	0,239	75,16%	Nein
BZF →	GZF	0,713	0,569	Nein	1,164	0,124	13,94%	Nein
BZF →	VTR	0,672	0,632	Ja	0,388	0,349	34,55%	Nein
BZF →	LOY	0,755	0,441	Nein	1,564	0,060	4,81%	Ja
GZF →	LOY	0,074	0,419	Ja	1,664	0,050	96,85%	Ja
VTR →	LOY	0,165	0,108	Ja	0,537	0,296	28,34%	Nein

Tabelle 35: Überprüfung der kategorischen Variable "Interner Provider"
Quelle: eigene Darstellung

Die Tabelle zeigt, dass die gesamte Stichprobe (n = 106) anhand der Ausprägung "Interner oder Externer Provider" in zwei Teilstichproben zerlegt wurde (n = 40 für interner Dienstleister; n = 66 für externer Dienstleister). Diese Teilstichproben können als ausreichend groß für den folgenden Gruppenvergleich beurteilt werden (Qureshi und Compeau, 2009:206). Für jede Teilstichprobe erfolgte daraufhin eine getrennte Berechnung des reduzierten Strukturmodells. Im nächsten Schritt wurde die Differenz zwischen den separat berechneten Pfadkoeffizienten bestimmt, um Aussagen über einen möglichen Moderatoreinfluss treffen zu können. Für den Test auf signifikante Differenz wurden zwei verschiedene Verfahren angewendet, die jedoch im vorliegenden Fall zu den gleichen Aussagen führen. Dabei handelt es sich einmal um den Test auf signifikante Differenz nach Chin (2000), der zunächst bestimmt, ob Signifikanzgleichheit zwischen den beiden Pfaden besteht. Darauf aufbauend kann der p-Wert bestimmt werden. Dieser zeigt bei der Pfadbeziehung BZF → LOY an, dass die Nullhypothese – es besteht keine signifikante Differenz zwischen den Gruppen – abgelehnt werden kann (Wahrscheinlichkeit $p < 0{,}10$). Die Moderatorausprägung "Interner Provider" beeinflusst hier stärker die Pfadbeziehung BZF → LOY als die Merkmalsausprägung "Externer Provider". Da die Durchführung des Gruppenvergleichs an die Bedingung geknüpft ist, dass die Variablen nach Möglichkeit einer Normalverteilung entsprechen sollten, wurde der Moderatortest noch mit dem Verfahren nach Henseler et al. (2009:307 ff.) wiederholt, weil es hier keine Verteilungsannahmen über das Sample gibt. Wiederum konnte die Nullhypothese widerlegt werden: Mit 4,81% wird die Wahrscheinlichkeit ausgedrückt, dass Gruppe zwei einen größeren Wert für den Pfadkoeffizienten erhält als Gruppe eins. Dies ist somit als Moderator zu beurteilen.

Das gleiche Vorgehen wurde für die Pfadbeziehung GZF → LOY angewendet. Auch hier konnte durch beide Verfahren die Nullhypothese abgelehnt werden: In diesem Fall hat die Moderatorausprägung "Externer Provider" einen stärkeren Einfluss auf die Pfadbeziehung GZF → LOY als die Moderatorausprägung "Interner Provider". Dabei kann festgestellt werden, dass es eine Wahrscheinlichkeit von 96,85% gibt, dass Gruppe zwei einen größeren Pfadkoeffizienten hat als Gruppe eins. Der Unterschied ist in diesem Fall sogar so groß, dass für das Sample "Interner Provider" kein signifikanter Pfad mehr für GZF → LOY angezeigt wird. Ob dieser Zusammenhang jedoch wirklich nur unter der Moderatorausprägung "Externer Dienstleister" auftritt, sollte mit Vorsicht beurteilt werden, da es sich hier nur um eine Teilstichprobengröße von $n = 40$ handelt.

Für alle weiteren Pfade im Modell zeigt die Tabelle, dass keine signifikant unterschiedlichen Pfadausprägungen durch die beiden Verfahren angezeigt wurden. Diese Ergebnisse decken sich mit den Beobachtungen von Qureshi und Compeau (2009:207), wonach es zwischen parametrischen und nichtparametrischen Verfahren bei Gruppenvergleichen unter PLS zu sehr ähnlichen Signifikanzaussagen bezüglich der Moderatoren kommt.

Die zweite kategoriale Variable, "**Bestandsbeziehung**", wurde durch die Frage "Gab es vor dem Projekt schon eine Geschäftsbeziehung zum Anbieter?" erhoben. In diesem Fall konnten durch die beiden Verfahren des Gruppenvergleichs folgende Ergebnisse erzielt werden:

Exogene Konstrukte	Endogene Konstrukte	Pfadkoeffizient Gruppe 1 Bestandsbeziehung (n = 63)	Pfadkoeffizient Gruppe 2 Neukunde (n = 43)	Varianzgleichheit? Ja/ nein?	t-Wert	p-Wert	Check: Probability ohne Verteilungsannahmen	Effekt? Ja/ nein?
PRM →	BZF	0,513	0,408	Ja	0,697	0,244	28,52%	Nein
INF →	BZF	0,247	0,147	Nein	0,550	0,292	32,18%	Nein
FLE →	BZF	0,292	0,369	Nein	0,419	0,338	64,65%	Nein
VKO →	BZF	-0,035	-0,139	Ja	0,902	0,184	20,42%	Nein
TQU →	GZF	0,289	0,375	Ja	0,583	0,281	71,20%	Nein
BZF →	GZF	0,676	0,578	Ja	0,731	0,233	23,87%	Nein
BZF →	VTR	0,622	0,721	Nein	1,027	0,154	84,10%	Nein
BZF →	LOY	0,563	0,538	Ja	0,123	0,451	44,29%	Nein
GZF →	LOY	0,294	0,362	Ja	0,323	0,374	65,33%	Nein
VTR →	LOY	0,115	0,073	Ja	0,408	0,342	35,14%	Nein

Tabelle 36: Überprüfung der kategorialen Variable "Bestandsbeziehung"

Quelle: eigene Darstellung

Die Berechnung der Werte beruht auf einer Teilgruppeneinteilung von 63 ("Bestandsbeziehung") zu 43 ("Neukunde") Fällen, was wiederum ausreichend große Gruppen darstellt (Qureshi und Compeau, 2009:206). Da der p-Wert nicht mindestens unter 0,1 bzw. 0,05 liegt (Test 1), sowie beim zweiten Test nicht mindestens eine Wahrscheinlichkeit größer 0,95 bzw. kleiner 0,05 festgestellt wurde, konnten alle entsprechenden Nullhypothesen nicht widerlegt werden. Dies bedeutet, dass keine signifikanten Moderatoreffekte auf Basis der beiden Verfahren für diese kategoriale Variable identifiziert werden konnten.

Übergreifend sollte angemerkt werden, dass die Stichprobengröße (insgesamt und pro Gruppe), wenn signifikante Gruppeneffekte gefunden werden, keinen großen Einfluss hat. Anders sieht es jedoch aus, wenn wie im zweiten Fall keine signifikanten Gruppenunterschiede gefunden werden: Hier kann der Forscher nicht mit letzter Bestimmtheit sagen, ob kein Gruppeneffekt gefunden wurde, weil es in der Realität keinen Effekt gibt oder weil keine ausreichend große Stichprobe aus der Grundgesamtheit entnommen wurde. Dies liegt zum Teil daran, dass PLS Gruppenunterschiede erst relativ spät als signifikant erkennt – auch wenn die Unterschiede zwischen den Pfadkoeffizienten zweier Gruppen sehr groß sind (Qureshi und Compeau, 2009:206). Nachdem die statistische Analyse des Strukturmodells nunmehr abgeschlossen ist, wird im nächsten Abschnitt die Interpretation der Schätzergebnisse erörtert.

6.4.7 Interpretation und abschließende Beurteilung der Schätzergebnisse

Basierend auf der Literatur des RM wurde ein Kodierungschema entwickelt, das die quantitative Auswertung einer umfangreichen qualitativen Befragung zur Beratungszufriedenheit bei IT-Lösungen ermöglichte. Das Ergebnis dieser Auswertung war ein Hypothesensystem (Modell), welches am Ende von Abschnitt 5.6 formuliert wurde. Die darauf aufbauende quantitative Untersuchung erlaubt es, dieses Modell auf signifikante Pfade hin zu testen und weiter durch explorative Anpassungen zu verbessern. Tabelle 37 fasst die Ergebnisse der Hypothesentests noch einmal zusammen:

Hypothese	Postulierter Ursache-Wirkungs-Zusammenhang	Ergebnis
H_1	Je höher der Nachfrager die Expertise des Anbieters bewertet, desto größer ist seine Beratungszufriedenheit mit dem Anbieter.	✗
H_2	Je höher der Nachfrager das Projektmanagement des Anbieters bewertet, desto größer ist seine Beratungszufriedenheit mit dem Anbieter.	✓
H_3	Je höher der Nachfrager den Informationsaustausch mit dem Anbieter bewertet, desto größer ist seine Beratungszufriedenheit mit dem Anbieter.	✓
H_4	Je höher der Nachfrager das Verständnis des Anbieters bewertet, desto größer ist seine Beratungszufriedenheit mit dem Anbieter.	✗
H_5	Je höher der Nachfrager das Joint Working mit dem Anbieter bewertet, desto größer ist seine Beratungszufriedenheit mit dem Anbieter.	✗
H_6	Je höher der Nachfrager die Flexibilität des Anbieters bewertet, desto größer ist seine Beratungszufriedenheit mit dem Anbieter.	✓
H_7	Je niedriger der Nachfrager die Verkaufsorientierung des Anbieters bewertet, desto größer ist seine Beratungszufriedenheit mit dem Anbieter.	(✓)
H_8	Je höher der Nachfrager die technische Qualität der Lösung bewertet, desto größer ist seine Gesamtzufriedenheit mit dem Anbieter.	✓
H_9	Je größer die Beratungszufriedenheit des Nachfragers mit dem Anbieter ist, desto größer ist seine Gesamtzufriedenheit mit dem Anbieter.	✓
H_{10}	Je größer die Beratungszufriedenheit des Nachfragers mit dem Anbieter ist, desto größer ist sein Vertrauen in den Anbieter.	✓
H_{11}	Je größer die Beratungszufriedenheit des Nachfragers mit dem Anbieter ist, desto größer ist seine Loyalität zu dem Anbieter.	✓
H_{12}	Je größer die Gesamtzufriedenheit des Nachfragers mit dem Anbieter ist, desto größer ist seine Loyalität zu dem Anbieter.	✓
H_{13}	Je größer das Vertrauen des Nachfragers in den Anbieter ist, desto größer ist seine Loyalität zu dem Anbieter.	✓

✓	Die Hypothese kann bei einem Signifikanzniveau von 5% nicht verworfen werden.
(✓)	Die Hypothese kann eingeschränkt nicht verworfen werden (Signifikanzniveau ~ 16%).
✗	Die Hypothese wird verworfen.

Tabelle 37: Getestete Hypothesen und Ergebnisse

Quelle: eigene Darstellung

Überprüft man die postulierten Ursache-Wirkungs-Zusammenhänge im Modell, so unterstützen die Ergebnisse der quantitativen empirischen Untersuchung vier der sieben vermuteten Einflussfaktoren auf die Beratungszufriedenheit bei Lösungen. Für Projektmanagement, Informationsaustausch und Flexibilität kann ein positiver Einfluss nicht zurückgewiesen werden – für Verkaufsorientierung konnte zumindest eingeschränkt der vermutete negative Wirkungszusammenhang nicht zurückgewiesen werden. Darüber hinaus unterstützen die Ergebnisse die vermutete Beziehung, dass Beratungszufriedenheit einen positiven Einfluss auf das Vertrauen und die intentionale Loyalität hat. Zuletzt können die Hypothesen nicht verworfen werden, welche sich auf die Gesamtzufriedenheit des Kunden beziehen. Hier wurde postuliert, dass die Gesamtzufriedenheit ein Konstrukt ist, das sich von der Beratungszufriedenheit unterscheidet und durch diese beeinflusst wird. Weiterhin wird durch die Untersuchung die Hypothese unterstützt, dass die technische Qualität der Lösung ein wichtiger Einflussfaktor für die Gesamtzufriedenheit ist. Diese wirkt dann innerhalb des Hypothesengeflechts wiederum auf die intentionale Loyalität. Eine weitere Betrachtung dieser bestätigten Hypothesen soll an dieser Stelle nicht vertieft werden, da bereits ausführliche und ausreichende Erklärungen in Kapitel 5 vorgebracht wurden. In Kapitel 7 folgen eine übergreifende und abschließende Einordnung der Ergebnisse sowie eine Betrachtung der Implikationen für Wissenschaft und Praxis.

Drei der insgesamt 13 Hypothesen konnten jedoch auf Basis der empirischen Ergebnisse verworfen werden, so dass sich an dieser Stelle zunächst die inhaltliche Frage stellt, worin dies begründet sein könnte.

6.4.7.1 Erste verworfene Hypothese: Expertise → Beratungszufriedenheit

Der direkte Einfluss der wahrgenommenen Anbieterexpertise auf die Beratungszufriedenheit des Nachfragers musste verworfen werden, da der Wirkungspfad hier keine Signifikanz aufweist. Dies überrascht auf den ersten Blick, da Expertise das am häufigsten genannte Konstrukt in den Interviews war. Der Autor dieser Arbeit kann an dieser Stelle drei unterschiedliche Interpretationen für diese Schätzergebnisse finden, wobei er die zweite und dritte Interpretationsmöglichkeit klar präferiert:

Die **erste Möglichkeit** wäre, dass Expertise als Konstrukt tatsächlich keine relevante Dimension für Anbieter von B2B-Lösungen ist und dass es für Kunden keinen Einfluss auf ihre Beratungszufriedenheit hat. Dies könnte beispielsweise der Fall sein, wenn im überwiegenden Teil der untersuchten IT-Lösungsprojekte gar kein Aspekt der Expertenberatung ("expertise model"), sondern nur ein Prozess-Beratungsmodell in Reinform ("process consultation model") vorhanden wäre (Fließ et al., 2003:38 ff.). Somit wäre hauptsächlich die Fähigkeit gefragt, einen Lösungsprozess moderieren zu können, und Expertise würde eine völlig untergeordnete Rolle spielen. Diese Möglichkeit wird jedoch vom Autor dieser Arbeit stark angezweifelt, weil für die Zusammenstellung einer komplexen IT-Lösung eine gewisse technische Grundexpertise nötig scheint. Zweitens wird auch in der Literatur immer wieder die wichtige Rolle von Expertise herausgehoben, beispielsweise wenn es um den Einfluss auf die Vertriebseffizienz (Stanton und Buskirk, 1987) oder den Einfluss auf die Beziehungsqualität – wovon Zufriedenheit hier einen Teilbestandteil darstellt – geht (Crosby et al., 1990). Drittens war die Nennung des Konstrukts Expertise in den Interviews so überragend hoch, dass ein alternativer Erklärungsansatz verfolgt werden sollte.

Die **zweite Möglichkeit** für die Erklärung der schwachen Pfadausprägung wäre, dass Expertise als Anbietermerkmal eine Basisanforderung darstellt, weil Anbieter mittlerweile stärker Kundenexperten und nicht mehr nur Produkt- bzw. Serviceexperten sein müssen (Sharma et al., 2008:300). Dies würde im Sinne des Kano-Modells der Kundenzufriedenheit zwar bei Nichterfüllung zu Unzufriedenheit führen, aber bei Erfüllung nicht die Kraft haben, die Zufriedenheit maßgeblich zu steigern (Bailom et al., 1996:118 ff.). Basisanforderungen sind somit Mindestanforderungen, die oft implizit von Nachfragern verlangt werden und deren Vorhandensein von Kunden als selbstverständlich vorausgesetzt wird. Diese Art von nichtlinearem Wirkungsverhältnis lässt sich in einem Strukturgleichungsmodell jedoch nicht überprüfen, sondern verlangt nach einem eigenen, anderen Forschungsvorgehen wie beispielsweise der Penalty-Reward-Faktoren-Analyse von Brandt (vgl. beispielsweise Bruhn und Stauss, 2003:411 ff.). Hierbei wird die angebotene Dienstleistung in eigene Teildienstleistungen zerlegt und es können spezifische Basis-, Leistungs- und Begeisterungsanforderungen von Nachfragern identifiziert werden. Neben der Überprüfung in einem Strukturgleichungsmodell gibt es natürlich noch die Möglichkeit, auf die Interviews zurückzugreifen. Hier finden sich tatsächlich Hinweise darauf, dass Expertise als eine selbstverständliche Basisanforderung wahrgenommen wird. So bemerkt Interviewpartner # 1 (2009:00:40:54-0):

"Die Erwartungshaltung ist natürlich, dass es dafür einen Methodenkasten gibt, den sie für Projekte standardmäßig ansetzen. Und aus dieser Anspruchshaltung entsteht natürlich auch die Erwartung: 'O.k., die wissen was sie tun. Die können das auch entsprechend präsentieren und darlegen.'"

Der Interviewpartner spricht also von einer natürlichen Erwartungshaltung, dass Expertise beim Anbieter vorhanden sein muss, wenn er ein Lösungsprojekt beim Nachfrager durchführen möchte. Und auch bei Interviewpartner # 2 (2010:00:24:13-3) wird dieser Anspruch ähnlich formuliert:

"Die Basis ist Fachkompetenz, das ist ganz klar."

Am treffendsten formuliert es jedoch Interviewpartner # 10 (2010:00:44:17-6), der noch einmal klar herausstellt, warum es sich bei Expertise um einen Basisfaktor handeln könnte:

"Die inhaltliche Fachkompetenz – zumindest wenn du irgendwo die Sachbearbeiter-Ebene verlässt – das ist dann irgendwann mal ein Hygienefaktor. Das setzt du voraus, aber das ist jetzt nichts, worüber du auch als Anbieter einen Case machst und dich positiv differenzierst, weil das wird vorausgesetzt und das sind auch nicht die Sachen, die einen Unterschied machen."

Expertise macht also nach Aussagen der Interviewpartner nicht mehr "den Unterschied", sondern sollte in jedem Fall beim Anbieter vorausgesetzt. Wenn diese Expertise nicht vorhanden ist, kann angenommen werden, dass der Nachfrager unzufrieden wird oder der Anbieter erst gar nicht den Auftrag bei der Vergabe erhält. Begreift man Lösungen als Leistungsbündel, handelt es sich hierbei also um ein grundlegendes Leistungspotenzial, das jeder Lösungsanbieter braucht, um leistungsbereit zu sein, aber dem eigentlichen Leistungserstellungsprozess vorgelagert ist (Jacob, 2009:109). Dabei ist die Verbindung zum Leistungserstellungsprozess durchaus wichtig, wie das Zitat von Interviewpartner # 14 (2010:00:09:15-3) zeigt:

"Und im Projektverlauf haben wir eben gemerkt, dadurch, dass wir uns auf die Firma-X-Standard-Lösung konzentrieren, hat er dieses Know-how nicht auf die Straße gebracht."

Es geht also darum, die vorhandene Expertise einerseits als Potenzial zu besitzen und dann infolgedessen optimal für den Kunden einzubringen.

Die **dritte Möglichkeit** zur Erklärung der verworfenen Hypothese wäre, dass die wahrgenommene Expertise indirekt wirkt und im Modell über den wahrgenommenen Kommunikationsaustausch mit dem Anbieter perfekt mediiert wird. Dieser Erklärungsansatz würde auch von Selnes (1998:309) unterstützt werden, der anmerkt, dass es in der Kommunikationsliteratur schon lange anerkannt ist, dass wahrgenommene Expertise als ein Haupteinflussfaktor für den Effekt von Kommunikation gesehen werden kann. Weiterhin zeigt Geile (2010:335), dass, je größer die Zufriedenheit des Nachfragers mit der Dimension "Kompetenz" ist, desto größer ist die Gesamtzufriedenheit des Nachfragers in der Kommunikationssituation. Die dahinter liegende Überlegung ist, dass kompetente Vertriebsleute des Anbieters auch als besser in der Kommunikation wahrgenommen werden, weil die kommunizierten Nachrichten dann einen höheren empfundenen Wahrheitsgehalt haben und damit mehr Vertrauen erzeugen.

Auch für diesen neuen Wirkungszusammenhang können Interviewzitate herangezogen werden, die dieses Argument stützen. Interviewpartner # 18 (2010:00:21:36-5) beispielsweise merkt an:

> *"Zum einen, der Sales-Mann: Dem hast du angemerkt 'Ah, der weiß wovon er spricht! Der hat das schon x-mal gemacht! Er verkauft ständig solche Dinger. Er ist darauf spezialisiert von den Skills.'"*

Hier wird deutlich, dass der Anbieter erst durch den Kommunikationsaustausch seine Expertise wirklich dem Nachfrager nahebringen kann, was dann in der Folge wieder zu einer erhöhten Beratungszufriedenheit des Nachfragers führen könnte.

Zusätzlich wäre es eine Option, diese dritte Erklärungsmöglichkeit für das Verwerfen der Hypothese 1 aus den quantitativen Daten empirisch zu überprüfen: Das reduzierte Strukturmodell aus Abbildung 38 wurde zu diesem Zweck um den Pfad EXP → INF ergänzt und auf Signifikanz hin überprüft. Dies erscheint inhaltlich gerechtfertigt, da sich, wie zuvor erläutert, der neue hypothetische Zusammenhang rein auf Wahrnehmungskonstrukte des Nachfragers bezieht. Durch die Analyse des erweiterten reduzierten Pfadmodells können folgende Werte gewonnen werden:

Exogene Konstrukte	Endogene Konstrukte	Nomologische Validität		Endogene Vorhersagequalität	Exogene Vorhersagequalität		
Gütekriterium:		Pfadkoeffizient	t-Wert	f^2	R^2	Q^2	q^2
Anforderung:		≥ 1,65		≥ 0,02	≥ 0,33	> 0,00	≥ 0,02
EXP →	INF	0,54	8,64	0,11	**0,29**	0,17	0,06

Tabelle 38: Reduziertes Strukturmodell mit Erweiterung um EXP (Auszug)

Quelle: eigene Darstellung

Die Tabelle zeigt, dass statistisch in fast allen Bereichen die Gütekriterien erreicht werden konnten. Bei der nomologischen Validität konnte mit einem Wert von 0,54 ein bedeutsamer Pfadkoeffizient (vgl. Chin, 1998a:11) gemessen werden, der bei einem t-Wert von 8,64 auch jenseits von einem 1%-Niveau nicht verworfen werden kann. Bei der endogenen Vorhersagequalität ist die Effektstärke lediglich als schwach zu beurteilen. Hinsichtlich der exogenen Vorhersagequalität konnte die Anforderungen des Stone-Geisser-Kriteriums (Q > 0) erfüllt werden und auch beim Wert für den Prognoseeinfluss q^2 zeichnet sich zumindest ein schwacher Effekt ab. Lediglich der Anspruch an das R^2 konnte mit 0,29 nicht erfüllt werden. Dies verwundert nicht weiter, da keine weiteren Antezedenzen von Informationsaustausch in diesem Zusammenhang gemessen wurden.

Abschließend bleibt festzuhalten, dass **zwei alternative**, jedoch sehr zufriedenstellende **Erklärungen gefunden** werden konnten, warum der ursprünglich hypothetisierte Zusammenhang EXP → BZF verworfen werden musste. Eine Möglichkeit wäre anzunehmen, dass es sich bei Expertise um einen Basisfaktor handelt. Die andere Möglichkeit wäre anzunehmen, dass Expertise dem Informationsaustausch vorgelagert ist und perfekt mediiert wird. In beiden Fällen wäre Expertise damit eine Art "enabler", der in der Prozessberatung nicht direkt auf die Beratungszufriedenheit wirkt, aber dennoch eine hohe Bedeutung hat. Sie stellt damit wahrscheinlich eine Schlüsseleigenschaft beim Wandel zum Lösungsanbieter dar. Darüber hinaus können diese Begründungen dem Erklärungsrahmen von Vargo und Lusch (2004a:6 ff.) genügen, die Expertise bzw. Wissen als eine grundlegende Anbietereigenschaft für den Austausch in Geschäftsbeziehungen sehen. Im nächsten Abschnitt soll auf die zweite verworfene Hypothese im Rahmen von Erklärungsansätzen eingegangen werden.

6.4.7.2 Zweite verworfene Hypothese: Verständnis → Beratungszufriedenheit

Die zweite verworfene Hypothese beinhaltet den direkten Einfluss des wahrgenommenen Anbieterverständnisses auf die Beratungszufriedenheit des Nachfragers. Auch hier konnte kein signifikanter Einfluss gemessen werden. Da insgesamt 17 der 20 Interviewteilnehmer Verständnis als Einflussfaktor auf ihre Beratungszufriedenheit genannt haben, ist auch dies ein überraschender Befund, der einer Erklärung bedarf.

Die **erste** mögliche **Erklärung** für die erhaltene Messung wäre wiederum, dass das Anbieterverständnis keine bedeutende Rolle in diesem Zusammenhang spielt. Erneut hält der Autor dieser Arbeit dies nicht für die wahrscheinlichste Erklärung, weil einerseits eine so große Anzahl der Interviewteilnehmer diesen Faktor von sich aus im Interview vorgebracht hat, andererseits, weil in der RM-Literatur dem Verständnis eine wichtige Rolle zugeordnet wird. So führen beispielsweise Leonidou et al. (2006:585) über die Rolle von Verständnis an:

"[...] a deep understanding of their [...] clients' needs is vitally important in order, not only to secure the initial sale, but also to generate repeat sales [...]."

Diese beiden Punkte bekräftigen den Forscher dieser Arbeit darin, dass das Verständnis des Anbieters nicht unbedeutend bei der Erbringung von Lösungsprojekten sein kann.

Eine **zweite Erklärung** für das Messen des nicht signifikanten Pfades hält der Autor deshalb für wahrscheinlicher: Es könnte sein, dass sich das wahrgenommene Anbieterverständnis erst über einen längeren Zeitraum richtig entwickeln muss. Dies wird beispielsweise von Leonidou (2004:739) bei einer Untersuchung im B2B-Umfeld bestätigt, der feststellt, dass Geschäftsbeziehungen bei Bestandsbeziehungen durch mehr gegenseitiges Verständnis charakterisiert sind als neu startende Geschäftsbeziehungen. Aus den Interviews wird durchaus ersichtlich, dass sich Nachfrager bewusst sind, dass das Verständnis des Anbieters über den Zeitverlauf noch steigen kann. So bemerkt beispielsweise Interviewpartner # 7 (2010:00:15:38-6):

"Also das ist meistens so bei einer Neu-Implementierung, egal welches Tool: Die kommen halt mit einer Softwarelösung an und die verstehen Sie vielleicht ein bisschen, aber nicht 100%. Das geht ja auch gar nicht, woher denn auch?"

Dennoch wurden in Abschnitt 5.5.4 zahlreiche Zitate dafür angeführt, dass auf das Anbieterverständnis nicht vollständig verzichtet werden kann und es eine Art Grundvoraussetzung für eine erfolgreiche Zusammenarbeit ist. Es handelt sich also nicht um eine Begeisterungsanforderung, auf die verzichtet werden kann. Es könnte aber der

Fall sein, dass sich die Wahrnehmung von Verständnis über die Zeit ändert: Übertragen auf das Modell von Kano wäre der Anbieterfaktor Verständnis somit zunächst eine Leistungsanforderung, die die Beratungszufriedenheit noch positiv beeinflussen kann. Im Laufe eines langen Projekts bzw. bei längeren Geschäftsbeziehungen würde sich dieser Faktor jedoch zu einer Basisanforderung wandeln, die "einfach vorausgesetzt wird" und die Zufriedenheit nicht mehr positiv beeinflussen kann.

Eine Möglichkeit, diese Vermutung wenigstens in Ansätzen quantitativ zu validieren, wäre an dieser Stelle, den Pfad VER → BZF einem Gruppenvergleich zu unterziehen und "Bestandsbeziehung" hier als kategoriale Moderatorvariable anzunehmen. Würde es also eine signifikant höhere Pfadausprägung für VER → BZF bei der Gruppe ohne Bestandsbeziehungen geben, könnte dies eine erste Indikation dafür sein, dass Anbieterverständnis nur ohne eine länger bestehende geschäftliche Beziehung noch einen positiven Einfluss auf die Beratungszufriedenheit haben kann und somit den zweiten Erklärungsversuch stützt.

Durch einen Gruppenvergleich konnten folgende Ergebnisse erzielt werden:

Exogene Konstrukte	Endogene Konstrukte	Pfadkoeffizient Gruppe 1 Bestandsbeziehung (n = 63)	Pfadkoeffizient Gruppe 2 Neukunde (n = 43)	Varianzgleichheit? Ja/ nein?	t-Wert	p-Wert	Check: Probability ohne Verteilungsannahmen	Effekt? Ja/ nein?
VER →	BZF	-0,037	0,367	Nein	1,775	0,040	96,37%	Ja

Tabelle 39: Überprüfung "Bestandsbeziehung" für den Pfad VER → BZF

Quelle: eigene Darstellung

Die Werte für die Pfadbeziehung VER → BZF zeigen an, dass die Nullhypothese – also dass kein signifikanter Unterschied zwischen den Gruppen existiert – verworfen werden kann (Wahrscheinlichkeit $p < 0,05$). Dies wird durch einen zweiten, verteilungsfreien Test bestätigt, der zeigt, dass mit einer Wahrscheinlichkeit von 96,37% angenommen werden kann, dass der Pfadkoeffizient der Gruppe ohne Bestandsbeziehung (hier auch "Neukunde" genannt) als größer angenommen werden kann. Der Pfadkoeffizient dieser Gruppe kann mit einem Wert von 0,367 als bedeutend interpretiert werden und erfüllt darüber hinaus die Anforderungen an den t-Wert (t-Wert $\geq$ 1,65).

An dieser Stelle kann zusammenfasst werden, dass H_4 im Strukturmodell wahrscheinlich verworfen werden musste, weil es sich hier um einen nichtlinearen Wirkungszusammenhang handelt. Der Autor nimmt daher an, dass das Anbieterverständnis nur einen positiven Einfluss auf die Beratungszufriedenheit haben kann, wenn die Geschäftsbeziehung noch nicht gereift ist und der Anbieter noch keine Möglichkeit hatte, in mehreren gemeinsamen Lösungsprozessen ein Verständnis für den Nachfrager und seine Probleme zu entwickeln. Im nächsten Abschnitt soll auf die dritte verworfene Hypothese eingegangen werden, die sich mit dem Konstrukt Joint Working beschäftigt.

6.4.7.3 Dritte verworfene Hypothese: Joint Working → Beratungszufriedenheit

Beim Konstrukt Joint Working wurde untergestellt, dass es sich positiv auf die Beratungszufriedenheit von Kunden auswirkt. Die Annahme war, dass Kunden einen IT-Lösungsprozess gerne in einem interaktiven Lösungs- und Entscheidungsprozess durchlaufen möchten. Dieser Einfluss konnte auf Basis der vorliegenden Daten nicht signifikant gezeigt werden. Dieser Umstand fordert nach einem entsprechenden Erklärungsansatz.

Eine mögliche Begründung in diesem Kontext könnte sein, dass der Nachfrager zwar grundsätzlich Transparenz und Kontrolle im Lösungsprozess haben, aber nicht operativ in der Lösungsfindung bzw. Entscheidungsfindung mitarbeiten möchte, also kein Joint Working mit gleichverteilter Arbeit wünscht. Aus der Sicht des Kunden könnte dies beispielsweise auf Basis der Informationsökonomie erklärt werden: Der Kunde wünscht zwar, seine Unsicherheit durch Informationsaustausch zu reduzieren, aber er muss dafür nicht selbst operativ tätig sein. Kundenseitige Aktivitäten der Informationsbeschaffung werden in diesem Fall so erklärt, dass eine in der Anfangssituation zu hoch empfundene Unsicherheit durch angemessene Unsicherheitsreduktionsstrategien verringert wird (Haas, 2006a:644). So könnte man beispielsweise regelmäßige Durchsprachen über Projektfortschritte im Rahmen der Beratung als Unsicherheitsreduktionsstrategie auffassen, weil so kundenseitig wahrgenommene asymmetrische Informationsverteilungen abgemildert werden können. Eine intensive operative Zusammenarbeit im Projekt darüber hinaus ist jedoch nicht nötig, um diese Unsicherheiten weiter zu reduzieren. Damit wäre dieses zusätzliche Joint Working auch kein Hebel bzw. Einflussfaktor für die Beratungszufriedenheit mehr. Ein "partnerschaftliches Vorgehen" wäre somit nicht mit gleichverteilter Arbeit im Lösungsprozess zu interpretieren.

Vielmehr behält der Kunde eine Steuerungsfunktion, wobei er sich dispositiv, jedoch nicht operativ in den Lösungsprozess einbringt. Aus der Sicht von Meffert und Bruhn (2009:424) könnte man es auch so betrachten, dass der Nachfrager ein eingeschränktes Kooperationspotenzial hat, sich selbst während und nach dem Leistungserstellungsprozess durch kooperatives Verhalten einzubringen. Diese Argumentation wird durch einige Interviewzitate gestützt: Einerseits zeigt sich, dass es Kunden wichtig ist, die Kontrolle im Projekt zu behalten, und dass es dafür eine klare Rollenverteilung geben kann (Interviewpartner # 16, 2010:00:34:50-1):

"Ja, sie haben den Entscheidungsprozess unterstützt durch analytische Fähigkeiten, durch Darstellungsfähigkeiten, weil sie einfach besser die Probleme beschreiben konnten, analysieren konnten, zu Papier bringen konnten."

Folgt man diesem Interviewzitat, wird die Entscheidung nicht gemeinsam, sondern beim Kunden getroffen, während der Lösungsanbieter nur die Vorlage erarbeitet. Der Kunde hat auch auf diese Weise sein Informationsbedürfnis befriedigt.

Auf der anderen Seite zeigt sich, dass ein gemeinsames Arbeiten auf operativer Ebene nicht immer gewünscht ist bzw. der Nachfrager auch wünscht, dass operative Arbeit vom Berater erledigt wird (Interviewpartner # 14, 2010:00:35:55-1):

"Und dann brauchen diese Berater in der Regel auch einen pragmatischen Zugang zur Umsetzung, das heißt, die müssen auch mal selber am Rechner sitzen, [...]."

Dieses operative Mitarbeiten im Lösungsprozess könnte beispielsweise durch Ressourcenknappheit auf Kundenseite motiviert sein, wie Interviewpartner # 6 (2010:00:38:43-0) ausführt:

"[...] und ich habe eine Ressourcenschonung bei internen Mitarbeitern. Ich reduziere den internen Aufwand. Weil, was bei uns immer knapp ist, sind die internen Ressourcen, nicht die externen, die sind skalierbar, die internen nicht."

Ein weiterer Aspekt ist, dass der Wunsch nach operativer Mitarbeit noch dadurch verstärkt werden könnte, wenn gewisse Kompetenzen für den operativen Lösungsprozess nur beim Anbieter und nicht beim Nachfrager vorhanden sind (Fließ, 1996): In diesem Fall könnte sich der Nachfrager gar nicht operativ einbringen, wie ein Zitat von Interviewpartner # 3 (2010:00:47:14-6) zeigt:

"So, dann bin ich gänzlich auf die Lösungskompetenz des Beraters angewiesen. Dann kann ich in so genannten interaktiven Prozessen herzlich wenig dazu beisteuern."

Abschließend kann festgehalten werden, dass nicht nachgewiesen werden konnte, dass Joint Working im Sinne eines gemeinsamen operativen Problemlösens und Entscheidens die Beratungszufriedenheit hebt. Im Hinblick auf die Informationsökonomie kann vielmehr der Eindruck entstehen, dass der Kunde zwar Transparenz haben möchte, um seine Unsicherheit zu reduzieren, dafür aber nicht operativ mitarbeiten möchte. Vielmehr überlässt man Aspekte des operativen Lösungsprozesses dem Lösungsanbieter, weil dies einerseits interne Ressourcen entlasten kann und andererseits oftmals intern nicht die entsprechend benötigten Kompetenzen vorhanden sind. In Abgrenzung dazu sollte jedoch nicht vergessen werden, dass ein regelmäßiger Informationsaustausch sehr wohl auf die Beratungszufriedenheit wirkt (vgl. die Bestätigung des Pfades INF → BZF). Diese Erkenntnisse sind gerade aus der Sicht der Kundenintegration und der S-DL interessant (z.B. Vargo und Lusch, 2004a), weil dies die potenziellen Grenzen der proaktiven Kundeneinbindung aufzeigt: Der Kunde ist zwar kein passiver Empfänger der Lösung (vgl. G-DL) und möchte auch einen regen Informationsaustausch mit dem Anbieter, aber er scheint häufig auch nur in einem eingeschränkten Maße an einer Co-Producer-Rolle interessiert zu sein. Künftige Forschungen sollten diesen Punkt weiter aufgreifen und die Bestimmungsfaktoren der "willingness to co-create" weiter analysieren, die basierend auf diesen Forschungsergebnissen eng mit den Erwartungen zur Beraterrolle verbunden sein sollten.

Im nächsten Abschnitt soll noch auf die inhaltliche Beurteilung der Interaktionseffekte eingegangen werden.

6.4.7.4 Interpretation der Interaktionseffekte

Im Bereich Interaktionseffekte sind drei Bereiche zu interpretieren: Die mediierte Beziehung BZF → LOY, die kategoriale Variable "Interner Provider" und die kategoriale Variable "Bestandsbeziehung".

6.4.7.4.1 Interpretation der mediierenden Effekte

Zunächst soll **der erste Interaktionseffekt** diskutiert werden: Hinsichtlich der identifizierten Mediation wurde gezeigt, dass Beratungszufriedenheit sowohl über das Konstrukt Vertrauen, als auch über das Konstrukt Gesamtzufriedenheit partiell mediiert wird. Insgesamt werden fast 40% des Gesamteffekts von BZF → LOY über diese beiden Konstrukte mediiert (12% über Vertrauen und 27% über Gesamtzufriedenheit). Dieser Umstand wirft noch einmal ein neues Licht auf die Rolle der Beratungszufriedenheit von Lösungskunden und zeigt einerseits, dass Anbieter auch vertrauensbildende Maßnahmen ergreifen sollten, damit sich als gut wahrgenommene Beratung leichter in Loyalität übersetzt. Andererseits zeigt es aber auch, dass der Effekt von guter Beratung auf die Loyalität zu fast einem Drittel von der wahrgenommenen Gesamtperformance des Anbieters, d. h. der Gesamtzufriedenheit abhängt. Sollte der Anbieter also beispielsweise nur eine schlechte technische Umsetzung des Lösungsprojekts erreichen, könnte dies die Gesamtzufriedenheit so beeinflussen, dass auch die Wirkung einer guten Beratung nicht ihren vollen Effekt entfalten kann.

6.4.7.4.2 Interpretation der kategorialen Variable "Interner Provider"

Beim **zweiten Interaktionseffekt** wurde die kategoriale Variable "Interner Provider" untersucht. Hierbei wurden **drei Effekte** gezeigt: (a) hat sich gezeigt, dass der Pfad BZF → LOY bei internen Anbietern und (b) der Pfad GZF → LOY bei externen Anbietern signifikant stärker ausgeprägt ist. Weiterhin wurde (c) gezeigt, dass alle weiteren Pfade sich nicht signifikant zwischen den beiden Gruppen unterscheiden.

Um zu klären, worin diese Ergebnisse begründet liegen können, sollte an dieser Stelle noch einmal kurz auf die Eigenschaften von internen IT-Providern eingegangen werden: Als Ausgangspunkt sollte beachtet werden, dass die Forderung nach Kundenorientierung mittlerweile ein zentraler Faktor an der Schnittstelle zwischen internem IT-Provider und der Fachseite geworden ist, weil in den letzten 15 Jahren vermehrt professionelle Kunden-Lieferanten-Beziehungen eingeführt und IT-Abteilungen in eigene Einheiten ausgegliedert wurden (Dous, 2007:196). Dies bedeutet, dass interne Provider ähnlich wie externe Provider bei dem Erstellen von Lösungen für Servicebestandteile auf einen internen Produktkatalog zurückgreifen können, der dann zusammen mit individuellen Anpassungen und Mehrwertleistungen – z.B. Beratung – zu Leistungsbündeln kombiniert wird (Zarnekow, 2005:106 f.). Darauf aufbauend kommt Dous (2007:197 ff.) auf Basis von vier Fallstudien zu der Erkenntnis, dass die Kundenmanagement-Ansätze von internen IT-Providern im jeweiligen Wettbewerbskontext zwar schon als "good practice", jedoch nicht als "best practice" bezeichnet werden können. So ist es beim Bestreben, ein partnerschaftliches Verhältnis zum Nachfrager aufzubauen, nicht ausreichend, wenn sich Anbieter verstärkt in einer Berater- statt in einer Vertriebsrolle sehen. Ein weiterer Aspekt ist, dass auch der Erfolg eines internen IT-Kundenbeziehungsmanagement wesentlich von den Eigenschaften und dem Verhalten des Kundenmanagers abhängt: Er muss beraten statt verkaufen können und ausreichend Zeit für die Bedürfnisse der Fachseite aufbringen. Dieser Punkt wird auch von anderen Autoren bestätigt: Nicht nur externe, sondern auch interne Lösungsanbieter müssen durch aktive Beratung des Kunden aus der Position des einfachen Produkt- und Lösungsanbieters herauszutreten und mehr die Rolle des „trusted advisors", des Kundenberaters und Partners übernehmen (Kneusels-Hinz, 2005:87 ff.). Dies wirft die Frage auf, welchen Erklärungswert diese Charakterisierung von internen Lösungsanbietern für die vorliegenden Pfadbeziehungen hat.

a) Stärkere Ausprägung von BZF → LOY bei internen Lösungsanbietern:

Dieses Ergebnis bedeutet, dass die Beratungszufriedenheit mit internen Lösungsanbietern einen stärkeren Einfluss auf die Loyalität hat als bei externen Lösungsanbietern. Dies könnte folgendermaßen erklärt werden: Im vorigen Absatz wurde aufgezeigt, dass die Beratungsfertigkeiten von internen Anbietern tendenziell noch schwächer ausgeprägt sind als bei externen Anbietern. Nach der Risikotheorie nimmt der Kunde Unzufriedenheit als psychisches Risiko wahr, das er beispielsweise durch einen Anbieterwechsel reduzieren möchte (Kroeber-Riel und Weinberg, 1999:386 ff.).[123] Sollte er feststellen, dass bestimmte Beratungsfertigkeiten intern für eine Art von Lösung überhaupt nicht stark genug ausgeprägt sind, könnte es sein, dass er dann schnell versucht, dies durch einen Wechsel zu einem externen Anbieter zu kompensieren und die Beratungsleistung extern am Markt hinzuzukaufen. Interviewpartner # 1 (2009:00:10:54-0) beispielsweise beschreibt so eine Situation:

"Also, in der Regel [haben wir] ein zusammengesetztes Team aus unseren Fachbereichen und unserem internen IT-Dienstleister und vielleicht auch sogar einen Externen. Also, auch das ist themenabhängig, ob man die Ressourcen dafür intern hat, oder ob man das auch über einen Dienstleister macht."

Ähnlich drückt es Interviewpartner # 8 (2010:00:04:42-4) aus:

"Das heißt, ich brauche eigentlich nur einen, der mich komplettiert."

Dies zeigt, dass bei fehlenden (Beratungs-)ressourcen ein Wechsel vom internen zum externen Anbieter vielleicht eher eine mögliche Option ist als bei einem externen Anbieter, der ja speziell für diese Teilaufgabe der Lösung ausgewählt wird. Dies würde dann auch die stärker gemessene Pfadausprägung für interne Lösungs-

---

[123] Vgl. auch Abschnitt 3.1.2.

anbieter erklären. Anders verhält es sich jedoch bei der Gesamtzufriedenheit, die sich beispielsweise auch auf die technische Lösung bezieht.

b) Stärkere Ausprägung von GZF → LOY bei externen Lösungsanbietern:

Bei diesem Pfad konnte festgestellt werden, dass die Gesamtzufriedenheit mit einem externen Lösungsanbieter einen signifikant stärkeren Einfluss auf die Loyalität haben kann. Der Pfad von GZF → LOY bei internen Lösungsanbietern war hingegen eher schwach ausgeprägt. Dies könnte wieder durch den beschriebenen Mechanismus der Risikotheorie erklärt werden: Bei externen Dienstleistern sollte es in der Regel der Fall sein, dass Anbieter in einem vollständigen Wettbewerb zu anderen Anbietern stehen, so dass ein Wechsel möglich ist und die starke Ausprägung von GZF → LOY gut nachzuvollziehen ist. Bei internen Dienstleistern hingegen beschreibt Dous (2007:26) verschiedene mögliche Geschäftsbeziehungsformen.[124] Je nach Geschäftsbeziehungsform könnte also angenommen werden, dass der Zusammenhang GZF → LOY mehr oder weniger stark ausgeprägt bzw. gestört sein kann. Beim "1:1-Verhältnis" beispielsweise hat der Nachfrager gar keine Möglichkeit, den Anbieter zu wechseln, so dass kein Einfluss der Gesamtzufriedenheit auf die Loyalität bestehen muss. Insgesamt lässt dies den sehr schwachen Pfadkoeffizienten von GZF → LOY bei internen Anbietern als plausibel erscheinen.

c) Keine weiteren signifikanten Unterschiede für alle anderen Pfade:

Als letzter Punkt soll in Kürze diskutiert werden, welche Implikationen sich aus den nichtsignifikanten Unterschieden der anderen Pfade ableiten lassen: Basierend auf den Daten kann festgestellt werden, dass das zentrale Konstrukt der Beratungszufriedenheit sowohl für interne als auch für externe Anbieter durch die gleichen Einflussfaktoren zustande kommt. Dies bedeutet für interne Anbieter, dass sie sich an den gleichen Kriterien wie externe Anbieter messen lassen müssen, um beim Kunden eine hohe Beratungszufriedenheit zu erzeugen. Schwierig erscheint dieser Anspruch gerade für noch nicht lange ausgegliederte Konzerneinheiten, die nun die Rolle eines internen IT-Lösungsanbieters wahrnehmen. Diese haben zwar zumindest aufgrund ihrer historischen Entwicklung einen "Startvorteil" – im Sinne

---

[124] Bei einem "1:1-Verhältnis" herrscht ein IT-Monopol mit einer Abnahmepflicht durch die Geschäftsbereiche und einer Angebotspflicht für den IT-Dienstleister vor. Dies gibt es besonders häufig direkt nach einer Ausgründung. Bei einem "1:n-Verhältnis" gibt es zwar eine marktbasierte Koordination, aber der interne Anbieter wird immer noch als "preferred supplier" behandelt. Erst bei einem "m:n-Verhältnis" steht der interne IT-Dienstleister in vollständigem Wettbewerb zu externen IT-Anbietern und erhält keine Auftragsgarantie.

Schritt 2: Quantitative Studie

von besserer Kenntnis über den Kunden und die Kundenprozesse – wie das folgende Zitat von Interviewpartner # 1 (2009:00:12:34-0) zeigt:

"[...] also zu 80% macht das schon unser interner Dienstleister. Darin sind die natürlich auch geübt, kennen unsere Fachbereiche und wissen, wen sie ansprechen müssen. Also, das bietet sich in der Regel an, das mit denen auch zu machen."

Durch die hier vorliegende Untersuchung wurde jedoch gezeigt, dass dieses beschriebene Kundenverständnis bei Bestandsbeziehungen eben genau keinen signifikanten Einfluss mehr auf die Beratungszufriedenheit des Lösungskunden hat. Als Fazit kann daher festgehalten werden, dass sich interne Lösungsanbieter den Herausforderungen stellen und mit ähnlichen Mitteln wie externe Anbieter versuchen müssen, eine hohe Beratungszufriedenheit beim Kunden zu erzeugen.

6.4.7.4.3 Interpretation der kategorialen Variable "Bestandsbeziehung"

Beim **dritten Interaktionseffekt** wurde die kategoriale Variable "Bestandsbeziehung" untersucht. Hier hat sich in einem ersten Schritt gezeigt, dass keine Pfade im reduzierten Strukturmodell im Vergleich der beiden Gruppen signifikant stärker ausgeprägt sind. Wiederum stellt sich die Frage, was die praktischen Implikationen dieser Ergebnisse sind.

Zunächst kann festgehalten werden, dass basierend auf dieser Messung einerseits längerfristige Geschäftspartner mit dem gleichen Anbieterverhalten bzw. Anbietereigenschaften keinen signifikant stärkeren Effekt haben, um Beratungszufriedenheit erzeugen zu können. Auch gibt es bei gleicher (Beratungs-)Zufriedenheit keinen stärkeren Einfluss auf die Loyalität des Kunden. Damit reiht sich die Untersuchung in Forschungen von Homburg et al. (2003:52) ein, die zeigen, dass in B2B-Beziehungen Kunden nicht loyaler sind, nur weil sie sich an einen Anbieter gewöhnt haben. Dies ist besonders für Unternehmen, die sich gerade erst zum Lösungsanbieter wandeln und neu in diesen Markt eintreten, eine positive Nachricht: Nach dieser Überlegung haben etablierte Lösungsanbieter, die schon in Bestandsbeziehungen sind, bei Kunden keinen unbedingten "Startvorteil", so dass sie nicht leichter Loyalität erzeugen können.

In einem zweiten Schritt wurde jedoch noch ein Interaktionseffekt für den Pfad VER → BZF für den Fall identifiziert, dass es sich um eine Bestandsbeziehung handelt. Hier wurde bereits diskutiert, dass Verständnis möglicherweise ein Einflussfaktor der Beratungszufriedenheit ist, der sich von einem Leistungsfaktor zu einem Basisfaktor wandelt. Verständnis wäre damit nur für Anbieter ohne Bestandsbeziehung eine Möglichkeit, sich positiv zu differenzieren und so die Beratungszufriedenheit im Lösungsprozess zu erhöhen.

6.4.7.5 Zusammenfassung der quantitativen Studie

Dieses Kapitel hatte das Ziel, den quantitativen Forschungsteil dieser Arbeit darzustellen. Dabei wurden zunächst die methodischen Grundlagen dargelegt und der Ablauf der Untersuchung beschrieben. Die quantitative empirische Erhebung gliederte sich dann in zwei Hauptteile: Zunächst wurde der Pretest erläutert, der das Ziel hatte, das Erhebungsinstrument noch weiter zu verbessern. Daran anschließend wurde die Haupterhebung dargestellt, die sich in die Teile Beschreibung des Erhebungsprozesses, deskriptive Statistik, Analyse der Messmodelle und explorative Entwicklung des Strukturmodells sowie Interpretation der Schätzergebnisse unterteilen lässt. Beim letzten Teil, der Interpretation der Schätzergebnisse, wurde Wert darauf gelegt, auch weitergehende mögliche Begründungen für die nichtsignifikanten Pfade zu finden. Zu diesem Zweck wurde einerseits auf einschlägige Literatur und andererseits auf empirische Ergebnisse der qualitativen Erhebung aus Kapitel 5 zurückgegriffen. Im abschließenden Kapitel werden die gesammelten Erkenntnisse aus Theorie, qualitativer und quantitativer Erhebung zusammengeführt und Implikationen für Wissenschaft und Praxis abgeleitet.

7 Schlussbetrachtung: Implikationen für das Relationship Marketing

Das Lösungsgeschäft ist von der Anforderungsdefinition bis zur Nachsorge eine sehr herausfordernde Aufgabe für Anbieter, die aber auch viele positive Wachstumsmöglichkeiten bietet. Dies ist teilweise dadurch bedingt, dass die Integration des Kunden als externer Faktor unumgänglich ist (Keßler, 2008:17), so dass infolgedessen der Anbieter eine dauerhafte Geschäftsbeziehung anstreben sollte, die durch mehr Offenheit und Austausch geprägt ist. Die Beratung des Kunden in diesem Kontext spielt eine herausragende Rolle, damit es dem Anbieter gelingen kann, die Wünsche des Kunden besser wahrzunehmen und auf seine Anforderungen eingehen zu können.

Ziel der vorliegenden Arbeit war es, mit der Beratungszufriedenheit ein Konstrukt zu konzeptionalisieren und zu testen, das insbesondere im Lösungsgeschäft für Anbieter von signifikanter Bedeutung ist. Im Zuge einer Vorstudie und zweier umfangreichen empirischen Untersuchungen ist es dem Forscher dieser Arbeit gelungen, einerseits die handlungsleitenden Stellhebel der Beratungszufriedenheit zu identifizieren und überdies die Bedeutung für das Vertrauen, die Gesamtzufriedenheit und die (intentionale) Loyalität nachzuweisen. Damit werden bisherige, unzusammenhängende Nachweise bezüglich der Bedeutung der Beratung integriert und somit die Beratungszufriedenheit als eine wichtige Steuerungsgröße für Anbieter in Lösungsprojekten eingeführt.

Der sich anschließende Teil dieses Kapitels ist wie folgt gegliedert: Zunächst wird in Abschnitt 7.1 der Beitrag dieser Untersuchung für die Marketingwissenschaft noch detaillierter abgeleitet. Darauf folgt in Abschnitt 7.2 der praktische Beitrag der Arbeit, wobei die Forschungsfragen in beiden Abschnitten eine Orientierung geben. Abschließend weist der Autor noch auf die Grenzen der vorliegenden Untersuchung sowie lohnende künftige Forschungsmöglichkeiten hin (Abschnitt 7.3).

7.1 Schlussfolgerungen für die Wissenschaft

Die Kaufverhaltensforschung ist seit langer Zeit Gegenstand der Marketingforschung (Fließ, 2000; Kauffmann, 1996; Webster und Wind, 1972). Dennoch ist die konzeptionelle Durchdringung des Themas stark durch eine konkurrierende Rollenverteilung von Anbieter und Nachfrager geprägt (vgl. Abschnitt 2.3.4.3). Vor dem Hintergrund der Service-dominant Logic (S-DL) wird mit dem Konstrukt der Beratungszufriedenheit ein Erklärungsbeitrag zur Kaufverhaltensforschung geleistet, der die Rolle einer gemeinsamen Wertschöpfung und Kundenintegration im Kontext von individualisierten Lösungen betont. Dabei reiht sich die Untersuchung in Beiträge wie beispielsweise von Jacob (2003:95) ein, der die Gestaltungaspekte des Marketing, zur Leistungsindividualisierung stärker in den Vordergrund rückt. Hier wurde mit der Beratungszufriedenheit ein Begriff hergeleitet, der grundsätzliche vorhandene Konzepte miteinander verbindet und so den substanziellen Einfluss auf unternehmerische Zielgrößen unterstreicht. Es wurde weiterhin ein Beitrag zur Lösungsforschung geliefert, der sich nicht wie so häufig auf Erfolgsgeschichten und "best practices" stützt. Vielmehr werden im Rahmen eines Mixed-Methods-Ansatzes Kausalbeziehungen zwischen hochrelevanten Stellgrößen einer Geschäftsbeziehung etabliert, wird doch der Lösungsprozess selber als Geschäftsbeziehung begriffen. Der wissenschaftliche Beitrag zur Kaufverhaltensforschung leitet sich aus den aufgestellten Forschungsfragen ab:

Welche Faktoren wirken auf die Beratungszufriedenheit bei B2B-Lösungskunden?

Die vorliegende Arbeit schafft ein besseres Verständnis darüber, was Nachfrager von der Beratung bei B2B-Lösungen erwarten: Ein großer Teil der Zufriedenheit des Nachfragers mit der Beratung kann auf die Faktoren **Projektmanagement des Anbieters**, **gegenseitiger Informationsaustausch**, **Flexibilität des Anbieters** und **Vermeidung von Verkaufsdruck** zurückgeführt werden. Dabei verwendet der Autor dieser Arbeit etablierte Konstrukte aus dem Relationship Marketing (RM), wobei er bewusst das Spektrum um das wenig verwendete Konstrukt Projektmanagement erweitert. Für die Einflussfaktoren konnte basierend auf einer qualitativen Untersuchung und der darauffolgenden großzahligen quantitativen Erhebung systematisch hergeleitet werden, dass ein linearer, positiver Wirkungszusammenhang mit der Beratungszufriedenheit nicht verworfen werden kann. Der hohe statistisch nachgewiesene Erklärungsanteil von $R^2 = 0{,}75$ legt nahe, dass mit diesen vier Faktoren ein Großteil der Beratungszufriedenheit erklärt werden kann, so dass das Verständnis des Konstrukts Beratung aus Nachfragersicht bei hochintegrativen Prozessen – wie B2B-Lösungen – ein gutes Stück vorangekommen ist.

Gleichzeitig konnte ein Einfluss der Konstrukte **Expertise**, **Verständnis** und **Joint Working** auf die Beratungszufriedenheit nicht nachgewiesen werden, was zu verschiedenen Interpretationen führen kann. Der Autor nimmt nach eingehenden Analysen und unter Rückgriff auf den qualitativen Forschungsteil sowie die einschlägige Literatur an, dass es sich bei Expertise und Verständnis um Basisfaktoren handelt, welche in einem Kausalmodell nicht abgeprüft werden können. Diese Annahmen wären jedoch in weiteren Forschungen noch zu hinterfragen. Weiterhin hält es der Autor für möglich, dass dem Konstrukt Joint Working ein Verständnis zugrunde liegt, welches sich nicht mit den Ansprüchen des Nachfragers deckt: Basierend auf den Interviewzitaten wäre es möglich anzunehmen, dass der Nachfrager sich nicht als gleichberechtigter Ko-Produzent einbringen möchte, sondern sich im Beratungsprozess bei Lösungen vielmehr selbst als dispositive und nicht als operative Ressource versteht. Dies würde ein völlig neues Licht auf den Bereich "co-creation" werfen, da damit ein Prozess nicht unbedingt arbeitsteiliger, sondern nur partizipativer würde. Da bis jetzt nur wenige Arbeiten existieren, die den genau gewünschten Kundenmitwirkungsgrad untersuchen, wäre dies ein lohnender Punkt für weitere Forschungen. Es sollte hierbei nach den genauen Motiven der Kundenintegration noch weiter geforscht werden – bieten doch die hier vorgestellte Problem- und Prozessevidenz des Nachfragers und die vorgestellten Rollenmodelle der Beratung nur erste Anhaltspunkte.

Insgesamt kann festgehalten werden, dass die nachgewiesenen Einflussfaktoren einen hohen Bezug zur Kundenintegration aufweisen und somit eine relationale Betrachtung des Beratungsprozesses gerechtfertigt scheint: So kann Projektmanagement als die Moderation eines gemeinsamen Prozesses gewertet werden, während der Informationsaustausch sicherstellt, dass der Kunde nicht den Bezug zum Lösungsprojekt verliert. Die geforderte Flexibilität hingegen erlaubt ihm, Anpassungen im gemeinsamen Prozess vorzunehmen, während die Vermeidung von Abschlussdruck gewährleistet, dass das gemeinsame Lösungsprojekt im Vordergrund steht und nicht nur der Verkauf.

Welche Konsequenzen hat die Beratungszufriedenheit bei B2B-Lösungskunden?

Durch die Einbettung der Beratungszufriedenheit in die Wirkungskette des RM konnte die langfristige Relevanz der Beratungszufriedenheit für Geschäftsbeziehungen aufgezeigt werden, da nicht verworfen werden konnte, dass sie einen nachweisbar positiven Einfluss auf die **Gesamtzufriedenheit**, das **Vertrauen** und die **Loyalität** hat. Die Bedeutung dieser empirischen Fundierung ist dahingehend relevant, dass dies die Bedeutung der Zielgröße Beratungszufriedenheit im Solutions-Kontext nachweist – ein relativ junges Forschungsfeld, welches von der Konzeptionalisierung, Herleitung und Bestätigung kritischer Variablen nur profitieren kann. Die Arbeit unterstreicht damit die Forderung verschiedener Autoren (Sharma et al., 2008), dass Anbieter in ihrem Vertriebsansatz stärker nachfragergetrieben sein sollten, scheint doch ein beratender Verkauf ein sehr wichtiger Einflussfaktor für die Gesamtzufriedenheit und die Loyalität zu sein. Es gibt zwar in der RM-Literatur schon diverse Forschungsarbeiten, welche die

Verbindung zwischen Transaktionsebene, Beziehungsebene und intentionalem Verhalten des Nachfragers untersuchen, allerdings führt diese Arbeit zum ersten Mal in einem integrierten Ansatz diese Ergebnisse qualitativ und quantitativ für die Lösungsforschung zusammen und bereichert die Literatur weiterhin um ein wichtiges, bislang kaum erforschtes Phänomen.

Abschließend kann zusammengefasst werden, dass das Erklärungsziel der vorliegenden Studie für die ersten beiden spezifizierten Forschungsfragen umfassend durch zwei aufeinander aufbauende empirische Untersuchungen erfüllt werden konnte. Die Etablierung eines robusten nomologischen Netzes, das die Beratungszufriedenheit als zentrale, erfolgskritische Variable beinhaltet, bildet gleichzeitig den Ausgangspunkt, um die dritte Forschungsfrage beantworten zu können.

7.2 Implikationen für die Praxis

Neben dem Beitrag für die Wissenschaft kann die vorliegende Arbeit auch Erkenntnisse für die Unternehmenspraxis von Anbietern und Nachfragern beisteuern. Dieses Forschungsziel wurde zuvor in Forschungsfrage 3 formuliert:

Welche praktischen Implikationen lassen sich daraus für die Anbieter von B2B-Lösungen ableiten?

Die vorgefundenen Ergebnisse betonen die Wichtigkeit einer am Kunden und seinen Bedürfnissen ausgerichteten Lösungsberatung, wenngleich dieser Abschnitt zeigt, dass die Investition in Beratungskompetenz nicht für jedes Unternehmen die richtige Entscheidung sein muss.

Nachdem die Bedeutung der Beratungszufriedenheit für die organisatorische Praxis aufgezeigt wurde, wird damit die Frage aufgeworfen, wie die Beratungszufriedenheit **für Anbieter** in der Praxis sichergestellt werden kann. Aus Anbietersicht erscheint die systematische und regelmäßige Messung der Beratungszufriedenheit in all ihren Facetten ein wichtiger Ansatzpunkt zu sein, um die eigenen Kompetenzen in diesem Bereich bewerten zu können. Hier wurde insbesondere auf die hohe Wichtigkeit der Dimensionen Projektmanagement, Flexibilität des Anbieters, Informationsaustausch und Vermeidung von Verkaufsorientierung verwiesen. Je differenzierter und genauer diese Einflussfaktoren der Beratungszufriedenheit gemessen werden können, desto besser können Maßnahmen eingeleitet werden, entsprechende Kompetenzen aufbauen zu können. Dies sollte dann in der Folge zu einer höheren Gesamtzufriedenheit, mehr Vertrauen sowie zu einer höheren Loyalität der Kunden führen. Die vorliegende Untersuchung bietet dafür einen ersten Ausgangspunkt, wobei der Autor vorschlägt, dass Anbieter versuchen sollten, durch gemeinsam mit Nachfragern entwickelte Erfolgsgrößen ihren individuellen organisatorischen Kontext bestmöglich abzubilden. Ähnlich wie bei Jacob (2003:94), der nachweist, dass Kundenintegrationskompetenz in Unternehmen unterschiedlich stark verankert ist, so wird gezeigt, dass die Einflussfaktoren der Beratungszufriedenheit in Lösungsprojekten unterschiedlich stark ausgebildet sind. Wie aus der nachfolgenden Abbildung ersichtlich, wurde der vorliegende Datensatz final einer Clusteranalyse unterzogen, so dass unterschiedliche Lösungscluster entstehen (Backhaus et al., 2006:389 ff.). Ziel wäre es an dieser Stelle, über die verschiedenen Lösungscluster Empfehlungen für Anbieter in diesen Segmenten auszusprechen, wohlwissend, dass das entsprechende Lösungsprojekt repräsentativ für den Anbieter sein kann, aber nicht muss. Bei der Analyse des Datensatzes konnte – unter Verwendung der quadrierten Euklidischen Distanz als Proximitätsmaß und der Ward-Methode als Gruppierungsverfahren – aus Dendrogramm und Screeplot eine 3-Cluster-Lösung als geeignet identifiziert werden.[125] Die folgende Abbildung zeigt die Durchschnittswerte der einzelnen Konstrukte des reduzierten Strukturmodells:

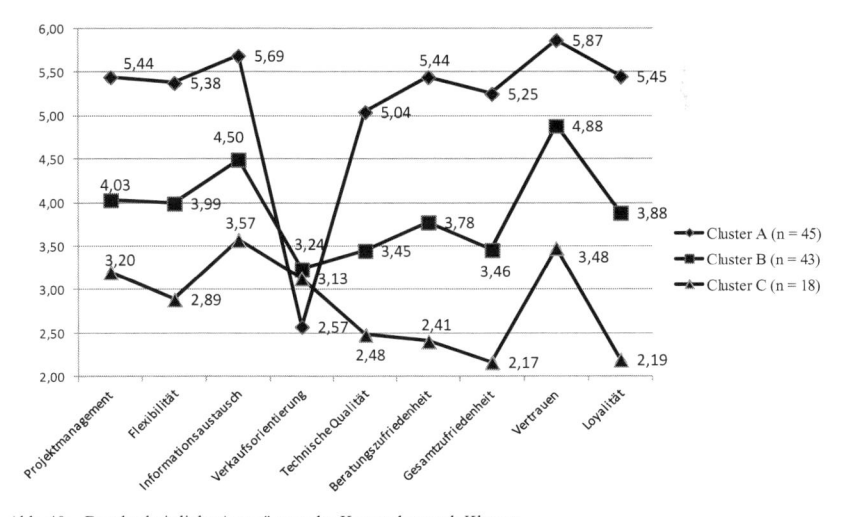

Abb. 40: Durchschnittliche Ausprägung der Konstrukte nach Klassen
Quelle: eigene Darstellung; 1 = geringe Ausprägung, 7 = große Ausprägung

---

[125] Eine Varianzanalyse (Backhaus et al., 2006:151) half dabei nachzuweisen, dass jedes dargestellte Konstrukt einen Einfluss auf die Cluster-Zugehörigkeit hat. Für alle Konstrukte wurde der Einfluss auf einem Signifikanzniveau kleiner 1% errechnet – für das Konstrukt Verkaufsorientierung lag das Signifikanzniveau kleiner 5%.

Übergreifend geht aus der Grafik hervor, dass Lösungsprojekte mit hoher Beratungs- und Gesamtzufriedenheit anders ausgeprägt sind als weniger zufriedenstellende Lösungsprojekte. Ferner wird nahegelegt, dass sie nicht nur durch einen relationalen Mediator bestimmt sind: Der Kurvenverlauf zeigt, dass im erfolgreichsten Cluster die Beratungszufriedenheit, die Gesamtzufriedenheit und das Vertrauen alle hoch ausgebildet sind. Somit unterstützt die Analyse die These von Palmatier et al. (2006:149), dass es keinen "besten" Mediator für eine erfolgreiche Beziehung gibt, sondern dass effektive Geschäftsbeziehungen – und damit Lösungen – durch mehrere relationale Mediatoren bestimmt sind.

Auf Clusterebene geht aus der Abbildung hervor, dass Lösungsprojekte aus dem **Cluster A** (n = 45) durchweg positivere Ausprägungen in allen Dimensionen erhalten – die Verkaufsorientierung ist dabei invers zu lesen, weil hier ein negativer Einfluss auf das Konstrukt Beratungszufriedenheit vorgefunden werden konnte. Für Anbieter, deren Lösungsprojekte der Ausprägung dieses Clusters gleichkommen, lassen sich keine wesentlichen Verbesserungspotenziale für die Gestaltung der Beratung in Lösungsprojekten ablesen. Dies ist erfreulich, weil diese verhältnismäßig gute Ausprägung der relevanten Einflussfaktoren in ca. 42% der Fälle vorgefunden werden kann.

Lösungsprojekte in **Cluster B** (n = 43) zeichnen sich durch eine mittelmäßige Ausprägung der Anbieterfaktoren Projektmanagement, Flexibilität und Verkaufsorientierung sowie des dyadischen Verhaltens Informationsaustausch aus. Dies ist dahingehend akzeptabel, dass diese Dimensionen als Haupteinflussfaktoren auf die Beratungszufriedenheit identifiziert wurden. Konkrete Verbesserungsvorschläge für Anbieter, welche gehäuft Projekte dieser Art in ihrem Portfolio vorfinden, sind somit noch am ehesten im Bereich Flexibilität zu suchen, wobei hier die unterschiedlichen Flexibilitätsdimensionen – wie z.B. Plankorrekturen oder finanzielle Änderungen – untersucht werden sollten. Allerdings lässt sich in diesem Cluster eine leicht unterdurchschnittliche Leistung im Bereich technische Qualität der Lösung feststellen. Dies könnte ein Grund dafür sein, warum in diesem Cluster die Gesamtzufriedenheit mit einem Wert von 3,46 hinter der Beratungszufriedenheit (Wert = 3,78) zurückfällt. Folglich könnte argumentiert werden, dass zwar kein direktes Problem mit der Beratung besteht, die technische Leistungsfähigkeit der Lösung jedoch nicht gut genug beurteilt wird. Auch wenn die technische Ausgestaltung von IT-Lösungen nicht im Fokus dieser Arbeit steht, so wurde doch im qualitativen Forschungsteil herausgestellt, dass gerade die **Leistungsfähigkeit** der Lösung sowie die konkrete **Erfüllung technischer Anforderungen** des

Nachfragers dazu beitragen, dass der Kunde mit der technischen Qualität der Lösung zufrieden ist. Hinsichtlich des ersten Punktes könnte der Anbieter beispielsweise durch ein Benchmarking der technischen Leistungsparameter versuchen, Defizite im Lösungsprojekt zu identifizieren; der zweite Punkt könnte unter Umständen durch regelmäßigen Austausch über die Anforderungen adressiert werden. Ca. 41% der Lösungen fallen in dieses Cluster.

Für Anbieter, welche vermehrt Projekte aus **Cluster C** vorfinden, kann – basierend auf den untersuchten Projekten – ein umfassender Handlungsbedarf abgelesen werden, da Einflussfaktoren auf die Beratung und Zufriedenheit hier durchweg schlechter beurteilt wurden. Einzig die Verkaufsorientierung wurde nicht schlecht bewertet. Weiterhin ist insgesamt als Folge der geringen (Beratungs-)Zufriedenheit die Loyalität der Kunden in diesem Cluster sehr schwach ausgeprägt. Diese durchweg schlechte Bewertung betrifft immerhin noch 17% der beurteilten Projekte. Um das Projektmanagement und die Flexibilität der entsprechenden Anbieter in Lösungsprojekten steigern zu können, sollten entsprechende organisatorische und speziell vertriebliche Änderungen umgesetzt werden, die eine kompetente Beratung des Nachfragers erlauben. Dafür müssen einerseits die Vertriebsmitarbeiter umfassend geschult werden – andererseits müssen die Mitarbeiter die entsprechenden Tools und Instrumente zur Verfügung haben, um flexibel auf Kundenanforderungen reagieren zu können. Beunruhigend in diesem Zusammenhang ist, dass Lösungsanbieter, welche hier eine aus Kundensicht schlechte Beratung geliefert haben, auch eine schlechte technische Lösung umgesetzt haben. Vor diesem Hintergrund könnte sich ein Anbieter in diesem Segment auch die grundlegende Frage stellen, ob er zwingend im Lösungsgeschäft aktiv sein muss oder ob er nicht vielleicht besser beispielsweise versucht, Produkte nicht als Lösungen zu verkaufen, sondern als Komponenten auf den Markt zu bringen, um für das eigene Geschäft die Komplexität nachhaltig zu reduzieren. Diese Untersuchung legt nahe, dass Nachfrager sehr konkrete Vorstellungen davon haben, wann sie mit einem Lösungsanbieter zufrieden sind und wann nicht. Auch deshalb kann es eine richtige Entscheidung sein, auf den Aufbau von umfangreichen Beratungskompetenzen zu verzichten und zu versuchen, z.B. als Produktanbieter einen Vertriebsansatz weiter auszuüben, mit dem man auch schon über Jahre erfolgreich war.[126] Moore (2005) beispielsweise weist darauf hin, dass das "volume-operations model" eine strategische Alternative zum Modell des

---

[126] Beispiele wie das Unternehmen General Electric zeigen, dass man auch im komplexen Anlagenbau nicht zwingend Lösungs-/Systemanbieter sein muss, sondern als Anbieter von Kraftwerkskomponenten eine erfolgreiche Anbieterstrategie verfolgen kann.

Lösungsanbieters darstellt und dass in diesem Zusammenhang Elemente des RM und der Beratung weniger wichtig sind, weil Wettbewerbsvorteile aus hohen Stückzahlen und Automatisierung generiert werden.

Schlussfolgernd kann festgehalten werden, dass Beratung ein wichtiger Gestaltungshebel **für Anbieter** ist, um die Zufriedenheit und die Loyalität des Nachfragers zu erreichen, so dass in Folge ein langfristiger Erfolg im Lösungsgeschäft sichergestellt werden kann. Es ist die Aufgabe des Anbieters, die Rollenverteilung und die damit verbundene Erwartungshaltung des Nachfragers aktiv im komplexen Austauschprozess zu steuern (Fechner, 2004:214). Dabei muss dem Anbieter bewusst sein, dass auch Beratungszufriedenheit im Zeitverlauf wahrscheinlich nicht konstant bleiben wird, sondern dass die Erwartung selbst bei steigender Leistung des Anbieters kontinuierlich zunimmt (Homburg et al., 2010:4 f.). Um dieser "Anspruchsinflation" des Nachfragers entgegenzuwirken, muss der Anbieter einerseits aktiv Erwartungen managen und sich andererseits bewusst sein, welche Leistungsbestandteile Basis-, Leistungs- und Begeisterungsanforderungen entsprechen. Letztlich sollte bedacht werden, dass sich **Investitionen** in Beratungskompetenzen wahrscheinlich nicht kurzfristig bezahlt machen, weil die finanzielle Wirkung übergreifend schwer direkt nachweisbar ist. So sollte einerseits der Wandel zum Lösungsanbieter als ein längerer Prozess begriffen werden, andererseits verbleibt für Anbieter nicht allzu viel Zeit, hängt doch der Erfolg von Lösungsprojekten davon ab, ob die Voraussetzungen geschaffen wurden, dass ein integrativer Prozess stattfindet. Hat sich ein Anbieter erst einmal entschieden, in dieses Anbietermodell zu investieren, ist die Beratungskompetenz ein Zufriedenheitskriterium, welches sich nicht hinter Kriterien wie der technischen Qualität "verstecken" muss.

Neben dieser Betrachtung der Implikationen für Anbieter sollen weiterhin noch Implikationen **für Nachfrager** abgeleitet werden. Im Verlauf der Arbeit wurde immer wieder die wichtige Rolle der wechselseitigen Wertschöpfung als Teil des Lösungsprozesses hervorgehoben. In diesem Zusammenhang muss es den Nachfragern bewusst werden, dass der Kauf einer komplexen Lösung dem Nachfrager mehr abverlangt als der Kauf eines einfachen Produktes oder einer einfachen Dienstleistung. Dies wurde beispielsweise sehr treffend von Interviewpartner # 20 (2010:00:51:37-5) formuliert:

> *"Man muss als Kunde schon sehr gut vorbereitet sein für die Lösung, die man einkauft und auch [...] die Kommunikation intern [...] und [...] die Aufstellung sauber [haben]. Man kann nicht nur fordern – das tun wir teilweise als Kunde sehr stark."*

Auch wenn man die Steuerung und Moderation der Kundenintegration als Anbieteraufgabe verstehen kann, so liegt es doch am Nachfrager, Commitment zu zeigen und seinen Teil zur Lösung beizutragen. Der Erfolg einer Lösung hängt von der Bereitschaft des Nachfragers ab, sich auf diesen gemeinsamen Wertschöpfungsprozess einzulassen. Der Anbieter kann zwar die Ressourcen des Nachfragers für die Lösungserstellung mit einplanen – wenn dieser aber entgegen aller Absprachen keine Ressourcen abstellt, dann sollte er über ein schlechtes Leistungsergebnis nicht überrascht sein. Ist sich der Nachfrager also erst einmal bewusst, dass Lösungen nachhaltiges Commitment in eine Beziehung erfordern, sollte dieser bewerten, ob seine persönliche Kosten-Nutzen-Rechnung – unter Berücksichtigung schon getätigter Investitionen – es ihm attraktiv erscheinen lässt, diese Beziehung zu verfolgen und eine Lösung zu kaufen (vgl. auch Söllner, 1993:101 ff.).

Abschließend kann somit festgehalten werden, dass der Nachfrager bei Lösungen zu einem gewissen Grad partizipieren muss. Der Anbieter kann zwar durch die Beratung bestimmte Fähigkeitsbarrieren beim Nachfrager ausräumen, so dass er in der Lage ist mitzuarbeiten – das Ausräumen von Willensbarrieren verbleibt jedoch beim Nachfrager.

7.3 Grenzen der Untersuchung und mögliche künftige Forschungsgebiete

In diesem Abschnitt werden noch einmal übergreifend die Beschränkungen des angewendeten Forschungsdesigns herausgestellt, um dem Leser eine Einordnung des wissenschaftlichen Beitrags dieser Arbeit zu erleichtern. Während sich die Einschränkungen dabei in **inhaltliche** und **methodische Einschränkungen** unterteilen lassen, können diese Grenzen gleichzeitig den Ausgangspunkt für lohnende künftige Forschungen bilden.

Inhaltlich gesehen ist es eine Einschränkung, dass **nicht die komplette Wirkungskette** des RM (vgl. Abschnitt 3.1.2) **abgedeckt** wird: Insbesondere wurde nicht die "Erfolgsebene" der Anbieterseite betrachtet, sondern nur die beiden an die Beratungszufriedenheit ("Beziehungsebene") angrenzenden Ebenen der vorgelagerten "Transaktionsebene" und der nachgelagerten "Verhaltensebene". Diese gewählte Einschränkung lässt sich durch zwei Punkte begründen: Erstens handelt es sich bei der vorliegenden Untersuchung bewusst um eine auf Nachfrager abzielende Erhebung, so dass hauptsächlich verhaltenswissenschaftliche Wahrnehmungskonstrukte in den ersten drei beschriebenen Ebenen abgefragt wurden. Ferner ist der Autor der Ansicht, dass es schwierig gewesen wäre, das wahre Loyalitätsverhalten von B2B-Nachfragern zu messen (Caceres und Paparoidamis, 2007:858)[127] und dass es für die Respondenten nicht einfach gewesen wäre, eine Einschätzung der ökonomischen Auswirkungen auf den Anbieter vorzunehmen (vgl. auch Stock, 2002:63). Dies liegt zum Teil daran, dass die befragten Respondenten immer nur einen partiellen Einblick in die wirtschaftlichen Kennzahlen des Anbieters haben – beispielsweise durch kommunizierte Zahlen des externen Rechnungswesens des Anbieters oder durch eine gemeinsame Projektkalkulation, die dann aber nur einen bestimmten Teil des Anbieterumsatzes betrifft. Damit sollte eine Beurteilung der ökonomischen Anbieterauswirkungen ein Problem darstellen. Das zweite Argument, das die Einschränkung des Untersuchungsfokus rechtfertigt, bezieht sich auf schon vorhandene Forschungen, die genau diesen Zusammenhang zwischen "Verhaltensebene" und "Erfolgsebene" untersucht haben: So konnten in Abschnitt 3.1.2 bereits einige Studien aufgeführt werden, die diesen Zusammenhang empirisch und theoretisch begründen können, so dass an dieser Stelle bewusst darauf verzichtet werden kann.

Eine zweite inhaltliche Einschränkung dieser Arbeit ist, dass konkrete **Empfehlungen** für Anbieter **nicht** auf konkreter **Marketingmix-Ebene** abgegeben werden können. Dies liegt darin begründet, dass in dieser Arbeit nicht die Entwicklung von Messmodellen im Vordergrund stand, so dass damit konkrete Ansatzpunkte zur Beeinflussung latenter Variablen wegfallen und die relative Bedeutung von Konstruktdimensionen in den Hintergrund tritt (vgl. Abschnitt 6.2.2). Stattdessen wurden bewusst reflektive Operationalisierungen gewählt, die der verhaltenswissenschaftlichen Fundierung dieser Arbeit entsprechen und Empfehlungen nicht auf Maßnahmenniveau, sondern nur auf grundsätzlicher Ebene der Anbieterempfehlung zulassen. Betrachtet man jedoch letztendlich die Positionierung und Zielrichtung der Arbeit, ist diese Einschränkung verkraftbar, handelt es sich bei der vorliegenden Arbeit doch nicht um Erfolgsfaktorenforschung, sondern um einen Beitrag, der die organisatorische Kaufverhaltensforschung um ein neues Konstrukt bereichert und die Signifikanz der gemeinsamen Wertschöpfung und des relationalen Austauschs bei B2B-Lösungen weiter etabliert. Abschließend bleibt jedoch festzuhalten – da nun die grundsätzlichen Wirkmechanismen aufgezeigt sind –, dass es ein interessanter Ansatz wäre, die bestätigten Wirkungsverhältnisse mit einem umfangreicheren Messinstrumentarium zu replizieren, um hier weitergehende Aussagen zuzulassen.

---

[127] Beispielsweise Schwierigkeiten bei der Berücksichtigung des Einkaufsvolumens bei wiederholtem Kauf.

Eine **methodische** Einschränkung entsteht durch das in der vorliegenden Untersuchung verwendete **Verständnis** und die **Messung** der **Zufriedenheitskonstrukte**: Der Autor geht von einem rein linearen Zusammenhang zwischen Anforderungserfüllung und der Kundenzufriedenheit bzw. Beratungszufriedenheit aus. Dies zeigt sich einerseits in der Methodik: PLS kann derzeit nur lineare Beziehungen und Interaktionen darstellen, jedoch keine nichtlinearen Funktionsverläufe (Albers und Hildebrandt, 2006:28). Andererseits zeigt es sich dadurch, dass beim theoretischen Unterbau der Messung das C/D-Paradigma verwendet wird (Krafft, 1999:516). Dieser Ansatz erlaubt es nicht, nichtlineare Fälle zu erklären, in denen die Erfüllung der Erwartungen nur Unzufriedenheit verhindert oder in denen die Nichterfüllung der Erwartungen nur die Zufriedenheit nicht eintreten lässt – ohne jedoch eine Beratungsunzufriedenheit hervorzurufen. Das Kano-Modell, das nach verschiedenen Anforderungsarten unterscheidet, wäre ein geeignetes Erklärungsmodell, um in künftigen Forschungen ein noch differenzierteres Bild über Kundenbedürfnisse zu bekommen.

Eine zweite methodische Einschränkung bezieht sich auf die **Reichweite der Ergebnisse**, die im Allgemeinen natürlich durch die Ressourcenverfügbarkeit des Forschers bestimmt wird: Einerseits handelt es sich bei dem vorliegenden Datensatz um eine Befragung deutscher Nachfrager, so dass nicht ausgeschlossen werden kann, dass in anderen Ländern auch noch andere Einflussfaktoren auf die Beratungszufriedenheit wirken, die der kulturellen Dimension geschuldet sind. Interviewpartner # 15 (2010:00:47:19-4) beispielsweise weist darauf hin, dass das Interesse an langfristigen Kundenbeziehungen zu Lösungsanbietern in den USA eher weniger ausgeprägt ist als in Europa. Auch wenn dieser Aspekt nicht im Fokus dieser Arbeit stand, wäre die **internationale Dimension** gerade für globale IT-Lösungsanbieter wie IBM oder Oracle ein interessantes Forschungsfeld. Weiterhin kann durch diese Arbeit nicht abschließend geklärt werden, wie gut die Ergebnisse auf Lösungen in **anderen Industrien** übertragbar sind. Die vorgestellte Fallstudie leistet hier jedoch einen ersten explorativen Beitrag, der zumindest für große Ähnlichkeiten in anderen Industrien spricht. Eine Replikation der vorliegenden Studie, welcher unter Umständen gewissen industriespezifischen Aspekten noch besser Rechnung trägt, könnte hier zur Klärung beitragen. Eine Übertragbarkeit der Ergebnisse auf den **B2C-Bereich** sollte vorerst nicht angenommen werden: Bereits in Abschnitt 2.3.4.1 wurde ausgeführt, dass sich B2C-Lösungen durch leicht veränderte Merkmale auszeichnen, die einen Einfluss auf die Bestimmung der Beratungszufriedenheit haben könnten.

Eine dritte methodische Einschränkung dieser Arbeit entsteht durch die Verwendung von **PLS als Analyseinstrument**: Dem Autor dieser Arbeit ist bewusst, dass PLS einige Einschränkungen mit sich bringt, die in der akademischen Welt regelmäßig für Diskussionen sorgen (z.b. kein globales Gütemaß). In dieser Arbeit wurde jedoch auch herausgestellt, dass für den vorliegenden Datensatz das varianzbasierte PLS als das geeignetste Instrument erscheint und einerseits kovarianzbasierten Programmen sowie andererseits simpleren Verfahren überlegen ist. Diese Entscheidung kam somit bewusst zustande und ihr liegt eine umfassende Diagnose zugrunde, die sich auf mehr als ein Beurteilungskriterium stützt (vgl. Abschnitt 6.1.4). Dennoch wäre es wünschenswert, wenn man versuchen würde, die vorgefundenen Ergebnisse auch noch einmal mit einem kovarianzbasierten Verfahren zu bestätigen.

Eine vierte methodische Einschränkung ergibt sich durch die **nur teilweise vorhandene organisationale Perspektive** der Untersuchung: Es wird zwar das Einkaufsverhalten von Organisationen untersucht, aber aus forschungspragmatischen Gründen wurde ein Single-Respondent-Design verwendet. Dies wirft die Frage auf, wie dennoch versucht wurde, der organisatorischen Perspektive dieses Phänomens Rechnung zu tragen, weil sich aufgrund der Multipersonalität von Organisationen die empfundene Beratungszufriedenheit der individuellen Mitglieder von der organisational empfundenen Beratungszufriedenheit unterscheiden kann (vgl. Keller und Stolper, 2006:19). Erstens kann festgehalten werden, dass schon durch die Formulierung im Fragebogen eine Vorselektion der Befragungsteilnehmer stattfand. Dies spiegelt sich darin wider, dass einerseits nach der Breite der Erfahrung gefragt wurde und andererseits ein konkretes Lösungsprojekt besprochen wurde. Dies sollte zu allgemeine, wenig fundierte Antworten ausschließen. Weiterhin konnte in der Erhebung sichergestellt werden, dass die Schlüsselinformanten aus einem großen Spektrum relevanter Abteilungen kamen und dass verschiedenen Hierarchiestufen abgebildet wurden – beides trägt weiter dazu bei, dass eine umfassendere Perspektive die Validierung des Untersuchungsmodells unterstützt. An dieser Stelle könnte es jedoch ein potenziell lohnendes Forschungsfeld sein, das die unterschiedlichen Nachfragerrollen (vgl. Abschnitt 2.3.3) in einzelnen Projekten noch einmal explizit untersucht, so dass trennscharf herausgearbeitet werden kann, wann die Beratungszufriedenheit in einzelnen Fällen durch beispielsweise hierarchische Verortungen überlagert wird. Interviewpartner # 7 (2010:00:49:32-4) erklärt z.B., dass sich die Nachfragerziele im Vorstand durchaus von der operativen Projektebene unterscheiden können und somit einen Einfluss auf die individuelle Beratungszufriedenheit haben. Homburg und Rudolph (2001a:30) liefern in diesem Zusammenhang erste Hinweise darauf, dass sich Zufriedenheitstreiber nach Hierarchiestufe unterscheiden könnten. Abschließend kann vermutet werden, dass sogar eine Bedeutungszunahme der Beratungszufriedenheit möglich ist: Einerseits entdecken erst jetzt viele Branchen die Potenziale von Beratungszufriedenheit, andererseits werden nicht nur die hier vorgestellten nachgelagerten Größen der RM-Kette beeinflusst – beispielsweise wird die Beratungszufriedenheit in manchen Branchen auch schon als Erfolgsmaß für eine Vergütung benutzt. Aus diesem Grund scheint es für industrielle Anbieter lohnenswert, sich auch außerhalb ihrer Branche zu orientieren, um Beratungstrends früh identifizieren zu können.

Anhang Übersicht

Anhang 1: Ausgewählte Lösungsdefinitionen in der Literatur
Anhang 2: Alternative Begriffsverständnisse von Lösungen
Anhang 3: Literaturauswertung RM-Konstrukte nach Keller und Stolper (2006)
Anhang 4: Interviewleitfaden 1 (Fallstudie Ladestationen)
Anhang 5: Interviewleitfaden 2 (Hauptstudie IT-Lösungen)
Anhang 6: Kodierleitfaden
Anhang 7: Übersicht Experteninterviews
Anhang 8: Übersicht Experteninterviews (Pretest)

Anlagenband A: Interview-Transkripte Fallstudie
Anlagenband B: Interview-Transkripte IT-Lösungen
Anlagenband C: Erklärung Farbkodierung und Häufigkeitsanalyse

Anhang 1: Ausgewählte Lösungsdefinitionen in der Literatur

Autor (Jahr)	Definition	Aspekte der Definition					
		1	2	3	4	5	6
Srivastava et al. (1999:170)	"[…] solutions that can be customized to create and satisfy individual customers' needs. Often, physical products are only a part, sometimes only a small part, of the overall solution."	1			4		
Wise und Baumgartner (1999:138)	"Integrated solutions [are] an […] effective business model to combine products and services into a seamless offering that addresses a pressing customer need."	1	2		4		
Hax und Wilde (1999:13)	"The customer solutions strategic option is based on a wider offering of products and services that satisfies most if not all the customer's needs. The focus here is on the customer's economics, rather than the product's economics. A company might offer a broad bundle of products and services that is targeted and customized to a specific customer's needs."	1		3	4		
Sheperd und Ahmed (2000:103 f.)	"Adopting a 'solutions' focused business model requires a company to add competencies in business consultancy, application development and systems integration. This allows them to better identify customers' business problems and for an effective solution to be defined, developed and delivered in the form of a set of integrated products (hardware and software) and services."		2		4		
Cornet et al. (2000:2 ff.)	"A solution can be distinguished from a product, system or service by the following defining characteristics: - Solutions are co-created by a customer and a supplier and cover all aspects of the relationship (commercial, operational and financial). - Solutions are customized in one or more of the following respects: design, assembly, delivery, operation, or pricing. - Solutions involve the supplier taking managed risk and, therefore, often include performance- and/or risk-based contacts. - Solutions create new value in […] improving operating performance, increasing asset effectiveness, enabling market expansion, [and/] or mitigating risk. The key to value creation is working with the customer to inte-	1	2	3	4	5	6

Anhang 1: Ausgewählte Lösungsdefinitionen in der Literatur

		1	2	3	4	5	6
	grate and bundle a mix of tailored products, services and systems, and commercial terms in such a way that the whole exceeds the sum of its parts."						
Foote et al. (2001:84)	"They are creating high-value solutions by integrating various products and services [...] to solve a complete customer problem."		2		4		
Miller et al. (2002:3)	"Although there are many kinds of solutions, they are all, in essence, integrated combinations of products and/or services that are unusually tailored to create outcomes desired by specific clients or types of clients."	1	2		4		
Galbraith (2002:194)	"The companies following a solutions strategy bundle their products together and add software and services. The packages create more value than the customers can create for themselves by buying only the stand-alone products."	1		3			
Sharma et al. (2002:3)	"A real solution, in our view, is a fundamentally different approach that creates additional value for customers and suppliers by meeting five criteria: • It is co-created by a customer and a supplier. • It integrates products with services to meet essential customer needs. • Suppliers accept some of the risk, often through performance-based and/or risk-based contracts. • Relationships between suppliers and customers are unusually intimate, far beyond a traditional buy-sell relationship. • Solutions, therefore, are tailored to each customer."		2	3	4	5	6
Johansson et al. (2003:118)	"[...], a solution is a combination of products and services that creates value beyond the sum of its parts. In practice, solutions are usually born when a vendor can meld a certain level of expertise with proprietary intellectual property – a method, a product, or an amalgam of the two – to handle a problem for a customer or to help it complete a step in its business. More specifically, it is the level of customization and integration that sets solutions above products or services or bundles of products and services. [...] the way the elements are integrated and the extent of the customization define the added value for buyers and earn the added financial benefits for sellers."		2	3	4		
Day (2004:18 f.)	"[...] a true solution strategy... would mean satisfying the following five criteria [...] the integration of products with services		2	3	4	5	

	to offer a complete bundle of benefits [...] a two-way interaction that results in mutual commitment [...] the solution is coproduced by the customer and supplier, and it is tailored to each customer. Fifth, the solution might also mean some absorption of the customer's risk."					
Brady et al. (2005:362)	"Integrated solution providers add value by providing combinations of products and services that create unique benefits for each customer. Not only do they take over responsibility (and risk) for performing activities previously carried out in-house by their customers, they develop new ways for components to work together as an integrated whole to increase the overall value of the solution for the customer."	1	2	3	4	
Davies et al. (2006:39)	"Some of the world's leading companies [...] now compete by providing integrated solutions rather than making stand-alone products or selling services. [...] providing innovative combinations of technology, products and services as high-value unified responses to their business customers' needs."	1	2	3	4	
Sawhney et al. (2006:78)	"A solution is a customized, integrated combination of products, services and information that solves a customer problem."	1	2		4	
Tuli et al. (2007:1)	"[...] suppliers [...] view a solution as a customized and integrated combination of goods and services for meeting a customer's business needs. In contrast, customers view a solution as a set of customer–supplier relational processes comprising (1) customer requirements definition, (2) customization and integration of goods and/or services and (3) their deployment, and (4) post-deployment customer support, all of which are aimed at meeting customers' business needs."	1	2		4	5
Sharma et al. (2008:301)	"Solutions are customized and integrated offerings of products and services that are designed to solve a particular customer need/want or problem."		2		4	
Ahlert et al. (2008:38)	"Unter Lösungen werden individuelle Leistungen für komplexe Kundenprobleme verstanden, die interaktiv konzipiert werden und deren Komponenten einen integrativen Mehrwert bieten."		2	3	4	5
Ceci (2009:1, 138)	"The emergence of the integrated solutions business model suggests that added value resides in supplying bundled systems rather than individual subsystems. [...] Customer satisfaction can be guaranteed by focusing on standardized systems, which allow for greater control of time and costs, but optimal labor and project productivity require different strategic directions. This		2				6

Anhang 1: Ausgewählte Lösungsdefinitionen in der Literatur

	implies that it is not possible to identify a single best strategy for offering of IT solutions."					
Brax und Jonsson (2009:541)	"We define an integrated solution offering as a bundle of physical products, services and information, seamlessly combined to provide more value than the parts alone, that addresses customer's needs in relation to a specific function or task in their business system; it is long-term oriented, integrates the provider as part of the customer's business system, and aims at optimizing the total cost for the customer."	1	2	3	4	5
Windahl und Lakemond (2010:1)	"With integrated solutions, a combination of integrated products or services, or both, plus knowledge are used to provide a specific outcome fulfilling the customers' needs. In a fully-fledged integrated solution, the supplier retains ownership of the equipment and increases the value for the customer [...] by reducing the customer's costs and/or enabling the customer to create new and more competitive offerings."	1	2		4	
Aspekte der Definitionen: 1 = Bündelung von Produkten und Dienstleistungen; 2 = Integrativität; 3 = Synergie-Effekte; 4 = Individualität der Problemlösung; 5 = Interaktivität; 6 = Segmentlösungen						

Quelle: eigene Darstellung; Auswahl der Definitionen in Anlehnung an Ahlert et al. (2008:34 ff.)

Anhang 2: Alternative Begriffsverständnisse von Lösungen

Autor (Jahr)	Definition	Aspekte der Definition					
		1	2	3	4	5	6
Stremersch et al. (2001:2)	**Full Services:** "A comprehensive bundle of products and/or services, that fully satisfies the needs and wants of a customer related to a specific event or problem. The concept of full-service strategy is clearly related to the concepts of 'bundling' and 'systems selling.' Bundling can be defined as 'the offering of groups of products and/or services as a package' [...] The concept of 'systems selling' can be considered a form of bundling and a forerunner of full-service strategy."	1			4		
Homburg et al. (2005b:538 f.)	**Systemgeschäft:** Die Autoren bemerken, dass es zwei inhaltliche Verständnisperspektiven des Systembegriffs gibt. Der erste sieht ein System als eine "Kombination von serien- und einzelgefertigten Produkten, die auf der Basis einer bestimmten Systemphilosophie miteinander vernetzt werden". Die zweite Perspektive – welche für diesen Kontext relevanter ist – hat ein Verständnis von Systemen als umfassende Problemlösung: "Zwei oder mehr Produkte (Sachgüter bzw. Dienstleistungen) und damit verbundenes Know-how im Sinne einer integrierten Problemlösung für die Kunden."	1	2		4		
Belz und Bieger (2006:21)	**Leistungssystem:** "Leistungssysteme lösen die Probleme für Kunden umfassend und wirtschaftlich. Unternehmen und Institutionen bieten nicht nur ihre 'nackten' Produkte und zahlreiche Serviceleistungen an, sondern entwickeln integrierte Lösungen für spezifische Kundengruppen. Sie suchen innovative Leistungs-/Marktkombinationen, mit denen sie Vorteile für Kunden schaffen und sich wirksam gegenüber der Konkurrenz profilieren können."		2	3	4		6
von Waldthausen (2007:39)	**Komplexes Produkt:** "Ein Treiber ist die Erzeugniskomplexität, d. h. die Produktstrukturtiefe und die Produktspezifität, die die Erklärungsbedürftigkeit und den erforderlichen oder möglichen Anpassungsgrad der Produkte an individuelle Kundenbedürfnisse determinieren und meist weitere Dienstleistungen in den Bereichen Installation, Inbetriebnahme, Betriebsführung und Schulung nach sich ziehen. Dabei kann die Spezifität so weit gehen, dass man Produkte gemeinsam mit dem Kunden allein für ihn		2		4	5	

Anhang 2: Alternative Begriffsverständnisse von Lösungen

	entwickelt. Je höher die Spezifität ist, desto aufwändiger ist der Verkaufsprozess, da er kundenindividuell, z.B. hinsichtlich der Angebotserstellung und Beratung zu gestalten ist."			
Burianek et al. (2009:18)	**Hybrides Produkt:** "Hybride Produkte lassen sich anhand folgender drei Charakteristika spezifizieren: (1) Individuelle Abstimmung auf die Bedürfnisse des Kunden, (2) Kombination aus Sach- und Dienstleistungen und (3) Integration der Leistungskomponenten (technische Integration). Diese Eigenschaften [...] differenzieren hybride Leistungen dadurch von anderen industriellen Leistungsangeboten, wie z.B. produktbegleitende Dienstleistungen."	1	2	4
Aspekte der Definitionen:				
1 = Bündelung von Produkten und Dienstleistungen; 2 = Integrativität; 3 = Synergie-Effekte; 4 = Individualität der Problemlösung; 5 = Interaktivität; 6 = Segmentlösungen				

Quelle: eigene Darstellung; Auswahl der Definitionen in Anlehnung an Kawohl (2010:19)

Anhang 3: Literaturauswertung RM-Konstrukte nach Keller und Stolper (2006)

Quelle: eigene Darstellung in Anlehnung an Keller und Stolper (2006:10)

Anhang 3: Literaturauswertung RM-Konstrukte nach Keller und Stolper (2006)

Einordnung	Konstrukt/Studie	Dwyer und Oh (1987) B2B	Crosby et al. (1990) B2C	Anderson und Narus (1990) B2B	Lagace et al. (1991) B2B	Mohr und Speckman (1994) B2B	Ganesan (1994) B2C	Palmer und Bejou (1994) B2B	Morgan und Hunt (1994) B2B	Kumar et al. (1995) B2B	Dant et al. (1995) B2C	Bejou et al. (1996) B2B	Hennig-Thurau & Klee (1997)	Doney und Cannon (1997) B2B	Boles et al. (1997) B2B	Leuthesser (1997) B2B	Dorsch et al. (1998) B2B	Smith (1998) B2B	Selnes (1998) B2B	Wilson und Vlosky (1998) B2B	Homburg (1998) B2B	Nielson (1998) B2B	Garbarino und Johnson (1999) B2C	Cannon und Perreault (1999) B2B	Jap et al. (1999) B2B
Customer-focused Antecedents	Angebot von Alternativen								x					x				x					x		
	Beendigungskosten/Wechselkosten								x																
	Suche nach Abwechslung																								
	Unsicherheit													x											
	Wahrgen. Marktmacht/Abhängigkeit			x		x	x							x									x		
	Wahrgenommene Nähe																								
	Wahrgenommene Vorteile											x											x		
Dyadic Antecedents	Ähnlichkeit	x											x			x					x				
	Atmosphäre																								
	Bindungen bzw. Verträge													x											x
	Dauer der Beziehung			x			x			x	x	x	x												
	Gegenseitigkeit	x							x																
	Informationsaustausch/Kommunikation			x		x				x	x			x					x	x	x	x	x	x	x
	Joint Working	x			x																	x			
	Konflikt			x		x				x	x	x								x					x
	Kooperation	x	x			x	x																		x
	Marktdynamik					x			x						x								x		
	Profit/Umsatz der Beziehung																						x		
	Zielübereinstimmung						x																		
Seller-focused Antecedents	Autonomie																								
	Ethisches Verhalten		x		x				x								x								
	Expertise	x	x						x	x	x	x					x								
	Fairness																								
	Flexibilität/Anpassung									x											x				
	Geographische Nähe																								
	Koordination						x																	x	
	Kundenorientierung		x							x			x												
	Langfristige Orientierung						x	x	x																x
	Liebenswürdigkeit/Freundlichkeit																								x
	Macht		x						x							x					x				
	Opportunismus	x							x							x									
	Partizipation			x		x																			
	Produkt-/Servicequalität							x				x	x	x	x								x	x	
	Projektmanagement																								
	Reputation													x											x
	Investitionsbereitschaft						x											x	x	x	x				
	Unternehmensgröße																				x				
	Unterstützung bei Innovationen																								
	Unterstützung/Anbieter-Wohlwollen																								
	Verkaufsorientierung		x														x								
	Verständnis																								
Customer-focused Relational	Commitment			x		x			x	x			x				x	x	x	x	x	x	x		x
	Vertrauen	x	x	x	x	x	x	x	x	x	x	x	x	x	x	x	x	x	x	x	x	x	x	x	x
	Zufriedenheit	x	x	x	x	x	x			x		x	x	x	x		x	x	x	x	x	x	x		x
Customer-focused Outcomes	Loyalität - Wiederkauf																								
	Loyalität - Weiterempfehlung																			x			x		
	Loyalität - Zukauf		x																						
	Loyalität allgemein																	x	x	x			x		
	Relationship Value																								
	Wahrgenommene Leistung																								x
Seller-focused Outcomes	Kostensenkung beim Kunden																								
	Markterfolg/Profitabilität																								

Anhang 3: Literaturauswertung RM-Konstrukte nach Keller und Stolper (2006)

Einordnung	Bezugsbereich / Tabelle 2/3 Konstrukt/Studie	Naudé und Buttle (2000) B2B	Hennig-Thurau (2000) B2C	Walter et al. (2000) B2B	Cannon und Homburg (2001) B2B	Peter (2001) B2B	De Wulf et al. (2001) B2C	Hewett et al. (2002) B2B	Fynes und Voss (2002) B2B	Stratman und Roth (2002) B2B	Hennig-Thurau et al. (2002) B2C	Wong und Sohal (2002) B2C	Sirdeshmukh et al. (2002) B2C	Roberts et al. (2003) B2C	Homburg et al. (2003) B2B	Walter et al. (2003) B2B	Nijssen et al. (2003) B2C	Rinehart et al. (2004) B2B	Hsieh und Hiang (2004) B2C	Woo und Ennew (2004) B2B	Leonidou (2004) B2B	Lam et al. (2004) B2B	Ouwersloot et al. (2004) B2C	Ivens, B.S. (2004) B2B	Ryssel et al. (2004) B2B
Customer-focused Antecedents	Angebot von Alternativen					x	x							x									x		
	Beendigungskosten/Wechselkosten						x																x	x	
	Suche nach Abwechslung					x	x																		
	Unsicherheit												x						x				x		
	Wahrgen. Marktmacht/Abhängigkeit									x					x	x		x							
	Wahrgenommene Nähe																					x			
	Wahrgenommene Vorteile							x					x		x										
Dyadic Antecedents	Ähnlichkeit																								
	Atmosphäre																					x			
	Bindungen bzw. Verträge																								
	Dauer der Beziehung						x								x										
	Gegenseitigkeit																							x	
	Informationsaustausch/Kommunikation	x			x	x		x							x	x	x			x		x			
	Joint Working											x	x												
	Konflikt														x						x	x	x		
	Kooperation							x	x							x					x	x	x		
	Marktdynamik																								
	Profit/Umsatz der Beziehung	x													x	x									
	Zielübereinstimmung																								
Seller-focused Antecedents	Autonomie																								
	Ethisches Verhalten														x										
	Expertise														x										
	Fairness																								
	Flexibilität/Anpassung						x		x								x				x	x			x
	Geographische Nähe																								
	Koordination	x																							
	Kundenorientierung																								
	Langfristige Orientierung											x													x
	Liebenswürdigkeit/Freundlichkeit																								
	Macht	x																						x	
	Opportunismus														x										
	Partizipation														x										
	Produkt-/Servicequalität	x	x								x							x	x			x			
	Projektmanagement															x									
	Reputation																								
	Investitionsbereitschaft				x	x													x						
	Unternehmensgröße																								
	Unterstützung bei Innovationen																			x					
	Unterstützung/Anbieter-Wohlwollen																x			x					
	Verkaufsorientierung														x										
	Verständnis																								x
Customer-focused Relational	Commitment	x	x	x	x	x	x	x	x	x	x	x	x	x	x	x	x	x	x	x	x	x	x	x	x
	Vertrauen	x	x	x	x	x	x	x	x	x	x	x	x	x	x	x	x	x	x	x	x	x	x	x	x
	Zufriedenheit	x	x		x	x	x	x			x	x	x	x	x		x	x	x	x		x	x	x	x
Customer-focused Outcomes	Loyalität - Wiederkauf						x						x							x					
	Loyalität - Weiterempfehlung						x						x												
	Loyalität - Zukauf						x																		
	Loyalität allgemein						x												x				x	x	
	Relationship Value						x								x	x									x
	Wahrgenommene Leistung												x												
Seller-focused Outcomes	Kostensenkung beim Kunden						x							x											
	Markterfolg/Profitabilität																								

Anhang 3: Literaturauswertung RM-Konstrukte nach Keller und Stolper (2006)

Einordnung	Konstrukt/Studie	Knemeyer und Murphy (2005) B2B	Bonner und Calantone (2005) B2B	Abdul-Muhmin (2005) B2B	Lages et al. (2005) B2B	Leonidou et al. (2006) B2B	Huntley (2006) B2B	Athanassopoulou (2006) B2B	Ulaga und Eggert (2006a) B2B	Haas (2006a) B2C	Haas (2006b) B2C	Ryu et al. (2007) B2B	Macintosh (2007) B2C	Rauyruen und Miller (2007) B2B	Payan und Svensson (2007) B2B	Haas (2007) B2C	Backhaus (2008) B2B	Myhal et al. (2008) B2B	Skarmeas und Robson (2008) B2B	Barry et al. (2008) B2C	Clark und Adjei (2009) B2B	Ashnai et al. (2009) B2B	Basheer und Ibrahim (2010) B2C	Svensson et al. (2010) B2B	Čater und Čater (2010) B2B
Customer-focused Antecedents	Angebot von Alternativen																		x						
	Beendigungskosten/Wechselkosten																		x	x					
	Suche nach Abwechslung																		x						
	Unsicherheit					x						x													
	Wahrgen. Marktmacht/Abhängigkeit	x										x				x									
	Wahrgenommene Nähe					x																			
	Wahrgenommene Vorteile																								
Dyadic Antecedents	Ähnlichkeit																		x						
	Atmosphäre											x				x									
	Bindungen bzw. Verträge																								
	Dauer der Beziehung	x	x																x						
	Gegenseitigkeit																								
	Informationsaustausch/Kommunikation	x	x		x	x		x		x		x							x	x					x
	Joint Working																								
	Konflikt					x													x			x			
	Kooperation				x	x						x											x	x	x
	Marktdynamik							x																	
	Profit/Umsatz der Beziehung																		x		x				
	Zielübereinstimmung											x													
Seller-focused Antecedents	Autonomie																	x							
	Ethisches Verhalten																								
	Expertise												x		x	x							x		
	Fairness																				x				
	Flexibilität/Anpassung				x			x				x													x
	Geographische Nähe																								
	Koordination																x						x	x	
	Kundenorientierung											x	x	x									x		
	Langfristige Orientierung							x		x		x													
	Liebenswürdigkeit/Freundlichkeit																						x		
	Macht																				x				
	Opportunismus	x	x																		x				
	Partizipation																				x				
	Produkt-/Servicequalität											x	x	x							x		x		
	Projektmanagement																								
	Reputation	x	x																		x				
	Investitionsbereitschaft	x																	x						
	Unternehmensgröße	x																					x		
	Unterstützung bei Innovationen							x																	
	Unterstützung/Anbieter-Wohlwollen	x	x																						
	Verkaufsorientierung											x													
	Verständnis											x							x					x	
Customer-focused Relational	Commitment				x	x	x							x	x				x	x	x			x	x
	Vertrauen				x	x	x		x			x		x	x	x	x	x	x	x	x	x	x	x	x
	Zufriedenheit		x	x	x	x	x	x	x			x	x	x		x	x	x	x	x	x	x	x	x	
Customer-focused Outcomes	Loyalität - Wiederkauf																								
	Loyalität - Weiterempfehlung	x					x							x						x					
	Loyalität - Zukauf																								
	Loyalität allgemein	x	x	x			x			x				x									x	x	
	Relationship Value								x												x				
	Wahrgenommene Leistung																								
Seller-focused Outcomes	Kostensenkung beim Kunden																								
	Markterfolg/Profitabilität																x								

Anhang 4: Interviewleitfaden 1 (Fallstudie Ladestationen)

(1) Einleitung des Interviews
- Vorstellung des Interviewers.
- Kurzvorstellung des Forschungsprojekts.

(2) Eröffnungsfragen
- Bevor wir beginnen, möchte ich Sie noch einmal fragen, ob es Ihnen recht ist, dass wir das Gespräch auf Band aufzeichnen?
- Darf ich Sie fragen, bis wann wir genau Zeit haben, damit ich mich danach richten kann?

(3) Übergreifende Einstiegsfragen zum Thema
- Wie würden Sie die Rahmenbedingungen des Projekts beschreiben?
- Wie viel Kontinuität und Sicherheit gab es aus dem organisatorischen Umfeld? Wie hat sich das geäußert?
- War vor der Evaluationsphase des Projekts die Problemdefinition schon genau klar? Wann und wie kam diese zustande? Gab es beispielsweise schon ein ausgearbeitetes Pflichtenheft?

(4) Fragen zur Evaluationsphase
- Wie kam die Entscheidung für die Lösung und damit dem Zulieferer/Berater zustande? In welchem Zeitraum?
- Wie wurde der Projektwert vom Zulieferer/Berater überzeugend dargestellt? Was waren die versprochenen/erwarteten Vorteile? Was waren die Zugeständnisse bei der Lösung?
- Wer war in die Entscheidungsfindung involviert? Was waren die Kriterien für die Entscheidung?
- Was waren Quellen für Unsicherheit im Entscheidungsprozess?
- Wie würden Sie die gewünschte Rolle des Beraters charakterisieren? Welchen Aktivitätsgrad haben Sie sich vom Berater erhofft? Warum?
- Wurden diese Erwartungen erfüllt?
- Hatten Sie schon vorher Erfahrung mit dem ausgewählten Zulieferer/Berater?

(5) Fragen zur Transaktionsphase
- Welche Anpassungen waren in der Firma nötig, um die Lösung zu integrieren? Welche Auswirkungen hat die neue Lösung?
- Welche konkreten Probleme gab es in der Transaktionsphase (z.B. technisch, sozial, organisatorisch)?

- War in dieser Phase des Projekts die Lösungsdefinition schon klar? Wann und wie kam diese genau zustande? Gab es ein Pflichtenheft?
- Gibt es einen Testlauf oder eine Pilotphase bevor die Lösung eingesetzt wird?
- Wie genau wird die Lösung an den Kontext angepasst, bzw. wie wurden Kontextfaktoren berücksichtigt?
- Wie war dabei die Rolle des Beraters bzw. die Rolle des Kunden?
- Hat der Zulieferer/Berater noch weitere Firmen involviert, welche hier relevant sind?

(6) Fragen zur Post-Implementierungsphase

- Welche Probleme sind aufgetaucht, die beim Testing nicht aufgefallen sind?
- Was waren unerwartete Vorteile?
- Wann und in welchem Modus hat der Zulieferer/Berater das Projekt verlassen?

(7) Übergreifende Abschlussfragen zum Thema

- Was sind Ihrer Meinung nach die Erfolgsfaktoren für ein erfolgreiches Lösungsprojekt? Welchen Anteil sollte dabei der Berater haben?
- Findet Wertschöpfung hauptsächlich durch den Zulieferer/Berater statt, oder setzt Wertschöpfung eine enge Geschäftsbeziehung und gemeinsamen Austausch voraus?
- Welche Vorteile und Nachteile ergeben sich aus Ihrer Sicht aus einer engeren Zusammenarbeit?
- Hat interaktives Problemlösen stattgefunden? Wie hat sich das geäußert? Wurden dabei unbekannte Vorteile einer Ressource gefunden und so Wert gesteigert?
- Zeichnet sich die Problemlösung in dem Projekt eher durch Experimentieren oder durch Planung aus?
- War der Fokus des Suppliers/Beraters eher auf technischen Features, die Schaffung von Kundenwert oder noch etwas anderem? Woraus schließen Sie dies?
- Versteht der Supplier/Berater die (wichtigsten) Geschäftsprozesse von Ihnen?
- Wie würden Sie abschließend Ihre Lösungs-/Beratungszufriedenheit in dem Projekt einschätzen? Was sehen Sie als die Haupttreiber dafür?
- Würden Sie den Zulieferer/Berater noch einmal verwenden? Würden Sie ihn weiterempfehlen?

(8) Abschlussfragen

- Wie lange arbeiten Sie persönlich schon im Umfeld von Lösungen?
- Möchten Sie noch etwas hinzufügen, was wir noch nicht diskutiert haben? Haben sie ein persönliches Anliegen zum Thema, das aus Ihrer Sicht noch wichtig ist?
- Sind Sie damit einverstanden, dass Sie in der Studie namentlich aufgelistet werden? Dürfen Ihre Aussagen in meiner Studie in Form von Zitaten verwendet werden?

- Abschließend möchte ich mich noch bei Ihnen dafür bedanken, dass Sie die Zeit und Mühe aufgebracht haben, meine Fragen zu beantworten.

Quelle: eigene Darstellung

Anhang 5: Interviewleitfaden 2 (Hauptstudie IT-Lösungen)

(1) Einleitung des Interviews
- Vorstellung des Interviewers.
- Kurzvorstellung des Forschungsprojekts.

(2) Eröffnungsfragen
- Bevor wir beginnen, möchte ich Sie noch einmal fragen, ob es Ihnen recht ist, dass wir das Gespräch aufzeichnen?
- Darf ich Sie fragen, bis wann wir genau Zeit haben, damit ich mich danach richten kann?

(3) Übergreifende Einstiegsfragen zum Thema
- Kurzvorstellung: Was ist Ihre Aufgabe? Wie viel Erfahrung haben Sie in der Zusammenarbeit mit IT-Solution-Providern/Beratern?
- Wie lange arbeiten Sie persönlich schon im Umfeld IT bzw. Einkauf von Lösungen?
- Nennen Sie mir ein IT-Projekt über das wir sprechen können. Lassen Sie uns über ein konkretes Projekt sprechen. Sie dürfen sich eins aussuchen. Benennen Sie eins und beschreiben Sie es kurz.
- So ein IT-Projekt hat verschiedene Dimensionen: Eine davon ist die eigentliche Beratungssituation mit dem Kunden. Darüber würde ich heute gerne sprechen.
- Vor der Festlegung auf einen Solution Provider: Wie klar war vor der Evaluationsphase des IT-Solution-Providers schon die Problemdefinition?
- Wann und wie kam die Problemdefinition zustande? Gab es beispielsweise schon ein ausgearbeitetes Pflichtenheft?

(4) Fragen zur Evaluationsphase
- Wie kam die Entscheidung für die Lösung und damit für den Solution Provider zustande? In welchem Zeitraum?
- Wie konnte der Solution Provider den Projektwert überzeugend darstellen? Was waren die Erwartungen an den IT-Solution-Provider zu diesem Zeitpunkt?
- Wer war in die Entscheidungsfindung involviert? Gibt es standardisierte Kriterien für die Entscheidung?
- Welche Differenzierungsmerkmale gab es für den Solution Provider?
- Was waren Quellen für Unsicherheit im Entscheidungsprozess?

(5) Fragen zur Transaktionsphase
- Wie würden Sie die gewünschte Rolle des Solution Providers charakterisieren (z.B. Aktivitätsgrad)? Warum? Wurde dies erfüllt?
- War in dieser Phase des Projekts die Lösungsdefinition schon klar? Wann und wie kam diese genau zustande? Gab es z.B. ein Pflichtenheft?

(6) Übergreifende Abschlussfragen zum Modell:
- **Modell:**
  - Wenn Sie abschließend für dieses Projekt ein Urteil fällen müssten: Fühlten Sie sich gut beraten?
  - Woran machen Sie das fest?
  - Was waren Faktoren (z.b. Know-how-Zuwachs)?
  - Hat sich das nach Projektphasen unterschieden?
- **Modell (Ursachen):**
  - Erklären Sie mal präzise: Was hat der Anbieter gut gemacht, damit Sie sich gut beraten fühlten?
  - Was hat er falsch gemacht, damit Sie sich nicht gut beraten fühlten?
  - Was ist gut gelaufen? Was fanden Sie qualitativ gut?
  - Was ist schlecht gelaufen? Was fanden Sie von schlechter Beratungsqualität?
  - Was sind die Haupttreiber für Ihre Beratungszufriedenheit?
- **Modell (Konsequenzen):**
  - Haben Sie vor, den Solution Provider nach diesem Projekt noch einmal zu verwenden?
  - Würden Sie ihn nach diesem Projekt weiterempfehlen?
  - Würden Sie nach diesem Beratungsprojekt auch den gleichen Provider noch einmal für ein anderes Thema benutzen?
- **Modell (Moderatoren):**
  - Wie beurteilen Sie die Rolle Ihrer eigenen Erfahrung in diesem Bereich für den Umgang mit Beratern?
  - Was glauben Sie, ist spezifisch bei Ihrem Kaufverhalten ("sich beraten fühlen") bei IT-Lösungen im Gegensatz zu einfachen Produkten (z.B. Desktops)?
  - Fühlen Sie sich anders beraten bei Lösungen im B2C-Bereich?
  - Was glauben Sie, welchen Einfluss Ihre Branche in diesem Prozess hat? Welche Branchenspezifika beeinflussen Ihre wahrgenommene Beratungsqualität bzw. Ihr Verhalten nach der Beratung?
- **Erfolgsfaktoren (optional):**
  - Was sind Ihrer Meinung nach die Erfolgsfaktoren für ein erfolgreiches IT-Lösungsprojekt?
  - Wo ist der Unterschied zwischen Beratungszufriedenheit und Projektzufriedenheit?
  - Was macht erfolgreiche IT-Berater aus? Sollte z.B. ein Solution Provider in der Regel die (wichtigsten) Geschäftsprozesse verstehen?
  - Was macht einen schlechten Berater aus?

- o Wie sehen Sie da den Zusammenhang zwischen einem erfolgreichen Projekt und einem erfolgreichen Berater bzw. sich beraten fühlen?
- **Co-creation:**
  - o Findet Wertschöpfung hauptsächlich durch den Solution Provider statt oder setzt Wertschöpfung eine enge Geschäftsbeziehung und gemeinsamen Austausch voraus (d. h. Kundenmitwirkung)?
  - o Welche Vorteile und Nachteile ergeben sich aus ihrer Sicht aus einer engen Zusammenarbeit?

(7) Abschlussfragen

- Möchten Sie noch etwas hinzufügen, was wir noch nicht diskutiert haben? Haben sie ein persönliches Anliegen zum Thema, das aus Ihrer Sicht noch wichtig ist?
- Würden Sie noch einen weiteren Gesprächspartner empfehlen?
- Sind Sie damit einverstanden, dass Sie in der Studie namentlich aufgelistet werden? Dürfen Ihre Aussagen in meiner Studie in Form von Zitaten verwendet werden?

Quelle: eigene Darstellung

Anhang 6: Kodierleitfaden

Einordnung	Konstrukt	Definition	Autor
Customer-focused Antecedents	Angebot von Alternativen	Availability of alternatives is simply the degree to which a buying firm has alternative sources of supply to meet a need.	(Cannon und Perreault, 1999:444)
	Beendigungskosten/ Wechselkosten	Switching costs can be defined as the costs involved in changing from one supplier to another.	(Heide und Weiss, 1995)
	Suche nach Abwechslung	We define active monitoring of the market as the extent to which the buyer actively monitors the products and prices of alternative sources of supply. In practice, it can involve frequent use of the bidding process for supplier selection decisions and reliance on multiple sources for a supply.	(Cannon und Homburg, 2001:34)
	Unsicherheit	Decision-making uncertainty is the degree to which an individual or organization cannot anticipate or accurately predict the environment.	(Pfeffer und Salancik, 1978)
	Wahrgenommene Marktmacht/ Abhängigkeit	Dependence of a buyer on a vendor refers to a buyer's need to maintain the relationship to achieve desired goals.	(Frazier, 1983:158)
	Wahrgenommene Nähe	Distance, that is, the unfamiliarity of one party with regard to social, cultural, structural, and processual aspects of the working relationship with another.	(Leonidou, 2004:733)
	Wahrgenommene Vorteile	Receiving superior benefits from their partnership — relative to other options — on such dimensions as product profitability, customer satisfaction, and product performance.	(Morgan und Hunt, 1994:25)
Dyadic Antecedents	Ähnlichkeit	Similarity assesses the buyer's belief that the salesperson shares common interests and values with people in the buying firm.	(Doney und Cannon, 1997:40)
	Atmosphäre	A broader perspective on partners' view of the overall climate surrounding the relationship.	(Woo und Ennew, 2004:1259)
	Bindungen/ Verträge	Legal bonds are detailed and binding contractual agreements that specify the obligations and roles of both parties in the relationship.	(Cannon und Perreault, 1999:443)
	Dauer der Beziehung	The nature of long-term buyer-seller relationships is such that the interaction occurs over a series of procurement periods.	(Lagace et al., 1991:42)
	Gegenseitigkeit	That is, the perception that another party is engaging in disclosure behavior toward oneself that is not being reciprocated often is read as a weakness on the other party's part and may lead to an unhealthy relationship.	(Derlega et al., 1987)
	Informationsaustausch	We define Information exchange as expectations of open sharing of information that may be useful to both parties. More open sharing of information is indicated by the willingness of both parties to share important, even proprietary, information.	(Cannon und Perreault, 1999:441)
	Joint Working	Joint working refers to the parties in a relationship engaging in combined decision-making and problem solving.	(Homburg et al., 2003:42)
	Konflikt	Conflict represents the overall level of disagreement in the working partnership. It is expressed in the form of disagreements, frustration, and tension between two parties in a working relationship, aiming at one party deterring the other from gaining the resources or conducting an activity necessary for its advancement. As such, conflict is determined by the frequency, intensity, and duration of disagreements.	(Anderson und Narus, 1990:44)

Anhang 6: Kodierleitfaden

	Kooperation	Cooperation, implying a joint effort, team spirit, and collaboration between the parties in a working relationship toward achieving both intraorganizational and interorganizational goals, where each party gives advantages to the other, in expectation of a balanced exchange, reciprocity, and mutuality over time.	(Leonidou, 2004:735)
	Marktdynamik	Environmental volatility refers to the extent to which market and demand changes are rapid.	(Ganesan, 1994:6)
	Profit/Umsatz der Beziehung	The amount of business transacted between the parties whether that amount of business is transacted based on volume or dollars of revenue.Therefore, the large volume of transactions and resulting revenues reflects the influence that the customer can have over the supplier.	(Rinehart et al., 2004:31 f.)
	Zielübereinstimmung	Goals of customer and suppliers are closely aligned.	(Huntley, 2006:713)
Seller-focused Antecedents	Autonomie	Ausmaß, in dem die Arbeit dem Beschäftigten Unabhängigkeit und einen zeitlichen und sachlichen Spielraum bei der Arbeitsausführung lässt.	(Backhaus, 2008:104)
	Ethisches Verhalten	Ethical behaviour by the sales personnel occurs where their conduct is governed by the norms of a profession, which may be based on an informal understanding, or enshrined in legislation or the formal rules of a professional association.	(Palmer und Bejou, 1994:501)
	Expertise	A customer's perception of a salesperson's expertise reflects the identification of rele-vant competencies associated with the goods or service transaction (e.g., product/market knowledge, logistics) most often exhibited in the form of information provided by the salesperson.	(Crosby et al., 1990:72)
	Fairness	There are two distinct categories of fairness: distributive fairness, that is, the fairness of outcomes received, and procedural fairness, that is fairness of process.	(Kumar et al., 1995:55)
	Flexibilität	Supplier flexibility is defined as the [perceived] extent to which the supplier is willing to make changes to accommodate the customer's changing needs.	(Cannon und Homburg, 2001:32)
	Geographische Nähe	A supplier located geographically close to a customer has many facilities within a short distance of the customer facility that uses its products.	(Cannon und Homburg, 2001:33)
	Koordination	From the perspective of co-operation as a broad working orientation and coordination as specific joint activities, evidence of coordination is not always caused by a spirit of co-operation. [...] Coordination refers to general joint activities that take place between organisations.	(Payan und Svensson, 2007:798 ff.)
	Kundenorientierung	Highly customer-oriented salespeople engage in behaviors aimed at increasing long-term customer satisfaction. In addition, they avoid behaviors which might result in customer dissatisfaction. Thus highly customer-oriented salespeople avoid actions which sacrifice customer interest to increase the probability of making an immediate sale.	(Saxe und Weitz, 1982:344)
	Langfristige Orientierung	Companies with a long-term orientation focus on achieving future goals and are concerned with both current and future outcomes.	(in Anlehnung an Ganesan, 1994:3)
	Liebenswürdigkeit/ Freundlichkeit	Salesperson likability refers to the buyer's assessment that people in the buying firm find the salesperson friendly, nice, and pleasant to be around.	(Doney und Cannon, 1997:40)
	Macht	Salesperson power is defined as the buying firm's belief that the salesperson is capable of providing buyer outcomes that match what the salesperson says or promises.	(Doney und Cannon, 1997:40)

	Opportunismus	Opportunistic behavior, which has been defined as self-interest seeking with guile, is composed of deceit-oriented behavior that violates the implicit or explicit promises about one's appropriate or required role behaviors.	(Dwyer und Oh, 1987:349)
	Partizipation	Participation refers to the extent to which partners engage jointly in planning and goal setting.	(Mohr und Spekman, 1994:139)
	Produkt- und Servicequalität (technisch)	A measure of how well the technical solution delivered matches customer expectations. Delivering quality solutions means conforming to customer expectations on a consistent basis.	(in Anlehnung an Lewis und Booms, 1983:99)
	Projektmanagement	[The customers perceptions of the suppliers] project management performance involves the use of skills and knowledge in coordinating the scheduling and monitoring of defined activities to ensure that the stated objectives of the solution project are achieved.	(in Anlehnung an Stratman und Roth, 2002:603)
	Reputation	We define supplier reputation as the extent to which firms and people in the industry believe a supplier is honest and concerned about its customers.	(in Anlehnung an Ganesan, 1994:5)
	Investitionsbereitschaft	Vendor transaction-specific investments include investments in people, lasting assets, and procedures. […] These investments communicate strong commitment to the relationship.	(Ganesan, 1994:5)
	Unternehmensgröße	Supplier size encompasses the firm's overall size and its market share position.	(Doney und Cannon, 1997:38)
	Unterstützung bei Innovationen	Suppliers can support customers' innovation activities and as such fulfill an innovation development function. This innovation support can have many faces: passing on innovative ideas, supplying innovative components and production facilities or engaging in a collaborative development project.	(Walter et al., 2003:162)
	Unterstützung/ Anbieter Wohlwollen	Operational benevolence is defined as behaviors that reflect an underlying motivation to place the consumer's interest ahead of self-interest.	(Sirdeshmukh et al., 2002:18)
	Verkaufsorientierung	Many sales people prefer to sell hard what they know best, rather than taking trouble to identify customers' needs. Under the selling concept an organization seeks to stimulate demand for products it produces, rather than producing products in response to customer needs.	(Saxe und Weitz, 1982:344)
	Verständnis	Understanding, which is the [perceived] demonstration by one party in a working relationship to appreciate, understand, and sympathize with the situation, conditions, and problems encountered by the other party with regard to tactical and strategic issues concerning the relationship.	(in Anlehnung an Hallén und Sandström, 1991)
Customer-focused Relational Mediators	Commitment	Commitment has been defined as an enduring desire to maintain a valued relationship.	(Moorman et al., 1992:316)
	Vertrauen	Trust is the perceived credibility and benevolence of the supplier as viewed by the customer.	(Homburg et al., 2003:40)
	Zufriedenheit	Kundenzufriedenheit ist die emotionale Reaktion eines Kunden auf die aus einem kognitiven Vergleichsprozess resultierende wahrgenommene Diskrepanz zwischen einem vor der Nutzung bekannten Vergleichsstandard … und der wahrgenommenen Leistungs eines Beurteilungsaspektes. Grundlage der Kundenzufriedenheit bildet also die Evaluation von Kauf- und Nutzungserfahrungen eines Kunden mit dem Anbieter und/oder seiner Marktleistung.	(Festge, 2006:34)
Customer-focused Outcomes	Loyalität – Wiederkauf	Intention to repeat a purchase with the same supplier.	(Homburg et al., 2003:59)
	Loyalty – Weiterempfehlung	Provide positive word-of-mouth for the supplier.	(Homburg et al., 2003:36)
	Loyalty – Zukauf	[The intention] to buy additional services.	(Roberts et al., 2003:189)

	Loyalty allgemein (intentional)	Intentional loyalty may be manifested in multiple ways; for example, by being willing to express a preference for a solution provider over others, by wanting to continue to purchase from it, or by planning to increase business with it in the future. Moreover, it includes the willingness to recommend the solution provider to others.	(in Anlehnung an Zeithaml et al., 1996:34)
	Relationship Value	Customer-perceived value is defined as the trade-off between the benefits ("what you get") and the sacrifices ("what you give") in a market exchange.	(in Anlehnung an Zeithaml, 1988:14)
	Wahrgenommene Leistung	Overall evaluation of supplier performance pertaining to product quality, delivery performance, sales, service and/or technical support and total value received.	(Cannon und Perreault, 1999:448)
Seller-focused Outcomes	Kostensenkung beim Kunden	Three types of customer costs are included in this definition: (1) direct product costs (price), (2) acquisition costs, and (3) operations costs. Direct product cost is the actual price charged by the supplier for the main products sold to a customer firm. Acquisition costs are defined as costs customers incur in acquiring and storing products from a particular supplier. Operations costs are costs inherent in the customer firm's primary business.	(Cannon und Homburg, 2001:31)
	Markterfolg/ Profitabilität	Customer profit gains as a result of cost reductions and revenue increases.	(Hennig-Thurau, 2000:72 f.)

Quelle: eigene Darstellung

Anhang 7: Übersicht Experteninterviews

#	Position Experte	Industrie	Größenklasse (2009)	Projektfokus
1	Leitender IT-Architekt	Energie	5.000 bis 30.000 Mitarbeiter	Prozessdokumentation und -vereinheitlichung sowie Synergie-Ermittlung in der IT
2	Mitarbeiter Unternehmensentwicklung	Energie	5.000 bis 30.000 Mitarbeiter	Neuordnung von Governance und Prozessen einer Konzerneinheit
3	Leiter IT-Einkauf	Finanzdienstleistungen	5.000 bis 30.000 Mitarbeiter	Einführung neues SAP-Bestandssystem
4	Leiter Asset Management	Energie	> 30.000 Mitarbeiter	Einführung IT-System für zustands- und wichtigkeitsorientierte Instandhaltung von Energienetzen
5	IT-Projektmanager	Energie	> 30.000 Mitarbeiter	Einführung neue Intranet-Plattform
6	Senior Manager IT-Strategie	Hightech	> 30.000 Mitarbeiter	Einführung globales Stammdatenmanagement für Produkte
7	Leiter Bereichsentwicklung Bankbetrieb und IT	Finanzdienstleistungen	1.000 bis 5.000 Mitarbeiter	Einführung Projekt- und Portfolio-Management-Tool
8	CIO	Hightech	> 30.000 Mitarbeiter	Harmonisierung und Standardisierung der Einkaufsprozesse (Purchasing Roadmap)
9	CIO	Transport	5.000 bis 30.000 Mitarbeiter	Einführung Neusystem für Business Intelligence
10	CIO	Beratungsdienstleistungen	1.000 bis 5.000 Mitarbeiter	Aufrüstung Netzwerkkapazität und Einführung Global Payroll
11	IT-Projektmanager	Hightech	> 30.000 Mitarbeiter	Einführung neues SAP-System für den Konzernabschluss
12	IT-Projektmanager	Finanzdienstleistungen	> 30.000 Mitarbeiter	Bau eines Bankportals
13	CIO	Finanzdienstleistungen	1.000 bis 5.000 Mitarbeiter	Einführung SAP-System für Nichtbankbereiche
14	Leiter Organisation und IT-Systeme	Hightech	> 30.000 Mitarbeiter	Einführung neue IT-Landschaft für Joint Venture
15	CIO	Energie	1.000 bis 5.000 Mitarbeiter	Einführung ERP-System
16	IT-Projektleiter	Finanzdienstleistungen	5.000 bis 30.000 Mitarbeiter	Auslagerung Zahlungsverkehr

Anhang 7: Übersicht Experteninterviews

17	Leiter Projektmanagement	Hightech	> 30.000 Mitarbeiter	Konsolidierung Web-Portale im B2C-Bereich
18	CIO	Solution Provider	1.000 bis 5.000 Mitarbeiter	Zentrale Storage-Area-Network-Einführung
19	CIO	Medien	5.000 bis 30.000 Mitarbeiter	Einführung Media-Asset-Management-System
20	IT-Projektmanager	Finanzdienstleistungen	> 30.000 Mitarbeiter	Einführung Ticketing-System

Quelle: eigene Darstellung; Jahresberichte der einzelnen Unternehmen für die Kennzahl "Größenklasse"

Anhang 8: Übersicht Experteninterviews (Pretest)

#	Datum	Dauer	Institution Experte	Typ Experte	Gesprächsinhalte
1	27.08.2010	2 Stunden	ESCP-Europe	Akademiker	- Diskussion des Prozesses - Diskussion des Fragebogenaufbaus - Diskussion der Methodik zur Itemwahl - Typische statistische Problemen
2	30.08.2010	2 Stunden	ESCP-Europe	Akademiker	- Diskussion des Pretest Prozesses - Auswahl der Fragebogenitems - Abgleich Konstrukt und Fragebogenitems - Hinweis auf typische statistische Fallstricke
3	02.09.2010	30 min.	Roland Berger Strategy Consultants	Praktiker	- Verständlichkeit und Aufbau der Einleitung - Ergänzung marktrelevanter IT-Solution-Provider - Verständlichkeit und Aufbau Fragebogenitems
4	03.09.2010	20 min.	Roland Berger Strategy Consultants	Praktiker	- Verständlichkeit Einleitung - Formulierungen Demographics Section - Erweiterung Anzahl IT-Solution-Provider von 10 auf 20 aufgrund von zu erwartender Zielgruppe
5	03.09.2010	45 min.	Roland Berger Strategy Consultants	Praktiker	- Verständlichkeit Aufbau - Diskussion Einzelitems
6	03.09.2010	45 min.	Roland Berger Strategy Consultants	Praktiker	- Verständlichkeit Aufbau - Diskussion Einzelitems
7	07.09.2010	30 min.	Roland Berger Strategy Consultants	Praktiker	- Verständlichkeit Aufbau - Diskussion Einzelitems
8	08.09.2010	30 min.	Roland Berger Strategy Consultants	Praktiker	- Verständlichkeit Aufbau - Diskussion Einzelitems
9	08.09.2010	30 min.	FU Berlin	Akademiker	- Verständlichkeit Aufbau - Diskussion Einzelitems
10	10.09.2010	20 min.	ESCP-Europe	Akademiker	- Verständlichkeit Aufbau - Diskussion Einzelitems
11	12.09.2010	20 min.	Fernuni Hagen	Akademiker	- Ergonomie des Onlinefragebogens
12	12.09.2010	Email	Uni Köln	Akademiker	- Itemauswahl

Quelle: eigene Darstellung

Literaturverzeichnis

Abdul-Muhmin, A. G. (2005). "Instrumental and interpersonal determinants of relationship satisfaction and commitment in industrial markets." Journal of Business Research 58: 619 - 628.
Adler, J. (1994). Informationsökonomische Fundierung von Austauschprozessen im Marketing. Arbeitspapier Lehrstuhl für Marketing. Trier, Universität Trier.
Agndal, H., Axelsson, B., Lindberg, N. und Nordin, F. (2007). "Trends in Service Sourcing Prac." Journal of Business Market Management 1(3): 187 - 207.
Ahlert, D. (2011). "TRANSOLVE - Vom Produzenten zum Solution Seller." Retrieved 19.01, 2011, from http://www.marketing-centrum.de/transolve/de/index.htm.
Ahlert, D., Georgoudakis, A., Kawohl, J., Keßler, F., Neumann, M. und Schefer, B. (2010a). Lösungsorientierung im Vertrieb - Ausgestaltung und Praxisanwendung. Ahlert, D. Münster, Westfälische Wilhelms-Universität Münster: 1 - 41.
Ahlert, D., Kawohl, J., Kes, I., Brüggemann, F., Peperhowe, J., Schefer, B. und Schütrumpf, E. (2010b). Solution Selling im B2C-Bereich - Ein konzeptioneller Ansatz zur Typologisierung von Solutions. Marketing von Solutions. Woisetschläger, D. M., Michaelis, M., Evanschitzky, H., Eiting, A. und Backhaus, C. Wiesbaden, Gabler: 31 - 60.
Ahlert, D., Kawohl, J. und Schefer, B. (2009). Idealtypische Organisationskonzepte für Solution Seller – eine explorative Analyse. Ahlert, D. Münster, Westfälische Wilhelms-Universität Münster: 1 - 57.
Ahlert, D., Wangenheim, F. v., Kawohl, J. und Zimmer, M. (2008). The Concept of Solution Selling: Theoretical Considerations and Methods. Ahlert, D. Münster, Westfälische Wilhelms-Universität Münster: 1 - 68.
Ahlheid, S., Gräfe, G. und Röhr, F. (2010). Technologie als Treiber hybrider Wertschöpfung am Beispiel eingebetteter Systeme. Management hybrider Wertschöpfung: Potenziale, Perspektiven und praxisorientierte Beispiele. Ganz, W. und Bienzeisler, B. Stuttgart, Fraunhofer Verlag: 17 - 37.
Albach, H. (1989). Dienstleistungen in der modernen Industriegesellschaft. München, C.H.Beck.
Albers, S. und Hildebrandt, L. (2006). "Methodische Probleme bei der Erfolgsfaktorenforschung - Messfehler, formative versus reflektive Indikatoren und die Wahl des Stukturgleichungsmodells." Schmalenbachs Zeitschrift für betriebswirtschaftliche Forschung (zfbf) 58(Februar): 2 - 33.
Altman, I. und Taylor, D. A. (1973). Social Penetration. The Development of Interpersonal Relationships. New York, Holt McDougal.
Anderson, E. W., Fornell, C. und Lehmann, D. R. (1994). "Customer Satisfaction, Market Share, and Profitability: Findings from Sweden." Journal of Marketing 58(July): 53 - 66.
Anderson, E. W., Fornell, C. und Rust, R. T. (1997). "Customer Satisfaction, Productivity, and Profitability: Differences Between Goods and Services." Marketing Science 16(2): 129 - 145.

Anderson, J. C. und Gerbing, D. (1991). "Predicting the Performance of Measures in a Confirmatory Factor Analysis with Pretest Assessment of Their Substantive Validities." Journal of Applied Psychology 76: 732 - 740.
Anderson, J. C. und Narus, J. A. (1984). "A Model of the Distributor's Perspective of Distributor-Manufacturer Working Relationships." Journal of Marketing 48(Fall 1984): 62-74.
Anderson, J. C. und Narus, J. A. (1990). "A Model of Distributor Firm and Manufacturer Firm Working Partnerships." Journal of Marketing 54(January 1990): 42-58.
Armstrong, J. S. und Overton, T. S. (1977). "Estimating Nonresponse Bias in Mail Surveys." Journal of Marketing Research 14(August 1977): 396 - 402.
Ashnai, B., Smirnova, M., Kouchtch, S., Yu, Q., Barnes, B. R. und Naudé, P. (2009). "Assessing relationship quality in four business-to-business markets." Marketing Intelligence & Planning 27(1): 86 - 102.
Athanasopoulou, P. (2009). "Relationship quality: A critical literature review and research agenda (Commentary)." European Journal of Marketing 43(5/6): 583 - 610.
Athanassopoulou, P. (2006). "Determining Relationship Quality in the Development of Business-to-Business Financial Services." Journal of Business-to-Business Marketing 13(1): 87 - 120.
Backhaus, C. (2008). Beziehungsqualität in Dienstleistungsnetzwerken - Theoretische Fundierung und empirische Analyse. Wiesbaden, Gabler.
Backhaus, C. und Michaelis, M. (2010). Verkaufen Sie noch oder lösen Sie schon? Solution Selling als Strategieoption für den mittelständischen Handels- und Dienstleistungssektor. Woisetschläger, D. M., Evanschitzky, H., Backhaus, C. und Michaelis, M. Dortmund, Technische Universität Dortmund: 1 - 45.
Backhaus, K., Aufderheide, D. und Späth, G.-M. (1994). Marketing für Systemtechnologien. Stuttgart, Schäffer-Poeschel.
Backhaus, K., Erichson, B. und Plinke, W. (2006). Multivariate Analysemethoden: eine anwendungsorientierte Einführung. Berlin, Springer.
Backhaus, K. und Voeth, M. (2004). Besonderheiten des Industriegütermarketings. Handbuch Industriegütermarketing. Backhaus, K. und Voeth, M. Wiesbaden, Gabler: 3 - 21.
Bacon, T. R. (1999). Selling to Major Accounts - Tools, Techniques, and Practical Solutions for the Sales Manager. New York, Amacom.
Bagozzi, R. (1984). "A Prospectus for Theory Construction in Marketing." Journal of Marketing 48(Winter 1984): 11 - 29.
Bagozzi, R. und Yi, Y. (1988). "On the Evaluation of Structural Equation Models." Journal of the Academy of Marketing Science 16: 74 - 79.
Bagozzi, R. P. (1998). A Prospectus for Theory Construction in Marketing: Revisited and Revised. Stuttgart.
Baier, G. und Weinand, W. (2002). "Die Kano-Analyse zur Anforderungssegmentierung für Automobilvertragshändler." Zeitschrift für Automobilwirtschaft (ZfAW)(3): 51 - 55.

Bailom, F., Hinterhuber, H. H., Matzler, K. und Sauerwein, E. (1996). "Das Kano-Modell der Kundenzufriedenheit." Marketing ZFP - Zeitschrift für Forschung und Praxis 2: 117 - 126.
Ballantyne, D. (2004). "Dialogue and its role in the development of relationship-specific knowledge." Journal of Business & Industrial Marketing 19(2): 114 - 123.
Barnes, J. G. (2000). Measuring the equity in customer relationships. Marketing Research: State-of-the-Art Perspectives. Chakrapani, C. Chicago, IL, American Marketing Association: 497-518.
Baron, R. und Kenny, D. (1986). "The moderator-mediator variable distinction in social psychological research: Conceptual, strategic, and statistical consideration." Journal of Personality and Social Psychology 51(6): 1173 - 1182.
Barroso, C., Carrión, G. C. und Roldán, J. L. (2010). Applying Maximum Likelihood and PLS on Different Sample Sizes: Studies on SERVQUAL Model and Employee Behavior Model. Handbook of Partial Least Squares - Concepts, Methods and Applications. Vinzi, V. E., Chin, W. W., Henseler, J. und Wang, H. Heidelberg, Springer: 427 - 448.
Barry, J. M., Dion, P. und Johnson, W. (2008). "A cross-cultural examination of relationship strength in B2B services." Journal of Services Marketing 22(2): 114 - 135.
Basheer, A. und Ibrahim, A. (2010). "Evaluating the Effect of Marketing Activities on Relationship Quality in the Banking Sector: The Case of Private Commercial Banks in Jordan." International Journal of Marketing Studies 2(1): 78 - 91.
Baumgarth, C. (2003). Wirkungen des Co-Brandings: Erkenntnisse durch Mastertechnikpluralismus. Wiesbaden, Deutscher Universitäts-Verlag.
Baumgärtner, R. M. (2009). Beratungsqualität von Reisebüromitarbeitern als strategischer Erfolgsfaktor für den stationären Vertrieb. Lüneburg, Universitätsbibliothek Lüneburg.
Bayer, M. (2010). "ERP-Zufriedenheitsstudie 2010: Anwender verlangen Flexibilität." Computerwoche(39): 22 - 25.
BDU (2008). Facts & Figures zum Beratermarkt 2007/2008. e.V., B. D. U. B. Bonn: 1 - 20.
BDU (2010). Facts & Figures zum Beratermarkt 2009/2010. BDU Studie. Bonn, Bundesverband Deutscher Unternehmensberater BDU e.V.: 1 - 28.
Bearden, W. O. und Netemeyer, R. G. (1999). Handbook of Marketing Scales: Multi-Item Measures for Marketing and Consumer Behavior Research. Thousand Oaks, CA, Sage Publications.
Bearden, W. O., Netemeyer, R. G. und Teel, J. E. (1989). "Measurement of consumer susceptibility influence." Journal of Consumer Research 15(March 1989): 473 - 481.
Becker, D. R. (2004). Ressourcen-Fit bei M&A-Transaktionen: Konzeptionalisierung, Operationalisierung und Erfolgswirkung auf Basis des Resource-based View. Wiesbaden, Gabler.
Becker, S. (2010). "Zwischenbericht der Arbeitsgruppe 3: Lade-Infrastruktur und Netzintegration." Retrieved 26.01., 2011, from http://www.bmwi.de/ Datei-

en/BMWi/PDF/zwischenberichtag3,property=pdf,bereich=bmwi,sprache=de,rw b=true.pdf.

Beetles, A. C. und Harris, L. C. (2010). "The role of intimacy in service relationships: An exploration." Journal of Services Marketing 24(5): 347 - 358.

Bejou, D., Wray, B. und Ingram, T. N. (1996). "Determinants of Relationship Quality: An Artificial Neural Network Analysis." Journal of Business Research 36: 137 - 143.

Belz, C. und Bieger, T. (2006). Customer-Value - Kundenvorteile schaffen Unternehmensvorteile. Landsberg am Lech, mi-Fachverlag.

Bergkvist, L. und Rossiter, J. R. (2007). "The Predictive Validity of Multiple-Item Versus Single-Item Measures of the Same Construct." Journal of Marketing Research 44(May): 175 - 184.

Berry, L. (1983). Relationship Marketing. Emerging Perspectives of Service Marketing. Berry, L., Shostack, G. und Upah, G. Chicago, AMA: 25 - 28.

Bettmann, J. R. und Park, C. W. (1980). "Effects of prior knowledge and experience and phase of the choice process on consumer decision processes: A protocoll analysis." Journal of Consumer Research 7(December): 234 - 248.

Beutin, N. (2001). Verfahren zur Messung der Kundenzufriedenheit im Überblick. Kundenzufriedenheit: Konzepte – Methoden – Erfahrungen. Homburg, C. Wiesbaden, Gabler: 87 - 122.

Bharadwaj, S. G., Varadarajan, P. R. und Fahy, J. (1993). "Sustainable Competitive Advantage in Service Industries: A Conceptual Model and Research Propositions." Journal of Marketing 57(Oktober): 83 - 99.

Biermann, P. (2005). Marketinglösungen für das mittelständische Kundensegment der Schweizer Branche für Informationstechnologie. St. Gallen, Diss. Uni St. Gallen.

Bliemel, F., Eggert, A., Fassott, G. und Henseler, J. (2005). Die PLS-Pfadmodellierung: Mehr als eine Alternative zur Kovarianzstrukturanalyse. Handbuch PLS-Pfadmodellierung - Methode, Anwendung, Praxisbeispiele. Bliemel, F., Eggert, A., Fassott, G. und Henseler, J. Stuttgart, Schaeffer-Poeschel.

BMBF (2008). Berufsbildungsbericht 2008. Bonn, Bundesministerium für Bildung und Forschung.

Bohmann, T. (2011). Nachhaltige Markendifferenzierung von Commodities - Besonderheiten und Ansatzpunkte im Rahmen der identitätsbasierten Markenführung. Wiesbaden, Gabler.

Böhmann, T. und Krcmar, H. (2007). Hybride Produkte: Merkmale und Herausforderungen. Wertschöpfungsprozesse bei Dienstleistungen. Bruhn, M. und Stauss, B. Wiesbaden, Gabler: 239 - 255.

Bohrnstedt, G. W. (1970). Reliability and Validity Assessment in Attitude Measurement. Attitude Measurement. Summers, G. F. London, Rand McNally: 80 - 99.

Boles, J. S., Barksdale, H. C. und Julie, T. (1997). "Business relationships: an examination of the effects of buyer-salesperson relationships on customer retention and willingness to refer and recommend." Journal of Business & Industrial Marketing 12(3/4): 253 - 265.

Bolton, R. N. (1993). "Pretesting Questionnaires: Content Analyses of Respondents' Concurrent Verbal Protocols." Marketing Science 12(3): 280 - 303.
Bonnemeier, S. (2009). Wertschaffung und Wertaneignung als Erfolgsfaktoren von Lösungsanbietern: Eine konzeptionelle und empirische Untersuchung organisationaler Kompetenzen Wiesbaden, Gabler.
Bonner, J. M. und Calantone, R. J. (2005). "Buyer attentiveness in buyer–supplier relationships." Industrial Marketing Management 34: 53 - 61.
Boomsma, A. und Hoogland, J. (2001). The Robustness of LISREL Modeling Revisited. Chicago, Scientific Software International.
Borg, I. und Staufenbiel, T. (1989). Theorien und Methoden der Skalierung. Eine Einführung. Bern, Verlag Hans Huber.
Bortz, J. und Döring, N. (2006). Forschungsmethoden und Evaluation für Human- und Sozialwissenschaftler. Heidelberg, Springer Medizin Verlag.
Bösche, W. (2010). "Quantitative Inhaltsanalyse." Retrieved 08.02., 2011, from http://i-literacy.e-learning.imb-uni-augsburg.de/node/819.
Bosworth, M. T. (1994). Solution Selling: Creating Buyers in Difficult Selling Markets. New York, Mcgraw-Hill Professional.
Boyd, R. (2002). "Scientific Realism." Stanford Encyclopedia of Philosophy Retrieved 02.03., 2011, from http://plato.stanford.edu/entries/scientific-realism/#Int.
Brady, M. K. und Cronin, J. J. J. (2001). "Some New Thoughts on Conceptualizing Perceived Service Quality: A Hierarchical Approach." Journal of Marketing 65(3): 34 - 49.
Brady, T., Davies, A. und Gann, D. M. (2005). "Creating value by delivering integrated solutions." International Journal of Project Management 23: 360 - 365.
Brax, S. A. und Jonsson, K. (2009). "Developing integrated solution offerings for remote diagnostics - A comparative case study of two manufacturers." International Journal of Operations & Production Management 29(5): 539 - 560.
Brodie, R. J., Pels, J. und Saren, M. (2006). From Goods- Toward Service-Centered Marketing - Dangerous Dichotomy or an Emerging Dominant Logic? The Service-Dominant Logic of Marketing - Dialog, Debate, and Directions. Lusch, R. F. und Vargo, S. L. Armonk, NY, M. E. Sharpe: 307 - 319.
Bröker, T. (2010). Moving Ideas Forward - Ricoh Deutschlands Weg zum Lösungsanbieter. Marketing von Solutions - Innovative Ansätze und Best Practices. Woisetschläger, D. M., Michaelis, M., Evanschitzky, H., Eiting, A. und Backhaus, C. Wiesbaden, Gabler: 299 - 327.
Brühl, R. und Buch, S. (2006). "Einheitliche Gütekriterien in der empirischen Forschung? - Objektivität, Reliabilität und Validität in der Diskussion." ESCP-EAP Working Paper 20: 1 - 45.
Bruhn, M. (2008a). Kommunikationspolitik im Relationship Marketing. Handbuch Kommunikation: Grundlagen – Innovative Ansätze – Praktische Umsetzung. Bruhn, M., Esch, F.-R. und Langner, T. Wiesbaden, Gabler: 485 - 510.
Bruhn, M. (2008b). Relationship-Marketing: Das Management von Kundenbeziehungen. München, Vahlen.
Bruhn, M. und Stauss, B. (2000). Dienstleistungsqualität. Wiesbaden, Gabler Verlag.

Bruhn, M. und Stauss, B. (2003). Dienstleistungs-Netzwerke: Dienstleistungsmanagement Jahrbuch 2003 Wiesbaden, Gabler.
Bruner, G. C., Hensel, P. J. und Bruner, I. (1992). Marketing Scales Handbook, Volume I: A Compilation of Multi-Item Measures. Chicago, South Western Educ Pub.
Bundesamt, S. (2010). Dienstleistungen - Strukturerhebung im Dienstleistungsbereich Information und Kommunikation. Bundesamt, S. Wiesbaden: 1 - 103.
Bundesregierung. (2009). "Nationaler Entwicklungsplan Elektromobilität der Bundesregierung." Retrieved 26.01, 2011, from http://www.bmwi.de/Dateien/ BMWi/PDF/nationaler-entwicklungsplan-elektromobilitaet-der-bundesregierun g,property=pdf,bereich=bmwi,sprache=de,rwb=true.pdf.
Bunn, M. D. (1993). "Taxonomy of Buying Decision Approaches." Journal of Marketing 57(1): 38 - 56.
Buob, M. (2010). Verkaufskomplexität im Außendienst: Konzeption – Erfolgsauswirkungen – Möglichkeiten im Umgang, Gabler.
Burckhardt, S. (2006). IT-gestützte Innovationen bei Beratungsprozessen mit KMU-Kunden in der Versicherungswirtschaft. Zürich, Institut für Informatik der Universität Zürich, Diplomarbeit.
Burianek, F., Bonnemeier, S., Ihl, C. und Reichwald, R. (2009). Grundlegende Betrachtung hybrider Produkte. Hybride Wertschöpfung - Konzepte, Methoden und Kompetenzen für die Preis- und Vertragsgestaltung. Reichwald, R., Krcmar, H. und Nippa, M. Lohmar - Köln, Josef Eul Verlag: 15 - 31.
Burianek, F., Ihl, C., Bonnemeier, S. und Reichwald, R. (2007). Typologisierung hybrider Produkte - Ein Ansatz basierend auf der Komplexität der Leistungserbringung. Arbeitsberichte des Lehrstuhls für Betriebswirtschaftslehre - Information, Organisation und Management an der TU München. München.
Busch, P. und Wilson, D. T. (1976). "An Experimental Analysis of a Salesman's Expert and Referent Bases of Social Power in the Buyer-Seller Dyad." Journal of Marketing Research 13(Feburar 1976): 3-11.
Buttle, F. (1996). "SERVQUAL: Review, critique, research agenda." European Journal of Marketing 30(1): 8 - 32.
Caceres, R. C. und Paparoidamis, N. G. (2007). "Service quality, relationship satisfaction, trust, commitment and business-to-business loyalty." European Journal of Marketing 41(7/8): 836 - 867.
Campbell, D. T. (1955). "The Informant in Quantitative Research." The American Journal of Sociology 60(4): 339-341.
Cannon, J. P. und Homburg, C. (2001). "Buyer-Supplier Relationships and Customer Firm Costs." Journal of Marketing 65(Januar 2001): 29-43.
Cannon, J. P. und Perreault, W. D. J. (1999). "Buyer-Seller Relationships in Business Markets." Journal of Marketing Research XXXVI(November 1999): 439-460.
Carmines, E. G. und Zeller, R. A. (1979). Reliability and Validity Assessment. Beverly Hills, CA, Sage Publications.
Carson, D., Gilmore, A., Perry, C. und Gronhaug, K. (2001). Qualitative Marketing Research. London, Sage Publications Ltd.

Čater, T. und Čater, B. (2010). "Product and relationship quality influence on customer commitment and loyalty in B2B manufacturing relationships." Industrial Marketing Management: 1-13.
Ceci, F. (2005). Capabilities for integrated solutions: Empirical evidence from the IT sector. Druid Winter Conference. Aalborg, Denmark.
Ceci, F. (2009). The Business of Solutions. Cheltenham, Edward Elgar Publishing Ltd.
Ceci, F. und Prencipe, A. (2008). "Configuring Capabilities for Integrated Solutions: Evidence from the IT Sector." Industry and Innovation 15(3): 277 - 296.
Chin, W. W. (1998a). "Issues and Opinion on Structural Equation Modeling." Management Information Systems Quarterly 22(1): 7 - 16.
Chin, W. W. (1998b). The partial least squares approach for structural equation modeling. Modern Methods for Business Research. Marcoulides, G. A. London, Lawrence Erlbaum Associates: 295 - 336.
Chin, W. W. (2000). "Multi-Group analysis with PLS updated 12/21/2004." Retrieved 21.01., 2011, from http://disc-nt.cba.uh.edu/chin/plsfaq/multigroup.htm.
Chin, W. W. und Newsted, P. (1999). Structural Equation Modeling Analysis With Small Samples Using Partial Least Squares. Strategies for Small Sample Research. Hoyle, R. Thousand Oaks, CA, Sage: 307 - 342.
Churchill, G. A. (1979). "A Paradigm for Developing Better Measures of Marketing Constructs." Journal of Marketing Research 16(1): 64 - 73.
Churchill, G. A., Ford, N. M., Hartley, S. W. und Walker, O. C. (1985). "The determinants of salesperson performance: A meta-analysis." Journal of Marketing Research 22: 103 - 118.
Cialdini, R. B., Green, B. L. und Rusch, A. J. (1992). "When tactical pronouncements of change become real change: The case of reciprocal persuasion." Journal of Personality and Social Psychology 63: 30-40.
CIO.de. (2010). "Mediadaten Online 2010/2011." Retrieved 19.10.2010, 2010, from http://www.cio.de/mediadaten/53/index.html
Clark, L. A. und Watson, D. (1995). "Constructing Validity: Basic Issues in Objective Scale Development." Psychological Assessment 7(3): 309 - 319.
Clark, M. N., Adjei, M. T. und Yancey, D. N. (2009). "The Impact of Service Fairness Perceptions on Relationship Quality." Services Marketing Quarterly 30: 287 - 302.
Clopton, S. W. (1984). "Seller and buying firm factors affecting industrial buyers' negotiation behavior and outcomes." Journal of Marketing Research 21(Februar): 39-53.
Cohen, J. (1960). "A coefficient of agreement for nominal scales." Educational and Psychological Measurement 20(1): 37 - 46.
Computerwoche. (2008). "Keine Schaumschläger, bitte!" Retrieved 13.12., 2010, from http://www.computerwoche.de/management/it-services/1857852/.
Constantin, J. A. und Lusch, R. F. (1994). Understanding resource management. Oxford, OH: The Planning Forum.
Conze, O. (2007). Kundenloyalität durch Kundenvorteile - Segmentspezifische Analyse und Implikationen für das Kundenbeziehungsmanagement. Wiesbaden, Gabler.

Cornet, E., Katz, R., Molloy, R., Schädler, J., Sharma, D. und Tipping, A. (2000). Customer Solutions: From Pilots to Profits. Viewpoint. Hamilton, B. A. a. Boston, MA. 1 - 15.
Corsten, H. (1984). "Zum Problem der Mehrstufigkeit in der Dienstleistungsproduktion." Jahrbuch der Absatz- und Verbrauchsforschung 30(4): 253 - 272.
Corsten, H. (1997). Dienstleistungsmanagement. München, Oldenbourg Verlag.
Cova, B. und Salle, R. (2007). "Introduction to the IMM special issue on 'Project marketing and the marketing of solutions' A comprehensive approach to project marketing and the marketing of solutions." Industrial Marketing Management 36: 138 - 146.
Cova, B. und Salle, R. (2008). "Marketing solutions in accordance with the S-D logic: Co-creating value with customer network actors." Industrial Marketing Management 27: 270 - 277.
Creswell, J. W. und Clark, V. L. P. (2007). Mixed Methods Research. Thousand Oaks, Sage Publications.
Cronin, J. J. J. und Taylor, S. A. (1992). "Measuring Service Quality: A Reexamination and Extension." Journal of Marketing 56(3): 55 - 68.
Crosby, L. A., Evans, K. R. und Cowles, D. (1990). "Relationship Quality in Services Selling: An Interpersonal Influence Perspective." Journal of Marketing 54(July 1990): 68-81.
Dahlke, B. und Kergaßner, R. (1996). Customer Integration und die Gestaltung von Geschäftsbeziehungen. Wiesbaden, Gabler.
Dannenberg, H. und Zupancic, D. (2009). Excellence in Sales - Optimising Customer and Sales Management. Wiesbaden, Gabler.
Dant, R. P., Li, Z. G. und Wortzel, L. H. (1995). "Linking Relationship Quality and Service Quality in Franchise Systems." Journal of Marketing Channels 4(1): 103-124.
Davies, A. (2001). Integrated Solutions: The New Economy Between Manufacturing and Services. Brighton, SPRU.
Davies, A. (2004). "Moving Base into High-value Integrated Solutions: a Value Stream Approach." Industrial and Corporate Change 13(4): 727-756.
Davies, A., Brady, T. und Hobday, M. (2006). "Charting a Path Toward Integrated Solutions." MIT Sloan Management Review 47(3): 39 - 48.
Davies, A., Brady, T. und Hobday, M. (2007). "Organizing for solutions: Systems seller vs. systems integrator." Industrial Marketing Management 36: 183 - 193.
Day, G. S. (2004). Achieving Advantage with a New Dominant Logic. Invited Commentaries on "Evolving to a New Dominant Logic for Marketing" - Journal of Marketing. Bolton, R. N. 68: 18 - 19.
Deephouse, C., Mukhopadhyay, T., Goldenson, D. R. und Kellner, M. I. (1995). "Software processes and project performance." Journal of Management Information Systems 12(3): 187 - 205.
Derlega, V. J., Windstead, B. A., Wong, P. T. P. und Greenspan, M. (1987). Self-Disclosure and Relationship Development: An Attributional Analysis. Interpersonal Process: New Directions in Communication Research. Roloff, M. E. und Miller, G. R. London, Sage Publications.

Deutsch, M. (1969). "Conflicts: Productive and destructive." Journal of Social Issues 25(1): 7-41.
Diamantopoulos, A. und Winklhofer, H. (2001). "Index Construction with Formative Indicators: An Alternative to Scale Development." Journal of Marketing Research 38(2): 269 - 277.
Dibbern, J. und Chin, W. W. (2005). Multi-Group Comparison: Testing a PLS Model on the Sourcing of Application Software Services across Germany and the U.S.A. Using a Permutation Based Algorithm. Handbuch PLS-Pfadmodellierung - Methode, Anwendung, Praxisbeispiele. Bliemel, F., Eggert, A., Fassott, G. und Henseler, J. Stuttgart, Schäffer-Poeschel Verlag: 135 - 160.
Dick, A. S. und Basu, K. (1994). "Customer Loyalty: Toward an integrated conceptual framework." Journal of the Academy of Marketing Science 22(2): 99 - 113.
Diekmann, A. (2007). Empirische Sozialforschung – Grundlagen, Methoden, Anwendungen. Reinbek bei Hamburg, Rowohlt.
Dijkstra, T. (1983). "Some comments on maximum likelihood and partial least squares methods." Journal of Econometrics 22(1/2): 67 - 90.
Diller, H. (1996). "Kundenbindung als Marketingziel." Marketing ZFP - Zeitschrift für Forschung und Praxis 18(2): 81 - 94.
Dittrich, S. (2002). Kundenbindung als Kernaufgabe im Marketing - Kundenpotentiale ausschöpfen. St. Gallen, Verlag Thexis.
Dolezych, T. (2010). Determinanten der Beziehungsqualität im B2B-Marketing: Eine empirische Analyse in Kooperation mit einem mittelständischen Industriegüterhersteller. Marketing von Solutions - Innovative Ansätze und Best Practices. Woisetschläger, D. M., Michaelis, M., Evanschitzky, H., Eiting, A. und Backhaus, C. Wiesbaden, Gabler: 181 - 212.
Doney, P. M. und Cannon, J. P. (1997). "An Examination of the Nature of Trust in Buyer-Seller Relationships." Journal of Marketing 61(April 1997): 35-51.
Dorsch, M. J., Swanson, S. R. und Kelley, S. W. (1998). "The Role of Relationship Quality in the Stratification of Vendors as Perceived by Customers." Journal of the Academy of Marketing Science 26(2): 128 - 142.
Dous, M. (2007). Kundenbeziehungsmanagement für interne IT-Dienstleister - Strategischer Rahmen, Prozessgestaltung und Optionen für die Systemunterstützung. Wiesbaden, Deutscher Universitäts-Verlag.
Duplaga, E. A. und Astani, M. (2003). "Implementing ERP in manufacturing." Information Systems Management 20(3): 68 - 75.
Dwyer, F. R. und Oh, S. (1987). "Output Sector Munificence Effects on the Internal Political Economy of Marketing Channels." Journal of Marketing Research 24(November 1987): 347-358.
Eades, K. M. (2004). The New Solution Selling: The Revolutionary Sales Process That is Changing the Way People Sell. New York, McGraw-Hill.
Eberl, M. (2004). "Formative und reflektive Indikatoren im Forschungsprozess." Schriften zur Empirischen Forschung und Quantitativen Unternehmensplanung 19.

Eberl, M. (2006). "Formative und reflektive Konstrukte und die Wahl des Strukturgleichungsverfahrens - Eine statistische Entscheidungshilfe." Die Betriebswirtschaft 66(6): 651 - 668.
Ebert, T. A. E. (2009). "Facets of Trust in Relationships – A Literature Synthesis of Highly Ranked Trust Articles." Journal of Business Market Management 3(1): 65 - 84.
Effenberger, J. (1998). Erfolgsfaktoren der Strategieberatung - Die Analyse einer Leistung von Unternehmensberatern aus Klientensicht. Stuttgart, M & P - Verlag für Wissenschaft und Forschung.
Eggert, A., Fassott, G. und Helm, S. (2005). Identifizierung und Quantifizierung mediierender und moderierender Effekte in komplexen Kausalstrukturen. PLS-Pfadmodellierung - Methode, Anwendung, Praxisbeispiele. Bliemel, F., Eggert, A., Fassott, G. und Henseler, J. Stuttgart: 101 - 116.
Eggert, A. und Helm, S. (2000). "Determinanten der Weiterempfehlung: Kundenzufriedenheit oder Kundenbindung?" Der Markt 39(153): 63 - 72.
Ehrhardt, A. und Nippa, M. (2005). Far better than nothing at all – Towards a contingency-based evaluation of management consulting services. Freiberger Arbeitspapiere, Technische Universität Bergakademie Freiberg: 1 - 21.
Eisenhardt, K. M. (1989). "Building Theories from Case Study Research." Academy of Management Review 14(4): 532 - 550.
Eisenhardt, K. M. und Graebner, M. E. (2007). "Theory building from cases: Opportunities and challenges." Academy of Management Journal 50(1): 25 - 32.
EITO. (2011). "Definitions Information and Communication Technology (ICT) market." Retrieved 02.02., 2011, from http://www.eito.com/definitionsICT.htm#ITservices.
Engelhardt, W. H., Kleinaltenkamp, M. und Reckenfelderbäumer, M. (1993). "Leistungsbündel als Absatzobjekte." Zeitschrift für betriebswirtschaftliche Forschung (zfbf) 45(5): 395 - 426.
Engelsleben, T. und Sauer, F. (2011). Keine Lösung von der Stange: Die effektive Gestaltung von geschäftstypenspezifischen CRM-Systemen. SKP Serie: Kundenbindungsmanagement. Simon, K. P.: 1 - 17.
Enke, M. und Greschuchna, L. (2005). Aufbau von Vertrauen in Dienstleistungsinteraktionen durch Instrumente der Kommunikationspolitik - dargestellt am Beispiel der Beratung kleiner und mittlerer Unternehmen. Freiberger Arbeitspapiere. Freiberg, T. U. B. Freiberg: 1 - 36.
Enkel, E., Perez-Freije, J. und Gassmann, O. (2005). "Minimizing Market Risks Through Customer Integration in New Product Development: Learning from Bad Practice." Creativity and Innovation Management 14(4): 425 - 437.
Ernst, B. (2002). Die Evaluation von Beratungsdienstleistungen - Prozesse der Wahrnehmung und Bewertung. Wiesbaden, Gabler.
Ernst, H. (2003). "Ursachen eines Information Bias und dessen Auswirkung." ZfB - Zeitschrift für Betriebswirtschaft 73: 1249 - 1275.
Erpenbeck, J. und Heyse, V. (2007). Die Kompetenzbiographie - Wege zur Kompetenzentwicklung. Münster, Waxmann.

Estevao, M.-J. und Freiling, J. (2008). Strategische Proliferation durch integrative Leistungserstellung – Eine Unternehmerfunktionen-gestützte Analyse im Dienstleistungsbereich. Neue Herausforderungen an das Dienstleistungsmarketing. Benkenstein, M. Wiesbaden, Gabler: 315 - 330.

Faßnacht, M. (2003). Eine dienstleistungsorientierte Perspektive des Handelsmarketings. Wiesbaden, Gabler.

Fassott, G. (2006). "Operationalisierungen latenter Variablen in Strukturgleichungsmodellen: Eine Standortbestimmung." Schmalenbachs Zeitschrift für betriebswirtschaftliche Forschung (zfbf) 58: 67 - 88.

Fassott, G. und Eggert, A. (2005). Zur Verwendung formativer und reflektiver Indikatoren in Strukturgleichungsmodellen: Bestandsaufnahme und Anwendungsempfehlungen. Handbuch PLS-Pfadmodellierung - Methode, Anwendung, Praxisbeispiele. Bliemel, F., Eggert, A., Fassott, G. und Henseler, J. Stuttgart: 31 - 47.

Fechner, J. (2004). Service Level Management: Von der Leistungsbeschreibung zur Leistungserfüllung. IT-Outsourcing in der Praxis: Strategien, Projektmanagement, Wirtschaftlichkeit. Gründer, T. und Anke, T. Berlin, Erich Schmidt Verlag: 203 - 219.

Festge, F. (2006). Kundenzufriedenheit und Kundenbindung im Investitionsgüterbereich: Ermittlung zentraler Einflussfaktoren. Wiesbaden, Deutscher Universitäts-Verlag.

Fielding, N. und Schreier, M. (2001). "Introduction: On the Compatibility between Qualitative and Quantitative Research Methods." Forum Qualitative Sozialforschung 2(1): 1 - 21.

Filiatrault, P. und Lapierre, J. (1997). "Managing Business-to-Business Marketing Relationships in Consulting Engineering Firms." Industrial Marketing Management 26: 213 - 222.

Fink, D. (2009). Management Consulting - Trends und Kompetenzen in der Managementberatung 2009. Wissenschaftliche Gesellschaft für Management und Beratung, Bonn.

Fleischer, B. (2010). Einsatz von Erfolgshonoraren in der Unternehmensberatung - Untersuchung der Erfolgsmessung. Wiesbaden, Gabler.

Flick, U. (2007). Zur Qualität qualitativer Forschung - Diskurse und Ansätze. Computergestützte Analyse qualitativer Daten – Eine Einführung in Methoden und Arbeitstechniken. Kuckartz, U. Opladen: 188 - 209.

Fließ, S. (1996). Prozeßevidenz als Erfolgsfaktor der Kundenintegration. Customer Integration: Von der Kundenorientierung zur Kundenintegration. Kleinaltenkamp, M., Jacob, F. und Fließ, S. Wiesbaden, Gabler: 91 - 103.

Fließ, S. (2000). Industrielles Kaufverhalten. Technischer Vertrieb - Grundlagen des Business-to-Business Marketing. Kleinaltenkamp, M. und Plinke, W. Berlin, Springer: 251 - 369.

Fließ, S. (2001). Die Steuerung von Kundenintegrationsprozessen. Wiesbaden, Deutscher Universitätsverlag.

Fließ, S. (2006). Persönlicher Verkauf. Markt- und Produktmanagement. Kleinaltenkamp, M., Plinke, W., Jacob, F. und Söllner, A. Wiesbaden, Gabler: 549 - 627.

Fließ, S. (2009). Dienstleistungsmanagement - Kundenintegration gestalten und steuern. Wiesbaden, Gabler.

Fließ, S. und Kleinaltenkamp, M. (2004). "Blueprinting the service company - Managing service processes efficiently." Journal of Business Research 57: 392 - 404.

Fließ, S., Möller, S. und Momma, S. B. (2003). „Sprachregelungen" für Mitarbeiter im Kundenkontakt – Möglichkeiten und Grenzen. Diskussionspapier. Hagen, F. 334: 1 - 69.

Floyd, F. J. und Widaman, K. F. (1995). "Factor Analysis in the Development and Refinement of Clinical Assessment Instruments." Psychological Assessment 7(3): 286 - 299.

Foddy, W. (1994). Constructing questions for interviews and questionnaires - Theory and practice in social research. Cambridge, Cambridge University Press.

Foote, N. W., Galbraith, J., Hope, Q. und Miller, D. (2001). "Making solutions the answer." The McKinsey Quarterly(3).

Forman, H., Lippert, S. K. und Kothandaraman, P. (2007). "Understanding users' performance evaluation of IT solutions." Industrial Marketing Management 36: 745 - 756.

Fornell, C. (1982). A Second Generation of Multivariate Analysis Methods. New York.

Fornell, C. und Bookstein, F. L. (1982). "Two structural equation models: LISREL and PLS applied to consumer exit-voice theory." Journal of Marketing Research 19(4): 440 - 452.

Fornell, C. und Larcker, D. (1981). "Evaluating Structural Equation Models with Unobservable Variables and Measurement Errors." Journal of Marketing Research 18(1): 39 - 50.

Foscht, T. und Swoboda, B. (2007). Käuferverhalten: Grundlagen - Perspektiven - Anwendungen. Wiesbaden, Gabler.

Franke, N., Keinz, P. und Steger, C. J. (2009). "Testing the Value of Customization: When Do Customers Really Prefer Products Tailored to Their Preferences?" Journal of Marketing 73(September): 103 - 121.

Frazier, G. L. (1983). "On the Measurement of Interfirm Power in Channels of Distribution." Journal of Marketing Research 20(Mai): 158 - 166.

Frieling, E. und Sonntag, K. (1999). Arbeitspsychologie. Bern, Göttingen, Toronto, Huber.

Fynes, B. und Voss, C. (2002). "The moderating effect of buyer-supplier relationships on quality practices and performance." International Journal of Operations & Production Management 22(5/6): 589 - 613.

Galbraith, J. R. (2002). "Organizing to deliver solutions." Organizational Dynamics 31(2): 194 - 207.

Ganesan, S. (1994). "Determinants of Long-Term Orientation in Buyer-Seller Relationships." Journal of Marketing 58(April): 1 - 19.

Garbarino, E. und Johnson, M. S. (1999). "The Different Roles of Satisfaction, Trust, and Commitment in Customer Relationships." Journal of Marketing 63(April): 70 - 87.

Gartner (2010). Gartner IT Key Metrics Data 2010. Gartner, I. Stamford, CT, Gartner, Inc.
Gebauer, H. (2008). "Indentifying service strategies in product manufacturing companies by exploring environment-strategy configurations." Industrial Marketing Management 37: 278 - 291.
Geile, A. (2010). Face-to-Face Kommunikation im Vertrieb von Industriegütern. Wiesbaden, Gabler.
Giering, A. (2000). Der Zusammenhang zwischen Kundenzufriedenheit und Kundenloyalität: eine Untersuchung moderierender Effekte. Wiesbaden, Deutscher Universitäts-Verlag.
Giese, J. L. und Cote, J. A. (2000). "Defining Consumer Satisfaction." Academy of Marketing Science Review(1).
Gläser, J. und Laudel, G. (2010). Experteninterviews und qualitative Inhaltsanalyse: als Instrumente rekonstruierender Untersuchungen Wiesbaden, VA Verlag.
Gössinger, R. (2005). Dienstleistungen als Problemlösungen: Eine produktionstheoretische Analyse auf der Grundlage von Eigenschaften. Wiesbaden, Gabler.
Greene, J. C., Caracelli, V. J. und Graham, W. F. (1989). "Toward a conceptual framework for mixed-method evaluation designs." Educational Evaluation and Policy Analysis 11: 255 - 274.
Grönroos, C. (1984). "A service quality model and its marketing implications." European Journal of Marketing 18(4): 36 - 44.
Grönroos, C. (1994). "From marketing mix to relationship marketing: towards a paradigm shift in marketing." Management Decision 32(2): 4 - 20.
Groß-Engelmann, M. (1999). Kundenzufriedenheit als psychologisches Konstrukt: Bestandsaufnahme und emotionstheoretische Erweiterung bestehender Erklärungs- und Meßmodelle. Köln, Lohmar.
Guba, E. G. und Lincoln, Y. S. (1994). Competing paradigms in qualitative research. Handbook of Qualitative Research. Denzin, N. K. und Lincoln, Y. S. Thousand Oaks, Sage: 105 - 117.
Gujarati, D. N. (2009). Basic Econometrics. New York, McGraw Hill Higher Education.
Gummesson, E. (2007). "Exit services marketing – enter service marketing." Journal of Customer Behaviour 6(2): 113 - 141.
Gupta, S. und Zeithaml, V. A. (2006). "Customer metrics and their impact on financial performance." Marketing Science 25(6): 718 - 739.
Gwinner, K. P., Gremler, D. D. und Bitner, M. J. (1998). "Relational Benefits in Services Industries: The Customer's Perspective." Journal of the Academy of Marketing Science 26(2): 101-114.
Haas, A. (2002). "Erfolgreich verkaufen durch zufriedenheitsorientierte Beratung." Retrieved 02.02., 2011, from http://www.absatzwirtschaft.de/CONTENT/_p=1003412,_t=sfArchiv#ausgabe2_02.
Haas, A. (2006a). "Bestimmungsfaktoren des Beratungserfolges: Eine informationsökonomische Betrachtung und empirische Analyse im Handel." Schmalenbachs Zeitschrift für betriebswirtschaftliche Forschung (zfbf) 58(August): 638-664.

Haas, A. (2006b). "Wie wirkt das kundenorientierte Verkaufen auf die Kundenzufriedenheit mit der Beratung?" Marketing ZFP - Zeitschrift für Forschung und Praxis 28(4): 236 - 246.
Haas, A. (2007a). "Beeinflussen das Verkäufer- und das Kundengeschlecht die Kundenorientierung von Verkäufern? Eine Analyse auf der Ebene der Dimensionen des Verkäuferverhaltens." Die Unternehmung 61(1): 25 - 42.
Haas, A. (2007b). "Hängen die Wirkungen des kundenorientierten Verkaufens von der Kombination von Kunden und Verkäufergeschlecht ab?" DBW 67(5): 563 - 582.
Haas, A. (2009). "Kann zu viel Kundenorientierung nachteilig sein? Eine Analyse der Wirkung der Kundenorientierung von Verkäufern auf die Kaufentscheidung." ZfB - Zeitschrift für Betriebswirtschaft 79(1): 7-30.
Haase, M. (2007). Kritische Reflexion empirischer Forschungsmethodik. Berlin.
Haase, M., Chatrath, S. und Saab, S. (2008). German and Anglo-Saxon Approaches on Services and Services Marketing: Taking Stock – Looking Ahead. Berliner Reihe zum Marketing. Berlin, Freie Universität Berlin.
Hadwich, K. (2003). Beziehungsqualität im Relationship Marketing: Konzeption und empirische Analyse eines Wirkungsmodells. Wiesbaden, Gabler.
Hair, J. F., Black, B., Babin, B., Anderson, R. E. und Tatham, R. L. (2005). Multivariate Data Analysis. Upper Saddle River, New Jersey, Prentice Hall.
Hallén, L., Johanson, J. und Seyed-Mohamed, N. (1991). "Interfirm Adaptation in Business Relationships." Journal of Marketing 55(April 1991): 29-37.
Hallén, L. und Sandström, M. (1991). Relationship atmosphere in international business. New perspectives on international marketing. Paliwoda, S. J. London, Routledge: 108-125.
Hamel, G. (1991). "Competition for competence and inter-partner learning within international strategic alliances." Strategic Management Journal 12(1): 83 - 103.
Hanan, M. (1986). "Consultative Selling - Get to know your customers' problems." Management Review 75(4): 25 - 31.
Hanan, M. (1990). Consultative Selling: The Hanan Formula for High-Margin Sales at High Levels. New York, Amacom - American Management Association.
Handley, K., Sturdy, A., Clark, T. und Fincham, R. (2006). "The type of relationship clients really want with their consultantcies." People Management(May): 52.
Hanson, W. E., Creswell, J. W., Clark, V. L. P. und Petska, K. S. (2005). "Mixed Methods Research Designs in Counseling Psychology." Journal of Counseling Psychology 52(2): 224 - 235.
Harker, M. J. (1999). "Relationship marketing defined? An examination of current relationship marketing definitions." Marketing Intelligence & Planning 17(1): 13 - 20.
Hatten, K. und Rosenthal, S. (1999). "Managing the Process-centred Enterprise." Long Range Planning 32(3): 293 - 310.
Hax, A. C. und Wilde, D. L. I. (1999). "The Delta Model: Adaptive Management for a Changing World." MIT Sloan Management Review 40(2): 11 - 28.

Hax, A. C. und Wilde, D. L. I. (2001). "The delta model: discovering new sources of profitability in a networked economy." European Management Journal 19(4): 379 - 391.
Heide, J. B. und Weiss, A. M. (1995). "Vendor Consideration and Switching Behavior for Buyers in High-Technology Markets." Journal of Marketing 59(July): 30 - 43.
Hennig-Thurau, T. (2000). "Relationship Quality and Customer Retention through Strategic Communication of Customer Skills." Journal of Marketing Management 16: 55 - 79.
Hennig-Thurau, T., Gwinner, K. P. und Gremler, D. D. (2002). "Understanding Relationship Marketing Outcomes : An Integration of Relational Benefits and Relationship Quality." Journal of Service Research 4(3): 230 - 247.
Hennig-Thurau, T. und Klee, A. (1997). "The Impact of Customer Satisfaction and Relationship Quality on Customer Retention: A Critical Reassessment and Model Development." Psychology & Marketing 14(8): 737 - 764.
Henseler, J. (2005). "Einführung in die PLS-Pfadmodellierung." Wirtschaftswissenschaftliches Studium 34(2): 70 - 75.
Henseler, J. (2007). A new simple apporach to multi-group analysis in partial least squares path modeling. PLS'07 international symposium on PLS and related methods – causalities explored by indirect observation. Martens, H., Næs, T. und Martens, M. Norwegen: 104 - 107.
Henseler, J. und Chin, W. W. (2010). "A Comparison of Approaches for the Analysis of Interaction Effects Between Latent Variables Using Partial Least Squares Path Modeling." Structural Equation Modeling 17: 82 - 109.
Henseler, J. und Fassott, G. (2010). Testing Moderating Effects in PLS Path Models: An Illustration of Available Procedures. Handbook of Partial Least Squares: Concepts, Methods and Applications. Vinzi, E. E., Chin, W. W., Henseler, J. und Wang, H. Berlin: 713 - 735.
Henseler, J., Ringle, C. M. und Sinkovics, R. (2009). "The Use of Partial Least Squares Path Modeling." Advances in International Marketing 20: 277 - 320.
Hentschel, B. (1992). Dienstleistungsqualität aus Kundensicht. Wiesbaden, Deutscher Universitäts-Verlag.
Herrmann, A., Huber, F. und Kressmann, F. (2006). "Varianz- und kovarianzbasierte Strukturgleichungsmodelle - Ein Leitfaden zu deren Spezifikation, Schätzung und Beurteilung." Schmalenbachs Zeitschrift für betriebswirtschaftliche Forschung (zfbf) 58: 34 - 66.
Hewett, K., Money, R. B. und Sharma, S. (2002). "An Exploration of the Moderating Role of Buyer Corporate Culture in Industrial Buyer-Seller Relationships." Journal of the Academy of Marketing Science 30(3): 229 - 239.
Hildebrandt, L. (1984). "Kausalanalytische Validierung in der Marketingforschung." Marketing ZFP - Zeitschrift für Forschung und Praxis 6(1): 41 - 51.
Hildebrandt, L. und Temme, D. (2006). "Probleme der Validierung mit Strukturgleichungsmodellen." Die Betriebswirtschaft 66(6): 618 - 639.

Hobday, M., Davies, A. und Prencipe, A. (2005). "Systems Integration: a Core Capability of the Modern Corporation." Industrial and Corporate Change 14(6): 1109 - 1143.
Hofbauer, G. und Hellwig, C. (2009). Professionelles Vertriebsmanagement - Der prozessorientierte Ansatz aus Anbieter- und Beschaffersicht. Erlangen, Publicis Publishing.
Hofer, J. (2009). "Konzerne rüsten IT für Kooperationen." Retrieved 10.01., 2011, from http://www.handelsblatt.com/unternehmen/strategie/konzerne-ruesten-it-fuer-kooperationen;2269811.
Holsti, O. R. (1969). Content Analysis for the Social Sciences. Reading, MA, Addison-Wesley.
Homburg, C. (1992). "Die Kausalanalyse - Eine Einführung." Wirtschaftswissenschaftliches Studium 21(10): 499 - 508.
Homburg, C. (1998). "On Closeness to the Customer in Industrial Markets." Journal of Business-to-Business Marketing 4(4): 35 - 72.
Homburg, C. (2000). Kundennähe von Industriegüterunternehmen. Wiesbaden, Gabler.
Homburg, C. und Baumgartner, H. (1998). Beurteilung von Kausalmodellen - Bestandsaufnahme und Handlungsempfehlungen. Die Kausalanalyse - Ein Instrument der empirischen betriebswirtschaftlichen Forschung. Hildebrandt, L. und Homburg, C. Stuttgart: 343 - 369.
Homburg, C., Becker, A. und Hentschel, F. (2005a). Der Zusammenhang zwischen Kundenzufriedenheit und Kundenbindung. Handbuch Kundenbindungsmanagement. Bruhn, M. und Homburg, C. Wiesbaden, Gabler: 93 - 123.
Homburg, C. und Bruhn, M. (2005). Kundenbindungsmanagement - Eine Einführung in die theoretischen und praktischen Problemstellungen. Handbuch Kundenbindungsmanagement. Bruhn, M. und Homburg, C. Wiesbaden, Gabler: 3 - 41.
Homburg, C. und Garbe, B. (1995). Das Management industrieller Dienstleistungen. Problemfelder und Erfolgsfaktoren. Arbeitspapier der Management Know-how Reihe. Mannheim, Institut für Marktorientierte Unternehmensführung. M23.
Homburg, C. und Giering, A. (1996). "Konzeptionalisierung und Operationalisierung komplexer Konstrukte." Marketing ZFP - Zeitschrift für Forschung und Praxis 19(1): 5 - 24.
Homburg, C., Giering, A. und Hentschel, E. (1999). "Der Zusammenhang zwischen Kundenzufriedenheit und Kundenbindung." Die Betriebswirtschaft 59(2): 174 - 195.
Homburg, C., Giering, A. und Menon, A. (2003). "Relationship Characteristics as Moderators of the Satisfaction-Loyalty Link: Findings in a Business-to-Business Context." Journal of Business-to-Business Marketing 10(3): 35-62.
Homburg, C., Günther, C. und Faßnacht, M. (2000). "Die Industrie muss ihren Service aktiv vermarkten." Absatzwirtschaft(10): 74 - 85.
Homburg, C. und Hildebrandt, L. (1998). Die Kausalanalyse: Bestandsaufnahme, Entwicklungsrichtungen, Problemfelder. Die Kausalanalyse - Ein Instrument

der empirischen betriebswirtschaftlichen Forschung. Hildebrandt, L. und Homburg, C. Stuttgart, Schäffer-Poeschel Verlag: 15 - 43.

Homburg, C. und Klarmann, M. (2006). "Die Kausalanalyse in der empirischen betriebswirtschaftlichen Forschung – Problemfelder und Anwendungsempfehlungen." Die Betriebswirtschaft (DBW) 66(6): 727 - 748.

Homburg, C. und Krohmer, H. (2003). Marketingmanagement: Strategie – Instrumente – Umsetzung – Unternehmensführung. Wiesbaden, Gabler.

Homburg, C. und Rudolph, B. (2001a). "Customer satisfaction in industrial markets: dimensional and multiple role issues." Journal of Business Research 52: 15 - 33.

Homburg, C. und Rudolph, B. (2001b). Die Kausalanalyse als Instrument zur Messung der Kundenzufriedenheit im Industriegütermarketing. Stuttgart, Schäffer-Poeschel.

Homburg, C., Schäfer, H. und Schneider, S. (2010). Sales Excellence - Vertriebsmanagement mit System. Wiesbaden, Gabler.

Homburg, C. und Stock, R. (2001). Theoretische Perspektiven zur Kundenzufriedenheit. Kundenzufriedenheit: Konzepte – Methoden – Erfahrungen. Homburg, C. Wiesbaden, Gabler: 17 - 50.

Homburg, C., Stock, R. und Kühlborn, S. (2005b). "Die Vermarktung von Systemen im Industriegütermarketing." Die Betriebswirtschaft (DBW) 65(6): 537 - 562.

Homburg, C. und Stock, R. M. (2005). "Exploring the Conditions Under Which Salesperson Work Satisfaction Can Lead to Customer Satisfaction." Psychology & Marketing 22(5): 393 - 420.

Horn, C. (2009). Qualitätsmessung im Private Banking: Eine Analyse der Dienstleistungsqualität und deren Auswirkungen. Lohmar, Köln, Eul Verlag.

Horsmann, C. (2005). Bedingungen und Folgen der Kundenorientierung im persönlichen Verkauf. München und Mering, Rainer Hampp Verlag.

Hsieh, Y.-C. und Hiang, S.-T. (2004). "A Study of the Impacts of Service Quality on Relationship Quality in Search-Experience-Credence Services." Total Quality Management 15(1): 43 - 58.

Huber, F., Herrmann, A., Meyer, F., Vogel, J. und Vollhardt, K. (2007). Kausalmodellierung mit Partial Least Squares - Eine anwendungsorientierte Einführung. Wiesbaden, Gabler.

Hudson, L. A. und Ozanne, J. L. (1988). "Alternative ways of seeking knowledge in consumer research." Journal of Consumer Research 14(4): 508 - 521.

Hulland, J., Ryan, M. J. und Rayner, R. K. (2010). Modeling Customer Satisfaction: A Comparative Performance Evaluation of Covariance Structure Analysis Versus Partial Least Squares. Handbook of Partial Least-Squares - Concepts, Methods and Applications. Vinzi, V. E., Chin, W. W., Henseler, J. und Wang, H. Heidelberg, Springer: 307 - 326.

Hunt, S. D. (1990). "Truth in Marketing Theory and Research." Journal of Marketing 54(July): 1 - 15.

Hunt, S. D. (2003). Controversy in Marketing Theory. New York, London, Armonk.

Huntley, J. K. (2006). "Conceptualization and measurement of relationship quality: Linking relationship quality to actual sales and recommendation intention." Industrial Marketing Management 35: 703 - 714.

Hussy, W., Schreier, M. und Echterhoff, G. (2010). Mixed-Methods-Designs. Forschungsmethoden in Psychologie und Sozialwissenschaften für Bachelor Hussy, W., Schreier, M. und Echterhoff, G. Heidelberg, Springer: 285 - 296.

Iacobucci, D., Ostrom, A. und Grayson, K. (1995). "Distinguishing service quality and customer satisfaction: The voice of the consumer." Journal of Consumer Psychology 4(3): 277 - 303.

IBM (2010). Unternehmensführung in einer komplexen Welt – Global CEO Study. Value, I. I. f. B. Ehningen, Wien, Zürich.

IBM. (2011). "Lösungen." Retrieved 03.01., 2011, from http://www.ibm.com/solutions/de/de/.

Ireland, L. R. (1992). "Customer satisfaction: the project manager's role." International Journal of Project Management 10(2): 123 - 127.

Ivens, B. S. (2004). "Anbieterflexibilität in Dienstleistungsbeziehungen: Konstrukt - Erfolgswirkungen - Determinanten." Marketing ZFP - Zeitschrift für Forschung und Praxis 26(3): 215 - 227.

Jacob, F. (1995). Produktindividualisierung - Ein Ansatz zur innovativen Leistungsgestaltung im Business-to-Business-Bereich. Wiesbaden, Gabler.

Jacob, F. (2002). Geschäftsbeziehungen und die Institutionen des marktlichen Austauschs. Wiesbaden, Gabler.

Jacob, F. (2003). "Kundenintegrations-Kompetenz." Marketing ZFP - Zeitschrift für Forschung und Praxis 25(2): 83 - 89.

Jacob, F. (2006). "Preparing industrial suppliers for customer integration." Industrial Marketing Management 35(1): 45 - 56.

Jacob, F. (2009). Marketing: Eine Einführung für das Masterstudium. Stuttgart, Kohlhammer.

Jacob, F. und Kleinaltenkamp, M. (1994). Einzelkundenbezogene Produktgestaltung - Ergebnisse einer empirischen Untersuchung. Business to Business Marketing - Berliner Reihe. Kleinaltenkamp, M. Berlin, Freie Universität Berlin.

Jacob, F. und Kleipaß, U. C. (2010). "5 Thesen zur Zusammenarbeit: Was Kunden von IT-Anbietern erwarten." Retrieved 08.02., 2011, from http://www.cio.de/it_berater/nachrichten/2250104/.

Jacob, F., Lakotta, A.-J. und Plötner, O. (2010). Differentiating Market Offerings Using Complexity and Co-Creation: Implications for Customer Decision-Making Uncertainty. ESCP Europe Working Paper. Berlin, ESCP Europe: 1 - 28.

Jacob, F., Plötner, O. und Zedler, C. (2006). "Competence Commercialization von Industrieunternehmen: Phänomen, Einordnung und Forschungsfragen." ESCP-EAP Working Paper 17(Juni 2006).

Jacob, F. und Sievert, J. (2010). "Kundenintegration - Der Vertrieb als strategisches Instrument." Marketing Review St. Gallen 1: 26 - 31.

Jacob, F. und Sievert, J. (2011). Die Kundenmitwirkung als Instrument des Commodity Marketing. Commodity Marketing - Grundlagen, Besonderheiten, Erfahrungen. Enke, M. und Geigenmüller, A. Wiesbaden, Gabler. 237 - 260.
Jacob, F. und Ulaga, W. (2008). "The transition from product to service in business markets: An agenda for academic inquiry." Industrial Marketing Management 37(3): 247 - 253.
Jäger, A., Rödl, C. und Nave, J. A. C. (2009). Praxishandbuch Corporate Compliance: Grundlagen, Checklisten, Implementierung. Weinheim, Wiley-VCH Verlag.
Jap, S. D., Manolis, C. und Weitz, B. A. (1999). "Relationship Quality and Buyer–Seller Interactions in Channels of Distribution." Journal of Business Research 46: 303 - 313.
Jarvis, C., MacKenzie, S. und Podsakoff, P. (2003). "A critical review of construct indicators and measurement model misspecification in marketing and consumer research." Journal of Consumer Research 30(2): 199 - 218.
Jeschke, K. (2007). Das Beziehungsmanagement professioneller Dienstleistungsunternehmen. Service Excellence als Impulsgeber: Strategien – Management – Innovationen – Branchen. Gouthier, M. H. J., Coenen, C., Schulze, H. S. und Wegmann, C. Wiesbaden, Gabler: 594 - 610.
Johansson, J. E., Krishnamurthy, C. und Schlissberg, H. E. (2003). "Solving the solutions problem." The McKinsey Quarterly(3): 116 - 125.
Johnson, R. B. und Onwuegbuzie, A. J. (2004). "Mixed Methods Research: A Research Paradigm Whose Time Has Come." Educational Researcher 33(7): 14 - 26.
Johnson, R. B., Onwuegbuzie, A. J. und Turner, L. A. (2007). "Toward a Definition of Mixed Methods Research." Journal of Mixed Methods Research 1(2): 112 - 133.
Jones, E., Brown, S. P., Zoltners, A. A. und Weitz, B. A. (2005). "The Changing Environment of Selling and Sales Management." Journal of Personal Selling & Sales Management 25(2): 105-111.
Kaas, K. P. (1995). "Marketing und Neue Institutionenökonomik." Zeitschrift für betriebswirtschaftliche Forschung (zfbf) 47(35): 1 -17.
Kalmbach, P., Franke, R., Knottenbauer, K., Krämer, H. und Schaefer, H. (2003). Die Bedeutung einer wettbewerbsfähigen Industrie für die Entwicklung des Dienstleistungssektors - Eine Analyse der Bestimmungsgründe der Expansion industrienaher Dienstleistungen in modernen Industriestaaten. (BMWA), B. f. W. u. A. Bremen.
Kapletia, D. und Probert, D. (2010). "Migrating from products to solutions: An exploration of system support in the UK defense industry." Industrial Marketing Management 39: 582 - 592.
Kasper, H., Helsdingen, P. v. und Gabbott, M. (2006). Services Marketing Management. Chicester, John Wiley & Sons Ltd.
Kauffmann, R. G. (1996). "Influences on organizational buying choice processes: future research directions." Journal of Business & Industrial Marketing 11(3/4): 94 - 107.

Kawohl, J. (2010). Lösungsorientierung von Handelsunternehmen. Wiesbaden, Gabler.
Keil, N. (2010). "Gruppe: IT-Connection." Retrieved 10.10.2010, 2010, from https://www.xing.com/net/prie190dbx/itconnection/.
Kelle, U. (2007). Die Integration qualitativer und quantitativer Methoden in der empirischen Sozialforschung. Wiesbaden, VS Verlag für Sozialwissenschaften.
Kelle, U. (2008). Die Integration qualitativer und quantitativer Methoden in der empirischen Sozialforschung - Theoretische Grundlagen und methodologische Konzepte. Wiesbaden, VS Verlag für Sozialwissenschaften.
Kelle, U. und Erzberger, C. (2000). Integration qualitativer und quantitativer Methoden. Qualitative Forschung: Ein Handbuch. Flick, U., Kardorff, E. v. und Steinke, I. Reinbek bei Hamburg, Rowohlt Taschenbuch: 299 - 308.
Keller, N. und Stolper, M. (2006). Messung der Kundenbeziehungsqualität im B2B-Marketing - eine Studie im industriellen Großhandel (Arbeitsbericht 15). Dortmund, TU Dortmund: 1 - 75.
Kelley, S. W. und Davis, M. A. (1994). "Antecedents to customer expectations for service recovery." Journal of the Academy of Marketing Science 22(1): 52 - 61.
Kennedy, M. S., Ferrel, L. K. und LeClair, D. T. (2001). "Consumers' trust of salesperson and manufacturer: an empirical study." Journal of Business Research 51: 73 - 86.
Kenny, D. und Judd, C. (1984). "Estimating the nonlinear and interactive effects of latent variables." Psychological Bulletin 96: 201 - 210.
Kes, P. und Kes, I. (2010). Schmitz Cargobull: Lösungsorientierung als Anker in der Krise. Marketing von Solutions - Innovative Ansätze und Best Practices. Woisetschläger, D. M., Michaelis, M., Evanschitzky, H., Eiting, A. und Backhaus, C. Wiesbaden, Gabler: 329 - 349.
Keßler, M. (2008). Geschäftsbeziehungsmanagement bei Kundenlösungen: Bedeutung und Voraussetzung der Dialogorientierung. Norderstedt, GRIN Verlag.
Kirsch, W. und Kutschker, M. (1978). Das Marketing von Investitionsgütern. Wiesbaden, Gabler.
Klein, H. (1978). "Zur Messung des Beratungserfolges." Zeitschrift für Organisation 47(2): 105 - 110.
Kleinaltenkamp, M. (1996). Dienstleistungsmarketing: Konzeptionen und Anwendungen. Wiesbaden, Deutscher Universitäts Verlag.
Kleinaltenkamp, M. (2000). Einführung in das Business-to-Business-Marketing. Technischer Vertrieb - Grundlagen des Business-to-Business Marketing. Kleinaltenkamp, M. und Plinke, W. Berlin, Springer.
Kleinaltenkamp, M. und Jacob, F. (2006). Grundlagen der Gestaltung des Leistungsprogramms. Markt- und Produktmanagement – Die Instrumente des Business-to-Business-Marketing. Kleinaltenkamp, M., Plinke, W., Jacob, F. und Söllner, A. Wiesbaden, Gabler: 3 - 82.
Klesse, H.-J. und Leendertse, J. (2008). "Interview Dietmar Fink - Consulting-Test mit Zuckerbrot und Peitsche." Retrieved 02.02., 2011, from http://www.wiwo.de/unternehmen-maerkte/consulting-test-mit-zuckerbrot-und-peitsche-271703/.

Kline, R. B. (2005). Principles and practice of structural equation modeling. New York, The Guilford Press.
Knemeyer, A. M. und Murphy, P. R. (2005). "Exploring the Potential Impact of Relationship Characteristics and Customer Attributes on the Outcomes of Third-party Logistics Arrangements." Transportation Journal(Winter): 5 - 19.
Kneusels-Hinz, C. (2005). Kundenbetreuung am Beispiel des Key Account Management: Anforderungen an eine optimale Kundenbetreuung. Der Erfolg eines Systemhauses. Voigt, B. und Linke, M. Heidelberg, Physika: 83 - 97.
Knyphausen-Aufseß, D. z., Schweizer, L. und Rajes, M. (2009). "Beratungserfolg – eine Betrachtung des State of the Art der Ansätze zur Messung und Erklärung des Erfolges von Beratungsleistungen." Zeitschrift für Management (ZfM)(4): 5 - 28.
Koch, J. (2007). Thesen Methodologie und Weltbild: Zur Relevanz erkenntnistheoretischer Positionen für die Methodenwahl. Kritische Reflexion empirischer Forschungsmethodik. Haase, M. Berlin: 33 - 34.
Koch, V. (2010). Interaktionsarbeit bei produktbegleitenden Dienstleistungen - Am Beispiel des technischen Services im Machinenbau. Wiesbaden, Gabler.
Kotler, P., Armstrong, G., Saunders, J. und Wong, V. (1999). Principles of Marketing. London, Prentice Hall Europe.
Krafft, M. (1999). "Der Kunde im Fokus: Kundennähe, Kundenzufriedenheit, Kundenbindung- und Kundenwert?" Die Betriebswirtschaft 59: 511 - 530.
Krafft, M. (2002). Kundenbindung und Kundenwert. Heidelberg, Physica.
Krafft, M., Götz, O. und Liehr-Gobbers, K. (2005). Die Validierung von Strukturgleichungsmodellen mit Hilfe des Partial-Least-Squares (PLS)-Ansatz. Handbuch PLS-Pfadmodellierung – Methode, Anwendung, Praxisbeispiele. Bliemel, F., Eggert, A., Fassott, G. und Henseler, J. Stuttgart, Schäffer-Poeschel: 71 - 116.
Krafft, M., Haase, K. und Siegel, A. (2003). Statistisch-ökonometrische BWL-Forschung: Entwicklung, Status Quo und Perspektiven. Empirie und Betriebswirtschaft: Entwicklungen und Perspektiven. Schwaiger, M. und Harhoff, D. Stuttgart, Schäffer-Poeschel: 83 - 104.
Kroeber-Riel, W. und Weinberg, P. (1999). Konsumentenverhalten. München, Vahlen.
Kubr, M. (2002). Management Consulting: A guide to the profession. Geneva, International Labour Office.
Kumar, N., Scheer, L. K. und Steenkamp, J.-B. E. M. (1995). "The Effects of Supplier Fairness on Vulnerable Resellers." Journal of Marketing Research 32(Februar): 54 - 65.
Kumar, N., Stern, L. W. und Anderson, J. C. (1993). "Conducting Interorganizational Research Using Key Informants." Academy of Management Journal 36(6): 1633 - 1651.
Kuß, A. (2009). Marketing-Theorie - Eine Einführung. Wiesbaden, Gabler.
Kvale, S. (2007). Doing Interviews (Sage Qualitative Research Kit). New York, Sage Publications.

Lagace, R. R., Dahlstrom, R. und Gassenheimer, J. B. (1991). "The Relevance of Ethical Salesperson Behavior on Relationship Quality: The Pharmaceutical Industry." Journal of Personal Selling & Sales Management 11(4): 39 - 47.

Lages, C., Lages, C. R. und Lages, L. F. (2005). "The RELQUAL scale: a measure of relationship quality in export market ventures." Journal of Business Research 58: 1040 - 1048.

Lakotta, A.-J. (2010). Antecedents and Consequences of Managerial Confusion in Service-to-Business Buying. Berlin, Diss. ESCP Europe (unveröffentlicht).

Lam, S. Y., Shankar, V., Erramilli, M. K. und Murthy, B. (2004). "Customer Value, Satisfaction, Loyalty, and Switching Costs: An Illustration From a Business-to-Business Service Context." Journal of the Academy of Marketing Science 32(3): 293 - 311.

Lamnek, S. (2005). Qualitative Sozialforschung. Weinheim, Beltz Psychologie Verlags Union.

Lampel, J. und Mintzberg, H. (1996). "Customizing customization." MIT Sloan Management Review 38(1): 21 - 30.

Laudan, L. (1981). "A Confutation of Convergent Realism." Philosophy of Science 48: 218 - 249.

Leonidou, L. C. (2004). "Industrial manufacturer–customer relationships: The discriminating role of the buying situation." Industrial Marketing Management 33: 731.742.

Leonidou, L. C., Barnes, R. B. und Talias, M. A. (2006). "Exporter–importer relationship quality: The inhibiting role of uncertainty, distance, and conflict." Industrial Marketing Management 35: 576-588.

Leuthesser, L. (1997). "Supplier Relational Behavior: An Empirical Assessment." Industrial Marketing Management 26: 245 - 254.

Lewis, J. (2002). Fundamentals of Project Management: Developing Core Competencies to Help Outperform the Competition New York, NY, Amacom.

Lewis, R. C. und Booms, B. H. (1983). The Marketing Aspects of Service Quality. Emerging Perspectives on Services Marketing. Berry, L., Shostack, G. und Upah, G. Chicago, American Marketing: 99-107.

Lienert, G. A. (1989). Testaufbau und Testanalyse. München, Psychologie Verlags Union.

Lincoln, Y. und Guba, E. (1985). Naturalistic inquiry. Newbury Park, Sage Publications.

Lindberg, N. und Nordin, F. (2008). "From products to services and back again: Towards a new service procurement logic." Industrial Marketing Management 37: 292 - 300.

Lippitt, G. und Lippitt, R. (2006). Beratung als Prozess – Was Berater und ihre Kunden wissen sollten. Leonberg, Rosenberger Fachverlag.

Lischka, A. (2000). Dialogkommunikation im Relationship Marketing. Wiesbaden, Gabler.

Liu, A. H., Bernhardt, K. L. und Leach, M. P. (1999). "Examining customer value, satisfaction, and switching costs in multiple-sourcing purchase decisions for business services." ISBM Report - The Pennsylvania State University 6: 15.

Liu, A. H. und Leach, M. P. (2001). "Developing Loyal Customers with a Value-adding Sales Force: Examining Customer Satisfaction and the Perceived Credibility of Consultative Salespeople." Journal of Personal Selling & Sales Management 21(2): 147 - 156.

Liu, J. Y.-C., Chen, H. H.-G., Jiang, J. J. und Klein, G. (2010). "Task completion competency and project management performance: The influence of control and user contribution." International Journal of Project Management 28: 220 - 227.

Lohmöller, J. B. (1989). Latent Path Modeling with Partial Least Squares. Heidelberg, Physica-Verlag.

Lombard, M., Snyder-Duch, J. und Campanella Bracken, C. (2010). "Intercoder Reliability - Practical Resources for Assessing and Reporting Intercoder Reliability in Content Analysis Research Projects." Retrieved 28.01., 2011, from http://astro.temple.edu/~lombard/reliability/.

Lovelock, C. und Gummesson, E. (2004). "Wither Services Marketing? In Search of a New Paradigm and Fresh Perspectives." Journal of Service Research 7(1): 20 - 41.

Lünendonk. (2010). "Führende IT-Service-Unternehmen in Deutschland 2009 (alphabetisch)." Retrieved 27.01., 2011, from http://www.luenendonk.de/ it_service .php.

Luthardt, S. (2003). In-Supplier versus Out-Supplier. Determinanten des Wechselverhaltens industrieller Nachfrager. Wiesbaden, Gabler.

Lütje, S. (2008). Kundenbeziehungsfähigkeit: Messung, Determinanten und Erfolgswirkung. Wiesbaden, Gabler.

Macintosh, G. (2007). "Customer orientation, relationship quality, and relational benefits to the firm." Journal of Services Marketing 21(3): 150 - 159.

Mack, O. und Mildenberger, U. (2003). Customer Solutions - Merkmale und Erscheinungsformen von Kundenlösungen. Moderne Produktionskonzepte für Güter- und Dienstleistungsproduktionen. Wildemann, H. München, TCW Transfer-Centrum GmbH & Co. KG: 61 - 81.

MacKenzie, S. (2003). "The Dangers of Poor Construct Conceptualization." Journal of the Academy of Marketing Science 31(3): 323 - 326.

Maister, D. H., Green, C. H. und Galford, R. M. (2001). The Trusted Advisor. New York, The Free Press.

Martini, A. (2008). Suchen, Erfahren und Vertrauen in den "Moments of Truth" - Eine Analyse dynamischer Qualitätsbeurteilung bei professionellen Dienstleistungen am Beispiel von Bildungsleistungen (Diss.). Berlin, FU Berlin.

Matthyssens, P. und Vandenbempt, K. (2008). "Moving from basic offerings to value-added solutions: strategies, barriers and alignment." Industrial Marketing Management 37(3): 316 - 328.

Matthyssens, P. und Vandenbempt, K. (2010). "Service addition as business market strategy: identification of transition trajectories." Journal of Service Management 21(5): 693 - 714.

Mayring, P. (2000a). "Qualitative Inhaltsanalyse." Forum Qualitative Sozialforschung 1(2): 10.

Mayring, P. (2000b). Qualitative Inhaltsanalyse. Grundlagen und Techniken. Weinheim, Deutscher Studien Verlag.
Mayring, P. (2005). Neuere Entwicklungen in der qualitativen Forschung und der Qualitativen Inhaltsanalyse. Die Praxis der Qulitativen Inhaltsanalyse. Mayring, P. und Gläser-Zikuda, M. Weinheim, Beltz Verlag.
Mayring, P. und Brunner, E. (2007). Qualitative Inhaltsanalyse. Qualitative Marktforschung: Konzepte - Methoden - Analysen. Buber, R., Holzmüller, H.H. Wiesbaden, Gabler: 669-680.
McLachlin, R. D. (2000). "Service quality in consulting: what is engagement success?" Managing Service Quality 10(4): 239 - 247.
Meffert, H. und Bruhn, M. (2009). Dienstleistungsmarketing: Grundlagen - Konzepte - Methoden. Mit Fallstudien. Wiesbaden, Gabler.
Meiren, T. (2009). Theorie und Anwendungsorietierung in der Dienstleistungsforschung. Die Zukunft der Dienstleistungswirtschaft - Trends und Chancen heute erkennen. Spath, D. und Ganz, W. München, Carl Hanser Verlag: 35 - 46.
Menguc, B. und Auh, S. (2008). "The asymmetric moderating role of market orientation on the ambidexterity – firm performance relationship for prospectors and defenders." Industrial Marketing Management 37: 455 - 470.
Mervis, C. B. und Rosch, E. (1981). Categorization of natural objects. Annual review of psychology. Rosenberg, M. R. und Porter, L. W. Palo Alto, CA.
Meyer, A. (2004). Dienstleistungsmarketing: Impulse für Forschung und Management. Wiesbaden, Deutscher Universitäts-Verlag.
Micceri, T. (1989). "The unicorn, the normal curve and other improbable creatures." Psychological Bulletin 105(1): 156 - 166.
Miles, M. B. und Huberman, M. (1994). Qualitative Data Analysis. Thousand Oaks, CA, Sage Publications.
Miller, D., Hope, Q., Eisenstat, R., Foote, N. und Galbraith, J. (2002). "The problem of solutions: Balancing clients and capabilities." Business Horizons 45(2): 3 - 12.
Mogicato, R., Schwabe, G., Stehli, E., Nussbaumer, P. und Eberhard, M. (2009). Beratungsqualität in Banken - Was der Kunde erwartet. Was der Kunde erlebt. Universität Zürich - Institut für Informatik. Zürich.
Mohr, J. und Spekman, R. (1994). "Characteristics of Partnership Success: Partnership Attributes, Communication Behavior, and Conflict Resolution Techniques." Strategic Management Journal 15: 135-152.
Moore, G. A. (2005). "Strategy and your stronger hand." Harvard Business Review 85(December): 62 - 72.
Moorman, C., Deshpandé, R. und Zaltman, G. (1993). "Factors Affecting Trust in Market Research Relationships." Journal of Marketing 57(January 1993): 81-101.
Moorman, C., Zaltman, G. und Deshpandé, R. (1992). "Relationships between Providers and Users of Market Research: The Dynamics of Trust Within and between Organizations." Journal of Marketing Research 19(August): 314 - 328.
Morgan, D. L. (1998). "Practical strategies for combining qualitative and quantitative methods." Qualitative Health Research 8(May): 362 - 376.

Morgan, G. und Smircich, L. (1980). "The Case for Qualitative Research." Academy of Management Review 5(4): 491 - 500.

Morgan, R. M. und Hunt, S. D. (1994). "The Commitment-Trust Theory of Relationship Marketing." Journal of Marketing 58(July 1994): 20-38.

Morse, J. M. (1991). "Approaches to qualitative-quantitative methodological triangulation." Nursing Research 40(2): 120 - 123.

Müller, D. (2007). Moderatoren und Mediatoren in Regressionen. Methodik der empirischen Forschung. Sönke, A., Klapper, D., Konradt, U., Walter, A. und Wolf, J. Wiesbaden: 245 - 260.

Myhal, G. C., Kang, J. und Murphy, J. A. (2008). "Retaining customers through relationship quality: a services business marketing case." Journal of Services Marketing 22(6): 445 - 453.

Nambisan, S. (2001). "Why service businesses are not product businesses." MIT Sloan Management Review(Summer): 72 - 80.

Naudé, P. und Buttle, F. (2000). "Assessing Relationship Quality." Industrial Marketing Management 29: 351 - 361.

Neely, A., Benedettini, O. und Visnjic, I. (2011). The servitization of manufacturing: Further evidence. EurOMA Conference 2011. Cambridge.

Nerdinger, F. W. (2001). Psychologie des persönlichen Verkaufs. München, Oldenbourg.

Newman, I. und Benz, C. R. (1998). Qualitative-quantitative research methodology: Exploring the interactive continuum. Carbondale, University of Illinois Press.

Niebisch, P. (1993). Beobachtung und Beurteilung von Verkäuferverhalten. Salzburg, Diss.

Nielson, C. C. (1998). "An empirical examination of the role of "closeness" in industrial buyerseller relationships." European Journal of Marketing 32(5/6): 441-463.

Niepel, P. R. (2005). Management von Kundenlösungen. St. Gallen, D-Druck Spescha Druck.

Nijssen, E., Singh, J., Sirdeshmukh, D. und Holzmüller, H. (2003). "Investigating industry context effects in consumer-firm relationships: Preliminary results from a dispositional approach." Journal of the Academy of Marketing Science 31(1): 46 - 60.

Nini, M. (2011). Systemisches Dienstleistungsmanagement: Ein Ansatz für die hybride Wertschöpfung am Beispiel der Investitionsgüterindustrie. Wiesbaden, Gabler.

Nippa, M., Wienhold, D. und Piezonka, S. (2007). Vom klassischen Produktgeschäft zum Lösungsgeschäft - Implikationen für eine Neugestaltung des Vergütungssystems im Vertrieb. Freiberger Arbeitspapiere. Freiberg: 1 - 27.

Nitzl, C. (2010). "Eine anwendungsorientierte Einführung in die Partial Least Square (PLS)- Methode." Industrielles Management Arbeitspapier 21: 1 - 66.

Noordewier, T. G., John, G. und Nevin, J. R. (1990). "Performance Outcomes of Purchasing Arrangements in Industrial Buyer-Vendor Relationships." Journal of Marketing 54(Oktober 1990): 80-93.

Nordin, F. und Kowalkowski, C. (2010). "Solutions offerings: a critical review and reconceptualisation." Journal of Service Management 21(4): 441 - 459.

Nunnally, J. C. (1978). Psychometric Theory. New York, McGraw Hill.
O'Brien, L. und Jones, C. (1995). "Do rewards really create loyalty?" Harvard Business Review 73(May - June): 77 - 82.
o.V. (2010). "Definition of solution noun from the Oxford Advanced Learner's Dictionary." Retrieved 12.12., 2010, from http://www.oxfordadvancedlearnersdiction ary.com/dictionary/solution.
Oguachuba, J. S. (2009). Markenprofilierung durch produktbegleitende Dienstleistungen. Wiesbaden, Gabler.
Olsson, N. O. E. (2006). "Management of flexibility in projects." International Journal of Project Management 24(1): 66 - 74.
Ouwersloot, H., Lemmink, J. und Ruyter, K. d. (2004). "Moving beyond intuition— Managing allocation decisions in relationship marketing in business-to-business markets." Industrial Marketing Management 33: 701 - 710.
Palmatier, R. W., Dant, R. P., Grewal, D. und Evans, K. R. (2006). "Factors Influencing the Effectiveness of Relationship Marketing: A Meta-Analysis." Journal of Marketing 70(October 2006): 136-153.
Palmer, A. (1998). Principles of Services Marketing. London, McGraw Hill.
Palmer, A. und Bejou, D. (1994). "Buyer-Seller Relationships: A Conceptual Model and Empirical Investigation." Journal of Marketing Management 10: 495 - 512.
Paluch, S. und Wagner, M. (2010). Healthcare Solutions und Remote Services. Marketing von Solutions - Innovative Ansätze und Best Practices. Woisetschläger, D. M., Michaelis, M., Evanschitzky, H., Eiting, A. und Backhaus, C. Wiesbaden, Gabler.
Parasuraman, A. (1998). "Customer service in business-to-business markets: an agenda for research." Journal of Business & Industrial Marketing 13(4/5): 309 - 321.
Parasuraman, A., Zeithaml, V. A. und Berry, L. (1988). "SERVQUAL: A multiple item scale for measuring consumer perceptions of service quality." Journal of Retailing 64(1): 12 - 40.
Parasuraman, A., Zeithaml, V. A. und Berry, L. L. (1985). "A Conceptual Model of Service Quality and Its Implications for Future Research." Journal of Marketing 49(Fall 1985): 41-50.
Parvatiyar, A. und Sheth, J. N. (2000). The domain and conceptual foundations of relationship marketing. Handbook of Relationship Marketing. Sheth, J. N. und Parvatiyar, A. Thousand Oaks, CA, Sage: 3 - 38.
Patton, M. Q. (1990). Qualitative Evaluation and Research Methods. Newbury Park, Sage.
Payan, J. M. und Svensson, G. (2007). "Co-operation, coordination, and specific assets in inter-organisational relationships." Journal of Marketing Management 23(7 - 8): 797 - 814.
Penttinen, E. und Palmer, J. (2007). "Improving Firm Positioning through Enhanced Offerings and Buyer-Seller Relationships." Industrial Marketing Management 36(5): 552 - 564.
Peter, J. P. (1979). "Reliability: A Review of Psychometric Basics and Recent Marketing Practices." Journal of Marketing Research 16(1): 6 - 17.

Peter, S. I. (2001). Kundenbindung als Marketingziel: Identifikation und Analyse zentraler Determinanten. Wiesbaden, Gabler.
Pfeffer, J. und Salancik, G. R. (1978). The external control of organizations: a resource dependence approach. New York, Harper and Row.
Phillips, L. (1981). "Assessing Measurement Error in Key Informant Reports: A Methodological Note on Organizational Analysis in Marketing." Journal of Marketing Research 18(November): 395 - 415.
Pine, B. J., II , Peppers, D. und Rogers, M. (1995). "Do You Want to Keep Your Customers Forever?" Harvard Business Review 73(March-April): 103-114.
Plank, R. E., Reid, D. A. und Pullins, E. B. (1999). "Perceived trust in Business-to-Business Scales: A new Measure." Journal of Personal Selling & Sales Management 19(3): 61 - 71.
Plinke, W. (1997). Grundlagen des Geschäftsbeziehungsmanagements. Geschäftsbeziehungsmanagement. Kleinaltenkamp, M. und Plinke, W. Berlin, Springer: 1 - 62.
Plötner, O. (2008). "The development of consulting in goods-based companies." Industrial Marketing Management 37: 329 - 338.
Podsakoff, P., McKenzie, S. B., Lee, J.-Y. und Podsakoff, N. P. (2003). "Common Method Biases in Behavioral Research: A Critical Review of the Literature and Recommended Remedies." Journal of Applied Psychology 88(5): 879 - 903.
Poser, H. (2006). Wissenschaftstheorie: Eine philosophische Einführung. Stuttgart, Philipp Reclam jun.
Pracht, A. (2008). "Erfolgreiche Kommunikation für industrielle Lösungsanbieter." St. Galler B2B News Blog Retrieved 02.02., 2011, from http://www.b2b newsblog.com/2008/10/erfolgreiche-kommunikation-fr.html.
Prahalad, C. K. (2004). "The Cocreation of Value." Journal of Marketing 68(1): 22 - 23.
Preacher, K. J. und Hayes, A. F. (2008). "Asymptotic and resampling strategies for assessing and comparing indirect effects in multiple mediator models." Behavior Research Methods 40(3): 879 - 891.
Probst, G., Raub, S. und Romhardt, K. (1999). Wissen managen - Wie Unternehmen ihre wertvollste Ressource optimal nutzen. Wiesbaden, Gabler.
Prosch, B. (2002). "Suchverhalten von IT-Kunden bei der Lieferantenauswahl - Ergebnisse einer Befragung betrieblicher IT-Nutzer." GfK Jahrbuch der Absatz- und Verbrauchsforschung 48(2): 191 - 213.
Pruitt, D. G. (1981). Negotiating Behavior. New York, NY, Academic Press.
Quack, S. (2006). Qualitative Forschungsmethodik. Diskussionsbeiträge des Fachbereichs Wirtschaftswissenschaft der Freien Universität Berlin - Betriebswirtschaftliche Reihe: Kritische Reflexionen empirischer Forschungsmethodik. Haase, M. Berlin, Freie Universität Berlin. 2007/5: 6 - 10.
Qureshi, I. und Compeau, D. (2009). "Assessing between-group differences in information systems research: A comparison of covariance- and component-bases SEM." Management Information Systems Quarterly 33(1): 197 - 214.

Rainfurth, C. (2003). Der Einfluss der Organisationsgestaltung produktbegleitender Dienstleistungen auf die Arbeitswelt der Dienstleistungsakteure - Am Beispiel von KMU des Maschinenbaus. Darmstadt, Diss.
Ramani, G. und Kumar, V. (2008). "Interaction Orientation and the Firm Performance." Journal of Marketing 72(Januar): 27 - 45.
Rauyruen, P. und Miller, K. E. (2007). "Relationship quality as a predictor of B2B customer loyalty." Journal of Business Research 60(1): 21 - 31.
Reckenfelderbäumer, M. (2009). Die Gestaltung der Kundenintegration als Kernelement hybrider Wettbewerbsstrategien im Dienstleistungsbereich. Kundenintegration. Bruhn, M. und Stauss, B. Wiesbaden, Gabler: 213 - 234.
Reichardt, C. und Cook, T. (1979). Beyond qualitative versus quantitative methods. London, Sage Publications.
Reichertz, J. (2007). "Qualitative Sozialforschung – Ansprüche, Prämissen, Probleme." Erwägen, Wissen, Ethik (vormals Ethik und Sozialwissenschaften (EuS) 18(2): 195 - 208.
Reichheld, F. F. und Sasser, W. E. (1990). "Zero Defections: Quality Comes to Services." Harvard Business Review 68(5): 105 - 111.
Reichwald, R., Krcmar, H. und Nippa, M. (2009). Hybride Wertschöpfung - Konzepte, Methoden und Kompetenzen für die Preis- und Vertragsgestaltung. Lohmar, Josef Eul Verlag.
Reinartz, W., Haenlein, M. und Henseler, J. (2009). "An empirical comparison of the efficacy of covariance-based and variance-based SEM." International Journal of Research in Marketing 26: 332 - 344.
Reinecke, J. (1999). "Interaktionseffekte in Strukturgleichungsmodellen mit der Theorie des geplanten Verhaltens. Multiple Gruppenvergleiche und Produktterme mit latenten Variablen." ZUMA-Nachrichten 23(45): 88 - 114.
Reinecke, S. (2004). Marketing Performance Management - Empirisches Fundament und Konzeption für ein integriertes Marketingkennzahlensystem. Wiesbaden, Deutscher Universitäts-Verlag.
Riemenschneider, M. (2006). Der Wert von Produktvielfalt - Wirkung großer Sortimente auf das Verhalten von Konsumenten. Wiesbaden, Gabler.
Rigdon, E. E., Ringle, C. M. und Sarstedt, M. (2010). "Structural Modeling of Heterogeneous Data with Partial Least Squares." Review of Marketing Research 7: 255 - 296.
Rinehart, L. M., Eckert, J. A., Handfield, R. B., Page, T. J. J. und Atkin, T. (2004). "An Assessment of Supplier-Customer Relationships." Journal of Business Logistics 25(1): 25 - 62.
Ringle, C. M. und Spreen, F. (2007). "Beurteilung der Ergebnisse von PLS-Pfadanalysen." Das Wirtschaftsstudium 36(2): 211 - 216.
Ringle, C. M., Wende, S. und Will, A. (2005). "SmartPLS 2.0 (M3)." Retrieved 06.06., 2010, from http://www.smartpls.de.
Ritter, T. und Gemünden, H. G. (2003). "Network competence: Its impact on innovation success and its antecedents." Journal of Business Research 56(9): 745 - 755.

Roberts, K., Varki, S. und Brodie, R. (2003). "Measuring the quality of relationships in consumer services: an empirical study." European Journal of Marketing 37(1/2): 169 - 196.
Robinson, P. J., Faris, C. W. und Wind, Y. (1967). Industrial Buying and Creative Marketing. Boston, Allyn & Bacon.
Roegner, E. und Gobbi, J. (2001). Effective Solutions Pricing - How to get the best premium form strategic collaborations. Marketing Practice. McKinsey&Company.
Roggenberg, J. (2007). "Verkaufen über den Preis? Nutzenorientierte Gesprächssteuerung in preissensiblen Märkten." St. Galler B2B New Blog Retrieved 02.03., 2011, from http://www.b2bnewsblog.com/.
Rossiter, J. R. (2002). "The C-OAR-SE procedure for scale development in marketing." International Journal of Research in Marketing 19: 305 - 335.
Rühlig, R. (2004). Dienstleistungsmarketing in der Büromöbelindustrie. St. Gallen, Diss. Uni St. Gallen.
Rust, R. T. und Oliver, R. L. (1994). Service Quality - New Directions in Theory and Practice. Thousand Oaks, Sage Publications.
Ryssel, R., Ritter, T. und Gemünden, H. G. (2004). "The impact of information technology deployment on trust, commitment and value creation in business relationships." Journal of Business & Industrial Marketing 19(3): 197 - 207.
Ryu, S., Park, J. E. und Min, S. (2007). "Factors of determining long-term orientation in interfirm relationships." Journal of Business Research 60: 1225-1233.
Saab, S. (2007). Commitment in Geschäftsbeziehungen. Wiesbaden, Deutscher Universitäts-Verlag.
Sacks, H. (1984). Structures of Social Action: Studies in Coversational Analysis. Cambridge, Cambridge University Press.
Sánchez, M. S. (2003). Modell zur Evaluierung von Beratungsprojekten. Berlin, Technische Universität Berlin, Diss.
Sarstedt, M. und Wilczynski, P. (2009). "More for Less? A Comparison of Single-Item and Multi-Item Measures." DBW 69(2): 211 - 227.
Sawhney, M. (2006). Going Beyond the Product, Defining, Designing, and Delivering Customer Solutions. The Service-Dominant Logic of Marketing: Dialogue, Debate, and Directions. Lusch, R. F. und Vargo, S. L. New York, M.E. Sharpe: 365 - 380.
Sawhney, M., Wolcott, R. C. und Arroniz, I. (2006). "The 12 different ways for companies to innovate." MIT Sloan Management Review 47(3): 75 - 81.
Saxe, R. und Weitz, B. A. (1982). "The SOCO Scale: A Measure of the Customer Orientation of Salespeople." Journal of Marketing Research 19: 343-351.
Schade, C. (1996). Standardisierung von Beratungsleistungen - Eine ökonomische Analyse integrativer Produktionsprozesse. Grundsatzfragen und Herausforderungen des Dienstleistungsmarketing. Meyer, A. Wiesbaden, Gabler: 69 - 96.
Schatzman, L. und Strauss, A. L. (1973). Field Research. Strategies for a Natural Sociology. Englewood Cliffs, NJ, Prentice Hall.

Scheer, A. W., Köppen, A. und Hans, S. (2001). Consulting: Ein Überblick. Consulting - Wissen für die Strategie-, Prozess- und IT-Beratung. Scheer, A. W. und Köppen, A. Berlin, Heidelberg, New York, Springer: 1 - 10.
Schein, E. H. (1978). "The Role of the Consultant: Content Expert or Process Facilitator?" Personnel and Guidance Journal(Februar): 339 - 443.
Schicht, R. E. F. (1995). Leistungssysteme in High – Tech - Märkten. St. Gallen, Diss. Uni St. Gallen.
Schloderer, M., Ringle, C. M. und Sarstedt, M. (2009). Einführung in varianzbasierte Strukturgleichungsmodellierung: Grundlagen, Modelevaluation und Interaktionseffekte am Beispiel von SmartPLS. Theorien und Methoden der Betriebswirtschaft. Meyer, A. und Schwaiger, M. München: 583 - 611.
Schmitz, G. (2008). Der wahrgenommene Wert hybrider Produkte: Konzeptionelle Grundlagen und Komponenten. Multikonferenz Wirtschaftsinformatik 2008. Bichler, M., Hess, T., Krcmar, H., Lechner, U., Matthes, F., Picot, A., Speitkamp, B. und Wolf, P. Berlin, GITO-Verlag: 665 - 683.
Schnell, R., Hill, P. B. und Esser, E. (2005). Methoden der empirischen Sozialforschung. München, Oldenbourg.
Scholderer, J. und Balderjahn, I. (2005). PLS versus LISREL: Ein Methodenvergleich. Handbuch PLS-Pfadmodellierung - Methode, Anwendung, Praxisbeispiele. Bliemel, F., Eggert, A., Fassott, G. und Henseler, J. Stuttgart, Schäffer-Poeschel: 87 - 98.
Schott, S. (2009). Strategy for IT market consolidation – Drivers, players, scenarios (Issue Paper). München, Roland Berger Strategy Consultants: 1 - 32.
Schuh, G., Friedli, T. und Gebauer, T. (2004). Fit for Service: Industrie als Dienstleister. München, Wien, Hanser.
Selnes, F. (1998). "Antecedents and consequences of trust and satisfaction in buyer-seller relationships." European Journal of Marketing 32(3/4): 305-322.
Shainesh, G. (2004). "Understanding Buying Behaviour in Software Services – Strategies for Indian Firms." International Journal of Technology Management 28(1): 118 - 127.
Sharma, A., Iyer, G. R. und Evanschitzky, H. (2008). "Personal Selling of High-Technology Products: The Solution-Selling Imperative." Journal of Relationship Marketing 7(3): 287 - 308.
Sharma, A., Lucier, C. und Molloy, R. (2002). "From Solutions to Symbiosis: Blending with Your Customers." Strategy and Business 27(2): 1 - 11.
Sheperd, C. und Ahmed, P. (2000). "From Product Innovation to Solutions Innovation: A New Paradigm for Competitive Advantage." European Journal of Innovation Marketing 3(2): 100 - 106.
Sheth, J. N. (1973). "A Model of Industrial Buyer Behavior." Journal of Marketing 37(October): 50 - 56.
Sheth, J. N. (1996). "Organizational buying behavior: past performance and future expectations." Journal of Business & Industrial Marketing 11(3/4): 7 - 24.
Sheth, J. N. und Sharma, A. (2008). "The impact of the product to service shift in industrial markets and the evolution of the sales organization." Industrial Marketing Management 37: 260 - 269.

Sheth, J. N., Sisodia, R. S. und Sharma, A. (2000). "The Antecedents and Consequences of Customer-Centric Marketing." Journal of the Academy of Marketing Science 28(1): 55 - 66.
Shostack, G. L. (1977). "Breaking free from product marketing." Journal of Marketing 41(April): 73 - 80.
Shrout, P. E. und Bolger, N. (2002). "Mediation in experimental and nonexperimental studies: New procedures and recommendations." Psychological Methods 7(4): 422 - 445.
Silverman, D. (2000). Doing Qualitative Research – A practical handbook. London, Sage Publications.
Simonson, I. (2005). "Determinants of Customers' Responses to Customized Offers: Conceptual Framework and Research Propositions." Journal of Marketing 69(January 2005): 32-45.
Sirdeshmukh, D., Singh, J. und Sabol, B. (2002). "Consumer Trust, Value, and Loyalty in Relational Exchanges." Journal of Marketing 66(January 2002): 15-37.
Skarmeas, D. und Robson, M. J. (2008). "Determinants of Relationship Quality in Importer–Exporter Relationships." British Journal of Management 19: 171 - 184.
Skarp, F. und Gadde, L.-E. (2008). "Problem solving in the upgrading of product offerings – A case study from the steel industry." Industrial Marketing Management 37: 725 - 737.
Smith, J. B. (1998). "Buyer-Seller Relationships: Similarity, Relationship Management, and Quality." Psychology & Marketing 15(1): 3-21.
Sobel, M. E. (1982). Asymptotic confidence intervals for indirect effects in structural equation models. Sociological Methodology. Leinhardt, S. Washington, DC, American Sociological Association. 290 - 312.
Söllner, A. (1993). Commitment in Geschäftsbeziehungen – Das Beispiel Lean Production. Wiesbaden, Gabler.
Söllner, A. (2007). "The Role of Relationships in Determining Foreign Entry Modes." Journal of Business Market Management 1(2): 135 - 149.
Sontow, K., Treutlein, P. und Scherer, E. (2008). Anwender-Zufriedenheit ERP/Business Software Deutschland 2008/2009. AG, T. Aachen, Trovarit AG: 1 - 8.
Spohrer, J. und Maglio, P. (2008a). "The emergence of service science: toward systematic service innovations to accelerate co-creation of value." Production and Operations Management 17(3): 238 - 246.
Spohrer, J. und Maglio, P. (2008b). "Fundamentals of service science." Journal of the Academy of Marketing Science 36: 18 - 20.
Srivastava, R. K., Shervani, T. A. und Fahey, L. (1999). "Marketing, Business Processes, and Shareholder Value: An Organizationally Embedded View of Marketing Activities and the Discipline of Marketing." Journal of Marketing 63(Special Issue 1999): 168 - 179.
Stadtmüller, S. und Porst, R. (2005). "Zum Einsatz von Incentives bei postalischen Befragungen." ZUMA - How-to-Reihe 14.

Stake, R. E. (1995). The Art of Case Study Research. London, Sage Publications.
Stanton, W. J. und Buskirk, R. H. (1987). Management of the Sales Force. Homewood, IL, Richard D. Irwin, Inc.
Stauss, B. (1997). Besonderheiten der Qualitätsmessung bei industriellen Dienstleistungen unter besonderer Berücksichtigung der Buying Center-Problematik. Marktleistung und Wettbewerb - strategische und operative Perspektiven der marktorientierten Leistungsgestaltung. Backhaus, K., Günter, B., Kleinaltenkamp, M., Plinke, W. und Raffée, H. Wiesbaden: 503 - 523.
Stauss, B. (1999). "Kundenzufriedenheit." Marketing ZFP - Zeitschrift für Forschung und Praxis 21(1): 5 - 24.
Stauss, B., Luhn, A., Kremer, A. und Engelmann, K. (2009). Services Science: Fundamentals, Challenges and Future Developments. Berlin, Heidelberg, Springer.
Steckler, A., McLeroy, K. R., Goodman, R. M., Bird, S. T. und McCormick, L. (1992). "Towards integrating qualitative and quantitative methods: An introduction." Health Education Quarterly 19(1): 1 - 8.
Steinke, I. (2004). Quality Criteria in Qualitative Research. A Companion to Qualitative Research. Flick, U., von Kardorff, E. und Steinke, I. London, Sage: 184 - 190.
Steinke, I. (2007). Qualitätssicherung in der qualitativen Forschung. Qualitative Datenanalyse: computergestützt: Methodische Hintergründe und Beispiele aus der Forschungspraxis. Kuckartz, U. Wiesbaden: 176 - 187.
Steven, M. und Schade, S. (2004). "Produktionswirtschaftliche Analyse industrieller Dienstleistungen." Zeitschrift für Betriebswirtschaft (ZfB) 74(6): 543 - 562.
Stiller, M. (2006). Kundenberatung im persönlichen Verkauf. Wiesbaden, Gabler.
Stock, R. (2002). "Kundenorientierung auf individueller Ebene: Das Einstellungs-Verhaltens-Modell." Die Betriebswirtschaft 62(1): 59 - 76.
Stratman, J. K. und Roth, A. V. (2002). "Enterprise Resource Planning (ERP) Competence Constructs: Two-Stage Multi-Item Scale Development and Validation." Decision Sciences 33(4): 601 - 628.
Stremersch, S., Wuyts, S. und Frambach, R. T. (2001). "The Purchasing of Full-Service Contracts: An Exploratory Study within the Industrial Maintenance Market." Industrial Marketing Management 30(1): 1 - 12.
Sturm, F. und Bading, A. (2008). "Investitionsgüterhersteller als Anbieter industrieller Lösungen – Bestandsaufnahme des Wandels anhand einer Umfrage." Wirtschaftsinformatik(3): 174 - 186.
Svensson, G., Mysen, T. und Payan, J. M. (2010). "Balancing the sequential logic of quality constructs in manufacturing-supplier relationships — Causes and outcomes " Journal of Business Research 63(11): 1209 - 1214.
Tabachnick, B. G. und Fidell, L. S. (2001). Using Multivariate Statistics. Needham Heights, Allyn & Bacon.
Talwar, R. (1993). "Business Re-engineering-a Strategy-driven Approach." Long Range Planning 26(6): 22 - 40.
Tashakkori, A. und Teddlie, C. (2002). Handbook of Mixed Methods in Social & Behavioral Research. Boston, MA, Sage Publications Inc.

Temme, D., Kreis, H. und Hildebrandt, L. (2010). A Comparison of Current PLS Path Modeling Software: Features, Ease-of-Use, and Performance. Handbook of Partial Least Squares - Concepts, Methods and Applications. Vinzi, V. E., Chin, W. W., Henseler, J. und Wang, H. Heidelberg, Springer: 737 - 756.
Terhart, E. (1995). Kontrolle von Interpretationen. Bilanz qualitativer Forschung. König, E. und Zedler, P. Weinheim. 1: Grundlagen qualitativer Forschung: 373 - 397.
Tilles, S. (1961). "Understanding the Consultant's Role." Harvard Business Review 39(November-December 1961): 87-99.
Töllner, A. (2010). Anforderungserhebung bei der Erstellung integrierter Lösungen. Marketing von Solutions - Innovative Ansätze und Best Practices. Woisetschläger, D. M., Michaelis, M., Evanschitzky, H., Eiting, A. und Backhaus, C. Wiesbaden, Gabler: 83 - 108.
Troyer, L., Mueller, C. W. und Osinsky, P. I. (2000). "Who's the boss? A role-theoretic analysis of customer work." Work and Occupations 27(3): 406 - 427.
Tuli, K. R., Kohli, A. K. und Bharadwaj, S. G. (2007). "Rethinking Customer Solutions: From Produkt Bundles to Relational Processes." Journal of Marketing 71(3): 1-17.
Uehara, E. S. (1995). "Reciprocity reconsidered: Gouldner's "moral norm of reciprocity" and social support." Journal of Social and Personal Relationships 12: 483-502.
Ulaga, W. und Eggert, A. (2006a). "Relationship value and relationship quality: Broadening the nomological network of business-to-business relationships." European Journal of Marketing 40(3/4): 311 - 327.
Ulaga, W. und Eggert, A. (2006b). "Value-based differentiation in business relationships: Gaining and sustaining key supplier status." Journal of Marketing 70(Januar): 119 - 136.
Umble, E. J., Haft, R. R. und Umble, M. M. (2003). "Enterprise resource planning: Implementation procedures and critical success factors." European Journal of Operational Research 146: 241 - 257.
Ungrade, C. und Erlenkämper, S. (2010). Erfolgsfaktoren des Transformationsprozesses zum Lösungsanbieter - Das Beispiel Media Markt. Marketing von Solutions - Innovative Ansätze und Best Practices. Woisetschläger, D. M., Michaelis, M., Evanschitzky, H., Eiting, A. und Backhaus, C. Wiesbaden, Gabler.
Vansina, L. S. (1971). "Die Psychologie der Beratung." Gruppendynamik – Forschung und Praxis 2(1): 12 - 21.
Vargo, S. L. (2007). "Paradigms, Pluralism, and Peripheries: On the Assessment of the S-D Logic." Australasian Marketing Journal 15(1): 105 - 108.
Vargo, S. L. und Lusch, R. F. (2004a). "Evolving to a new dominant logic for marketing." Journal of Marketing 68(1): 1 - 17.
Vargo, S. L. und Lusch, R. F. (2004b). "The Four Service Marketing Myths - Remnants of a Goods-Based, Manufacturing Model." Journal of Service Research 6(4): 324 - 335.
Vargo, S. L. und Lusch, R. F. (2008). "Service-dominant logic: Continuing the evolution." Journal of the Academy of Marketing Science 36: 1 - 10.

Waldthausen, C. v. (2007). Vertrieb komplexer Produkte - Vertriebsorganisation zwischen Gesamtkundenverantwortung und Produktexpertise. München, Rainer Hampp Verlag.
Walsh, K. (1991). Competitive tendering for local authority services - Initial experiences. Environment, D. o. t. London, HMSO.
Walter, A., Mueller, T. A. und Helfert, G. (2000). The Impact of Satisfaction, Trust, and Relationship Value on Commitment: Theoretical Considerations and Empirical Results. Interaction and Relationships. Proceedings of the 16th IMP Conference. Bath, University of Karlsruhe: 1 - 18.
Walter, A., Müller, T. A., Helfert, G. und Ritter, T. (2003). "Functions of industrial supplier relationships and their impact on relationship quality." Industrial Marketing Management 32: 159 - 169.
Warschburger, P. (2009). Beratungspsychologie. Berlin, Springer.
Webster, F. E. J. und Wind, Y. (1972). "A General Model for Understanding Organizational Buying Behavior." Journal of Marketing 36(April): 12 - 19.
Weiber, R. (1992). Diffusion von Telekommunikation: Problem der kritischen Masse. Wiesbaden, Gabler.
Weiber, R. und Adler, J. (1995). "Positionierung von Kaufprozessen im informationsökonomischen Dreieck: Operationalisierung und verhaltenswissenschaftliche Prüfung." Schmalenbachs Zeitschrift für betriebswirtschaftliche Forschung (zfbf) 47(2).
Weiber, R. und Mühlhaus, D. (2010). Strukturgleichungsmodellierung. Heidelberg, Springer.
Weiershäuser, S. (1996). Der Mitarbeiter im Beratungsprozess – Eine agenturtheoretische Analyse. Wiesbaden, Gabler.
Weingart, L. R., Olekalns, M. und Smith, P. L. (2004). "Quantitative Coding of Negotiation Behavior." International Negotiation 9: 441 - 455.
Weiss, J. W. und Wysocki, R. K. (1992). 5-Phase Project Management. Cambridge, MA, Perseus Books Publishing.
Welsch, C. (2010). Organisationale Trägheit und ihre Wirkung auf die strategische Früherkennung von Unternehmenskrisen. Wiesbaden, Gabler.
West, P. M., Brown, C. L. und Hoch, S. J. (1996). "Consumption Vocabulary and Preference Formation." Journal of Consumer Research 23(September): 120 - 135.
Westbrook, R. A. (1987). "Product/consumption-based affective responses and postpurchase processes." Journal of Marketing Research 24: 258 - 270.
Wiemann, E.-M., Brenner, A., Treichler, C., Wolf, S., Morawetz, M. und Hamori-Satzinger, M. (2007). RoC - Return on Consulting - Nachweis des Wertschöpfungsbeitrags von Beratereinsätzen. Cardea AG, P. G. Zürich, München.
Wienen, J. und Sichtmann, C. (2008). Vom Produkt zur Solution bei Industriegütern Literaturüberblick und praktische Ansatzpunkte. Diskussionsbeiträge des Fachbereichs Wirtschaftswissenschaft der Freien Universität Berlin - Betriebswirtschaftliche Reihe. Berlin.
Wilkinson, I. und Young, L. (2004). Improvisation and Adaptation in International Business Research Interviews. Handbook of Qualitative Research Methods for

International Business. Marschan-Piekkari, R. und Welch, C. Northampton, Edward Elgar: 207 - 223.
Williams, M. R. (1998). "The influence of salespersons' customer orientation on buyer-seller relationship development." Journal of Business & Industrial Marketing 13(3): 271 - 287.
Wilson, D. T. und Vlosky, R. P. (1998). "Interorganizational information system technology and buyer-seller relationships." Journal of Business & Industrial Marketing 13(3): 215-234.
Wilson, E. und Lilien, G. (1992). "Using Single Informants to Study Group Choice: An Examination of Research Practice in Organizational Buying." Marketing Letters 3(3): 297 - 305.
Windahl, C., Andersson, P., Berggren, C. und Nehler, C. (2004). "Manufacturing firms and integrated solutions: characteristics and implications." European Journal of Innovation Management 7(3): 218 - 228.
Windahl, C. und Lakemond, N. (2006). "Developing integrated solutions: The importance of relationships within the network." Industrial Marketing Management 35(7): 806 - 818.
Windahl, C. und Lakemond, N. (2010). "Integrated solutions from a service-centered perspective: Applicability and limitations in the capital goods industry." Industrial Marketing Management Article in Press.
Winklhofer, H., Palmer, R. A. und Brodie, R. J. (2007). "Researching the service dominant logic – Normative perspective versus practice." Australasian Marketing Journal 15(1): 76 - 83.
Wise, R. und Baumgartner, P. (1999). "Go Downstream: the New Profit Imperative in Manufacturing." Harvard Business Review 77(September-October): 133-141.
Wiswede, G. (2007). Einführung in die Wirtschaftspsychologie. München, Ernst Reinhardt Verlag.
Woisetschläger, D. M., Backhaus, C., Michaelis, M., Eiting, A. und Evanschitzky, H. (2010). Marketing von Solutions - Grundlagen des Solution Marketing und Herausforderungen auf dem Weg zum Solution Seller. Marketing von Solutions - Innovative Ansätze und Best Practices. Woisetschläger, D. M., Michaelis, M., Evanschitzky, H., Eiting, A. und Backhaus, C. Wiesbaden, Gabler: 3 - 30.
Wold, H. (1982). Soft Modeling: The Basic Design and Some Extentions. Systems Under Indirekt Observation, Teil 2. Jöreskog, K. G. und Wold, H. Amsterdam. 1 - 54.
Wolf, G. (2000). Die Krisis der Unternehmensberatung: Ein Beitrag zur Beratungsforschung. Wiesbaden, Deutscher Universitäts-Verlag.
Wong, A. und Sohal, A. (2002). "An examination of the relationship between trust, commitment and relationship quality." International Journal of Retail & Distribution Management 30(1): 34 - 50.
Wong, K. F. E., Yik, M. und Wong, J. Y. Y. (2006). "Understanding the Emotional Aspect of Escalation of Commitment: The Role of Negative Affect." Journal of Applied Psychology 91(2): 282 - 297.

Woo, K. und Ennew, C. T. (2004). "Business-to-business relationship quality: an IMP interaction-based conceptualization and measurement." European Journal of Marketing 38(9/10): 1252-1271.

Woratschek, H. (1998). Preisbestimmung von Dienstleistungen. Frankfurt, Deutscher Fachverlag.

Wrona, T. (2005). "Die Fallstudienanalyse als wissenschaftliche Forschungsmethode." ESCP-EAP Working Paper 10(März 2005): 1 - 53.

Wulf, K. d., Odekerken-Schröder, G. und Iacobucci, D. (2001). "Investments in consumer relationships: A cross-country and cross-industry exploration." Journal of Marketing 65(October): 33 - 50.

Wulf, T. und Stubner, S. (2009). Roland Berger Strategy Consultants Doktoranden-Kolloquium. Leipzig, HHL - Lehrstuhl für Strategisches Management und Organisation: 1 - 31.

Wyckham, R. G., Fitzroy, P., T. und Mandry, G. D. (1975). "Marketing of Services: An Evalution of the Theory." European Journal of Marketing 9(1): 59 - 67.

Yeung, M. C. H. und Ennew, C. T. (2000). "From customer satisfaction to profitability." Journal of Strategic Marketing 8: 313 - 326.

Yi, Y. (1990). A critical review of consumer satisfaction. Review of Marketing 1990. Zeithaml, V. A. Chicago, American Marketing Association: 68 - 123.

Yin, R. (2006). Case Study Research: Design and Methods. Thousand Oaks, Sage Publications.

Zarnekow, R. (2005). Kernelemente einer Produktionswirtschaftslehre für IT-Dienstleistungsbetriebe, Habilitation. St. Gallen, Universität St. Gallen.

Zeithaml, V. A. (1988). "Consumer Perceptions of Price, Quality, and Value: A Means-End Model and Synthesis of Evidence." Journal of Marketing 52(Juli): 2 - 22.

Zeithaml, V. A., Berry, L. L. und Parasuraman, A. (1996). "The Behavioral Consequences of Service Quality." Journal of Marketing 60(4): 31 - 46.

Zeithaml, V. A. und Bitner, M. J. (2003). Services Marketing - Integrating customer focus across the firm. Boston, McGraw-Hill.

Zentes, J., Swoboda, B. und Morschett, D. (2005). Kooperationen, Allianzen und Netzwerke: Grundlagen, Ansätze, Perspektiven. Wiesbaden, Gabler.

Zhang, Z., Lee, M. K. O., Huang, P., Zhang, L. und Huang, X. (2005). "A framework of ERP systems implementation success in China: An empirical study." International Journal of Production Economics 98: 56 - 80.

Zimmer, M., Scholze, C. und Wangenheim, F. v. (2010). Kundenbindungsmanagement von B2B-Lösungen. Marketing von Solutions – Innovative Ansätze und Best Practices. Woisetschläger, D. M., Michaelis, M., Evanschitzky, H., Eiting, A. und Backhaus, C. Wiesbaden, Gabler: 109 - 130.

Ziouziou, S. (2010). "Die Baubranche entdeckt das Marketing." Absatzwirtschaft(12): 74 - 76.

Zupancic, D. (2010). "Blog - Die fünf Irrtümer der Lösungsanbieter." Retrieved 01.02., 2010, from http://www.harvardbusinessmanager.de/blogs/artikel/a-717342.html.

Springer Gabler RESEARCH

„Schriften zum europäischen Management"
Herausgeber: Roland Berger Strategy Consultants – Academic Network
zuletzt erschienen:

Richard Federowski
Unternehmensroutinen im Turnaroundmanagement

Christian Neuner
**Kofiguration internationaler Produktionsnetzwerke
unter Berücksichtigung von Unsicherheit**

Christoph M. Auerbach
Fusionen deutscher Kreditinstitute

Fabian Sommerrock
Erfolgreiche Post-Merger-Integration bei öffentlichen Institutionen

Julia Däcke
Nutzung virtueller Welten zur Kundenintegration in die Neuproduktentwicklung

Christina Welsch
Organisationale Trägheit und ihre Wirkung auf die strategische Früherkennung von Unternehmenskrisen

Bärbel Fleischer
Einsatz von Erfolgshonoraren in der Unternehmensberatung

Florian Geiger
Mergers & Acquisitions in the Machinery Industry

Sebastian Durst
Strategische Lieferantenentwicklung

Sandra Strohbücker
**Bepreisen von Preis- und Mengenrisiken der Strombeschaffung
unter Berücksichtigung von Portfolioaspekten
bei Großkunden im Strommarkt**

Adele J. Huber
Effective Strategy Implementation

Philipp H. Hoff
Greentech Innovation and Diffusion

Dominik Löber
Private Banking in Deutschland

Ulrich Kleipaß
Beratungszufriedenheit bei B2B-Lösungen

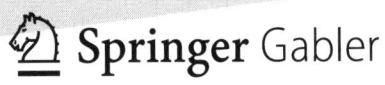

Springer Gabler

Änderungen vorbehalten. Stand: April 2012. Erhältlich im Buchhandel oder beim Verlag.
Abraham-Lincoln-Str. 46 . 65189 Wiesbaden . www.springer-gabler.de

Von der Promotion zum Buch

WWW.GABLER.DE

Sie haben eine wirtschaftswissenschaftliche Dissertation bzw. Habilitation erfolgreich abgeschlossen und möchten sie als Buch veröffentlichen?

Zeigen Sie, was Sie geleistet haben.
Publizieren Sie Ihre Dissertation als Buch bei Gabler Research.
Ein Buch ist nachhaltig wirksam für Ihre Karriere.
Nutzen Sie die Möglichkeit mit Ihrer Publikation bestmöglich sichtbar und wertgeschätzt zu werden – im Umfeld anerkannter Wissenschaftler und Autoren.
Qualitative Titelauswahl sowie namhafte Herausgeber renommierter Schriftenreihen bürgen für die Güte des Programms.

Ihre Vorteile:

- Kurze Produktionszyklen: Drucklegung in 6-8 Wochen
- Dauerhafte Lieferbarkeit print und digital: Druck + E-Book in SpringerLink Zielgruppengerechter Vertrieb an Wissenschaftler, Bibliotheken, Fach- und Hochschulinstitute und (Online-)Buchhandel
- Umfassende Marketingaktivitäten: E-Mail-Newsletter, Flyer, Kataloge, Rezensionsexemplar-Versand an nationale und internationale Fachzeitschriften, Präsentation auf Messen und Fachtagungen etc.

▶ Möchten Sie Autor beim Gabler Verlag werden? Kontaktieren Sie uns!

Ute Wrasmann | Lektorat Wissenschaftliche Monografien
Tel. +49 (0)611.7878-239 | Fax +49 (0)611.7878-78-239 | ute.wrasmann@gabler.de

KOMPETENZ IN SACHEN WIRTSCHAFT **GABLER**